JN203289

キリスト教弁証学

近藤勝彦

はじめに

本書の主題は「キリスト教弁証学」である。「キリスト教弁証学」は、「キリスト教教義学」や「キリスト教倫理学」とともに「キリスト教組織神学」の一部を構成する。弁証学の定義や課題、歴史と方法などは本書の序章で扱われる。一言で言えば、キリスト教の真理性を教会外の世界に向けて論証的に、時に論争的に主張し、その内容への導入を果たすものである。イエス・キリストにおける啓示の真理は、神とその御業の真理であって、信仰の真理であるが、単に信仰共同体である教会の内部に閉じこもって語られるべき内輪話ではない。むしろ福音が世に伝えられるように、その真理は普遍的であり、その伝道の基盤的考察として神学もまた、教会外の世界との折衝や論争を回避することはできない。改まって「弁証学」と名乗らないとしても、あらゆるキリスト教的発言、福音の証しや伝道を遂行する発言には、すでに弁証学的内容が含まれていると言ってもよいであろう。

本書の特徴をあえて言えば、キリスト教弁証学を「人間学の文脈」「歴史の文脈」「近代世界成立の文脈」「新しい日本の形成の文脈」「現代の世界共通文明の文脈」という五つの領域にわたり、またそれぞれに必要な歴史的、思想史的考察を加えながら叙述したところにある。それだけに哲学的人間学や歴史哲学、さらには宗教社会学や近代史学、また日本研究や現代文明論などとの対話や論争も含まなければならなかった。

日本における弁証学と言えば、植村正久『真理一班』(明治一七年)がその代表的な著作であろうが、他の多くのキリスト者の文章もその意図と内容においてキリスト教の弁証を遂行してきた。ただし組織神学の一環としてのキリスト教弁証学についてはどうかと問えば、海外の神学ではともかくとして、日本ではほとんど試みられたことがなかったのではないか。その欠けた部分を本書によって多少とも補うことができれば幸いである。またこのような著作が少しでも意味をもって、キリスト教信仰とその生活に確信を抱き、時代と環境、その諸思想に対して、キリスト教信仰を弁証する学的意識と探究意欲が強化され、それを背景に持ちながら伝道的精神が鼓舞されるようになれば、本書の著者としてはまことに幸いなことと言わなければならない。

目　次

装丁 熊谷博人

序　章　弁証学の課題と方法

1　弁証学の定義

キリスト教は伝道的宗教であり、その学的表現である神学は、当初よりキリスト教伝道の闘いの中に遂行されてきた。異教とその文化世界に福音が伝えられたとき、それは伝道の闘いを通してであったが、そこには思想的、学問的な仕方でキリスト教を弁証する課題が不可避であった。したがって、伝道の闘いを一貫して責任的に遂行していくことは、その状況に相応しい学的努力を要求し、「弁証学」(apologetics; Apologetik) の成立をもたらした。この闘いの状況において、それぞれの状況を規定する主要な事柄や論点は時代や地域によって変異する。したがって、弁証学において扱われる事柄や論点とその表現も歴史的に変貌しなければならなかった。しかし、闘いそのものの不可避性と、そこから来る弁証学に対する要求とは、古代から現代に至るまで少しも違いはない。「キリスト教とは何か」(Was-Frage) という神学的内実の問いとともに、「なぜキリスト教でなければならないか」(Warum-Frage) との問いは、当初より今日まで一貫して継続し、その問いに対する回答の試みは、異なる宗教の規定下にある人々に直面しても、また現代文明の脱宗教化した環境にある人々に対面しても、変わりなく取り組まれなくてはならない。われわれの神学的問いは、そのようにして自らの現代状況に相応しく設定され、回答される必要がある。

(1)「弁証学」の用語

まず「弁証学」という用語について短く述べておきたい。「弁証」と訳される用語は、ギリシア語の「アポロギア」に由来し、英語の apology に即応する。あるいは動詞で apologize と言えば、「弁明する」の意で、さらには通常「詫びを言う」といった意味合いでも使用される。それゆえこの apology という用語は消極的なものとして嫌われる場合もないではない。ただし、日本語の「弁証」にはそうした消極的意味合いは含まれていないであろう。「弁証学」(aplogetics; Apologetik)はまた「護教論」とも訳されてきた。この用語を維持することもあり得るであろうが、「護教」という用語には、既成の教えを現状のままひたすら守る響きがある。しかし「弁証学」は決してわれわれが所属する宗教、宗派、教派の現状を固定的に把握し、頑なな仕方で擁護することを目的とするわけではない。むしろ「キリスト教的真理」を、その闘いの中で鮮明にするとともに、その新たな表出に心を向けることが意図されている。弁証学が弁証するのは、キリスト教的真理であり、それはイエス・キリストにおける神の啓示の真理、そして聖書的証言の真理である。神の真理、福音の真理、キリストと神の国の真理と言い換えてもよい。したがって、その内容は、「教義学」が取り組む真理の内容と同一であり、弁証学は教義学と不可分の神学的な営みである。さらに言えば、弁証学は、「伝道の業」と「教会存在」の弁証の学でもあって、社会的文化的存在としての「キリスト教」、その諸価値の弁証をも含む。しかし、それらはいずれもキリスト教的真理の把握の「現状」(status quo)に固執した弁証と言うべきではない。キリスト教的真理の弁証は、そのつどその真理の新しい探究や検討と不可分離的な関係にあり、教会の不断の改革を求め、キリスト教の自己変革を追求する営みでもある。

(2) 弁証学の課題

神学はイエス・キリストにおける神の啓示の出来事に基づき、神とその御旨、御業の真理を、責任的な仕方で語らなければならない。神学はその真理を、それを信じ、それによって生かされる信仰者の群れ・教会の中で、教義学として鮮明に語る努力をする。しかし同時に神学は、啓示の認識が現に置かれている時代のさまざまな文脈の中にあってその認識の正当性について語り、いまだ教会の中にいない人々に向かっても、神とその御旨と御業の真理を明らかにする責任を負っている。キリスト教的真理の正当性、その権利を同時代に生きる人々に主張すること、それが弁証学の課題である。啓示の真理の正当性や権利を教会の外のさまざまな文脈において主張することは、それらの諸文脈の中にある問いに対して答える意味において、教会の外にある問いに対する「回答する神学」を試みることであり、また教会の外にあるさまざまな文脈にすでに存在している既製の解答に対して、それと異なる啓示からの解答を示すことによって、信仰への回心を迫る「論争的神学」を試みることでもある。「教会の外」というあり方は、現実には教会の中にいる人々の内にもある。教会の内にある「外のあり方」に対しても弁証学は、なぜキリスト教か、その信仰内容と主体的・共同体的な信仰の正当性と権利を明らかにしなければならない。自らのあり方の中にもある「外のあり方」を過ぎ去ったこととして片づけられる人はいない。誰の中にもキリスト教の真理が弁証的に向かっていくその当の文脈があり、問いがあり、変更すべき既製の解答がある。キリスト教弁証学はキリスト教伝道とともに、またキリスト教伝道があり続ける限り、つまりは世の終わりまで存続しなければならないであろう。神学は、福音とは「何」であるかを教会の中に鮮明にしなければならないとともに、「なぜ」キリストの福音でなければならないか、その真理性や権利を教会共同体の外に向かって、また教会共同体の内にある教会の外に向かっても鮮明にする学的試みである。

新約聖書はすでにこの課題を負って、「福音の弁明」（フィリ一・七）あるいは「希望の弁明」（一ペト三・一五）について語っている。それは多くは獄中にあって、また法廷の場においての「弁明」であったが、それだけではなく説明を求める人々への弁明でもあった。古来より神学はこの弁証的場にあっての闘いの神学であって、マルティン・ケーラーが「伝道は神学の母である」と語った際のその神学とは、まさしくこの弁証学を意味していたと思われる。(1) 神学はその意味で教会集団内部の「内輪話」に終わることはできない。教会は世界の中に派遣されて存在する。そこでキリスト教信仰の真理性やキリスト教的存在の権利やその信仰の正当性を外に向かって、現代世界の人間とその文明世界に向かって、明らかにしなければならない。自己の信仰とその真理の内省的吟味ではなく、人間存在そのものの文脈において、また時代の諸課題の文脈において、その真理を弁証し、鮮明にすることが求められている。

「なぜキリスト教信仰か」という問いは、「なぜ神の真理か」という問いであり、「なぜ教会か」という問いにつながる。それはまたさらに「なぜキリスト教文化か」と問われることにもなるであろう。神の真理から文化や社会に論じ及ぶ点で、キリスト教弁証学は、キリスト教教義学とともにキリスト教倫理学にも接続する。「歴史の神学」「文化の神学」「社会の神学」に及んでいく。それによって「キリスト教の世界政策」(2) とも重複する内容になる。しかし弁証学においては倫理学の基本線が扱われるとしても、その各論を扱うことはできないし、キリスト者の倫理的生活や徳論を主題的に扱うこともできない。それらは弁証学そのものの課題とは言いがたい。キリスト教弁証学の課題は、キリスト教的真理を人間とその諸文脈の中で弁証することにあり、組織神学の中にその位置を持っている。

2　弁証学の時代的要請

キリスト教、その教会と神学は、初めから弁証学的課題を与えられ、それを負い続けてきた。教会は「ケリュグマ」を語るとともに、その信仰や希望の「アポロギア」を語ることを課題としてきた。ケリュグマの学としての教義学とともに、アポロギアの学としての弁証学が教会の課題であったわけである。パウロ書簡、ルカ文書(3) にその課題の言及やそれとの取り組みがすでに見られたが、やがて殉教者ユスティノス『弁証論』を代表とする弁証家たちの神学的営みが遂行された。弁証学は教義学に先行して、神学的展開を求めたと言ってよい。この系譜は、エイレナイオス『異教論駁』、テルトゥリアヌス『護教論』からさらにギリシア教父オリゲネス『ケルソス論駁』にも、またラテン教父アウグスティヌス『神の国』にも通じていき、中世にもトマス・アクィナス『異教論駁大全』など、多くの神学的営みを結実させた。この課題は、キリスト教内部における異端との論争の学である「ポレミーク」と区別され、特に異教的な思想世界やそこからのキリスト教批判や攻撃に対する闘いを成立の場とした。

啓蒙主義以後の時代、啓蒙主義思想やその後の近代的精神との折衝、その中でのキリスト教信仰の正当性の立論が、教会の弁証学的な課題となった。その時代精神の中で、弁証学の遂行は、例えばシュライアーマッハー『宗教論』（一七九九年）に見られた。その副題が「宗教を軽蔑する教養人に宛てた語り」と記されたように、そこで宗教概念を介しながら実定宗教としてのキリスト教の主張に及んでいったように、それはまさしく近代の典型的な弁証学的著作であった(4)。彼はまたその『神学通論』（一八一〇年）において弁証学の学問論的な位置を論じ(5)、そこからの借用命題を『信仰論』の重大な基盤の一つとして教義学的展開を示した(6)。あるいはまた、エーミル・ブルンナーは教義学に対する「神学のもう一つの課題」（一九二九年）を語りながら、その試みの近代における代表的な担い手として、パスカル、ハーマン、キェルケゴールの名を挙げている(7)。この三名の名を挙げているところにブルンナー自身の課題意識が示され、それがシュライアーマッハーの宗教哲学や哲学的神学の関心とは異なり、人格主義的で実存的な関心による伝道的な弁証的神学の要請であることを明らかにしている。

さらにまた別の観点から弁証学的状況を概観すれば、一九世紀から二〇世紀にかけて、ヨーロッパにおいて近代意識における非宗教化、脱キリスト教化、無神論化が起こり、特に第一次世界大戦以後世俗主義が進行した。一九世紀にはすでに実証主義的精神が強調され、フォイエルバッハやマルクスの宗教批判（宗教イデオロギー論）が出現し、ニーチェやフロイトなどによる反キリスト教的意識が一般に流布した。これに対抗して、トレルチによって「宗教の自律性」（一八九五年）が記されたが、彼が近代文明におけるキリスト教の運命を考察して、キリスト教的理念とその生活世界の再活性化を生涯の課題にしたのは、ヨーロッパの文明と生の再建のためであり、キリスト教の真理の集約とその活性化という弁証学的課題に取り組んだことを意味してもいた。(8) これと併行して、マルティン・ケーラー『キリスト教の諸教説の学』は組織神学の三分野の中の第一分野に「義認の信仰の諸前提からのキリスト教弁証学」を記した。(9) このケーラーを継承して、その弟子であったパウル・ティリッヒによる『組織神学』においても、「調停神学」に立った弁証学の試みが遂行されている。

今日、キリスト教について語り、その信仰内容を主張することは、一般の人々の感覚によれば、あるいは「私事的」で「主観的なこと」と見なされるかもしれない。背後には滔々たる時代精神の世俗化現象を否定することができず、世界はむしろ宗教的な中立性により、もしくは非宗教性の立場で営まれると想定されているであろう。しかし同時に現代世界に「ポスト世俗社会」を見て、宗教の意味について改めて積極的な方向で再検討を試みようとする傾向も見られなくはない。世俗主義はそれを徹底させれば、生の無意味化に陥り、文明の意味喪失や無気力に帰着するであろう。そこで世俗主義に抗し、宗教の意味を再肯定する傾向も見られる。しかしその中でもキリスト教弁証の課題は存続する。いずれにしても非キリスト教的、ないし脱キリスト教的な時代潮流、あるいは多次元的な諸宗教との軋轢が、今日の教会と伝道の基礎的地平に横たわっていることを神学は無視することができない。

日本におけるキリスト教の弁証は、国家・社会とともに人々の魂の「開国開新」を迫るものとして遂行された。植村正久『真理一班』（明治一七年）はその代表的著作であるが、日本人キリスト者によるキリスト教伝道のための他の多くの著作もまた、事実上、キリスト教弁証の遂行であった。現代においてもキリスト教弁証の課題は、依然として前近代的とも言うべき「特殊日本的精神」の問題に直面し、神道、仏教を主とする他宗教に対してキリスト教の真理性とその権利を主張しなければならない。またそれとともにキリスト教が近・現代の世界において直面している世俗化問題や他宗教問題など、種々の弁証学的課題があり、それらはそのまま日本におけるキリスト教弁証の課題でもある。キリスト教は一方では、明治以来の日本の近代化の中でも残り続け、なお現代の日本社会に浸透している前近代的な日本の古い精神、儀礼、習俗に直面し、他方では近代の西欧精神の中から生じた非宗教化、脱キリスト教化、無神論化、セキュラリズムに直面している。こうして日本における教会の弁証学的課題は、両面的であり、多角的であらざるを得ない。これら両面の多角的諸問題との折衝や対決が、新しい日本とその国民性や市民精神の形成にとっても不可欠的であり、これらの対決の中でキリスト教的な神、信仰、教会の正当性、真理性、その権利が主張されることは、教会的な課題であるとともに、日本の国家と社会、そして日本の人々に対する責任でもあると言わなければならない。

こうした近・現代意識の傾向や日本の特殊な宗教文化との対決を通して、キリストにおける神について語り、キリスト教の真理主張をなす権利やその正当性をどこに、またどのように求めることができるであろうか。神について語り、キリスト教の真理性を主張することは、ある意味でキリスト教神学の基礎をなす。つまり弁証学は「基礎神学」（Fundamentaltheologie）と言ってもよい。しかし、この基礎のみによって一方的に神学が構成され得るものではない。神学はさまざまな文脈における問題と対峙することに依存して、初めて成立し得ると言うべきではないからである。むしろイエス・キリストの出来事における歴史的啓示の事実と、そこに示された神の出来事を聖書の証言に従い、霊的仕方で認識し得ることが、神学の出発である。その意味では本来の「基礎神学」は聖書的証言に即した歴史的啓示の理解にあると言わなければならないであろう。その上で、弁証学はいわゆる基礎神学に止まらない面がある。その射程は神学序説的な認識論に止まらず、人間学、歴史認識、近代世界認識に及び、現代世界文明の諸価値の問題と対面し、倫理学に接触し、文化や社会の政策に隣接するからである。この面での本格的なキリスト教弁証学は日本のキリスト教史にはまだ欠如していると言わなければならないであろう。

3 組織神学の構成要素としての弁証学

本書における「キリスト教弁証学」は組織神学の一部として構想されている。組織神学は「キリスト教弁証学」とともに、「キリスト教教義学」ならびに「キリスト教倫理学」を包括する。この包括的な関連の中で弁証学は、教義学による啓示の認識に基づき、その真理性と権利とを現代の状況としての世界文明や日本の諸問題に対面しつつ、その文脈において相応しく弁証しなければならない。それが可能であるか否かは、教義学的に認識される歴史的啓示そのものの内容に依存する。弁証学はその現実的な遂行をもって、啓示の真理、そしてその力に対する信頼を表現するほかはない。啓示の真理がもし「虹」のごとく地上に着地していなければ、そのような啓示の教義学は弁証学から遊離し、啓示の真理と弁証学的文脈とは乖離するほかはないであろう。弁証学は地上の文脈に関わり、現在の歴史的状況に対する適切さを図り、地上への着地を試みなければならないからである。その意味で、弁証学は弁証学を可能にさせる教義学によって根拠づけられもし、また要求されもする。

「組織神学」という用語は、時には「教義学」と同義に用いられることもある。「教義学」(ドグマの学)という用語が啓蒙主義以来、前近代的な古風な響きを持ったのに対し、「組織神学」という用語であればまだ時代との距離感も薄まるように思われたためである。もちろん名称の問題だけでなく、方法と内容の問題もあるが、「教義学」が保守的印象を与え、「組織神学」の方が新鮮に思われたことは事実である。例えばヴォルフハルト・パネンベルクの「組織神学」は、内容からすれば「教義学」にほかならない。そこには組織神学と教義学の内容上の差異はないとも言える。しかし本書の考え方はそれとは異なり、「組織神学」をもって包括的な神学とし、その中の部分である「教義学」とは区別している。「教義学」という名称は、「教義」(Dogma)の重大な意味と啓示の真理の組織神学上での決定的な意味のゆえに失われるべきではない。また「組織神学」の名は、組織神学内の諸学科の相互連関と全体的整合性、また統一性を明示する名として保持されるべきである。「ドグマの学としての教義学」では包括できない組織神学の分野がある。キリスト教的「エートス」の学としての「倫理学」がそうであるし、キリスト教的「アポロギア」の学としての「弁証学」がそうである。倫理学のうち、とりわけ客観的価値の倫理学は、その歴史的次元の考慮の必要性のゆえに、教義学に包括するのに困難なものである。もちろん教義学と倫理学は関連していて、その観点と叙述の独立性は相対的なものにすぎない。弁証学もまた、教義学と区別して展開されなければならず、しかも全体的な関連の中にある。それゆえキリスト教教義学、キリスト教倫理学、そしてキリスト教弁証学が区別され、それら三分野の神学を包括して「組織神学」となす。これが本書の立場である。それぞれの分野は、相互に関連し、内的一致にあって展開されなければならない[10]。

それにしても弁証学はすでに当然それが弁証する神、福音、信仰の理解を前提にしている。つまり教義学、倫理学に浸透される仕方で、それらを内に含んでいる。教義学もまたすでに弁証学と倫理学とを含んでいるであろう。しかし「隠れた弁証学」としての教義学や倫理学によって済ますことなく、「顕わな弁証学」を営む必要がある。組織神学の統一性や内部諸科の相互連関を図るとともに、それぞれの学科の相対的独自性は明らかである。組織神学的に考えることによって、教義学、倫理学との関わりにある弁証学も可能であり、また必要である。

本書の著者の出版に即して言えば、すでに既刊の『啓示と三位一体』（教文館、二〇〇七年）、『贖罪論とその周辺』（教文館、二〇一四年）、『救済史と終末論』（教文館、二〇一六年）は教義学の試みであり、倫理学は『キリスト教倫理学』（教文館、二〇〇九年）（さらに『デモクラシーの神学思想』を含んで）において取り組んだ。本書によって弁証学を試みて、「組織神学」の一応の提示を果たすことになる。

4　ブルンナーとバルトの弁証学をめぐる論争

(1) ブルンナーの「論争学」の主張

神学の一学科としての弁証学は、二〇世紀の神学史において、カール・バルトによるラディカルな否定によって混乱させられた。それはエーミル・ブルンナーとの論争において主張されたもので、バルトとしては一八世紀以降明らかになった神学における人間学的傾向に対する闘いの遂行として、また特に自然神学に対する警戒として主張されたものであった。近代的人間の文化意識や宗教的経験と結び合った人間中心的な傾向の神学に対するバルトの決別は、教義学の脱人間学化の道を鮮明にした。しかし結果として、バルトによる弁証学そのものに対する断固たる否定の主張は、無視できない神学史的事件になった。この問題をさしあたりまず乗り越えなければ、弁証学について積極的に語り、その展開を試みることは不可能であるように思われる。

エーミル・ブルンナーが論文「神学のもう一つの課題」によって、弁証学の必要性を主張し、弁証学的課題の再考を促したのは一九二九年であった[11]。彼によれば、教義学が神学の本質的事柄（Sache）について直接的に語り、しかも事柄それ自体をして語らしめるのに対し、弁証学は神の言葉の宣教が起こる「場」（Raum）を考察の対象とし、信仰について「誰に語る」かにいっそうの注意を向け、「信仰に対するさまざまな反抗と取り組む[12]」。その際、この「もう一つの課題」において神の言葉は、「妄想によって閉ざされた理性、自己を閉ざす理性」に対して戦うが、それは一方ではその理性を「打ち負かす」ためであり、他方ではそれを「解放する」ためでもあるとされた。一方では「理性の妄想を暴露」し、他方では「神の言葉における理性の成就を指し示す」と言う。つまりブルンナーは「弁証学的課題」として「二重の課題」を見ており、この課題を遂行する神学的思惟を「論争学」（Eristik）ないし「論争的神学」（eristische Theologie）と呼んだ。「弁証学」という用語はあまりに消極的に響くとして回避したのである。ブルンナーによれば、「神学は人間に対して常にただ攻撃としてあり得るのであって、決して自己弁護としてあり得ることはない」[13]からである。ブルンナーはさらに、この「論争学」（エリスティーク）の用語を「ポレミーク」とも区別している。「ポレミーク」では「攻撃」の契機に一面的に強調が置かれ、「成就」の契機が表現されないという。[14]こうして、弁証学の課題は、「論争学」という名称を用いるにせよ、キリスト教の宣教の地平、場、それが向けられる相手を考慮し、そこに見られる反抗との取り組みを遂行することとされ、キリスト教の自己弁護より、むしろ相手に対する攻撃とキリスト教による相手の成就、打ち負かすことと解放することとの二重の課題として理解された。この課題の遂行によってキリスト教の正当性が示されることが主張された。

ブルンナーの弁証学再考の主張が持っている特徴は、彼がさらに弁証学の代表者として繰り返し、パスカル、ハーマン、キェルケゴールを挙げた点によく表れていることは、既述した通りである。それは、ブルンナーの弁証学の「方法」とも関連しており、彼の弁証学が広義の実存主義的傾向と結び合う人格主義によって展開されたことを示している。この方法は、人間が「構成上、神に関係させられている」ことを方法論的な基点とした。それが、すなわち「神の似姿」（imago Dei）の指摘となり、神と人との「接合点」（Anknüpfungspunkt）の主張になったが、やがて「接合点」に代わって「人格主義的な出会い」が主張されるようになった。ブルンナーは、歴史、文化、社会などの文脈においてもキリスト教の真理性を弁証するが、それは基本的に「人格主義」を媒介にしたものであり、彼の弁証学は神学的人間学として、人格主義的な性格を保持し続けた。しかしそれはバルトから見れば、なお近代以降の神学の宿命的な人間学的捉われから抜け切れていない、あるいは再びそこに陥ったものに見えた。

(2) バルトの行き過ぎ

ブルンナーの「もう一つの神学の課題」は、明らかにカール・バルトに対する批判を含めて提言された。このブルンナーの提言に対し、バルトはその『教会教義学』第一巻の1（一九三二年）において断固たる拒否を語った。彼は、ブルンナーの提言を「教義学序説」の問題として取り上げ、教義学の序説（プロレゴーメナ）は、教義学に対するもう一つの課題ではなく、教義学そのものであり、それ以外にはないことを鮮明に主張した。バルトは言う。「教義学プロレゴーメナの必要性、換言すれば、教義学において歩まれるべき特別な認識の道についてのはっきりと言葉に出しての弁明の必要性は、それが有無をいわさぬ命令的なものであるためには、ザッへそれ自身の中に基礎づけられた、内的な必要性でなければならない。……不信仰との信仰の闘いも、結局ただ、それが信仰自身との信仰の闘いである場合に、そしてそのような形でのみ、重要なものであることができる」[15]と。つまり「教義学」に代わる「教義学プロレゴーメナとしての弁証学」をはっきり拒否したわけである。「教義学は、神の使信が人間に結びつく『接合点』を示すことに興味があるのではなく、徹頭徹尾、そこで出来事として起こり、聞かれた神の使信そのものに興味がある」（二七頁）とバルトは語った。しかしバルトはただ「教義学プロレゴーメナ」としての「弁証学」を拒否しただけではなかった。彼はさらに、根本的に、弁証学そのものを神学的思惟として拒否した。バルトは言う。「人が、特別強調しつつ、まさに人間に向かって語ろうとするところ、そこでは、教義学的態度とともに、直ちにまたそもそも神学的態度が危険にさらされている」（二八頁）。「事柄そのものに即した（an）取り組みが重要であって、あの初めからして何の結果も得られないことが明らかな、単に事柄について（über）語ることが重要なのではない」（三二頁）。「そのような弁証学や論駁においては、明らかに信仰は不信仰を真剣に受け取り過ぎなければならず、自分自身の方を全く真剣に受け取らない」。不信仰との「対決」の中では、「信仰は出来事として起こらない」（二九頁）とバルトは言う。バルトによれば、「弁証学や論駁は、ただ出来事として起こることができるだけである。それはプログラムとはなり得ない」(三〇頁)。この主張が神学の一学科としての弁証学を否定したバルトの決定的な表現になった。カール・バルトの神学構想に従えば、教義学のほかには釈義と実践神学があるのみであって、弁証学に関してあり得るとすれば、ただ信仰が出来事として事実起きる、その「事実上の弁証」だけであって、学科として「自らかって出た弁証学」は不可能であると言う。要するに、事実として結果としての「弁証」はあり得ても、それは教義学において、あるいは教義学とともに、事実起きるのであって、教義学と区別された神学学科としての「弁証学」はあり得ない。バルトは「教義学プロレゴーメナ」つまり「基礎神学」としての弁証学を拒否しただけではなく、同時に方法的、プログラム的に構想された弁証学一般の可能性を神学的な営みとして否定した。ただ出来事として起こる弁証、つまり信仰の出来事が事実起きるという神的可能性だけが承認された。神学の諸学科構成に関する歴史を考えると、カール・バルトは一九世紀から二〇世紀初頭にかけて神学界に君臨した歴史神学を「補助学」に貶めることで、大きな神学史の転換を画したが、それにまさって決定的であったのは一九〇〇年間継続した弁証学を否定したことであった。

こうした弁証学否定の極端な姿勢を、バルト自身がはたして一貫して取り続けることができたのか否かは、なお検討の余地があるであろう。しかしブルンナーの提言に対するバルトの拒絶、弁証学の可能性に対する否定は、弁証学の構想にとって神学史上大きな抑制として作用した。教義学に尖鋭化したカール・バルトの神学的構想が神学諸学科に与えた影響はほかにもある。既述した歴史神学の「補助学」的位置づけだけでなく、さらに倫理学を教義学の中に解消し、「教義学としての倫理学」としたことも挙げられよう。しかしそれらと並んで、時にはそれらにまさって弁証学の否定は大きく影響した。しかし実際には、バルトによる弁証学に対するこの徹底した否定は、神学史上極めて例外的なものであり、バルトの「行き過ぎ」が現れていると言わなければならないであろう。それは彼の神学の根本的な主張と深く絡みあった行き過ぎであった。その否定によって啓示の真理は「閉じられた円の中での真理」となり、その認識の確かさは「神の言葉それ自体の確実性」に「のみ」基づき、それ以外の確実性には関連しないことになるのではないか。弁証学の構想そのものを否定するバルトが、その教義学で取り組み、表現している真理は、まるで空に懸かった虹のごとく、その端は地上に降り切っていない。あるいは、人間存在とその歴史的、文化的世界からの問いの文脈から無関係な仕方で、「天からの隕石」のごとく「異言の孤立化」の形で落ちてくる。あるいは「自家集団内部の言語ゲーム」であり、教会全体を「袋小路」に導く[16]。そうしたさまざまな表現でバルト神学における神の言葉や啓示認識の孤立的特質が指摘された。そのこととこの問題は関係している。

バルトの弁証学否定が、キリスト教神学史の全体から見れば、極端な行き過ぎであることは明らかで、アラン・リチャードソンも言うように、「このような極端な立場は、キリスト教思想の一般的ないし古典的な態度を代表するものではない[17]」。そして言うまでもなく、バルトによる弁証学否定の後にも、弁証学は「克服されず」に残った[18]。ブルンナー自身も、バルトによる弁証学の可能性の否定の後に、依然として彼の主張を変えなかった。そのことは、後年の彼の『教義学』第一巻に見られるブルンナーの神学構想の中に明らかである。ただしそこでは、ブルンナーはバルトからの批判の正当性を一部認めている。ブルンナーは次のように語った。「非キリスト教的な思惟との対決は、教義学そのものにとっての基礎（die Basis）でも出発点（der Ausgangspunkt）でもあり得ない」。「神学的プロレゴーメナの課題と、啓示根拠（Offenbarungsfundament）に対するさまざまな攻撃に対し対決する課題とは、はっきりと区別されなければならない[19]」。それでもこの対決の課題は「伝道的神学」として遂行されなければならないとブルンナー自身は考え続けた。「神学のもう一つの課題」は依然として主張されたが、後年のブルンナーにとってそれはもはや「基礎神学」でも「神学的プロレゴーメナ」でもなかった。神学の基礎は、「啓示根拠」にのみ見出されるからである。つまり、あの「もう一つの神学の課題」は、バルト－ブルンナー論争のときのように「接合点」の議論から「自然神学」へと赴く必要はなかったのである。弁証学は必ずしも自然神学にならなければならないものではない。啓示に基づく神学に根拠を置きながら、その啓示の真理を弁証する課題を負って、キリスト教弁証学を遂行することができるし、またそれをしなければならないからである。

「神の言葉の神学」が神学史上果たした役割の一つに、それが教義学と他の神学諸科との位置関係に関して決定的な変更をもたらしたことがある。しかし、例えば「倫理学」と「教義学」との位置関係についても、バルトのように倫理学を教義学へと解消させなくとも、位置関係の「逆転」を語ることはできる。カントやシュライアーマッハー以来、倫理学こそ精神諸科学の基礎学とされ、それがまた宗教哲学を基礎づけ、さらには神学を基礎づけた。しかし今や時代の脱倫理化が進み、信仰や神学なしに倫理意識の自明性を前提にすることはかえって不可能になり、神学を倫理学的に根拠づけるという位置関係は、バルトの神の言葉の神学によって無視されることになった。今やむしろ、倫理意識そのものが、神学的基礎づけを必要としていると言わなければならないであろう(20)。

同様のことは「弁証学」と「教義学」の間にも、「弁証学の教義学への解消」ではなく、弁証学と教義学との関係の転倒として語り得るであろう。シュライアーマッハーにおいては、教義学の基礎として「哲学的神学」(弁証学と論争学)が位置していた。つまり一般的倫理学が基礎学をなし、宗教哲学がその上に位置し、さらにその上に歴史神学と、弁証学を含む哲学的神学が位置した。哲学的神学の一部である弁証学によって規定された「キリスト教の本質」を「歴史神学」の最終に位置する「教義学」(信仰論)において具体的に展開するという位置関係がそこには見られた。エルンスト・トレルチの神学構想も、信仰論を歴史神学の最後に配置させるか、それともむしろ実践神学に準ずる位置に配置するかといった相違はあるが、基本的な構造関係は同様であった。しかし、今や、逆に「教義学」こそが、そのプロレゴーメナ、その啓示論、聖書証言論等において神学的基礎学であって、それによってこそ「弁証学」もまた神学として基礎づけられることになる。後年のブルンナーが指摘したのも、その方向のものと理解することができるであろう。

しかしこの問題は決して単純ではない。パウル・ティリッヒの言い方で言えば、この問題は、状況に含まれている「問い」と、それに対するキリスト教的伝統からのシンボルによる「答え」の関係でもある。ティリッヒはこの両者の関係を「独立性と依存性の関係」として捉えた。[21] もし「問い」が「答え」の文脈を構成するとしたら、その限りで弁証学が、教義学の基礎学となり得ることになる。パネンベルクは、バルト自身の中にも、その中期を除いて、初期の『ロマ書』執筆の時代にも、また後年の『教会教義学』第三巻の第三部においても、そうした「問い」と「答え」の逆の関連が含まれて語られていると指摘している。[22] もしブルンナーの言う「構成上、神に関係させられている人間」ということを示すことができれば、それは啓示根拠とは異なった意味で、つまり人間学的構成に基づいて神認識へと至るとまでは主張され得ないが、しかしある種の基礎神学をなすことにはなるであろう。もちろん、人間の構成上の神関係の指摘は、まだ神自身、しかもイエス・キリストの啓示において示され、聖書に証言されている神御自身が示されていることにはならない。「人間の構成上の神（?）関係」という表現の神概念は、なお啓示の「神」そのものではないであろう。そこで言われている「神関係」も、正確にはむしろ啓示の神との同一性における「神」という用語を避けて、「神的なもの」、あるいは「無限なもの」「より大いなるもの」との関係とでも言い表すべきであろう。「人間の構成上の神関係」は「自然神学」と区別されて指摘されなければならない。しかしそれでも、それが指摘されるならば、キリスト教的な意味で神を信じ、神を語ること、そしてキリスト教とその教会が存在することの正当性や権利が、それなりに人間学的構成の文脈において意味をもって主張されることになる。それは、神御自身からの権利や正当性の主張ではなく、人間や人間的世界の現実との関連におけるキリスト教的真理の権利や正当性の主張になる。

この意味で弁証学は、教義学的に認識される啓示以外の道によって神認識へと直接到達するというのではないが、教義学に対し、一種の下からの基礎づけ、文脈的地平からの権利の承認を与えることになる。つまり弁証学はそうした文脈において、キリスト教的真理を間接的に弁証し、キリスト教の権利と正当性、したがって「教義学」の権利と正当性、その必要性を明らかにする。弁証学はその意味で、「教義学の外的基礎神学」となる。神学の内的根拠、決定的根拠は、神御自身からの啓示によって根拠づけられるほかはない。それは主題としては、教義学そのもののプロレゴーメナ（具体的には歴史的啓示の理解と証言としての聖書の理解を扱う）が扱うべき主題である。弁証学は教義学の「外的基礎神学」であり、教義学は弁証学の「内的基礎神学」である。弁証学は教義学を外的に支持し、教義学は弁証学を内的に支持する。

5　弁証学の方法

(1)弁証学の教義学的根拠

弁証学は、人間存在にとって本質的な「神的なものとの関係」を問う。それは、「人間と世界にとっての神的なものの必要性」を解明すると言ってもよい。そのことによって、当然まだ神御自身が語られているわけではない。しかしこの弁証学的解明によって、キリスト教とその神が語られる時、その言葉は「比較的高度な異言の孤立化」「端なる断言」[23]として絶対的異質性、疎遠性において語られるものではなくなる。ただし依然として「神はただ神によってのみ開示される」[24]ことに変わりはないであろう。この引用文はバルトに繰り返し見られるが、パウル・ティリッヒの言葉でもある。神は神によってのみ示されるとの認識は、ティリッヒにおいても同様であった。パネンベルクは、「神学的人間学に今日、ある種の基礎神学の位置が与えられている」[25]ことを承認するが、しかしだからと言って「この人間学に神の現実性についての証明を期待してはならない」とも語っている。期待できるのは、ただ、「人間存在の宗教的次元の指し示し」だけであり、「宗教経験という主題が人間存在の構成的な主題として人間に属している」[26]ということだけである。神認識は人間学からではなく、啓示の認識からくる。

しかし啓示による神認識は、「人間存在に構成的な宗教的次元」、ないし「神的なものの人間本質上の必要性」に対応し、その文脈においてその権利を有する。この点がそれなりの意味で重大である。

「人間存在の構成的主題」として「神的なものとの関係」があるということは、ティリッヒの言い方で言うと「人間は自分が尋ねなかった問いに対する答えを受け取ることはできない[27]」ということでもある。ただしティリッヒが以下のように言うとき、それは不正確になる。「人間は、人間として神の問いを知っている。人間は神から疎外されているが、神から切り離されてはいない[28]」。この先頭の命題にある「人間は、人間として神の問いを知っている」における「神」は啓示との同一性を意味し得ないから、不正確であって、むしろ正確には「人間は人間として〈神的なもの〉の問いを知っている」と言うべきである。つづく後半の命題は、不十分である。なぜ「人間は神から疎外されているが、切り離されていない」と言い得るか。人間の本質についての存在論によってそのように言い得るであろうか。そうだとすると、その「神」は存在論の文脈に絡め取られており、存在の虜である。そしてその場合、ティリッヒ自身が語った「神は神によってのみ開示される」という認識は、すでに脅かされている。

「神的なものの、人間と世界にとっての本質構成上の必要性」を認識することは、組織神学的な弁証学の共通課題である。弁証学が、人間やその世界の分析において明らかにするのは、神の現実性そのものではない。つまり弁証学は、「自然神学」ではない。それは、ただ限定的な意味で、「〈神的なもの〉の本質的必要性」を明示することを目指し、その限りにおいて「自然神学〈的〉」と言ってもよい。しかしそれ以上ではない。つまり、弁証学も当然、神について語ることになるが、それは啓示に基づき、教義学的な認識に基づいてのことである。弁証学はその中に内的根拠として教義学を含んでいる。教義学的認識なしに、弁証学は働くことはできない。教義学的な内からの神認識なしに、誰も弁証学において人間の問いに対する「答え」を語ることはできないからである。啓示に基づく教義学的な解答を欠如して、捕らわれた人間精神に対する「解放」や、人間とその文化・文明が提出する誤った不完全な解答に対する真の「解答」、「成就」、人間やその文明の病に対する「癒し」を語ることはできない。その意味では、真の神は、「人間存在の構成的主題」である「神的なものの本質的必要性」の認識からは認識されることはできない。つまり、「神は啓示によってのみ開示される」。この啓示の認識は、イエスという歴史的人格の出来事における啓示として、つまり「歴史的啓示」として認識されなければならない。そして「歴史的啓示」の探究は教義学の課題である。

「人間と世界にとっての神的なものの必要性」と「神の自己啓示」との間には、何らかの「関係」があるであろう。問題はこの「関係」がいかなる仕方で根拠づけられ、またいかなる人間の経験領域において認識され得るかということである。「関係」の根拠づけは、当然、人間存在にある構成要素としての神的なものに対する「必要性」の認識からだけではなく、「啓示」そのものの認識からもなされなければならない。そこにある「関係」をいかなる人間の経験領域において認識するか、どう認識するかという問題は、弁証学そのものの遂行に属する。

まず、「関係」の教義学的根拠づけについて取り挙げてみたい。「神は啓示から認識される」ということと、「人間と世界にとっての神的なものの本質構成上の必要性」とが関係し、対応し、結合されることが、弁証学の成立の要件である。それはあのバルトによる弁証学に対する極端な拒否を克服する可能性を探求することにもなる。エーバーハルト・ユンゲルは基本的にバルトの立場を継承しながら、「神は必要不可欠（notwendig）か」と問う。[29] そしてユンゲルの回答は、「神は必要ではなく、必要以上（mehr als notwendig）のお方である」と言う。それをユンゲルは、「神のこの世的な非必要性」[30]（die weltliche Nichtnotwendigkeit Gottes）と言い表した。神は世界の必要性や必然性に従って世に来るのでなく、「神は神によって来る」からである。認識的には「神は神によって知られる」ということである。神は、必然的に（notwendig）ではなく、「神の自由」によって来る。したがって認識的には、神は人間や世界の必然性や必要性の輪を手探ることによっては認識されない。しかしそれなら「人間と世界からの神、あるいは神的なものの必要性」はないのか。「必然」ではないとしても、「必要性」は認識されないであろうか。ユンゲルの表現では、神はもっぱら神御自身からの到来によってのみ理解される。神の自由な到来が、人間と世界の側からの必要性を作り出し、それとの対応において、またその成就として到来することは語られていない。神は自由である。すなわち「世界的な必然性」の筋道で神を絡め取ることはできない。しかし神は、世界にとって、また人間にとって、必要な方ではないであろうか。「不必要な方」として世界に「到来」するわけではない。「不必要な到来」でなければ、神の主権性や神の自由に相応しくないわけではない。人間が神的なものを必要としているという事態に「関係」することは、神の主権性と自由とを少しも侵さないであろう。そうでなければ、聖書的な契約概念は成立できなくなるのではないか。契約の神は、御自身を求めることを人間に許し、のみならず、神を求めよと命じられ、しかも繰り返し誤ったものの求めに陥る人間を悔い改めに導きつつ、正しい求めに対する成就をもたらしてくださる。「神の世界的な非必然性」の主張は、確かに「神の自由」のゆえに正当である。しかしそれが「神の世界的不必要性」になれば、それは神の自由による選び、契約、そして救済史に相応しくない。創造概念にも馴染まず、終末論的完成にも馴染まない。なぜなら、神は本質的に御自身を不必要とする世界と人間を創造したのでなく、神御自身に関係し、対応し、神の栄光を賛美する被造物を創造されたのであるから。神の到来は、「人間と世界の神的なものへの必要性」を許し、しかも「神的なものへの待望」は、実は「神的なもの」といったものではなく、まことにただ神御自身によってのみ充たされることを明らかにする。その意味において、神は「神的なものへの必要性」の不完全性を正しつつ、その求めを成就する。人間は現実において自分にとって本質的に必要なものから分離している。「神的なものの本質的必要性」を抱えつつ、人間はそこから分離している。

以上の考察から、弁証学を可能にする教義学と、それを拒否し不可能にする教義学とがあることが判明する。「必要とされること」を拒否する神の主張は、弁証学を不可能にする。しかしそれは、キリスト教神学から言うと、聖書の神を正しく理解しているとは言い得ないであろう。弁証学を可能にする教義学、弁証学に根拠を与えつつ、その弁証学を自己の外的基礎学とする教養学は、必要とされることを受け入れる神の教義学であり、聖書的証言による神の教義学はそのようである。その意味において弁証学と教義学には組織神学的な循環があると言い得るであろう。組織神学的な循環は、人間の必要性に根拠しているだけでなく、神の自由な許しの中にその可能性の根拠を持っている。

⑵ 弁証学の方法

ティリッヒは弁証学の方法として「相関関係」（correlation）の方法を提示した。それは、人間の状況に含まれ、その困窮に示された「問い」に対し、キリスト教的メッセージの中に含まれている「答え」が相関関係にあって示されるとの主張である。しかしまたブルンナーが語ったように、未熟な、あるいは誤った答えに対して、より十全な答えによる「対決」がなされることも避けがたいであろう。弁証学は、消極的な自己弁護に終わるものではないし、人間の状況もまたそれだけで済まし得るものではない。「問い」は真実の回答を求める「叫び」である。弁証学はその「叫び」に答えて、人間の状況、社会や文明の状況という文脈を「変革」し、「治癒」の方向を示さなければならない。神の真理の弁証がなされるところでは、人間の困窮の変革と癒しも起きる。それはまた人間や文明の回心が起きることでもある。したがって「相関関係」は、「未熟な答えとの対決」を含み、「叫びに対する癒し」も含む。「問いに対する解答としての弁証学」は、ときには「闘いの弁証学」であり、同時に「癒しの弁証学」でもある。それは、問いに対して回心を求めつつ答える治癒的方法と言うこともできよう。キリスト教弁証学はまことに戦闘的、かつ治癒的に遂行されなければならない。

弁証学が「自然神学」の形を取り、教義学の前提をなした時代もあった。それは下から上へと上昇する思惟の道を歩んだ。しかしその際上へと上昇するための踏み台として理解された「自然」は、実は、時代的な影響下において理解された自然であり、その意味で時代史的に規定された歴史的な自然概念であった。中世的な自然はそのような意味において、存在の類比を辿って神へと昇りゆくことのできる「自然」であった。すでにあらかじめ神への道が隠されている自然概念であった。今日では一般に「自然」は神を除外して理解されている。それは啓蒙主義以後の近代的自然概念であって、中世の自然とは著しく内容を異にする。今日の弁証学は自明性をもって「自然神学」の形態を取ることはできない。教義学が弁証学の上に、またその後に来るのではなく、両者は相互関係にあって、初めから教義学的認識が弁証学に同伴しなければならない。教義学的な認識が弁証学を神学として内的に支持し、弁証学は外的文脈の中で教義学の権利と正当性を支持する関係である。「問いと答えの関係」は、歴史の中で営まれ、時代的な変貌に服し、暫定性を帯び、途上的な性格を持つ。弁証学の基本性格は自然的であるより、むしろ歴史的である。キリスト教弁証学はキリスト教伝道とともに、終末論的な規定を受けた救済史的な中間時を歩んでいる。

弁証学において重大なのは、キリスト教信仰とその真理によって答えられる「問い」を人間の現実の中にどのように見出すかという問題である。そしてまた、それが啓示によって与えられるキリスト教的な「答え」をどう待望するかを示さなくてはならない。それによってキリスト教の真理性がただ神から主張されるだけでなく、人間の経験の地平において何らかの仕方で論証される。しかしそのことは、キリスト教の真理性を、啓示の真理とは別の真理基準に従って測ることにならないであろうか。そしてその別の真理基準こそが究極の真理にならないであろうか。もしそうなるなら、それは弁証学の神学性の崩壊と言わなければならなくなるであろう。しかしそうはならないであろう。なぜなら、キリスト教の真理性を測る基準が、弁証学的営みによる対決と離れて、また啓示と離れて、いわば客観的に存在するわけではないからである。弁証学の法廷は、弁証学的営みそのものとともに形成されると言わなければならない。古代の弁証学における「ロゴス」概念も、また近代の「宗教」概念も、それぞれキリスト教の弁証学的地平になった。それらがキリスト教信仰の真理と別個の形で構成されたならば、それは啓示そのものの真理性や基準性を損なうことになったであろう。しかし実際には「ロゴス」概念においても、「宗教」概念においても、キリスト教信仰と従ってその信仰に対して規定的に働く「啓示」と、それぞれの時代の哲学や精神、あるいは経験的意識とが、相互に対決し、あるいは融合し、浸潤しあった。つまり、それに即してキリスト教の真理性が主張される地平そのものが、啓示やキリスト教信仰との折衝とともに形成されたのである。弁証学の遂行とともに一種の「地平の融合」(Horizontsverschmelzung) が起きていると言ってもよい。さらには、弁証学の遂行とともに一種の「文化総合」(Kultursynthese) が意図されていると言ってもよいであろう。

弁証学の方法的地平として近代において「人間学的地平」が重視された。自然的世界は、もはや多くの人々にとって、直接神を語る地平とは考えられなくなったからである。自然的世界から人間へと地平の移動が起きた。人間学的地平による弁証学は、カントの自然神学批判以来、宗教概念(「宇宙の直感」あるいは「絶対依存感情」)を基軸としたシュライアーマッハーにおいても、パネンベルクにしても、あるいはトレルチの「宗教的アプリオリ」の主張にしても、あるいはティリッヒの「究極的関心」にしても、パネンベルクの「自由の人間学」においても変わりはない。ティリッヒは人間実存の「有限性」、さらにその有限性と人間がその中で造られ、そこから分かたれている無限性との統一を人間の本質存在として語って、そこからの疎外による実存の困窮を弁証学の地平にした。人間の実存状況からの弁証学である。パネンベルクは人間の「自由の超越」が不断に超越であるためには、無への自由ではなく、超越のかなたからの支持が必要であることを語った。つまり人間の自由の超越構造による弁証学である。ラインホールド・ニーバーにおいても「自由の超越」と「神」との関係が重大な神学的関心問題にされている。人間存在はいずれにせよ、本質構成的に神的なものとの関係性、その必要性を構造的に持っているという主張である。つまり人間にとって宗教的次元が本質的であることが示され、人間学的地平が弁証学の文脈をなしている。

しかし繰り返して言えば、それによってはまだ聖書が証言している啓示による神御自身が意味されているわけではない。シュライアーマッハーの宗教概念も、トレルチの「宗教的アプリオリ」も、あるいはティリッヒの人間実存の困窮も、パネンベルクの自由の超越も「啓示」そのものではない。そこではまだ神御自身による「啓示」は論じられていない。ただ、神が御自身を示される時、その示しが入ってくる文脈が、人間学的な地平であることと、その地平が人間学的な意味で恣意的な地平ではなく、本質的な地平であることが語られている。それは内容的には、神御自身による啓示によってある面批判され、攻撃され、克服されるが、しかし他面また答えられ、成就される、そうした人間学的地平の文脈である。人間の本質構成的な「神的なものとの関係性」「神的なものの必要性」は、神御自身の示しにより、神御自身によって打ち立てられる関係によって、修正され、癒され、成就される。弁証学は「問い」と「答え」、「攻撃」と「成就」の二重の面で遂行されるが、それはまた「診断」と「癒し」でもある。「答え」「成就」「癒し」は神御自身の自由の業にかかっている。

(3) 弁証学の構成

弁証学が遂行される「地平」や「分野」、あるいは「文脈」について一言しておきたい。弁証学が「人間学的地平」において企てられるとして、その地平はどのように分節されるであろうか。人間学的地平は、歴史的であり、また文化的であり、社会的でもある。それはまた身体性の諸元素の関係や、地球という生存の場の関係で宇宙的でもある。ティリッヒは、人間実存の有限性の経験を人間実存の事柄だけに限定せず、「実存するもの一般」[31]に関係するものとして認識した。その際ティリッヒは、パネンベルクのようにカントやヘーゲルに対する注目から、近代の神問題の人間の主観性への限定によって弁証学を方向づけたのではなく、中世の神秘主義の伝統からも示唆を受けて、存在論的に考えた。非存在の衝撃によって不安を経験する人間実存の有限性の経験は、実存する万物の本質の開示に通じると見た。「存在」「実存」「生」が弁証学の地平として叙述され、「歴史」の地平にまで及んだ。しかし「実存」や「生」のカテゴリーからにいかにして「歴史」のカテゴリーに至るかという問題は、必ずしも明確に示されてはいなかった。実存から歴史への移行は、実存の構成を辿って構成主義的に究明することは必ずしも可能でも、必要でもない。本書の第二部で多少の考察を加えることになるが、マルティン・ハイデガーが試みた「実存の歴史性」から歴史を語る試みは問題がないわけではなかった。

パネンベルクは、「人間の主観性における自由の超越」を神的なものとの関係性への指示としながら、自然的世界については別の視点から検討している。それは「慣性の法則」が自然的世界から神関係性を排除したのに対して、宇宙的な偶然性に注目し、そこに生じる「新しいもの」が既存のすべてのものを超越した神的なものの到来を指し示すという議論である。これによれば、人間学の分野とは別に、自然的宇宙論がもう一つの弁証学の分野を構成することになるであろう。

弁証学の地平として、現代人にとって人間学的地平を文脈から除外することはできない。しかし同時に現代人は、実存主義的な狭さから解放され、人類の歴史や文化、そして社会、しかも現代のグローバルな共同社会にまで生活連関を拡大している。さらには自然的世界のより広い分野にまで地平を拡大できなければならない。その際それぞれの領域の経験と学的認識も尊重されなければならないであろう。パネンベルクは、ティリッヒの方法では神学的人間学が、生物学、社会学、心理学など人間諸科学の成果と嚙み合った具体性を持ち得ないと批判した。弁証学的人間分析は、「それに関連してくる人間学的諸科学を明確に考慮に入れることによって、深められなければならない」[32]と彼は主張した。弁証学の具体的な展開は、特定の原理によって構成主義的にその地平や領域を固定的に規定するよりは、むしろ伝道の責任意識において、しかも現代人の経験に即して、また諸科学との関連において、その地平や文脈を認識していくのでなければならないであろう。

本書は人間の「神的なものとの関係性」の論証を、人間とその歴史、そして歴史性にある文明と社会の領域においても展開すべきであると考えている。しかし弁証学において体系的な完結性を要求すべきではないであろう。弁証学はその地平を伝道の責任から規定される。そしてその諸地平は、人間の経験に対し、また諸科学との対話に対して開かれている意味で未完結である。われわれは、弁証学が閉じた学でなく、現実との関係において歴史的な闘いの途上にあって、人間の文脈をできる限り包括しようとする開かれた学であることを認識し、ただ暫定的にその分野を、以下の五分野に区分したい。

第一部は「人間学の文脈」であり、これには人間の本質的構成としての宗教性の問題、無神論とキリスト教の問題の検討が含まれる。第二部は「歴史の文脈」であって、歴史の意味と目標についての考察が含まれ、歴史観や歴史哲学のアポリアが認識され、歴史の神学の真理性が主張される。第三部は「近代世界の成立に対するプロテスタンティズムの意義」の領域である。現代文明の理解とそこに生じている種々の問題と取り組む上で、近代世界の成立史を認識することは不可欠な前提に属し、そこでのプロテスタンティズムの意義を鮮明にすることは重大な弁証学的課題である。第四部は「新しい日本の形成」という文脈である。近代日本とキリスト教の関係を問うことは、新しい日本の形成のために、また日本におけるプロテスタント教会の責任や可能性について語る上で、不可欠な課題である。第五部は、「現代世界文明の文脈」である。今日の文明の諸問題の文脈において、キリスト教信仰の真理の正当性と権利とを明らかにすることは、現代文明の活路を模索する上でも、キリスト教信仰の可能性を提示する上でも、キリスト教弁証学の不可欠な課題をなす。

これら諸領域における議論、そこでの診断とキリスト教の使信による「癒し」や「成就」の明確な指示は、キリスト教の文化政策や教育政策、対日本政策の骨子を形成するものになるであろう。弁証学は、「キリスト教世界政策」や「キリスト教倫理学」と身近なところにまで及ぶ。ただし個別的諸問題の具体的展開は「キリスト教世界政策」や「キリスト教倫理学」に委ねるほかはない。弁証学はその基盤や背景の問題を扱うに留まる。「キリスト教弁証学」と「キリスト教倫理学」の間にも「組織神学的循環」が存在すると言わなければならない。

上記それぞれの分野において、扱われる問題は全体を網羅する仕方で提示されることは不可能である。むしろ選択的に取り上げるほかはない。弁証学は自らに内的論理による体系化を要求してはならない。キリスト教信仰の伝道における諸文脈の中にある「問い」や「攻撃」を選択的に識別し、それらと取り組むことが求められる。

しかし、人間、歴史、世界、文明、そして日本の問題を本書の弁証学的課題から欠落させることはできないであろう。

それでは弁証学的文脈としての人間、世界、文明、日本を、あるいはその諸問題をどのように理解へともたらすか。それぞれの文脈内部の事柄に対する洞察がすでに弁証学的な意味での神学的認識として打ち出されるべきであろうか。問いと答えの循環関係、相互規定からすれば、問題そのものの理解がすでに神学的理解でもあり得るし、そうでなければならないであろう。しかしそこには当然、現実認識をめぐって学的交流が前提される。したがって、人間の文脈においては当然哲学的な「人間学」が、歴史の文脈においては「歴史哲学」が対話の相手として参照されなければならない。文明の文脈、日本の文脈についても哲学的、社会学的、ならびに歴史学的な諸成果が参照されなければならないであろう。本書はそれぞれの分野での歴史的成果を前提にし、それとの対話や対決を選択的に試みなければならない。その点では本書の弁証学的対話・対決には「歴史の神学」に基づく思想史的検討が含まれることになる。

第一部　人間学の文脈におけるキリスト教の弁証

はじめに——第一部の意味

キリスト教信仰の真理主張の弁証は、まず「人間学の文脈」において試みられる。他の問題から記述していくことも可能ではあるが、近・現代の宗教やキリスト教をめぐる宗教文化史ならびに思想史と、神学史に即して検討するとき、人間学の文脈は除外されることはできないし、基本的に優先的な扱いを必要としている。近・現代のキリスト教弁証学もこの線を歩んできた。人間学の文脈でキリスト教信仰の真理を弁証する意味は、キリスト教信仰の真理がこの文脈に起源を持っているということではない。キリスト教信仰の真理は、イエス・キリストにおける歴史的啓示に認識的な起源を持つ。したがって啓示の歴史的事実と、それに対する聖書的証言、ならびにそれを受け取る霊的な信仰によってキリスト教信仰の真理、神の真理は認識される。この啓示認識による真理が、人間学的文脈においてどのように弁証されるかという問いである。

プロテスタント教会が位置している西方教会の歴史において、近代の特徴は、中世ヨーロッパの教会的権威による統一文化が崩壊したとき、真理の認識をめぐる地平として人間意識が原理的な出発点として浮上したことであった。周知の言い方に即して言えば、真理をめぐる知的営為の「根本主題」は、古代においては「自然的世界」（コスモス）に見出されたが、中世においては「神」がそれにとってかわり、近代においては「人間」が位置するようになった。それまで前提とされてきた中世的なキリスト教的真理の自明性が失われたとき、人々は何を手がかりにキリスト教的真理の再建を試みることができたであろうか。キリスト教的ドグマの真理の自明性が崩れたとき、思惟の秩序の再建をめぐってデカルトは「思惟する我」を建て、それを起点に「生得観念」としての神を確証する道を歩んだ。社会秩序の根底をめぐってホッブズは「心理学的」に確定される人間の「快」の感情を手掛かりに「道徳意識」を論じた。いずれにしても人間学的地平が真理確証の重大な地平として登場したわけである。人間の自己意識、精神、倫理意識、宗教意識、理性といった地平が真理確証の地平となり、その認識方法としては心理学や理性批判が重要になった。

キリスト教弁証学の第一部は、したがって、ヨーロッパ近代におけるキリスト教の弁証が人間の自己意識を起点にして、その上で宗教概念を基盤にし、あるいは倫理意識の文脈において進められたことを回顧しながら、現代の歴史的位置を確かめなければならない。この歩みの中で「啓示」が重大な主題になる経緯も明らかになるであろう。今日では人間の自己意識、倫理意識や宗教意識が、人間にとって不可欠な神的なものをめぐる真理の自明な認識根拠として通用しているわけではない。キリスト教信仰の真理は人間の倫理意識にも宗教意識にも基づくことができず、ただ神の啓示の出来事に基づく。そしてその真理が人間の本質構成との関連で弁証されることが、人間自身にとって重大であることが判明するであろう。

第一章　近・現代におけるキリスト教の弁証の概観

近代におけるキリスト教の弁証は、教会や聖書の権威、あるいは伝統やドグマに依拠するところから直接試みられるのでなく、人間学的意識を共通の基盤としながら進められた。この歩みに従えば、キリスト教の真理の弁証は、「宗教意識」や「倫理意識」の自明性に頼って、その上で「宗教の本質」を規定し、その本質の実現としてキリスト教の真理性を主張し、宗教としてのキリスト教の存在の権利を主張することであった(1)。この線上にデカルトの生得観念としての神観念も、あるいはまたカントの理性批判を経ての実践理性による神の要請も位置している。倫理意識の自明性に依存するのでなく、宗教意識そのものの独立的な意味を主張したシュライアーマッハーの「宗教の本質」についての定義も、人間の自己意識に宗教の立脚地を求めた線上にあった。そのようにして倫理学によるキリスト教の根拠づけと宗教哲学による根拠づけという二重の根拠づけが一八世紀と一九世紀には遂行された。

この潮流の中で、宗教とキリスト教を「派生的なもの」として位置づけるか、それともそれ固有の本源的な「自立性」を主張できるかというテーマが出現した。「派生的なもの」としての宗教の見方は、まず理性を根源とする、あるいは理性を判断基準とする宗教の理性的定義によって表現され、やがて宗教は理性による要請事項に応えるべき位置をあてがわれ、一九世紀に至って、他の人間学的、あるいは経済学的な疎外を起源とするイデオロギーとして解釈されるようにもなり、結果的には「非宗教的な無神論的宗教批判」にさらされるに至った。「宗教イデオロギー論」は、宗教をより根源的な起源からの派生的現象と見なし、フォイエルバッハのように人間学的起源からの派生と見るにせよ、マルクスのように経済力と経済関係の下部構造における疎外の現実のイデオロギー的派生現象と見なすにせよ、あるいはフロイトのようにスーパー・エゴの抑圧からの派生的現象と見なすにせよ、宗教にはその根底に人間学的に言ってより根源的な現実があって、宗教はそこからの歪曲的な派生現象として説明された。このように宗教をより根源的な実在からの派生現象と見なすことは、本質的に宗教をその根源的現実に「還元」することを意味した。

その際、自然主義的人間学によるにせよ、労働する人間といった史的唯物論的人間学によるにせよ、あるいは権力への意志として、さらには潜在意識の規定を受けた人間として考察するにしても、問題は常に人間学であり、「本質的に非宗教的な人間」としての人間理解であった。したがって「非宗教的・無神論的な人間学」の正当性が問われなければならないであろう。現代のキリスト教弁証学の真理主張は、人間の倫理意識や宗教意識への依存性によることができなくなった後を受けて、啓示による真理に基づくほかはない。しかしその真理は非宗教的・無神論的人間学や宗教の還元主義と対決することを回避することはできないであろう。このことが次章の課題になる。

宗教の還元主義に対抗する試みは、すでに一九世紀末に「宗教の自立性」(2)を語る仕方で試みられた。この立場は、宗教の本来性、それ固有の人間学的な構成的根拠を明示して、宗教の還元的解消に対抗した。この試みは、宗教的なものとの人間の本質構成的な関わりを、「人間が人間であるための必須の条件」として示すことであり、さらにそのように人間学的文脈において本質的とされた「宗教的なもの」がそれ自体としての実在性をどのように示すことができるかという問題であった。「宗教の自立性」がただ人間学的根拠からのみ主張されるのであれば、宗教は結局、人間学的現象に留まり、結局は人間学に解消されるとも考えられる。したがってこの議論は、ただ人間学的構成をめぐる議論だけではなく、宗教的なものの実在性をめぐる形而上学的考察に進むか、それとも歴史的な実定的宗教の起源を歴史的に探求しなければならなかった。この後者の営みは、人間学的な構成的根拠とは別に、「歴史的啓示」による根拠づけを明確にしなければならないことになる。二〇世紀以来現代においても、啓示とその認識がキリスト教組織神学の決定的な問題であることは回避できない。キリスト教弁証学は、この文脈では宗教的なものの実在性を開示する「啓示」の認識が、「人間学的権利」を持っていることを主張するという限定的な課題のみを持つ。

「宗教の自立性」という議論は、すでにシュライアーマッハーにおいて、理論理性でも実践理性でもなく、「直観と感情」に宗教の座を認識する立場から開始されていた。トレルチはそれを宗教の心理学から、さらにカントの批判主義を一歩前進させることで、「宗教的アプリオリ」(3)の主張によって試みた。理論理性や実践理性の自律性とともに、あるいは芸術的感性や構想力の自律性とともに、そのいずれにも解消されない宗教的理性の探究を通して宗教的意識の自立性を明確にし、文化世界を超えた宗教的なものの位置を理性論的、ならびに「キリスト教文化総合」の形成課題の中で価値論的に樹立しようとしたわけである。

トレルチははじめ「宗教の心理学」によって、「宗教の自立性」を認識し得ると考えた。しかしちょうど倫理学において心理学的な道徳意識の流動性や恣意性に抗して、それを越えてカントにおいて実践理性による倫理学の根拠づけへと進まなければならなかったように、心理学的な宗教的意識のリアリティ認識がなお不十分で流動的・恣意的であり得るのを克服するために、宗教的理性による宗教の自立性の根拠づけへと進んだ。それがトレルチの宗教認識論としての「宗教的アプリオリ」の主張であった。カントが経験に先立つ理論理性のアプリオリと同様に、倫理的経験に先立つ実践理性のアプリオリを明らかにしたように、トレルチは宗教心理学によって認識される宗教的経験に先立って、宗教的理性のアプリオリを主張したわけである。しかし「宗教的アプリオリ」はキリスト教という固有の実定的宗教のアプリオリを意味するものではない。実定的宗教としてのキリスト教の存在は、宗教史的な現実であって、啓示と宗教史やキリスト教史によって認識されるほかはなかった。

「宗教的アプリオリ」は「宗教的なものとの関係」が「人間学的な本質的構成的根拠」を持っていることを示そうとした。それを宗教的理性によって根拠づけたわけである。宗教の人間学的な本質的構成的根拠の探究は、その後の二〇世紀には「哲学的人間学」の系譜において探究された。これが第三章の探究課題である。この人間学的文脈は宗教に特化させた議論として長所でもあれば、また人間と宗教の関わりを宗教的理性という局所に限定した意味で短所でもある。人間と宗教の関わりはむしろ全人的全体性に関わるであろう。第四章では、人間の精神と生の全体性における宗教的なものとの関わりを探究する。

「宗教の自立性」とは別に「倫理意識の自明性」を前提にして、そこに宗教の支持基盤を見出す行き方はどうなったであろうか。このカント主義的な線は、リッチュル学派からヘルマンとブルトマンの関係を介して、エーベリンクなど実存主義的神学の系譜に継承された。そもそも宗派分裂によりドグマの権威が崩壊して以後、宗教的分裂を覆う仕方で根本に位置してきたのは倫理意識の自明性であったが、それはすでに二〇世紀の二度にわたる世界大戦やその後の急激な社会変動によって危機に瀕している。倫理意識の自明性に基づいてキリスト教弁証が可能というよりは、むしろ逆にキリスト教信仰の確立によって倫理意識の再建を図らなければならないのが今日の現実であろう。二一世紀は、社会変動や情報化の激化によって「規範喪失社会」[4]に向かう傾向を著しくしている。倫理意識がむしろ宗教的なものによる支持をますます必要としていると言わなければならないであろう。しかし宗教の多元性による倫理的判断の分裂の経験は、ただ宗教意識や宗教的理性一般を肯定することによって解決できるわけではない。従来の倫理や宗教哲学による宗教の根拠づけに対抗し、それに依存しない「啓示」の主張が二〇世紀の二〇年代以降に出現したことは、起きるべくして起きた現象であった。それは倫理と宗教、それらの人間学的根拠づけが動揺した危機の中で出現したキリスト教的真理の認識と確認の唯一の活路であったのである。

こうした歴史の経過を見るとき、キリスト教信仰とその真理性についての主張は、この人間学の文脈においてまず戦われなくてはならない。キリスト教的真理の根拠は「啓示」にあるが、その啓示的真理の権利や正当性は、人間学的文脈において戦われ、弁証されなければならない[5]。それによってまた倫理意識も支持を得るであろう。

その際、「宗教性の人間学的根拠」を指し示すことができることは、啓示認識に対して「地平構築」の意味を持ち、「啓示への待望」を語る人間学的根拠になる。また、キリスト教的真理は、人間学に対し、その歪曲や挫折を救済する仕方で関係することができるであろう。

啓示の認識は、非宗教的・無神論的人間学と両立することはできないであろう。キリスト教弁証学の人間学的文脈での重大な課題は、宗教の人間学的な還元や解消に対して、それには人間学的な妥当性がないことを示すことである。むしろ宗教的なものとの関係性、神的なものとの関係性は、人間学的に言っても本質構成的な意味を持っていることを明らかにすることである。そのようにして、キリスト教信仰が、人間にとって非本質的なものではなく、人間性の本質の成就と関係することを示すことができる。人間を理解することは、神的なものとの関わりを欠いては不可能であると主張し得る。ただし、それによってただちにキリスト教そのものの真理性の直接的論証になるわけではない。キリスト教信仰の真理性は神に関わり、神はその啓示によって認識されるほかはない。しかし人間の本質についての宗教的理解は、キリスト教的啓示認識を受容する間接的な場を備えることになる。そこで論証される人間の本質構成的なものとしての「宗教的なもの」や「神的なもの」との関係は、その「宗教的・神的なもの」がまさに啓示によって示されることが、人間学的に必須の意味を持っていると語ることができる。キリスト教的信仰と神学とは、人間の人間存在にとって本質的な事柄に関わり、決してどうでもよいものではないことが示される。それが人間学的な文脈におけるキリスト教弁証学の課題である。

第二章　無神論の挑戦、その根拠と残された問題

近代世界への胎動は、すでに宗教改革にあったとは言え、中世と近代とを分かつ世界史的転換の事件は一七世紀に起きた。コルプス・クリスチアヌム（Corpus Chrisianum）、つまり中世的な教会的権威による統一文化の崩壊がそれである。この世界史的問題とキリスト教の関係は、本書の第三部の主題であるが、この巨大な歴史的転換においてキリスト教、特に「禁欲的プロテスタンティズム」、なかでもピューリタニズムの活動が重大な役割を果たした。デモクラシーや人権の思想と制度の成立、国家と教会の分離、さらには宗教的寛容の動向がそれに伴う運動として起きたからである。あるいはまた新しい経済活動と経済システムの出現、そして近代科学の成立と発達にもプロテスタンティズムの何らかの関与があったと考えられる。したがって、近代はただちに無宗教、非キリスト教的であったわけではなく、脱キリスト教化が近代の原動力であったわけでもない。しかし一八世紀に至って、ヨーロッパ大陸の啓蒙主義運動の中でフランスにおけるそれを主にして、非宗教的な思想や文化の活動が次第に活発化し、前面に登場するようになった。科学の分野でも、一八世紀一〇年代のニュートンとライプニッツの時間・空間論争では、なお双方いずれにおいても、彼らの思想内容にとって神の栄光が動機の上で依然として重大な問題であった。しかしその世紀の後半には、物理学は「慣性の法則」を梃子とし、また生物学も「自然選択と進化」によって、神なしにそれぞれの対象である自然世界を説明し始めた。やがてカントは純粋理性批判の中で科学的世界の認識、つまりは自然的な世界から神の場所を移動させるようになった。『純粋理性批判』第二版の序文の有名なカントの言葉はそれを表している。「要するに思弁的理性から、経験を超越して認識すると称する越権を奪い去らぬ限り、私は神、自由および不死〔霊魂の〕を、私の理性に必然的な実践的理

性使用のために想定することすらできない……それだから私は、信仰を容れる場所を得るために知識を除かねばならなかった」[1]。カントはこの結果、「自然に関する学」と「道徳に関する学」とを互いに浸食し合うことのない、それぞれの領域に地歩を固めさせ、神の場を自然的世界から除き去り、道徳的世界との関連の中へと移行させた。この道は理性批判を通して整備されたわけで、実践理性批判によって確定された人間学的営みとの関連で神が登場する場が規定されることになった。デカルトが「思惟する我」を立て、その「生得観念」によって神を論じた思惟の歩みが、理性批判を介在させながら倫理的な傾斜を採って貫徹されたと言うことができよう。

それにしても、自然的世界から神の働きの場が除去されたことは、人間学に基づいて神や宗教が取り扱われることと裏腹のことであるが、それはまた結果的にはやがて一九世紀の無神論の出現に対して打ち消しがたい端緒を与えたと言わなければならないであろう。しかし無神論が本格的に成立するためには、自然の世界とともに人間を、その存在と意味とを、神なしにそれら自体から理解しなくてはならない。さらには現にある神についての表象、そしてその宗教的な諸言辞、さらには宗教そのものの現象をも、神なしに説明できなくてはならないであろう。この試みがやがて一九世紀に明確な思想として出現してきた。したがって一九世紀以後、キリスト教はそれら非宗教的、無神論的、反キリスト教的思想の挑戦を受け、非宗教的無神論とその理由の主張に直面しながら、神的実在の真理性やキリスト教的信仰の権利を主張しなければならなくなった。それにはまた、無神論の自己矛盾、あるいは無神論の理由の根本になお扱われることなく残されている問題などを明らかに提示しながら、宗教的なものと人間との関係を、人間にとって本質構成的なもの、本質的に必然的なものとして理解にもたらす努力をしなければならない。

無神論にはいくつかの形態がある。フィヒテのときに起きた「無神論論争」は、絶対的存在としての神と相対的なものとしての人格存在の関係や相違に関わるものであって、神的実在そのものを否定し、あるいは拒否したものではなかった。むしろ本格的な無神論は宗教を神なしに説明したフォイエルバッハによる宗教批判に見られ、カール・マルクスに継承された。またニーチェはフォイエルバッハとは別の系譜から反キリスト教的な意味で「神の死」を宣告した。さらに無神論の主張はフロイトやサルトルなどに及んでいった。日本にはさらにそれらとは系譜をまったく異にする東洋の仏教的無神論の立場も見られる。一九世紀から二〇世紀初頭にかけて、無神論はキリスト教神学にとって回避し得ない問題となり、これに対する対応や対決として、トレルチ、バルト、ティリッヒなどの神学的闘いや応答が試みられた。

1　「宗教」の人間学的還元と残された問題

一九世紀の「無神論」の一つの大きな潮流は、「宗教批判」の形を取った反宗教的な無神論であった。それは宗教的表象を無神論的に説明したが、したがってまた宗教的表象の中心にある神についても神なしに説明した。ルートヴィッヒ・フォイエルバッハは自然主義的な人間の本質理解に立って、宗教の起源をその人間の本質の中に見出し、宗教的表象は実は人間学的表象であると主張した。彼の著書『キリスト教の本質』（一八四一年）第一版序文に記された「神學の秘密は人間學である」[2]は、「ア・ポステリオリに神學の歴史が證明し且つ確證して居た」ことであると言われている。それは「潜勢的未自覺的に神學の本質であつたものを、〔歴史が〕實現し且つ意識の對象となした」と言う（〔 〕は筆者の補足）。フォイエルバッハのこの命題による企ては、神学の根源が人間学にあると説明し、宗教を人間学に解消するもので、宗教の人間学的還元による宗教批判であることを意味している。宗教とは、フォイエルバッハにとってキリスト教にほかならなかったが、キリスト教神学が語る神の「全知」や「全能」も、あるいは「愛」や「義」も神の表現でありながら、その実、人間の本質を言い当てているにほかならないと主張された。神の「無限性」も人間の本質の無限性を人間の外に投影的に表現したにすぎない。その際フォイエルバッハは、人間を個的人間としてではなく、「類的人間」として捉えた。したがって神について語られた述語は、類的人間の本質に起源を有し、そこに還元的に戻されると言う。フォイエルバッハの文章を引用すれば、以下のように言われる。「不滅な本質を對象にもって居るものはそれ自身が不滅な本質なのだ。無限なる本質に於いて私に対し主語や本質として對象になるものは、単に私自身の述語や特性であるものに過ぎない。無限なる本質とは人間の無限性が人格化されたもの以外の何物でもなく、神とは人間の神性又は神的性質が人格化され一つの存在者として表現されたもの以外の何物でもない」[3]。宗教に関するこの人間学的な説明によって、宗教も神も批判的に解釈され直され、人間学へと還元される。宗教のこの人間学的批判は、人間の本質の人間学的な取り戻しの主張にほかならなかった。

しかし宗教の人間学的還元にはなお残された問題があった。カール・マルクスは、その青年期の文章『ヘーゲル法哲学の批判の序説』を、「ドイツにとって宗教の批判は本質的にはもう果されているのであり、そして宗教の批判はあらゆる批判の前提なのである」[4]という文章から書き起こした。「ドイツにおける宗教批判」とマルクスが語ったのは、フォイエルバッハの宗教批判であることは言うまでもない。「宗教の批判はあらゆる批判の前提」というマルクスの言い方には、マルクスによるフォイエルバッハ継承の意図が含まれている。しかし同時にフォイエルバッハの宗教批判を単に宗教批判に止まるものとし、またすでに終了した作業と見なして、それによっては扱われていない「あらゆる批判」の取り組みへの開始を告げる意味で、それはフォイエルバッハに対する批判でもあった。マルクスは宗教批判をすでに決着のついたものとして、自らは宗教という事柄そのものの中になお残された問題を見ることはなかった。その意味では、宗教的な事柄に関わり続けたフォイエルバッハの無神論とは本質的に異なるマルクスの無神論が姿を現した。それはフォイエルバッハの宗教批判ではなお残された問題が社会の経済的下部構造にあるとして、そちらに批判の的を移動させることによって、問題がなお宗教批判そのものの文脈にあることを無視したことにもなった。

一方、フォイエルバッハの宗教批判によれば、神の述語として語られていることは、人間の本質の述語である。したがって、宗教には「人間の本質」「類的存在としての人間の本質」が示されている。フォイエルバッハにとっては、宗教批判を終わったものとして済ませて「人間の本質」を扱うことはできない。マルクスによれば、「宗教は、自分自身をまだ自分のものとしていない人間か、または一度は自分のものとしてもまた喪失してしまった人間か、いずれかの人間の自己意識であり自己感情である[5]」。したがってそれは「倒錯した世界意識[6]」とも呼ばれた。そうだとするとマルクスにとっては宗教が提示しているのは、人間の本質であるよりは、人間の本質の隠蔽である。それゆえ宗教は「民衆の阿片[7]」という糾弾にもなった。そうなると、マルクスにとっては宗教の人間学的還元があるというだけでことは済まない。「宗教の批判は本質的に終わっている」とも言わなければならないものであった。マルクスは残された問題を宗教批判の中に見ようとはしなかったからである。宗教批判に止まる限り、まだ本当の問題に取り組んでいないことになるからである。マルクスにとっては何としても宗教批判は終わらせ、それを前提にして別の批判に移っていかなければならなかった。「宗教の止揚」が求められ、「民衆の幻想的な幸福である宗教を揚棄することは、民衆の現実的な幸福を要求することである[8]」。宗教はおのずと解消されるものではなく、宗教成立の根を克服しなければならない。フォイエルバッハとの違いとして、人間の社会的存在としての自己自身との分裂の理解が異なってくる。それは、もはや単に理解されるべき分裂ではなく、まさに克服されるべき疎外であり、変革されるべき歪曲であった。

　フォイエルバッハにおいては「無神論」の対として、神の述語を取り戻した人間の神格化、ないしは「人間神論」（Anthropotheismus）が登場してくる。神が持っていた尊厳や意味を人間が再獲得する。しかしマルクスにおいて人間が再獲得する意味や尊厳は、神の述語からの人間への転移によっては果たされない。フォイエルバッハに見られた人間における真の宗教の取り戻しは、マルクスには見られない。フォイエルバッハの人間学は無神論的で、したがってまた非宗教的な人間学ではあったが、なお宗教的な取り戻しとして、それなりに宗教的な人間学であり続けた。つまり非宗教化された宗教的人間学であったわけである。しかしマルクスの人間学は、もはや非宗教化された宗教的人間学ではない。マルクスはこの点の相違を強く意識していた。「ヘーゲル法哲学の批判の序説」と同時期の文章「フォイエルバッハについて」においてマルクスは言う。「フォイエルバッハは宗教的本質を人間的本質に解消させる。しかし、人間的本質はけっして個々の個人に内在する抽象体ではないのである。人間的本質は、その現実においては、社会的諸関係の総和である。フォイエルバッハは、この現実的本質の批判にたちいらないので、それでやむなく（一）歴史的経過を捨象して、宗教的感情をそれだけのものとして固定し、そして、抽象的な――孤立させられた――人間的個体を前提しなければならない。（二）したがって、本質はただ『類』として、内的な、ものいわぬ、多数の個人を自然的に結合する普遍性として、とらえられうるだけである」[9]。こうしてフォイエルバッハの自然主義的人間学に対し、マルクスは史的唯物論の人間学に立った。マルクスによれば「人間とはすなわち人間の世界であり、国家であり、社会的結合である。この国家、この社会的結合が倒錯した世界であるがゆえに、倒錯した世界意識である宗教を生みだすのである」[10]。マルクスによれば人間とは社会的結合のことにほかならないが、フォイエルバッハは人間をその社会関係において、また歴史において、さらに実践において理解していないとマルクスは語った。フォイエルバッハの仕事は「宗教的世界をそれの世俗的基礎に解消させるところにある」。しかしこの世俗的な基礎は、フォイエルバッハによれば類的存在としての人間の本質であり、マルクスによれば社会的存在としての人間であるが、それが「ひとりでにうきあがって、一つの独立王国として雲間に定着するのは、この世俗的基礎の自己分裂と自己矛盾とからだけ説明されるべきである」[11]。宗教の成立根拠には「倒錯した世界」としての社会的人間の「自己分裂」がある。そこで「この世俗的基礎そのものがそれ自身において、まずその矛盾において理解されなければならないとともに、さらに、実践的に革命されなければならない」[12]。フォイエルバッハの「解釈する無神論」から、「変革する無神論」への変更が主張された。宗教批判から社会革命へと進む「革命的無神論」の出現である。

　こうしてマルクスは宗教のイデオロギー性を暴露し、その起源を史的唯物論的に国家や社会の矛盾の中に究明した。彼の革命的無神論は宗教批判を過去化させ、「宗教的イデオロギー形成」それ自体の意味をそれ以上宗教との関連で問おうとはしない。フォイエルバッハの宗教批判には宗教への関心がなお脈々と生きていたが、マルクスではもはやその宗教への熱い関心は見られなかった。しかし、いわば宗教問題を卒業してしまうところに、マルクスの思想の貧困が発生する一つの理由があったと思われる。宗教問題はそう簡単に卒業できる問題ではないからである。フォイエルバッハが言うようにそれは人間学に深く根差しているからである。マルクスにおいては、宗教批判を過去化させたことによって、人間や社会、そして歴史の洞察は、宗教的に表現される深遠な次元を喪失することになった。それは史的唯物論の内在主義に閉じ込められるほかはなかった。しかし現実には、人間の矛盾の社会的形態を革命によって解決する実践も、再び人間そのものの矛盾の中に巻き込まれるほかなかったのである。それが実際の歴史がその後マルクス主義に対して突きつけた問題であった。宗教批判を過去化させたことは、なぜ人間の矛盾は宗教的関係の中で表現されなければならなかったかという肝心の問題をもはや問おうとしなかった。明らかにマルクスの「変革する無神論」が扱わなかった残された問題がある。この問いは、宗教的関心を持ち続けたフォイエルバッハにおいても決して充分に取り組まれたわけではない。しかし、いったいなぜ人間学は神学と関係し、神学の秘密である必要があるのか、またそれが可能なのか、問わなければならないであろう。フォイエルバッハもまた、なぜ人間はその本質を宗教的な客観的世界に「表現する」あるいは「投影する」ことをしなければならなかったのか、またなぜそれができたのかをそれ以上問わなかった。

人間の宗教的表現という事実を、そこに表象された神的なものと表象を投影する人間との関係を「解釈」することを通してにせよ、あるいは革命的な疎外克服の遂行によるにせよ、いずれにしても人間学的に還元することを図ることで扱うことは、まだ一面的な取り扱いにすぎない。他面には、自然主義的類的人間にせよ、歴史的社会的存在としての人間にせよ、人間から宗教への表現や投影の遂行の中に隠されている人間学的意味を明らかにしなければならない課題がある。その投影の遂行には、疎外の形態にせよ、人間学的に言って人間の本質構成的な必然性が示されているのではないかと問うべきであろう。

この問題を追及すれば、宗教的な客観化の中に、人間の本質構成的な要素として宗教的投影の不可避性、つまりは、人間の自己超越的精神の本質的構成契機として神的なものとの関係性、宗教的なものの投影や表現の必然性が表現されているのではないか、と問われるであろう。トレルチが当初心理学的な方法によって「宗教の自立性」を主張し、後には認識論的に「宗教的アプリオリ」を主張したのは、そのためであった。フォイエルバッハの宗教批判が人間学への還元という方向を表現したのに対し、そこにはなお残された問題があった。「還元」がそもそも語られ得る前提としての宗教的な「投影」の理由を問う問題である。宗教的投影の必要性と可能性の中に、人間の本質構成的な宗教的関係が示されているのではないかと問われるべきであった。神学の秘密が人間学にあるとして、神学を人間学的に還元し、説明するのであれば、同時になぜ人間学がほかならぬ神学の秘密になったのか、またなり得たのかが、同じく人間学的に究明されなければならないであろう。宗教批判を済んだものと見なしたマルクスがこの問題を無視したことは言うまでもない。しかし彼の史的唯物論によって構想された革命による人間の疎外克服の試みは、人間の活動として達成可能ではなかった。それは、なお残された問題、つまり人間の本質構成的な宗教的な契機を理解しなかったことと関係がある。マルクスの試みは失敗に終わっても、宗教は依然として終わっていない。つまりは、宗教は「民衆の阿片」ではなく、「人間の本質構成的な問題の表現」なのである。宗教や神学の秘密が人間学にあるだけでなく、そうであれば同時に人間の秘密が宗教にある。つまり人間は本質的に宗教的な存在であると言い得るのではないか。人間による宗教的投影の不可避性の中に、実は人間の本質構成的契機としての神的なものとの関係性が隠されていることを無視したままで、宗教の人間学的還元を行うことは、人間に対して一面的、抽象的な扱いをしていることになる。その意味で無神論的宗教批判にはなお残された問題があったと言わなければならない。

2　カール・バルトのフォイエルバッハ批判とその不足

カール・バルトはフォイエルバッハによるキリスト教批判に注目し、一度ならずそれについて論じている。まず一九二七年に Zwischen den Zeiten 誌に「フォイエルバッハ論」を掲載し、それを彼の第二論文集『神学と教会』（一九二八年）に収録している。また『教会教義学』の執筆開始の時期とほぼ同時期のボン大学での講義によってその最終的な形態を取った『一九世紀のプロテスタント神学』（一九四六年）においても、[13] バルトはフォイエルバッハについて扱っている。ここではまず時期的に先行し、質量ともに優る一九二七年の「フォイエルバッハ論」に注目する。

神学史の叙述の中でフォイエルバッハに注目することによって、バルトはフォイエルバッハを神学の「語りの仲間」に加えた。「彼を仲間に加えなければ、神学的にある決定的なものがわれわれから失われてしまうであろう」とバルトは言い、「彼の反神学は、近代神学の問題性の内部におけるきわめて重要な可能性を意味する」[14]と語った。したがってバルトのフォイエルバッハ論は、実は「近代神学論」であり、「近代神学に対する批判」である。フォイエルバッハの宗教批判を通しながら近代神学を批判する。つまりバルトは、フォイエルバッハを彼自身の近代神学批判の味方としたわけである。しかし問題は、フォイエルバッハは神学そのもの、そしてキリスト教そのもの、宗教そのものを批判したのではなかったか。したがってフォイエルバッハは、バルト神学の基盤そのものをも批判しているのではないかと問われなければならないであろう。フォイエルバッハのキリスト教批判を近代神学批判として受け取り、彼を味方につけることで、はたしてバルトはフォイエルバッハを克服することができたであろうか。

バルトはフォイエルバッハの宗教批判、キリスト教批判を次の三点にわたって評価した。第一は、それはフォイエルバッハの神学批判であって、「神学はずっと以前から人間学になってしまっている」「宗教、啓示、神関係を人間の述語として理解している」という批判であり、それは近代神学の問題性を照らし出し、のみならずそれ以前の神秘主義の問題性をも照らし出す。否、それだけではない。バルトによれば、その神学批判はルター的なキリスト教、ルター的な神学の問題性を照らし出したと言う。ルターにおいては神御自身でなく、人間の「信仰」が「ほとんど独立的に現れ活動する神的実体として」語られ、「信仰と神とは精通しあった関係にある」[15]からと言う。そしてさらにそのキリスト論、聖餐論、とりわけ「属性の共有」(Communicatio Idiomatum) の説が俎上に挙げられる。それらは上と下、天と地、神と人間を転倒させてしまう可能性を孕んでおり、「神との関係がまったく転倒不可能な関係であること」[16]を確立していないとバルトは言う。フォイエルバッハはそうしたルター派的キリスト教そのものにあった人間学的性格を診断的に暴き出した人として評価された。フォイエルバッハを防ぐためには、神に対する人間の関係が原理的に転倒不可能な関係であることを確信していなければならなかったとバルトは考えた。フォイエルバッハを防ぐためには、人間学の文脈における弁証学など考えてはならないというふうにも聞こえる。しかしフォイエルバッハはすでに現れてしまった。彼の批判が現れてしまった後に、神学が実は神と人との関係は本来転倒不可能なものと語ったとしても、その人間との本来転倒不可能な関係にある神もまた人間学的述語であると言われるだけで、フォイエルバッハの批判を克服したことにはならないであろう。

フォイエルバッハに対するバルトの第二の評価は、フォイエルバッハは最も古いキリスト教的伝統を自分の味方に持っているという指摘である。それはフォイエルバッハがヘーゲルを批判した際の「反唯心論」「神学的実在論」を指しており、バルトはこれをメンケン、J・T・ベック、ヨハン・クリストフ・ブルームハルトのキリスト教理解と結び合わせた。「キリスト教的希望に対する宗教改革にまでさかのぼる軽視、そのシュピリチュアリスティッシュな『此岸性』が、キリスト教神学を現実の生から遠ざけ、現実の人間から遠ざけた」とバルトは言う。それが「キリスト教の神の彼岸性は一つの人間の幻想であって、それに対してむしろ大地に対して忠実であり続けるほうが正しいのではないかという嫌疑を懐かせるようになった[17]」と言う。フォイエルバッハの中心問題は現実であり、人間の現実全体であった。彼は「身体の甦り」を「きわめて遠くからであるにせよ、何らかの仕方で見たように思われる」とさえバルトは語った。「徹底的な復活祭の信仰」「古きキリスト教の肉の甦り」を味方にして、フォイエルバッハは「人間的に誠実に働いただけでなく、……事柄に即してキリスト教的にも活動した[18]」とさえバルトは語った。

第三の評価点は、フォイエルバッハが社会主義的労働運動のイデオロギーに対し親和性を持っていた点である。フォイエルバッハの宗教の人間学への還元は、解放の一部である。この闘いには「正当性と必然性」がある。それを知らないのは市民階級であり、教会もそれに対し無知で緩慢な抵抗を試みた。そこに教会の一つの罪責があるとバルトは書いた。「社会民主主義の無神性は、教会にとってはあのダニエル書に出てくる謎の文字の警告であったし、いまもそうである。それに対し教会はパリサイ的に憤激すべきでなく、むしろ悔い改めるべきである[19]」と。そしてバルトは、「教会の倫理が、新旧の実体やイデオロギーの祭儀から根本的に区別されるとき、人々はフォイエルバッハの問いの前で初めて安んじて、教会が告げる神が幻想でないと信じるであろう[20]」と語った。バルト自身の社会民主主義的立場はともかくとして、この主張でフォイエルバッハの宗教批判的無神論を克服できるとバルトは本気で考えていたのであろうか。

以上のようなフォイエルバッハに対する積極的評価を記しながら、バルトはフォイエルバッハをまったく批判しなかったわけではなかった。批判点は以下の点である。フォイエルバッハにおいて「人間が一切の事物の基準であるだけでなく、一切の価値の総体であり、根源であり、目標である」という考えが宗教経験のあらゆる解釈に先行しており、それが「まさに啓示そのものと同様、何の基礎づけもなしに確定されている[21]」と言う。そこから彼の宗教解釈の陳腐さも生まれてくると彼は語った。しかしこの「まさに啓示そのものと同様」という指摘は、バルト自身の「啓示」主張、より厳密に言えば「神の言葉」の理解に関係してくるであろう。バルトの啓示の主張、神の言葉の主張もまた「何の基礎づけもなしに」、形式的には同列に立つことになるのではないかと思われる。これでは人間学的には同一レベルの言い合いになるだけで、当然、フォイエルバッハの克服にはならないし、それを意図してもいないであろう。

バルトはさらに、内容的な議論として、フォイエルバッハの理解する「人間の本質」「類的意識」を問題にした。フォイエルバッハはマックス・シュティルナーによって批判されたように「個人」を知らず、「悪」を知らず、「死」を知らないと彼は語った。もしそれを知っていたなら「神の本質は人間の本質だというようなことは、あらゆる幻想中の最も幻想的な幻想だということを認識するであろう」[22]と言う。フォイエルバッハの人間は「本当に、本当の人間なのか」とバルトは問い、この点で彼はシュティルナーに味方して、「単独者として考える時、おそらく悪と死に対する無頓着な忘却をやめて、神をわたしと同一視することを止める途上にいることになるであろう」と述べた。バルトは、ここではシュティルナーの線上で、さらにはキェルケゴール的単独者の実存理解の線上で、フォイエルバッハの楽観的人間学に反駁する可能性を示した。人間学の同一地平に立ってのキリスト教の弁証の可能性をバルトは示唆したわけである。この点をバルトはさらに主題的に追及することができたし、またそうすべきでもあったと思われる。それは人間学の文脈におけるフォイエルバッハとの弁証学的対決の道であった。しかしその後のバルトは、この一九二〇年代の前期バルトがなお示唆した弁証学の道を歩むことをしなかった。

一九二〇年代末から三〇年代にかけて、『キリスト教教義学』から、それを書き変えての『教会教義学』へと至る道において、カール・バルトの神学形成は、キリスト教弁証学を拒否し、キェルケゴール的人間学をも払拭して、神の言葉からの端的な出発に神学を限定していった。それはすでにフォイエルバッハ批判に示されたもう一つの道、「恩恵の強調」へと一方的に先鋭化した歩みであった。彼はすでに一九二七年のフォイエルバッハ論の中で、フォイエルバッハに打ち勝つ唯一の道を次のように語っていた。「神の真理、神の確かさ、神の救いは、恩恵として、ただ恩恵としてだけ要求することができるだけであることを承認できるかどうか」[23]であると。つまり「ただ恩恵としてだけ」であって、人間学的必要性の議論の文脈によってではない。この主張は、人間学的文脈の必要性を顧慮してではなく、あらかじめ啓示への信仰を、基礎づけなしに前提することによって掲げられるものであり、フォイエルバッハとの弁証学的対決を試みるものではなかった。バルトの啓示理解は天から落下する隕石に譬えられる。あるいは天から懸けられた虹のごとくであって、人間学の地平に根差すことを必要とせず、またそれを可能ともしなかった。

フォイエルバッハ批判に見られた以上のようなバルトの議論は、やがて明白な弁証学の拒否に向かっていった。キリスト教弁証学を追求する立場からすると、フォイエルバッハの人間学的宗教批判との対決に関してバルトは根本的な不足を抱えていたことになる。この点は、後にパネンベルクによって指摘された。パネンベルクは次のように言う。「もし神学がまるで何事も起こっていないかのように、気遣うことなく、神について語ることから始めるならば、つまり何らの基礎づけも、何らの正当化もなく、ただ神についてのキリスト教的説教という代用品を指し示すことからだけ始めるならば、フォイエルバッハやその後継者たちとの対決をむしろ回避しているだけではないか。それは、あらゆる対決に対する反省を欠いた断念であり、したがってフォイエルバッハに対する精神的降伏ではないか」[24]と。こう問いながらパネンベルク自身のこの問題に対する態度が鮮明に示される。「もし神学が、一つの高度な異言（Glossolalie）という望みなき孤立、その上自業自得の孤立に陥り、教会全体をこの袋小路に入れ込みたくなければ、神学はバルトが語るように〈上から〉遂行することはできないことを学ばなければならない」[25]。「上からの神学」に対するパネンベルクの批判は、キリスト論についてだけ提案されたのではなく、根本的に神学全体、特にその神の言説について語られている。このことは具体的には次のことを意味する。つまりもし「神概念をめぐる闘いはすでに、哲学、宗教学、人間学そのものの分野で戦われなければならない。

この分野でフォイエルバッハが正しくふるまったはずというなら、彼によって努力された無神論の証明は事実上完成したことになる」[26]。パネンベルクは神学が超自然主義的な保護区に引きこもることを肯定しないし、フォイエルバッハへの降伏を潔しとしない。そのことは、神学は常に弁証学的論争の中にあり続けなければならないということである。それはフォイエルバッハの「宗教の人間学的還元」をもっともなこととして肯定して済ますのでなく、「人間存在を真に人間とする本質構成的要素としての宗教およびキリスト教信仰」を示すことである。それは、宗教の人間学への解消は、人間学そのものにとって自己破壊であることを示すことでもある。

しかし、人間学的な意味で下から論じて、どこまで論じ登れるかは当然問題となるであろう。人間学的自然神学が可能であると考えるのでなければ、「人間の本質的構成要素」としての宗教的なもの、神的なものとの関係性の議論と、啓示による神認識とは明確に識別されなければならない。宗教的なものとの関係性が人間にとっての本質的必然性であることを人間学的に語り得るということは、歴史的実定宗教が存在することに対する人間学的親和性を語り得ることではあっても、なおキリスト教の歴史的成立が人間学的必然性に由来すると語り得るわけではない。啓示に関する人間学的関連性を主張し得たとしても、歴史的啓示の出来事なしに、その内容を人間学的に認識できるわけではない。

3　「自由の無神論」とその支持基盤の問題

ニーチェが「神の死」を初めて宣告し、そこからの帰結を突き詰めたのは一八八二年に脱稿した『悦ばしき知識』の第三巻、特にその「新しい闘い」（一〇八節）と「狂気の人間」（一二五節）においてであった。ニーチェが三八歳の時である。ただし「神の死」が哲学的関心に登場したのは、それより八〇年前、ヘーゲルの『信仰と知』（一八〇二年）の最後の部分においてであった。しかしそれは八〇年後のニーチェにおける「神の死」とはまったく異なっていた。ヘーゲルは、確かに「神自身が死んでいる」(Gott selbst ist tod) と語り、パスカルの『パンセ』における「自然というものは、人間の内と外とをとわず、いたるところにうしなわれた神と腐敗した本性とを、さししめしている[27]」という言葉（四四一節）を引用した。ヘーゲルによれば、パスカルのこの言葉は「近代の宗教」が基づく「感情」を経験的に表現したものであって、哲学は今やこの神の喪失を、「主観性の哲学」ないし「反省哲学」の失敗の後に、もう一度無限性の契機として取り込まなければならないと語った。カント、ヤコービ、フィヒテの哲学を念頭に置きながらヘーゲルは次のように記した。「主観性となることで、これら反省哲学は、嘗てみずからが無化した古い対立のうちに、反省の全き有限性のうちに再び転落してしまっている[28]」。古い対立とは主観と客観の対立であり、それは絶対的客観としての絶対者を理性的認識の絶対的彼岸のうちに転位してしまった。それが「神自身が死んでいる」という感情であり、「以前はただ教養の中だけに歴史的にあった」のであるが、それが今や「無限の苦痛」としてあるとヘーゲルは記した。そこで課題は、無限性としての思惟が絶対者の側面として認識されることであり、対立を無化し、無限性が、あるいは無限性としての思惟が「真理の誕生地としての秘められた深淵」として回復されることであると言う。それをヘーゲルは哲学のために絶対的自由の理念と絶対的受苦を再興することであると言い表し、「嘗て歴史的なものであった聖金曜日に代わって思弁的な聖金曜日 (der spekulative Karfreitag) を再興しなければならない[29]」と表現した。主観と客観の対立を無化する無限性としての思惟の運動こそが、真理の誕生地であり、この無限性のためには「無限の苦痛を純粋に最高の理念の契機として示さなければならない」。パスカルが述べた「失われた神」はデカルト的精神や啓蒙主義的理性による神の喪失を意味していたと思われるが、ヘーゲルは「失われた神」という近代における主題を、十字架の受苦と結合させ、主観性の哲学を超える無限性としての思惟の確立に関係づけたわけである。「失われた神」は「神自身が死んでいる」と表現し直され、神の死は無限の苦痛であり、それを最高の理念の純然たる契機として言い表すのでなければ、新しい時代の宗教は確立されることができない。神の死の無限の苦痛をその契機として取り込んだ「絶対的自由の理念」を再興するために「思弁的な聖金曜日」が構想されなければならないとヘーゲルは考えた。神を喪失した啓蒙主義的理性哲学、ならびにその古い対立の無化に再度失敗した主観性の反省哲学の後にあって、思弁的聖金曜日を思惟の契機とする無限性の哲学、絶対的自由の理念の哲学が構想されなければならない。それはヘーゲルがキリスト教信仰を受けて哲学する姿勢を鮮明に示したものであって、一方でその哲学的努力はキリスト教信仰の哲学化であり、その結果はキリスト教の哲学的止揚ではないかとの疑問を惹き起こさなくはないが、しかしそれにしても他方、ニーチェの「神の死」の宣告による神そのものの拒否とはまったく対極的な相違にあったと言わなければならないであろう。

ニーチェの場合、古い対立の否定ではなく、「思惟する我」や「批判主義的理性」の線上で、さらにそれ以上の対立極としての「力への意志」による対立の激化を示すと考えられる。これに対しヘーゲル哲学は、「神の死」を主観と客観の対立を超えた「絶対的自由の理念」の契機として解釈することで、啓蒙主義と批判主義における神喪失に対し、哲学的な克服を試みたものと言ってよいであろう。

ヘーゲルにおいてなお見ることのできたキリスト教と哲学の総合の試みを、ニーチェの中に見ることはできない。「神の死」は、ニーチェにおいては明らかに絶対的客観の彼岸化でも、無限性の契機の問題でもなく、まさにキリスト教の神を無化することであり、キリスト教そのものの終焉を宣告することであった。その際、なぜ、またいかなる権利によって、ニーチェがキリスト教的神の終わりを語ったかはいくつかの解釈を呼び起こす。時代の先端に立って、その非宗教化、非キリスト教化を感じ取っていたとも言い得るであろうし、時代のキリスト教の生命力の枯渇を見ていたとも言い得るであろう。あるいはニーチェ自身におけるキリスト教の終わりであったとも言い得るであろう。しかしいずれにせよ、それはまたキリスト教的道徳、キリスト教的価値観、キリスト教的文化の終焉でもあった。ニーチェの言葉で言えば、「神は死んだ、……そして……われわれはさらにまた神の影をも克服しなければならない[30]」。「神の影」はキリスト教的道徳、キリスト教的価値観、さらにはキリスト教的文化世界と解釈される。事実、彼が批判したように、その時代のキリスト教道徳が「奴隷道徳」として自由を抑圧していたとも解釈されなくはない。パウル・ティリッヒはその意味でニーチェの精神の中に、マルクスの場合とともに、時代のキリスト教を批判する「預言者的精神」を見ることができると考えた[31]。さらにはまた、キリスト教における年来の罪責意識や悔悛のパイエティが自由を抑圧したのに対する抵抗とも解釈される。ちょうどフォイエルバッハの宗教批判が、特にプロ・メやプロ・ノービスの契機を強調するルター派的キリスト教、あるいは神性と人性との属性の共有による神人一体性を強調するルター派的キリスト教に対する批判としてとりわけ的中したように、ニーチェのキリスト教批判は、悔い改めについて、特にルター派やとりわけ敬虔主義の宗教意識が、中世の悔悛のメンタリティを継承しながら、良心の呵責を強化し、結局は罪や罪過を自分自身への攻撃を意味するものとして受け取ったのに対して、有効な批判として発動したと理解される[32]。それゆえ「神の死」を告げるニーチェの無神論は、人間の主体性とその自由の可能性を追求した、いわば「自由のための無神論」として見られることになった。

しかしこの「自由のための無神論」がはたして人間の自由を確立し得る方向にどこまで歩み得たかという問題は重大な疑問である。この点においてニーチェの「神の死」の主張や、それに代わって彼が採用せざるを得なかったツァラツストラの道を検証しなければならないであろう。パウル・ティリッヒに倣ってニーチェのキリスト教批判を時代のキリスト教に対する預言者的批判として肯定的に採用したところで、それはちょうどフォイエルバッハに対するバルトの批判が中途半端で、なお一点を欠いたように、なお重大な点を欠くことに変わりはない。ニーチェはその時代のキリスト教を批判した意味で評価できるといった仕方で甘く考えるべきではなく、もっと本格的に、そして真剣に受けとめられるべきで、キリスト教そのものの終わりを宣告したものと理解すべきであろう。

マルティン・ハイデガーは、ニーチェの言う「神の死」は「キリスト教の神」を指しているが、それに劣らず

「超感性的世界一般」を指し、「さまざまな理念と理想との領域を表す」と解釈した[33]。ハイデガー自身の主張によれば、プラトン以来の形而上学は「存在者」の学として「存在」そのものを忘却した。「神の死」の宣告は、長く続いたその形而上学の終わりの宣告と同一視された。確かに『悦ばしき知識』第五書には「一千年にわたる古い信仰が、つまり神は真理であり真理は神的であるというあのキリスト教の信仰――これはプラトンの信仰でもあった」と記されている。この文章は、ハイデガーの解釈にある面での正当性を与えるであろう。しかしハイデガーの解釈によってニーチェの言う「神の死」の問題はキリスト教批判の色彩を薄めるかと言えば、そうではない。ハイデガーにおいては、ニーチェにあったキリスト教倫理・道徳批判の問題、キリスト教文化批判の問題がすべて形而上学問題に集約されているように見える。

いずれにせよ「神の死」はニーチェにおいては、包括的なものの消滅であって、「海」は飲み干され、「地平線」は拭いさられ、出現したのは上方も下方もない「無限の虚無」であった。つまりニーチェにおいて「神の死」は人間と全文明を包括する「ニヒリズム」の到来を意味した。この点でニーチェは「神の死」を誰よりも根源的かつ包括的な意味において深刻に受け取ったと言うべきであろう。フォイエルバッハは主語としての神を排除しながら、なおその述語としての神性を人間の中に取り戻そうと試みることができた。それはキリスト教の神なしに、キリスト教的人間観やキリスト教的道徳を維持する中途半端さを意味したと言うべきであろう。いわば、神なき神学者による神学的人間学の立場が続いたのである。同様にマルクスは、社会的矛盾を隠蔽するための「麻薬」として宗教を非難しながら、社会的矛盾の克服によって回復される人間の中には、宗教なしに人間としての健全性が存立することを自明として疑わなかった。彼らは、キリスト教的神を否定しながら、キリスト教的文化や価値や理想を自明なこととして引きずったわけで、その点でフォイエルバッハもマルクスもかなりの程度、神なしにオプティミスティックであったということになる。彼らはいわばキリスト教なしに「匿名のキリスト教」の中に生きたのではないか。フォイエルバッハの人間学と同様、マルクスの歴史観の中にもキリスト教的残余が少なくとも全体の一部としてある。これに対し、ニーチェは神の拒絶によって「無限の虚無」に落ちる事態を引き受け、それと直面した。「匿名のキリスト教」としての価値の秩序も近代文化も、キリスト教由来のヒューマニズムも、「神の死」に併せて否定されなければならなかった。そのことをニーチェは引き受けようとした。

これが「神の死」が「近代の最大の出来事[34]」と言われる理由であった。「この神の信仰が覆された後には、さていったい全体どういうものが崩壊せざるをえなくなるのか」。ニーチェはその帰結を引き出そうとした。近代の歴史はニーチェにおいてキリスト教の否定に基づく「ニヒリズム」に達した。ただしこのことが誰の意識にも上るにはさらに数百年を要するとニーチェは考えた。彼は自分を、終わりゆく時代の「最後の人間」であり、また到来する時代からすれば、「早過ぎて来た人間」として理解した。いずれにしても無神論の問題は、包括的な文明の問題であらざるを得ない。このことを指摘したことはニーチェのラディカリズムが持っていた誠実さであった。

したがって「神の死」は、神なしにキリスト教的道徳に服従することによってはもはや生き延びることができないことの宣言でもあった。人間が生きることは、「汝なすべし」から「我欲す」へと移行しなければならない。しかしなお「欲す」べきものが存在するかどうか。キリスト教的神とその道徳、その諸価値が失われたとされる以上、さらにすべてを包括する地平、意味づける基盤が失われたとされる以上、まずは「無限の虚無」を引き受けなければならない。「無を欲する」という生きかたを避けることはできないであろう。価値を無化し、しかる後に価値の転倒を意志する以外にない。「神の死」の帰結は、「能動的ニヒリズム」である。「無を欲する」とか「能動的ニヒリズム」とかは、形容矛盾のようにも思われる。しかしニーチェは、「神の死」を能動的に「われわれが神を殺した」と主張する。「神の死」はニーチェにとって「人間の自由」と関係し、したがって「意志」「意欲」「能動」と関係している。もちろんこの「主意主義」もまたキリスト教の残影ではないかと指摘することはできる。また意志があることは無ではないと言うこともできるであろう。「無神論」もまた決してそう容易なことではない。ニーチェが無神論を能動的ニヒリズムとして展開した意味において、またそれに伴う一切の価値の転倒の壮絶な闘いを身に負った意味においても、それは容易なことではなかった。さらに言えば、そのニーチェにおいてさえも、無神論が完璧に貫かれたわけでもないという意味において、それは容易なことではないのである。

ニーチェのニヒリズムは、「我欲す」からさらに無限の遊戯における幼子の「我あり」に至って完成する。そこに至って自由な意欲の道として自己を肯定することは、寸分異ならない「同一物の永遠回帰」を喜ぶことでもあった。「能動的ニヒリズム」の自由を支えているのは、「同一物の永遠回帰」である。キリスト教の終焉は、かくして古代への回帰をもって完結する。しかしそれは、純然たる古代ギリシアの再来ということもできないであろう。ハイデガーによれば、ニーチェの「力」の思想、価値を転倒し、価値を立てる意志の形而上学は、やはり価値思考であって、それ自体が存在そのものに耳を傾けないニヒリズムであると言う。「価値的に思考することこそ、根本的な殺害なのである」[35]。また、レーヴィットによれば、「ニーチェの全哲学は、〈未来の哲学のための序曲〉なのである。ギリシア人は、誰ひとりとして、遠い未来を問題になどしなかった」。「それほどにニーチェは徹頭徹尾キリスト教的で近代的だった」[36]と言われ、そこにニーチェの根本的な「あいまいさ」があったと見られる。彼の言う「意欲、創造、過去に遡って意欲することなどのすべては、まったく非ギリシア的であり、……それは、ユダヤ＝キリスト教的な伝統に由来するもの、つまり、世界と人間とは神の意志によって創造されたものだ、という信仰から生まれている」。「同一物の永遠回帰」の思想は、超人の意志をもって無からの脱却をはかるための「明白な宗教の代用物」であった。

しかし問われなければならないことは、「同一物の永遠回帰」は真に自由の支持基盤であり得るかという問いである。その答えは、古代ギリシアにおける永遠のコスモスの観照のもとに自由はまだ本格的な主題にならなかったことによって、すでに明白に答えられている。むしろ自由の支持基盤は、自由な宗教でなければならないのではないか。そして神の自由な恵みからの自由な人間の創造と、自由の目標である終末論の神信仰、その神との契約関係の中にこそ、自由の精神的な基盤はあると言うことができるであろう。「同一物の永遠回帰」が示すように、存在そのものが自由であることは表現の困難なことである。存在そのものを無から呼びだした自由な神との対応において、人間の自由は初めて根拠づけられるであろう。

4　「反抗的人間」の宗教的基盤

(1)イワン・カラマーゾフの「反逆」

一九世紀以降の無神論の中には、「人間学的宗教批判」による無神論とも、また「権力への意志」による「能動的ニヒリズム」の無神論とも異なる第三の思想傾向がある。これは人間学的還元によって神の存在の否定に向かうわけではなく、権力意志によって同一物の永遠回帰を意志するわけでもない。神の存在を前提にして、人間の経験可能な世界が神的なものに根拠づけられた世界であることも肯定する。しかしその世界を「意味ある世界」として肯定することを拒否する。むしろこの世界が不合理な世界であるゆえに、神に対して反抗の声を挙げる。ここ三、四〇年の神学で言えば、第一と第二の無神論に対しては、パネンベルクがキリスト教弁証学に対する対抗的論争相手としてそれらに関心を向けた。しかしパネンベルクはこの第三の神への反抗的挑戦を無神論として論じることはなかった。この第三の傾向に関心を向けたのは、ユルゲン・モルトマンであった。モルトマンは『十字架につけられた神』（一九七二年）において「十字架の神学と無神論」という章を設け[37]、この第三の反抗的人間の問題を取り上げ、パネンベルクとは異なった無神論に対する関わりを示した[38]。モルトマンはこの第三の傾向を「反抗的無神論」(Protestatheismus) と呼んで、神義論の議論の中に引き込んだ。彼によれば、第三の無神論は、経験的世界の中に非合理や苦難の経験が免れがたくあることにその理由を持っている。その具体例として挙げたのは、ドストエフスキーが描いたイワン・カラマーゾフの「反逆」であり、またカミュの「反抗的人間」である。

イワン・カラマーゾフはその「反逆」という箇所において言う[39]。「このような地獄があるところに、どんな調和があるというのだ。僕は赦したい、抱擁したい。だがこれ以上人間が苦しむのはごめんなのだ」。「僕は調和など欲しくない、世界に対する愛のために、僕は調和など欲しくない。僕はむしろ贖われざる苦しみにとどまる」。「神の世界を承認することができない」と。反逆の人間は、苦難の現実を認識し、それを許容することができない。神の存在を否定するのでなく、むしろ暗黙にその存在を承認しながら、その神を非難する。それは、世界の中に「義」を求める。その義の要求の中では、正当な理由なく苦しむ者への愛が叫んでいる。理由なく苦しむ者との連帯による神の世界への拒絶である。思想的に言えば、ここで拒絶されている世界の神とはいったい何かという問題があり、またこの「理由なき苦しみの現実」に対する拒否の情熱、つまり「義と愛」の情熱はどこからくるのか、という問いも生じるであろう。インド的宗教は、この「情熱的な現実拒否」を生み出しはしなかったのではないか。あるいはまた「世界の不完全さ」を嫌ったマニ教的な二元論は、どうであったろうか。「反逆」の人間が表現している拒否の熱情、つまり「義と愛」を求める情熱は、そう容易に非合理の世界から撤退しようとはしない。イワン・カラマーゾフは決して無について語るわけではない。「贖われざる苦しみ」に連帯して、抗議しつつ世界に留まろうとする。それはまさしくキリスト教的な熱情ではないかと問い得るであろう。

イワンが懐く神とその世界に対する拒絶には、もう一つ、人間にとっての「自由の負担」の問題もある。「大審問官」が提示する問題である。これは、「自分自身の無辜の犠牲の血によってすべてのものに代わり、すべてのことに対してすべての人を赦すことのできる方」（キリスト）に対する反逆として語られている。「反逆」と「大審問官」との関わりは何か。「人類に対する愛」が一方は「神の世界」に対する不承認、他方は「キリスト」

に対する不承認として主張されている。一方は「不合理な苦難」を媒介とし、他方は「自由の重荷」を媒介とする。人間愛による現実世界と神とに対する告発がなされる。この告発そのもののキリスト教的性格を指摘することは決して困難ではない。

イワン・カラマーゾフに対しては以下の問いが向けられるであろう。真に、「贖われざる苦しみ」に連帯して留まろうとするのはいったい誰か、イワン・カラマーゾフか、むしろイエス・キリストではないのか。民衆を愛し、その自由の負担の大きさを最後まで問題としているのは誰か、「大審問官」か、むしろイエス・キリストではないのか。イワン・カラマーゾフが非合理な世界に反抗しつつなおその世界に留まり得るのはなぜか。作者はかつて、『罪と罰』におけるラスコーリニコフとソーニャとの出会いの中で、ソーニャがなおこの世界に生きることのできる理由を問わせた。ラスコーリニコフの考えによれば、「彼女には三つの道がある」。自殺か、狂気か、心を石にする淫蕩かである。そのいずれでもない道を作者はソーニャに答えさせた。それではソーニャと異なる道で、イワンは胸に地獄を抱えながら、どうしてこの世界に留まり続け得るのか。その理由は、弟アリョーシャというキリスト教的人格がこの世界にいることによると、作者は率直にイワンに認めさせている[40]。「もし本当にねばっこい若葉を愛するだけの力がぼくにあるとしたら、それはお前を思い起こすことによって、初めてできることなのだ。お前がこの世のどこかにいると思っただけで、ぼくは十分人生にあいそをつかさないでいられる」。キリスト教的世界を肯定できないとしても、誰かを思い起こすことによって生きることができる。そうした形態において人間はやはり救いを必要としている。イワンもまたキリスト教的人格の存在の中に生きる支えを見出すことができるという。そういう間接的な仕方であっても、作者はイワンを救いの中に包み込もうとする。神とその世界に反逆し続けて生きることのみに徹することは、決して容易なことではない。それはむしろ非人間的なことと言わなければならないであろう。

(2) カミュの「反抗的人間」

カミュもまた「反抗」を語る[41]。その反抗をプロメテウスよりは、むしろカインの子孫に結びつけて、「旧約聖書の神は反抗のエネルギーを運動の中に置かれた」と言う。カミュによれば、「反抗とは、自己の権利を意識した、明識の士の行為である」。そこで反抗の精神は「理論的平等によって、実際上のはなはだしい不平等が蔽い隠されている集団のなかでのみ、……可能である。だから、反抗の問題は、わが西欧社会のなかでしか意味がない」と言う。「反抗的人間とは、神聖の前か後ろに位置し、すべての解答が人間的な、つまり理性によって述べられているような人間的世界を要求する者[42]」である。キリスト教世界の伝統と人間の自律の交錯の中で、反抗は生じる。そこで、「反抗の問題の現代性は、社会全体が、今日、神聖から離れようとした事実につながっている」とも言われる。しかしまったき非神聖化が遂行されれば、反抗そのものも存続し得ないであろう。カミュにおいても「反抗」が存続するのは、正義が生き、愛が生き続ける限りにおいてである。しかし人間の「正義」と「愛」は、正義と愛の神なしに生き続けられるであろうか。「インカの臣民や、インドの賤民は、反抗の問題を自らに提出しない」と語るカミュの認識は、反抗がそれ自体で隠れた弁証学、逆転した弁証学であることを示している。したがってカミュの「反抗的人間」を正確にはモルトマンのように「反抗的無神論」と呼ぶことは正しくない。反抗者は「無神論者ではなく、必然的に冒瀆者《ぼうとくしゃ》となる[43]」というカミュの言葉にある通りである。冒瀆者は裏返しの信仰者である。イワン・カラマーゾフについても、カミュについても、したがってモルトマンが言う「反抗の無神論」（Protestatheismus）という表現は正確ではない。「反抗の無神論」は「灼熱の氷」のような結合不可能な言語の並列にすぎない。同様に「神義論的な問い」を「無神論」と呼ぶことも正確にはできないであろう。

カミュは苦難の中のキリストに注目する。「キリストが出現して、悪と死という、反抗者たちの問題にほかならぬ、二つの重要問題を解決した。その解決というのは、まず悪と死を自分の身に引き受けることにあった。人神もまた、辛抱づよくそれらに耐える。悪も死も、もう絶対的に彼のせいにはできない。彼も悪にさいなまれ、死ぬ身だからである。ゴルゴタの夜が、人類の歴史のなかで重要性を持つのは、神が暗黒のなかで、伝統的特権を堂々と捨てて、絶望をいだきながら、最後まで死の苦悩を生きたためにほかならない[44]」。

ユルゲン・モルトマンはカミュのこの理解は、キリストの苦難をあまりに伝統的な苦難の神秘主義の意味で理解したものと言う。「人間の痛みと苦難の中に巻き込まれた反抗する神の意味でほとんど理解していない[45]」と。「彼はたしかにキリストの十字架は、神御自身がその従来の特権を断念し、死の不安を御自身体験し抜くことを意味するにちがいないことを理解した。それはケノーシス的な十字架の神学が言うようにである。しかし彼は、逆に神から捨てられた十字架と死の不安を神御自身の中に認識することはできなかった。彼は十字架の中で神が消失するのを見た。しかしキリストの十字架の死が神の中に取り入れられるのを見なかった[46]」。こうしてモルトマンは「ケノーシス的十字架の神学」とはもう一段異なる「三位一体論的な十字架の神学」によって「反抗の無神論」を受容しながら克服する道を提示できると考えた。罪と死の中に身を低くする神を認識するに留まらず、罪と死が神の中に取り入れられることを認識する。「反抗の無神論」はキリスト論的にでなく、三位一体論的に受けとめられる。もちろん両者は二者択一ではない。三位一体論なしのキリスト論はなく、またキリスト論なしに三位一体論は成立しないであろう。

反抗的人間が陥る一つの落とし穴は、「人間の神格化」である。これはあらゆる無神論について言い得るであろう。フォイエルバッハもマルクスも、ニーチェも神を否定することで、人間に神の位置を与えた。反抗的人間は苦難の英雄になる。カインの末裔としてよりは、シジフォスやプロメテウスがその人間像になる。反抗的人間はその時、「人間神論」に終わるのではないか。しかし事実としては、あらゆる無神論がキリスト教的神とその世界を暗黙に前提し、何らかの仕方でこれに依存し続けてきた。「人間の神格化」が限りあるものの不可能な絶対化であり、貫きがたい偶像崇拝であることも、この文脈では明らかである。無神論のこの人間神格化に対して、弁証学は偶像崇拝の拒否、被造物神格化の拒否の闘いでなければならないであろう。反抗的人間は、人間の神格化、あるいは神に対する人間の同等化を内包する。もともと、少なくとも彼は、神を除けものにはしない。カミュが言うように「反抗者は否定するよりも、挑戦するのである」[47]。しかしそれが本当に神に語り、本当に神に叫ぶことになるかは、甚だ疑問である。本当に神に語り、本当に神に叫ぶことは、そもそも罪の人間の可能性ではない。その人間に対し、神に対する反抗や神義論的な問いかけは、なお許されていると言い得る。しかし反抗と神義論的な問いかけが、第一級の信仰と神学の言語表現になることはできない。神に訴え、神に叫び、神に助けを求めるのは、神に賛美を捧げるのと同様、イエス・キリストの啓示の出来事に基づき、聖霊によって可能とされる信仰者としての声である。それに対し、神に助けを求めるのでなく、神に反抗し、その義を問う。それも許されているに違いないが、それは信仰と神学の第一級の声ではない。それは人間にとって隠れた神への信仰の叫びに基づき、その中でなければ、成り立たない声である。

［附論1］久松真一『無神論』の問題

有神論の宗教が他者的な神を信じる宗教であるのに対し、他者的な神のない宗教を語る立場がある。それは神がいないという意味で、言うならば「無神論的な宗教」の立場である。ティリッヒの言う「神以上の神」[48]も有神論的な神を超えた神の主張で、その意味では一つの存在者（a being）としての神ではないという意味では無神論的であった。しかしティリッヒが「神以上の神」を言い、「有神論の神を超えた神」を語るのに対し、有神論を超えた無、「神以上の無」を語る立場がある。それは仏教的な無神論の立場である。典型的には後に本書の第四部日本の文脈で扱う西田幾多郎の思想もそれであるが、ここでは久松真一『無神論』（一九八一年）の主張を検討してみることにする。

久松真一は、西洋哲学一般の「自律」の立場に満足しない。「自律」を超えるものを必要としていると言う。そこに彼の思想の宗教性が示されている。しかしその「自律」を超えるものは、当然のこと、他律であるはずはない。さらに「有神論的な神律」も実際のところ、他律にほかならないと語って、「自律」を超えるのは神律でもないと久松は言う。彼によれば、他律も神律も中世的な意味で自律以前とされる。その上で自律もまた、そこに留まり得るものではないと言う。その理由は、「人間性自体が危機的な存在[49]」だからであると久松は述べる。彼はまたこの人間存在の危機を「死」の事実、しかも「生きておる間におこる死」の中に見ている。この危機は、彼に従えば「道徳的意志的に言えば、進退両難という絶対的ディレンマ、論理的に言えば絶対矛盾、感情的に言えば絶対苦悶」であると言う。それは「生命の絶対否定、すなわち絶対死あるいは大死[50]」、「ふつうの生命の死ではなくして、むしろそれをも内に包んだより包括的な高次元の死」であり、それが「絶望」であると言う。これによってヒューマニズムも自律もそれ自体に留まることはできない。そこで「人間性の超克は人間中心主義でもなく、神中心主義でもないような在り方で導き出されなければならない[51]」と久松は言う。それは絶対他者への回帰ではなく、「自律を自己の内に含む宗教律」、かえって「絶対自者」と言うべきもの、「絶対自者的宗教律」に求められる、と。「神とか仏とかいうものは、決してこのわれわれから絶対他者的に隔絶したものではなくして、むしろすべての人がそれである」、「神はただ一人であるというのではなくして、すべてのものがそういう在り方になった人間の外に、神というものも仏というものもない。つまりそれはすべての人間の真の在り方でなければならない」と語る。

したがってこの「絶対自者的宗教律」においては、他者への信仰は存在しない。他者的な契機は「方便」として、また「縁」としてあるのみであって、それは実体ではない。もしそれを実体的と言うなら、それは中世的な他律への再転落を意味すると久松は言う。報身仏、方便仏は縁であり、実体は法身仏である。そしてその実体は、悟、覚の問題であって、「単なる自律を超えた自律の自覚体[52]」である。「単なる自律を超えた絶対的自律」はまた「人間性の根底にある絶対的な危機を自己自身に自覚し、その危機をどこまでも自己自身で抜け出る」とも言われる。その「根源的危機を自律的に脱した人間」において、「本来の自己」「真実の自己」が出て来る。「何か他者的な仏が残っているような生活では、まだ本当に自在ということは出来ない[53]」。

この神なき宗教においては「信仰」は否定されざるを得ない。「対象を信じるのではなくして、形のない信念、むしろ自在な働きの根元になる主体というものの属性ともいうべき」「信念」がそれに代わる。まったく主体的な絶対的信念が言われる。それが「自律的な信」という。それは「覚り」であるが、この覚りの人間は「絶対的に自律的能動的になり、独脱無依とか、無《む》碍《げ》自《じ》在《ざい》とかいわれる」。「それ自身絶対自主独立、絶対自律であって、自身以外の他者的な神や仏の支えを要しない」。

これらの言語表現、「人間性の根底にある絶対的な危機を自己自身に自覚し、その危機をどこまでも自己自身で抜け出る」といった言語表現は、はたしてどこまで現実的な表現であろうか。それとも大言壮語ではないのか。一種の大言壮語とも言うべき言語表現が重ねられている。「さとりの人間像とは、物にも、心にも、仏にさえも繋縛されることなく、まったく相 無くして一切の相を現じ、現じながら、現ずることによって、現じたものにも、現ずること自身にも、繋縛されることなく、空間的に無辺に世界を形成し、時間的に無限に歴史を創造する、絶対主体の自覚である」と言った表現もなされる。著者は真実「無辺に世界を形成し、無限に歴史を創造する」のか。これは詩的表現でないとすれば、大言壮語と言うほかはないであろう。

一般に「救済」を語っても、仏教の場合には、救われる根拠は他者によるのでなく、覚りの主体である「人間の内」にある。「本来の仏は、決して内在的でもなければ、超越的でもない。本来の仏は、むしろ現在的なものである」と言われ、「現在的である仏は、決して未来において現成するものではなくして、現在に現成しているものでなくてはならない」とも言われる。絶対的自律、根元的主体、真の自己の現在的終末論の宗教である。

以上からしてこの「神なき宗教」の問題性も明らかになるであろう。まず指摘されるべきは、この思想における他者性の欠如である。他者的契機は、ただ方便や縁としてしか意味を持たない。この他者性の欠如、したがって他者感覚の欠如は、この覚りの宗教における「人格性」の根拠づけの希薄化をもたらさずにはおかないであろう。人間の人格は他なる人格との出会いにおいて、その実在性を認識される。他なる人格の実在性を包括的な観念の中に解消させることは、一種、独りよがりの論理と言わなければならないであろう。むしろ他なる人格の実在性を含む主体間関係を認識する必要がある。また、久松真一の絶対自律の思想においては、根元的自覚体が神以上のものとされる。神以上のものとして、いわば「自律以上の自律」が語られているわけである。それが真の人間の自覚であると主張される。西欧の無神論が一種の人間神格化を含意するが、この点は東洋の無神論にも共通するところがあると言わなければならない。その上で、この真の人間としての自覚的主体が世界や社会の現実とどう関わるかという問題も注意されなければならないであろう。他者感覚を欠如した宗教的形而上学が、「他者的実在の欠如」とともに「世界的現実や社会的現実への感覚」を欠落させるということもしばしば起きることだからである。この自覚の形而上学は、社会哲学的次元で言うと、しばしば結果として、きわめて保守的な観念性に終始するであろうことが予想される。久松は言う。「此処を離れずして、此処を脱する、つまり穢土《えど》を転じて浄土にするということになって来なければならない。此処に穢土と浄土は一であり、浄穢不二であるという関係が本来の両者の在り方でなければならない[54]」と。こうした逆説的同一性の論理や現在的終末論は、絶対的自律の形而上学の論理的必然とも言い得るが、これを社会哲学的に読み解けば、現状変革や社会改革の意味を基礎づけることはできない。変革とは他に転じる契機を欠かせないからである。この逆説的同一性の哲学は、結果として観念的な保守主義に帰結せざるを得ないであろう。この「神なき宗教」の社会哲学的帰結は、逆説的同一性の超保守主義である。これがその「自在」論の性格であって、それが主張しているように真に自由であることを意味することはできない。それを自由と呼んでも、隷属との逆説的同一性から脱出できないであろう。他者的次元の喪失、世界の現実の欠如とともに、この思想の歴史感覚の不在、未来感覚の喪失も指摘しなければならない。それらは、超保守主義的に絶対的現在を主張する宗教的形而上学の特徴と言ってもよいであろう。

久松はこの「絶対的自覚」の宗教をもって「ポストモダン」の宗教と主張する。しかしその実この思想は、厳しい他者との対決を経て確立される自律でさえもなく、結果として、自律以前のプレモダンの思想への転落を意味すると思われる。「ポストモダン」も「プレモダン」との逆説的同一性にある。日本の思想はかつて「近代の超克」を唱え、その実、前近代への回帰を帰結した。丸山眞男の言う日本の思想における「超近代と前近代の見事な一致」[55]が久松真一の絶対自覚の形而上学にも起きている。久松は「神律即他律」に対する「自律」、それを超えた「絶対的自律」という論理によって、歴史を単純な類型の中に押し込めたが、彼の思想は自律を獲得するための社会的歴史的格闘を無経験の内に、思想的に葬り去っている。日本国憲法第九七条の表現で言えば、「人類の多年にわたる自由獲得の努力」も「過去幾多の試練」の意味も形而上学的に否定し、一切の他律をただもっぱら「覚り」のうちに瞬時に絶対的自律へと克服していこうとする。この無神論には歴史も不在、社会も不在という意味で、無歴史、無社会の論理になることを危惧するほかはないであろう。

第三章　「人間の条件」（Conditio humana）を求めて

1　「哲学的人間学」と弁証学的可能性

フォイエルバッハやニーチュに至った近代哲学の人間学の系譜とは別に、一九二〇年代におけるもう一つの人間学「哲学的人間学」の開始と、その後の系譜を語ることができる。「哲学的人間学」という用語は、狭義においてはマックス・シェーラー『宇宙における人間の地位』（一九二八年）から出発した人間学的方法について言われる。これには同じくシェーラーとは独立して、しかもシェーラーと類似の構想を立てた同年出版のヘルムート・プレスナー『有機的なものの諸段階と人間』が続き、さらにその後、これら両者の系譜を継ぎながら、しかも核心的な部分で相違を見せるアルノルト・ゲーレンの人間学が続いた。[1] かつて「宗教の人間学的還元」に至った哲学は、近代の哲学そのものの歩みの中から人間意識の反省の線を辿りながら人間学的な哲学へと到達したのであるが、それとは別にここでは他の諸科学、とりわけ生物学の成果を吸収しながら人間に関する一つの新しい哲学的な学科としての「哲学的人間学」の成立を見た。シェーラーはフッサールやディルタイの系譜に立つ哲学の中から生物学的人間学に向かったが、プレスナーやゲーレンはその人間学の展開によって、生の哲学に接触し、あるいはヘルダーの中にその嚆矢を見出しながら「哲学的人間学」に到達した。いずれにしても、この系譜においては哲学外の学科としての生物学から出発したことが、その方法や内容の中に拭いがたく刻まれている。この哲学的人間学の生き方には、ワルター・シュルツからの批判のような厳しい批判がないわけではない。シュルツは、彼らが開いた途においては「もはや明らかにそれ以上の進展が望めない」と言い、「このような人間学が時、代おくれの存在であるという感情はそれらの成果に対する無関心とまでなっている」[2]と語っている。しかしここでは、この「哲学的人間学」とその成果に直面しながら、人間の本質的構成要素に関する議論の文脈で、宗教、そして神的なものとの関わりがどのように扱われたか、その問題点は何か、そして人間の本質構成的契機の検討はどのようにすすめることができるか、その文脈での神的なものとの関わりをどのような意味で語ることができるか、検討してみる必要があるであろう。

シェーラー、プレスナー、ゲーレンを代表者とする二〇世紀の「哲学的人間学」は、すでに言及したように共通して生物学的方法により、人間の特別な位置を他の高等動物の行動様式などとの比較によって規定した。したがって生物学的人間学を基盤にするわけであるが、他方彼らは伝統的な観念世界、例えばドイツ観念論などの影響下になお身を置き、あるいは世俗主義的な観念世界の規定のもとでいわばフェイドアウトされた形態においてではあるにせよ、人間の人間としての存在にとって本質構成的な関係規定として自己や他者や世界を超えた実在との関係を洞察し、記述している。この面はゲーレンにおいては比較的希薄であるが、シェーラーとプレスナーにおいては明白である。この点は、キリスト教弁証学にとって重大な対話、評価と批判の可能性が開かれることになる。また、ゲーレンのようにその面が欠如し、人間の本質をいわば自己と世界の文脈における内在主義的把握に徹して閉鎖的にのみ理解しようとするなら、それは人間の本質の適切な理解をめぐって論争的な闘いになるであろう。「哲学的人間学」の成果に対して、キリスト教神学の弁証的課題とともに、その成果に対するキリスト教神学の闘いという意味での弁証学の課題があることになる。

しかしいずれにしても、その闘いは「哲学的人間学」のみでなく、生物学、自然科学をはじめ、歴史学、社会学などいずれの学科との関係においても、相互批判の関係にあり、多くの相違にもかかわらず共通の主題設定にあるとの意識によって規定される。ここでは共通の主題設定は、「人間の本質」をめぐる理解であるが、また時には歴史としての現実の理解をめぐり、現代の社会の理解をめぐり、また被造物世界の理解をめぐって相互批判はなされるであろう。神学の人間理解や世界理解が、被造物間の相互関係の認識を欠如させ、あるいはそれをめぐる諸学科との関係を原理的に排除して、孤立してただ上から主張されるのであれば、諸学問との関係は根本的に不必要で不毛な対立に陥り、弁証学的闘いと言い得るものではなくなるほかはない(3)。

2　シェーラーにおける「世界開放性」(Weltoffenheit)

まず、二〇世紀の「哲学的人間学」の「本来の創始者」とみなされるマックス・シェーラーの主張をその最晩年の著作であり、まさしく「哲学的人間学」の出発となった『宇宙における人間の地位』によって概観してみよう。シェーラーは動植物と人間の差異を問題として取り上げ、人間の特殊性を探求するが、その方法は少なくとも出発において生物学的であり、したがって生命体についての共通の性質から語り出す。その際、生命体として共通でありながら相違があるのは、「心的生の客観的段階秩序」によって明らかにされる。彼はこの段階秩序を五段階に区別するが、もっとも根底的に共通的にあるのは、「忘我的感情衝動」であり、動物としての生命の根底にそれがあるが、それだけなく、光に向かって伸びていく植物もこの衝動によるとされる。その次に来る第二の本質形式として「本能」が挙げられる。第三の心的形式は「連合的記憶」、第四は「有機体に結びついた実践的知能」、そして最後の第五段階が「精神」とされる。これらのうち第一から第四までの生命能力は動物一般に見られるものであり、この共通性の中で人間と他の動物との相違は何かに注目が向けられる。「本能」は固定したリズムを持ち、種に仕え、環境の特殊な構造に対して反応し、その反応は硬直的と言われる。「本能は、生物の形態発生にあらかじめ組み込まれて」おり、「動物が何を表象し感覚しうるかは、環境世界の構造に対して動物の生得的本能が有する関係によってアプリオリに支配され規定されている(4)」と言われる。次に「知能」はこの本能と区別され、本能によるよりはむしろ「連合的記憶」と併行して形成される。本能は意味ある能力であるが、個体というより種に拘束され、固定的である。これに対し知性は動的で、個体に関係する。「節足動物は本能を最も完全なかたちで所有するかたわら知能的行動の徴候はほとんど示していないのに対して、知能とそれに劣らず連合的記憶とを最高度に発達させている可塑的な哺乳類としての人間は強度に退行した本能を所有する」[5]。「連合的記憶の原理」は、「本能」に比して「解放の強力な道具」であると言われる。しかしそれはなお「実践的知能」に比べれば、「硬直性と習慣性の原理」と言わなければならないとされる。その上で、これら「連合的記憶」や「実践的知能」による本能からの解放によっては、まだ、人間と他の動物を本質的に区別し得る点に到達しているとは言いがたい。「本能」と異なる「連合的記憶」や「実践的知能」はそれなりに人間以外の高等動物にも見られるからと言われる。したがってこれらの面で動物と人間との質的相違を語ることはできず、シェーラーの有名な表現で言うと「賢いチンパンジーと、技術家としてのみ見られたエディソンとの間に成り立つ差異は――たとえどんなに大きいものであるにしても――程度の差異にすぎない」[6]。動物にもまた知能があるとすると、人間と動物との単なる程度の差以上の「本質的区別」はいったいどこに成り立つのであろうか。それこそ人間を人間とする「新たな本質事実」であって、それをシェーラーは「精神」と呼んだ。ギリシア人はそれを「理性」と名づけたが、シェーラーによれば、精神は理性を含み、「『観念的思惟』とならんで一定種類の『直観』、すなわち根源現象や本質内容の直観をも含み、さらには好意、愛、悔恨、畏敬、感嘆、浄福と絶望、自由な決断などの、一定部門の意志的・情緒的な諸作用をも含む」と説明される。そして「この精神が有限の存在領域の内部で現われる場合、その作用中心をわれわれは『人格』と名づけ、あらゆる機能的な生中心、内的に見れば心的中心ともよばれるものから、きびしく区別する」[7]と言う。

この精神的存在が際立っているのは、もはや衝動や環境に固定的に束縛されていないことである。この点で精神的存在者は、環境の特定な構造に組み込まれた本能による生とは著しく異なり、「環境から自由」であって、それをシェーラーは「世界開放的」（weltoffen）と表現した。人間以外の動物が「本能」によって「環境」の中に没入しているのに対し、あるいはその「連合的記憶」もまた高等動物における「実践的知能」も、環境の中に本質的に巻き込まれているのに対し、人間は精神的存在として「環境」（Umwelt）から距離を持ち、環境の桎梏から脱却して、「世界」（Welt）を持っている。そこで「人間とは、無制限に『世界開放的』に行動しうるところのＸである」とシェーラーは言う。その鍵となっているのは「精神の力」であって、「人間の生成は、精神の力によって世界開放性へと高まることである」と言われる。(8)

シェーラーの言う「世界開放性」は、なお曖昧さの残る概念である。「世界開放性」という行動形式は「精神」の活動であり、それは生物学的行動理論によっては定義されず、有機体的な器官とは結合されていない。その作用の中心は「人格」と言われている通りである。人格はどこにあるとも規定されない。この人間の「人格」としての本質の定義化によって、シェーラーは当初の生物学的人間学を離れ、理性によって人間を定義し、動物との差異を明確にしたギリシア的伝統に接近し、さらには人間を精神的存在として定義して、その中心を人格に見るという仕方でキリスト教的伝統に著しく接近した。要するにシェーラーは、人間の定義を求めて、生物学的方法に留まり続けることはできなかった。彼の哲学的人間学の生物学的方法の一貫性は破れていると思われる。このことは既述の五段階のうち、第一段階から第四段階までは生物学的に認識される発展段階と考えられるが、第五段階はその生物学的発展の連続性を破って語られていると言わなければならない。

シェーラーの「世界開放的精神」による人間の本質の定義には、また、ドイツ観念論の影響も見られると言い得るであろう。それは世界開放性が、精神の自己意識や環境に対する対象化によって説明されているところに現れている。動物は環境に忘我的につながれているのに対し、精神的存在としての人間は即自的かつ対自的に自己意識的にあるとともに、自己と環境とを対象化する。人間は環境に囲まれ、そこに閉じ込められて生きるのでなく、環境を対象化し、環境を越えて、世界に対し開かれた仕方において世界を持つとされる。それとともに、人間は自己自身の生理学的・心的諸性質、あらゆる心的経験、生命的機能をも対象化する。つまり精神的作用の主体である人格としての人間は、生命体としての自己を超越している。こうした精神の対象化の働きは、精神の自由を語っている。この自由は自己と他者に対する自由であり、環境の束縛を越えて世界に対して自由であることであり、精神の自由な超越的活動を語ったと言ってよい。人間は精神の超越的な力によって自己を超えていき、環境を超えていく。環境を超えて、世界へと行き、世界を自己の環境と化し、さらにはそれを超えていくことにもなる。この精神の超越運動に注目すると、人間の人間たるゆえんは精神の超越において、さらには世界をも超えるのではないかとも考えられる。「世界開放的」ということは、ただ特定の環境を超えていくだけでなく、あらゆる環境を超え、実は世界そのものを超えていくのではないかとも問われるであろう。この点にシェーラーの言う「世界開放性」になお残された曖昧さがある。

この点を指摘しているのがパネンベルクであり、パネンベルクは世界開放性は「ただたんに世界へと向かう開放性だけではありえない。世界開放性とはそれだけでなく、人間が徹頭徹尾、開かれたものへ向けられていることでなければならない(9)」と語って、「神開放性」（Gottoffenheit）を主張し、「世界開放性」と「神開放性」とを同一視した。パネンベルクがここで「神開放性」を語ったのは、「人間が絶えず何かを求めているということ」は「無限に何かに差し向けられていること（Angewiesenheit）」であって、あらゆる世界内的経験のかなた、無限のかなたにある相手を前提にしているという理由によってであった。「人間が彼の無限の努力のなかで差し向けられているこの相手を表すために、神という表現がある(10)」とパネンベルクは言う。「神」という用語を神学用語として使用する場合には、このパネンベルクの用語の使用法は適切とは言えない。むしろ神概念は啓示の認識に委ねて、人間の本質構成的な構造的関係として言い得るのは、神概念と区別された「神的なもの」への差し向けがあるという表現に止まるべきであろう。

シェーラーの人間学が人間と動物との相違を探求し、人間の人間としての本質を言い表そうとするとき、「世界開放性」と言い、「精神」と言い、「人格」と言うとき、明らかにドイツ観念論に留まらず、それを介しながら、その奥のキリスト教的伝統を保持していることも明らかであろう。それはとりわけ人間の本質を求める際、精神や人格に至り、さらに神的なものとの関わりを不可欠とするところに明らかであろう。そこでシェーラーの哲学的人間学を考察する最後に、『宇宙における人間の地位』の中でその人間学の文脈においていかなる神思想をシェーラーが展開したかを検討してみよう。

シェーラーが「神」もしくは「神的なもの」について語る仕方は次のようである。シェーラーによれば、人間だけが精神的な存在として、また精神作用の中心である人格として、生命体としての自己自身と世界とを凌駕する。しかし「人間が諸作用を遂行する場合の起点となり、また自己の身体と心を対象化し、世界をその時間的・空間的に充実した姿において対象とする際のよりどころとなる中枢」があるとシェーラーは言う。この中枢である人格のよりどころそのものは、「けっしてこの世界の一つの部分であることはできず、したがってまた〈いつ〉〈どこに〉という特定の時間的・空間的な規定を有することもできない」。そこでシェーラーは、この中枢は「至上の存在根拠自身のうちにのみ位置することができる」[11]と語る。この「至上の存在根拠」をシェーラーは「神性」(deitas)と呼び、「神性」はそれ自身の本質を実現するために世界過程を背負い込むと言う。こうしたシェーラーの思惟の推移は、明らかにもはや生物学的ではない。むしろここにはキリスト教的伝統の残滓が見られ、それが形而上学的表現を取っていると言うべきであろう。

既述の五段階の第四段階(人間と他の動物との程度の差を持つにすぎない共通の段階)から、第五段階(人間のみの精神活動とその主体としての人格の規定)への移行は、その思惟方法に即して言えば、生物学から形而上学への転換ではなかったか。しかしこの転換をシェーラー自身は断絶とも飛躍とも考えていなかったようである。彼は以下のように述べた。「本書で試みたように、人間本性を、それの下位に位置する存在の諸段階から一段ごとに構築してゆくことによって生ずる最もすばらしい結実のひとつは、〈世界と自己とを意識することおよびおのれ自身の心身上の本性をも対象化すること……によって『人間』になったとたんに、人間は同時にまた無限的・絶対的な超世界的存在の最も形式的な理念をもいやおうなしに把握せざるをえない〉ということが明らかになることである」[12]と。シェーラーのこの主張は、「心的生の客観的段階秩序」を辿って、第四段階から第五段階へと至ることによって、人間の本質規定の中に無限的・絶対的な至上の根拠との関わりを認識するに至るという主張であり、生物学的方法を根拠にした哲学的人間学の遂行によって、精神的人格としての人間の本質を規定することができ、同時にその中で絶対的・神的な世界根拠との本質的関係を根拠づけることになるという主張である。しかしシェーラーの思惟方法には第四段階と第五段階の間に方法論上の不連続的断絶があり、第五段階の「精神」はそれ以前の秩序の分析を不可欠とはせず、反省哲学や自己意識の形而上学によっても主張され得るものであると言わなければならないであろう。

彼の言う至上の根拠、あるいは無限的・絶対的な超世界的根拠は依然としてなお形式的であって、特定宗教の啓示やその神概念と結合するものではない。シェーラーによれば、人間の世界意識と自己意識と神意識の間には、「連関の厳密な本質必然性」がある。したがって「神意識」は人間にとって世界意識や自己意識とともに「人間の本質を構成するものとして、人間に本来そなわっている」とされる。このことは精神的存在として人間を規定したときに定まったと言うべきであろう。「絶対的存在の領域」は形式的な存在領域であって特定の宗教内容や形而上学的思想内容と必然的に結合するものではないが、「人間生成それ自身と完全に一つに合致する」[13]と主張される。つまりマックス・シェーラーは精神的存在としての人間の定義によって「人間学的な宗教的アプリオリ」を主張したわけである。

こうして最高存在にして世界根拠であるものが、シェーラーによれば精神的人格の拠点であるが、それがまた人間を通じてそれ自体の神性を実現するとも言われた。シェーラーはまた「われわれが『世界』とよぶところのものが永遠の実体の完全な身体となり終わるその度合に応じてのみ、神性の自己実現というこの過程の目標にいっそう肉迫することができる」[14]とも語る。精神と人格を語る点でシェーラーはキリスト教的伝統に即していると言い得るが、しかし人格と世界を通しての至上の存在の自己実現を語り、特に世界を神性の身体とするという思想は、むしろ汎神論的な表現とも考えられる。実際シェーラーは「能産的自然」(natura naturans) が最高存在のもう一つの属性をなすとも語った[15]。こうした事実は「人間学的な宗教的アプリオリ」を語っているシェーラーの哲学的人間学が、必ずしもキリスト教とその信仰や神学に対し弁証学的貢献を果たしていると安易に言うことはできないことを意味する。キリスト教弁証学はこの人間学と批判的に対論することはできても、これに一方的に依存することはできないであろう。

3　プレスナーにおける「脱中心性」(Exzentrizität)

哲学的人間学の系譜においてシェーラーに次いで検討すべき代表者は、ヘルムート・プレスナーである。彼の大きな著作『有機的なものの諸段階と人間』は、シェーラーの『宇宙における人間の地位』と同じく一九二八年に、同じく生物学的な方法を踏まえて動植物と人間との差を明らかにする仕方で、人間存在の本質の記述に取り組んだ。プレスナーの場合、シェーラーとは異なり、初期の生物学的問題設定をやがて後退させるとともに、その後期には社会科学や歴史学を媒介とすることにより、歴史的・文化的な生の表現を迂回路として人間の自己認識の可能性を追求した。しかしここでは最初の著書が重要である。彼の中心概念はシェーラーの場合の「精神」や「世界開放性」に替えて、人間の「脱中心性」[16]という概念である。プレスナーはこの概念によって人間の本質を表現した。この表現はシェーラーの場合の「精神」のように明白にドイツ観念論の形而上学的思惟に結びついたわけではない。その点では類似の人間の本質を表現しながらも、シェーラーとは異なり、なお生物学的観察に留まろうとする姿勢を見せたと言い得るであろう。しかし事実そうあり得たかどうかは疑わしい。というのは、その際の事象的自我と区別された純粋自我の位置を遠近画法の消失点に例えるなど、必ずしも事象的観察に留まっていたとは言い得ないからである。人間学の思惟方法の問題で言えば、プレスナーはシェーラーの形而上学と彼の後のアルノルト・ゲーレンの生物学主義的な人間学とも異なり、その中間に位置していたと言うことができるであろう。

プレスナーはすべての記述の根本概念として「配置性[17]」（Positionalität）に注目する。それは有機体や生物がその「領域」、つまりそれを取り巻く環境や分野に結びつけられている構造連関を意味する。これによってまず有機的なものと無機的なものが区別される。生命のないものは、それが存在している範囲で存在する。生命のある有機体における区別は、「開かれている」か「閉じている」かによって区別される。生命体が直接、自己をその領域や環境に組み入れ、その生命圏に従属する一断面としてある場合は、プレスナーはその生命体を「開かれた有機体形式」と呼ぶ。それと異なり、周囲に対する有機体の組み入れ方が間接的で、それが適応している生命圏に対して有機体が自立的な一断面である場合を「閉じている」と呼ぶ。これによって植物と動物の相違が明らかになる。植物は「開かれた有機体形式[18]」であるのに対し、動物は「閉じた有機体形式[19]」である。動物は一個の有機体として外界に対して閉鎖的で、自立的であり、その配置性において個体として「いま、ここ」を形成し、外界に対して能動的であるとともに、外界からの影響も受ける。有機体の中の大きな相違は、生命あるものが自己自身を所有しているか否か、その所有の仕方がいかにあるかにある。「自己所有」という次元は人間において初めて達成されると言う。これは人間の「脱中心性」による。「脱中心性」とは、人間が自己自身に対して距離をとって、自己を対象化できることである。個別的な自我と区別された純粋自我として自我を対象化し、自己意識を持つことと言ってもよい。プレスナーの言い方で言うと、人間は自分に対して「私」と言い得る存在である。人間は自分自身を所有し、自分を知り、自分自身を認識するが、そのとき自分自身を持ち、自分自身を知る自己は、「自分の背後に存在する自分自身の内面性の遠近法的な消失点（Fluchtpunkt）」であると言われる。この純粋自我が個別自我の外にあることが、脱中心性であり、それによって人間は自己と距離をとり、自己を意識し、自己を対象化し、自己を所有できる。動物はそういう自我の区別を知らない。動物は閉鎖的な有機的組織として中心を持ち、またそこから外に向かって生き、そして行動する。その意味では動物は中心から出たり、入ったりして生き、自分自身に回帰する体系を作っている。しかし動物は自己を体験してはいないし、自己を反省することはできない。それに対し、人間は自己自身の中に中心を持つと同時に、自己の身体の外に中心を持つ。自己の身体を超えたところに中心を持って初めて、反省や対象化と言われるものが成立する。

プレスナーが「脱中心性」によって把握したことは、既述のように純粋自我による反省の成立の説明であり、したがってシェーラーが精神とその世界開放性によって表現したことと類似し、自我のうちなる区別による自己意識について語るだけドイツ観念論にも接近する。しかしプレスナーはシェーラーと異なり、積極的に形而上学的主張には踏み込んでいない。むしろ植物に対する高等動物の中心性を語り、生物学的な進化の過程における中心的神経系統の発展と結びつけながら脱中心性を語っている。

自己を対象化する能力はまた、事物と距離を持つ能力でもあるが、両者の関係をどう理解するかという問題もある。自己反省の能力、つまり自己意識において自己を対象化することと、衝動の負荷を除去されて事物の世界との関係において事物に即することができることとは、どちらが根拠をなすのであろうか。プレスナーにおいては自省の能力、すなわち脱中心性が起源的な事態として表れており、そこから周囲の現実との即事的で距離をとった交流の能力が導出されてくるとされている。この基礎づけ関係の理解は、シェーラーの場合とは逆転しているとパネンベルクは指摘している[20]。

人間の中心性と脱中心性とは相互に関係し、また互いに結びあっている。それでいて最高度に発展した中心的神経体系を持った人間の外に中心があるとすると、どこにそれがあるのか、「消失点」の表現はあるが、消失点は遠近法において常にそうであるように光景ごとに変化する。シェーラーの「世界開放性」と比較して、それの代替概念であるプレスナーの「脱中心性」があまり賛成を得なかったのは、この概念の曖昧さに理由があるとパネンベルクは批判した[21]。それにしても人間はまったくの自然的な存在とは異なり、脱中心的な存在として自然的でもなければ、直接的でもない。人間は「本質と現象との断絶」である。純粋自我は生物学的対象ではないが、しかも生物学的身体性との不可欠な相互関係の中にあるゆえに、観念論を超えてもいる。本質と現象の相互関係にありながらも、そこに断絶があるゆえに、「脱中心的に配置されると、人間は自分が存在するところに存在すると同時に、自分が存在するところに存在しない[22]」。それは「人間のよりどころのない状態」を表現している。

この人間のよりどころのない状態の中で、この世界をよりどころとすることは禁じられ、「人間には現実的なものの虚しさと世界根拠という理念とが現れてくる」。それゆえ「脱中心的な位置づけの形式と、世界を根拠づける絶対的な、必然的な存在としての神とは、本質的な相関関係にある[23]」とも言われる。しかしシェーラーに類似のこの表現にプレスナーは留まらない。シュルツの言う「否定的な形而上学[24]」が、シェーラーともまたゲーレンの形而上学的無関心とも異なるプレスナーの特徴である。「人間の生の形式の脱中心性、彼がどこにも存在していないことと、彼のユートピア的な立場などが、人間に、神の実在、この世界の根拠、さらには世界の統一に対して疑惑を向けさせる。存在論的な神の証明があるとすれば、人間はその本性の法則に従ってこの証明を粉砕するどんな手段をも試みずにはいない[25]」。プレスナーによれば、人間は限りない無限のために循環の理念による回帰を断念する存在である。人間は、打ち立てた事象世界だけでなく、道徳的規準や規範さえも更新し、乗り越えていく。そこに根本的に創造的なポテンツとしての人間の本質があるが、人間の精神はあらゆる循環の理念を断念し、無限性の直線を進行していく。この精神の記号は「循環」ではなく、「限りない無限性の直線[26]」であるとプレスナーは言う。

後にプレスナーはディルタイの影響を受けたことを表して、生物学的な人間学よりもディルタイ的な精神史、文化史の理解に接近した。歴史的・文化的造形を迂回路とする人間の自己認識を語ったわけである。人間は文化世界を自己に適した故郷として創造する。文化的表象は宗教を含めて、人間学的還元の対象としてのみ片づけることはできない。人間学的還元が歴史的・文化的な成果をその創作者である人間に還元しながら解釈するのに対し、プレスナーにはそれと逆の原理があった。それは歴史的・文化的な客観的形象から逆に人間を理解しようと試みる。Ｏ・Ｆ・ボルノーはこれを「機関原理」（Organon-Prinzip）と呼んで評価した(27)。もちろん人間は限りない無限の直線として、あらゆる歴史的・文化的な形象を超えていく。しかしまたそれを作り出さなければ、人間は人間としての安定を持ち得ない。人間の人間としての本質の中には、超えていくものとしての安定、無限の直線としての故郷への希求が含まれている。超えることへと「開かれた」ままでの「故郷」が人間を支える。このことは当然、宗教的表象についても語り得る。人間の行動に現れる構造的破綻を支えて、バランスを保持してくれるのは、ただある外的なものだけである。「このような意味での外的存在のうちで最大最高のものは、力と崇高さを備え、最も確かな支えを施す(28)」。プレスナーはフォイエルバッハの還元論を指して、「いうまでもなく、この方法では問題を解決することはできない」と語った。「創世記に、神は自分のかたちに似せて人間を創ったとあるのは、より正確には、姿が似ていることによってむしろ交わりの関係のことが言われているのである。神学のこちら側で主張しうるのは、ただ、神と人間とは相互関係にあり、たがいにバランスを保っているということだけなのだ(29)」。プレスナーは哲学的人間学という神学のこちら側にあって、神と人間との相互関係、そのバランスをともかくも語ることはしたのである。ただし彼は、人間の脱中心性の主張によって、遠近法の消失点にあたるところに純粋自我をおいて、そこに中心を見出した。しかしながら人間はそこからも脱中心化して自己の外に中心を見出すことによる以外に無限の直線、つまり精神の自由を生きることはできないのではないかと思われる。

プレスナーはまた「隠された人間」について語った。彼によれば、人間はただ暫定的な認識に対してなお隠された要素や側面を持つのでなく、いわば原理的に隠されている。「人間がその同胞に対してと同様に自分自身に対して隠されていること――隠れたる人間《ホモ・アブスコンディトゥス》――は、人間の世界開放性の夜の側面である。人間はその行動においてけっして完全には自己を認識することはできない[30]」と言う。人間の行為が人間にその生き方を可能にするが、人間は見通しのつかない未来に曝されている。しかし隠された人間であることに恐懼するのでないのはなぜか。自己を超え出る脱中心性の先は、自己のかなたの中心に隠されている。聖書はそれを「あなたがたの命は、キリストと共に神の内に隠されている」（コロ三・三）と語っているのではないであろうか。

4　ゲーレンにおける「欠陥生物」（Mängelwesen）とその「行為」

アルノルト・ゲーレンの『人間――その本性および世界における位置』が出版されたのは一九四〇年であった。シェーラーより三〇歳、プレスナーより一二歳年下である。同じく生物学的方法により動物と人間の相違を明らかにし、人間の本質理解に迫ったこと、またシェーラーの影響を継いだことは、書名の副題からも推測される。シェーラーの影響を継いだことは特にその中心的な概念「世界開放性」を継承したことに明らかである。ただしシェーラーが「世界開放性」を「精神」の働きとして語ったのに対し、ゲーレンは「精神」の概念を動物と人間を区別する視点からも、人間の本質を定義する上でも退けた。ゲーレンにとっては精神概念を鍵概念とすることは、生物学的方法から逸脱し、形而上学に逃避すると思われた。そこでゲーレンは「精神」について語ることなく、人間の本性としての世界開放性を語ろうとする。そのとき、精神概念に代わって決定的な働きをするのは、「行為」（Handlung）という用語である。ゲーレンによれば、人間は「行為する存在」である。しかしそれはどのようなことであろうか。

ゲーレンの生物学的手法による人間と動物の相違の認識において重要な主題をなすのは、シェーラーにおいてもそうであった「本能」の機能との相違である。「ほとんどすべての動物がまったく特定の環境にその領界をがっちりとしばられており、そこに『適応』している[31]」。この環境への適応において働くのが「本能」である。これに対し人間は、「自分が自分の課題となり、自分に向かって態度をとる生物と言ってよかろう。外界に向かってとるその態度の方は行為とよぼう[32]」と言われる。人間は未完成状態で、どうしても「訓育」を必要としている。未完成な存在が訓育を通して自分を何ものかにするために行為するわけである。「人間が世界開放的であるとは、動物のように切り出された環境への適応《はめこみ》が欠如すること[33]」である。ゲーレンによれば、世界開放性とは単純に言って、環境から解除されていることである。別の言い方をすれば、特定的に切り取られた環境に自然に生きていけない人間は、世界開放的にならなければならなかった。この議論の前提にある人間の未完成状態を説明したものとして、ゲーレンはバーゼルの動物学者アードルフ・ポルトマンの「子宮外早生の一年」(das extrauterine Frühjahr) という説を採用した[34]。それは人間が胎児としてかなりの時間を過ごしているにもかかわらず、その誕生時の状態は、歩行や交流能力など他の動物と比較してなお一年胎内で生育すべき未熟な状態で、いわば一年早く出生したようなものという説である。こうした未完成状態と本能の減退した生物として、ゲーレンは人間を「欠陥生物」(Mängelwesen) と言う。この「欠陥生物」は訓育を受けなければならず、学習し、行為しなければならない。そしてそれができる。こうした人間理解において思い起こされるのは、ヨハン・ゴットフリート・フォン・ヘルダーの人間論である。ヘルダーも諸動物がそれぞれ特定領域での刺激に適合しているのに対し、人間は固有の環境を持たず、生物学的に寄る辺ない存在であることを認識していた。二〇世紀の生物学的方法に拠った哲学的人間学は、一様にヘルダーに自説の起源を認めている。

シェーラーにおける「精神」に替えて、ゲーレンにおいては「行為」が位置する。シェーラーにおいては、「精神」は至高の存在根拠に支えられ、そのお陰を被った。しかしゲーレンにおいては本能の後退による欠陥生物が自己創造的に「行為」する。「欠陥生物」はそれゆえ「行為的生物」である。その際、ゲーレンが指摘するのは、人間が受ける刺激とそれに対する反応の間に「空隙」(Hiatus) があるという説である。精神が本能を抑制するのでなく、刺激によって絡めとられた本能の固定的反応とは別な行為が、この「空隙」によって自然の仕組みの中で可能になると言う。この「空隙」が内面世界を創出する。環境からの過剰な刺激に対し、人間は言語、文化、技術を創出する行為によって負担の免除を行う。文化は第二の自然として人間の欠陥を補い、過剰な刺激にさらされることからの除荷を行う。シェーラーの場合の精神と世界根拠の関係のような人間の行為に対する神的なものの支持はゲーレンでは語られない。ゲーレンの自己創造的な行為には何らの支持基盤も指し示されない。それはゲーレンの生物学主義を表すとともに、従来「精神」として理解されてきた人間の本質が、ゲーレンにおいて正確に、また適切に理解されているかどうかという問いは生じるであろう。単に「空隙」があることによって人間の「行為」は維持されるのであろうか。

それにしてもゲーレンは宗教についてまったく語らなかったわけではなかった。個人と共同的な生の自己保存のために過剰な刺激に対する負担の免除のため防御措置として、指導体系が作り出される。ゲーレンは三つの人間学的な根本欲求を指摘した。意味解釈の理論的な欲求と規範への欲求、そして安全への欲求である。もちろんこれら三つの機能圏において人間のみが創始者とされている。意味解釈の理論的な欲求や規範への欲求は、世界解釈を引き受けるもので、学問と国家の行為形成に帰せられる。宗教には次第に魂の配慮だけ、つまり偶然性や苦悩や死に直面しての安全への欲求に応えることだけが期待された。

ゲーレンの人間の機能圏の思想についてワルター・シュルツの指摘がある。シュルツは『人間』第三版の巻末の文章を引用している。「こうして宗教的潮流の三つの源泉のうちの二つは外に向って行く、すなわち、その一つは学問的世界解釈へ、他の一つは内在的政治と人間指導へと向かうのであるが、後者は問題の複雑さと重みとが強まるとともにつねに国家の独占的な仕事となるであろう」と第三版においてゲーレンは語った。シュルツによると「このように一九四四年に出版された第三版で言われている。後の版では結びの章は変更されている」[35]。ゲーレンの生物主義的人間学は少なくとも一九四四年の第三版においては、生の自己保存のための防御装置のある重要な面を国家の独占的な仕事に委ねた。シュルツはそれを暗に意味させるだけに控えているが、ゲーレンの生物学主義的な思想は、一九四四年にはナチスに迎合しこそすれ、抵抗の思想とはならなかった。しかし人間学は、国家の独占的活動に対する抵抗の拠点を示せなければ、人間の本質に適合しているとは言い得ないのではないか。それには、人間が自己を超え出る運動を本質構成的としているのに対し、人間の超え出る先が虚無ではなく、意味ある実在的なものであることを可能性としてでも語ることができなくてはならない。自己を超え出ることを本質としている人間は、自己の外に自己に対する支持的、鼓舞的実在があることを少なくとも期待していると語ることができるであろう。

5　弁証学的な批判的考察

哲学的人間学の系譜は、生物学的方法によりながら、人間の「世界開放性」や「脱中心性」を語った。それは自己を超え出る運動に人間の本質構成的なものを見たと言ってよい。それは生物学を越えて、「精神」と呼ばれ、「人格」とも言われた。問題はこの精神の自己を超え出る運動がいかなる「基盤」によって、あるいは自己を超え出る運動が向けられているいかなる「先」によって支持され得るかである。自己を超えて出る人間の本質構成としての運動は、虚空を漂い、虚無に行くほかはないのか。またただ「空隙」をその基盤と言うしかないのであろうか。それとも人間の運動に対してより大いなるものの何らかの支持的、鼓舞的実在性があるのか。これは生物学の領分を超えた探求と言わなければならない。しかし人間学的な本質構成を支持する実在的何ものかの文脈において、キリスト教的啓示は場所を持つことができる。人間学的に期待される超越の先としての「神的なもの」の実在性やその内実は、啓示によって示されるほかはないであろう。

人間学は下からの神学になることはできない。自己を超え出る精神の運動としての人間はまだ神を定義してはいない。しかし人間学が人間の本質として示す文脈の中に、神学の啓示の語りは、場所を持つことができるであろう。

精神の自己超越を意味あらしめる支持基盤は、宗教をただ還元主義的に解消することでは扱えない事柄である。むしろ宗教的な投影を不可欠とする精神の自己超越の基本性格を認識し、宗教的啓示に人間学的権利を承認することになるであろう。人間の本質的構成契機として超越的なものとの関係性があることを否定することはできない。その超越的なものの実在性問題やその内実の認識を別にして、この関係性を承認しなければならないであろう。マックス・シェーラーが「世界開放性」を語るならば、人間があらゆる環境を超え出て、あらゆる有限なものを超えて差し向けられている相手としての「神的なもの」の要請を語っている。またあらゆる世界表象、世界造形を超えて、プレスナーが「隠された人間」を語るならば、それは「隠された神」の伝統の中にあることを否定することはできない。

人間理解は言うまでもなく、神学の独占活動ではない。しかし人間理解は「哲学的人間学」の系譜においても、神学的伝統や探求と無関係ではなかった。人間の理解の議論に参加するのは、神学の権利であるが、それはむしろ求められ、歓迎されるものでもあろう。神学への無関心は、人間理解の神的支持に対する無関心を促進し、それは人間の本質構成的要素としての超越的なものとの関係性の無視に誘う。それは、人間の尊厳のみならず、人間の全体性、総合性を喪失する道でもある。人間理解の文脈は、かつて神関係であったが、やがて自己関係の中で求められ、他者関係に移り、二〇世紀においては他の動物との差異に求められた。節足動物との比較において人間の本質を理解することは、まったく無意味ではないにしても、けっして充分な文脈ではない。他者関係、自己関係を取り戻し、歴史的・文化的作品の迂路を介して自己認識を得る道もなお十分とは言えない。無限のかなたにあるとともにもっとも身近に存在する無限の対向者との関係の中で、人間はより適切に人間として認識されなければならないであろう。

第四章　人間における神的なものへの憧憬

1　関係的存在としての人間とより大いなるものへの憧憬

人間は自己を超え出る精神の運動の中にある。それは自己超越的な精神的運動の存在と言ってもよい。環境の中で生きながら、反省的存在として、自己と環境を対象化し、それらを超え出ていく。およそ認識が起きるのは、この反省的な自己超越性によって、自己の中で自己を超え出ているからであり、また環境の中に生きながら、環境を超えているからである。そこに自己認識と環境認識とが成立する。すでに原初的な未開人が洞窟の中で絵を描いた。あるいは生活のための土器に、人間と仲間、そして環境の部分を描いた。環境の中で描きつつ生きる人間は、仲間と関係を結び、環境をある面で超え出て、他方では環境をカオスでなく、コスモスとして、その中で生きることのできる世界として持とうと行為していることを意味する。狩猟を行い、耕作を行うこと、つまり「労働」と、絵や文様に描く精神的行為は、相互に浸透して区分することはできない。その根源をさらに辿って、人間の衝動装置が、他の本能動物の衝動装置と原理的に異質のもので、環境的拘束下にはなく、「世界開放的」であることに辿ることもできる。人間は他の生物のように単軌道の固定的本能によって生きているのではない。人間の身体は極度な程度にまで特殊化されてはいない。むしろ特殊化の程度は低く、器官は貧弱で、本能は鈍い。それゆえにこそ特定環境による拘束から解除された「世界開放性」を特質としている。人間は、世界に曝されながら、世界を我が物として身を維持する「非特殊化的」な「世界開放的生物」である。「そうした生物にあっては、生物学的に直接目的にかなって媒介される行為と、きわめて遠方の目的をねらう行為とのきっぱりした境界づけが考えにくい」(1)。「直接に生物学的な目的にかなう行為」と「遠方の媒介された目的行為」とが区別されず、相互に浸透している。人間は狩りをするが、同時にその狩りをする自分たちを描き、明日の狩りを予想し、「不安」を感じる。世界開放的な人間は、環境が苛酷なカオスでなく、秩序あるコスモスであることへの「憧憬」を持っている。「世界開放性」はコスモスへの憧憬によって担われている。秩序ある世界との関連にいなければ生きていけない人間は、秩序ある世界への憧憬の中にいる。

世界への働きかけにしても、またそれを描くにしても、人間は「仲間とのつながり」の中にあり、他者との関係に開かれている。人間が言語的存在であることは、対象への働きかけや秩序ある世界の認識と関係しているが、同様に他者と関係を結ぶ存在であることを示している。他者との関係がカオスでなく、信頼できる関係であることが人間存在にとって不可欠である。洞窟や土器に描かれた未開人の絵画は、何人かの仲間が狩りをし、耕作する場面を描く。「秩序ある世界」と「信頼できる仲間」が人間の生存の根拠であるからである。秩序と確かな仲間への欲求は、さらにそれを超えたものからの支持を求める。

人間はまた仲間とともに歌う。自然環境の厳しい砂漠の中で人はなお生きることができる。「歌」は彼らを結び、環境から解き放ち、その彼方のコスモスへと結び、慰めと休息と力を与える。人間は歌う存在である。限界状況に生きる人間の歌には、人間を超えたものからの秩序と信頼的結合の支持への欲求が示されている。第二次世界大戦の日本の敗戦下に満州から朝鮮半島へと過酷な逃避行の中で、歌うことによって生き延びた人々がいる。歌はとりわけ人間の限界状況にあって人間を超えたものからの秩序と共同体の支持、つまり宗教的次元への憧憬を示している。働くことも描き歌うことも、生きるための営みであり、生を脅かす過酷な状況や不安の中での生存の闘いに対する慰めと支えへの憧憬を表す。人間は本質的に不安の中で憧憬をもっている。

洞窟絵画にはまたひときわ大きく手を広げているような人間仲間を超えた何物かも描かれている。生きるための闘い、不安の中にある闘いの中で、人間の営みを守る大いなるもの、人間と世界を守る保護者への憧憬も描かれる。人間は生きるための闘いの中で他者と関係し、環境と関係し、環境をカオスからコスモスに変える大いなるものの守りへと心を向け、その心の向きが人間集団を支える。この意味では人間は本質的に宗教的な次元を持っている。これをすでに宗教と呼ぶことができるかどうか、疑問も向けられるであろう。未開人の断片的な絵画が宗教を表現していると言えるであろうか。シュライアーマッハーは宗教を以下のように定義した。「あらゆる個物を全體の一部として、すべての制限されたるものを無限なるものの表現として受取ること、それが宗教である」と。(2) その意味ではこの断片的な表現の中に未開人はすでに「宇宙の直感」を表現している。人間の本能が環境による一方的な拘束によって人間を固定的に拘束しておらず、人間が脱中心的であるとき、環境と人間の間に疎隔を含む関係が生じ、その中で人間が「より大いなるもの」への信頼に生き始めたとき、それが、人間が人間である開始であった。人間が宗教的次元を持ったということと、宗教的次元が人間を人間にしたということ、この両者は同時に生起した。

人間は狩りや耕作をするだけでなく、そのことを描きもし、歌いもすることは、人間が「ホモ・ファーベル」（労働する人間）であるだけでなく、「ホモ・ルーデンス」（遊ぶ人間）であることをも意味する。この両者は、元来、切り離しがたく浸透しあっている。ホモ・ルーデンスが日常の世界ともう一つ別の世界に関わっていると見られるようになったのは、人類史のはるか後のことである。しかしそれでもまったく別の世界になりきっているわけではない。音楽、歌、絵画、その他あらゆる芸術は、日常と別の世界ではなく、日常の中で日常から解き放ち、それを変革する「解放と平安」を求め、その憧憬を表している。その意味で「一九四五年に、ソ連がウィーンを占領する直前に、ウィーン・フィルハーモニーは、定期演奏会を開催した」。ピーター・バーガーは「これはむしろ、破壊行為と、戦争と、死のみにくさに対する人間のあらゆる創造的美の行動の究極的勝利の宣言であった」(3) と記す。「究極的勝利の宣言」が言い過ぎであるとしても、人間が戦争のさなかにも、破壊行為でなく、美しきもの、秩序と調和のある世界への憧憬に生きていることを指し示していると言うことはできる。

人間はすでに獲得し保持しているもので充足することによって生きているのではない。なお足らざるものを感じ、不確かさの中で、仲間とのつながりと秩序ある世界、そしてそれらを保護するものへの憧憬を持って生きている。人間が足ることを知るのは、直接的なことではなく、むしろ格闘や修練を通してであり、何らかの宗教的行為として知るのである。人間は、不足と欠乏、危険と争いの中で、確かさを求めて生きている。このことは、不安を限定し、争いや危険を抑制し、秩序や平安を支えるものへの憧憬という仕方で人間の宗教的次元を示す。人間の憧憬は、人間が環境の中で自分自身に閉ざされていないという意味で、自己の「外に開かれて」いる。人間は仲間としての他者関係に開かれており、さらに環境を超えてより大いなるものに開かれている。この憧憬と開放性の次元を押し殺し、自己の内部に閉塞させることは、非人間的であり、反対にこの憧憬と開放性を理解し、共感し、それを支持することは人間的である。このことはもちろん人間の憧憬を受け止める「より大いなるもの」の存在を証明しているわけではない。ましてや神の存在を証明しているわけでもない。

人間は自己の憧憬が向いていく先の「より大いなるもの」について、誤解もし、曲解もする。人間の宗教的次元は常に偶像の工場でもある。「より大いなるもの」の実質的理解は、人間の憧憬とは別に来るのでなければならないであろう。神の存在と真理は、信仰と神学の認識によれば啓示からくる。そしてその啓示的真理が、人間の憧憬にある「より大いなるもの」とどのように嚙み合うかはもう一つの問題である。憧憬が描くものは「前理解」にすぎない。それは啓示の中で方向転換を迫られるであろう。しかし啓示による神認識は、人間学的憧憬の文脈からすると、人間学的必要に応えている。人間の憧憬が方向づけられている先は、啓示によって修正されつつ答えられる。人間の憧憬は啓示の権利を承認し、啓示は人間の憧憬を修正し、成就する。

2　休息と希望からの論証

人間存在の宗教的次元を指し示す人間学的現象としては、既述した秩序への憧憬や、人間仲間における平安への憧憬があるだけではない。さらに多くの人間学的現象があり、あらゆる人間学的現象がその中に宗教的次元を宿しているとも言い得るであろう。ピーター・バーガーは子供を抱いて安心させる母親の行為を挙げ、またユーモアや喜劇なども挙げて、それらには「超越のしるし」があると指摘している。(4) われわれはさらに多くを加え得るであろう。人間は「休息」を必要としていることもその一例として挙げられる。実際、休息なしに働き詰めで生きていける人はいない。休息は肉体を持った人間存在の必然的条件である。肉体的な存在としての人間は、食するとともに眠らなければならない。しかし人間の現実は、「疲れても、憩いはない」（哀五・五）とも言われる。人間の休息はただ疲労から帰結することではなく、疲労のほかに休息を可能とさせる条件が満たされなければならない。休息がただ肉体的な疲労と相互関係にあるだけでなく、それ以上のものと関係していることは、「超越のしるし」である。休むためには守られている必要があり、赦されている必要があり、肯定され、受け入れられている必要がある。休息は肉体と精神に関わり、宗教的次元に関係している。真実の休息は、より大いなるものからの肯定の中で与えられる。休息は「安息日」と関係し、さらには「祝祭」と関連する。アウグスティヌスが『告白』の冒頭に語った神への賛美の言葉は、この人間学的必然性に関係している。「あなたは、わたしたちをあなたに向けて造られ、わたしたちの心は、あなたのうちに安らうまでは安んじない(5)」。もちろん休息を求める人間学的必然性を辿ることで、ただちに神のうちの安らぎに到達できるわけではない。キリスト教信仰に入ることは人間学的必然性によってではなく、聖霊による信仰によってである。しかし人間が真実の休息を求めているという人間存在の文脈において見ると、神のうちに安らうことをゆるされる中に人間存在の本質の成就があるという主張は、その権利を承認されるであろう。権利が承認されることは、それが真実である可能性の条件である。

もう一つ挙げておきたいのは「希望という人間学的現象」であり、それによる人間存在における宗教的次元の論証である。希望とは何か。希望は未来に関係している。人間は他者関係的であり、また世界関係的であるが、同時に未来関係的でもある。このことは希望の反対は何かを考えるとはっきりしてくる。希望の反対として時に「恐怖」や「不安」が挙げられるのは、決して十分とは言えない。それらは希望よりも、むしろ勇気によって対処されるであろう。そして勇気は、希望とまったく同じであるわけではない。勇気が重大な徳であると知っていた古代ギリシア人たちも、希望については、それが徳と言い切れるかどうかなお不確かさを持っていた。それは希望が「未来」との関係を持ち、未来によって欺かれる不安定さを持っていたからである。Ｏ・Ｆ・ボルノーは、希望の反対は「恐怖」や「不安」ではなく、また「絶望」でもなく、むしろ「ぼんやりとした無関心という意味での希望喪失」と言い、それをキェルケゴールの言う「憂愁」（Schwermut）と同一視した。(6) 彼はそれをさらにスコラ神学の言う「アケディア acedia〔怠惰〕」とも結びつけている。それは「何もかもだめになったのに、今更ふんばってみたところで無駄である、と人間にささやきかける、あの精神の無気力な倦怠である」と言う。希望の反対は諦め、諦念である。しかしそれは、積極的な知恵の姿勢としての諦念、人生の確かな姿勢として諦めることではない。人生の確かな姿勢としての諦念には、完全な希望の欠如があるのでなく、希望との錯綜した関係がある。これに対し、希望の反対は人生の確かな姿勢を欠如すること、諦めといっても人生の姿勢としての諦めでなく、人生姿勢を失い、無気力に落ち込んでいる状態としての諦めである。それに対して希望は、無気力な諦めに落ち込む誘惑や傾向に対して「抵抗する力」である。ボルノーはそのとき「希望は、未来が情け深く、保護しながら、人間を迎えてくれることを信じている」(7)と語る。希望には、未来に対する信頼がある。未来に信頼を寄せることのできる希望が、生きる張りを与え、生きる気力を生む。

希望の反対が積極的な知恵の姿勢としての諦念と異なり、無気力な諦め、生きる力を萎えさせる憂愁、生きることへの怠惰であるということは、人間が人間として生きていくためには希望が必要であるということでもある。「人間がいやしくも生きているかぎりは、自分では気付かないにしても、人間はなお、希望している」[8]。人間存在は「生」であり、「生」には未来関係がある。人間の生を未来に向けた行動として可能にするものがなくてはならない。希望は人間的生の存在が、時間的な未来に向けて生きることを可能にするものである。自殺でさえも歪められた形であれ、希望に支えられていると言い得る。知恵としての諦念もまた、生きる力の隠れた表現であるとすれば、それはまた希望によって支えられていると言うこともできるであろう。

人間学的現象としての希望は、人間存在における未来関係の信頼的表現として、宗教的次元を含意している。もちろんそれはただちにある特定の宗教との結合を意味するものではない。人間学的現象としての希望は、神学的人間における希望と即、同一的なものではない。ペトロの手紙一に言われる「希望の弁明」（三・一五）は、「キリストを主とあがめる」ことに根拠づけられた希望の弁明である。しかしこの弁明は、人間が人間的に生きて存在することは未来関係における希望を不可欠としていることに基づいて、キリストを主とあがめることによる希望の権利を語ることができる。人間学的な希望の現象は、未来への信頼の根拠を示す宗教によって支持され、そして強められる。

人間の生が希望を持っていることはまた、特定の宗教の規定を受けないままに、心のうちに「祈り」を持っていることによっても説明され得る。人間は祈りを持っている存在である。大江健三郎はこれを「信仰を持たない者の祈り」と呼んだ[9]。彼は言葉を発することなく六歳になった彼の息子が初めて言葉を発した北軽井沢での経験をしばしば語っている。クイナが鳴き、「クイナです」と語った彼の息子の言葉を幻聴かと訝った大江は、もう一度クイナが鳴き、息子が「クイナです」と応じるのを期待して待った。このとき大江は信仰のない自分が祈っているのを感じたという。そこで彼は言う。「信仰を持たないでいても、ある宗教的なものといいますか、祈りのようなものを自分が持っていると感じる時が、人生のいろいろな局面であったのです。やはり信仰の光のようなものがあって、向こうからの光がこちらに届いたことがあると私は思っているのです」[10]。そして彼は自分の人生のいろいろな局面だけでなく、文学の中に、例えば井伏鱒二の長編『黒い雨』の中に、マルカム・ラウリーの中篇『泉へ至る森の道』の中に「信仰を持たない者の祈り」が現れていると語っている。ミラン・クンデラが示している「心の中にある方向づけ」も一つの「祈り」だと彼は言う。このことは、人間は「信仰を持たない者」としても宗教的次元を持ち、それによって人間として生き、そして存在しているということである。信仰を持たない者も祈りを持っている人間として、宗教的次元を持ち、祈る宗教によって支持され、強められ、また修正される可能性にある。

ドストエフスキーは、ラスコーリニコフによってソーニャに問わせている。ソーニャが精神の錯乱を起こさず、自殺もせず、その苦境の中をこんなにも長く人間として生きられることがラスコーリニコフには理解できない。何が彼女を生かし、支えているのか。「それで君はよく神様にお祈りをするのかい、ソーニャ」。ソーニャの答えは「神様がいなかったらどうして生きて来れたでしょうか」である[11]。人間が苦境の中、しかもそこに長い間耐えて、正気で生きることができるのはなぜか。神との関係の中にある自己を生きることが、その理由である。神に祈ることができることが理由である。苦境の中に生きる人間はすでに祈りの弁証であり、祈りを向ける相手がおられることの弁証でもある。ラスコーリニコフの問いに対するソーニャの答え、「神様がいなくてどうして生きて来れたでしょうか」は、ドストエフスキーによるキリスト教信仰の弁証の素直な、そして現実に鍛え抜かれた、揺るぎのない表現と言わなければならない。

3　不安と自己意識の成立

人間はいかなる時代にも不安の中にいて、不安を抱えて生きてきた。しかし哲学と神学、あるいは心理学が自らの課題として不安の問題に主題的に取り組んだのは決して古くからではない。ハイデガーは『存在と時間』（一九二七年）の実存論的分析論において、不安の中に「優れた開示の働きの可能性」がひそんでいることに注目したが、同時にこの人間学的主題に注目したのは、アウグスティヌス、ルター、そしてキェルケゴールにすぎないことを指摘した[12]。不安は人間一般の問題でありながら、むしろ一九世紀以後の人間の独特な問題として思想の主題の中に登場してきた。そこには宗教文化史的な背景があると言わなければならないであろう。文化と社会の支持基盤としての宗教的伝統が激しく動揺をきたし、個としての人間を支える集団、人間仲間の共同体が解体し、人間が単独化され、個人として生きることが不可避となった事態が、「不安を思想の主題としなければならない時代」をもたらした。二一世紀になって、いよいよ進行する社会変動と家族のつながりの弱体化、技術変化の激変、経済不安、災害不安、そして未来不安、さらに情報化の中での倫理的価値の激変に直面して、不安は人間独特の現象であり、思想の主題である。その意味で現代は「不安な時代」である。

キェルケゴールによれば不安は「自由の眩暈」であり、精神の総合の求めの文脈で次のように語られる。人間は綜合であるが、「精神が綜合を措定しようとする場合、自由が自己自身の可能性の底をのぞきこみながら同時におのが支えを求めて有限性へと手をさしのべるときに、不安が撥生するのである。かかる眩暈のなかで自由は地にうち伏す[13]」。そえゆえまた不安は、キェルケゴールによれば「憧憬の表現[14]」でもある。「彼方に憧れている人がそこから脱け出ようとしている當の狀態が、不安のなかで告示せられている」。この「告示せられるのは、憧憬だけでは救いには手が届かないからなのである」。しかし「不安を抱くことを覚える」ことは「誰もがやりとげなければならぬところの冒險」であり、「不安を正しく抱くことを學んだ者は、最高のことを學んだのである[15]」と言われる。彼の言う「正しく」とは、それ自体では救いに届かない不安の心理学が和解の教義学へと飛躍する道備えになることが意味されている。「不安が彼を信仰へと導くことなしに逆に彼を信仰から引き離したとしたら、もはや彼には望みがない」とキェルケゴールは言う。この言葉によって不安を正しく学ぶ意味が示されている。そこでキェルケゴールは自らの不安の研究が始まったと同じ場所で、不安の心理学は終わると語って、最後の言葉で結んでいる。「心理學が不安の研究を完了するや否や、不安は教義學にひき渡されなければならない」[16]。不安の開示力は、ある神的なものへの人間学的憧憬を示しているとともに、存在的な信頼の根拠を示している。ブルンナーが弁証学の代表者としてパスカルとともに、キェルケゴールを挙げたことには理由があったと言わなければならないであろう。

しかし人間学的不安が、信仰と教義学にただちに導くわけではない。ハイデガーはキェルケゴールと結びつきながら、不安の気分が「現存在の全体性に対する問いの鍵」であると語った。不安は、精神の自己自身に対する根本的態度を示し、そこでの自由の位置を示している。キェルケゴールの言う「自由の眩暈」としての不安と、ハイデガーの不安における自由のあり方には類似とともに差異も指摘される。例えばパネンベルクはこの点を指摘して、ハイデガーにおいては、不安はキェルケゴールの綜合としての精神の理解とは異なり、有限性のみに関係していると言う。「それゆえ自由もまた不安の高まりの中で有限なものに頼り、本来性への決断として積極的に解釈される。一方キェルケゴールはそうした自由に罪の起源を見た」[17]と。ハイデガーの不安の概念は、キェルケゴールの場合のようにキリスト教信仰の弁証学にならないと言い得るであろう。しかし彼もまた「隠された不安の根拠によって現存在が無の中に保たれている」と語り、そのことは「全体における存在事物を超えること、即ち超越（Transzendenz）である」[18]と語った。不安は有限なものへの決断によっては処理しきれない問題を開示していることはハイデガーにとっても明らかであった。

不安の気分だけでは人間の正当な理解に達することはできず、不安の開示の働きが、あらゆる存在者を超える超越への精神の関わりを憧憬として指し示していることが重大である。正しい不安は学習されなければならず、それは信仰へと導くとのキェルケゴールの不安の心理学の認識は、不安が信仰、すなわち啓示の出来事に対する信仰の地平への指し示しであると語っているわけで、真面目に取り上げるに値するであろう。生と存在をめぐる不安は、生きることに対して支持的な実在への信頼が問われる地平である。宗教的信頼は、ただ単独者としての人間に関わるだけではない。それは、人間がその中でともに生きる人間であることのできる共同体の問題でもある。個としての不安は個人を支える共同体の宗教的な質によって耐えられることができる。そうした意味も含んで、実存における生の脅かしを開示する不安は、個と共同体の関わる神的なものを問う宗教的な地平であると言うことができよう。

4　罪の心理学と罪の神学

G・K・チェスタトンは「正統なキリスト教」の弁証を人間の原罪の事実から出発して行おうとした。彼によれば、「キリスト教神学の中で、本当に疑問の余地がないのは原罪だけ」であり、「これならどこの町の通りでだってお目にかかれるはず」だからである。しかし彼は、「昔の人には（そして私にも）白日のごとく明々白々たる一個の事実が、今日ではほかの何物よりも疑われ、打ち消されている事実にほかならぬ」ため、「とても万人の共感を得られぬ」と認識して、別の道を考えた。(19) しかし罪からのキリスト教弁証を試みることは、今日もなお意味のある、重大なことと思われる。その際、必要にして困難なことは、罪の経験的な認識から出発することである。罪の経験的な認識は、個人的、また社会的・集団的な罪意識と関わり、その背後には宗教的な習慣的規定が働いている。そしてそれに対しては、当然、罪の認識は経験的心理学や社会学の事柄であろうか、むしろ神学的認識として経験的事実とは別個の事実から出発しなければならないのではないか、啓示から離れて罪を論じ、その本質を認識することは結局、罪の誤解に導き、ただ人間精神に誤った負債を負わせることにならないかと思案させられる。罪の誤った観念とそれが人間に与えた膨大な負担が、結果として、チェスタトンが自分の時代について語ったように、罪について語ることのできない風潮をもたらしたのではないかとも思われる。罪についての誤った議論は、一方では罪意識の強化によって人間意識を拘束し、非人間化に至るが、他方ではその反動として、ニーチェやフロイトなどに見られる罪の還元主義的な解消へと向かい、罪の実在性の否定に至る。しかしこれも罪の実在性のない人間主義になって、オプティミズムにせよペシミズムにせよ、結局のところ非現実的な結果に陥る。罪の正当な認識と人間の現実的な認識は切り離すことができない。

アウグスティヌスは罪についての経験的認識とその罪の本質についての究明の道を辿り詰める試みを可能とする時代の中にいた。彼の罪の心理学は、悪の動機を自然的本性からでなく、よき意志の転倒から説明した。彼は罪の動機は、もっとも低い善のために最高の善を無視する悪しき意志の転倒した働きにあると語った。アウグスティヌスは、この転倒の表現として「傲慢」と「貪欲」を特に罪の現象として挙げたが、より根本的な転倒は「傲慢」の方にあるとされた。「あらゆる罪のもとは傲慢である」[20]と言われた通りである。それは「最高度に存在するかたから背離して、最高度に存在するのでない自己自身へ向かって転じ」ていることを意味すると言う。それは意志の転倒であるが、最高位に存在する方から低次の存在物への意志の向きの転倒であり、目的と手段の転倒であり、享受（frui）すべき方と使用（uti）すべきものの転倒である。そこには、自分を侮るほどに神を愛することから離反して、神を侮るまでに自分を愛する自己愛への転倒がある。この傲慢の罪の結果として生じる罰が貪欲であり、それは相対的な価値にすぎないものに絶対的に捉えられた状態である。自己目的的な自己愛という愛の転倒による崩壊から、人間は救出されなければならない。こうしたアウグスティヌスの罪の心理学は、最高善である神を鮮明に理解し愛することへと向けていく。パネンベルクはこのアウグスティヌスの「罪の心理学」の意味を評価し、他方でカール・バルトの「罪の神学」の意味を否定したわけではないが、それによって取って代わられることのできないものと言う。「罪ある行動の可能性を経験的に理解可能にするところに、アウグスティヌスの教説の説得力（Überzeugungskraft）があった」[21]と。キリスト教弁証学の可能性と課題を考える視点からすると、アウグスティヌスの罪の経験的な考察は、神的なものへの憧憬の道として、また罪の神学への備えとして重要な意味を持つであろう。

それにしても、アウグスティヌスはまだ人間が何の理由もなく人を殺し、殺傷そのものを楽しみとして殺人を行うという罪の心理学を知ることはなかった。「カティリナでさえも悪事を好んだのではなく、全く他に好むものがあって、そのために罪を犯したのである[22]」とアウグスティヌスは語った。意志の転倒による罪の前提には、常に相対的により低次の善があると主張された。彼の意志の転倒論では「悪そのものを欲する人間」を理解することはできなかった。しかし、現代の経験ではアウグスティヌスのこの見方は通用しない。人間はネクロフィリアに耽るからである。ネクロフィリア（死の愛好）もまたフィリア（愛好）である以上、他に好むものがあるのは、その通りであるとしても、それは「自己愛」ではなく、「死体」や「殺し」を好むのであって、相対的により低次の善を好むとは言い得ない。誰もネクロフィリアそのものをよしとして生きることはできない。

ラインホールド・ニーバーは、アウグスティヌスの罪の教説を二重の意味で継承した。一つには、アウグスティヌスが「傲慢」を罪の根本と理解したように、ニーバーもまた「性的な欲望」（リビドー）にまさって、あるいはギリシア思想による「無知や激情」の不道徳にまさって、「プライド」（superbia）を罪の根本と理解した。その上で第二に、この罪を人間の目に見える行動と関係づけて理解し、プライドの問題性を深く把握する聖書的洞察の優秀さを弁証的に提示した。ニーバーが「力のプライド」「知のプライド」「徳のプライド」「霊的プライド」の四つの形態を識別して人間の問題性を考察したのは、この関係づけにおける具体的な罪の認識を展開したものであった[23]。罪を知ることは神を知ることと深く関係している。「人間がもはや神を知らないということに証拠があるとするると、その最後の証拠は自分自身の罪を知らないことである。自分を正当化する人間は、審判者としての神を知らず、また救済者としての神を必要としていない[24]」。ニーバーによればプライドの罪には「究極の秘義」があって、それはすべての人間の罪を語った宗教改革者たち自身がその教理を「神学的な論敵に対する高慢な権力意志の道具として用いた[25]」ことに現れていると言う。そこで「プライドの罪のこうした究極的な秘義が認識されなければ、キリスト教的福音の意味は理解され得ない」とニーバーは言う。ただし「傲慢の罪の秘義」と「福音の意味」との認識論的順序は問題で、教義学的にはむしろ後者を知る中で前者の認識に導かれると考えるべきであろう。しかし弁証学ではどこまでこの順序を逆転できるかが重大である。順序の逆転は必ず罪の誤解に導くのか、それとも罪の経験的認識が罪の誤解でなく、罪の正しい認識の道、つまり啓示認識の道への地平をなすのか。確かに罪の究極的秘義はキリスト教的福音の意味が理解されなければ理解されない。しかし罪の経験的認識は、その予備的地平になることができると言うべきであろう。

人間の罪をめぐって、罪もまた啓示による認識であり、心理学的認識でなく神学的認識であることを明確に語ったのは、カール・バルトである(26)。一般的な神学の手法が創造論の中で人間論に触れ、その関連で堕罪と罪に関して論じるのに対して、バルトは罪論を和解論の中に位置づけ、キリスト論に従属させた。一般に自明のこととされていたキリスト論に先行させて罪についての教説を語る伝統的な考え方に対し、バルトは単純に次の命題を対置した。「人間が罪の人間であるということ、そして人間の罪が何であるか、また罪が人間にとって何を意味するかということは、イエス・キリストが認識されることによって認識される。ただそのようにして認識され、そのようにして真に認識される(27)」。われわれもこの立場に基本的に立つ。しかしそれは、弁証学の文脈におけるアウグスティヌスやラインホールド・ニーバーの罪の現実的考察の説得力を無意味とするわけではない。罪の神学は、神学の中だけで旋回するわけではないからである。信仰なしの生き方に対してさえ、神学は妥当性を持たないのではない。信仰なしの生き方の中に良心の咎めが働き、罪の悩みによる不安が作用する。罪の神学は罪の心理学に応えて、正当な罪理解を語ろうとする。

さらにまた啓示による認識、キリスト論に導かれた罪の認識においてすでに決定済みの認識があるわけではないであろう。バルトは傲慢とともに、怠惰と虚偽の罪を根本的な罪として語った。神の子の卑下と人の子の高挙に対応させ、傲慢と怠惰の罪を語り、真の証言者に対応させて虚偽の罪を語ったわけである。しかし怠惰についてそのような際立った位置を与えるべきか、あるいはまた「虚偽」についてどのような位置と理由で罪として語るかはなお検討の余地があるであろう。

罪の問題を神への信仰と切り離すことができないことは、罪の正しい認識について重大なことである。ここでは特に二つの問題を指摘したい。神への信仰なしには、人間は罪やその結果としての良心の咎めを還元主義的に解消しようとする。それを人間の外との関係によらず、主体性において解消しようとする。この罪の自己処理は、他者関係における罪にとって不可能な道である。他者関係を自己の内に解消するのでなく、他者をさらに超える他者以上の他者との関係において罪は克服されなければならないであろう。

もう一つ挙げられることは、啓示による信仰から神の救いの業を知らされることなしに罪の正当な理解は不可能という問題である。啓示による福音の信仰から発しない罪意識によって人間は、自己攻撃的な罪理解に苦しみ、しばしば神経症的に病む現象にも陥る。啓示によって知らされる救済は、その光の中で罪について正当な理解を与える根拠でもある。イエス・キリストの十字架においてキリストとともに罪に対して死ぬことにより、罪の克服的な救済を告げる罪の神学は、罪の心理学や罪の経験的認識がどうしても陥る罪についての自己攻撃的歪曲をただし、その桎梏から解放する。

「嘘」の罪について、バルトは真実の告知者イエス・キリストの関連で「和解論」第三部で語った。バルトによれば、嘘は傲慢や怠惰とともにキリスト論の主導性の中で明らかにされる第三の罪の形態である。他方、ニーバーは虚偽や不誠実については「罪の付属物」として語っている。アウグスティヌスによれば傲慢は本質的人間を転倒させているので、すでに嘘を含んでいるとされる。神関係における嘘は罪そのものであり、自己や他者に対する嘘は罪の結果であり、付属物であると言えるであろう。嘘は自分を隠す。自分を隠すことで、自分を守り、自分の益を図る。しかし嘘は、人間の共同体仲間の連帯性を破壊し、連帯性と不可分な人間の自己同一性を傷つける。嘘によって守られる自己とその利益は、真実の自己とその利益ではない。人間関係における嘘の問題の解決は、人間の自己同一性と共同体性とを守護し、回復する超越関係への憧憬を求めている。聖書的な見方で言うと、神に対する嘘は契約の神との関係を損傷することで、契約的な真実に対する裏切りや騙しであり、契約破りとして重大な問題になる。諸宗教の中での嘘の受けとめ方は多様である。契約的宗教においては、嘘は契約的な真実（エムス、エムナー）の欠如、あるいはその侵害として重大に考えられる。

罪に伴う人間とその集団の心理学的現象は多様である。その一つに「恥」の問題がある。ルース・ベネディクトは日本の文化を「恥の文化」として捉えて、欧米の「罪の文化」と対比させた。その際「恥」は世間を相手とし、罪は神を相手とするとされた。これは神学的には不十分で、恥にも罪にも世間の中での次元と、神関係における次元とがある。(28) 罪の結果、人間が自分を恥じるだけでなく、神がその人間を恥じるという次元が聖書には示されている。これは審判に関係する。「恥」の問題は言うまでもなく「恥知らず」になることによって解決はしない。恥は、自己同一性の中の分裂、それゆえの自我の不安定に根差している。さらには、自他の区別が未確定なために他者の行動を見て、それと自己を同一化して恥ずかしく感じる場合もある。恥はまた良心の咎めとも関連している。恥の問題は、世間において、つまり人間関係において濯がれることを求めるが、しかし究極的には神的なものからの拒絶（神の審判）にどう耐え得るかが問題になる。パネンベルクはマックス・シェーラーの恥の分析に結びついて、罪と恥を判然と区別して、「羞恥心」には自分が無価値であるとの意識が「完全に欠けている」と記した。(29) しかしこれは心理学的に分析される現実の恥と恥の感情の複雑さに即応しているとは思われない。それはまた聖書的な恥の理解でもないであろう。恥には人間の本来的なありかたとの「分裂」が表現されているゆえに、恥の克服には人間の同一性における根源的な一致の回復が必要である。それには「神との、また他の人間との交わり」が回復されなければならない。この点でボンヘッファーが恥の克服には「神の赦しを着ること」(30) が必要であると語ったことは、理由のあることであった。「見ぬ世にうつりて、まみゆるそのとき、主の義をまといて、みまえに立たまし」（『讃美歌』二八〇番）と歌われるのは、アダムの裸の状態でなく、「キリストを着る」ことが罪の問題の克服であるとともに、恥の克服でもあることを表現している。

5　死の現実とそれに耐えること、ならびにその先を問う人間

人間は自己意識をもった存在であり、しかも死ぬ存在である。したがって人間は意識を持って、身体的に死ぬ以前に、死に直面しなければならない。自己の死に直面するとともに、また仲間、親しき者の死に直面する。人間は、その者との関係が自己の他者関係や世界関係において基礎的になっている者の死をも経験しなければならない。意識的存在として直面しなければならない自他の死の事実、自他の死との意識的関与が、その彼方に関わる宗教的次元に触れる。死に伴う苦痛や苦難があって、それが宗教的次元の問いを誘発するということもある。死と苦痛の関係は、死が苦痛を伴う場合もあり、苦痛が死を意識させない場合もある。しかしまた死が苦痛からの唯一の逃れの道である場合もある。

ここでは死に随伴する苦痛や苦難でなく、死そのもの、つまり人間が生を終え、過ぎ去るものであり、自己意識の主体が無になると思われる事実そのものが問題である。宗教学者岸本英夫は特定な宗教に生きた人ではなかった。彼が五〇歳で癌の宣告を受け一〇年にわたる「死を見つめる心」を記したことは、彼が特定宗教の人でなかっただけに、死の事実との直面がどういう意味で宗教的次元を指し示すかを示す一つの例となった。彼の言葉で言うと、死に直面して「生命飢餓状態」に陥り、「借り物の死生観」の無力を知り、苦悩の末、やがて一つの死生観に辿りついた。それは「死は別れであって、死によって人々から別れ、宇宙霊魂、宇宙生命の中に入っていく」「すでに別れを告げた自分が、宇宙の霊にかえって、永遠の休息に入るだけである」[31]と語られた。死との直面は「借り物の死生観」でなく、自分自身の死を納得できることを要求する。それは自己意識的存在としての人間が死に直面した際に受け止めなければならない不可避的な要求である。これが死の示す経験的な宗教的次

元である。その上で、岸本英夫が自ら獲得した死生観は、「別れ・休息・宇宙霊・宇宙生命力」といった用語で表現され、「いずれも宗教の世界では、陳腐にして伝統的なシンボリズムに属するものといってよい[32]」と言われるものであった。意識的存在でありつつ受け止める死の事実が、人間存在の経験的な宗教的次元を持つが、そこにおいていかなる宗教的シンボリズムを身についたものとして確認できるか、それはその人の宗教の問題である。ここではただ意識的存在として死ななければならない人間にとって、死の事実は経験的な仕方で宗教的次元を示していることだけを示唆しておきたい。人間が意識的存在として死ななければならないというまぎれもない不可避的事態の中に、宗教は権利を持っている。恐るべき死か、受容可能な死か、死による解放か、といった問題は死と罪の関係、あるいは死と苦難の関係に関連し、死の意味をめぐる問いである。人間の本質構成的な関係であるより大いなるものとの関わりは、死に臨んで罪と苦難の問題を含めて人間を人間として支えることが期待される。

キリスト教信仰は、死の問題に直面して、生きるにしろ死ぬにしろ「主のものである」との信仰、死によっても神との愛の交わりから奪い去られることはないとの信仰、ならびに復活の主の信仰によって答える。人間自身の霊魂の不滅ではなく、あるいは宇宙生命や宇宙霊ではなく、復活した主と、父と子と聖霊の三位一体の神との交わりの信仰により、また神の国の到来と終わりの復活、そしてすでに参与し始めている永遠の生命によって答える。恐るべき死、死における審判の契機を、キリストを身に纏い、その義を身にまとうことで耐える。このキリスト教信仰の真理性は、啓示の真理から来るのであって、人間に不可避的な死の事実そのものから来るわけではない。死の事実が開示する人間存在の宗教的次元にその真理性主張の権利地平を人間学的な仕方で持ちながら、キリスト教信仰はその真理性を啓示の真理として明らかにする。

死に直面して死の先や死の彼方を問うことは、死そのものを超える道を求め、死からの解放を求めることである。それは死に対して「否」を言い、人間の生の可能性を求めることである。人間の生の可能性は、人間の

「外」にある「支持的実在」との関係を結ぶことにある。人間の生が実存的経験にある危機によって脅威にさらされていることは否定することはできない。しかし意義ある人間の生の基本的要件は、その危機そのものでなく、その危機の中でそれに抗してなお人間として生きることを可能にさせる条件である。それはより大いなる支持的実在との関わりである。ボルノーはそれを「守護されていること」[33]（Geborgenheit）と言い、パウル・ティリッヒは「受け入れられていることを受け入れる」[34]と表現した。

死の先の人間を「霊魂不滅」で考えるか、それとも「復活」で考えるか、若干の考察は可能であろう。岸本英夫の「宇宙霊」「宇宙生命」が霊魂不滅を意味したか否かは必ずしも定かではない。しかし自分が宇宙霊や宇宙生命の中に融解するとしたのは、やはり一種の霊魂不滅の死生観に立ったと思われる。霊魂不滅の死生観の一つの問題は、心身二元論的な人間観を帰結させることである。これは、肉体と人格の統一を希薄化させ、肉体を一種手段的、機械的に見て、医療問題において時に禍を惹き起す可能性がある。もう一つの問題は、人間の霊魂そのものの限界性や欠陥についてどう受け止めるかという問題がある。統合体としての人間が不完全であり、その問題性から霊魂だけを免除することはできないであろう。霊魂不滅は、罪や悪の問題をめぐって、宇宙燃焼を想定し、あるいはカースト的な回帰や移動を想定することになる。しかしその場合、形を変えて霊魂が回帰することで、「個人」としての自他の存在を希薄化させることは避けられない。死を超えた人格の尊重は難しくなると考えられる。キリスト教的死生観は、復活によって心身の統一に即するとともに、その個人人格の罪の赦しと永遠の意味を語っている。

しかしキリスト教神学は死後ただちに復活を語るのか、中間時的な死後の場を想定するのか、自明な決着はない。死後の個人の場を死後の世界や神のもとに想定すると、それも一種の霊魂不滅の思想にならないかと問われるであろう。人間は心身の全的死を死ぬ。それでも死後の個人を想定することができる理由は、死によってもはやその人として全的に存在を持たない者が死者の主でもあるかたの力の中に、神との関係の中に神の創造的な力によって存在しているからである。「あなたがたの命は、キリストと共に神の内に隠されている」（コロ三・三）と言われる通りである。

6　意味の問題と宗教的次元

人間は意識的な存在として死に直面するだけでなく、日々、生きている。生きていることが意味あることかという問いは、意識にもたらすか否かにかかわらず、人間の不可避的な問いである。とりわけ現代の人間は、意味のある人生を自明のこととして前提することができない。パウル・ティリッヒによれば、古代の人間が「運命と死」に打ち勝とうとする問いを持ち、中世の人間が「罪責と断罪」からの救いを求めたように、根本的な意味で、現代の人間は「空虚と無意味」の不安の中にあり、そこからの救いを求めている。[35] 意味の問題が現代人の意識に上っている。しかしティリッヒはこれを現代人だけの問題と語ったわけではない。意味の問題は、精神的存在としての人間の実存それ自体に属する問題であり、誰も免れることのできない問題である。「非存在」が人間の存在を脅かして「死」の問題を不可避にするように、また倫理的存在を脅かして「罪責」の問題を免れがたくするように、非存在はまた精神的存在を「無意味」によって脅かすと言う。したがって、ティリッヒの理解によれば、人間が「非存在」と関わる有限的な精神的存在として実存している以上、意味の問題は避けがたいことになる。現代人はただそのことを意識化させたというにすぎない。その原因には「懐疑」の作用が挙げられる。「懐疑」によって人間は現実全体から分離され、弧絶する。人間が問うことや疑うことを止めれば、人間は各個人を貫通する共通なもの、全体的なものに関与し、参与しつづける。そして意味の問題から救い出される。しかしその場合「人格的自己の自由」は犠牲にされるであろうと言われる。意味の問題はまた個人の懐疑だけではなく、文明において意味を示す「象徴の力」が弱体化したことによって、また従来の理念や価値が力を失ったことによって生じる。こうした精神的内容の喪失が「意味喪失の不安」を生じさせる。

意味の問題をめぐって、意味とは結局のところ人間の評価行為の結果なのか、それともそれ以上のものかという問いが問われるであろう。それが非存在に打ち勝つ高次の実在との関係によるとすれば、宗教的次元を示すことになる。しかし意味の問題が結局のところ人間の意味づけの問題として人間実存の意志の機能や決意に還元されるならば、それは実存の問題、人間学的問題にとどまる。意味の問題は、人間の主観性によって構成されたものとして人間の意味評価や意味樹立を本来とするのか、それとも人間がある事柄を意味があると認識するのは、自己の評価行為に先立って意味が与えられたものとして、先行しているかどうかにかかっている。意味は現在だけでなく、過去をも包まなくてはならない。過ぎ去ったものの意味も問われるからである。意味とは、人生と世界の意味であり、同時に歴史的な人間と世界の意味である。自分の死の意味でもある。それらの意味を受け取ることは、人間の意味樹立の働きを超えて、より大いなるものの真理を前提とするであろう。人間は自己と世界の意味の創造者ではあり得ない。意味の確かさは、人間の主観的な意味づけの限界を超えて、すべて存在するものの偶然性を支えなければならないであろう。意味の問いは、したがって主観的な評価や意味づけを超えて、「より大いなるもの」「支持的実在」の真理からの解答を求めている。ただ事物の全体との関係だけではない、その全体をも支える実在との関係による回答を求め、宗教的次元に関係していると言わなければならない。

人間主観と意味の関わり合いは、人間主観がどこで形成されるかという問いに導いていく。主観が意味をあらしめるのでなく、意味ありとの信頼の中で主観は形成される。つまり意味の存在が人間の主観性を形成する。この成立史の具体的表現として「母親に対する子供の信頼」を挙げることができる。(36) 母親が開示している支持的実在への信頼性の中で人間の主観は形成される。しかしその実在はもちろん母親そのものではない。すべての人生のプロセスの中で支持し担い続ける実在、人生の意味だけでなく、究極的には全世界と全歴史、あらゆる存在者の意味を担う信頼し得る実在に対する信頼の関係によって人間の意味の問いは答えられる。つまり意味の問いは、人間主観の成立に先立つ必然的な要件としての実在関係を指示するわけである。この問題は、主観成立の問題理解として「主観と客観の構造」も、また「主観と主観の間主観性の構造」も超えて、主観を成立させる支持的実在との関係問題に導くであろう。

意味の問題にはまた「個と全体の関係」の問題がある。一つの語の意味は、その語を含む文章全体との関連によって確定される。人生の一つの出来事の意味は、その人の人生の全体との関連において理解される。一人の人の存在の意味は、他の人との関係、また人類との関係によって理解される。しかしまたその際、個と全体との相互関係も認識すべきであろう。個の意味が常に全体からくるわけではない。一つの出来事がその人の人生全体を輝かせることもまれではない。人生の意味は最後までわからないという側面とともに、終わりのいかんにかかわらず、意味ある出来事が人生にはあるとも言い得るであろう。個人の生全体の意味は、その人の終わりによって自動的に、また決定的に決定されるわけではないからである。

パネンベルクは「終わり」における「意味の決定」を語る。[37] ただし彼は一人の人生の終わりでなく、歴史の現実全体の終わりを言う。一人の人間の意味は、その人の人生の終わりの後、さらに続く歴史の進行過程において変化する。そして究極的な意味の決定は世の最後であり、意味の問題は終末論に関係する。その意味では個人的終末論と人類的歴史的終末論、さらに全現実の終末論は切り離すことができないであろう。「歴史の終わりによって初めて、われわれの意味意識が真理か非真理かについて究極的に決定されるであろう[38]」とパネンベルクは言う。

しかし、パネンベルクのこの思想に対する疑問もまた記されなければならない。もし意味が、彼の言うように最後に決定されるとすると、結局は「最後による審判」が語られており、意味の徹底した「終末論主義」になるであろう。しかし神学的な認識によれば、つまりイエス・キリストの出来事における啓示によれば、終末における最終的決定の審判は、「時の終わりそれ自体」によるのではない。それは終わりの時に到来する「イエス・キリスト」による。キリストによる最後の審判は、終わりそのものによる審判とは異なる。そして昨日も今日も変わりないイエス・キリストとの交わりには、今すでにあずかることができる。終わりにおいてまったき仕方で会うキリストに今すでに会っている。この神学的認識によれば、意味の決定は、終末論主義的に理解されるべきでなく、意味の決定者であるキリストによって理解される。このことと個別的な意味と全体的な意味との関係が、一方的に全体からの規定によるのでなく、個別的なものの意味の相対的な独立的意義、そして全体との意味の相互関係が言われることと関係する。中断される人生も無意味ではない。全体と最後が意味を決定するのでなく、意味の成就である神が意味を決定するからである。歴史全体や歴史の終わりが神なのではなく、神が神であって、歴史を成立させ、また歴史を成就させる。神は歴史の主なる神であって、歴史の進行に神であることを依存させているわけではないからである。歴史の問題とその文脈でのキリスト教信仰の弁証は、第二部において考察することにしよう。

第二部　歴史の文脈におけるキリスト教の弁証

はじめに――第二部の意味

ここでは「歴史の文脈」においてキリスト教の真理性を明らかにしようとする。歴史の文脈とは、客観的世界の歴史性の文脈であり、また人間主体の歴史性の文脈でもある。人間は実存としてもまた共同体としても歴史的な存在であり、人間の思惟や認識も歴史的と考えられる。もちろんそのようには考えない立場もあるから、歴史の文脈におけるキリスト教の弁証は、客観的現実と人間主体とが歴史的であるという理解の真実性を問題にしながら論じられなければならない。人間主体が歴史的であると受け取る場合は、人間が置かれている環境もまた歴史的であると考え、客観的世界と、歴史としての人間ならびにその意識とは、相互関係、相互規定の中にあると見なされるであろう。歴史としての現実は、一般には人類的世界の普遍的歴史として理解されるが、さらには自然環境の歴史性も問題にされるであろう。自然としての世界もまた歴史であるという認識は、徹底すれば宇宙的世界も含めて「現実全体」が歴史であるという見方になる。しかしこの最後の認識は必ずしも一般的ではなく、地球外の宇宙と人類歴史との相互関係は大部分なお未知の分野に属している。したがって歴史的現実は、経験的には人類史・世界史においてその限界に達し、広大な宇宙的世界の中の「小さな島」として歴史は自然の中に包括されていると見る見方もないわけではない。宇宙も含めた現実全体の歴史性を語ることは、人間の歴史的経験と歴史意識を超えた観点なしには不可能である。しかし歴史としての現実が比較を絶する巨大な宇宙に包括された小さな島にすぎないと見られるにしても、なお広大な宇宙それ自体がどこから来て、どこに向かっているのかという問いは、現代人の心の底にはある。自然もまた歴史ではないかという問いはきわめて現代的な問いと思われる。

人間が個人的にも共同体的にも歴史的であることは、人間にとって自己自身とその環境世界とが静止したもの、固定されたものでなく、「偶然性」と「変化」の中にあり、「新しいこと」が生起するという事態に向けられていることを含意している。歴史的であることは現在の現実に対して未来があり、現在が過去化することでもある。歴史には人間にとって意味のある可能性の実現が期待される場合もあり、また非合理な脅かしに直面し、破壊の危険に直面して恐れを抱くこともある。人間の世界が歴史であることは、人間の「自由」による可能性の世界であるとともに、人間を超えた「偶然性」の世界でもあり、人間が脅かしにさらされている危機的世界でもあることを意味する。歴史に生きることは、その意味を意識し、恐怖に耐え、現状に忍耐し、抵抗するとともに、変化や新しいことへの希望や勇気が問われ、そのための根拠や拠り所が問われる。

人間の生と現実全体とを歴史として理解することがキリスト教信仰と深い関わりを持っていることは、歴史意識や歴史哲学の成立に関して、キリスト教信仰とその神学（「歴史の神学」）が密接に関係し、決定的な役割を果たしてきた歴史的経過によって明らかとなろう。端的に言って、人間の歴史意識はそのすべてにおいてではないにしても、その決定的な性格において聖書的、イスラエル・キリスト教的伝統によって影響されてきた。またヨーロッパ近代に成立を見た歴史哲学は、キリスト教の「歴史の神学」から由来したとも見られる。由来したということは、近代の歴史哲学がキリスト教の歴史の神学に取って替わってきたという意味合いを帯びるが、近代の歴史哲学は歴史の神学の世俗化された改版であったとも言い得る。いずれにしても近代歴史哲学の淵源を古代ギリシア哲学に見出すことはできない。プラトンやアリストテレスはもちろん、歴史哲学をヘラクレイトスに遡及させることも不可能である。古代ギリシアの自然（ピュシス）の哲学、宇宙（コスモス）の哲学には、歴史的変化に重大な意味を見出した近代歴史哲学に通じる契機はなかったと言わなければならない。さらに言えば、近代歴史哲学が歴史の意味を確信し、その変化と目標を意識したとき、その世俗的改版の形においてなおそれは依然として「隠れた歴史の神学」であったと言わなければならないであろう。

しかし近代歴史哲学は今やさまざまなアポリアに直面している。このことは、歴史哲学の成立期にはともかくとして、二〇世紀以後すでに一般周知の現実になった。そのアポリアのゆえに歴史哲学は、歴史の全体性や、意味や目標についての問いを次第に希薄にさせてきた。それに応じて、歴史哲学の関心は、単に歴史学の認識論や歴史記述の方法論といった限定された形式的な問題意識に収縮する傾向を帯びてきた。歴史哲学が過剰と見られた一九世紀が終わり、二〇世紀半ばに至って、ゲルハルト・クリューガーはなお「歴史こそ、こんにち、われわれにとっての最大の問題である」と語りながら、同時に「歴史哲学は皆無である(1)」とも言わなければならなかった。その後も依然として歴史哲学の「不毛(2)」は指摘され続け、その解消や喪失が嘆かれている。

それでは歴史の意味やその全体的統一を問い、また歴史の担い手を問い、歴史がどこに向かっていくのかと問うことは、人間の問いとして生命を失ったのであろうか。その問いとそれに対する解答なしに人間は意味ある人生を生き、社会生活を営み、倫理的な責任を負い得るであろうか。むしろ歴史哲学が希薄化せざるを得ない現実は、何らかの仕方で補足されなければならないのではないか。クリューガーが歴史哲学は皆無と語った一〇年後、パネンベルクは「歴史《ゲシヒテ》はキリスト教神学の最も包括的な地平である。すべての神学的な問いと答えは、ただ歴史という枠の内部にあって初めてその意味を持つ(3)」と語り始めた。キリスト教神学の「歴史神学的な発言」が改めて登場したわけである。歴史哲学のアポリアに直面して、キリスト教神学が「歴史の神学」(Theology of Hisotory)もしくは「歴史神学」(Geschichtsthologie)として、その課題を果たそうと試みることは、時代の要求でもあったのではないか。この課題を果たすこと自体が、現代におけるキリスト教の重大な弁証に属するであろう。なお「歴史の神学」もしくは「歴史神学」が、教理史や教会史を内容とする「歴史的神学」(Historical Theology; Historische Theologie)と区別されることは言うまでもないことである。

そこで、まず歴史意識の由来を確かめ(第一章)、その上で歴史哲学の成立と困窮(第二章、第三章)を認識し、その文脈においてキリスト教歴史神学の主張を試みる(第四章)のがここでの課題である。このことは必ずしも歴史哲学が白旗を挙げて、その領分を歴史神学に明け渡すべきと主張するものではない。歴史哲学の行方は哲学の課題であり、責任である。しかし歴史哲学のアポリアは、それが歴史神学の世俗化による改版として、イエス・キリストの啓示の認識や神の主権性の承認を欠如したことと決して無関係ではないと思われる。しかもなお歴史を無意味な世界として放棄し、歴史に対する諦念やニヒリズムに陥ることは正当なこととは思われない。諦念とニヒリズムによって歴史の試練を乗り越えることはできず、それをただ放置するのは、責任の放棄に帰着する。そうとすれば、歴史哲学が困難な闘いにさらされているとき、キリスト教弁証学が歴史の文脈において、歴史的啓示の意味とそれに拠る歴史神学の可能性を語ることは、回避してはならない神学的責任である。

第一章　歴史の経験と歴史意識

現代人はごく例外的な人々を別にすれば、人生と世界を歴史的なものとして経験している。「歴史的なものとして経験する」とはいかなる意味か、そしてそれが有意義なことか否かの究明を試みることも本章の課題に属する。今、暫定的に「歴史」とは「一回的な進行の形で変化していく現実」と規定するならば、現代の人間は自己自身を含めて、現実を、少なくとも意識的には──深層心理における地域的な宗教文化史的規定の問題はなおあるにしても──何度も繰り返す同一のものとは考えていない。現代の人間は、人生や世界の現実を一回的に進行する変化する現実として経験している。そのことはまた当然、そこに生じる「変化」に注目することになる。また、その変化の「行方」である「明日」や「未来」を意識し、「今」や「今日」はそこへと方向づけられた緊張感を持って生きられる。人類がその世界を「歴史」として経験することは、人類の幸福であるか、あるいは不幸を意味するかは別にして、それが今、現代の人類の生のあり様になっている現実は受け止めなければならないであろう。

もちろん例外的な人々はいる。それは、人生と世界の現実を歴史として経験することを拒否する人々、あるいはまた歴史として経験することの積極的意味を認めず、非歴史的、脱歴史的な生のあり方を追求する人々である。また、その生き方が、特定の民族の意識下の層に存続して、その民族的社会の生き方を根底的に規定している場合もある。現代の状況はまた高度技術による技術化社会に向いている。計画性による管理を通して未来や変化の方向を掌中に収めようとする面もある。そのようにして歴史的現実は、技術的管理下にあって、偶然性や真に新しいものの感覚を失っている場合もある。これも見過ごしてはならない現代の状況であろう。

しかし世界を歴史的に経験し、変化に注目し、未来に向かって果敢に生きる人々と、歴史的変化や方向性を自己の裁量によるコントロール下に置く技術の人にせよ、あるいはまったくの非歴史的な自然人にせよ、歴史の変化や方向性を虚構と見なして非歴史的に生きようとする人々とでは、人生と世界の現実に対する対応力、そして現実に対する希望や忍耐の生命力において、多大な相違が生じることは否定できないであろう。それがまた人生と現実世界に対する積極的な形成の姿勢の相違にもなる。

それにしても、世界が歴史であるとはいかなることであろうか。歴史としての世界の経験の成立条件は何か。歴史的であることには、「変化」の中を生き抜くそれなりの強さ、自由と勇気とを必要とする。歴史的であることとは、耐えなければならない試練を含む。世界が歴史であることをわきまえることで人類は何を失うのか。また歴史として世界を経験する基盤を現代人はなお保持しているのであろうか。これらのことを明らかにすることは、歴史的世界の中を生きなければならない人類にとって不可欠な問題である。

問題の根本には、宗教的な問題が潜んでいると言わなければならない。なぜなら宗教によっては、人間を非歴史的なものとして捉え、脱歴史化させることによって、歴史の外へと救済する試みも見られるからである。その意味で非歴史的に生きようとする生の根底には、非歴史的な宗教があり、脱歴史的な宗教的救済の探求があると言ってよいであろう。非歴史的、あるいは脱歴史的な宗教が依然として生命力を維持しているか、あるいは歴史の意味を認識し、人間の歴史的あり方を支持し、方向づける宗教が生命力を発揮しているであろうか。いかなる宗教が生命力や社会的、文化的な規定力を保持しているかという問題が、歴史の意味や目標、あるいはその限界の意識と密接な関係を持っている。

1　「歴史」の語義

「歴史」を表現する古典ギリシア語「ヒストレイン」は、何事かを知り、調べ、語ることを意味した。起きた出来事そのものではなく、それを調べ、語ることが「歴史」であった。この意味において、およそ人類が文字によって記憶を刻んで以来、起きた出来事を調べ、語り、記述することとしての「歴史」は人類世界に広く存在してきた。ギリシアにはヘロドトスやツキジデスの『歴史』があり、中国には司馬遷の『史記』がある。日本にも『記紀』や『大鏡』以下の種々の鑑物がある。

しかし歴史の語にはもう一つ、「出来事そのもの」を意味する場合がある。ドイツ語の Geschichte は一方では「物語」であるが、他方では geschehen（生起する）した「出来事」である。「物語」の方は記述された「歴史」、すなわち「歴史叙述」に連なり、それはさらに「歴史学」に発展する。英語の history（歴史叙述）と story（物語）はギリシア語のヒストレインから由来している。ドイツ語でも歴史記述や歴史学は特に Historie によって表現される。これに対し「出来事そのもの」は、語りや記述に対してその客観的な対象に位置する。現代では通常「歴史」と言えば、記述や叙述による歴史書よりも、むしろその背後にある、その叙述の対象である出来事そのものを一般に意味するであろう。出来事そのものを Geschichte と呼び、その記述や歴史学を Historie と呼ぶ。さらには生起した歴史は生きられた歴史であり、いま生きている歴史であるから、ゲシヒテが実存的な歴史になり、その記述や学が方法論的に精密化されて、学的客観性を主張する。そこでヒストリエは主観的な物語から離れて、客観的な学的記述を意味することになった。元来は物語や記述の背景にあった出来事が実存的な関与における歴史となって主体的な特質を持ち、他方、主観的であることを免れがたい記述が学問的客観性を主張する、一種の主観－客観の逆転が起きたわけである。

歴史意識の問題は、物語や記述の方向よりは、むしろ「出来事そのもの」を「歴史」と呼ぶ方向において研ぎ澄まされた。歴史物語や歴史記述は、記憶の保持に努めたが、それは必ずしも一回的に進行する変化に注目したわけではない。そうでなく永遠に変わらないものを記憶にとどめるための手段という場合もあった。それに対してむしろ重大なのは「出来事そのもの」であって、それが歴史という見方である。これによって人間の意識も一回的な変化に注目する意味で歴史的になる。それでは歴史意識はいったいどこから開始されたのであろうか。

2　歴史叙述と歴史意識

出来事そのものが歴史であるという場合、歴史の名のもとに出来事が持っているある特徴が意味されている。それは、その出来事の「一回性」や、出来事の連鎖である全体が「一定の方向」に向かっているという見方である。もし人生や世界の出来事が何度も繰り返すものとして認識され、あるいは全体としてある方向に向かっているのでなく、拡散し、方向のない現実と見なされるならば、あるいは大きく円周を描き、いつの日か再び元へと回帰する、そうした運動の現実であると見なされるならば、それは現実が「歴史」として見られていないことを意味する。

また「一回性」と「方向性」から、歴史には「目標」があり、目標に向かう筋道があるとも考えられる。そうなると目標が置かれた「未来」に対して、重大な関心が寄せられるであろう。逆に、現実を歴史として見ないのであれば「未来」に重大な関心を向けることは意味のないことになる。さらに「過去」について語るときにも、現実を歴史として見るならば、それがただ過去として過ぎ去ったというより、その過去が現代を何らかの仕方で規定し、さらには将来に向かう方向において意味を持ち続けるいわば「生きた過去」として関心が向けられるであろう。それは永遠に変わらぬものを記憶に留め続けることとは別の意味を持つことになる。

こうした相違からさまざまに見出される「歴史の叙述」を見直してみると、同じく歴史を言葉によって刻んでいるとは言え、その歴史の叙述は必ずしも「歴史的な叙述」でなく、「非歴史的な叙述」である場合が多い。「一回性」「方向性」「目標」「未来への関心」「生きた過去」といった歴史的な出来事の見方をする記述が決してあらゆる歴史叙述を覆っているわけではない。むしろそうでない歴史叙述の方が、ある時代以前、特に近代以前には多いことに気づかされるであろう。例えばヘロドトスやツキジデスでも、あるいは中国や日本の歴史書の場合でもそうである。古代ギリシア人は、一切の人事のもろさとはかなさについて純粋な、深い意識を持っていたので、過去の世代の大きな出来事や行為を後世のために保存する必要がある、ヒストリエなしにはどんな偉大な行為も忘却に委ねられてしまうであろうと考えたと言われる。ヘロドトスは一切の人事の無常さに一種の不滅性を保障しようとした。ここでは歴史が「人間実存の意味」であるとか、一つの「目標」を持っているとか、「未来を基礎づけている」とかということは一切ない。歴史はヘロドトス、ツキジデス、ポリビオスにおいては「一種の周期的円環運動」と考えられた。

3 コスモスタイプと歴史タイプ

歴史叙述の中にはその基本的なものの見方が、出来事を歴史として見ない意味において「非歴史的な歴史叙述」である場合がある。歴史を叙述する主体が対象としての歴史を見る際のその見方が歴史的でない。つまり非歴史的な意識をもって歴史を叙述している場合である。世界の諸地域を見渡すと、元来、むしろ歴史的意識をもって出来事を叙述した例の方が例外的であった。「歴史的意識」はいったいどのようにして成立したのであろうか。

歴史的意識の成立がいつどこで起きたかということは、それ自体歴史的に探究すべき課題である。歴史の叙述や記述が一般に出現した時と所ではなく、「歴史的な歴史叙述」が出現した時と所が尋ねられる。出来事の「一回性」や「未来」への方向が意識され、そうした特別な意味で現代の課題や将来の意味、歴史の目標や方向性が意識されたのは、いつどこのことであったか。この問題は、歴史意識の宗教文化史的起源を遡って、とりわけユダヤ・キリスト教に注目することになる。そこに歴史タイプの宗教文化史的起源がある。それに対し、古代ギリシアの思想世界、ストアなどのヘレニズム思想、さらにはインドや中国などアジアの宗教文化史を「歴史タイプ」と言うことはできない。それらの宗教文化は、さまざまな変貌や交代を抱え込むが、全体としてのそれ自体は本質的に変化することのない「コスモスタイプ」の宗教文化である。「未来にある一つの目標を指し示す世界史の意味深い進行」を見たのは、ユダヤ・キリスト教的な歴史観であった。これは、出来事の意味は未来に実現し、その未来の目標に向かう統一的連続的前進があるという見方であって、世界そのものが歴史であると見られたことになる。歴史的意識の成立と、出来事そのもの、さらに言えば世界がそれ自体歴史であると見ることとは同時のことであったと思われる。

世界そのものを歴史として見ることは、世界と区別されてその外にたつ「神」からして可能になったと思われる。世界の外の神による世界の創造という信仰は、元来初めもなく終わりもないと考えられていた永遠のコスモスとしての世界の見方を変えた。創造されたということは、永遠のものと区別されて、初めがあり、それゆえまた終わりもあると見られたことを意味する。創造されたコスモスは、もはや古代ギリシア人たちが観照していた永遠に変わらないコスモスではない。このことは歴史意識の根本には世界と区別された神の存在があり、その神によって開始された世界の時間性があるということを意味する。これに対し神々が世界の中にある場合、その神々は世界とともに永遠回帰の運命に服するであろう。

この点から、現代の歴史記述や歴史観、歴史哲学などが、歴史タイプの宗教文化史の起源から断ち切られながら、なお「歴史意識」を持ち続けて存続することが可能なのかという問題が問われるであろう。現代の人類は、ユダヤ・キリスト教的宗教文化史に起源を発する歴史意識を、ユダヤ教もキリスト教もなしに保持し、生きようとしているのではないか。そこで現代人が直面している問いは、一つには、歴史タイプの宗教文化史から切断された以上、世界を歴史として経験することなしに非歴史的な意識によって生存できないかという問いであり、いま一つは、逆に、歴史意識をもって生きながら、その起源であるユダヤ・キリスト教的宗教文化史から切れたままで存続できるのかという問いである。そしてもし現代人がもはや歴史意識を放棄できないとすると、歴史意識の起源つまりユダヤ・キリスト教的宗教文化史における歴史意識の発生、その根拠、そして歴史意識の本来的構造を理解することは、重大な課題になるであろう。

4　世界の歴史性と歴史的宗教

現代において歴史が人類の運命になっているとすると、現代人は非歴史的な伝承文化人へと回帰することはもはや不可能であろう。コスモスの観照に耽ることは、現代の現実を生きる力にはならない。現代人にとって歴史が人類の運命になっていることは、現実社会の変化の動向が単なる自由選択の問題を越え、人間は世界の歴史性に規定されながらその世界への自由による責任を負っていることで明らかである。人間は自己の環境世界から規定されながらその形成に責任を負う存在として、世界と自己とを変化のうちに経験している。現代人の歴史的経験は、とりわけ近代的な国、社会、文明の変化の経験の中で確証されている。ユダヤ・キリスト教の世界理解は近代における世界の歴史化に先だって世界そのものが歴史的であることを意識した。そこにおいて「非歴史的な歴史叙述」ではなく、「歴史的な歴史意識」が芽生え、世界に対する関係の変革が生じた。世界が歴史として理解されるためにはどのような根拠や宗教的・信仰的契機があったのであろうか。

われわれはこの点でユダヤ・キリスト教の「御自身を世界から区別する神」とその神による「世界創造の信仰」の意味を指摘した。創造信仰によって、神は世界の外に位置し、世界は開始と終わりを持つ一回的な連続として理解された。これに対し、ミルチャ・エリアーデはイスラエルにおける歴史の発見を「預言者の告知」の中に見た。つまり預言者たちは、イスラエルにふりかかる歴史の苦難を預言し、それをイスラエルによる神への背反に対する神の刑罰として語った。この預言された苦難が実現したとき、イスラエルにとっての破局的な諸事件は、「神の怒り」という「否定的な神顕現」(negative theophany)として受け取られたと言う。それによって諸事件はそれぞれの「意味」を獲得しただけではない。というのはエリアーデによると出来事がそれなりの意味をもっていたのは古代オリエントの全域にわたって言い得ることであったと言う。重要なのはむしろ、預言者の告知によって、諸事件が「同じ単一の神の意志の具体的な表現であると証明されることで、それらの隠された首尾一貫性(coherence)を啓示した」ことであった。「かくして初めて預言者たちは歴史に価値を置き、一方向に向かう時間を発見した(1)」とエリアーデは語った。

「預言者における歴史の発見」のこの理解が適切か否かについては、議論があるであろう。例えばヴォルフハルト・パネンベルクによればエリアーデの上記の指摘は「イスラエルの歴史意識の本来的な基盤」を言い当てたとは言えない(2)。「歴史の発見」と「歴史意識」の本来的な基盤を求める問いは、「歴史の神学」の起源の問題に導いていく。歴史の発見は、歴史的宗教にその根源を持ち、歴史的宗教は「歴史的啓示」において根拠づけられ、認識されなければならないであろう。単なる歴史の経験だけでは、誰も歴史的な歴史意識に到達することはできない。歴史タイプの歴史意志は「歴史的啓示」に発し、またそこに根拠する以外にない。このことはさらに後に再論したい。

カール・レーヴィットは二〇世紀にあらためて「ただ自然的にだけある世界」を語り、古代ギリシア人に見られた「万物の永遠回帰」への立ち返りを主張した。しかしその思想は、現代文明を形成し、また文明の多様性を包含しながら全体として統合する意味において、積極的な思想として主張されることは不可能であろう。エリアーデは「諸事件をカテゴリーに還元し、諸個人を祖型に還元することが、現代にいたるまでヨーロッパの民間層の意識によって持ちこまれている(3)」という残存意識について語り、「ヨーロッパ民間層のキリスト教は決して祖型理論や周期的ならびに天体的理論を解消するのに成功しなかった(4)」とも語っている。こうした意識の残存形態として、例えばレーヴィットの言う「万物の永遠回帰」の主張も現代文明の中に存続し続けることは例外としてはあり得るであろう。日本人の民衆や社会になお宗教文化史的な残存形態として非歴史的宗教意識が色濃く見られるのも明らかである。しかし宗教文化史的に見れば、そうした非歴史的な宗教や思想の残存形態は、現代の歴史的文化の難問解決の上では、非生産的、課題回避的であって、文化の創造力や統合力において問題処理能力を持っていると判断することはできない。非歴史的な意識の存続は単なる「残存」であって、文化の創造についても、また統合の方向性に向かっても、力量を欠いていると言わなければならないであろう。ただしそうした思想や宗教の真理性の問題そのものは、宗教文化史的なレベルより、むしろ「歴史的啓示」の問題として、また歴史神学的考察によって判断するほかはない。

5　歴史の恐怖をどう克服するか

ミルチャ・エリアーデ『永遠回帰の神話』(The Myth of the Eternal Return or, Cosmos and History) によると、彼もまた宗教文化史上、世界を歴史として経験したのは決して人類史の広範囲に見られた現象でなく、むしろ限定された範囲においてであり、人類の大半は非歴史的な生の形態に終始したと見ている。その際エリアーデは、彼の祖国ルーマニアの運命を反映するかのごとく、歴史を「苦難」として見なし、また「歴史の恐怖」を問題にした。それがまた古代人の生活感覚でもあったと考えた。歴史には大災害があり、異民族による略奪があり、戦争による破壊と殺戮とがある。この歴史の恐怖に人間はいかにして耐え得るか。これは、エリアーデによれば、世界を歴史として経験することには試練があることを意味する。彼はこの問題をめぐって、「古代の伝承文化人」と「近代人」の相違に注目した。古代の「伝承文化人」が歴史を実存のカテゴリーとは考えなかったのに対し、近代人は、一七世紀以後、思想的には特にヘーゲル主義以後、歴史をいよいよ重視し、「歴史的人間」として自己を自覚し、歴史の中に自己形成する限りにおける人間を考えるようになった。それはつまり伝承文化人がもっていた世界の苦難の現実に対する耐え方を喪失したことを意味する。近代人は、伝承文化人がもっていた「守りの構造」なしに、もろに「歴史の恐怖」の経験にさらされている。

古代の「伝承文化人」が世界の現実に対して取る態度には二種あったとエリアーデは言う。それは「祖型反復」型と「周期」型とである。「反復」する「祖型」としては、「天空的祖型」「中心のシンボリズム」「俗的活動の祖型」などが指摘される。伝承文化人にとって現実の実在性は「祖型」そのものにあって、それを反復している地上の現象にはない。この「祖型」の実在性によって一種の形而上学的安定性が確保された。エリアーデはプラトンの「イデア説」の中にこの実在理解の哲学的表現を見ている。しかしこれは古代ギリシアにのみ見出だされた生き方ではなく、ユーラシア大陸の東西にわたって、全域を包括した生き方であったと彼は言う。エリアーデはこの伝承文化人の生と思想の形態は、ユダヤ・キリスト教の「神殿」や「安息日」の制度の中にも入っていると認識した。

「祖型」は「俗的活動」の中にも指摘され、伝承社会にとってすべての生活上重要な行為は、神々や英雄によってはじめに行われたものであった。この生き方はエリアーデによると一七世紀までヨーロッパの農耕社会にも持ちこまれ、中世の異教徒による侵略の苦難もこれによって耐えることができたと言われる。異教徒の侵入者は、聖書に語られた祖型であるゴグとマゴグに同一視され、ジンギスカンは新しいダビデに見られたと言う。祖型反復説は歴史的人物を規範的な英雄に変じ、歴史的事件を神話的範疇に変えてしまう。それによって歴史的事件そのものから実在性を奪い、祖型の中に実在性を移動させた。

「周期」説は、伝承社会に広く見られる宇宙開闢の再生の経験として「正月祭」に具体例が現れていると言う。さらにはストア思想の言う「宇宙年」によって回転する壮大な宇宙周期説もその例である。なお、エリアーデはユダヤ・キリスト教の終末論も、この周期説の変種と見なし、一回限りの反復と見ている。ここにもエリアーデの見方の中に、ユダヤ・キリスト教における「伝承文化人的あり方」、コスモスタイプの生と思想の残存を見る見方が示されている。これは後に見るカール・レーヴィットの本来のキリスト教は非歴史的であると理解する見方にも通じる。しかし終末論を一回限りの周期と見なし、反復と見なすことがはたして可能かという点には疑問があるであろう。これについては後に再度言及したい。

エリアーデによると、伝承文化人の「祖型反復」説や「周期」説は、歴史の恐怖に耐える道として、歴史を終わらせ、時間を「解消」(abolition)させる。祖型反復や周期によって、一回的な歴史そのものの実在性が否定される。この伝承文化人の態度に反して、歴史そのものに意味や価値があるとする立場をエリアーデは「歴史主義」[5]と呼んだ。それは生起したことは、生起したゆえに「正しい」と見る立場とも言われる。この思想は、エリアーデによれば、真に歴史の苦難に耐えることを課題とした「東南ヨーロッパ」、つまりエリアーデの祖国ルーマニアが位置する地域の思想ではないと言う。「東南ヨーロッパ」は古来より異民族の侵入ルートに当たり、人種や民族、宗教や文明の衝突が繰り返す場であって、地政学的な意味において歴史の恐怖が繰り返し出現した場所である。そこにエリアーデ思想の「生の場」があると言ってよい。

伝承文化人の「祖型反復」や「周期」の説とも、近代人の「歴史主義」とも異なる第三の道はないであろうか。エリアーデはその第三の道として「預言者」に起きた「セオファニー(神顕現)としての歴史」に注目する。これは、「祖型反復」や「周期」のコスモスタイプを破る新しい「信仰」概念と結合していたと言う。この「信仰」はエリアーデによると「神にとってすべては可能である」という信仰であり、これと人間の「自由」、神の創造への人間の協力が結びつく。こうしてエリアーデの結論が引き出される。その結論とは、「祖型と反復の楽園を最終的に放棄したことを意味する、歴史や進歩に堕ちた現代人にとって」、キリスト教こそがまさに「罪に堕ちた人間の宗教[6]」であることは「議論の余地なく証明されている」というものである。それ以外には「歴史の恐怖」を越える道はないと彼は言う。

以上のエリアーデ説の要点をさらに補いつつ整理すると、以下のように言い得るであろう。一、伝承文化人は歴史そのものの価値を認めず、祖型の反復、天上のモデル、周期説等によって、歴史を解消し、歴史の与える恐怖に耐えた。二、歴史を神の意志の具体的表現として認識し、循環でなく一方へと流れる時間を発見して、歴史の価値を認めたのは預言者たちであった。ここで初めて「歴史的事件が神の意志によって決定される限り、それら自体の価値を持つ」とする思想が出現し、イスラエル世界に漸次受け容れられていった。三、かくしてヘブライ人は「神のエピファニー」としての歴史の意義を発見した最初の民族となり、この観念は後にキリスト教によって採用され、敷衍された。四、近代人は歴史の自律的価値を認識して、伝承文化人から見れば、歴史的生へと堕落した人々であるが、彼らが「歴史の恐怖」に耐えるには、伝承文化人に回帰することができない以上、彼らに残された唯一の宗教はキリスト教であるということになる。

このエリアーデ説をわれわれの問い「世界を歴史として経験しない可能性はあるか」に照らして再考すると、ただ一つ「伝承文化人」へと回帰する観念的可能性だけがあることになる。しかしエリアーデはこの回帰の可能性の現実性を問題にしてはいない。現代人がもし、「伝承文化人」への回帰を図るとしたら、想像力によって予測するだけでも、生産力や流通の著しい縮小は避けられないであろう。「伝承文化人」への回帰は、人口の膨大な減少を避けることができない。それには大きな犠牲が伴うわけで、それこそ膨大な歴史の恐怖を伴うことになるであろう。この回帰の道は不可能である。つまり歴史意識は人類の回避し得ない運命になっている。コスモスタイプでなく、歴史タイプの生と思想のみが人類の可能性として残されていると言わなければならない。

ところでエリアーデ説にはなお二点の疑問がある。一つは、エリアーデが、ユダヤ・キリスト教にも未来において歴史を解消しようとする観念「一つの反歴史的態度」が残っていると見た点である。宗教文化史的に言って、例えば周期的な祭儀が農耕文化の祭儀に発し、それが歴史化されながらユダヤ・キリスト教にも存続することは否定するに及ばない。しかしエリアーデはさらにメシア思想や終末論の中にこの「反歴史的態度」を見た。彼によると、メシア思想における「歴史へのレジスタンス」は徹底しており、「いつの日か歴史が終焉するであろうと知るがゆえにのみ歴史は耐えられる」と言う。そこで終末論は、一回限りの歴史の周期が閉じて、歴史が解消される時とされた。しかし一回限りの周期という観念は、形容矛盾であって、成立し得ない。一回限りであれば周期を語ることはできないからである。また歴史の終焉が歴史の開始と同一でなければ周期を語ることはできない。問題は、歴史のテロス（終わりにして完成）は歴史の解消かという問題であり、キリスト教神学における「神と歴史」「永遠と時間」の理解に関わる。キリスト教信仰と神学は、終末における「歴史の完成」を希望するのであり、それは「歴史の終わり」であるが「歴史の解消」とは異なる。歴史の完成と終わりが、歴史の解消でないことは、それが歴史の完成に向けた希望と歴史的責任や行為を支え、励ますことに現れるであろう。

もう一つの問題は、上述の問題とも関連したエリアーデの歴史理解の一方的な偏向である。エリアーデは歴史を基本的に「恐怖するもの」「耐えられるべきもの」「限界づけられるべきもの」として捉えており、成就し、完成するものとしては捉えていない。キリスト教神学の視点から言うと、創造の信仰による基本的な世界の肯定、神と歴史の積極的な関わりが理解されていない。そこから終末論と歴史の関係ももっぱら消極的に把握した。しかし恐怖のみが歴史の性格ではないであろう。歴史はまた約束と待望の場でもある。恐怖からの救済の起きる場でもある。歴史意識は恐怖の中でも歴史における改善や救済を待望する意識でもある。

6　歴史的救済を求めて

マックス・ヴェーバーによると、インドの最下層のカーストと古代ユダヤ人とは、社会学的には類似のパーリア民族に属しながら、その世界観や倫理において極めて異なる生き方を示した。両者の差異は、世界を歴史として理解する歴史的態度があったかなかったかの相違によって根本的に決定されたと言う。インドの最下層民の場合、カーストの制度そのものは永遠不変と見なされた。そこで救済とは、この永遠不変のカーストの中で生まれ変わる際に、より上位のカーストに生まれ変わる以外になかった。しかしそのためには現世のカーストに従順に生きなければならないと考えられた。この非歴史的救済観から、ヴェーバーによれば「社会的にきわだって保守的な態度」[7]が生じた。これをヴェーバーは「伝統主義の宗教的基礎づけ（Verankerung des Traditionalismus）のうち考え得るかぎりでもっとも強固なもの」と呼んだ。またその倫理的態度を、「ピューリタニズムの倫理に対する最も徹底したアンチテーゼ」[8]とも語った。ここで注意すべき点は、ヴェーバーがこの伝統主義的保守的倫理の根本理由を、インドの最下層民にとって「この世界は永遠であって『歴史』をもたなかった」ことに理由があったと見た点である。[9]これに対し古代ユダヤ人の信じた救済の約束は正反対で、この世界の現状の社会的秩序は将来に約束されたものと異なり、それゆえ「将来再び革命が起きる」と考えられた。世界は永遠でもなければ不変でもなく、むしろ創造されたものであり、現状の世界秩序は人間の行為、特にユダヤ人の行為と、それに対する神のリアクションとの所産と見られた。つまり現世は一つの歴史的所産であって、古代ユダヤ人の生活態度は「政治的および社会的革命が将来神の指導のもとに行われる」という観念によって規定されていたというのである。

歴史は一面では苦難の歴史であるが、また他面その変革と救済が起きるのも世界が歴史であるからである。歴史はただ苦難や恐怖の場としてあるだけではない。また救済の生起する場でもある。このことが古代ユダヤ人の倫理、さらには一七世紀ピューリタニズムの倫理を決定していたと言う。この見方からすると、終末論における歴史の完成は、ユダヤ・キリスト教の世界では歴史の中に期待された。時間の終わりは時間の中に待望される。そういう終末論として理解される。歴史の終わりを歴史の中に待望するか、それとも歴史の終わりを歴史の外に待望するかによって、終末論は「歴史的終末論」と「脱歴史的終末論」に分けられる。ヴェーバーが注目した歴史的変革の倫理を形成する宗教の終末論は、脱歴史的終末論ではなく、歴史の中に歴史の終わりを待望する宗教の歴史的終末論であった。ピューリタニズムの中にキリストの再臨の希望が燃えていたように、将来的な歴史的終末論が働いていたことに注目することができるであろう。

7　歴史解釈と歴史観の問題

歴史は一方で歴史的に解釈されたり、非歴史的に解釈されたりするこの世の現実である。しかしその現実の把握は解釈の産物でもある。解釈は不可避的であって、歴史は客観的な歴史であるとともに、同時に主観的な歴史観を通して規定される仕方で解釈される。単純に歴史的事実そのものを「裸の事実」として叙述することはできない。また事実そのものと無関係に描かれたフィクションは歴史とは言わない。その上で歴史観や歴史意識について言えば、事実そのものが持っている意味と離れて、いかなる解釈も可能と言って過ごすこともできないであろう。それぞれの事実は、それ固有な意味を含蓄している。その事実に内包された意味を汲み取ることのできる、その意味では事実そのものに潜在している意味に規定された歴史観や歴史解釈が求められるであろう。

それゆえ歴史解釈としてまず退けられるのは、現実に対する「非歴史的解釈」である。それは現実の歴史性を認識しようとしない解釈であり、これにはエリアーデの言う伝承文化人の現実解釈、すなわち天上の範型、あるいは祖型、その神話や祭儀による非歴史的な現象構成、そしてその形而上学的な表現などがある。同一物の永遠回帰、東洋的な回帰、生成流転などの観念も挙げられるであろう。パウル・ティリッヒは「非歴史的な現実解釈」を「歴史の意味の問いに対する否定的解答」もしくは「歴史の非歴史的な解釈」として三つの形態を区別した[10]。歴史の「悲劇的解釈」、「神秘的解釈」、「機械的解釈」の三つである。悲劇的な非歴史的な歴史解釈は、古代ギリシア的なそれであり、神秘的な非歴史的歴史解釈は西洋文化では新プラトン主義やスピノザ主義に見られたが、もっと完璧な仕方では東洋において発展し、ヒンズー教、道教、仏教に見られ、それらでは歴史的経験はそれ自体何の意味もないものとされ、普遍的な人間性や正義の実現に向けて歴史を変革しようとする衝動は欠け、「時間の中においてであれ、永遠においてであれ、歴史はいかなる目標も持たない」[11]と考えられた。ティリッヒの挙げる第三の非歴史的解釈は、近代科学の実在解釈であって、歴史は物理的な宇宙における出来事の連鎖であって、人間の興味を引き、記録され、研究される価値を持つとしても、実存それ自体の解釈に対しては特別寄与するものではないとされた。この第三の実在解釈に非歴史的性格を指摘するのは、逆にティリッヒの歴史解釈に実存関係の強調がある事実を表明していることにもなるであろう。

実在の非歴史的な解釈に種々の形態があるように、当然、実在の歴史的な解釈、歴史の歴史的解釈も決して単一ではない。その中には歴史的な歴史解釈でありながら歴史的事実の歴史性に必ずしも適切でないものもある。ティリッヒも挙げているが、その一つの解釈の型は「進歩主義」である。歴史には進歩の契機はあるが、歴史の全体が不断に進歩主義的に理解されてよいものではない。それは歴史の事実にそぐわないであろう。歴史にはときには停滞があり、逆行があり、破局があり、また常に葛藤と闘いがある。

歴史の歴史的解釈でありながら、歴史的事実の歴史性に不適切な解釈としてさらに挙げられるものに「ユートピアニズム」がある。ユートピアニズムは進歩主義と類似の側面を持っているが、また対立面をも持っている。歴史がそれ自体の法則によって進歩し向上するとは考えないからである。歴史の完成態を夢み、描きながら、歴史の現実から乖離する面がある。しかしまたユートピアニズムは時に歴史の変革に対し熱狂を引き起こし、革命主義になることもある。この点においても進歩主義とは異なる。革命は進歩をもたらすことを願いつつも、単純な進歩でなく、破局を介した前進を狙い、ときには単に崩壊に終わる。そこから歴史に対するユートピア的熱狂はしばしばその反対の極へと反転する。ユートピアニズムの挫折から歴史に対する絶望やシニシズム、やがて無関心へと誘うことも生じる。

歴史に対する不適切な歴史解釈としてティリッヒがあげる第三の形態は「超越的な歴史解釈」、さらに詳細に言うと「二元論的な超越的歴史解釈」である。ティリッヒはそれをルター派の中に見て、神の国の正義と権力構造による正義との間に関係がないと見る行き方がそれだと語った。二つの世界は架橋しがたく分離されていると見られた。ルター派はこの二元論的な超越的歴史解釈によって、「分派のユートピアニズム」や「カルヴァン主義的な神政政治的歴史観」と区別され、結果として、歴史の現状に対して極めて強固な保守主義をもたらしたとティリッヒは言う。彼自身はこれに抵抗して「宗教的社会主義」をもってルター派の二元論的超越主義の修正を図ろうとしたと説明した。[12] 歴史的な保守主義の背景になる歴史解釈として、この超越的歴史解釈の立場をティリッヒはアウグスティヌスにも含まれていたと見ているが、詳細に検討すれば、両者の相違を語ることも必要とされるであろう。ルター派の「二世界統治説」は、宗教改革を貫くためにローマ教皇から、またその政治的後見役であった神聖ローマ帝国からも独立した領邦国家を擁護しなければならなかった。それを福音と区別された律法によって、教会から区別して根拠づけた。しかしそれは結果的に領邦国家を神の国から分離することにもなった。神の支配から独立した空間とされた政治的空間は、後にはナチス支配の登場に対して機会を与えたとも非難された。二元論的分離の歴史解釈、具体的には神の国から現状の国家を分離させたまま原理的に肯定する歴史の解釈は、甚だしい保守主義や悪魔的な現実を放置することにもなる。この問題は二元論的超越主義を超えて「歴史と超越との架橋」が、いかにして可能か、それらの媒介的な価値をどのように扱うことができるかという問題にもなる。本書第五部において現代世界におけるグローバルな共通文明の諸価値を取り上げるのは、この問題を解決する試みでもある。

ティリッヒを離れて言えば、歴史的な歴史解釈であっても歴史的事実の歴史性に相応しくない形態としてさらに「弁証法的歴史解釈」も挙げなければならない。弁証法という思考や運動の論理は、一直線的な進歩主義に比して歴史の現実によりいっそう対応していると言えなくはない。しかし特定の論理を歴史の中から読み取り、あるいは歴史の中に読み込もうとすることは、歴史そのものの自律性を想定するものであって、この歴史そのものの自己論理の構想は、それがたとえ弁証法の論理であっても、歴史の現実によって常に裏切られるであろう。現実の歴史には深く偶然性が作用しており、偶然性を通して弁証法の外からの働きにも決定的な契機を認めなければならない。それを認識しないのは、観念主義的な非現実的歴史解釈に陥ることになる。弁証法的歴史解釈には、精神的弁証法もあれば、唯物論的弁証法もある。しかし歴史の事実が、一定の論理の枠に収められるにはあまりにも秘義的であり、人間の認識によって入手し得る論理によって拘束されることはできないことからすると、精神的弁証法も唯物論的弁証法もともに観念的と言うべきであろう。人間の自由の深遠さとその集団的複合運動の不透明さ、またそれらに規定的に作用する歴史的所与的契機、自然変動や環境変化の作用など、歴史には無限の要因が働き、その上で大きく作用する偶然性の働きがある。歴史の運動の中にそれ自体の法則を想定し、それを人間の認識において把握し得るとするのは、厚かましい人間の高慢と言わなければならない。歴史的な歴史解釈は、歴史の秘義的性格に直面して人間に対して謙遜であることを求める。歴史に直面しては、特定の論理的定式よりも謙遜と新しい事態への開かれた態度とが求められる。

第二章　近代歴史哲学の成立と衰退

1　近代歴史哲学の成立

歴史哲学の成立は、近代ヨーロッパにおいて初めて見られたと考えられる。つまり歴史哲学はヨーロッパの近代的産物である。その事実は、「歴史哲学」という用語が初めて使用されたのが一七六〇年代で、ヴォルテールによったということでも示されている。エルンスト・トレルチも歴史哲学についての哲学史的検討を試みながら、その成果として歴史哲学を「近代的創作物」(1)と語った。ただしその際、彼はそれに先立つ近代における豊富な歴史研究や歴史叙述の出現を重視した。いきなり歴史哲学の誕生を語る前に、具体的な歴史学的成果が歴史の哲学的考察のための資源として豊富に蓄積されていなくてはならなかった。そうした蓄積が先行することなしに、歴史哲学の成立は起きなかったわけである。この点については、トレルチとまったく異なる思想背景を持ったコリングウッドが、ヴィーコを近代歴史哲学の基礎を築いた人と語ったときにも、ほぼ同様に注目されていた。「ジアンバッティスタ・ヴィーコ（一六六八—一七四四）は同時に哲学者にして歴史家であったが、彼は、哲学者にして科学者であったデカルトが近代科学哲学の基礎を築いたのとまったく同じ意味で、近代歴史哲学の基礎を築いた人である(2)」と言う。コリングウッドがそう指摘したのは、「彼〔ヴィーコ—筆者注〕の本当の関心は歴史的方法にあったから(3)」と言う。近代歴史哲学は、歴史家たちの研究成果を資源としながら、近代自然科学に対する哲学的貢献に併行した仕方で出現した。この見方は、とりわけ歴史的方法に関する哲学的考察、つまり歴史の認識論や歴史論理学と言われる分野に関係している。歴史哲学がヨーロッパ近代の産物として形成されたとき、それには近代の歴史学的成果が先行し、同時に歴史学の認識論的基礎づけが必要とされていたという事実があった。

しかしまた歴史哲学には歴史の論理学とともに、それだけでなく実質的な歴史哲学がある。そこでは個別的な歴史研究を包括する全体的な普遍史の考察や、時代区分、そして歴史の意味や目標が論じられなければならない。この面に注目するとき、実質的歴史哲学の先行形態としては、キリスト教の歴史神学が挙げられる。近代歴史哲学の誕生には、キリスト教歴史神学の世俗化という現象があり、歴史哲学はキリスト教歴史神学の世俗的改版と見られるわけである。この面もまた多くの人々によって指摘されてきたが、特に典型的にはカール・レーヴィットの哲学史的な遡及的分析が知られている。レーヴィット『世界史と救済史』（原題は『世界史と救済の出来事』）は、副題に「歴史哲学の神学的前提」とあり、この副題が示すように近代歴史哲学の淵源を辿って、レーヴィットはその前提としてのキリスト教歴史神学に遡及した。

以上のような事態で、歴史学的成果の蓄積という意味でも、また歴史学的方法の哲学的考察という意味でも、また実質的歴史哲学が先行形態としてのキリスト教歴史神学の世俗化を通して成立したという意味でも、歴史哲学は近代的産物として形成されたことになる。それではこの近代歴史哲学が、その成立後、どのように継続し、いかなる難題（アポリア）を抱え込んだか、そしてその中からキリスト教、とりわけキリスト教歴史神学に対していかなる意味で期待が抱かれるか、本章と次章において叙述し、検討していかなければならない。

近代歴史哲学の成立には、実質的歴史哲学が歴史神学の世俗的改版として成立したことが挙げられたが、世俗化はその素材としての歴史記述や歴史研究の中にも作用を及ぼしていたことが付け加えられなければならないであろう。歴史の記述や研究に関しては、概略的に言って、宗教改革期までは「聖書的－アウグスティヌス的歴史像」が保持されていたと言ってよいであろう。しかしこれは、すでに一六世紀後半には排除され始めている。そこには一六世紀前半のマキャヴェリに見られたルネサンス期の政治論が歴史考察に影響を与えたことが認められる。すでにジャン・ボーダン（一五二九―一五九六）は国家主権を最高位として歴史を描き、ボリングブルック卿（一六七八―一七五一）は歴史記述に当たって「人間がすべての歴史の主体である」と語った。[4] 歴史神学の世俗化には、歴史記述の世俗化が先行していたわけである。

〔附論2〕カール・レーヴィットの近代歴史意識批判の問題点

レーヴィットの「近代歴史意識批判」の問題点について短く語っておきたい。彼によれば、近代にいたって「歴史そのものに対する信仰」が初めて登場し、歴史は今や過大評価されている。かつての「古代の知恵」や「キリスト教の信仰」においては、近代歴史哲学が示すような歴史の過大評価は無縁なものであったと彼は言う。その際「古代の知恵」と「キリスト教の信仰」とでは、「近代の歴史意識」に対する距離は等距離ではなかった。なぜなら「近代の歴史意識」は「古代の知恵」とはまったく無関係であったが、「キリスト教の信仰」にはその起源を負っていたからである。近代歴史意識がその難問に立ち至った原因には、したがって「古代の知恵」でなく「キリスト教の信仰」の方に責任があることになる。レーヴィットの眼には「歴史に対する近代的な過大評価」[5]が問題である。そこでレーヴィットは、近代歴史哲学の「神学的前提」を抉り出し、それを思想史的に、しかも遡及的に探究したが、「キリスト教の信仰」と「近代の歴史意識」の関係には、後者が前者から「由来」したという面とともに、実はその間に「対立的な面」があったことも問題にされる。つまり「近代の歴史意識」は由来からすればキリスト教的であるが、結果としては反キリスト教的になっているというのがレーヴィットの指摘である。この探求におけるレーヴィットの思想史的分析は、三つの極によって構成された。「古代の知恵」すなわち「古代ギリシア哲学」と、「キリスト教の信仰」すなわち本来的には原始キリスト教と新約聖書に見られたキリスト教信仰、それに「近代の歴史哲学」である。後者にはヘーゲル、コント、プルードン、マルクス、ディルタイ、トレルチ、クローチェ、さらにはハイデガーが含まれた。

近代人はもはや初めも終わりもない「コスモス」から出発することはないし、さらに「聖書の神」からも出発しない。そうでなく「人間の自己意識」から出発する。コスモスは歴史に変えられただけでなく、「人間によって生産される世界史」になってしまったとレーヴィットは言う。世界を創造した神に対抗し、人間が代わって場所を占め、神の「摂理」は神のいない「進歩の信仰」に変わった。歴史の人間学化、さらには歴史そのものの神格化が起きたことになる。そこに近代歴史意識と近代歴史哲学の矛盾的性格が明らかになる。それらはキリスト教から由来しつつ、キリスト教を逸脱したという性格を持っている。そしてレーヴィットの心の底には、こうした矛盾が思想的に貫徹可能なのかという問題意識がある。レーヴィットはこの問いをハイデガーに対しても突きつけた。近代の歴史哲学がキリスト教的由来と人間学的傾向において両義的性格を持っているというレーヴィットの指摘は、近代歴史哲学のアポリアと深く関係するであろう。この問題はさらに究明されなくてはならない。

以上のようにしてカール・レーヴィットの近代歴史意識批判は、哲学史的・思想史的な方法によって、近代の歴史哲学の矛盾的性格を顕に示し出した。しかしその思想史的分析に問題がないわけではない。レーヴィットの見方がいかなる問題を含んでいるか特に二つの点を指摘しておく必要があるであろう。一つは「キリスト教信仰」と「歴史としての世界の理解」の関係についてであり、もう一つは、彼の思想的立場である古代ギリシアのコスモスの立場への思想的回帰が今日可能かという問題である。前者は、「近代歴史哲学」批判の後に、今日「歴史神学」の再興は可能かという根本的な問題に関係し、後者はおよそ「世界を歴史として経験しない可能性はあるか」という問いになる。

まず前者の問題から検討してみよう。レーヴィットの理解によれば、新約聖書と原始キリスト教における本来のキリスト教信仰においては、近代歴史哲学そのものを示唆し、それをもたらすものは何も見出されないと言う。なぜなら、聖書と教会が伝える「救済の出来事」は、彼によれば「世界の歴史」に対して「二元論的に区別された」ものだからである。「福音書」の中には、「キリストによる救済、しかもあらゆる地上的な出来事からの救済についての使信が見出されるだけである」[6]と彼は言う。「からの」という分離的な表現が重大である。レーヴィットは言う。「イエスの言葉のなかで、世界史に関して言及したものは、ただ一つだけである。それはわれわれがカエサルに負っているものと、神に負っているものとを、イエスが切り離したあの箇所（つまり「カエサルのものはカエサルに、神のものは神に返せ」の箇所）である。キリスト教の伝統における最も顕著な特徴こそは、この二元論にほかならない」[7]と。キリスト教の元来の歴史観を、レーヴィットは世界史と救済の「二元論」と見た。それゆえ、レーヴィットによれば、キリスト教の元来の理解では世界史はせいぜい救済の「外枠」であり、両者の関係は「間接的」「比喩的」であって、啓示をそれ以上に「歴史的啓示」と呼ぶのは「近代的な習慣」にすぎない。世界史としての歴史は彼によれば、ただ「救済を必要とする罪と死の国」であり、救済は「歴史からの救済」、つまり脱歴史的な救済にほかならない。

はたしてこの原始キリスト教の「歴史と救済の二元論的な理解」は正当であろうか。福音書はイエスの誕生を「皇帝アウグストゥスの時代」と明記し、その公の活動と十字架の出来事は「皇帝ティベリウスの治世下」であり、「ポンテオ・ピラトがユダヤの総督」であった時と語っている。聖書がイエスを「キリスト」という政治的、しかも一つの国を超える終末論的な政治的表象を含む用語で表現し、当時の世界歴史との関わりにおいて記しているることは明らかである。イエスの十字架刑そのものがローマ帝国による事件であり、それに際してイエスの「ユダヤ人の王」の称号は、ヘブライ語、ラテン語、ギリシア語で記された（ヨハ一九・二〇）と報告される。レーヴィットが語る「二元論的救済史理解」は、そうした新約聖書における世界史的次元の表現をまったく無視しなければ成り立たないであろう。それとともにもう一つの特徴としてレーヴィットは「旧約聖書的歴史観」をまったく欠如させた。旧約聖書を含めて救済史と世界史の混合や一体の聖書的記述を理解するならば、イエスの出来事に啓示された救済の出来事は、イスラエル史とその選びや契約と関係している。したがってそれは、エジプトのファラオの圧制からの出エジプト、アッシリアのネブカドネツァル、バビロニアのキュロスとの関係を含み、アレクサンドロス以後のシリア帝国、そしてローマ帝国、皇帝アウグストゥス、シリア総督ポンテオ・ピラトと深く関係しての信仰の表現である。その後のキリストの救済によって規定された歴史も、異邦人伝道史、教会史、文明のキリスト教化の歴史としての世界史と深く関連している。世界史のない救済史はなく、救済史なしに世界史は意味を失うであろう。

この点のレーヴィットに対する批判は例えばパネンベルクにも見られるものである。パネンベルクはハイデルベルクでレーヴィットから学んだ一人であるが、彼も次のように語った。「レーヴィットは、救済史は超歴史ではなく、その普遍的傾向のゆえに本質的にあらゆる出来事を含み入れた歴史であることを理解していない」[8]と。カール・レーヴィットの「世界史と救済の二元論」は、パネンベルクによると「歴史的批判の執拗さ」から信仰を守ろうとして、むしろ「キリスト教弁証学の道具」としてこの二元論を使用した神学者たちから受け取ったものと言う[9]。パネンベルクによるレーヴィット批判はレーヴィットに対して同情的であるが、しかし事実としてレーヴィットにおける二元論の方向はパネンベルクも認めるように、歴史的批判からキリスト教を守ろうとしたアンチヒストリスムスのキリスト教解釈であった。それは、救済の出来事は実際にはこの世界の世俗的現実の中には起こらなかったという救済と歴史の二元論によって、キリスト教をマニ教やグノーシスと同様なものに傾斜させる危険なものであった。

もう一つの問題、レーヴィット自身が立脚する思想的立場の現実性についても批判的な注意を向けたい。レーヴィットは「古代ギリシアの知恵」つまり、「おのずから存在するものの全体」としての「生ける自然」を観照する生き方の回復を主張した。「ギリシャの思想家たちにとって驚嘆すべきことは、……この、いつも常に在り、非常に古く、永遠に若い自然界が、現に在るが如く在るということ、すなわち見事に秩序づけられていて、コスモス的であってカオス的ではないという事実である」[10]。このコスモスのテオリアをレーヴィットは現代に回復しようとした。しかしレーヴィットが回復を願うテオリアはどこに「生の場」を確保できるであろうか。「現にあるがごとく永遠に古く、また若くあり続ける生ける自然」はどこにあるであろうか。今日、こうした自然は、少なくとも地球上には存在しない。レーヴィットのエピソードとして次のようなことが伝えられている。「先生〔レーヴィット—筆者注〕はあるとき教室で、日本人は家を建てるにも方角、方位を考え、年齢を数えるにも馬（午）や牛（丑）などをもってする、つまり日本人はコスモスの中に住んでいるが、ヨーロッパ人、特に実存主義者たちは、ギリシア人がコスモスとよんだこの自然的世界から抜け出し（existieren）て、人間だけは特別な存在だと思いこんでいる、国際哲学会を南米のアンデス山脈の頂上で開催したら、そこへ参集するヨーロッパの哲学者たちは飛行機で大洋と連山とを眼下にみて、世界は人間のために創造せられたものではなく、世界はただ自然的にあるだけだということがよくわかるだろう、などと言って学生たちを笑わせた[11]」。しかし一九六〇年代以降、地球環境問題の拡大の中で、いったい「ただ自然的にあるだけの世界」が地球上のどこにあるであろうか。森林の崩壊、砂漠化、温暖化等に直面し、地球環境は今や人類の責任課題に属している。地球の自然は、種の絶滅などを通して、今や歴史的一回性において経験されている。レーヴィットの言う「ただ自然的にあるだけの世界」が実在性をもって迫ってくるためには、国際哲学会は地球を出て、宇宙の彼方で開催する以外にない。レーヴィット思想は、生の場を失い、ただ観念の中にあるだけになっている。エコロジカルな危機は、少なくとも地球上の自然の歴史化を示し、自然が「現にあるがまま」をまず回復し、そして維持するためには、人間の歴史的な責任が喚起される必要があると訴えている。

2　ヘーゲルの歴史哲学における隠された歴史神学

ヨハン・ゴットフリート・フォン・ヘルダーの歴史哲学が『人間の歴史的発展に関する哲学的試論』四巻として出版されたのが、一七八四年から一七九一年にかけてであった。それから三〇年後、一八二二年から翌年にかけてヘーゲルはベルリンでの歴史哲学講義を行った。それはヘルダーに始まった新しい歴史哲学の動向がヘーゲルに至って頂点に達しはじめた時であった[12]。

ヘーゲルの歴史哲学は同時に「精神の哲学」であり、歴史を精神の外化による自己実現の過程として捉えるところに特徴があった。しかもヘーゲルのその「精神」概念は、キリスト教を哲学的に思索する彼の青年期の試み、いわゆる「若きヘーゲル」のキリスト教解釈をめぐる哲学的葛藤を通して次第に形成されたものであった[13]。彼の「精神の哲学」としての「歴史哲学」は、したがってキリスト教との密接な関係において遂行されたものであり、キリスト教信仰の哲学的遂行として信仰や神学に対する「両義的な関係」のうちに展開されたものである。両義的というのは、ヘーゲルが、一方でキリスト教によって規定されつつ思索しながら、同時に彼の哲学をもって彼自身のキリスト教理解を規定したからである。この関係は「信仰と哲学」、その表現としての「表象と概念」の間にも指摘され得る。

精神の概念をめぐってヘーゲルはやがて『精神現象学』の序文の中で「実体は本質的に主体である」と述べ、それは「絶対的なものを精神と言い表す」中に表現されると語った。さらに「『精神』というのは、最も崇高な概念であり、近代及びその宗教に属する概念である」と言い、「精神的なるもののみが現実的である[14]」とも語った。精神的なものだけが現実的なものであるとは、精神は他在にあって自己自身であるということを意味し、現実はこの他在における精神、すなわち精神の自己外化であることを意味した。

ヘーゲルはまた、精神を「三位一體の精神[15]」とも呼んだ。それは、「『父』と『子』と、精神の統一の中にあるところの区別の形態〔同時に統一の原理〕としての『聖靈』がこれである」と言われ、その三位一体の聖霊の、彼自身の思索による哲学的表現がヘーゲルの「精神」であった。「神が三位一體であることが知られるときはじめて、神は精神として認識される[16]」とも語っている。「神の三位一体性」と「神が精神である」ということは、ヘーゲルにおいては同一のことであった。この「精神」の理解が結局、ヘーゲル哲学とキリスト教との関係を典型的に表現している。

したがってヘーゲルの歴史哲学は「三位一体の神」の歴史における自己外化の哲学的把握であり、事実、歴史哲学の内容の記述の中で「三位一体」が歴史の中の「新しい原理」と呼ばれ、「この新しい原理は世界史轉回の基軸である」[17]と語られた。歴史の基軸という意味は、「歴史はここに終わるとともに、またここから始まる」という意味である。世界史はこの三位一体の精神の実現史として理解されることによって哲学的課題であり得たのであるが、三位一体の精神の実現史として世界史が理解されるということは、ヘーゲルの歴史哲学はまぎれもなく歴史の神学の哲学的表現であるということである。このことはヘーゲルの歴史哲学とキリスト教的歴史神学には、二重の関係があったことを意味する。一方ではヘーゲルはキリスト教的歴史神学を哲学へと解体しておきながら、他方では依然としてなお歴史神学に依存していた。どちらの側面を強調するかで、その評価の仕方は当然変化する。ヘーゲルの歴史哲学は、キリスト教歴史神学を非神学化しながら、依然として隠れた神学であり続けたわけである。

以上のようにして、ヘーゲルは世界史を精神すなわち三位一体の聖霊の実現史として、三位一体論との関連で構想し、あたかもフィオーレのヨアキムのごとく、歴史は三段階を取って進行したと解釈した[18]。ただしヘーゲルがヨアキム自身の文献を直接読んでいた証拠は不明である。内容的にもヨアキムの歴史神学とは相違して、ヘーゲルにおいては、キリスト教が「新しい原理」として世界史的転回の基軸に位置し、歴史はそこで終わり、またそこから始まるという事態は、「精神の自由」を軸にして歴史を三段階に区分する見方になった。つまり、彼によると第一段階は東洋の時代であり、ただ一人が自由である専制国家の時代であったのに対し、第二段階は幾人かの人々が自由であるギリシアとローマの時代とされ、歴史の転回軸であるキリスト教の出現はこの第二段階を終わらせたとともに、第三段階のゲルマンの時代、中世・近代と続くすべての人が自由な時代を開始させたと言う。こうして精神は自由と同一視され、精神の自己実現史が自由の実現史とされたことは、自由とはまさに精神のこと、他在にあって自己自身であることと理解されたわけである。

ヘーゲルの歴史哲学は、このようにして精神が自己同一性にある段階から、自己を自己から分離する段階へと進み、その分離を自己同一的な存在になることによって止揚するという歩みを描いた。精神のこの三位一体の運動が精神の弁証法であり、それが同時に他在にあって自己自身である自由の意識の発展を意味した。この精神の自由の弁証法を現実的なものの中に読み取ることが彼の歴史哲学であった。それゆえヘーゲルの歴史哲学の根本構造は、精神（聖霊）としてのキリスト教的な神の哲学的認識とその表現にあり、その歴史哲学は同時に隠れた仕方で聖霊による歴史神学であったわけである。

精神的なものと現実的なものとが統一にもたらされることは、ヘーゲルにおいては絶対的なものと歴史的現実とが一致することを意味する。それは精神と世界、あるいはまた理性と世界とが一致することでもある。そこに壮大な自由の進展が見届けられなければならない。それは思考と現実の認識とにおいて起こるのであって、世界史は哲学されなくてはならないし、哲学されたところで世界史は終わらなければならないであろう。ヘーゲルの歴史哲学によれば、精神の哲学的認識が到達すべきところに到達することによって、歴史はその完成に至るものであった。つまり彼の歴史哲学は哲学的な思索と認識における現在的終末論を抱え込んでいたと言うべきであろう。ヘーゲルにおいてはまた、自由の進展は、キリスト教的な良心の内面の自由が客観的精神としての国家において政治的自由と統一されることとしても理解された。国家はヘーゲルにおいては客観的精神、その歴史的進行の最終段階を意味した。

ヘーゲルの歴史哲学の全貌は、まさに壮大な哲学的遂行であって、誰もが驚嘆を持って眺めざるを得ないものであった。しかしこの壮大な哲学的企てが、歴史の現実の非合理性や悲惨な事実に直面した時、その歴史の現実と理性や精神との一致がどのように巧みに哲学的に思惟されたとしても、それは所詮、非現実的な虚構の構想であることを顕わにせざるを得なかった。実際、ヘーゲルの歴史哲学が基本的に非現実的な形而上学的虚構のドラマにすぎないという指摘は、ヘーゲルの哲学的営為が終了した後にも歴史の現実の非合理性が依然として続行されたという経験から来ざるを得なかった。誰もがその渦中にいないわけにはいかない歴史の非合理性や没精神的現実が、ヘーゲルの精神の形而上学とその歴史哲学によれば、精神の弁証法によって克服されているとされる。言うところのその弁証法的克服は、まったくの論理主義であって、ただスピリチュアリスティックな意味で精神的・理性的なものとの統一にもたらされたにすぎないことは、彼の以後、誰の目にも自明となり、批判の対象とされることは不可避的なことであった。ヘーゲルにおいて「スピノザ主義の下塗りが浮き出てくる」と批判され、経験に従う歴史家たちや社会学者たち、あるいはマルクス主義者たちの反論によって、ヘーゲルの認識論的・形而上学的体系は没落せざるを得なかった[19]。この問題は、神学的視点から言えば、ヘーゲルの精神の三位一体論は、同一哲学的一元論に傾いていたということになる。彼の三位一体論は、アウグスティヌスの三位一体論に見られたような西方神学の根本傾向であった一体性の強調に対比して、むしろ三位の区別を明確にしたという評価もないわけではない[20]。しかし歴史哲学における精神の実現過程と重ねられた三位一体の精神（聖霊）理解は、明らかに一体性優位の同一哲学的傾向を示していたと言われても仕方がないであろう。

もう一つの大きな問題は、ヘーゲルの歴史哲学では今後の歴史において「真に新しいもの」は何も存在せず、歴史にはもはやいかなる究極的な目標も価値も存在しないことになるという問題であった。精神の三位一体的な弁証法は第三段階の現在において終了しているゆえに、彼の歴史哲学は現在的終末論であって、将来のまったき神の国の到来への期待はない。歴史は未来を喪失し、人間の決断や複合的な作用の偶然性を介して到来する新しい事態に対し目は閉ざされ、歴史の未知なるものへの開放性は閉ざされた。トレルチはヘーゲルのこの点を批判して以下のように語った。「来たるべきものの創造という課題に対しては彼の歴史哲学は、ほんのわずかな関わりさえも持っていず、この点において私が代表している歴史の見方とは全く対立している[21]」。この第二の問題点も、歴史の非合理性を仮象化した第一の問題点と同一の事態から由来していると言うことができるであろう。それは精神的なものと現実的なものとのはやまった統一視という事態である。精神的なものは現実的であり、現実的なものは精神的であるという、まさにヘーゲルの精神の三位一体論的現実理解が、一方では現実を仮象化し、他方では未来を喪失させた。精神と現実との早まった統一により、精神は安易に肉体を喪失し、同時に安易に現在化されたのではないか。

ヘーゲルの歴史哲学の欠陥は他にも指摘され得るであろう。その中には歴史哲学的課題として今日に残された問題もある。例えば、政治的歴史に強く傾斜したヘーゲルの歴史哲学は、道徳との乖離を起こし、政治的歴史と道徳との関係という難問を残したという問題もある。ヘーゲルがキリスト教的な内面の自由と国家の統治とを統一させたのは、彼の法哲学に示された市民社会に対する国家の優位の思想と関連している。要するにヘーゲル哲学の中にはまぎれもなく国家主義的性格が示されている。それは当時のプロイセン国家の啓蒙主義的進歩性に背景を持ったとも言い得るが、同時に近代市民社会を背景にしたスコットランド啓蒙主義に比して、依然として後進性にあったドイツ啓蒙主義とドイツ社会の問題性に由来したとも言えるであろう。市民社会と国家の関係は、教会と国家の関係とともに、自由の問題をめぐって依然として重大な問題であり続けている。

ヘーゲルの歴史哲学の種々の欠陥は、キリスト教を正当に理解したかという問題とも深く絡み合っている。ヘーゲルの精神の三位一体の理解は、他在を真剣に捉え得たかという問題になるが、それは一元論に基本的に傾斜した三位一体理解の問題性を示したとともに、受肉論の理解の不十分さとも言うことができるであろう。一方で十字架における神の死について語ったヘーゲルがなぜ精神による「肉体の喪失」に至ったかという問題でもある。さらにヘーゲルの歴史哲学における未来の喪失は、キリスト教歴史神学において現在的終末論の限定的意味を保持しつつも、将来的終末論の不可欠な意味を明らかにすることが重大な課題であるということをも示しているであろう。

3　進歩主義とその崩壊

近代歴史哲学が、進歩主義の形態をとり、やがてそれが一九世紀末に崩壊に立ち至ったことは歴史的な事実と言ってよい。しかし思想や観念としての進歩主義が何に根拠を持って成立し、またどのような経過を辿って崩壊したかという問題は、さらに詳細な検討を必要とする。近代の進歩主義は啓蒙主義に発したと言われることもある。世界史を自由の進歩の歴史として構想したヘーゲル哲学もまた進歩の歴史哲学と言うことは不可能ではない。しかしヘーゲルの言う発展概念は、必ずしも進歩主義と同一ではなかった。発展概念は、進歩主義を動揺させた一九世紀の歴史主義の中にも位置を持ち続けた。

それでは何が進歩主義をもたらしたか。キリスト教的な「摂理の信仰」が進歩主義の背景にあったと見られることもある。確かにライプニッツの「予定調和」やリスボン大地震によって動揺させられる以前のヴォルテールの思想、その後のルソーの楽観論など、神の摂理の思想を背景に持っていたとされる。ルソーは『告白』の中で語っている。「形而上学のあらゆる細かな議論は、わたしに、自分の魂の不滅もしくは精神的な神の摂理を一瞬たりとも疑わせることはできないでありましょう。わたしはそれを感じ、信じ、望み、希い、そして、最後の息を引き取るまでそれを擁護するでありましょう[22]」。ヘーゲルもまた摂理の信仰を形而上学に仕立てたと言えなくはない。

しかしそれにしても摂理論から近代の進歩主義の成立を説明するには躊躇もまた働く。カール・レーヴィットも一方で近代の歴史哲学の中にキリスト教の摂理信仰との結びつきを見ながら、他方で「摂理」対「進歩」の「対立[23]」(contra)も見ないわけにはいかなかった。とりわけ一九世紀の進歩主義の展開までを視野に置くなら、キリスト教の摂理信仰によってその成立を説明することはできないであろう。そもそも神の摂理の信仰と進歩主義との関係は決して自明ではない。摂理の信仰は、聖書的証言によって理解すれば、人間に対する試練や迫害、さらには最後の審判が不可避であることを曖昧にしてはいない。リスボン大地震によって動揺させられた摂理の信仰は、それ以前にすでに真正のキリスト教的摂理信仰でなくなっていたというカール・バルトの指摘は十分に肯定できるものである。とりわけキリストにおける啓示の理解に基づいて摂理を理解するなら、摂理を楽観論と直結させることは不可能である。摂理の信仰はむしろ、試練や苦難のただ中を通り、その渦中にあってキリストにある神の臨在の働きに信頼する信仰である。それに対して進歩主義は、そうした試練や迫害の出来事が少なくとも漸進的に除去され、最後の審判の不可避性でなく、人間にとっての理想状態の楽観的達成を夢みた。摂理の信仰は、苦難の中でもキリストにある神の臨在を信じるとともに、人間の力ではなく、神の知と力に信頼し、その主導に服する。したがってその信仰は、人間の理性や精神、あるいは人間の知と力がそれ自体無限性を帯びて進歩に資するかのような幻想とは正反対である。その意味では摂理の信仰は、進歩主義が人間の理性や力に抱いた幻想とはむしろ対極に位置し、それゆえ進歩主義を単に摂理の信仰の世俗化、あるいはその希薄化によって説明することはできないと思われる。もし近代的進歩主義が摂理の信仰から由来し、そこから継承しているものがあるとすれば、それはよほど限定的に指摘される以外にない。進歩主義の成立の説明としては、摂理信仰とは別に進歩の法則や人間の知と力に対する幻想的な信頼の発生根拠が示されなければならないであろう。むしろ進歩主義的世界観の成立の原因は、摂理の信仰に抗し、その希薄化に代わって、積極的に登場してきた機械的な法則性や人間の知と力に対するイデオロギー的楽観主義であって、その成立の原因がどこにあったかはキリスト教信仰とは別に探究されなければならないであろう。

近代の進歩主義の成立に大きな役割を果たしたのは何と言っても自然科学の成立と進歩であり、またそれと結びついた技術の発達であったと思われる。一七世紀の科学革命の後、一八世紀には啓蒙主義とともに自然科学の進歩が著しく見られ、それが技術と結びついて、技術や産業化の時代をもたらした。科学と技術の進歩はその後も継続し、二〇世紀にはさらに飛躍的な躍進を遂げ、第二次産業革命と高度技術社会をもたらし、今日に至っている。しかしその背後には同時進行的に崩壊の規模も拡大し、戦争は国民国家の形成とも相まって科学技術の進歩による破壊力の増大により、従来はなかった総力戦となり、前線と銃後の区別のない殲滅戦になった。環境破壊の深化と拡大も飛躍的に進行し、科学と技術の躍進による文化・文明の全面的進歩を豪語できる人はいない。

　問題はこの自然科学と技術化の進展が、一九世紀には世界観として進歩主義を形成したことであって、それはどのようにして成立したかである。この点を思想的に典型的に表現したのは一九世紀三〇年代におけるオーギュスト・コントの「三段階の法則」の思想であった。コントは実証主義の名のもとに、人類の思想発展を進歩主義によって表現し、彼自身の時代を「科学の時代」として完成の時代と見なした。このことは進歩主義が科学とともに実証主義哲学と結合して成立したことをよく表している。彼の言う三段階の発展は、神話の時代から形而上学の時代へ、そして科学の時代へという発展であるが、ヘーゲルの歴史哲学とも、またマルクスの歴史哲学にも見られる三段階の発展とも異なっていた。歴然とした差になるのは、ヘーゲルでは過去の克服は「想起」による保持を伴ったが、コントでは「過去の否定による進歩」であった。その発展は純粋に科学的、技術的な進歩と考えられた。この点はまたマルクスの発展概念とも相違をなした。マルクスの言う完成状態は、「人間がそのもろもろの生きた力の本質的な全体性において中心へと歩み出る[24]」ことであったが、コントでは新しい時代の決定的な要因は人間の全体性でなく、純然たる科学と技術の進歩であった。それだけ科学と技術の歴史的規定力を全面的なものとして理解していたことになる。いずれにしても近代の進歩主義の成立は、科学や技術の進歩を実証主義哲学と結合させて社会化させ、その一面的な進歩を全面的なものとして描いたことによる。

　もう一つ無視できないのは、ダーウィン『種の起源』（一八五九年）が与えた影響である。その「自然選択」や「適者生存」といった生物学的原理は、自然科学としての生物学を離れ、社会哲学にも影響を与え、スペンサーの社会進化説をもたらした。これはさらに、主として教養ある市民層に影響を及ぼし、一般的な世界観として結実していった。この点で進化論は実証主義による科学の進歩主義的理解と相乗的に作用し、一九世紀の進歩主義を成立させた一因になったと言うことができよう。

それではなぜ進歩主義は崩壊したか。そもそも進歩主義の盛期であった一九世紀がすでに全体的に概観すれば、世界観としての進歩主義に独占された世紀であったわけではなかった。一九世紀は他方では歴史研究の盛んな歴史主義の時代でもあり、諸時代や諸文化、また諸領域の歴史研究は決して進歩主義的には観察されず、歴史主義はむしろ歴史の停滞や逆流、進歩の相対的見方に道を開き、進歩主義的世界観に対して懐疑的な歯止めをなした。トレルチは後に言及するように、すでに一八八〇年代末期に進歩主義的世界観の崩壊を認識した。またニーチェやブルクハルト、オーファーベックといったその時代の例外者たちの反進歩主義的な諸著作とその影響が見られた。オーファーベックが記したキリスト教史は、原歴史からの頽落史であり、歴史は進歩の場であるよりは、むしろ頽落の経過を意味したのである。その後、進歩主義的世界観の崩壊を大々的に告知したのは、オスヴァルト・シュペングラー『西欧の没落』（一九一八―二二年）であったが、これは世界の諸文化を生命の生成と発展、それに次ぐ没落の歴史として捉え、ヨーロッパのキリスト教的文化の終焉を説いて大きな反響を呼んだ。彼の思想はニーチェの生の哲学に根差したもので、同時代人であったトレルチによれば「そこには歴史学上の細かな点の取り扱いについては根本的に素人的なところがあるが、しかしまた強力な文化的統一を概観する壮大な見方もあって、それは彼の全体的な立場が主観的な力を帯びていることに対応している(25)」と言われた。この主観的な力は、一般に強力な共感を引き出した。それには、素人的な主観主義がなお共感を引き出すほどの共通した没落の予感、さらにはすでにその実際経験があったのである。進歩主義の思想的崩壊には歴史主義やニーチェと結びついた反歴史主義の思想系譜、生物形態学的な歴史の見方などが作用していたが、その背後には何と言っても文明の没落説に共感する現実経験があったのである。

したがって、進歩主義は歴史的現実そのものの進行によって決定的に崩壊したと言わなければならない。第一次世界大戦とそれによる文明と社会の崩壊の経験は、進歩主義を社会一般の意識からほとんど一掃し去った。第一次世界大戦の影響は、歴史主義にも打撃を与え、後に扱う「反歴史主義的革命」の背景にもなったが、進歩主義の決定的な没落を意味した。二〇世紀には人類は、続いて第二次世界大戦の破局とホロコーストを経験し、進歩主義は完膚なきまでに打ちのめされ、以後「進歩の理念」について語ることはまったく困難にされて今日に至っていると言ってよい。思想や世界観としての進歩主義は何の信憑性も権利も持ち得なくなった。どんなに科学や技術の進歩を語ることができても、世界歴史を世界観としての進歩主義で語る者は皆無である。しかしその上で、以下のように反問することは許されるであろう。それではまったく「進歩」について語ることはできないのか。また、何らかの進歩なしに、歴史の意味について適切に語ることができるのであろうか。有意味な仕方で進歩について語る道はないのか。この問いを残しながら、もう少し近代歴史哲学の経過を辿ってみよう。

4　歴史主義の歴史哲学——ディルタイとトレルチ

近代歴史哲学の歴史をドイツ・イデアリスムスから現代にまで概観するとき、一九世紀後半から二〇世紀初頭までの時代は、大きな歴史哲学的構想が過去のものになった時代である。巨大な歴史哲学的構想に代わって今や膨大な歴史研究が出現した。さらに現実全体や文化総体が歴史的であるだけでなく、その中にある人間の思惟そのものが歴史的であるとも認識され、「歴史主義」（Historismus）の時代になった。歴史主義の詳細な定義はなお一つの課題であるが、現実的なもの一般の基本的性格として歴史的であることを認識した運動から出発したと見れば、すでにゲーテ時代に「歴史主義的革命」があったと言われ、ヘーゲルが「歴史主義の創始者とみなされうる」[26]と語られることもある。しかし際立って「歴史主義の世紀」と言われるのは、一九世紀後半の偉大な歴史家たちの世紀である。レオポルト・フォン・ランケ（一七九五―一八八六）、テオドール・モムゼン（一八一七―一九〇三）、アドルフ・フォン・ハルナック（一八五一―一九三〇）など、ドイツ近代歴史学の大家たちの名と彼らの膨大な成果をその実例として挙げることができる。他方でまた、歴史学的思惟や認識の哲学的反省と基礎づけが試みられた。ディルタイの精神科学の基礎づけや新カント派の歴史認識論の企てがその代表例として挙げられるであろう。一九世紀の神学史についても「フェルディナント・クリスティアン・バウアーからアドルフ・フォン・ハルナックとエルンスト・トレルチまでの神学の歴史は、主として、歴史学的思惟の勝利の行進と神学的歴史主義の貫徹として記述される[27]」と言われる。カール・バルトが神学の企てをめぐって「神学が学問として可能であるかどうかを決定するのは、神学者が資料を読み、歴史的事実そのものを考察し、歴史的連関を洞察するかどうかではなく、教義学的に思惟することができるかどうかということである」と語り、「歴史神学」を「補助学」（Hilfswissenschaft）にすぎないと位置づけたのは、この時代の神学的歴史主義に対する明確なアンチテーゼを示したものであった[28]。

この時代、形而上学は概して控えめな位置に後退し、壮大な実質的歴史哲学についての確たる発言は慎まれ、歴史哲学は主として歴史的思惟や認識をめぐる方法論的議論の取り組みに方向づけられた。内容的、実質的歴史哲学は、総体としての歴史の意味や目標、あるいはその時代区分の確定や、それに従った全体的展開を明らかにするもので、客観的、あるいは実質的歴史哲学とも称される。それに対し歴史的思惟や認識の根拠づけに関わる歴史哲学は、歴史の叙述や認識に際しての論理形式の探究に関わり、形式的歴史論理学とも言われる。この流れを典型的に表現したのはヴィルヘルム・ディルタイであるが、彼はカントが自然科学のカテゴリカルな理性認識の自己批判を遂行したのに倣って、「歴史的理性の批判」を試み、「体験」「了解」「解釈」による精神史の歴史研究の基礎づけを論じた。ディルタイは、ヘーゲルの「精神」に代わる「生」の概念をなお保持したが、彼においてはやはり何と言っても歴史全体を鳥瞰する実質的歴史哲学は背後に退いている。

歴史主義は消極的な意味においては歴史的相対主義であって、歴史的対象も歴史的認識主体もともに歴史の流れの中で歴史的相互作用の中に位置するとされた。その中で何らかの仕方で相対的なものと関わる絶対的なものとの接触を失うとき、歴史主義は際限のない相対主義に陥り、歴史的懐疑主義に終局し、終には歴史に対する無気力な諦念に帰着するほかなくなる。ニーチェが歴史的記憶の過重が生の潑剌とした気力をいかに削ぐかに注目したように、一九世紀後半の歴史主義にそうした弊害が皆無ではなかった。歴史主義は精神と文化の危機に触れていた。歴史主義に立ちながら際限のない相対主義をどのように脱し、いかにして歴史の資源から創造的なものを汲むかは、この時代の歴史哲学の課題であった。ディルタイは生の哲学とその心理学的、解釈学的な方法による歴史との折衝により、「発展」と「形成」の思想によって、際限のない相対主義を脱していると自認していた。彼はなお「歴史は相対性に対して、創造力のもつ持続性が核心をなす歴史的事実として浮かび上がってくる(29)」と語ることができた。その根底に彼の「生の哲学」があって、彼は「生」あるいは「生の作用連関」との関わりにおいて歴史を理解し、逆にまた歴史を通して生を解釈した。「歴史は生に依存し、生の時間的な経過が歴史をつくる。したがって歴史は生においてその内実を得る(30)」と言うわけである。この生と歴史の相互関係がディルタイの体験や了解による精神史解釈によって表現された。この生が創造力の源泉であり、生から歴史を理解し、歴史から生を解釈する営みの中で、ディルタイは「純粋な歴史主義の代表者、それもきわめて才気あふれ、この上なく鋭敏で生き生きとした代表者である(31)」と言われた。彼によってまた「歴史主義の世界史的な意義(32)」が明示されたとも言い得る。同じく「生」の概念によってディルタイにはなお「すべての世界観の究極の統一に対する信念が依然として背景に存続する(33)」と解釈された。ディルタイの「生」は、ヘーゲルの「精神」に代わってなお創造力をもって歴史の中に経過的に表現されたわけである。ディルタイの「生」はいわばヘーゲルの客観的精神の位置にあって、根本的な歴史的実在の確かさを保持していたと言い得る。ただしそれはヘーゲルのように概念把握によってではなく、心理学的体験と解釈学的了解によって解釈され、歴史の主体はヘーゲルの場合のように、精神、そして客観的精神としての国家ではなく、「生の連関」(Lebenszusammenhang)であり、その作用連関と考えられた。民族史や国家史よりもむしろ精神史、文化史が歴史の内実になった。ヘーゲルが絶対的精神として概念的に把握しようとした芸術・宗教・哲学も生の表現とされ、歴史は国家史を超える大きな精神史として理解されたわけである。

エルンスト・トレルチによれば、歴史には「相対主義的な懐疑とか、悲劇的なもの、非生産的なものに向かう傾向があるといったことは、彼〔ディルタイ―筆者注〕の次の世代によって初めて感じ取られたことであった」[34]。トレルチ自身はディルタイの次の世代の歴史哲学者であり、ディルタイとは異なり、「近代の危機的傾向」を認識した「危機の神学者」[35]であった。トレルチのベルリンでの講義を踏まえて『歴史主義とその諸問題』（一九二二年）が出版された時、ハルナックはこれをヘーゲル以後の最大の歴史哲学と称えた。トレルチの実際に果たされることなく、出版だけがなされたイギリス講演集は、ドイツ語の表題「歴史主義とその克服」（Historismus und seine Überwindung）としてよく知られている。しかしトレルチ自身は、歴史主義が陥る際限のない相対主義や結果的な無気力の危険を十分熟知しながら、歴史主義そのものを喪失することはむしろ文明の荒廃に通じると堅く確信していた。トレルチはその歴史学の形式的基礎づけにおいて「批判」「類比」「発展」を語ったが、西南学派に近く立ち、歴史学の認識をとりわけ「歴史的個性」の認識に向けて理解した。その意味では「類比」もまた個性の認識に仕えるのであって、個性の平準化に狙いがあったわけではない。個性を重視したトレルチの歴史論理学は、彼の実質的歴史哲学の内容にも関連し、文化圏的な個性の中でヨーロッパ文化史の建設を構想した。その中で過去は現在を規定する伝統、生ける過去として、現在と未来を形成する歴史の重大な資源として捉えられた。歴史的創造について「発展」とともに「形成」（Gestaltung）が重大な概念となったが、そこには歴史形成の資源としての過去の集約や活性化が含まれ、過去の文化的成層が探究され、それによって規定されたかなり狭められた将来形成への可能性の幅を明らかにしようとした。そうした手順のもとで、決断を持った現代人の歴史形成的行為の必要が語られた。歴史形成の行為は、意志的決断の行為であるが、それは抽象的に全方位的に可能な行為ではなく、歴史的資源の再活性化によって方向づけを受けた行為として考えられた。トレルチはこの歴史的形成の行為的思想に立って、一方でヘーゲルの歴史哲学の欠陥を「来たるべきものの創造」という課題に対する関与の欠如に見、他方で次世代に広まりゆく実存主義的傾向を予知しながら、その実存主義的決断が歴史的文脈に対する歴史的認識の欠如のゆえに抽象的と見なしたのである。

　トレルチの歴史哲学はいくつかの視点において隠れた歴史神学であったことが明らかである。つまりその歴史主義は、神学的に制限された歴史主義、もしくは神学的に基礎づけられた神学的歴史主義であった。それが有力に現れた一つの面は、トレルチの「価値相対性」（Wertretivität）の思想に示されている。これは歴史学的に重要な個性概念を価値論的に理解したもので、歴史的個性において理念的なものと事実的なもの、絶対的なものと相対的なものとの総合を理解し、さらには自然的、環境的な所与と倫理的課題との結合を理解し、そこに決断と行為の意味も加えたものであった。こうした個性としてヨーロッパ的な現代的文化総合を形成することをもって、トレルチは歴史哲学の課題とした。彼の眼には普遍的な人類の究極目標を描くことは歴史哲学の課題としてもはや不可能であり、また将来を展望して依然として不可能に見えた。課題であり得たのは、「いつでもただ、自己の個性的な文化圏とその発展とから文化総合、すなわちその文化圏を総括しさらに形成する文化総合を救出することだけである[36]」と彼は語った。その際「価値相対性」は、個的な個性であれ、またヨーロッパ文化総合のように文化総合的集団的個性であれ、「事実的なものと存在すべきものとの常に動的で、新しく創造的な相互浸透」であり、そこにただちにあるものではなく、創造されなければならないものと考えられた。この「価値相対性」の主張によって個性的なものは、「人間的な創造であり、かつ形而上学的な実在[37]」であるとも言われた。「価値相対性は、この相対的なものの中に……存する絶対的なものが、生き生きとし、創造的になる時、初めて意味を持つ。さもなければそれは、ただの相対性であって、価値相対性ではない」。トレルチは絶対的なものが相対的なものの中で相対的なものと出会う事態を歴史的個性の形成の中に見ていたわけで、「絶対的なものは、創造や形成への意志であり、諸々の有限精神において神的な根拠や深層からの自己形成になる意志[38]」であると語った。この意志としての絶対的なものの理解が、トレルチの神理解と関連していることは、彼の『信仰論』に示された神概念によって明らかである。

トレルチの歴史主義が思惟と実在の歴史性を認識しながらも、無気力な際限なき相対主義とは明確に区別されたことは、その現代的ヨーロッパ文化総合の内容の構想にも明らかである。それは同時代のヴェーバーとも異なり、トレルチにとって宗教的超世界的な文化価値の内実はキリスト教の伝統の集約と再活性化によるものであり、その中で宗教の個人主義的モティーフのよりいっそうの許容によって教会の柔軟化が図られた。近代の歴史意識においてキリスト教の絶対性はもはや語られなかったが、しかし歴史的な現象としてのキリスト教の「最高妥当性」は宗教的歴史哲学の課題として肯定的に扱われ、ヨーロッパ文化総合の中心的な結晶点に位置された。さらに現代的ヨーロッパ文化総合の構想の中で、歴史のイエスのもとに集合した礼拝共同体の形成が、その集約点として位置づけられていたと解釈される。ただしトレルチの文化総合の思想はなお未完成のままであったとも言わなければならない。

トレルチは個性概念を強調したことによって、他方、歴史の普遍的統一性や普遍的目標を語ることはできなかった。「すべては揺れている」という歴史主義的な危機と第一次世界大戦の「巨大な文化的破局[39]」によって、トレルチの目には「普遍的、絶対的な諸基準をもった合理主義」の挫折は明らかで、また歴史的普遍性も個性的な文化圏によって阻まれ、歴史の現実はついに目標や完成に到達することはないと思われた。トレルチは確かに宗教史学派の教義学者として黙示録的終末論に通じる将来的歴史的終末論を抱いていたが、個性の強調とともに個人的終末論が色濃くなったと思われる。第一次世界大戦後のトレルチはしばしば完成は歴史の中になく、ただ「死後の生」に望まれると語り、「地上における人類の最終段階がではなく、諸個人の死こそがあらゆる歴史哲学の限界である[40]」とも語った。歴史哲学は隠れた歴史神学であるが、その終末論が個人的終末論に収斂されたことは、彼の歴史哲学が未完成であったことを意味したことになるであろう。もしキリスト教的神学が歴史哲学的要求に応えることができるとしたら、それはその終末論が単に個人の死の終末論でなく、同時に歴史的終末論であることによらなければならない。

5　アンチヒストリスムス革命と実存の歴史性

(1) アンチヒストリスムス革命

ディルタイが歴史主義の最初の時期の代表的哲学者であるなら、マルティン・ハイデガーは「歴史主義の第二段階」[41]を表していると言われる。しかしこの第二段階においては『存在と時間』第二編第五章が示しているように、歴史と個人の関係理解はほとんど逆転されている。ディルタイでは個人は歴史の中に生まれたが、ハイデガーにおいては個人は確かに歴史の中にあるが、より根本的には生起としての歴史があるのはただ人間的現存在の根本規定の歴史性（Geschichtlichkeit）においてであるとされた。さらにディルタイの生の歴史や精神史に代わって存在の運命が語られた。この歴史主義の第二段階は、むしろ「反歴史主義的革命」（antihistorische Revolution）を示していると言うべきであろう。

歴史主義は世界が歴史的であるとともに、人間とその思惟もまた歴史的であると認識し、一切のものが歴史的変化の流れの中に巻き込まれていると感受する精神思潮であった。歴史主義は積極的にも消極的にも一つの精神的な力であり、自然法による規範的意識を覆す文化的に広い射程距離を持った歴史的運動であった。カール・マンハイムは一九二四年の論文で歴史主義は「われわれの世界観の現実的な担い手であり、見えざる手でもってすべての精神科学的研究を組織するだけでなく、日常生活にまで浸透している一原理である」[42]と語っている。一九世紀は歴史主義の世紀であったが、その世紀の中から次第に歴史主義を突き崩す「反歴史主義的革命」のさまざまな萌芽が現れ、それらが合流して「反歴史主義的革命」がやがて一つの大きな潮流となった。それは第一次世界大戦による国家・文化・社会の総体的な崩壊の後、特に一九二〇年代にはっきりと姿を現し、とりわけプロテスタント神学の中で包括的な現象となった。この事象を論じたクルト・ノーヴァクによれば、「反歴史主義的革命は、ニーチェの『反時代的考察』第二篇（『生に対する歴史の利害』一八七四）から、われわれの世紀の二〇年代と三〇年代の最中にまで深層構造と広がりをもっており、それゆえにただ狭い専門史の圏内ではそれを目に見えるようにできる展望が少ない」[43]と語っている。しかし彼は、一八八〇年から一九三〇年の間のより詳細な検討によって、「反歴史主義的革命」の動性を示す根拠が示されるであろうと言う。「反歴史主義的革命」という用語は、『非歴史的』に方向づけられている今日の青年」という仕方でその萌芽的指摘が、すでにトレルチ『歴史主義とその諸問題』[44]に見られた。その後この用語は専門的な用語としてまずヘルマン・ハインペルによって学問的な啓発的な意図をもって使用された。フリードリヒ・マイネッケによればマルティン・ルターの宗教改革以来の「第二の大きなドイツ的精神的活動」としてゲーテ時代、疾風怒濤時代の「歴史主義的革命」があったが、これに対する対抗運動として、ハインペルは「反歴史主義的革命」を特徴づけた。反歴史主義的革命の表現は、第一次世界大戦後の弁証法神学の起源になったプロテスタント神学の反自由主義的、反歴史主義的転換の非常な影響力の中に見られた。その思想史的筋道には、ニーチェ以後、オーファーベック、シュテファン・ゲオルゲとそのグループ、それにルドルフ・オイケンの名も加えられる。「反歴史主義的革命」の歴史現象をさらに明確に定義することは決して不可能ではないと思われるが、ここではこの歴史的概念を用いてプロテスタント神学史を分析して見せたヴィルヘルム・グラーフの規定に言及しておこう。グラーフは特に一九二〇年代のプロテスタント神学史を問題にし、「反歴史主義的革命」に影響された神学者としてカール・バルト、フリードリヒ・ゴーガルテン、ルドルフ・ブルトマン、エーミル・ブルンナー、その他アルフレート・ドゥ・ケルヴァン、ヘルマン・ディーム、パウル・シェンプ、さらにはパウル・ティリッヒ、クルトゥ・レーゼ、オットー・ピーパーなどの名を挙げている。その際もう一つ特徴的なことは、グラーフが反歴史主義的革命を単なる思想運動としてではなく、「一種の文化闘争[45]」としても描いたことである。その内容は、ワイマール時代の価値と生活の転換、二〇世紀初頭のアヴァンギャルドによる文芸活動、絵画における表現主義、そして世界観的な分裂を孕んだ社会的、教会的な対立主張といった運動の中に、一種の共通精神が現れていると彼は言う。実際ベネディット・クローチェは一九三〇年のオックスフォードでの講演「反歴史主義」において以下のように語った。「全ヨーロッパの学問的、芸術的、倫理的、国家的生活の諸領域の中で、今日、歴史的感覚のある種の崩壊が観察され得る。たとえまったく公然たる反歴史主義的姿勢ではないとしてもである[46]」と。

ノーヴァクが「プロテスタント的反歴史主義」を言い、グラーフが「一種の文化闘争」と性格づけた「反歴史主義的革命」は、一九世紀、二〇世紀の哲学史の中にも働き、歴史哲学の衰退へと結果的にいっそう強く導いたのではないかと思われる。グラーフは、自己の実存の課題として心理学や言語学に対してと同様、歴史主義にも闘いを挑んだ人々として、フッサールとマックス・シェーラーの名を挙げている。ノーヴァクもグラーフもその名を挙げず、また名を挙げない理由も示されていないが、しかし歴史哲学における反歴史主義的革命の現象としてマルティン・ハイデガーの「歴史性」の主張も挙げ得るであろう。

哲学史家としてワルター・シュルツは、ハイデガーにおける「歴史主義の第二段階」を語り、カール・レーヴィットはハイデガーが実存の歴史性や時間性をも止揚して、「存在の歴史」について語り、「運命の贈りもの」として歴史を語ることに言及し、ハイデガーにおける「歴史主義の絶対化[47]」を指摘した。しかし歴史主義の歴史学的（ヒストーリッシュ）な性格に注目すれば、この「絶対化」は現存在の歴史性をヒストーリッシュな歴史よりももっと根本的、起源的とするのであるから、内容的には「アンチヒストリスムス」と言うべきではなかったか[48]。しかしレーヴィットはハイデガーの「アンチヒストリスムス」を批判しなかった。それはレーヴィット自身が「アンチヒストリスムス」の点では彼の師ハイデガーと共通していたからである。

(2) ハイデガーのアンチヒストリスムス

ハイデガー『存在と時間』の第二編第五章は「時間性と歴史性」と題されている。ここでハイデガーは「現存在の歴史性」の分析を行い、「現存在の存在のなかには、すでに誕生と死に関して『あいだ』が存し[49]」ていることを究明する。この議論はなお継続するが、ここで重大なのは「歴史性への問いが、このような『諸起源』にまで遡《さかのぼ》られるならば、これとともにすでに歴史の問題の場所も、すでに決定されています」と語られることである。そして「この場所は、歴史《ゲシヒテ》の学問としての史学《ヒストーリエ》のなかに求められてはなりません[50]」とも付け加えられる。歴史に対して「学問の客体」として接近する学問論的な取り扱いが、歴史学の認識論であれ、歴史記述の概念構成の論理学であれ、対象的側面に向かうものとすれば、それによっては主題の前提であり基礎である「歴史という根本現象」は捨てられてしまうとハイデガーは主張した。歴史学的な対象との取り組みに対して、ハイデガーは「歴史《ゲシヒテ》がどのようにして〔記述としての〕歴史学《ヒストーリエ》の可能な対象となることができるかは、歴史的なものの在り方から、すなわち歴史性から、したがって時間性におけるその起源から、推定される」と語った[51]。そしてそれを認識する手立ては現象学的方法によるとされた。これによって歴史学から実存の歴史性へと、根本的規定の起源の位置移動が行われたわけである。「現存在の歴史性の分析は、このように存在するものは、それが、『歴史のなかに立つ』から『時間的』であるのでなく、逆に現存在が、その存在の根拠において時間的であるからこそ、歴史的に実存し、またそのかぎり実存できるのだ、ということを示そうと努める[52]」と言われる。個人が歴史的であるのは、歴史の中に生まれ、歴史に規定されているからではないと言う。そうでなく、実存が置かれる歴史的環境や歴史の文脈に先立って、実存そのものの歴史性に理由があり、その時間性に根拠があるとされる。

　そのようにして「歴史の歴史学的開示は、……現存在の歴史性に根差している」のであるから、歴史主義については以下のように言われる。「結局、『歴史主義』という問題の出現は、歴史学が、現存在を、その本来の歴史性にそむかせようと努めることの、最も明白なしるし《アンツアイヘン》なのです。本来の歴史性は、歴史学を必ずしも必要としないのです。非歴史学的《ウンヒストーリッシュ》時代が、そのものとしてすでにまた非歴史的《ウンゲシヒトリヒ》であるのではないのです(53)」。歴史は実存の歴史性から規定されるのであって、歴史学によって規定されるのではないと言う。したがって真の歴史には、むしろ現象学が重大な鍵になる。しかしそれでは歴史学の対象であるよりはむしろ実存の事態として現象学的に根拠づけられる歴史とはいったい何か。

ハイデガーにおいて歴史解釈に代わり実存分析が決定的な位置に立つことは上記の記述で明らかであるが、この思惟の運びから帰結する一つの問題は人類史として、あるいは民族史や精神史としての歴史的世界は、実存の歴史性によって解消されるのではないかということである。確かにハイデガーも歴史的世界や世界の歴史性について語らないわけではない。しかし世界の歴史性は「世界内存在の歴史性」に替えられている。歴史的世界は、実存の歴史性を手がかりとして規定されるから、世界は実存関係的世界に限定されざるを得ない。甚だしくは、実存の関心によって世界は解消されることにもなる。

ハイデガーが語る実存の「覚悟性(54)」の強調も反歴史主義的革命の一つのスローガンである。それは「瞬間における本来的な実存」と関連して、「瞬間的応答」を強調する。「瞬間」もまた反歴史主義的革命の強調にほかならない。プロテスタント神学における反歴史主義との対応を言えば、ハイデガーの実存分析はマールブルクの同僚であったブルトマンの実存論にそのまま継承された。さらに言えばハイデガーの「歴史性」と『ローマ書』第二版から初期の『教会教義学』に及ぶカール・バルトにおける「原歴史」は、前者は現存在の本来的実存であり、後者は神学から一切の人間学的端緒を払いのけて神の主体性を表現したもので、そこには明らかな相違があるが、ともに反歴史主義的であることに共通性を持っていると言うことができよう。『存在と時間』におけるハイデガーの「今」の強調も、『ローマ書』第二版時代のカール・バルトの「瞬間的終末論」の強調も、その類似性は否定しがたい。歴史学的に把握される過去の意味の希薄化、それでいて瞬間における決意のいわば絶対化された意味づけなど、いずれも両者に共通している。

ハイデガーの実存分析と存在論の間で、歴史学とともに歴史哲学も解消の度を強めた。この反歴史主義的革命からいかなる「政治的決断」が敢行されたかということも「反歴史主義的革命」の一つの特徴を示している。一九三三年のハイデガーのフライブルク大学総長就任は、ただちにナチスへのコミットメントを表すと言えば、必ずしも正確ではないかもしれない。しかし同年にハイデルベルクを訪れたハイデガーがナチス青年たちに歓迎されたことは、彼とヤスパースとの間では一つの事件になった。反歴史主義的革命は、ただちにナチズムと同一化したわけではない。バルトもティリッヒも、同様の反歴史主義的革命の中で、むしろ社会主義や宗教的社会主義にコミットした。しかしそうした政治的コミットメントがいかなる歴史観、歴史解釈と結びついていたかが問題で、反歴史主義的革命そのものは「政治的なもの」との結合を説明する「歴史観」や「歴史解釈」を提示することができなかったのではないか。「歴史観」や「歴史解釈」を提示しないだけに、あえて言えば、それはどちらにも結びつき得るものであった。バルトの「原歴史」からはなぜキリストの王的支配の外円である国家がナチス国家でなく、民主主義的国家でなければならないかは直接的には説明できないであろう。国家の歴史的変遷を辿って、全体主義と民主主義とを識別するには反歴史主義的革命に欠如した歴史の相対的価値を識別する微妙な歴史観が必要とされるからである。

第二次世界大戦後、ハイデガーの戦時責任が問われたとき、「浄化処理委員会」からの問い合わせがヤスパースのもとに届いた。ハイデガーは「徹頭徹尾非政治的」で「この真空の場所から、……学長として行動し、大学にひどい損害を与え、そして突如自分のまわりのあらゆるところに破片が飛び散っているのを見た[55]」と浄化処理委員会は語り、ハイデガーに対し、歴史的に加害的に作用した「真空の場所」を非難した。その時ヤスパースはハイデガーを弁護したと言われる。しかしヤスパースには、ハイデガーがその後も依然として変わることなく、その「真空の場所から」「政治的なものの領域は、それ自身がとうに他の存在関係によって凌駕されている」と語りながら、非政治的に、しかし事実上第二次大戦後のある時期、「スターリンの勝利」という「悪の威力」を助長しているように見えた。それに対してヤスパースは憤りを感じないわけにいかず、ハイデガーに宛てて次のように書いた。「なにか途方もないものの幻想を作り出している哲学は、それが現実から隔絶していることによって、またもや、全体主義的なものの勝利を準備するものになるのではないでしょうか。それはちょうど、一九三三年以前に、哲学が大きな広がりにおいて、事実上、ヒトラーを受け容れるよう準備したのと、同様なことになるのではないでしょうか(56)」と。

歴史学や歴史的世界の認識よりも本来的実存の歴史性を根本にし、そこから存在の運命を感じ取ろうとし、あるいは詩や絵画から表現主義的に存在の啓示を聞き取ろうとする試みは、何ら政治的なものの領域を凌駕することにはならない。かえって政治的判断を誤る可能性がはるかに大きい。だからと言って、もちろん政治主義的歴史哲学になればよいというものでもない。むしろ「政治的なもの」の位置づけに対して慎重であり、政治的なものの意味の限界を知るとともに、その容易ならざる歴史的現実を考察の課題の中に引き受ける歴史の洞察が求められている。ハイデガーの実存の歴史性の哲学的思索は、そうした洞察から甚だ遠かったことを、彼をめぐる事実が示していたと言わなければならない。

6　フランクフルト学派の批判理論と隠された歴史神学

歴史哲学を辿って二〇世紀に至れば、当然、フランクフルト学派の批判理論についても語らなければならないであろう。ただしその経過や全貌をここに詳論する余裕はない。ただ一つミヒャエル・トイニッセンによる批判理論の解釈に注目したい。彼は、啓蒙に関するハーバーマスの以下の命題を挙げる。「われわれは啓蒙の諸活動を次のような試みとして把握しなければならない。それは、文化的伝承のユートピア的内実がもっている実現可能性の限界を、所与の状態下において検証する試みである」[57]。トイニッセンによれば、この命題の背後にはホルクハイマーとハーバーマスがエルンスト・ブロッホとともに共有しているある確信があると言う。その確信とは「批判的歴史哲学は、それが由来してきたキリスト教神学の遺産を保持し続けている」[58]という確信である。この遺産の保持は、例えばハーバーマスの自由概念が証言しているとトイニッセンは語っている。ハーバーマスによれば、歴史は自由の概念に従って、何とかして「支配から自由な対話、万人が万人と交わす自由な対話」へと向かっていくと言う。しかしもし批判理論の方法が、「先取り」であり、キリスト教的自由の理念の実現可能性を検証する実験であるとするならば、トイニッセンによれば「われわれは以下のように推測してよいであろう。すなわち、歴史哲学はただ単に神学から由来してきただけではなく、後にも先にもただ神学としてのみ可能である、と」[59]。

批判理論の中から前世紀的な実質的歴史哲学を読み取ることはできない。問題になるのは批判理論の中にある容易に絶望しない精神、現実に批判的でありつつ希望を失わない自由の精神である。それはキリスト教神学から由来してきたとともに、隠れた神学であるとトイニッセンは指摘する。批判理論の精神の中に「キリスト教的な神学的前提の意識」が含まれていると言う。このことは、啓蒙の諸活動についての既述の命題や自由概念の解釈以外にもおそらく論証可能であろう。トイニッセンは自由概念だけでなく、批判理論に前提されている「歴史の意味」についても神学的な関連があることを暗示している。その点で批判理論はカール・ポッパーの「批判的合理主義」とは異なっていると彼は言う。ポッパーの場合は、絶対的客観性を除去することによって歴史の客観的な意味と疎遠になり、結果的には批判的態度を主観的な意味付与の責任だけに狭めていくことになるとトイニッセンは指摘する。

マックス・ホルクハイマーは、ある時、「神信仰と無信仰」について語りながら、「抵抗」の観点から「神信仰」の現代における意味を語った。それは「支配からの自由」と関わりを持つものであった。ホルクハイマーによれば、神信仰と無信仰はその意味を歴史的経過の中で変化させ、現代では「神信仰の伝統と利己的態度の克服とは必然的なつながりを持っている」と語っている。そしてそのつながりは、一九世紀の宗教の批判者には明らかではなかったが、現在の反省的思想家の目には明らかであると語る。それゆえ「神信仰は、〔現代のような――筆者注〕その没落の時代に、もう一度、積極的力になり始めつつある」[60]と彼は言う。ホルクハイマーによれば、逆に「現在における無信仰とは、実のところ、どんな権力がたまたま有力になろうと、その連中の宗教へのサービスがどれほど口先だけであろうと、その連中が公然と宗教の否定をあえてしようと、そうしたどんな権力にも従っていく態度なのである。これに反して、支配的風むきに抵抗する人びとは、彼らがまだそれに所属している文明のかつて精神的基礎であったものをしっかりもちつづけようとこころみる」[61]。ホルクハイマーがその際注目しているのは、その精神的基礎に「破滅の永久的源泉がいかなる支配をもおよぼさない何かを信じる思想」が含まれているということであって、すべての文明がそれを有しているとは言えないということである。

批判理論における「隠れた神学」の指摘は、批判理論か歴史の神学かの二者択一を語ろうとしているわけではない。一方が衰退し、他方の再復興を期待しているわけではない。しかしキリスト教神学は、自由と抵抗の拠点を歴史の神学の形態で明らかにすることができるということ、そしてそのことが現代的な意味を有しているということを、神学の外から指摘されていることを無視すべきではないであろう。批判理論の中に「隠れた神学」があるという指摘は、キリスト教神学に対する隠れた期待がそこに含まれているという示唆とも受け取ることができるであろう。神学は教会の中からだけでなく、教会の外からも、歴史における自由と抵抗の拠点への指し示しとして期待されているのである。

第三章　歴史哲学のアポリア

前章で概観した近代歴史哲学の経過の中で、いかなる難題が特に歴史哲学を困難にしたか、いくつかの点にわたって記しておきたい。それには歴史の主体の問題、普遍史的統一性の問題、あるいは歴史の意味や目標をめぐる問題などが挙げられるであろう。それらは相互に関連した問題群をなしている。これらの問題群に対して解答の可能性が開けるならば、歴史に対するまさに歴史的な解釈を完遂する可能性が開けるであろう。そうでなければ、われわれは常に歴史的であることを無意味とし、コスモスタイプの諦念の世界観に舞い戻る危険にさらされる。歴史哲学のアポリアに抗して歴史的な歴史解釈を遂行していく可能性が開かれるために、キリスト教歴史神学からの発言が求められてよいであろう。

1　歴史の意味の問題

歴史の現実は恐怖や謎、そして不合理な苦難に満ちている。その歴史に意味を見出すことは、それら不合理な事実や出来事が何のためであるかを理解し、それらが有意味であると解釈し得る視点を示さなければならない。それ自体として不合理に見え、また事実不合理である出来事が他の出来事にとって、あるいはまた出来事の相互連関にあって意味あることと理解される場合がある。現在の歴史が、将来にとって意味があり、将来において成就や救済を経験すると希望される場合がある。一つの出来事の意味は、他の出来事との連関とともに、結局のところ歴史全体の成就や目標、完成と関係している。歴史の意味の問題は、キリスト教神学の観点から言えば、不合理なものの克服としての贖罪論のテーマであり、それに基づいて終末論のテーマでもある。悪から善を造り出すとアウグスティヌスが語った神の摂理の問題でもある。しかしこうした不合理性を含む歴史の問題の意味を理解することは、歴史の哲学的思惟が隠れた神学でなければ、はたして可能であろうか。

歴史の意味の問いは、歴史全体の意味の問いでもある。キリスト教神学の観点では、神の認識が神以外の被造的世界の全体性と関係し、その経綸の認識がキリストにおける贖罪を拠点にして終末論の位置を明確にし、歴史の全体性を規定する。しかし歴史学的探究によれば、探究領域は細分化され、歴史の全体性は学的認識の外に置かれる。現代の学問意識によって世界史の全貌を学的認識の対象にし、その意味を理解することは不可能である。そこで全体としての歴史の意味の問いは、現代においてはもはや「ディレッタント趣味」[1]に属すると言われる。しかしそう言われたとしても、それによって歴史全体がどこから来て、どこに向かい、いかなる意味を有しているかと問わないわけにはいかないであろう。

全体の意味の問いに対して未解答のままで、例えば実存主義的関連の中での意味了解が語られることがある。ハイデガーは、「意味とは、あらかじめ持ちあらかじめ視て、あらかじめ摑むことによって構成された投企の基づく根拠であって、これに基づいて、或るものが或るものとして、了解されるようになるのです」[2]と言う。実存的投企の根拠に関する分析によって意味了解を語った。しかし意味がもし実存的投企がなされる歴史的世界全体の意味でなく、実存的投企の根拠からの了解にあるとすれば、当然、そのように了解された意味の狭隘さや恣意性をどう免れ得るかという問いが生じるであろう。意味は、むしろ投企する主体がその中で形成される歴史連関にあり、さらにはある時は無意味に見える時代的な連関を超えて、より大きなものから支持的に与えられるのではないか。実存の決意性によって歴史の意味を形成することはできず、逆に歴史の有意味性の中で歴史意識とともに実存の決意性も支えられなければならない。この意味理解によって、主観的意味了解の恣意性や狭隘化を回避することが歴史を生きる者の知恵ではないかと思われる。歴史の意味をめぐって歴史的な客観的世界から離れて、主観性の袋小路に入り込むのは、歴史の知恵ではないと言わなければならない。

ワルター・シュルツは、ハイデガー以後の哲学者として、「歴史の絶対的で究極的な意味について……問いそのものがすでに非現実的なものとなってしまった」と語り、残る道はただ「抽象的な理論の代りに具体的な実践が、意味についての問いの正当な場所として登場した[3]」と語った。ハイデガーの実存論的意味規定から転換して、日常の具体的な生活空間の中での倫理的実践へと意味の問題を切り替えるというのである。しかし歴史の意味が、倫理的実践によって生み出されるであろうか。事柄としては逆に倫理的実践以前に意味が先行し、その意味の確信によって倫理的実践は支えられ、方向づけられなければならないであろう。少なくともこの逆転の契機を、相互規定的にであっても、否定することはできない。現代人の意味に関する哲学的探究は、ひどく限定されて、歴史哲学は歴史の究極的意味を問うことができず、同時に歴史の意味をまったく拒否することもできない状況に置かれている。

歴史の意味を拒否してコスモスタイプの思想に戻れば、変化の意味のないところで実践を意味づけることは不可能である。そうだとすれば、歴史的な歴史解釈に立って歴史の意味を求めつつ実践を支えるほかはない。歴史の意味への問いは、歴史の不合理性の克服や歴史の完成や目標への方向づけと関連する。その問いは「ディレッタント趣味」といった半ば諦念の判断によって消去され得るものではないであろう。歴史哲学は歴史の意味の未解答な問いの前に立ち続け、しかも歴史的実践を意味あるものとして提示しなければならず、そのアポリアの中にあって歴史的な歴史解釈を誠実に求めつつ営むほかないのが現状である。

2　歴史の目標と力の問題

世界歴史の時代区分をどう描き、その目標をどう構想するかという問題は、歴史の論理学ではなく、実質的歴史哲学の課題である。歴史の認識論や論理学がどんなに精緻さを加えても、実質的歴史哲学が歴史のダイナミズムの過程を描き、その目標の完成を描くことができなければ、歴史哲学は未完成のままである。歴史の認識論や論理学によって歴史哲学的関心やそれへの欲求を満たすことはできない(4)。いまわれわれはいかなる歴史的位置におり、世界歴史がその成就に向かっているかという問いは、歴史の認識論や論理学とは別に問われ続けるであろう。アウグスティヌスが『神の国』を著して、異民族によるローマの略奪の時代にキリスト教の弁証を試みたとき、彼は聖書から示しを受けて七つの時代を構想しながら、彼自身の時代をキリスト誕生後の第六の時代と同定した。それはまだ最後の時代ではなく、歴史に臨むさまざまな審判を経験しながら、なお終わりの審判が残されている時代と認識した。将来、第七の時代を画す最後の審判が来て、それまでの相対的な審判の決着もつけられると語った(5)。最後の審判の向こう側に永遠の至福という最高善が残されていると構想された。それがまた「地の国」の圧倒的な力の領域にあっても「神の都」に属する群れが巡礼の時を過ごし、迫害や試練にあっても籾殻《もみがら》のように煙を出すのでなく、黄金のように鍛えられて輝く意味のある試練の時とされると受け止められる背景であった。歴史の意味や成就についての問いは決して観念的な問いではなく、歴史的生の実存を支え、倫理的実践を方向づける問いであった。

歴史哲学的に言えば、過去や将来とともに現在をどう解釈するかという問題は重大である。ヘーゲルのように絶対的なものを精神として捉え、その精神の自己理解が到達したところで終わりを語るならば、精神の自己理解としてそのとき遂行されたヘーゲル哲学は現在的終末論を抱え込まざるを得なかった。歴史哲学には元来、歴史の目標や未来がどうなるかを語る課題があったはずである。アウグスティヌスが第七の時代を終わりの時として将来への希望の内に残したことに歴史哲学はどう対応できるであろうか。未来を語って、しかもユートピアニズムに陥らない必要もある。そのためにはまた歴史を形成する力の由来とその性格を問う必要もあるであろう。歴史の困難な現実に直面し、なお将来に希望を有するとすれば、歴史形成を担う歴史の主体と歴史を形成する力とがともに問われなければならないであろう。そのとき人間のみが歴史の主体であるとして、進歩主義の崩壊の後に、なお目標を現実的に描くことができるであろうか。歴史の目標や将来に向けて希望を抱くとしたら、それだけではとても見通しを立てることのできない人間的な力の錯綜状態や限界を超えて、より大いなる力を考慮し得る根拠を必要とするであろう。キリスト教神学が歴史の終わりを完成として終末論的な希望を抱き、歴史を担う力を、人間の歴史への参与の責任を無視する仕方でなく、しかもそれを超える力として、聖霊としての神の力に信頼したのに対し、歴史哲学は何か見合った仕方で、それと等価的な事態を描くことができるであろうか。

3　歴史の主体の問題

人間の問い、あるいは人類史の問いとして、しばしば「世界」「神」「人間」の三つの主題が挙げられてきた。近代哲学は、デカルトに代表されるように思惟する我としての人間をあらゆる問いの原点として立て、他の一切をそこから再興する試みとして出発した。近代歴史哲学もまた、人間を歴史の主体として位置づけてきた。つまり歴史哲学は永遠のコスモスのテオリアから離れ、また神を主体とした神の経綸の理解からも離れ、人間を歴史の主体と見なし、その視点から歴史を観察し、歴史の形成を論じてきた。この人間化、ものごとの主体としての人間の位置獲得の思想史的な経過を遡って検討すれば、「神と魂」が「コスモス」を脇に追いやったアウグスティヌスの思想段階が重大な経過地点をなすと指摘される場合もある。イスラエル・キリスト教的な宗教文化史は、歴史への関心を高めるとともに、他の事物に対する人間の優位を登場させる契機になったと言うこともできるであろう。しかし聖書の中にただちに主体としての人間中心主義を見ることはできない。人間は他の被造物とともに同じ被造性において世界の中に位置されているからである。人間が俄然歴史の主体として登場したのは、やはり近代歴史哲学からである。ヘーゲルは「精神」をもって歴史の主体とし、その精神は「三位一体の聖霊」であったが、同時に精神は形而上学的主体としての人間とも考えられた。ディルタイは歴史の主体を「生」と呼んだが、それによって精神史の根底に歴史の担い手として人間的生が形而上学的な実体として想定された。それから一世紀を経て、現代の歴史哲学は歴史の主体を形而上学的実在として立てることがもはやできなくなっている。人間は歴史の主体としてもはや神的精神や形而上学的生や存在と同一化できない。さらに歴史の主体を人間と言うのであれば、主体的統一としての人間をいったいどこに見出し得るのか、と問われるであろう。それにもかかわらず「人間だけが歴史を作る[6]」と臆面もなくなお語られる。歴史の主としての神を信じることを哲学的に表現するのでなければ、そう語る以外に道を知らないということであろう。

しかし歴史の主体としての人間とは何か。個人としての人間、あるいは集団としての人間、さらにはその集団も、市民社会を構成する諸グループ、民族、国家、さらには諸国家の連合などである。歴史的主体として人類一般を挙げることはなお不可能と言わなければならない。

偉大なる歴史的個人をときに挙げることができるとしても、その偉人たちの連続で歴史を理解することはできない。もちろんいかなるときも個人を歴史的に無力化させて考えるべきでもないであろう。個人は歴史から規定されながら、同時に歴史に主体的に関与し、それなりの責任を負うことができるし、負わなければならない。個人を歴史的に肥大化してはならないが、無力化させ、無責任化させてもならない。それにしても、人間を歴史の主体として一つの極端な行き詰まりに陥ったのは、歴史を人間実存の歴史性に還元した実存主義であった。歴史を実存論的歴史性の「いま、ここ」から構想することは、歴史的世界のグローバル化された相互連関性に対しても、また歴史の目標への志向に関しても妥当性を維持しがたい。

民族を主体として民族史を叙述することもなされてきた。しかし歴史は、諸民族の葛藤や略奪の歴史であり、また諸民族の相互浸透の歴史であり、さらに諸民族を超えてその共存の歴史として構想されるならば、民族を歴史の主体とする見方の限界は明らかである。歴史の主体としての民族という視点では、民族を超えた歴史の意味や目標を正当に評価することはできないであろう。

人間を歴史の主体として描くとき、しばしばなされるのは国家を歴史の主体とすることである。これはヘーゲル主義的と言うこともできる。ヘーゲルは市民社会を国家から区別させて、客観的人倫の重大契機として認識した。しかし結局、国家優位の歴史的主体の理解を示した。歴史における国家の優位はティリッヒの思想にも見られるものである。国家を歴史の主体とする見方は、現実に即応した歴史の考察に近づく面があることは否定できない。しかしながらそれで歴史の実態を真正に把握したとは言いがたい。国家に収斂されない個人と集団があり、その歴史形成的な役割も重大である。歴史哲学の主体の議論は、各人の自由を支える市民社会の成熟を目指す意味でも、国家主義的制約を超えていかなければならないであろう。

それにしてもなお国家が現代において重大な役割を担っていることは否定できない。高度技術社会にあって技術開発の課題は莫大な事業となって、開発者に対する支援は国家の肩にかかっている。自由な市民団体の果たし得る役割は、かえって制限を受けている。世界秩序の維持という問題になれば、いっそう、国家や諸国家間の連合の役割が重視される。国際連合はなお極めて未成熟であって、歴史の形成主体になり得ていない。国際的な重要問題に直面した時、その問題をめぐる国家ブロック間の錯綜した利害関係に拘束され、国際連合は機能を遂行できる主体ではない。二一世紀になっても依然として国家的、ないし国家連合的な力の行使が歴史形成の大きな役割を担っている事実を否定することはできない。

歴史の主体として文化圏が構想される場合もある。トレルチが目指したヨーロッパ文化総合の後にも、アーノルド・トインビーの文明の形態学や、サミュエル・ハンチントンの文明の衝突による歴史の展望が試みられた。しかし他方で人類の統一という課題があり、文明のグローバリゼーションという現実がある。文明の衝突を越える世界共通文明にむしろ世界史の動向はある。歴史哲学はその動向を認識しなければならないであろう。それはただ文化圏を歴史の主体として位置づけるのでは不可能なことである。

世界共通文明の諸価値として平和や命の尊重とともに、法の支配、自由や人権の制度、デモクラシーの政治や宗教的寛容などが挙げられる。それらはいずれも自然法的にあらゆる地域に基盤を持って出現したわけではなく、特別な時代に歴史的価値として限られた地域に成立し、理性主義的な普遍性によってではなく、歴史的な獲得的努力と維持形成の闘いを通し、また歴史的な妥当範囲の拡大によって普遍化されてきた。その動向はいまなお途上にある。この世界共通文明の文化諸価値の普及には立憲主義国家とともに、自由な市民社会の進展が関係している。グローバルな市民社会の成長に希望が寄せられる。これには現代の情報化の進展、学問や研究のグローバル化、教育や思想の国際交流、大学のアソシエーション、教会のエキュメニズムなども関連するであろう。

歴史の主体の問いは、人間を無視することはできないとしても、人間の知性と力、理性と自由の限界を認識するとき、完結的、閉鎖的に人間を歴史の主体に据えることはできない。真の主体が近代哲学の目には隠されてきたことを承認しなければならないであろう。「歴史の主体は人間である」と言い、人類を歴史主体へと構成することは、歴史における人間の責任を喚起し、鼓舞することとして無意味ではない。しかしそれが愚かな妄言と区別されるためには、その限界を知り、そのための鼓舞の拠点を求めなければならないであろう。歴史の真の主体は人間の哲学的な知には隠されている。それゆえ現代の歴史哲学は、「歴史の真の主体は神である」という信仰に対して謙遜でなければならないであろう。そうでなければ、人間の責任達成に努めながら、妄想に耽るだけになると思われる。

4　進歩の理念

一九世紀的な進歩主義が歴史の現実によって崩壊して以後、われわれはどのようになお「進歩」や「発展」について語ることができるであろうか。進歩や発展の理念は、なお歴史哲学の問題になるであろう。歴史の中で進歩の契機が皆無であるとしたら、それでもなお歴史の意味について語ることができるであろうか。カール・レーヴィットは「世界はアラリックの時代にそうあったように、依然、同じ世界である。ただ暴行と破壊のためのわれわれの手段が、そしてまた再建のための手段も、著しくより完全になっただけである」[7]と主張した。技術の進歩だけを認めて、歴史の実質的な進歩を否定し去ったこの表現は、二〇世紀のアラリック（ヒトラー）による理性の形態を取った野獣性の再来によって理由づけられているようにも見える。しかしそれは極端な破局に面してのみ通用する極論であって、歴史に関する知恵の言葉というより、むしろ極端な歴史への嫌悪感の表現であるように思われる。しかしそれでも、その極端な進歩の否定に対してどう回答できるかという問いはそう容易に解けるものではない。進歩についてはヤスパースの主張もそれほど変わらない。「知識や、技術的なものや、人間の新たな可能性の条件であるものにおいて進歩があるのであって、人間存在の実質においてではない。実質的なものにおける進歩は、事実によって反駁される」[8]。ヤスパースは人類統一への進歩を問う。しかし「そもそも悟性は意識一般を結びつけるにすぎず、人間を結びつけない。悟性は何ら本当の心の交わりや連帯性を生み出さない」[9]。しかしだからと言って、世界共通文明の諸価値の動向を歴史的葛藤の中で語ることを放棄することはできないであろう。近代的な市民的自由は尊重され、立憲政治は明らかに政治における個人の自由や民意の尊重をもたらした。人間の決意や意志の意味は無視されてはいない。歴史形成の努力はまったくの無意味ではない。もちろんこれとても維持と前進の闘いの中にあり、近代的自由のもたらした歴史的な課題の克服を伴わなければならない。その意味では単純な形態の進歩は歴史のどこにも見られないと言わなければならないであろう。しかし進歩の理念はまったく欠如させられてはいない。

ティリッヒは進歩の起きる領域を四つに要約した。技術と科学と教育、それに空間的分離の克服である[10]。この場合科学といっても、それは方法論的探究に限定されたもので、科学に実存的関与が加われば進歩を語ることはできない。教育についても技術が関わる側面の教育を意味しているのであって、人間の倫理や徳に関わる教育、教育者と教育を受ける者との交わりや究極的教育目標が問題になるところでは進歩は言われない。それでは技術ならば無条件で進歩を語り得るかとなると、それも話は別であろう。技術の進歩が語られるのは、技術が不断に修正され改良されることに基づく。しかし技術を総体としてでなく、諸分野やその中の特定の技術に絞って観察すれば、人類の文明史は技術の改良の歴史であるとともに、改良によって淘汰され、破棄された技術の歴史でもある。いかなる技術の進歩にも、他面その技術がもたらす不便やコスト、危険や失敗が伴い、その改良がなされる。それがもたらす不便やコストなどが、その技術そのものを無意味化するとき、その技術に将来の道はなく、その技術の進歩は終わる。つまり別系統の技術によって取って代わられることになる。技術の進歩を語り得るのは、技術一般についてであって、特定の技術についてではない。特定の技術は進歩するとともに、進歩の限界に突き当たって廃棄される。技術の歴史は進歩と廃棄の両面を持っている。どんな技術についても、いつでもどこでも、またどこまでも進歩を語ることができるわけではない。核エネルギーの技術にしても、臓器移植の技術にしても、負っている危険やコストがその技術そのものを無意味化して、あるいは異なる系統の技術の進歩によって廃棄された技術の中に将来属することになるであろう。

技術一般としても進歩には限界がある。技術をもってしても人間は例えば、時間・空間の克服には限界がある。それは人間の知と力の限界、人間の自由の限界であって、無限の進歩を語ることはできない。これに加えて、技術には常に「手段」としての限界がある。それは常に悪用にさらされる。そこに人間の自由のもう一つの問題性が関係してくる。人間の自由には能力的な限界があるだけでなく、道徳的な問題性がある。自由は常に道徳的善、道徳的な徳と結びついているわけではない(11)。人間の自由は道徳的な悪の機会ともなり、技術は歴史的な悪と破壊に利用され得る。技術を用いて歴史的進歩が破壊されることになる。技術は悪用に対して無防備である。技術は、技術そのものの内的な限界と悪用に対する無防備の二重の意味で両義的である。このことは今日、一般に自明のことと言ってよいであろう。

しかし進歩主義は別にして「進歩の理念」を一切欠いて、歴史の意味を語ることはできないであろう。歴史は突然の成就によって意味ありとされるのではなく、暫定的で葛藤の形態において進歩が起きる。そうでなければ突然の成就は、歴史が終わること、そして歴史からの脱出がなされることを意味するだけになるのではないか。進歩そのものが歴史の完成に至らせることはないとしても、歴史の完成の中で、進歩のための働きは有意味であることが示されなければならないであろう。そうでなければ、歴史と完成は二元論的に分離するほかはなくなるであろう。それでは進歩主義の崩壊の後に、どのような意味で進歩について語り得るであろうか。進歩の楽観主義の挫折以後、歴史に対する嫌悪、あるいは絶望や諦念に陥るのでなく、歴史の中で歴史形成的に働く営みがなされることが重大である。そしてそれを支持し、その拠り所となるものが示されることが重要である。超越的なものが歴史的努力に対して二元論的に分離するのでなく、歴史形成的な営みの支持としてどのように示されることができるであろうか。

5　アポリアの下での小さな歴史哲学の試み

現代の歴史哲学は、なおそれがあると言い得るところでは、ほとんど慎み深い形態に止まっている。歴史学の方法論や認識論に止まるか、あるいは実質的歴史哲学としてはほとんど倫理学に解消されるかである。およそ歴史の意味や目標、あるいは完成を問うことはなされていない。アルフレッド・スターンは一九六二年の著書の中で次のように書いている。「私は、ニヒリズムから脱却するためには、決して絶対的価値や自然法を必要としないと信じている。われわれは、人道的理想をもつ現代文化の市民である。理想とは、方向を示す価値である。われわれは、このようなわれわれの時代と文化の価値を信じ、それらがわれわれの胸中に脈動するのを感じ、それらの妥当性をわれわれの価値判断において肯定する。これはもう、ニヒリズムではない。ニヒリズムとは、価値と理想への信仰の欠如である。われわれは現代に生きているのであって、永遠の中に生きているのではないから、われわれは現代にとって妥当する諸価値で満足することができる。われわれとともに歴史的に発展してきて、それゆえにわれわれのものと感じられる価値に寄せる信仰には、超歴史的な永遠の妥当性は、少しも寄与することがないであろう[12]」。慎ましい主張であり、歴史哲学というよりはむしろヒューマニズムの倫理主張である。しかしこれはヒューマニズムを支えて来た欧米の宗教文化史的な残余ではないであろうか。現状の価値に対してもちろん「超歴史的な永遠の妥当性」を語れるはずはない。しかし倫理はもうとっくに規範喪失の動揺の中で疲労困憊に陥っているのではないか。そうだとすると、宗教文化史や市民宗教の残余としてあるだけでなく、より明確な支持的根拠を必要としているであろう。

もう一人、ワルター・シュルツの場合を挙げてみよう。彼によれば、現代という時代は、一般的時代現象として非歴史主義にあると言う。そのことはエルンスト・ユンガーの言う「歴史形成力としての歴史意識が現在では支配力を失っている」という事態にも、また「われわれの生きている時期の本質的な要点を歴史以後《ポスト・イストワール》として、……歴史後の段階として特徴づけざるをえない必然性」があるというアノルト・レーゲンの主張にも現れていると言う[13]。現代にとって本質的なのは精密科学の勝利であり、同時に技術の時代という特徴である。今や「技術的進歩の平均化」が見られ、社会工学が主導権をとって、歴史哲学の代わりをすることができると見られている。

シュルツはこの時代状況の中で哲学の課題として、人間に社会形成に対する責任を想起させることを挙げ、それを取り戻そうとする。そのためには大時代的な歴史哲学の構想はもはや課題ではなく、単なる適応でない「反省行為」を取り戻すことが肝心と考える。そこで課題はもはや形而上学ではない。そうでなく実践であり、それを歴史の意味の問題と関連づけることと言われる。つまり「歴史全体の意味に関する理論的な思弁の代りに、行為に対して実現可能な可能性を開示する意味連関についての考察が登場する[14]」。これは倫理的な意味を持った行為への方向づけであって、いわばきわめて控えめな慎ましい歴史哲学の試みである。

この慎ましい歴史哲学はもはや全体的統一としての歴史についても、その目標についても語らない。歴史の意味に関する問いも放棄している。意味問題は、せいぜい歴史科学における評価問題、特に倫理的な評価可能性の問題に局限される。彼が特に考えていることは歴史的な状況における人間の形成努力が、無力の一面的強調に陥らないことである。もちろん逆に歴史における人間の能動性を過大に評価することの誤りと危険を二〇世紀の人間としてシュルツは自覚している。そこで「歴史における力と無力の弁証法」を認識しようとする。その言うところに過度な誤りはないとも言えるであろう。しかしこの慎ましい歴史哲学は、ただ伝統から来る人間性の像を色褪せた仕方でもとにかく保持しなければならないと語って、そこに基づくことで倫理的行為の評価と方向づけを行おうとしている。まさに小さな歴史哲学として自己限定していると言うほかはない。しかしここに満足できるであろうか。ここに満足することは人間にとってよいことであろうか。伝統から来る人間性の像はそれで保持され続けるのか。歴史哲学の慎ましい自己限定は、哲学仲間の批判を意識しての態度ではないか。あるいは社会工学者に対する遠慮なのか。社会工学の視界の限定に甘んじるためでもない。しかし人間が人間として生きるのは、何も哲学的批判に対する自己弁護のためではない。また社会工学の視界の限定に甘んじるためでもない。歴史の意味や統一、普遍的な目標、さらには歴史の終わりと完成に対する関心は、人間が人間として抱く関心であって、歴史哲学の能力喪失によって抑え込むことのできない問題である。人間は別段、哲学的自己弁護や科学的な視界の限定と折り合いをつけるために生きているわけではないからである。

歴史哲学は皆無と言われ、せいぜい小さく、慎み深いものとしてあるのみになった今日、キリスト教的歴史神学の可能性が再び問われている。歴史への関心を解消し、現代世界文明の動向に対して無気力になるのでなければ、キリスト教的歴史神学に取って代わった近代歴史哲学の衰退の現状は、キリスト教の歴史の神学に対してもう一度発言の場を開いているということであろう。そう受け止めることが神学としては当然の責任的あり方であろう。

第四章　歴史の神学に向かって

歴史哲学のアポリアを観点に入れながら、キリスト教的な歴史の神学の核心部分をこの場所で明らかにしておく必要があるであろう。もちろんそれは歴史論理学に取って代わることも、また実質的歴史哲学を不要にすることでもない。歴史の神学は、救済史の神学として、救済史的中間時を伝道の時、また礼拝の時として認識し、教会と国家や、教会と社会の関連において「神の歴史統治」を理解にもたらすものである(1)。しかし時代区分や歴史的文化価値、憲法的諸価値の動向の考察など、歴史的趨勢の議論は救済史的な歴史の神学によって詳細に展開されることはできない。それは「キリスト教世界政策(2)」に委ねられるが、実質的歴史哲学が、キリスト教的観点を加えて社会や文化の歴史的趨勢を考察することが期待される。

1　「歴史的宗教」と「歴史的啓示」

キリスト教は「歴史的宗教」である。しかもそれは神学的考察によれば、きわめて特別な意味においてのことと言わなければならない。歴史的宗教は、一般的には、その宗教の設立者、創始者が歴史上の人物であるか、あるいは特別な歴史的事件がその宗教の成立の原因をなしており、その宗教が歴史的に形成され、歴史的形態において存在している実定的宗教であることを言う。これに比して民族生活の中にいつとはなく存在している宗教は、歴史的宗教とは言われない。ただし歴史的宗教が民族宗教の中にその淵源を持っている場合はあるであろう。

ところでキリスト教が歴史的宗教であるのは、イエスが歴史的人物であり、イエスの人格とイエスに起きた歴史的事件がキリスト教の本質を形成しているからである。その際、キリスト教の歴史的性格は、その創始者や開始的な出来事が歴史的であるだけでなく、それ以上に決定的な理由において認識されなければならない。歴史はキリスト教の本質的な核心に浸透している。その理由はイエスにおける「神の受肉」という仕方で語られ、歴史におけるイエスの十字架と復活が神の本質的な行為として主張され、人間イエスが御子にいます神との同一性にあると信じられるところにある。そのようにして、イエスという歴史的人格とその出来事が「歴史的啓示」として「神の本質」を規定するとされる。イエスはただキリストであるだけでなく、御子にいます神であると信じられ、神がその隠れた次元にあっても常にイエス・キリストによる啓示の神と信じられるところに、キリスト教の「歴史的啓示」の特別さがあり、キリスト教が歴史的宗教であることの特別な深い理由がある。キリスト教の歴史的宗教の性格は表面的な事実に止まらず、歴史はキリスト教の本質的内容の中に抜き取りがたい仕方で入り込んでいる。歴史的啓示でない啓示は、キリスト教的啓示ではないし、歴史的宗教でなければ、キリスト教ではない。カール・レーヴィットが「キリスト教の啓示を歴史的啓示と呼ぶのはただわれわれ近代人だけがそう呼ぶことに慣れているにすぎない」、「キリスト教的理解に従えば、歴史が決定的な意義をもつのは、ただ神が御自身を一人の歴史的人間において啓示した限りでのことにすぎない(3)」と語っているのは、端的に言って、誤りである。その一人の歴史的人間はただそこにおいて啓示が起きた場所や担い手にすぎないのでなく、その啓示者が同時に啓示された神でもあるという信仰においてキリスト教は成立している。イエスは神の国の福音を伝えた方であり、同時に彼自身が神の国の福音として伝えられる方でもある。それがキリスト論の意味であり、また三位一体の神の主張である。

イエスが御子にいます神であるというイエスと神の同一性は、伝統的には「位格的一致」(unio hypostatike あるいは unio personalis)と表現された。「イエスは御子なる神である」という神とイエスの同一性の事態に基づいて、イエスの歴史と人格は単に過去化する出来事であることを脱却して、現在的ならびに将来的な意味を獲得した。それがまた現在のキリストとの出会いの根拠にもなっている。実存の現在的決断がキリストを意味あらしめるのでなく、イエスと御子なる神との unio personalis が実存的現在的出会いを可能にする。ナザレのイエスと御子なる神との同一性において、神は歴史に本質的に関与し、歴史的な神であることを示し、神学は歴史的神学であることを免れることができない。

それではいかなる仕方で unio personalis を語り得るか。またイエスはキリストであり、御子なる神であると語り得るであろうか。「キリスト」「主」「神の子」は特にイスラエルの文脈にあって独特な意味を持っているが、ここでは「神の子」が王であるだけでなく、「神御自身であること」が重大である。「神の子」というより「御子にいます神」である。「イエスと神の本質的同一性」が鍵をなす。イエスの歴史における神の啓示は、イエスと神との本質的同一性において成立し、その中で啓示の力を発揮する。その認識上の手掛かりは、イエスの歴史の中にある。イエスの行為（病人の癒し、罪人との会食、安息日に対する態度など）、イエスの言葉（私は来た、モーセ以上の権威、アッバの祈り）、そして遭遇した出来事（十字架、復活）によって、イエスの歴史の中に神の国の到来の開始が示され、イエスと神との同一性が指し示される。ギュンター・ボルンカムはイエスの言葉と行為に注目し、「イエスの言葉とイエスの行為のすべて、またイエスの全歴史は、神が近づいていることを宣教し・実行したものである」と述べ、「神が近いというそのことによって、イエスは、人間を拘束している思煩いの縄目を断ち切り、……人間が今日という日を謙虚さと信頼をもって生きるように指示されている[4]」と言う。復活節後の教会の使信は、イエスを「主」として伝え、「イエスの宣教や教えと較べて変化しなければならなかった」が、「その理由は、イエスに対して、つまりイエスにおける神の言葉と行為と歴史に対して忠実でありつづけることが肝要であったからにほかならない[5]」。それにしても以上ではまだ「神の国の接近の福音」と「わが主、わが神であるイエス」の同一性は明らかではない。イエスと御子なる神との同一性の認識は、イエスの歴史（イエスの言葉と行為）を手掛かりにするが、その歴史的認識からは十分明らかにされ尽くすわけにはいかないであろう。復活、それも高挙としての復活に注目する必要があるが、復活の出来事をもって復活者イエスは神であるとも言いがたいと思われる。歴史のイエスをめぐる「歴史学的な事実認識」がどこまで可能であるかという問題とともに、イエスはキリストであり、主であり、御子なる神であるとの「信仰告白的証言」との相互連関が問題になる。「歴史的な報告」と「信仰告白的証言」は相互補足的である。しかしそこには区別もあり、まずは「事実」と「事実に固有な意味」の認識が必要であり、可能であろう。その「事実に固有な意味」から「イエスは御子なる神である」というキリスト論的な同一性の認識、つまり「信仰告白的証言」にいかにして進み得るかという問題が歴史的啓示の認識の鍵をなすであろう。

トレルチは「信仰に対するイエスの歴史性の意義[6]」について語った。彼によるとまず、一、歴史的事実の確定と、宗教的解釈の確定は、厳密に分離されねばならない。前者は、学問的神学にとって、単に歴史的・批判的研究の事柄である。二、信仰ならびに信仰的解釈は、直接的にも間接的にも、歴史的事実の認識を与えることができない。その限りでは、キリスト教信仰は、学問的研究に依存し続ける。三、信仰的解釈は、事実を確定するのでなく、事実を解釈する。しかしこの解釈は事柄自体の歴史的意味と精神から生じてこなければならない。四、この解釈は、イエスの歴史と人物像についての、孤立的に取り出された事実にのみ関係づけられるべきではなく、イエスにおいて頂点に達する準備の時代と、彼の影響作用を表す後続の時代という、その歴史的連関に関係づけられるべきである。解釈は狭義の歴史的事実を踏み越える。しかし依然として歴史的・心理学的な連関と影響作用からなされた解釈である。五、救い主が救済のために死なれたことを信じるキリスト教信仰の発展は、本質的には、イエス自身の人格の作用、つまり復活信仰とそこから起こってくるメシア的なキリスト祭儀に遡源されなければならない。復活現象自体とキリストに高貴なメシア的属性が付与されたことは、「彼の人格の並外れた印象[7]」（イエスから歴史的・心理学的に発生する作用）に遡らなければならない。こうしてトレルチによると、「キリストの歴史的人格の基本的全体像」は歴史的に確定し得る。これによってトレルチはビーダーマンに見られたような「人格と原理」（歴史的人物としてのイエスとキリスト教の理念的原理）の分離を克服し、人格の不可欠な意味を語って、宗教的原理と人格の間を架橋しようと試みた。特に宗教的共同体の頭としての人格の意義を語ることによってそれを試みた。そのため歴史学的に確認可能なイエスの歴史的人格の主要点を三つ挙げている。「魂の〔無限の〕価値と兄弟愛による神の国とを説いた彼の宗教的・倫理的説教」、「並外れた派遣意識」、それに「神によって惹起されるべき世界の更新に対する緊張感」の三つである。[8] これらから「法外な印象の作用」が注ぎ出し、「復活信仰」と「メシア的キリスト祭儀」に向かったとトレルチは言う。こうして確定された事実の複合体の上に宗教的解釈を基礎づけることができると。

しかし「御子にいます神」というイエスの神性の認識は、歴史学的方法だけで獲得できるものではい。「イエスの人格の並外れた印象」までは歴史学的に認識可能である。しかしながら「御子にいます神」は歴史学的認識の対象ではない。イエスに対し「あなたはメシア、生ける神の子です」と言い表したペトロに、イエスは言う。「シモン・バルヨナ、あなたは幸いだ。あなたにこのことを現したのは、人間ではなく、わたしの天の父なのだ」（マタ一六・一七）。「父のほかに子を知る者はなく、子と、子が示そうと思う者のほかには、父を知る者はいません」（マタ一一・二七。ルカ一〇・二二参照）。この意味では「神は神によって知られる」のであって、神によらない仕方で人間のみによって知られるわけではない。その意味では「聖霊の注ぎ」による認識が不可欠であると言わなければならないであろう。「神は神によって知られる」ときに、イエスの歴史的事実とその意味から汲んだ神認識は、啓示するお方が啓示される神である仕方で、三位一体的であることとして認識される。歴史による認識と聖霊による認識とが unio personalis の認識を歴史的・信仰的認識として可能にする。これ以上の「歴史的啓示」の考察はキリスト教教義学に譲らなければならないであろう。

2　「歴史の主」としての神

歴史の主体に関する問いは、現実を歴史として成り立たせる主体についての問いである。これはただ歴史形成者についての問いとして「人間が歴史の主である」とするのでは答えになっていない。それには「人間が人生の主である」とする解答と同様な不徹底さがある。確かにその人生を生き、その意味でその人の人生を形成しているのはその人自身である。人間が人類史の形成に不可欠な役割を果たしていることも否定してはならないであろう。しかし一人の人の人生を開始し終了させるのは、その人自身ではない。その人自身が自らの生を開始したと主張することは明らかに誤りであり、その人自身が人生の主体として人生を終了すると言うのも部分的な判断にすぎない。人類史、さらに歴史としての現実全体について、人間を主体としたのでは説明は不徹底であり、また不適切であることを免れない。そもそも現実を歴史として見るならば、その開始は人間より大いなるものに見られ、その終わりもその大いなる方に委ねられなければならないであろう。世界を歴史と見る見方は、世界を大いなる方の創造による被造物という有限性の中に見て、その開始と終わりを考察することと結びついている。世界と明快に区別された神とその世界創造の業に対する信仰が、歴史としての世界の理解の前提をなしている。

創造神の信仰が歴史観の前提であることは、キリスト教的神観と汎神論との相違を思い起こせば明らかであろう。汎神論的世界観は、たとえ世界の変化を認めても、その変化を歴史としては認識せず、変化の深層にある世界の実体は何ら変化しないものと認識する。また神々も汎神論的現実全体の能産的な側面としてあるにしても、現実全体の一にして変わらぬ世界に所属しているにすぎない。あるいは変化があるとしても世界周年によって幾度も回帰する世界、そして結局は同一の世界と考えられる。そこで歴史としての世界を成立させるのは、世界の外にあって世界を開始させ、世界に働きかけ、また終了させる神、創造者にして統治者、そして完成者なる神である。創造論とともに、神の歴史統治、そして終末論が歴史の神学の不可欠な論点になる。

本来、世界なしに、世界の外で神であった三位一体の神が、イエス・キリストの一回的な歴史的出来事の中で、位格的な一致によって究極的に啓示され、その神の世界創造と世界完成の経綸の業も神の業として啓示された。創造と啓示と完成の経綸の業に対して神は主体であり続ける。神が主体であるということは、神と世界との間には汎神論的な連続性ではなく、神と被造物との質的な不連続があり続けることである。それに対して神と世界との汎神論的連続性に立つのであれば、歴史についても、歴史の主についても語ることはできない。

それでは、質的不連続にありながら神はどのようにして歴史的世界を開始させたかということが問題になるであろう。この問題をめぐってキリスト教神学は神の本質と神の意志との関係を思惟する。神以外の被造物は神の意志によって創造され、存在へと呼び出された。神の意志は神の本質に即した意志であるが、本質そのものではなく、神の外を意志することができる。世界は神の本質との連続性にあるのではない。もし世界が神の本質との連続性にあるとすれば、世界は神との一体性にあることになり、世界なしには神はなく、神は世界から離れられず、世界に絡め取られた神、世界との相互依存にある神になり、それは真に神ではないことになるであろう。あるいはまた世界が神の本質との連続性にあれば、世界は神の本質からの流出現象となり、世界の初めは神自身になる。そして世界の終わりは神の終わりでもある。神と世界との汎神論的一体性も、神と世界との新プラトン主義的連続観も、真の神の世界との不連続性を認識せず、それによって世界が初めと終わりを持つ歴史であることを成立させることはできない。キリスト教的な神観があって、初めて歴史としての現実の理解が可能になる。歴史的世界は神の本質に即した自由で恵みに満ちた意志によって創造され、救済され、完成される。

世界と不連続で、世界がなくとも神である神から、その本質に即した意志によって、いかにして世界が創造されたかという問題は、キリスト教神学の創造論が取り組む問題である。また世界がどう終わらせられるかという問題はキリスト教的終末論が取り組む。それらがキリスト教的な歴史の神学の基本的な枠組みをなす。歴史の神学は枠組みの議論だけではないから、当然、神が主である歴史の進展についても認識が求められる。それは神の救いの業の進展ということであり、救済史の議論となる。歴史の神学は創造論、救済史、そして終末論の議論を含む。

それぞれの主題の詳細な展開はここでの仕事ではない。ただ一つ基本的なことを語っておかなければならないであろう。神と世界との質的不連続があって、キリスト教は汎神論的な一元論と同一のものではない。神と世界には明確な相違がある。しかしまた神と世界との不連続が神の意志によって乗り越えられて世界の創造に至り、救済史の経綸に至った。これらは時間の中でのことであって、キリスト教は神と世界の関係をただ二元論的に認識するものではない。「神の境界線踏破」があって、キリストにおける位格的一致があり、時間の中なる神の創造の業があり、時間の中への神の国の到来がある。神の境界線踏破は神の本質に沿った意志において決意されている。神は三位一体の神自身の中で神の外に向かう意志を永遠に決意し、それを時間の中で実行する。世界創造の神の決意は神自身の中で永遠の決意としてなされたが、その実行は時間の中で遂行された。それが被造物である世界の開始である。もちろん世界の創造に先立って歴史的時間、世界の時間が存在するのではない。アウグスティヌスが語ったように創造の前に時間はなく、時間は世界の創造とともに開始された。(9)しかしカール・バルトが語ったように世界は時間とともに創造されたが、時間の中に創造された。(10)時間の中での世界の創造を言わなければ、時間的な世界の開始は語れないことになる。「時間とともに、しかし時間の中に」ということによって創造は、時間の彼方の永遠の創造ではないとともに、時間の彼方の仮現論的現象でないこととして理解される。これとは異なる永遠の創造を語ったのでは、神と世界とは永遠の昔から不可分離的になって神と世界が不連続な汎神論的世界観に陥るであろう。「時間の中の創造」によってたとえ世界がなくとも、神は神である事実が語られるとともに、世界の創造は仮象でないことも明らかに主張されることになる。

3　歴史の意味とキリストの贖罪

キリスト教神学が同時に歴史の神学であることとの重大な理由は、イエスにおける歴史的啓示が単なる仮現論的現象でなく、神が被造的世界との質的区別にありながら、神と世界の境界線を踏破した出来事であったということ、そしてイエスの出来事における救済が歴史の意味や歴史の救済と切り離しがたく結合していたことによる。イエスにおける救済の出来事の内容は、人間の罪や苦難からの救済として、あるいは神との和解や平和として示される。しかしその救済は、歴史からの脱出ではなく、歴史的生における神との和解であり、和解された生として歴史の中での新しい生とされ、歴史的将来におけるまったき救済への待望に置かれた。このことは特にイエスがキリスト（メシア）であるとの信仰告白の中に表明された。メシア（油注がれた者）は世の終わりに待望された王的支配者である。ということは、メシアは実存主義的な出会いの救済者であるよりは、むしろ歴史的な世の救済者である。メシアは時代を変革し、時を分かち、新しいアイオーンをもたらす方、神の国の到来をもたらす方である。メシアニズムには種々の形態があるが、メシアは待望された歴史的な苦難の解決者であって、歴史を審判し、完成へともたらす方、そのようにして歴史の意味を成就する方である。

メシアニズムはイエスがキリスト（メシア）であるとの信仰へと導く重要な背景であるが、メシアニズムと贖罪論には人間的には超えがたい断絶があることも明らかである。キリストの十字架の死は、通常のメシアニズムからすれば当然メシアの敗北であり、挫折を意味したであろう。それにもかかわらず十字架のイエスをメシアと信仰告白する道は、「贖罪論的なメシア理解」の道である。これは歴史の問題の解決を、歴史的な悪や不正、それらによる苦難に対抗して、単純な意味でのメシアの勝利によって解決するものとは考えない。歴史の問題は、歴史における悪や不正や苦難との闘いであるが、それはまた人間の中にその自由を通して働く罪との闘いでもある。罪は、歴史に働く悪や不正に打ち勝つ人間とその集団によって単純に解決され得る問題ではない。罪は、悪や不正を克服しようと戦っている人間やその集団が、まさにその闘いの中で免れがたく負っているものである。人間とその集団の悪や不正に対する勝利は、新たな悪や不正を引き起こし、新たな苦難や恐怖を生む。

「贖罪論的メシア理解」は、十字架にかかった苦難のメシアを語る。「わたしの愛する子」としてのイエスが、同時に「わたしの心に適うもの」（マコ一・一一）であるとの聖書の証言は、真のメシアは「苦難の僕」であることを意味する。イエスが神の子、神からの王なるキリストであるとともに、苦難の僕であって、イエスがキリストであるとの証言は、苦難の僕との同一性において証言されている。歴史の問題はただ人間が巻き込まれている歴史的な悪・不正・苦難・不合理な抑圧の問題だけでなく、むしろいっそう深くは人間とその集団自身の罪の問題であり、神からの離反や反逆、それゆえにこその自・他に対する破壊にあると解釈される。十字架のメシアは、ただ歴史における不合理な苦難を負うだけでなく、神の国の到来に際しての審判を代わって負い、「罪の処断」（ロマ八・三）を行う。それに基づいて、罪の人間に赦しを与え、神との和解に招き、神の国の到来に必要な条件を整える。

ラインホールド・ニーバーは「教会がまことのメシアとして受け入れたこのメシアは、歴史の道徳的不均衡を正さない。彼は不義な人に対する義なる人の勝利を打ち立てない」と言い、「キリスト教信仰に従えば、歴史は終わりまで道徳的に曖昧なままに止まる」[11]と語った。エドゥアルト・ハイマンはこれを解釈して「悪は歴史の中では克服されず、世へのキリストの再臨によって初めて、つまり神の直接的な介入によって審判され、打ち負かされる」[12]と語った。「キリストの再臨による悪の打ち負かし」は、神の国のまったき到来を意味するが、しかしキリスト教信仰の理解ではそれが「歴史の中」に来ると信じられていることも無視されてはならない。神の国はまったき仕方で歴史の中に来て、歴史を終わらせる。贖罪論は道徳的曖昧さを放置するキリストの行為ではなく、神の国のまったき到来と不可分であり、希望の根拠である。歴史における道徳的曖昧さは、キリストの再臨によって歴史の中で、歴史の成就として克服される。

歴史の恐怖や謎に直面しつつ歴史における「救済」が求められるが、同時に「神義論」が問われることもある。歴史のテーマは神義論であろうか、それとも救済論であろうか。神義論と救済論とは密接に関係し、キリストの贖罪行為は救済を根拠づけつつ、神義論の問題にも解答すると言うことができよう[13]。しかし相互の関連の中にありながら、自ずと問題の性格は異なっている。神義論は歴史的苦難や禍のゆえに神自身の義を問う。いかにしても合理的に説明しきることのできない歴史的な苦難は、人間の経験の中に避けがたくあって、「義なる神」の信仰と「全能の神」の認識との間を引き裂く。神は全能であっても義ではないか、あるいは神は義であってもあまりにも卑小であって全能ではないという経験である。苦難の中で人はそう叫ぶ。キリスト教神学もまた人間がそのように歴史的苦難の経験の中で神に叫ぶ訴えや非難を無視することはできない。しかしその神義論的な叫びがどんなに経験的に切実であっても、それが歴史における最も根本的な、あるいは最も深い宗教的な問いであるかと問えば、キリスト教神学は否と答えなければならないであろう。歴史的啓示の信仰においてそれよりももっと根本にあるのは、神が人間を追い求め、人間の方が神から問われている事実である。キリストにおける啓示的、贖罪論的出来事において、神が人間のために、人間に代わって行為している。したがって、キリスト教的歴史的啓示の理解からすると、人間が神の義を問い質すのが歴史の主題ではない。そうでなく、誰一人として神の前で義とされない人間の現実の中に「神の義」が示され、キリストの贖罪の業を通して人間が義とされるために、「神はこのキリストを立て、その血によって信じる者のために罪を償う供え物となさいました」（ロマ三・二五）という事実である。これが主題である。イエス・キリストが御自身を犠牲にして与えた「自由」（ガラ五・一、一三）は洗礼を受け、聖霊を受けることによってキリストの十字架にあずかることで与えられる。キリストの業によるその福音的自由は、「律法からの自由」として救済史の一大転回を意味し、すでに新しい時代をもたらした。それとともに福音的自由は、「この世の諸力（ストイケイア）」からの自由でもある。「罪」が歴史的な意味を含蓄しているように、キリストの贖罪によるこの自由や救済もまた、歴史的な意味を含蓄し、救済史の終わりの時の一度限りの決定的な出来事として、終末論的な出来事である。キリストの贖罪以来、神の歴史は終末論的中間時に入っている。

4　救済史の神学としての歴史の神学

キリスト教神学が歴史の神学として展開される際の一つの重大な試金石は、歴史の現実の解釈とその方向づけに「倫理的指針」を示すことができるかという問題である。キリストの贖いによる支持と到来する神の国の希望の中で、中間時としての救済史という終末論的な時の中にあって、一群の歴史神学的主題が存在する。大きくは「救済史と世界史」の問題であり、特殊的には「歴史における神の国」、「教会と国家」、「キリストと文化」、「福音的自由と市民的自由」、「法の神学」といった主題である。それに「伝道の神学」が不可欠な位置を持つ。歴史の神学はこうした一群の主題の取り組みによって、歴史の創造、救済、目標についての神学的認識に基づきながら、さらにもう一歩歴史的問題との具体性に富んだ取り組みを示さなければならない。これらの問題群は、いずれも歴史的過程における神の統治に関わる。伝統的な摂理論の表現で言えば、神がただ被造物の保持に関わるだけでなく、その歴史的変遷の中に人間の業を用いる協働を通し、歴史の統治を遂行する領域である。これらの問題群をすべて扱うことはここでなし得ることではない。ただいくつかの基本線を記すことによって、救済史の神学が歴史の神学として遂行される条件を記しておかなければならない。

(1) 教会、国家、文化、法の歴史性

まずは神の救済と統治の歴史性に応じて、「教会と国家」にせよ、「キリストと文化」、あるいは「法の神学」

にしても、教会、国家、文化、法の歴史性を無視することはできない。教会と国家を相互独立性において扱うルター派の二世界統治説も、カール・バルトのキリストの王的支配のもとにある教会と国家の同心円の理解も、教会と国家の歴史性が無視されている。その結果、教会と国家それぞれの歴史的変化が有意味に把握されない。しかし歴史の神学は、キリストの贖罪による福音的自由に基づき、神の義と平和の国の到来に希望を寄せる観点から、国家のデモクラシー化や立憲制の歴史的成立をどうでもよいものと見なすことはできない。不変の国家が問題なのではなく、それがいかなる国家へと変遷するかが重大で、個人の生命や自由を尊重する国家への変化が激励される仕方で立論されなければならない。王制から共和制への変化も重大であり、生命に酷薄なネクロフィラスな国家から生命を尊重するバイオフィラスな国家への変貌も重大である。

歴史性を無視した文化や法の理解は、内容を軽視した形式論になるであろう。類型論や類比による理解は必ずしも歴史性を無視するわけではないが、イデアルティプスによる類型論の歴史的適応に際し、類型的類似性への注目だけでなく、それを使用しながら歴史的一回的出来事を認識し、評価することに努めなければならない。ヴェーバーやトレルチの教会型、ゼクテ型、神秘主義の類型も、リチャード・ニーバーの「キリストと文化」をめぐる五つの類型論も、歴史認識においては歴史性や一回性の認識に仕えなければならない。

(2)歴史と終末論の二元論の克服

すでに述べたように、キリスト教神学が歴史神学として展開される根拠は歴史的啓示にあり、啓示の内実が神の境界線踏破であることにあり、啓示者が同時に啓示される神であることによる。神は歴史の外なる神であるが、その神が歴史との質的相違を踏み越えて歴史と接するに止まらず、歴史の中に来られた。このことは神の国と歴史との関係についても語られなければならない。キリスト教的終末論は、歴史と終末論の二元論を踏み越える。したがって終末における神の国のまったき到来は、歴史の中に到来し、歴史の終わりであるとともに、歴史の完成である。歴史と終末論は二元論的分離を踏み越える。これについては、さらに次節で扱う。

(3) 二元論克服の具体的形態としての文化価値

キリスト教的な歴史の神学は、福音の伝道を通しての、また教会の礼拝を通しての神の歴史統治に注目するとともに、キリスト教的文化史による諸価値を通しての歴史の進展に注目する。政治的、社会的な自由の進展や人権、デモクラシー、寛容といった近代的諸価値の歴史的成立と、その妥当領域の拡大に注目する。それら諸価値の意味は、それらの成立に資源的な役割を果たした宗教的基盤から理解される必要がある。その意味で伝道が世界を変える。確かにそれらの諸価値は、歴史の究極的な実現目標ではない。歴史の究極的な実現目標は神の国である。しかしそれら諸価値は究極的目標に方向づけられる暫定的目標である。パウル・ティリッヒの言い方で言えば「愛の絶対的原理と不断に変化する具体的状況の間に存在し、両者を媒介する中間的公理（middle axioms）である」[14]。ティリッヒはデモクラシーの他、万人の尊厳、法の前の平等などもそうした公理に属すると語った。この中間的公理が歴史と超越的な神の国の二元論的な分離を、暫定的、また相対的に媒介して、歴史の指導原理の役割を果たす。それ自体の歴史的実現形態は、常に、キリストの贖いの出来事と神の国からの支持を受けるとともに、批判にさらされる。歴史神学は、これら歴史的中間公理の具体的現実性の意味と限界をキリストの贖罪と神の国との光から識別しなければならない。

これら歴史的、文化的諸価値は一七世紀に発し、一八世紀には国民国家の中に法的な仕方で位置を獲得した。その組織的形態は近代憲法の諸形態を取っているから、これらの近代的文化諸価値には立憲主義や三権分立の権力分散、さらには教会と国家の区別あるいは分離の原則も含まれる。それらは近代憲法的な諸価値と言ってよい。それらの諸価値に親和性をもった宗教的背景としては「禁欲的プロテスタンティズム」が挙げられる。自由と人権とは、国家そのものをも限定し、近代市民社会の形成に役割を果たした。もちろん近代的憲法的諸価値も近代的市民社会も、歴史の現実の中にあってなお未完成であり、暫定性にあり、内容的にも未熟であって、世俗化や個人主義化に巻き込まれ、新たな諸問題を引き起こし、歴史的な試練と葛藤を依然として継続させている。しかしそれにしてもイエス・キリストにおける福音的自由が、プロテスタンティズムを媒介にして、一七世紀に近代的自由の表現をもたらしたことは無視されるべきではない。福音的自由が、ただ律法からの自由でなく、同時にこの世の諸力（ストイケイア）からの自由であり、また「皇帝のものは皇帝に、神のものは神に返せ」とのイエスの言葉が国家の限定の働きをもたらしたことは、歴史の神学の視点において重大な意味を持っている。

二〇世紀後半以降、そのような近代憲法的な諸価値は、国民国家の権域を越えて、高度技術化の結果とも重なり、一つの世界を目指してグローバル化の動向にある。この時代は一方で地球温暖化をはじめとする環境危機のグローバル化をもたらしたとともに、グローバルな市民社会と世界共通文化価値への動向を示している[15]。歴史の「動向」は、表面上の躊躇や混乱、あるいは依然とした煩悶状況の存続にもかかわらず、歴史の深層とその動向に対する洞察として、批判的かつ形成的に理解されるべきものである。歴史の動向を洞察する課題は、コミットメントを必要とし、またそのための勇気を必要とする。キリストの贖罪による福音的自由に基づき、神の国の到来の希望に基づいて、キリスト教の歴史の神学は、世界共通な文化的諸価値と市民社会のグローバル化の方向を意義あるものとして評価する。国家の役割が一方では従来以上に強調される面もあるが、ナショナルな国家主義に拘泥することはあり得ない。歴史の神学は市民社会の神学を含む。市民社会の意義の主張によって国家論を制限し、市民社会とその基盤である世界共通文化のグローバル化によって国民国家を超える視点に立つ。それが神の国に方向づけられた歴史神学のスタンスである。世界共通文化のグローバル化は本書第五部において扱われるべきテーマであるが、これらの「歴史的動向」を認識するのは歴史の神学の課題である。

(4) 伝道と教会の意味

伝道史と教会史においては、神の協働の領域として聖霊論的な意味で人間の働きが用いられる。しかしそれは神の主導的な働きの領域であり、聖霊とキリストにおける神の統治のもとにある。神の救済史はとりわけ伝道と教会を通して前進する。救済の業を完成にまで導く神の働きが、特に洗礼を通して人々をキリスト者に造り変え、説教によってまた聖餐を通して人々に出会い、神の国の到来に備える。この観点から見るとき、説教における言葉の出来事は、救済史的な出来事として理解されなければならない。歴史はキリストの臨在の場であり、聖霊の働きの場であるが、その中で教会、礼拝、説教、聖礼典の特別な位置が認識されなければならない。

キリスト教的な歴史の神学の視点によれば、伝道史と教会史とが「歴史の中軸」を形成する。それはイエス・キリストの歴史そのものから出て、その歴史の現在に仕える。イエス・キリストの歴史は終わりの時の終末論的な歴史であり、救済史の一大転換である。それは歴史的出来事として過去化されるが、まったく過去のものとして現在を規定する力を喪失してしまうことはない。むしろ神の国の将来的な到来に向けて現在を方向づける効力を持ち続ける。その意味でそれは終末論的な出来事である。伝道と教会は、キリストの出来事の終末論的効力に支えられて歴史を形成する。イエス・キリストの歴史が現在を規定し、将来へと効力を及ぼすのは、本来的にはキリストの臨在と聖霊の働きによる。それが伝道と教会を形づくる。その上で、伝道史と教会史とは、文化史的な影響を与える。伝道と教会には「歴史を形成する力」[16]がある。

伝道と教会が人類史的にどのような影響を与えてきたかを語ることは歴史の神学の課題である。それは、「神」概念を変え、「愛」の観念を変え、倫理的徳の内容を変え、労働の意味を変え、国家の権力とその権域を限定し、人格と人権の概念と制度を生み、結婚の理解を変え、世界教会をもたらし、人類を一つの群れへと導いている[17]。

もちろん、伝道と教会を絶対的な仕方で勝利主義的に語ることはできない。伝道と教会によってもたらされたキリスト教化は、依然として不完全である。その内実はしばしば問題に満ち、時にかえって躓きを与え、伝道と教会自身を妨害してきた事実がある。「今こそ、神の家から裁きが始まる時です」（一ペト四・一七）と言われる。しかしそれには「わたしたちがまず裁きを受けるのだとすれば、神の福音に従わない者たちの行く末は、いったい、どんなものになるだろうか」と続く。伝道と教会が与えて来た人類世界の変貌の意味について、なお多くを語ることは可能であり、また必要でもあろう。それらとキリストの贖罪の支持的関係、また神の国の到来の方向づけの関係がさらに明らかにされるべきであろう。

5　歴史にとっての終末論の意味

歴史の神学は歴史にとっての終末の意味を明らかにする。そのことは終末が歴史との二元論的断絶に陥るものでないことを明らかにしなければならない。そうでなければイエス・キリストの歴史的啓示に生起した「境界線踏破の神的出来事」に対して相応しくない終末論の構想になる。神の国の到来における歴史の終末は、ただ歴史の終わりではなく、同時に歴史の成就であり、完成である。しかもその完成が到来するとの約束は、歴史の中への到来を約束している。歴史の中への到来でなければ、神の国の到来は歴史の彼方のこととされ、脱歴史的であることになり、仮現論的な構想に終わるほかなくなる。これでは歴史と神の国の二元論は克服されない。それは神の国から歴史的現実性を奪うとともに、歴史から神の国の希望を奪う。その際、その脱歴史的超越界にこそ実在性があると主張すれば、歴史は意味のない現象界として放棄されざるを得ない。それは非歴史的な伝承文化人への回帰を主張することにほかならない。それゆえ以下の四つの主題が重要な意味をもつ。

(1) 永遠と時間の関係

歴史の中で歴史は終わる。それが神の国のまったき到来である。歴史の中に歴史の終わりがくるのでなければ、終わりは歴史を超えていて、歴史そのものはいつまでも終わらないことになる。このことは、神の国の到来は時間の中に起きることを意味する。時間の中に来て、時間を終わらせる。聖書が記している終わりに起きる死人の復活の記述は、時間の中での時間の終わりを意味するであろう。聖書によればすべての人間が死んでから終わりにおける死人の復活が起こるのではない。パウロははじめ主の来臨のとき自分たちが「生き残る」（一テサ四・一五、一七）ことを想定したが、後にも「わたしたちは皆、眠りにつくわけでありません」（一コリ一五・五一）と語り続けた。主の来臨による世の終わりは、存続する時間的生の中に到来する。そして「わたしたちは皆、今とは異なる状態に変えられます」（一コリ一五・五一）と言われる。終わりのときに死人の復活が起きるとともに、まだ死人ではないが死ぬべきもの・朽ちるべきものが変えられることも起きる。「この朽ちるべきものが朽ちないものを着、この死ぬべきものが死なないものを必ず着ることになります」（一コリ一五・五三）。死なないまま主の来臨と世の終わりを迎える人がいるとのパウロの記述は、主の来臨が時間の中に到来するとの約束を内包している。「時間の中での時間の終わり」は、歴史の中での歴史の終末であって、歴史と終末の二元論的区別を否定する。

歴史と終末を二元論的に分離させる主張は、一九二〇年代のアンチヒストリスムスの終末論の中に見られたが、一九六〇年代以降の、一部熱狂主義的な、歴史の全貌を否定の相に見る解放の神学に近い徹底的終末論にも見られた。モルトマンは歴史と終末論との対立を克服するために、歴史に向けられた終末論を「終末論的千年王国」によって表現した。しかし「歴史的千年王国」を全面的に否定した。歴史的千年王国と終末論的千年王国の二元論的主張によって、終末論からの歴史への架橋が遂行されたことになるのか、明らかに疑問は残るであろう[18]。神の国は真実に歴史に到来するのであって、仮現論的に到来するのでないことをしっかりと示さなくてはならないであろう。一九二〇年代の「原歴史」の現在的終末論は、受肉の歴史への到達を歴史学的関連において示すことができなかったが、将来的終末論もまた歴史との断絶を乗り越えることができていないのではないか。

(2) 終末論的変化

終末の出来事は再臨のキリストによる「最後の審判」とともに、既述したように「変えられること」である。この「変化」はまったくの断絶ではない。まったく別なものの創造が言われているわけではない。「変えられる」という中には連続性における不連続がある。あるいは不連続にもかかわらず、連続性がある。その意味で変えられることは完成されることでもある。アウグスティヌスによれば、死の可能性にあったものが悪しき意志によって死と腐敗を免れることのできないものに堕ちた。しかしその悪しき状態から善なるものが引き出されて、死ぬことの不可能なものへと変えられる。歴史と生の終わりは歴史を廃棄するのでなく、変化のうちに完成するとされる。

(3) キリストの同一性とキリストの国

キリスト教的な歴史の神学はキリストの同一性により、その統治の信仰によって成立する。終末における「来臨のキリスト」は、「歴史のイエス」と同一のお方であり、救済史の主である「現在のキリスト」との同一性にある。キリストがアルファでありオメガであること、昨日も今日も永遠に変わらぬ同一性にあることが、神が主である歴史の一回性と連続性の根拠にある。キリストはその支配を父なる神に返しながら、救済史の主である。

そこで「キリストの国」と「神の国」のある面での連続性を語ってよいことになる。それがキリストの支配において神の国がすでに力を発揮していることである。神の国の間近に迫った到来はすでにキリストの現臨のもとに効力を発揮している。だからと言って、終末論が現在に収斂されるわけではない。「現在のキリスト」における神の国の効力発揮は、将来における神の国のまったき到来を約束し、約束の真実を根拠づける。「現在のキリスト」における終末論的実現の先駆的効力を語ることができる。それは歴史と終末の二元論を克服するであろう。キリストの現在的統治は、「千年王国説」の真理契機を示すであろう。千年王国説は、終末論をグノーシス的仮現論に押しやる動きに対する抵抗であった。この真理契機は、救済史における現在のキリストの支配によって生かされる。

(4) 神の国の成長

歴史と終末論の関係を巡って、主イエス・キリストの来臨と神の国の到来による歴史の審判が語られるとともに、聖書には歴史における「神の国」の「成長」（マタ一三・三二、マコ四・三二）が語られていることも否定できない。神の国は歴史の中で成長すると言われる。神の救済の秘義的計画は歴史の中を進行する。それは神の国の進歩主義的実現を語っているわけではない。しかし神の国が歴史の中の秘義として成長し、進歩する面を持っていると言われていることは、神の国を待ち望み、その待望の中で福音を信じ、それを宣べ伝える者の希望を支えるであろう。

歴史の神学の概略を語ることは以上に止めなければならない。その展開の可能性はなお豊かに残されているが、「キリスト教弁証学」の範囲を大きく超えるであろう。本書は第三部「近代世界の文脈におけるキリスト教の弁証」、第四部「新しい日本の形成におけるキリスト教の弁証」、第五部「世界共通文明におけるキリスト教の弁証」に進んでいくが、それぞれは各局面における「歴史の神学」の具体的な遂行でもある。

第三部　近代世界の文脈におけるキリスト教の弁証

はじめに――第三部の意味

近代世界はなお論争主題の一つである。一方で「ポスト近代」が語られるとともに、他方で近代の持続的意味が語られ、「未完のプロジェクト」(1)と言われる。キリスト教は特にそのプロテスタント的形態において、近代世界の成立に対し、またその変遷に対して積極的、あるいはまた消極的にも作用してきた。近代世界はある面においてキリスト教の世界的実現を表現したとも理解される。しかし他面、近代世界はキリスト教的千年王国ではなかった。近代世界はその有意義性と危険との両面において、キリスト教と対峙した。近代世界は一面において確かにキリスト教信仰の社会的実現であったが、他面それはキリスト教に対する危機的現象でもあった。近代世界は世俗化をもたらし、信仰の私事化を招き、歴史意識の進展によってキリスト教の絶対性の意識を突き崩した。本書の第三部は近代世界とその成立の意義を考察し、その文脈におけるプロテスタンティズムの意義を探求する。その意義によって、キリスト教信仰の近代的なものに対する批判的ならびに支持的な関係が示されるであろう。それは「過ぎ去ろうとしない近代(2)」にとってのキリスト教の持続的な意義を語ることにもなる。キリスト教は、近代世界の「成立」における自らの「意義」を明らかにしつつ、近代世界の「危機」に直面しなければならない。近代の意味と危機の両面を負いつつ近代に対するキリスト教の意義を明らかにすることは、この未完のプロジェクトとともに、将来に向けてのキリスト教の持続的意義を語ることになるであろう。

さらに本書の第五部で論述されることであるが、「近代世界から由来した諸価値」が世界観的中立性の中にありながら、今日その動向において世界共通文明の方向にあるとき、キリスト教信仰の現代におけるグローバルな意義、つまりはキリスト教的真理の現代的普遍性を間接的に論証することになる。それゆえ、キリスト教弁証学は、近代世界の成立に際して発揮されたキリスト教的作用を検証し、それが含む現代と将来への意味や可能性を示す試みをしなければならない。これは本書第五部の基盤となるとともに、第四部で「キリスト教なき近代化」を進めた「日本の近代」に対する批判的検討を遂行する基盤でもある。

第一章　「近代世界とプロテスタンティズム」という問題

近代世界の意義や危機、総じて近代世界の運命と、プロテスタンティズムとの関係がどのようであるかという問題は、一九世紀の末期から多くの人々によって探究され、論じられてきた。神学史的に言えば、この問題は「トレルチ的問題」であるが、神学史の外でもトレルチの先輩や同僚、ゲオルク・イェリネックやマックス・ヴェーバーによって深く論じられてきた問題である。またトレルチ以前にも、アブラハム・カイパーがエドマンド・バークの問題意識に連なりながら近代と取り組んだし、トレルチ以後も、パウル・ティリッヒが彼なりの仕方で取り組み、さらには現代においてヴォルフハルト・パネンベルクが表現し、トゥルッツ・レントルフやヴィルヘルム・グラーフなど一九八〇年代以降の「トレルチ・ルネサンス」の中でもこの問題は取り組まれてきた。この問題をめぐる神学の外の流れを言えば、マックス・ホルクハイマーやユルゲン・ハーバーマスのようなフランクフルト学派の人々の発言もある。

近代世界とその諸問題の関連でキリスト教の真理性や権利の可能性を探究することは、当然、「近代世界とは何か」という問題を問いつつ、「近代世界の成立に対するプロテスタンティズムの意義」というすでに久しく問われ続けてきた問題を取り上げることになる。近代世界には、また成立後の「変貌」があり、さらにはその「危機」の認識も避けるわけにはいかない。「近代の終焉」あるいは「近代の克服」というテーゼも提出され、「ポスト・モダン」についてもしばしば語られた。さらには、近代世界の「成立史」の見方が、すでに近代世界の「危機」の認識と深く関連することにもなった。

近代世界の「変貌」の問題としては、「近代文化の脱キリスト教化」が指摘されるであろう。一八世紀の「啓蒙主義的な近代」や「フランス革命的な近代」をどのように理解するべきかという問題もある。これはさらに「脱キリスト教化した近代」の可能性をどう考えるかという問題にもなり、「近代の危機」の認識とも関係してくる。「近代の危機」は一九世紀末からいよいよ前面に現れてきた。近代の危機をどう理解し、その克服をどう構想するか、そこにおいてキリスト教、特にプロテスタンティズムの可能性をどう理解するかという問題である。近代世界の文脈において、過去を想起するとともに将来を展望して、その関係の中でキリスト教の可能性を問うことは、プロテスタント・キリスト教の特別な歴史的責任であり、キリスト教弁証学においてこの主題を扱うことは回避し得ない課題であろう。

第二章　マックス・ヴェーバーの問題提起

1　ヴェーバーおける近代的生活形成とプロテスタンティズムの関係、ならびにその問題性

(1)ヴェーバーの視点

近代世界の成立におけるプロテスタンティズムの「親和性」(Wahlverwandtschaft) を指摘し、その内実を描き出したことは、イェリネックの業績の継承として、またトレルチとの協働において、マックス・ヴェーバーの大きな業績であった。ヴェーバーの認識によれば、「合理的資本主義」とその「生活態度」の成立期にプロテスタンティズムの関与があったことは、歴史的事実であった。この関与について、ヴェーバーは、プロテスタンティズムが近代世界を生み出したといった単一な因果関係でなく、「親和性」という概念によってそれぞれの独立性を承認しながら、比較的限定的な関係として理解した。しかしやはりそこにプロテスタンティズムの決定的な関与があったと認識していたことは明らかである。その意味では、ヴェーバーの歴史認識においてはプロテスタンティズムが近代的合理性の出現、あるいはとりわけ合理的資本主義の成立に、またそれをもたらしそこに生きた「資本主義の英雄たちの生活態度」の成立に関与したことによって世界史的な意義を発揮したことに疑いはなかった。それもとりわけルター派ではなく、ピューリタニズムを主たる内容とする「禁欲的プロテスタンティズム」にその意義が帰せられたことも周知のことである。

しかしそれでは、この近代的合理性の成立に関する歴史的認識によって、ヴェーバーが「禁欲的プロテスタンティズム」の「現代的意義」、さらには「将来的な可能性と意義」を語ったかと言うと、話はまったく別であっ

た。近代世界の成立時における禁欲的プロテスタンティズムの意義の認識と、ヴェーバーにとっての現時点におけるプロテスタンティズムの有する意義の無視とは、彼の議論において鮮やかな対称的特徴をなしている。ヴェーバーは、一方でプロテスタンティズムの過去における歴史的意義を深く認識しながら、また同時に彼の現時点における近代の危機も深く認識しながら、他方でプロテスタンティズムの現時点における意味をまったく無効とみなしていた。それが彼の社会学的方法におけるプロテスタンティズムの扱いであって、彼によるプロテスタンティズムの歴史的意義の評価は、彼の現時点におけるキリスト教の弁証にはひとつもなっていなかった。むしろヴェーバーの主体的な生の遂行においては、キリスト教の弁証とはまったく別の方向が示唆されている。それは「キリスト教なき専門人」の行き方と言ってよいであろう。ヴェーバーの中にむしろニーチェの影響があると見る見方が一部に流布しているのも現代におけるプロテスタンティズムの意義に対する無視と結びついている(1)。キリスト教の現代的意義を否定する点で、ヴェーバーはニーチェと軌道を同じくしたと言えなくはない。

(2) ヴェーバーの現在的姿勢

そもそもヴェーバーが「合理的資本主義」とその「生活態度」の歴史的な成立事情を問うた際、彼自身が持っていた現在的現実認識と主体的姿勢が実は非宗教的なものであったという事実は、すでに『プロテスタンティズムの倫理と資本主義の精神』（一九〇四年）のいくつかの箇所に明示され、とりわけニーチェの『ツァラツストゥラ』の序文からの有名な「最後の人間」の引用を含む巻末の言葉に窺うことができた。「近代の途方もない発展」に関わる歴史的事実の真相をヴェーバーは問うた。しかしそのヴェーバーの目に映った彼自身の現代には「近代的経済秩序」という「強力な秩序界《コスモス》」が「鋼鉄のように堅い檻《おり》」として存在し、「禁欲の精神」は「最終的にか否か、誰が知ろう――この鉄の檻から抜け出てしまった」とヴェーバーは認識した。つまり彼の認識では、「勝利をとげた資本主義は、機械の基礎の上に立って以来、この支柱〔つまり宗教的な支柱―筆者注〕をもはや必要としない」。宗教的支柱でなく「経済的淘汰」という手段によって、資本主義は自ら必要としている経済主体を教育し、作り出すからと言う。(2)ただしヴェーバーはそう言いながら、他方で彼のその現代においてもある種のプロテスタンティズムが新しい就労への意欲の基盤として働いているのを論証としてはなお用いてはいる。そうであれば、宗教的支柱はヴェーバーの現代においてもなおまったく失われたわけでないことになる。しかしヴェーバーの目には、プロテスタンティズムは現代においてもはや積極的意義を発揮するとは映っていない。このことは単に彼の周辺のルター派の現状とかつて近代世界成立に関わったピューリタニズムの相違によって説明し得る事態ではない。彼の目はむしろ、現代の「コスモス」や「鉄の檻」の現実の中で「人間の生き方」は欲すると否とにかかわらず、「職業人」であることを回避できないことに向けられていた。「専門の仕事への限定」、それゆえにまた「人間性の全面性に対する断念」が時代の運命であるとヴェーバーは認識した。「宗教的生命に満ちていたあの一七世紀」は去り、「思想の宗教的根幹が死滅するとともに、それに代わって功利的な傾向が知らずのうちに入り込んでいった」(3)とヴェーバーは語っている。そこで「今日では、こうした生活態度は何らかの宗教的な勢力の是認によってささえられるといったことは不必要だし、……教会的規範の経済生活への影響も、まだあるとすれば、妨害と感じるようになっている」(4)とも言う。ヴェーバーはこの合理化過程がもたらした脱キリスト教化した時代的運命を断固として引き受けながら、それの近代成立期における出現の歴史的真相を明らかにしようと試みたわけである。

　こうしてヴェーバーは、現代におけるキリスト教の意味や可能性に期待することなく、近代人の生活態度の歴史的な成立事情を認識へともたらした。現時点における「キリスト教なきコスモス」を、断念をもってにせよ肯定し、その近代人の成立に潜んだかつてのキリスト教的関連を認識へともたらした。したがってヴェーバーが並々ならない関心を注いだのは禁欲的プロテスタンティズムの禁欲倫理そのものではなく、それによって生み出された近代人の生活態度、すなわち「職業倫理的人間の生き方」であり、またプロテスタント的信仰が消失した後の現代にもこの「生活態度」が、欲してでなく強いられてであれ、不可避的になっているという事態であった。つまりヴェーバーは、「禁欲的プロテスタンティズム」そのものの現代的意義を肯定してはいない。ただそれがもたらした「生活態度」を不可避なものとして肯定する。それゆえ、ヴェーバーの関心は思い切って表現すれば、「信仰なきピューリタン」に向けられていたことになる。それがまた彼の実存の場に即することであった。しかし当然「信仰なきピューリタンが可能か」という問いは疑問に付されざるを得ない。ヴェーバーはその問いに答えなければならないであろう。さらに現代における「信仰なきピューリタン」がどのような意味で「精神のない専門人」になることを免れることができるかという疑問も避けるわけにはいかないであろう。

(3)「禁欲」理解における「不安」の心理学

営利を自己目的とすることは根本的には恥ずべきことであったのに、なぜそうすることが「近代資本主義」の成立において起き得たのかとヴェーバーは問い、そこに「古い伝統主義を終わらせる革命」「新しい精神の侵入」を見て、彼は「宗教的動機からする生活態度の合理化」を見た。さらにヴェーバーが提示したのは、この「宗教的信仰が引き起こす生活態度の根本的変化、方法的・合理的な変化」の背後に、「救いの確かさ」という宗教的救いの問題をめぐる激烈な問題意識があるという見方であった。「救いの確かさ」とは、自分が救われているか否かという問題であるが、「救い」そのものの問題とは区別されて、救われていることをどう確信できるかという問題である。これは「自己救済」とはただちに同一ではないが、「救いの確かさ」をどう手に入れられるか獲得の問題が問われている。救いに選ばれた人と滅びに選ばれた人がいるというカルヴィニズムに特徴的な教説とされる二重予定説がこの問題を深刻化させたとヴェーバーは解釈した。つまり、二重予定説により「救いの確かさ」をめぐって宗教的不安が生じたと彼は解釈したわけである。この教説によって「生じてくる内心の苦悶」(5)を、ヴェーバーは歴史的な事件として重要なこととみなした。ヴェーバーの歴史解釈の重大な視点として、「不安の心理学」が役割を果たしている。ヴェーバーは彼自身が言うように、「禁欲」を理解するのに、「教会規律」や「聖化」や「訓練」から出発しなかった。そうでなく、「禁欲的宗教意識の個々人による主観的獲得が生活態度のうえに特徴的におよぼした作用から」出発した。[6]生活態度の上にもたらされた作用とは、禁欲的職業倫理とその生活を生きる人間的性格をもたらした作用である。つまり、宗教的不安を解消し、それを克服するために禁欲的宗教性の主観的獲得があり、それによってもたらされた倫理と性格が「救いの確かさ」を充足するというテーゼがヴェーバーの見方であった。ヴェーバーのこの問題視覚は、「禁欲」を「神の栄光のため」の「聖化」や「律法の第三用法」による「教会規律」から説明する試みをはじめから排除している。「神の栄光のための教会規律」ではなく、「救いの確かさ」をめぐる「不安の心理学」が、「禁欲」の成立と作用の文脈とされた。「禁欲」の原因は、規律と職業労働による「聖化」の陶冶ではなく、はじめから宗教的な不安と苦悶にあったと見られた。「神の栄光のため」というよりは、むしろ「宗教的不安と苦悶」の沈静化のために、新しい生活態度の出現がもたらされたと言う。ヴェーバーの歴史解釈におけるこの社会心理学的な仮説は、宗教的意味がもっている明るい目的よりは、むしろ暗い不安の中に、より大きな原因を見たわけである。そこから社会学的生産力をもった心理的起動力が発現し、これが「伝統主義的精神」に対する「新しい精神」を形成したと見た。しかしこれは一見して明らかに逆説的な仮説と言うべきであろう。

この見方からは、当然、根本的な疑問が湧いてこざるを得ない。ピューリタニズムの「自己確信」に満ち、「絶え間ない職業労働」をもたらした「鋼鉄のような英雄のキャラクター」（これはヴェーバー自身の目には現代においても理想的な人間キャラクターである）が、「不安の心理学」から生まれたというのは、どうにもしっくりしない背反的説明ではないであろうか。彼らの「倫理的資質」は、ヴェーバーによって例えば以下のように語られている。「新しいスタイルの企業家が、醒めた自己抑制を維持し、経済上・道徳上の破滅に陥らぬためには、きわめて堅固な性格が必要であり、また明晰な観察力と実行力とともに、とりわけ決然とした顕著な倫理的資質を備えていなければ」ならない。そうでなければ、「この革新に必要な顧客と労働者からの信頼を得ることはできないし、また無数の抵抗に打ち勝つ緊張力をたもちつづけ、企業家に必要な、とくに安易な生活とは両立しがたいおそろしく強度な労働に堪えることもできない[7]」。その他、「資本主義の英雄時代の鋼鉄のようなピュウリタン商人のうちに見られる、……自己確信にみちた『聖徒』[8]」や、その「組織的・方法的な性格[9]」、そして「意識的な、覚醒しかつ明敏な生活」や「全人格の組織的な把握[10]」を語る言葉、「資本主義の英雄時代の代表者に固有な、あの形式主義的に正しい、強靱な性格[11]」を語る言葉など、新しい倫理的資質を語る言葉は枚挙の暇がない。

確かにピューリタニズムの中に「救いの確かさ」をめぐる問題意識が存在した。このことは否定できないし、否定する必要もない。しかし問題はその意義の評価や位置理解の問題である。カルヴァンもウエストミンスター信仰告白も、「救いの確かさ」の問題は信仰の問題として理解し、「確信を持った信仰」を推奨した。推奨したという意味は、信仰の中に「救いの確かさ」「救いの確信」といった問題が本質的に属しているわけではないが、救いを信じていながらも、自らの救いに確信がもてない信仰の現実の状況を理解していたということである。それゆえ「救いの確かさ」の問題が、信仰の問題となり、「確信をもった信仰」が推奨されたわけである。しかしこのことは「救いの確かさ」は「禁欲」や「倫理」によって解決される問題ではないということでもあった。

これに対し、ヴェーバーの「不安の心理学」による禁欲理解、あるいは職業倫理によって救いの確証を獲得するという理解は、ピューリタンたちは「信仰の学び」を「職業倫理の習得」に移動させたと主張することになる。しかしその場合、信仰の中で「救いの確かさ」を扱いきれなかった人格が、「鋼鉄のような英雄のキャラクター」を身につけるというヴェーバーの独特な理解に帰結し、何とも言えない背反的説明を感じさせられることになる。信仰の中で救いの確証を求めて格闘するのは、逞しい信仰の人格の常の姿である。しかしそれを信仰の中で解決できず、実践に移して解決しようとするのは、信仰の人格の「病理」に近い話になるであろう。それにもかかわらず、ヴェーバーは「神の栄光のため、律法の第三用法と聖化の結実」としてある倫理的達成が行われたと説明することを好まない。むしろ「救いの確証」を求める「不安の心理学」が社会学的な駆動力を与えたという解釈の方を好んだ。それは「鉄の檻」の中での専門人としての生活姿勢が、内的確信からではなく、外的要因から、つまり「経済淘汰」や「機械化」によって、必然化されているという現代についての理解と符合する。ヴェーバーは禁欲に対して宗教的な特質をもった内実からの内的原因が不可欠であるとは考えなかったということである。

(4) ヴェーバーに対する疑問

ヴェーバーが禁欲の成立根拠を、「説教」と「サクラメント」に次ぐ教会の「第三のしるし」としての「規律」や「訓練」(ディシプリン)からでなく、根本的に「不安の心理学」から説明したことは、いかに方法論として信仰の学(教義学)による認識でなく、それとは区別された社会学による説明であったとしても、説得性を欠くのではないであろうか。資本主義の英雄の「鋼鉄のキャラクター」が性格発生学的には「不安の心理学」から生まれたという認識はそうそうしっくりするものではない。むしろ「不安の心理学」による説明は、新しい生活姿勢の「脱キリスト教化」に備えた論法として有効であったと言うべきであろう。それは「信仰なきピューリタン」をすでに用意する歴史解釈になっているからである。二重予定説から生じさせられた救いの確かさをめぐる「苦悶」は、牧師も助けられず、サクラメントも助けられず、最後には「キリストが死に給うたのもただ選ばれた者だけのためだけであり」、「神さえも助けなえい」[12]と指摘された。そういう仕方で「人間の内面的孤立化」の中で「恐るべき内面的緊張」を除くための「技術的手段」[13]として禁欲は解釈された。

こうしてヴェーバーの「不安の心理学」による禁欲の説明は、禁欲を宗教(「禁欲プロテスタンティズム」)の本質的内実から切り離して、宗教的には外的な関係の中で説明したことになる。そこからヴェーバーの現在における「脱宗教的禁欲」(あのコスモス・鉄の檻による、また機械化と経済淘汰によって強制された禁欲)にも当てはまる仕方で説明が企てられたわけである。少なくともヴェーバーは後代に見られた「脱宗教的な禁欲」の中に「禁欲の本質的変貌」を見る必要はなかったし、事実、見てはいない。禁欲は脱宗教化しても、現在になお残ると見られた。問題として出てくるのは「禁欲の意味」の問題であり、「意味経験」に対する軽視である。「神の栄光のため」ということは、本来禁欲の意味に関わるから、より真剣に問題にされるべきであった。禁欲が「宗教的不安」のゆえであるという解釈は、ニーチェの「ルサンチマン」の説や「恐怖のゆえの禁欲」という解釈とは、厳密に言うと異なっている。しかし宗教的に消極的な解釈としては、両者は類似性にあると言ってよいであろう。[14]

禁欲の「意味構造」や「意味連関」に注目すると、「不安の心理学」による説明は、禁欲の成立と禁欲の意味のある種の引き離しの役割を果たしている。「宗教的不安の解消」というのは、「神の栄光のため」に比して、禁欲の宗教的意味の脱宗教化、人間学化の傾向を表す。完全な脱宗教化になっているわけではないが、脱宗教化の方向に接近している。宗教的禁欲の脱宗教化の方向での解釈というヴェーバーの解釈傾向は、次節で扱う「呪術からの開放」の場合にも共通しているであろう。それはいわばヴェーバーの常道である。ヴェーバーは禁欲の脱宗教化の方向に彼自身の実存的関心を向けた。現代における禁欲、つまり欲すると否とにかかわらず強制されている生活態度としての禁欲は、具体的に言えば「ザッへへの献身」である。これをヴェーバーは脱宗教的に扱おうとした。「宗教的不安」の解消という説は、それでも消極的ながらなお宗教的な意味連関の中にあった。そこではまだ「救いの確かさ」そのものの無意味性といった問題には直面していなかったからである。しかし現代の禁欲は、もはや「宗教的不安の解消」という消極的ではあってもそれなりになお宗教的な理由さえももはや喪失している。ヴェーバーの自らの時代における現代的関心には「不安の心理学」はもはや不必要であった。替わりに登場したのは、脱宗教化した時代に強制された禁欲が、「いかにして無意味に耐え得るか」という問いである。それが脱宗教化した禁欲の不可避的課題となった。なぜ「禁欲」でなければならないのか。またどのようにして強制された無意味に耐え得るのか。ヴェーバーはこの問題に直面し、現代における禁欲の「意味設定」を脱宗教的に敢行しなければならなかった。つまり禁欲のための「意味選択」に決死の覚悟を示したのである。それは「禁欲の無意味」に耐えるための現代人の「意味設定」（価値選択）の問題である。ヴェーバーの「不安の心理学」による禁欲解釈は、意識的にせよ無意識的にせよ、禁欲のこの現代状況にすでに舵を向けていたと言い得るであろう。

かつての「禁欲の前提としての宗教」「禁欲の宗教的意味構造」の代わりにヴェーバーは何を置いたであろうか。それは自律的人間の究極的価値を選ぶ責任倫理的自己決定である。それによって「信仰なきピューリタン」「キリスト教なき専門人」が「精神なき専門人」ではない道を歩もうとした。彼の責任概念には「結果に対する責任」という狭い制限があるが、未来の人間に対する責任に拡張され、「未来の人間たちの祖となる」という野心が表現された。そこに宗教的な意味合い、「意味」の源泉に関わる意味合い、「救いの確証」に関わる意味合いが帯びさせられてもいる。しかし「信仰なきピューリタン」は性格発生学的に言っても不可能と言わなければならないであろう。ピューリタンの性格を規定したのは、ピューリタン宗教であって、単に禁欲だけではなかったからである。禁欲も含めてピューリタンの性格規定はその宗教全体からきていると言わなければならない。

2　「呪術からの解放」とその宗教的基盤について

(1)　ヴェーバーにおける「呪術からの解放」という問題

近代世界とプロテスタンティズムの関係の問題の中でヴェーバーの言う「呪術からの解放」はよく知られている。しかしまたこれに対する誤解も多いのではないかと思われる。通常、「呪術からの解放」はヴェーバー晩年の講演「職業としての学問」から引用される。しかし「呪術からの解放」もしくは「非呪術化」（Entzauberung）の思想は、それ以前に遡り、プロテスタンティズム研究と結合されていた。その面での理解を欠如しては、ヴェーバーにおけるこの概念の理解としては不十分なものになるであろう。用語としての「呪術からの解放」は、確かに一九〇四年の『プロテスタンティズムの倫理と資本主義の精神』の当初の論稿の中には見られなかった。おそらくは一九一〇年代に登場し、『プロテスタンティズムの倫理と資本主義の精神』が『宗教社会学論文集』（一九二〇年）に収録された際に修正された加筆部分の中に興味深い仕方で登場したものである。その箇所は以下のようである。「世界を呪術から解放するという宗教史上のあの偉大な過程、すなわち、古代ユダヤ教の預言者とともにはじまり、ギリシアの科学的思考と結合しつつ、救いのためのあらゆる呪術的方法を迷信とし邪悪として排斥したあの呪術からの解放の過程は、ここに完結（Abschluß）をみたのだった[15]」。「ここに」とあるのは、ピューリタニズムにおいてということであるが、それはとりわけピューリタニズムの中にサクラメントに対する限定的な扱いがあるのに注目し、それを指摘した文脈においてということである。これについては後に再論することにして、もう少し挿入文の引用を続行すると、以下のようである。「真のピューリタンは、……呪術的聖礼典的なものが何らかの救いをもたらし得るというような信頼の心を生ぜしめない。神が拒否しようと定めた者に神の恩恵を与え得るような呪術的方法など存在しないばかりか、およそどんな方法も存在しない」。この一九二〇年に追加された挿入文から明らかなように、ヴェーバーは「呪術からの解放」を「宗教史上の偉大な過程」と呼び、その開始を「古代ユダヤ教の預言者」に見て、その完結を「ピューリタニズム」に見た。日本の知識人の一部には、「呪術からの解放」を単なる「非宗教化」あるいは「知的世俗化」と見て、むしろその発生を啓蒙主義的合理主義に帰すような見解がある[16]。「非呪術化」の用語がいったいどこから来たかという問題はなお別に究明されるべきではあるが、この用語を知性の世界史的な意味と文脈において際立った仕方で使用したのは何と言ってもヴェーバーであるから、ヴェーバーがこれを単なる世俗主義的啓蒙主義の作用として語ったのでなく、「宗教史上の重大な過程」として特別な宗教的背景と根拠に注目しつつ語ったことは重要な指摘と言わなければならない。「呪術からの解放」はある強烈な宗教的基盤、具体的には預言者において萌芽し、ピューリタニズムにおいて完結を見たというのが、ヴェーバーの理解であった。

(2)「呪術からの解放」の宗教史的文脈における「完結」

それではいったい「呪術からの解放」をもたらした宗教的背景や基盤の具体的内容をヴェーバーはどのように理解したであろうか。先ほどの一九二〇年の挿入文の直前にはこう記されている。「教会やサクラメントによる救済を完全に廃棄したということ（ルター派ではこのことはまだ十分に徹底されていない）が、カトリシズムと比較して無条件に異なる決定的な点である」。つまり「呪術からの解放」はまず救済をめぐって「サクラメントも助けない」「教会も助けない」という事態の認識と結合させられている。そしてその根拠は、ピューリタニズムにおいては「救済」はただ「神の選び」にかかっているという一点にあった。神に選ばれていなければ、教会もサクラメントも救済を与えることはできない。このことを指してヴェーバーは「制限的贖罪論」の説にも言及し、「最後に神さえも助けない」と付け加えた。「キリストが死なれたのもただ選ばれた者のためだけであり、彼らのために神は永遠の昔からキリストの贖罪の死を定めていたのだから」と言うのである。この「選びによる救い」の理解から、ヴェーバーはさらにピューリタニズムの中に「個々人のかつて見ない内面的孤立化の感情」があるとも指摘した。それは個々人の救いにとって、家族も友人も助けにならないということであり、友情に対する連綿たる思いは「被造物神格化の迷信」につながり、それの「拒否」こそが、ピューリタニズムの信仰姿勢になったと言う。こうして「禁欲的プロテスタンティズム」において、「呪術からの解放」「被造物神格化の拒否」「人間の内面的孤立化」は関連した思想として展開されている。ここではわれわれは特にヴェーバーが「呪術からの解放」を「救済の脱サクラメント化」と結合させたことに目を留めたい。ここにこそあの「完結」を見たという言葉の意味が込められていたからである。

(3) 古代ユダヤ教の預言者

既述の付加的挿入文は、「呪術からの解放」の起源を「古代ユダヤ教の預言者」に見ていた。それはどのようなことであろうか。ヴェーバーは預言者の宗教をどのように理解し、「呪術からの解放」の宗教史的基盤として挙げたのであろうか。この問題は「呪術からの解放」の発生史的な問題であるが、あのピューリタニズムにおけるその「完結」とも関係するであろうし、さらに言えば、今日の問題としての「呪術からの解放」の成立根拠の問題とも関係するであろう。

ヴェーバーによると、預言者の宗教の基本は、「ヤハウェ主義的伝統」に立っている。それはさらに具体的に言うと「レビ人の伝統」に立っていると言う。しかしそれだけで預言者の宗教の特徴は当然説明されるものではない。ヴェーバーは預言者の宗教の特質を、「預言者の一元論」に見た。彼はこれを哲学的な一元論とは異なる宗教思想として説明した。預言者はヤハウェ以外の他の神々の存在を否定しているわけではない。しかしヤハウェを「世界過程に対して唯一決定的な神」として信じ、語っている。その際「禍の神義論」が決定的な役割を果たしているとヴェーバーは見た。ヤハウェ自身があらゆる禍の創作者であり、世界過程のあらゆる具体的な事象を定めたと言う。この「禍の神義論」の成り立つ根拠には、さらに「三つの思想的契機[17]」があるとヴェーバーは言う。一つは、ヤハウェは「恐るべき災害の神」であるという古い特徴を持ち続けたこと、もう一つは「レビびとのトーラーの罪懺悔の慣行」に拠り頼んだこと、そして第三に「契約思想」が保持されていたことである。トーラーの伝統がすでにその根本に「契約思想」を持っていたが、この契約思想によってイスラエルの民にあってはいかなる他の神々もヤハウェと競争的な仕方で崇拝されることは許されなかった。「契約思想は、ヤハウェのもろもろの要求を普遍的に妥当するものとして確立せしめたレビびとのトーラーと結びつきつつ、ヤハウェがイスラエルの民になにを要求するかの内容を一義的に確定した[18]」。そこにヴェーバーは「契約思想の驚嘆すべき重要な意義」を認識した。

この預言者の神観、あるいはその独特な一元論は、「呪術からの解放」に対していかなる影響を与えたであろうか。ヴェーバーによれば「予言者は、じぶんの側から魔術によってヤハウェを強制しうるというような、単なる可能性すらも決して計算にいれなかった。そんなことをすれば逆にこの恐るべき神に対する致命的な罪悪となる[19]」からである。「魔術からの解放」と「恐るべき神」との関わりが暗示されている。しかしこの問題にヴェーバーはそれ以上深く入ろうとはしていない。むしろ「呪術からの解放」に深く関係するものとして預言者の宗教の中で彼が注目したのは別のことであった。一つは預言者において「呪術の操作」(zauberische Manipulation)や「魔術的な力」(magische Gewalt)が後退し、「言葉」が強調されたことであり[20]、そこには「神の合理的理解可能性」があったという主張である。もう一つは預言者における「祭儀」に対する関心の希薄さであり、それに代わって「倫理」に対する強度な関心が現れたという事態であった。

ヴェーバーからこのくだりを直接引用すると以下のようである。「予言者は一つの政治的民族共同態のただなかに立っていて、その運命こそかれらの関心事だったのである。しかもかれらは祭儀的にでなく倫理的に関心をもったのである。なかんずく聖餐式を恩恵を媒介するものとしてもちいたキリスト教の伝道者たちとは対照的であった。じじつこの点において、古代末期の諸密儀教団に発する一つの付加物が古代キリスト教につけ加えられた[21]」。預言者における祭儀の軽視としては、例えば預言者の神は「犠牲」を要求しないといったことが指摘できるであろう。しかしそれにしても上記の引用文において「祭儀」と「サクラメント」がほぼ同一視して扱われていることがわかる。ここにはサクラメントを古代の密儀宗教から由来するものと見るヴェーバーの「サクラメント理解」が示されている。そしてあの「呪術からの解放」がピューリタニズムの中で「完結」しているという見方が、やはり脱サクラメンタリズムの中に見られていたことが想起されるであろう。つまり救済や恵みの媒介としての祭儀やサクラメントの軽視ということが「呪術からの解放」には伴っているというヴェーバーの見方があるのである。

これの他面としてあるのが、祭儀やサクラメントに代わって「倫理」が強調されるという事態である。預言者の理解においてこのことが明らかになる。祭儀でなく倫理という見方によって、個々人の「生活態度」が変化することが決定的に重要な事柄であった。そこにまた預言者の宗教におけるトーラーの位置が関係している。ヴェーバーによれば、預言者において祭儀でなくトーラーが重要になっている。「神の言葉およびトーラーに対する従順」が重視されたと言う。儀式を無価値と見る傾向が、割礼や安息日に対する言動に表れ、それに替えて「レビびとのトーラーにおける実定的命令[22]」、「トーラーによって知らされている神の命令[23]」を守ることが強調される。「堅固に充実した祭司の儀礼主義」に対抗し「堅固に充実した倫理的な業による義」の思想が登場したと言うのである。「呪術からの解放」は、この点では「倫理化」でもある。「イスラエルに約束されている特別の救済にとって問題は結局、道徳的に正しい行為、しかも日常倫理に従った行為、にすべてがかかっていた[24]」とヴェーバーは解釈した。

非祭儀化、脱サクラメント化と倫理化の結びつきに加えて、ヤハウェの理解可能性という面があった。この理解可能性という預言者の神の合理性の面が、「レビ人のトーラー」の伝統との結合から説明された。ヤハウェの動機はみな人間の理解力からかけ離れたものではなく、「徹頭徹尾人間的に理解可能の神[25]」と言われる。このことは一つには神は「神秘」や「形而上学的グノーシス」でなく、「一人の支配者」のように、一般に「わかる神」とされる。「誰にでも理解できる」「神の決定は原理的に理解可能な性質のもの」という点に「預言者独特な合理的特徴」があったと言うのである。「尊厳な支配者としてのヤハウェの人格」は「思弁」を求めず、「神の命令に対する単純な献身」を求め、「倫理的生活」を求める。倫理性と合理性が結びついて語られたが、それらはいずれも「呪術」とは無縁であった。

⑷ヴェーバーの分析に対する反論

「呪術からの解放」の宗教的前提として、ヴェーバーは既述のように「預言者の神観念」を挙げた。しかしその神観念は、「祭儀」でも「思弁」でもなく、「倫理化」と「合理化」によって方向づけられた。しかしそこではなお「恐るべき神」と、「理解可能な合理的な神」との同一視が究明されてはいない。呪術でなく奇跡、そして奇跡の合理性という理解が語られているが、「呪術からの解放」の「合理性」という見方が示されている。しかしこれは預言者と生ける神との交流を深く理解していることになるであろうか。「合理的な神」はいわば「預言者の宗教」の平板化になっていないであろうか。

「呪術からの解放」を「倫理化」と関連づけたことでヴェーバーは、「呪術から日常倫理へ」という強調の移動を考えていたことは明らかである。このように問題を見る姿勢は、「救いの確証」という宗教問題を禁欲の倫理化の方向で解決したという『プロテスタンティズムの倫理と資本主義の精神』以来、一貫した彼の解釈姿勢を表している。そこに共通して宗教的基盤から生じたものの脱宗教化という方向づけが見られることになる。「禁欲」について取られたのと同じ解釈方向が、「呪術からの解放」の関連においても取られた。どちらにも共通して見られたことは、より深き宗教基盤との不可分な結合の方向に理解が深められないことである。禁欲は「神の栄光のため」から離れ、呪術からの解放は「被造物神格化の宗教的拒否」から離れる。起源は宗教的であるが、その起源は一過的とされ、帰結は脱宗教化する。こうして「呪術からの解放」も非祭儀化、脱サクラメント化、そして倫理化と結合され、預言者の神観念から離れて世界史の中に脱宗教化していく。それは、禁欲が「禁欲的プロテスタンティズム」なしに非宗教的禁欲として脱宗教化していくのと同様である。合理的資本主義の「職業倫理」や「生活態度」が「宗教的支柱」を必要としなくなるように、「呪術からの解放」もまた宗教的起源から離れて、「知の無神論的解放」になっていく。それらの「起源」と「成立史」とは、事柄に継続的に本質的刻印を与え続けるものとして理解されていない。禁欲的プロテスタンティズムにおいて完結を見たはずの「宗教的な非呪術化」は、さらに『職業としての学問』（一九一九年）においては、いっそう脱宗教化された仕方で主張された。そこでは、「欲しさえすればいつでも学び知り得るということ」が「呪術からの解放」であり、「原理的に言うと、神秘的で、予測できない力がはたらいているということでなく、むしろわれわれが原則的には、いっさいの事物を予測によって支配できるということ」、そうしたことを知っているか、信じているのが、理知化・合理化の意味であり、「呪術からの解放」であるとされた。そこではもはや預言者の神観念も宗教的基盤も何ら本質的な役割を果たしていない。それらの成立史はすべて単なる発見的なことととして過去化されることと見られている。

このことは「呪術からの解放」がその成立史においてすでに預言者の宗教の中の「恐ろしい神」としての神の主体性にではなく、むしろ人間の主体性としての「倫理化」の方向に見られていたことに現れていた。あの「わかる神」の方向と「倫理化」とは、すでに脱宗教化の結論に向かって舵を取っていたのである。しかしそれは預言者の神を本当に理解し、そこに「呪術からの解放」の根拠を見たことになったであろうか。預言者の神観念を単なる過去化可能な成立起源として、そこから離れて「呪術からの解放」が今後も永続するのであろうか。「呪術からの解放」が脱宗教化した知性の世俗主義と同一視されるとき、「呪術からの解放」の世界史における激しい闘いは真に理解されたことになるであろうか。そうした疑問は少なくともなお残り続けざるを得ない。

ヴェーバーの理解の筋道をそのように脱宗教化の肯定という仕方で理解すると、あの『プロテスタンティズムの倫理』に指摘された「呪術からの解放」の「完結」（Abschluss）が「禁欲的プロテスタンティズム」に見られたという記述は実は理解するのが困難になる。しかしヴェーバーの「呪術からの解放」は結局のところ「脱宗教化」され、「生活秩序の独自法則」や「無神論的学問」概念に通じて行った。宗教的基盤において萌芽し、完結した「呪術からの解放」は、つまりは「宗教的な根拠に支えられることによる呪術からの解放」であったはずであるが、その宗教性の中身は「非祭儀化」や「非サクラメント化」であり、「倫理化」や「合理化」であった。

このことは、やがて「脱宗教的な意味での呪術からの解放」へと向かう傾向を帯びたものとしてすでにはじめから理解されていたことになる。それは合理的資本主義の「専門人の生活態度」と同様で、「発生史的な宗教的基盤」はやがて「脱宗教化」の運命を負って理解されていった。ヴェーバーにおける「近代とプロテスタンティズム」に関する「発生史的親和性」の主張と「現代におけるそれからの分離」の見方は根底を同じくしているわけである。

しかしヴェーバーが当初、少なくとも萌芽と、そして完結において、「呪術からの解放」の「宗教的根拠」（残念ながら倫理化傾向への強調という仕方での根拠づけであったが）を問題にしていたことは確かであり、この宗教的根拠に根差していたという歴史的事実とその意味は、ヴェーバーの両義的な解釈を超えて問い続けられるべき問題である。「合理化」と「倫理化」が「呪術からの解放」なのか、それとも「被造物の神格化の拒否」が「呪術からの解放」の永続的な根拠なのか問われなければならない。したがって「トーラー」なのか、それとも「超越的創造神」としての「恐るべき神」が根拠なのか。非宗教的な非呪術化なのか、それとも宗教的な非呪術化なのか。これは依然として今日的な問題である。ヴェーバーはむしろ預言者の神が「自由な主権的神」として「尊厳の支配者」として呪術を拒否するという事態をよりいっそう集中的に強調すべきではなかったか。「誰にでも理解できる」ということも「神の主権」の中にその理由を指摘すべきであって、もしこれを「合理的特徴」と言うならば、その「合理性」の定義が問題になるであろう。人間理性の合理性を規準に言えば、預言者の宗教は決して合理性にとどまらない超越的で超合理的な神であった。トレルチが預言者の神観念の非合理性をむしろ強調したのは、そのためであった。

ヴェーバーのサクラメント理解にも疑問は残る。サクラメントはヴェーバーによれば、密儀教団から発した付加物であり、呪術と同様のものと見なされている。しかし「サクラメント」は「呪術」のように「神の操作」を意図しているものではない。この点は「祭儀」も同様である。神が主であり、自由な主権者であることは、サクラメントにおいても聖書的な祭儀においても寸分も疑われていない。祭儀もサクラメントも「呪術的操作」とは明確に区別されていたし、区別されなければならない。「祭儀」は宗教的共同体の中核を形成する。「呪術からの解放」とその「宗教基盤」との結合は、倫理化や合理化によって決して解き離されるものではない。「呪術からの解放を支える神性理解」をよりいっそう真剣に考えるべきであろう。いかなる人もまた共同体も、何を持って神性とするかによって、呪術に陥りもするし、またそこから解放されることもできる。「呪術からの解放」はその時代や社会の神性理解から決して切り離されることはないであろう。

3　「人格の自由」をめぐって

ヴェーバーが自己の問題として一貫して取り組んだ近代文化の危機の問題は、「人格と生活諸秩序」という問題によって周知のこととされている。マリアンネ・ヴェーバーによるとこの主題をめぐってヴェーバーが講演を試みたのは一九一七年の夏から秋にかけてテューリンゲン地方にあるラウエンシュタイン城で行われた会議においてであった[26]。この講演内容そのものは失われてしまっているが、その後一年半して行われた二つの講演「職業としての学問」や「職業としての政治」、ならびに残された論稿「中間考察」[27]によっておよそのところ理解することができる。

(1)「中間考察」における「生活諸秩序」の非人格性

合理化過程によって個々の生活領域における内的な自己法則性、つまりは目的合理的な行為が生じ、諸領域間の相互の緊張関係が帰結する。これに対して宗教的救いの観念の合理化は、心情倫理的な昇華作用となり、これは無コスモス（無世界）的（akosmistisch）になるとヴェーバーは言う。宗教の心情化ということはコスモス（世界）からの宗教の分離であり、宗教におけるコスモスの喪失である。宗教は無コスモス（無世界）的宗教として内面化する。具体的な例を挙げれば、近代の合理的資本主義における経済の秩序は、それに内在する固有な法則性に従って動くようになればなるほど、およそ宗教的な兄弟愛の倫理とはいかなる関係も持ち得ないものになるという説明がなされた。それぞれの領域の行為が目的合理的に独自法則に従って営まれれば、行為は非人格的にならざるを得ない。これには、不動産抵当証券の所有者と債務者との関係には、人間的紐帯は存在しないといった説明が加えられた。合理性は「非人格性」と密接な関わりを持ち、経済的諸力は兄弟愛の倫理とは敵対的に展開する。

(2)宗教の合理化としての兄弟愛的心情倫理

こうしてヴェーバーによれば、宗教的兄弟愛の倫理は、現世における目的合理的行為の自己法則性に対して緊張関係に立つ。それと同様に、宗教的兄弟愛の倫理は、非合理的な性格を持つ生の世俗内的諸力（審美的ないし性愛的な領域）に対しても、それに劣らず激しい緊張関係に立つとヴェーバーは述べた。宗教的な兄弟愛の倫理が見せる「現世超越的な神への献身」や「倫理的・合理的な神的秩序への帰依」は、現世内的な救いの情感に対し、およそ考え得る限りでのもっとも先鋭な競争者となるというのである。したがって宗教倫理の無世界的な心情倫理化によって「人格の自由」が保持されるとしても、それは「生活諸秩序」から分裂したまま、つまり職業人、専門人としての生活姿勢からは分裂したままである。緊張感そのものは結局どこまでいっても克服することはできない。こうした「人格と生活諸秩序」との分裂的緊張感の中で、ヴェーバーは心情的宗教の中にではなく、「生活諸秩序」の中に生きる専門人の責任倫理、つまりは無神論的秩序の中で責任を負う職業人の中に「人格の自由」を追求していった。ヴェーバーの立場は「人格の自由」を無世界的な心情的宗教倫理の中に求めるのでなく、「専門人」としての「自律的人間」の「責任倫理」の中に求める立場であった。経済生活における新しい精神の貫徹にかかわった人をヴェーバーは次のように記述した。「厳格な生活のしつけのもとで成長し、厳密に市民的な物の見方と『原則』を身につけて熟慮と断行を兼ねそなえ、とりわけ醒めた目でまたたゆみなく綿密に、また徹底的に物事に打ちこんでいくような人々[28]」であると。このピューリタン的人間像をヴェーバーはその「自律的な人間の責任倫理」によって追及した。それは、「信仰なきピューリタン」と既述したように、ピューリタン的宗教なしにピューリタン的人間の性格と生活態度を追求したものであった。

(3) 自律的人間の責任的価値決断と「ザッヘ」への情熱的献身

「生活諸秩序」と「人格の自由」の問題は、学問論的に表現すると、「無神論的学問」の文脈での「人格の自由」の問題になる。これを言い換えると、事実認識と価値判断の峻別によって、「価値自由」の学問の無神論的性格が際立たせられるが、他方では「神々の闘争」として「価値判断の自由」が敢行される。それはまた自律的責任的価値判断の敢行であった。

ここでの「人格」は、ひたすら「ザッヘ」への献身に打ち込む。「ひたすらに自分の仕事に専心している人[29]」が人格（「人物」）であると言われる。あるいは「ザッハリッヒカイト（事柄に即すること）の意味での情熱、すなわちザッヘ（事柄）への情熱的な献身、すなわちザッヘの支配者である神ないしデーモンに対する情熱的な献身」が求められる。自律的責任的な価値的決断とザッヘへの情熱的献身とは相互補完の関係にあると言ってよいであろう。「価値神」の決断的選択とそれへの情熱的献身は当然相互補完的であるからである。

しかし一方の「ザッヘ」と、「価値神」ないし「デーモン」との相互補完的結合は何を意味するであろうか。一つの問題は、「神もデーモン」もヴェーバーにとってさしたる相違がなく、「ザッヘ」への情熱的献身と結合していることは、「ザッヘ」そのものの「神格化」に接近することになるであろう。そうなればそれは、ヴェーバーの中にそれが見られるとトレルチによって示唆された「被造物神格化」の誤りに接近する。もう一つの可能性は、「ザッヘ」の内容ではなく「情熱的献身」それ自体が重大になると解釈されるかもしれない。しかしそのときには主体性の過度の強調、「主体性の神格化」、あるいは「情熱的献身の神格化」が起きることになる。ヴェーバーの立場には「ザッヘそのものの神格化」か、あるいは「主体性自体の神格化」、あるいはその両方が生じることになるであろう。主体的献身の過大な強調は、「業による義認」に接近するとも言い得るであろう。

また、「内面的孤立化」の中で「隣人愛」が語られるとしても、隣人愛は「非人格化」し、人格でなく事柄に即した態度として「即事化」される。「禁欲」は「即事性」（ザッハリッヒカイト）と結合し、「非人格性」（ウンペルゼーンリッヒカイト）の性格を持つというヴェーバーの指摘があって、「隣人愛」や「兄弟愛」の「非人格性」、兄弟愛の「即事化」という興味深くはあるが、また疑問も生じさせるヴェーバーの分析に通じていく。疑問というのは、この分析では「ピューリタニズムにおける人格的共同体」を的確に評価できないという点にある。ピューリタニズムにおいて隣人愛も兄弟愛も「人格的共同体」を欠如したわけでないことは、例えばジョン・ミルトンが描いたアダムとエバが「手に手をとり[30]」楽園を去る姿の中にも、またピューリタン・コングリゲーションが近代の共同体革命を導き出した面がある中にも示されていることである。むしろヴェーバーの言う「隣人愛の非人格化」は、現代における「鉄の檻」と「信仰の兄弟愛」の分離の現実に対してこそ親近性を持つ思考ではないか。ヴェーバーにおける「禁欲の非人格性」は、近代世界の成立におけるピューリタンの意義よりも、むしろヴェーバー自身の現代問題としての「生活諸秩序の非人格性」と「内面的心情倫理に撤退した宗教」との分離の理解と関連していると思われる。

(4)「自由と人格」をめぐるヴェーバーとトレルチの相違

トレルチにとっても「自由と人格」の問題は「敢行」であり、「決断」であり、「行為」による事柄であった。しかし歴史的な事実判断と価値的決断はトレルチの場合、ヴェーバーのように分裂してはいなかった。そのことは「歴史学」とともに、それと関連した価値の哲学としての「歴史哲学」、さらには「歴史の神学」が営まれたことと関連している。この点でヴェーバーとトレルチの対立は、「二重の対立」であった。生の場としての客観の文化世界とその認識についても、またそこに生きる生の主体の決断や価値判断の問題としても両者の内容は異なっていた。生活諸秩序と宗教的倫理とは、トレルチにおいてはヴェーバーのように生活諸秩序の独自論理化による無神論化と宗教的倫理の無コスモス的心情化との対立的緊張関係でなく、相互に緊張を孕みながらも「総合」（文化総合）が追求された。また「人格の自由」をひたすら脱宗教的なザッヘへの情熱的献身に求めたヴェーバーに対し、トレルチは「人格の自由」の宗教的支持基盤をプロテスタンティズムに求め、「宗教的人格主義」を保持しようと努力し続けた。トレルチが緊張を孕みつつも総合を模索した「文化と宗教」の関係は、ヴェーバーには合理化の運命の中で和解不可能に見え、トレルチが「自由と人格」の根源を「神」、人倫的自由の根源としての「神」に見たのに対し、ヴェーバーは「現代のこのような運命に男らしくたえることのできないひと」には「単純素朴に、慈悲深く腕をひろげて待っている、もとの教会の中へお帰りなさい[31]」と突き放した。ヴェーバーの敢行は、トレルチの目には宗教的基盤から切断された「英雄的懐疑主義[32]」(heroischer Skeptismus) に見えた。しかしトレルチには近代世界がキリスト教を否定し無視しているところでもキリスト教的「色彩[33]」を帯びている事実は払拭できないと見られた。ヴェーバーの問題はただのニヒリズム、非宗教的決断主義にあるだけでなく、依然としてキリスト教の色彩をキリスト教なしに負っているところにあった。一つの価値神を選択し、人格の統一を敢行的に図ろうとする「信仰なきピューリタン」の生き方は、それでも一つの価値神を選択しようとする意味で、キリスト教的色彩を帯びる。近代世界におけるキリスト教への期待は、コスモスにおける実体的理性の統一性の回復に向けてではないとしても、人格の自由の根拠を求める中に見られるであろう。

(5) ハーバーマスの視点

ユルゲン・ハーバーマスは、一九八〇年フランクフルト市より「アドルノ賞」を受賞した。そのときの謝意を表した記念講演が彼の有名な講演「近代－未完のプロジェクト」である。その中でハーバーマスはヴェーバーの近代思想にも触れながら、彼自身の「モダン」思想を展開した。そこではプロテスタンティズムは主題化されず、背後に退いたままであるが、ヴェーバーとは異なる近代の危機の克服が構想されている。ハーバーマスはまずヴェーバーの文化的モデルネの性格づけをカント主義的に理解しながら肯定した。それによれば、「それまでは宗教的および形而上学的世界像によって表現されていた実体的理性が、発展して三つの要因に分化してしまった」[34]と言う。三つの要因とは「認識の問題」と「正義の問題」と「趣味の問題」である。客体的表現としては「真理」と「規範上の正当性」、それに「純粋性もしくは美」と言われる。この結果「科学、道徳、芸術という三つの価値領域への分化」がもたらされたとハーバーマスは語る。ヴェーバーの言う「生活諸秩序」をいっそうカント主義的に整理したことになるであろう。この結果、「専門家の文化と広範な公衆との距離」が拡がったことにハーバーマスは特に注目して、「文化的合理化にともなって、生活世界は自身の伝統の持つ実質的な価値を奪われ、文化的貧困化の危険が増大している」[35]と指摘した。しかしハーバーマスはもちろんこの「文化的モデルネ」を去って実体的理性の統一へと回帰することを主張したわけではない。合理化の運命に耐え、文化的モデルネのアポリアを担い続ける生き方にハーバーマスもまた立脚し続けた。

ハーバーマスがヴェーバーと違っていた点は、歴史認識的には「文化的モデルネ」の成立をヴェーバーが一七世紀ピューリタニズムに見たのに対して、ハーバーマスは一八世紀啓蒙主義に見た点が一つである[36]。さらに大きな相違として、ヴェーバーが合理化の運命に耐え、その中で「ザッヘへの情熱的な献身」による人間の人格的自由の確保を追求したのに対し、ハーバーマスは公衆の日常の生活実践との「再接続」を図ることによって、三つの要因への分化や生活世界の貧困化を防止しようとした点が挙げられる。ハーバーマスは「コミュケーション的理性」を主張し、それによって諸価値の独自法則性を否定したわけではないが、少なくともそれによるだけでなく、それとともに価値相互のコミュニケーション的合理性の回復を図ろうと主張した。それは「日常の生活実践」との再接続によって可能と考えられた。こうして一種の調和や統合の世界を追及した点は、むしろトレルチの文化総合の追及に根底において通じる面があったと言い得よう。

しかしここでのハーバーマスにとっては、後の彼が公共圏における宗教的理性の尊重を語るのとは異なり、宗教的立場はただ一つの宗教の実体的支配としてしか理解されていなかったように見える。「近代‐未完のプロジェクト」におけるハーバーマスの「再接続」の主張や「貧困化の防止」においては、宗教はもはや、あるいはいまだ、それほど積極的な意味を持ってはいない。彼の言う「再接続」「貧困化の防止」のために彼が求めたのは、特に二つのことであった。「社会の近代化」をこれまでとは異なった「非資本主義的な方向」に導くことが一つ、そしてもう一つは「生活世界がそれ自身の中から経済的および行政的行為システムの自己運動を制限しうる諸制度を生み出し得ねばならない(37)」という要請的な指摘である。しかし要請されたこの道の可能性が具体的に示されたわけではない。ただ、ハーバーマスが「プレ・モダン」も、「ポスト・モダン」も、また「アンチ・モダン」も拒否して、「モダン（近代）」を「未完のプロジェクト」としてそのアポリアに耐えつつ続行する姿勢には、ヴェーバーやトレルチと共通するものがある。

ヴェーバーの一つの価値神の選択と情熱的献身への意志的決断に対し、ハーバーマスには日常の生活実践におけるコミュニケーション能力への期待があった。彼は、諸個人を単一の価値への献身によらず、自由にコミュニケートしあう相互的主体と考え、コミュニケーショナルな共同体を日常の生活実践の中に想定した。しかしこれははたして責任的な思惟としてどこにおいて、またどの程度まで可能であろうか。ちょうどヴェーバーの「ザッヘへの情熱的献身」や「価値神への選択的決断」が、ザッヘと人間意志、その両方の呪術化とまでは言わなくとも、ある意味での被造物神格化の陥穽に陥る可能性があるのと同様の問題がある。ハーバーマスではヴェーバー的ニヒリズムの形ではなく、幾分オプティミスティックな形でコミュニケーション能力や、日常の生活実践への期待によって、生活世界の呪術化や被造物神格化に陥るかもしれない。キリスト教的希望の現実主義的視点によって見れば、人間の分裂は人間自身の意志的決断によっても、また人間のコミュニケーション能力によっても回復し得るものではない。また、宗教的基盤による支持はヴェーバーやハーバーマスが想定していると思われるようなプレ・モダンの実体的統一への回帰ではない(38)。未完のプロジェクトとしての近代の遂行は、ニヒリズムにもオプティミズムにも陥らないためには、その支持基盤として、多元的世界における自由とコミュニケーション能力に対する宗教的支持を要請しているのではないか。あるいはハーバーマスは、その後の彼による「宗教的理性」への尊重の養成をもって、宗教の実体的支配とは別にプロテスタンティズムの中にあるキリスト教的文化資産の活性化に対しても期待を寄せているかもしれない。トレルチが「異なる魂」への理解能力と「妥協」の形成能力をキリスト教の中に認識したことは、キリスト教の中にコミュニケーション能力の資力を認めて(39)、近代の遂行における宗教基盤の意味を弁証したとも考えられるであろう。

第三章　エルンスト・トレルチの格闘

1　トレルチにおける「近代世界とプロテスタンティズム」

(1)トレルチの視点

「近代世界とプロテスタンティズム」という主題は、トレルチの生涯を貫く主題であった。トレルチは、一方で、近代世界の「成立」をめぐる歴史的研究とその叙述に繰り返し取り組み続けた。彼にとっては、また、歴史研究の最大の目標は「現代的な形成」にあって、「近代世界とプロテスタンティズム」という主題は、現代の生と理念をめぐる彼の形成課題として、宗教哲学、倫理学、歴史哲学、信仰論などトレルチの組織的思惟の著作全体を一貫して貫いていた。現代的形成に収斂した「近代世界とプロテスタンティズム」の問題こそは、トレルチの博士論文「メランヒトンとゲルハルトにおける理性と啓示」（一八九一年）から、最初の大論文「キリスト教的世界観とその対抗思潮」（一八九三―九四年）や「宗教の自立性」（一八九五年）、さらには彼の名を広く知らしめた著作『キリスト教の絶対性』（一九〇二年）と『社会教説』（一九一二年）、そして『歴史主義とその諸問題』（一九二二年）にいたるまで、その膨大な著作群の全体を貫いている。そのように現代的形成課題としての「近代世界とキリスト教」は、トレルチの全著作群を貫く主題であったが、いまここでは特にトレルチが一九〇六年に講演し、出版した小冊子『近代世界の成立にとってのプロテスタンティズムの意義』を手がかりにして、この主題について検討してみることにする。

この講演は、当初マックス・ヴェーバーが依頼されたものを、その理由の詳細は不明であるが、トレルチが代わって行ったもので、当時のリッチュル学派やその他の保守主義的な歴史学者に対抗して、ヴェーバーとトレルチとの共同戦線において成立したものである。しかしまたよく注意して読むと、そこにはトレルチとヴェーバーとの相違も歴然としていて、トレルチ独自のこの問題の取り組みがよく示されている。この小冊子は『社会教説』の完成と時期を同じくして一九一一年に大幅な加筆を施された。この第二版を手がかりとすることで、『社会教説』を出版した確立期のトレルチがこの主題についてどのような立場に立っていたかを認識することができる。

ヴェーバーの『プロテスタンティズムの倫理と資本主義の精神』が近代文化の多方面の展開について（例えば政治、科学、さらには軍隊組織の近代化までも含めて）も言及しつつも、その関心の基軸を経済史に据えて、経済倫理や職業倫理に注目したのに対し、トレルチの関心は経済や政治を含みながらも、その基軸は「文化と宗教」に置かれた。近代世界とプロテスタンティズムの「成立」と、その両者の「現代における危機問題」を見据えるトレルチの視点は「宗教文化史的視点」であった。この視点をもってトレルチは近代世界の成立期を一七世紀末、もしくは一七世紀末から一八世紀にかけてと見ていた。この視点からすると、近代文化はそれ以前の「教会文化」ないし「国家的および教会的な支配による文化」からの解放と見られ、近代世界は教会的強制文化からの解放、すなわち近代的な自由の文化の出現によって規定されている。教会と国家の強制文化からの近代的な解放という捉え方によって、近代世界においては「個人の自由」が重大な鍵をなす。個人主義や良心の自由と、その組織的形態化である「国家から解放された自由教会制」が近代理解の鍵とされた。

この見方がまた「プロテスタンティズムの意義」をどう理解するかを当然決定することになる。周知のようにトレルチは近代文化の成立に対する「プロテスタンティズムの意義」については、ルター派より改革派、ないしはカルヴィニズムにより多くの意義を帰した。国家や政治関係の理解について言えば、「ルター派は身分的国家を領邦的絶対主義へと再編成する際の助け手となり、その上その絶対主義の手に教会権力を与えつつ、この絶対主義の権力手段を最高度に高めた」[1]。これに比してカルヴィニズムは、教会による魂の配慮や福祉事業を国家の事業からはっきりと区別し、国家には概して「治安と規律の番人」という役割しか与えなかった。そうすることで「カルヴィニズムは、初期自由主義の国家の理念を準備した」[2]とトレルチは言う。こうしたルター派とカルヴィニズムの相違は、両者の禁欲の相違としても強調される。「ルター派の禁欲は現世に積極的に関与することを嫌い、……本質的に順応と恭順であり、あらゆる希望を至福の彼岸に向けることであり、現世においては殉教を喜ぶことである」[3]。これに対しカルヴィニズムの禁欲は「活動的かつ攻撃的であり、世界を神の栄光のために形成しようと意志し、……細心の注意をはらってキリスト教的共同体（ein christliches Gemeinwesen）を作り出し、維持しようとする。その禁欲はこの目的のために倫理的理論と教会規律の指導によって全行動を合理化し、訓練する」[4]。

近代世界の成立に対する「意義」に関してルター派に対するこの著しく低い評価はヴェーバーと同様のもので、当時のリッチュル学派の反発と批判を引き起こした。しかしトレルチの主張における際立った特徴は、そこにあったただけではない。それよりはむしろプロテスタンティズムにまさって、それ以外の三つの潮流により多くの意義を帰した点にあった。三つの潮流とは「人文主義的神学」「再洗礼派」、それに「神秘主義的スピリチュアリズム」である。こうしたプロテスタンティズムとその内外の宗教文化的思潮との差異や交流の分析の中に、宗教史学派の神学者としてのトレルチの本領が発揮された。なお詳細を言えば、一九〇六年の『近代世界の成立に対するプロテスタンティズムの意義』第一版では再洗礼派とスピリチュアリズムの区別はまだ明確ではなく、リッチュル学派のローフスなどの批判を受け、一九一一年の第二版でトレルチはその区別を明確化させて、「三つの潮流」として提示したのである。再洗礼派とスピリチュアリズムの区別によって、ゼクテと神秘主義の区別が明確化され、「教会型」「ゼクテ」「神秘主義」というキリスト教史を概観し、分析するトレルチの三つの類型が成立することになった[5]。それはともかくとして、「人文主義的神学」「再洗礼派」「神秘主義的スピリチュアリズム」

の三つの潮流は、宗教改革期には激しい流血を伴う迫害によってプロテスタンティズムから弾圧され、区別されたもので、それゆえにトレルチは「宗教改革の継子たち（Stiefkinder）」と呼んだ。しかしこの三つの潮流、ならびにそれらとカルヴィニズムとの交流や融合の運動に、トレルチは近代世界成立の大きな起源と意義を見出した。この宗教文化史的方法による視点は、既述の「強制文化からの自由」に対する注目と関係している。この「自由」には「宗教的個人主義」「宗教的人格主義」あるいは「自由教会体制」が深く関係しているとされるからである。トレルチによれば、「ルター派とカルヴィニズムの両者ともとりわけプロテスタンティズムの巨大な問題を解決することができなかった。それは諸個人の宗教的確信という良心に従った自由な内面性を、祭儀ならびに行政の共同体の諸要求と結び合わせるという問題であった(6)」。宗教改革期から直後の一〇〇年間、つまり「カトリシズム」「ルター派」「改革派」の三大宗派の時代には、強制文化はいっそう強化され、ことにプロテスタンティズムの二宗派においては単に「祭儀」でなく「信仰」が中心であったため「教えの強制」（Lehrzwang）がカトリシズムより一段と厳しい仕方で、さらにいっそう教理的な仕方で推進されたと見られる。そこで「近代のプロテスタンティズムがその全体的傾向として国家から解き放たれた自由教会制に向かうとすれば、またそれが教会の内部に精神の自由な運動と直接的な継続的生産力に対し活動空間を作り出そうとするならば、こうした目標は大きな主要宗派（ルター派とカルヴィニズム）から由来するのでなく、一部はすでにカルヴィニズムから自由教会制への転換に対して影響力がなかったわけではない再洗礼派からであり、また一部は精神の自由と直接性を主張した神秘主義的スピリチュアリズムから由来する(7)」とトレルチは見た。

(2)「人権の父」

一九〇六年のトレルチ講演がヴェーバーの代役を務めての講演であったことは、トレルチとヴェーバーの「共同戦線」ははじめから周囲の目に明らかであったことを示している。事実、トレルチは随所においてヴェーバーとの共通の分析を語っている。しかし、それにもかかわらずいくつかの決してどうでもよい問題ではない重大な論述において、ヴェーバーとの相違があることも明らかに読み取ることができる。この相違の問題は後に触れるとして、その前にまず「人権宣言論」をめぐるゲオルク・イェリネックの研究に対するトレルチの評価について述べておきたい。トレルチは、イェリネックが人権の法制史的起源を辿って、フランス革命における人権宣言から北米諸州の憲法へと遡り、さらにその北米諸州の憲法における権利章典の規定を「ピューリタン的宗教的諸原理」から導き出したことを高く評価し、イェリネックのその点の叙述を「本当の啓発的な発見」[8]として賞賛した。イェリネックの没後（一九一一年）、イェリネックの諸論文と諸講演を収録した『イェリネック選集』二巻が出版されたとき、トレルチはイェリネック家の依頼を受けて、その書評を記した[9]。それは『イェリネック選集』に収録された諸論文や諸講演の個別的内容をめぐる書評ではなく、トレルチ自身の表現によると、むしろ「学問的ならびに人間的なこの人格（ゲオルク・イェリネック）の一つの全体像」を提示したものであった。その中でトレルチは、「われわれの文化の自己理解」という共通の課題を持って「われわれは互いによく理解しあっていた」と語っている。トレルチによれば、「イェリネックの歴史的知識は、驚くべく豊富で、深く、きわめて厳密に発展史的に考え抜かれており、そのため教化的な洞察と展望に満ちていた」と言う。なかでも重大なことは、「近代の政治的個人主義とその法律的影響との成立史」をめぐるイェリネックの努力について、トレルチが評価しつつ指摘している点である。トレルチによると、イェリネックは「歴史的に生成した国家の主権についてきわめて厳格な教説を代表したのであり、したがって自然法を完全に放棄した。しかし彼は近代世界の歴史的に発展した個人主義的法思想を肯定した。そこで彼は、そもそも自然法によって要求された諸個人の主観的権利をあの主権思想の中に挿入することを近代的国家論の主要問題にしなければならなかった」と言う。国家主権の厳格な理解を代表した思想家が、国家主権の中に諸個人の人権をどのように挿入するかという近代国家の根本問題と取り組む様を、トレルチはイェリネックの努力として見ている。その際、イェリネックは、歴史学派の立場に立って、個人の主観的権利を自然法によって根拠づけることを「幻想」と見なしたため、「その根拠づけをキリスト教文化の宗教思想の圏内に求め、そして見出し、それが啓蒙主義の影響下に諸人権や憲法の部分へと変遷したのを示した」という。トレルチはイェリネックが人権の根拠を啓蒙主義に先立って、「キリスト教文化の宗教思想」の中に求め、そこに見出し、そこから以後の変遷に手渡された事実を認識したことに深く共感したのである。

『近代世界の成立にとってのプロテスタンティズムの意義』に戻ると、そこでも重大なこととして指摘されているのは、イェリネックが北米諸州の人権宣言を「ピューリタン的・宗教的諸原理」から導き出したことである。「それら諸原理は、ただ単にイギリス的な諸自由の古い実際的な適用では満足せず、人格の自由、とりわけ宗教的確信の自由を、神と自然によって原理的に授けられた権利と見なした。つまりその本質上いかなる国家権力もそれを侵害してはならない権利として見なしたのである[10]」。つまり自然法そのものではなく「宗教的根拠づけ」によって初めて、人権の要求は国家権力を超えてより優位のものとされ、それゆえ「原理的法律的な宣言」も可能となり、また必要ともされたと言う。「単なる実定法的なイギリス法、功利主義的・懐疑的な寛容、抽象的な文献上の議論」によっては必要ともされず、成功もしなかったものが、「原理的な宗教的確信のエネルギー[11]」によって成功したと、イェリネックの意を汲みながらトレルチは語った。イェリネックの人権宣言成立史論のこうした理解と評価の中に、トレルチ自身の主張もはっきりと示されていると言わなければならない。それは人権宣言成立史における「宗教的確信」、さらに言えば「確信の宗教」(Religion der Überzeugung) の意義の強調である。

トレルチはこの「確信の宗教」を軸とした人権成立史の明確化によって、イェリネックの法制史的理解に対し、「ただ一点におけるより詳細な規定[12]」を補足しなければならないと判断した。それはイェリネックが人権成立の宗教的背景として見た「ピューリタニズム」をより詳細、またよりいっそう明確に規定することであった。トレルチによれば、人権思想とその法的確立の背景をなした宗教は、一義的なカルヴィニズムではなく、「再洗礼派的・自由教会的な諸理念と、スピリチュアリスティックな主観主義的諸理念が、神の大権の不可侵性についての古いカルヴィニズムの理念と融合して成立した総括概念[13]」であると言う。トレルチのこの理解の特徴は、人権概念の宗教的基盤として再洗礼派、スピリチュアリズム、そしてカルヴィニズムの相互浸透的な混合を示唆したことであるが、その混合の内的構成はカルヴィニズムを基盤にしているというよりも、再洗礼派とスピリチュアリズムが基盤であって、そこにカルヴィニズムの契機が採用されていると見た点にあった。この見方の根拠としてトレルチは以下の三つの理由を挙げている。第一は、北アメリカのピューリタン諸州においては当初、そのセオクラシーのために「良心の自由」の承認は欠如していた。このことは人権思想とその制度は、カルヴィニズムの優勢なピューリタニズムからは由来しがたいという例証になるとトレルチは考えた。第二は、人権の出発地としてのロード・アイランド州とロジャー・ウィリアムズの宗教的背景の特別な指摘であって、それはバプティスト派であり、ロジャー・ウィリアムズは最期には「無宗派的スピリチュアリスト」になったとトレルチは言う。第三に挙げられるのは、「良心の自由」の第二の発生地が、クェーカー派のペンシルヴェニア州であったことである。そうした判断の結果、「人権の父」（der Vater der Menschenrechte）は誰であったかという問題についてのトレルチの結論が示される。彼によれば、「人権の父は、本来的教会的なプロテスタンティズムではなく、それによって憎まれ新世界へと追放されたゼクテ（Sektentum）とスピリチュアリズムである[14]」。

カルヴィニズムとゼクテ、そしてスピリチュアリズムを加えたプロテスタンティズムの融合は、トレルチの大著『社会教説』においてはヴェーバーの概念を採用して「禁欲的プロテスタンティズム」と呼ばれている。そしてこの「禁欲的プロテスタンティズム」の「社会教説」こそが、トマス・アクィナスによって代表される中世カトリシズムの「社会教説」に次いで、キリスト教史上「第二の巨大な社会教説」であったとトレルチは言う。この主張の中にトレルチ『社会教説』の一大結論があったと言ってよい。そしてこのプロテスタンティズムの融合の構成をさらに詳細に規定すると、既述のようにトレルチの理解は、「再洗礼派やスピリチュアリズムの諸契機を持ったカルヴィニズム」ではなく、「カルヴィニズムの神観念を融合させた再洗礼派的、スピリチュアリズム的総括」という見方であった。この視点が人権の由来をめぐる問題だけでなく、さらに広い展望において「イギリス革命」と「独立派」の理解をめぐっても指摘されることになる。

(3) イギリス革命と「近代的自由への道」

「人権の父」の歴史的淵源を探究して、トレルチは「イギリス革命」と「その偉大な宗教的運動」である「独立派」の考察に向かった。彼は「独立派」を再洗礼派の影響に強く浸透されたものとして理解した。これに神秘主義的スピリチュアリズムの要素が加わり、巨大なプロテスタント的混合が宗教的背景をなし、短期間のイギリス革命を経て、その後に近代的諸原理が残されることになったと判断した。そうした近代的諸原理としてトレルチは、「教会と国家の分離、さまざまな教会共同体相互の忍耐、教会団体の形成における自発性原理、世界観と宗教のあらゆる事柄における確信と言論の自由といった偉大な諸理念」が達成されたと語った。「ここにおいて中世的な教会文化の終焉がもたらされ、国家的、教会的な強制文化に代わって教会から自由な、近代的、個人的文化の開始が登場した[15]」とトレルチは語った。国家と教会の強制文化に代わりながら、それなりに教会との関連を欠いているわけではないこの近代的自由の文化は、「やがて世俗化され、合理主義的、懐疑主義的、功利主義的な寛容理念によって覆われてしまったが、さしあたっては純然たる宗教的思想」であった。「イギリス革命がその宗教的な根をもって近代的自由の軌道を敷いたのである」。しかしそれは元来、プロテスタンティズムの働きというべきではなく、「新しく活性化された再洗礼派とスピリチュアリズム、急進化されたカルヴィニズムと融合した再洗礼派とスピリチュアリズムの働き[16]」であったと言う。これによって再洗礼派という「忍耐の宗教」(Religion der Duldung) と神秘主義的スピリチュアリズムという「良心的確信の宗教」(Religion der Gewissensüberzeugung)、これら「宗教改革の継子たち」はついに「世界史的に重要な時期」を体験し、一六世紀に甚だしい迫害を受けたのに対して遅まきながら、その償いを一七世紀に受けたと言うのである。

近代文化とプロテスタンティズムの関係についてのトレルチの考察は、さらに経済、社会、科学、芸術などの分野に及ぶが、基本的に既述の道の延長線上を歩んでいる。近代世界の成立に対する意義が帰せられるのは、プロテスタンティズムそのものではなく、カルヴィニズムの契機が取り込まれたプロテスタント的混合の働きであり、中でも「宗教改革の継子たち」の意義をトレルチは強調した。「宗教的寛容と良心の自由は主としてスピリチュアリズムの働きであり、結社としての教会と、宗教的共同体の国家に対する自立は、再洗礼派とそれに接近したカルヴィニズムの働きである。キリスト教とその資料の文献学的な歴史的理解は、人文主義的神学に負っている」[17]。こうしたプロテスタント的混合に注目する視点は、トレルチの当初からのものであるが、『社会教説』の成果によってさらに確固としたものにされたと言ってよい。したがってトレルチは近代世界の成立史において「プロテスタント的近代」の成立を語ったと言ってよいが、そのときの「プロテスタント」概念は、ルター派とカルヴィニズムの二大宗派によるプロテスタンティズムではなく、あの三つの思潮に重点を移して、カルヴィニズムとの融合を意味させるという仕方で、修正された「混合的プロテスタント」概念であったと言わなければならない。

(4) ヴェーバーとの類似と相違

トレルチの近代成立史の理解、それとプロテスタンティズムの意義の理解は、マックス・ヴェーバーとの共同戦線の中で遂行されたものであるが、この二人の共同戦線はヴェーバーの圧倒的な影響下にありつつ、ヴェーバーの方もまたトレルチから学ぶ関係にあった[18]。その上で両者の共同戦線にはすでに述べたように諸点において互いに相違もあったのである。トレルチの議論の主要な線は、イェリネックの理解を継承し、それをさらに補足するものであったが、その主要な線がすでにヴェーバーにはないプロテスタント宗教史の分析であった。さらに細部の議論に入っていくと、トレルチもヴェーバーと同様プロテスタンティズムの「世俗内的禁欲」を強調した。それがルター派においては禁欲の保守的受動性として見られたのに対し、カルヴィニズムでは「世俗内的禁欲」による現世社会の新しい形成が積極的に展開されたことが指摘される。この点も両者の間にさしたる相違は見られないと言ってよい。「選びの教説」や「救いの確証」の問題が取り上げられたことも同様である。「救いの確証」はトレルチによれば中世における伝統的な宗教問題であって、宗教改革者もプロテスタンティズムもそれを継承していた。

ピューリタン・カズイストリにおける「実践的三段論法」(syllogismus practicus) を「宗教的不安の心理学」によって理解すべきかという問題があったが、トレルチはヴェーバーと異なり、「救いの確証」をめぐる「宗教的不安の心理学」に特別な位置を与えることはしなかった。ピューリタンの禁欲を「不安の心理学」によって説明することはしなかった。トレルチはむしろ純然たる「律法の第三用法」の線で、「神の栄光のため」の「世俗内的禁欲」を理解した。ヴェーバーの場合のようないわば屈折した禁欲の理解をトレルチの議論に認めることはできない。むしろ禁欲の変質が、「神の栄光のための禁欲」から「人間の栄光のための禁欲」への変化として指摘された。「被造物神格化」の拒否についてもトレルチはヴェーバーと同様に語る。しかし注目すべきなのは、諸価値の自己目的化こそ「被造物神格化」であるとトレルチが指摘した点である。この視点から言えば、「神の栄光のため」から離れた「ザッへの献身」は、やはり被造物神格化を冒すことを意味すると解釈されなければならない。

トレルチとヴェーバーが大きく異なるのは、現代における「近代の危機問題とキリスト教との関係」についてである。現代人は例えば禁欲に対するキリスト教的支持をもはや「妨害」と感じているとヴェーバーが主張したのに対し、トレルチは「人格と自由」はその危機に直面して、「神への飛躍」や「宗教的基盤」の支持を必要としていると語る。この点は次項において扱うことにする。

それにしても一九〇六年において、さらには一九一一年にも、トレルチとヴェーバーが互いの相違をどれほど意識していたかという問題は疑問としてあるであろう。一九一〇年、トレルチ夫妻は彼らの息子の幼児洗礼式に際して、ヴェーバー夫妻にその立会人の役割を務めるように求め、ヴェーバー夫妻はその求めに応じている。しかしキリスト教に対するトレルチとヴェーバーの相違や距離はすでに十分大きなものがあったことは否定することができない。彼ら二人とその家族がハイデルベルクにおいてネッカー河畔の同じ家に生活していた頃のことを、トレルチ家を親しく訪問していたゲルトルート・フォン・ル・フォールは簡潔に以下のように記した。「彼（トレルチ）が究極的にキリスト教と結びついていたことが、それ以外のことでは非常に尊敬していたマックス・ヴェーバーに対する彼の関係を時おり妨げていた[19]」。この記述はル・フォールらしい抑制した表現であって、実際の両者の隔たりは少なくともトレルチの側からは深く大きなものとして感じられたと思われる。

(5)「宗教的人格主義」の現在的意義

トレルチがヴェーバーと異なった最大の問題は、「近代の個人主義」をトレルチが「宗教的個人主義」として、また「宗教的人格主義」として理解し、それを保持しようとした点にあった[20]。この点でトレルチの近代世界の成立をめぐる解釈は、トレルチの現代における近代世界問題との密接な関係を持っていた。『近代世界の成立にとってのプロテスタンティズムの意義』においてトレルチは語った。「プロテスタンティズムはまさしくこの宗教的個人主義の形成とそれを一般生活の広がりの中に導き入れたことにその意義をもっている。したがってそれが近代世界を招来させるのに著しく関与したことははじめから明らかである[21]」と。「宗教的個人主義」の中にトレルチは「プロテスタント的近代」の根本特徴を見ていたのである[22]。彼は次のように語った。「近代の個人主義・合理主義そのものは、ただ単に批判と解放に由来するばかりでなく、キリスト教によってわれわれの文化全体の魂に身についた形而上学や倫理学の中にその最も深い根をおろしている。この点に関してわれわれは、教会やキリスト教に対する現在のいかなる敵意や、いかなる自然主義的ないし美的な汎神論などによってだまされてはならない[23]」。ここでは「近代の個人主義」だけでなく「近代の合理主義」についてもその宗教基盤に根差した仕方での理解が示されている。さらにこう言われる。「預言者の宗教とキリスト教とがわれわれに接種した宗教的人格主義がなければ、自律、進歩に対する信仰、すべてを包括する精神の共同体、われわれの生の確信や労働への衝動の不滅性と力は、まったく不可能であろう。これらの思想の大部分を、何らかの意味でキリスト教的な思想であると意識し肯定している。われわれの世界は、これらのキリスト教的思想を否認もしくは無視するときですら、やはりその色彩をおびている[24]」。トレルチの文化哲学は、内容的に言って、近代の危機との闘いであったが、それはキリスト教の伝統的資産の保持と活性化によって近代の危機を克服する試みであり、したがってまた同時に近代の危機問題の文脈におけるキリスト教に対する信頼の表明であり、そういう形でのキリスト教弁証学であった。このキリスト教の保持と活性化による近代の危機の克服というプログラムにおいて、トレルチはヴェーバーとまったく異なっていた。

トレルチの「宗教的人格主義」の人間理解は、一九〇六年の講演にも示されていた。そこでは、近代世界を特徴づけている「個人主義」は「はるかに深く強力な根」を持っており、それを特徴づけているのは、「人間の規定についてのキリスト教的な理念そのもの」であると言われている。それによると「人間は、あらゆる人格的な生の根源にして同時に世界の根源である神への飛躍によって、完成された幸いな人格になるべく規定されている」。この「神への飛躍は、まさしく神の霊によって捉えられ、形成されることである[25]」。トレルチは「宗教的人格主義」と「宗教的個人主義」をことさらに区別してはいない。しかし注意すべきことは、「宗教的個人主義」はトレルチにおいては一方で神秘主義の類型化に深く関連したのであるが、それ自体純然たる神秘主義のままに肯定されているわけではなく、常に共同体との関連におかれていた点である。その意味で「個人主義には明白に限界がある」とされ、「その木々を天にまで伸ばしてはならない[26]」とトレルチは警告もした。この宗教的個人主義と宗教共同体との結合の主張は、ヴェーバーの言う現代の生活諸秩序との乖離による宗教の合理化としての「心情化」の認識とは明白に異なっている。トレルチによると「祭儀」なき宗教は「半分だけの宗教」(Halbreligion) にすぎない。宗教の生命は、「祭儀共同体」の中に生き続ける。したがって、近代における「宗教的個人主義」は当然、その基盤として「宗教共同体」を必要とし、「祭儀共同体」を必要とする。そこでトレルチは、近代の危機問題を「人格と自由」の試練の中に見ながら、「人格と自由」を支え、宗教的個人主義を健全に保持する宗教的共同体の形成を求めた。そのことが一方では、歴史のイエスの人格がもっている宗教共同体的な意義の主張になり、他方では宗教的個人主義を生かした教会政策の展開の必要を強調することになった。ヴェーバーが「ザッヘへの献身」に責任倫理的に決断したところで、トレルチは「自由と人格」の宗教的基盤形成を試み、教会政策を追及した。この問題を次に検討してみよう。

2　「近代の危機」と「新プロテスタンティズムの教会政策」

(1)「近代の最善」と「近代の危機」

近代文化の特徴をどのように理解し、その長所をどこに見、またその危機をどのように把握するかということは、「近代世界とプロテスタンティズム」の問題意識の中で決定的に重大なことである。トレルチは近代文化の中に「自由と人格の思想の膨大な拡張と迫力」とを見た。そしてそれによって近代文化が性格づけを与えられている点に、近代文化の「最善の内容」[27]を認めた。ここにトレルチの近代世界理解の基本的なスタンスがある。そこで「プロテスタンティズムの意義」は、当然、この「近代文化の最善」に対して「きわめて強力な基礎」、しかも「それ自体として独立した宗教的形而上学的基礎」を与えていることにあると言われる。「近代文化の最善」についてのこの理解と、トレルチのプロテスタンティズム論、つまりスピリチュアリズムにおける「良心の自由」や再洗礼派的「自由教会」の積極的評価をプロテスタンティズムの混合の中に位置づける見方とは相互に関連している。Fides quae creditur（信仰の内容）以上に fides qua creditur（主体的な姿勢としての信仰）を強く受け取る「信仰の宗教」、あるいは「確信の宗教」としての近代プロテスタンティズムの理解も、それと同一線上にあると言ってよい。そこで「近代の最善のものは、以下のようなキリスト教である」とトレルチは語った。つまり、「神の啓示のもっぱら内的な確信に基づき、この確信を歴史によって養い、堅固にし、この啓示に対する信仰のうちに、倫理的に深められ新しくされた個人的ならびに総体的な人格を成立させるキリスト教である(28)」と。歴史に支えられつつ啓示の信仰に生き、自由と人格の支持的基盤であるキリスト教、それがトレルチの理解した「近代の最善のもの」であった。「近代の最善のもの」としてのキリスト教は、「近代文化の最善」である自由と人格が必要とした宗教的支持基盤であるし、またそうでなければならない。

トレルチはしかし「近代文化の最善」が「近代の危機」の中にあることも認識していた。近代文化を肯定し、その安住感の中に身を置く生き方を「近代主義」と言うならば、トレルチは近代主義者ではない。彼がその若き時、一八九六年、アイゼナッハで行われた神学的会議の席上「すべては揺れている」と語って、カッテンブッシュなどリッチュル学派の神学者たちから失笑を買ったというエピソードはよく知られている(29)。トレルチの目には「近代世界とプロテスタンティズム」の問題は危機意識を回避し得ない問題であった。この意味でトレルチは、弁証法神学に先立って「危機の神学者(30)」であったと言うことができる。「近代の危機」はトレルチによって、近代文化とその精神の中に架橋しがたく深く横たわる「分裂」という形で認識されていた。この「分裂」は、とりわけ近代の国家と経済の文脈で深刻に認識された。国家の文脈を言えば、近代は「外に向かっても内に向かっても最高の地上権力である主権国家」の理念を生じさせた。国家は近代の偉大な創造物であり、巨大な軍隊と官僚機構を伴う此岸的、合理的原理であると言われる。それは、「あらゆる文化と理性の全体性」として自己を確立しようとする。これに対し近代文化の最善は、「自由の文化」であって、「画一化への傾向をもつ国家の合理主義に屈しない」。近代はその「偉大な創造物」と「最善のもの」とで分裂している。「一方では全理性文化を国家への吸収に及ぶ徹底した合理化、他方ではこれに反抗して個人的＝人格的、宗教的、精神的な事柄の侵しえない権利の感情およびそれに伴う無数の非合理的な力[31]」があると言う。

経済の文脈を言えば、近代の「分裂」はとりわけ経済的発展においてキリスト教との真っ向からの「対立」に立ち至っている。トレルチによる資本主義経済の現在状況に対する分析は、ヴェーバーの「鉄の檻」の認識とほとんど同質のものである。「個人と人格の価値は……資本主義によって低下する。資本主義には大体において非人格化の作用がある[32]」。トレルチはこう語って、資本主義の矛盾した「運命」を指摘した。「政治的＝法的個人主義、交通・居住の自由、個人が自分を好きなように扱える自由、これらが資本主義の前提であって、これがなければ資本主義は成立できなかったし、それゆえこの前提を、自分に有益である限り保持しようと努める。しかしこの自らの前提をたえずくりかえし破棄せねばならぬのが資本主義の運命である。資本主義は個々人をただ企業家また労働力としか見ず、この両者を『資本』という抽象物の仮借なき論理に服せしめる。この抽象物はその非人格性をいたるところに広め、人格としては資本主義の勇敢な傭兵隊長しか残さない[33]」。こうして資本主義による人間の「非人格化」が認識され、さらにそこから「新しい従属関係」が生み出され強化される事実が、指摘された。「資本主義は大企業の回りに雪だるま式に新しい従属関係を膨れ上がらせ、古代の奴隷関係や中世の従属関係との類比物を創り出す」。トレルチの視線はさらに「国際金融」に向けられた。「近代の従属関係には、これら昔の形態にはあった人格的要素が全くなく、国民と国家とは国際金融資本への従属から逃れられない[34]」。

それではこのように認識された「近代の危機」の中で、「近代の最善」は維持され得るか。また、いかにして維持され得るか。トレルチの総括的な判断はペシミスティックに傾いていると言わなければならない。「われわれの経済的発展はむしろ新しい隷従に向かって舵を切っている。われわれの強大な軍事的ならびに行政的国家は、あらゆる議会の活動があるにしても自由の精神にとって決して有利ではない。専門主義に陥っているわれわれの科学や、熱に浮かされたようにあらゆる立場を審査することで疲れ果ててしまったわれわれの哲学、それに過敏症を養っているわれわれの芸術が自由の精神にとってより有利であるかどうか、当然疑ってよい[35]」。この「近代の危機」に対抗してトレルチが採る対策は、「自由と人格」の思想に対する宗教的支持基盤を確保し、維持し、その伝統的資産を活性化させることであった。それが彼の宗教哲学と神学の全体的な営みの課題をなした。そのためにプロテスタンティズムの理念と生活世界を集約し再活性化させるというトレルチが生涯をかけた課題があった。この課題の認識によってトレルチはヴェーバーと著しく相違した。ヴェーバーが「人格の自由」を「鉄の檻」の中での「価値神の選択」と「ザッヘに対する情熱的献身」に見出したのに対し、あるいはなお細分化した科学への禁欲的献身に賭けたのに対し、トレルチはそこに近代の危機の克服の可能性を見てはいなかった。ヴェーバーの目には古き宗教への回帰に見えたに違いないが、トレルチはキリスト教の理念と生活世界を新しく集約させ、そして再活性化させることによって、「近代的文化の最善」である「人格的自由の文化」を保持する可能性を探った。このトレルチの道は、神の言葉への集中、つまりは神が人間に身を向けてくださることに賭けた、後の「危機の神学」とも明らかに異なっていた。トレルチはキリスト教的宗教基盤に蓄積された資源の再活性化によって、「現代的ヨーロッパ文化総合」の現代的・歴史的建設を企てることにより、「キリスト教的文化」の可能性をなお探究し、形成しようとした。筆者が今から四〇年前にテュービンゲンの博士論文『エルンスト・トレルチにおける形成の神学[36]』（Theologie der Gestaltung bei Ernst Troeltsch, 1977）において扱ったのは、まさにこのトレルチの歴史的、現代的にして宗教的な建設の構想とその格闘であった。歴史的に伝承されたキリスト教的資源の再開発による「プロテスタント的近代」の再建はトレルチによってなお放棄されていなかった。その「建設」の理念によってトレルチの危機意識は薄まったのでなく、むしろ具体性をもって格闘され続けたのである。

(2)「近代の危機」との闘い――「自由と人格」の「宗教的理念」

トレルチにおける近代の危機との闘いは、キリスト教的理念と生活世界の両面における歴史的な宗教的資源の再活性化を図るという課題になった。キリスト教的理念の集約と活性化という面は、具体的には、宗教哲学を根拠にし、「キリスト教の本質」の規定に基づいた「信仰論」の展開になる。キリスト教生活世界の再活性化という課題は、一つには「社会教説」の歴史的研究を踏まえたキリスト教倫理学の形成と「現代的ヨーロッパ文化総合」の企てである。しかしそれにはまた、キリスト教的理念を担って「現代的ヨーロッパ文化総合」の中核を形成する祭儀的、宗教的共同体の再編的形成が不可欠であった。つまりトレルチの近代文化の危機との闘いは、宗教哲学と信仰論、倫理学と歴史哲学の総合的課題であったとともに、もう一つ、教会共同体の再編的形成をめぐっても戦われなければならなかった。この最後に挙げた課題が、トレルチの文化学的に遂行された「教会政策学」によって追求されたと見てよいであろう。以下にまず、「自由と人格」を支持する「宗教理念」の理解を扱い、その上で項を改めてトレルチの「教会政策学」について言及することにしたい。

「自由と人格」を支える「宗教的理念」の集約と活性化という課題は、「信仰論」の中でもとりわけその「神思想」と「人間の魂の理念」によって遂行された。ただしRGG第一版でトレルチが担当した教義学的な諸項目の論稿や、G・フォン・ル・フォールの筆記によって遺された「信仰論」のハイデルベルク講義、その他『キリスト教の絶対性と宗教史』や『社会教説』巻末の文章に残されている形では、「人間の魂の理念」もさることながら、「神思想」が圧倒的な偉力をもって迫る。トレルチの「信仰論」はまず「キリスト教の本質」の規定にもとづき、その規定内容を「神」「世界」「人間（魂）」「救済」「終末」等の思想群に従って概念的に展開したものである。トレルチの「キリスト教の本質」は、「預言者的キリスト教的な人格的救済宗教」として規定された。これはまた「宗教的人格主義」あるいは「宗教的個人主義」とも言われた。「キリスト教の神信仰は、中途半端な人格性の宗教や非人格性の宗教とは対照的に、つねに完全な人格性の宗教である」[37]と言われる。そこにおいて神は「自由と人格の力」として理解され。その際中心的な問題は、「この自由と人格の力」をどのように理解し、展開するかである。トレルチは「神概念の人格性」を神における「意志」と「本質」によって理解した。神は「絶対的な意志」であるが、しかしその意志は「恣意」ではない。その意味で神の「意志」は神の「本質」と不可分である。神の「本質」は意志の目的と関係し、意志の恣意性を克服する。「神はあらゆる恣意を排除しながら、自身で自身に目的を措定する意志として、表象されて現われる(38)」。しかし神は「絶対的意志」であるから、いかなる外的な目的や外的な根拠からの規定性も存在しない。神の意志自らが、その目的や根拠を措定する。それは「神の意志の純粋に自由な措定」である。神の意志の絶対性の中に目的もまた位置づけられる。こうして神の人格性は、神の人間化、神の有限化でないことが力説される。「神の人格性」の問題は、フィヒテの無神論論争以来、神の有限化を意味すると疑われた。ドイツ・イデアリスムスの中で人格概念は、人間の自己意識からの規定を受けて、有限的なものと考えられたからである。そこでトレルチは、「神の人格性」(Persönlichkeit) よりもむしろ「神は人格を帯びている」(Personhaftigkeit) という方をより適切な表現として語った。トレルチはまたフォイエルバッハ以後の神学者として、ただ人間の自己意識に対応した人格概念による神の有限化を回避しようとしただけでなく、およそ神を人間学的に解消する傾向に対する警戒の中で、神の人格性を語った。「神が人格を帯びている」という仕方で、「神的本質の中核を人間の最高の倫理的・宗教的な力と類縁性のあるものとして考える」が、それは神学の人間学的還元を意味するものではないと言う。そのためには「信仰論」における努力だけでなく、そのための「宗教哲学」における努力があった。具体的に言うと、「宗教心理学」によって宗教を他の実在に還元できない宗教的実在との関連性において語る努力を傾け、さらには「宗教的アプリオリ」を主張したのも、フォイエルバッハ的な神と人間、あるいは神学と人間学の関係の転倒による還元、すなわち神学の人間学への還元を克服するためであった。このことはまた『信仰論』における神概念での人格性の主張の中にも現れる。神の人格性を「自由と人格の力」として語ることは、確かに人間の自由や人格と、神の人格性とを「類比」や「神人同形論」に置くことになる。したがってまた「神概念は人倫的自由の類比に従って規定されるべき」とすることは、神の人間化、有限化を意味しないかと疑われる。この疑いに対し、トレルチは「類比」は神の人間化ではなく、逆に「人倫的自由（die sittliche Freiheit）こそは最高の価値[39]」であることを意味すると語った。それは、「神的意志によって無制約的な価値が措定されることを意味しており、神そのものを有限な行動的意志とは見なさない」と語ったのである。キリスト教の神概念は決して人間それ自体の中や、人間の幸運の中に世界の目的を見ることをしない。むしろ「被造物の精神的・人格的な、そして神と一体となった生のうちにのみ世界の目的を見る」。「この目的はあらゆる精神の目的」であって、「これは神的目的の人間化などではなく、むしろ逆に、人間的目的の神化なのである[40]」とトレルチは主張した。つまり、「類比」や「神人同形論」は神の人間化・有限化でなく、逆に人間精神の最高価値の無制約化であり、人間目的の神化であり、その意味で「自由と人格」の力であるとされたわけである。「類比」が人間学への神学の解消ではなく、人間の最高価値の神的高揚であるというのは、神の実在性を前提にして成立するわけで、そのために既述したように「宗教哲学」や「キリスト教の本質規定」の作業があった。「信仰論」による宗教的理念の再活性化は、そうした全体的作業の一環として、キリスト教信仰の蓄積の集約化と再活性化として営まれた。この宗教的理念に対しトレルチはさらに「イエスの歴史性」とそれを中心にした「祭儀共同体」によって補強を加えている。しかし神の実在性の議論は、「啓示的な根拠」から明らかにされなければならなかったであろう。この点については「歴史的啓示」についての歴史的、ならびに神学的な考察が必要である[41]。この点では、キリスト教弁証学はキリスト教教義学と相補的な関係に立たなければならない。

それにしても「自由と人格」の無制約的な価値措定を、神の意志の自由な自己決定から語ることにトレルチは成功したであろうか。神の絶対的な意志はなぜその「本質」を人倫的自由に見るのか。神の意志がなぜ「人格と自由」を措定するのか。神はいったいなぜ「人倫的自由」なのか。この「類比」の根拠は、トレルチの場合「神の意志」の中、すなわち「神御自身の内」において明らかにされたであろうか。「類比」が神の人間学的解消でなく、人間の神的力づけになるとしても、人間の何に類比を見出すかは、「神の絶対的意志」の内容から来るであろう。神の人格性は、人間に対して類比を持つ前に、「神御自身の内」にあって「三位一体の関係」の中において明らかにされるべきであろう。そこから神の意志もまた三位一体的な意志として理解されなければならない。その中で初めて「自由と人格の力」としての神の意志と、その意志の自己決定について語られ得るはずである。しかしトレルチにおいてこの三位一体、特に神御自身の内なる三位一体の学的展開が欠如していたことは、キリスト教の歴史的資産の集約と活性化の関連において大きな欠陥であったと言わなければならないであろう。それはまた歴史の学的対象である「歴史のイエス」が信仰の対象である「御子にいます神」といかにして同一性において認識され得るかというキリスト論的問題とも関連していて、トレルチとしてはこの難問の所在をきわめて明白に認識しながら、神学的表現にもたらすことができなかった。

このことと無関係ではないが、トレルチのここでの議論のもう一つの問題は、人間の自由と人格が神の意志によって無制約的に価値措定されるという筋道、つまり「類比」による人間の神化の思想は、「神と一体となった生」という仕方で精神の自由を捉えるために、逆に神と人間の「断絶」が不十分になることである。断絶を承認した上での対応として、神と人間の「類比」の中で「贖罪論」が位置を持たなければならなかったであろう。人間の自由と人格の力づけが「贖罪論」を欠いたままで構想されたこともトレルチの問題性として指摘されなければならない。それは人格と自由の思想が、再度ヒューマニズム化へと傾斜する危険性を宿していたことになると思われる。

(3)「近代の危機」の克服――「宗教文化史的教会政策学」

「近代の危機」に抗して「自由と人格」の宗教的基盤を保持し活性化するためには、宗教的理念を集約し、再活性化させる信仰論的な神学的努力とともに、宗教的共同体の形成をめぐる政策が不可欠であった。トレルチはこの問題にも生涯を通して取り組んでいるが、とりわけ『社会教説』以後の教会政策と第一次世界大戦直後の教会政策に注目する必要がある。しかしその前にまず、教会に関するトレルチの議論の「方法論」を理解しておく必要があろう。トレルチは『信仰論』やRGG第一版の論考などにおいて、信仰論的な教会論を論じた。「信仰論的教会論」は「キリスト教の本質」からの信仰共同体論の構想を表している。それは宗教共同体の宗教経験と宗教的自己意識の中に含まれている共同体理念の表現である。この「信仰論」的方法は、信仰告白や教会の教義に基づき、あるいは啓示に基づきながら聖書的証言に即して展開される「教義学的教会論」とは異なっている。しかしここでさらに指摘したいのは、彼の教会論には、「信仰論的教会論」と関連しながらも、必ずしもそれと同一でない「教会政策学」の試みがあるということである。これは歴史的ならびに社会的な現象として教会共同体を理解しながら、現代における教会の現実と課題を分析し、その課題の解決方向を追求する歴史的な宗教的文化学としての政策学である。その後の神学史上の「教義学的神学」によって、トレルチのこの歴史的な宗教的文化学による教会政策学は継承されなかった。そのため神学的教会論は盛んに論じられながら、現象としての教会共同体の経験の事実やその面での欠陥と課題の認識からは遊離したままで、有効な教会政策を打ち出すことができないものであった。教会論は啓示の認識として栄えながら、現象として存在する教会は硬化し、貧困化することを止めようがなかったのである。もちろん「教義学的教会論」が常に観念論的であるわけではない。教義学は本来歴史的現実から遊離するものではない。教義学的教会論と宗教文化史的に方向づけられた文化学的な教会政策学とは、「歴史的啓示」の認識によって媒介可能なものである。その意味でもトレルチの教会政策学は改めて注目され直してよいであろう。

それではその内容は何か。トレルチがこの問題に特に勢力的に取り組んだのは一九一〇年代の初めであったが、それとも一つ第一次世界大戦直後であった。戦前の教会政策の中心は、当時のドイツ福音主義教会の中に「宗教的主観主義」や「良心の自由」、そして「宗教的個人主義」の真理契機をより多く、より根本的に取り入れることであった。それはトレルチの近代成立史におけるあの再洗礼派的ゼクテや神秘主義的スピリチュアリズムの意味認識、ならびに人文主義の貢献を承認したことに対応していた。そうした諸契機をプロテスタント的な混合の中で生かす道を彼の宗教的な生の場であるドイツ福音主義教会の中に取り入れようと試みた。その教会政策上のスローガンが「国民教会の柔軟化」[42]（Elastizität der Volkskirche）であったことは容易に理解できるであろう。トレルチはこの関連で、クロムウェルの独立派的契機をもった教会政策を念頭に置いていた。[43]その際トレルチは自らの神学が、「スピリチュアリスティック」であると自認していたが、決してスピリチュアリスティックに「祭儀共同体」を希薄化させる主張を掲げたことはなく、また「われわれが必要としている新しい教会はわれわれによって造られるのでない」[44]ことも自明としていた。トレルチは終始、教会は「純粋な精神的共同体」であり、その「共通精神」（Gemeingeist）は「イエスの霊」（Geist Jesu）であると理解した。それゆえ歴史のイエスの人格を中心にした祭儀共同体的教会論に立って、国民教会としてのドイツ福音主義教会の中に位置していた。その中に「主観主義や個人主義の契機」を採りいれ、「確信の宗教」「自発的契機」「自由の契機」をいっそう取り込もうとした。それは国民教会の硬直化を取り除いて、宗教のコミュニケーション能力を活性化させる試みでもあった。そのようにして「自由と人格」の宗教共同体的支持基盤の保持と形成を図ったのである。

第一次世界大戦直後、トレルチの教会政策はさらに変化を見せた。かつては「教会と国家の分離」についても、ドイツの教会の歴史的現実に即応して、一方の国教会体制と他方の自由教会制の間の中間的な位置を構想していた。しかし今やトレルチはもはや「国民教会の柔軟化」でなく、教会の内外における「結社」の意味をいっそう闡明に表明し、主張した。それは自由教会制へのいっそうの接近とも見られるが、他方彼はアングロサクソン的な自由教会はドイツでは「どのみち不可能」[45]とも判断せざるを得なかった。ドイツの現状とそれに即応するトレルチの歴史的現実主義が、彼の幻想をうちのめした。「人格的で親密な交わり」にかろうじて期待を寄せつつ、「結社の自由」による「自由教会」形成に確信を持って踏み出すことができなかった。敗戦とワイマール・デモクラシーの形成課題に直面して、トレルチの教会政策は十分な展開を示すことができなかった。あまりにも突然の死が、五七歳のトレルチの地上の生を奪ったからでもある。ただ死の直前のいくつかの文章を手がかりにして彼の最後の教会政策学的発言を把握することができる。[46]

[附論３] もう一つの近代——フランス革命の理解をめぐって

近代文化とその諸思想は、中世の統一的強制文化の崩壊とともに出現したが、はじめから単一な原理による包括的文化として開始されたわけではない。近代の経過とともに、国家、経済、社会、文化の諸局面に分裂的・対立的な諸現象が出現し、近代世界は多元的・多形態的な発展の中でアイデンティティの模索を続けた。この中で、「プロテスタント的近代」に対し、「もう一つの近代」の大きな流れが出現した。「非プロテスタント的近代」であり、「キリスト教なき近代」である。一般の理解ではこれは啓蒙主義的近代で、近代世界の主流と考えられている。しかし啓蒙主義は地域差が歴然としており、例えばスコットランド啓蒙主義やドイツ啓蒙主義を「非プロテスタント的」とか「キリスト教なき近代」と言うことはできないであろう。アブラハム・カイパーは「もう一つの近代」をむしろ「フランス革命」とそこから発する「近代主義」の中に見た。この「もう一つの近代」の諸問題の理解を媒介にすることで、「プロテスタント的近代」とその可能性の理解をいっそう深めることができるであろう。

(1) カイパーのフランス革命理解

アブラハム・カイパーは一九世紀末にあって、依然として近代文化形成の主流は「カルヴィニズム」であると語った。この場合の「カルヴィニズム」は、狭義の神学的あるいは教会教派的なカルヴィニズムではない。カイパーは、包括的かつ統一的な「生の体系」(life system) としてのカルヴィニズムを構想した。それは宗教と教会のみならず、国家、家族、社会、科学、芸術など生の全領域を包括した一大文化原理を意味した。そこから同様な一大文化原理、包括的な生の体系としての「近代主義」が対抗的に出現しているのを問題にした。それがフランス革命から出発したと言うのである。

カイパーの「フランス革命」観、ならびに「近代主義」の理解のためには、彼の「生の体系」概念とともに、それによる世界史理解の構想を把握しておく必要がある。カイパーは有名なプリストンのストーン講義（一八九八年）の中でこの「生の体系」の概念と世界史理解の構想を描いた。[47] それによると人類史上いくつかの「生の体系」が出現し、歴史を形成している。「生の体系」は、宗教的な核を持ち、それがさらに人と人との関係、そして人と世界の関係の中に規定的な影響を及ぼすことで形成される統一的、包括的な生の原理である。カイパーは世界史上五つの「生の体系」を識別した。それは、「異教主義」「イスラム主義」「ローマ主義（カトリシズム）」、それに「カルヴィニズム」と「近代主義」である。こうした「生の体系」としての「カルヴィニズム」は、トレルチが中世カトリシズムに対して、キリスト教史上第二の巨大な倫理的勢力をプロテスタンティズムの中にみて、それをヴェーバーの概念を採用しつつ「禁欲的プロテスタンティズム」と呼んだものに対応する。カイパーの「カルヴィニズム」は、この「禁欲的プロテスタンティズム」と大きく重なると言ってよいであろう。キリスト教史の理解を専門とするトレルチは、近代世界の成立に対するプロテスタンティズムの融合の意義に注目して、その中に浸透した再洗礼派やスピリチュアリズムの契機が果たした役割に注目した。こうした宗教改革の継子たちの意義について、カイパーは特に語ったわけではない。再洗礼派については別の角度で問題にしている。しかし「禁欲的プロテスタンティズム」における再洗礼派やスピリチュアリズムの諸契機の評価の詳細を別にすれば、カイパーの「カルヴィニズム」とヴェーバー＝トレルチにおける「禁欲的プロテスタンティズム」は同一のものと言ってよい。実際、トレルチは「禁欲的プロテスタンティズム」を「総合的勢力」（Gesamtmacht）として認識したのであり、「新カルヴィニズム」をそれとの同一線上におき、カイパー自身をもそこに位置づけている。[48]

カイパーの立場としての「カルヴィニズム」もジュネーヴのカルヴィニズム（古カルヴィニズム）そのものでなく、そこからの発展の中に本質を表しているものであって、「良心の自由」を含むもので、トレルチの言う「新カルヴィニズム」であった。いずれにしてもカイパーによれば、既述の諸原理はそれぞれに神と人との関係の解釈を根本にして、その上で人と人との関係、さらに現世的世界に対する関係を展開させている。したがってカイパーは、東方教会のキリスト教を「生の体系」には加えなかった。それが政治や経済に対する規定力を欠如しているからというのがその理由であった。もう一つ再洗礼派も加えなかった。再洗礼派はこの世界からの逃避を企て、西ヨーロッパの多くのプロテスタントの間に「無世界主義」(49)（Akosmism）が生じた原因をなしたとカイパーは語った。カイパーは「カルヴィニズム」における「一般恩恵」を強調したが、それによって「無世界主義」を克服し、「生の体系」の宗教的基盤を据えることができると考えたからであった。もっとも「一般恩恵」による以外に宗教の「無世界主義化」を回避できないわけではない。創造論とともに終末論もまたキリスト教の世界理解を不可欠としている。それにしても「宗教の無世界主義」を再洗礼派に帰したカイパーの主張は、ヴェーバーの言う宗教の「心情主義」や「無世界主義」への撤退の主張に対して何年も先行した記述であるだけに、ヴェーバーに対しても重大な意味を有するであろう。

「生の体系」の理解とともに、カイパーの人類史の進行をめぐる巨大な構想にも注目しておく必要がある。「一つの世界潮流」があって、そのコースは東から西へと進んだという。世界史が東から西に進んだという見方は、ヘーゲルの世界史の時代区分の見方であるが(50)、ヘーゲルがアジアからヨーロッパに見た世界史の潮流を、カイパーはさらにアメリカ大陸へ、そして太平洋を越えて東アジアへと見た。カイパーは言う。「広大で新鮮な一つの世界潮流（one world-stream）があって、世の初めから未来の約束を担った。この流れは中央アジアと東部地中海沿岸にその源を発し、東から西へのコースを弛みなく続行した。西ヨーロッパよりあなたがた（アメリカ）の東部諸州に至り、そこからついにカリフォルニアに及んだ。この発展の流れの源泉は、バビロンとナイルの渓谷とに見出される。そこからギリシアに注ぎ、ギリシアからローマ帝国に、そしてローマ民族からヨーロッパの北西部分に至り、オランダとイギリスから遂にあなたがたの大陸（アメリカ）に達した。現在この流れは静止している。西からのコースは、中国と日本に到着してせき止められている」[51]。この世界潮流の理解によれば、異教主義、イスラム主義、ローマ主義は過去的段階で、この潮流の前進を推進するものは「カルヴィニズム」である。当時のカイパーは、この世界潮流が将来スラブ民族を巻き込むと見ていたが、「イスラム主義」が二〇世紀以後、再度、歴史の重大な勢力として世界潮流に拮抗する形で登場することを予想してはいなかった。彼のもっぱらの関心は、この世界潮流のさらなる進行が「カルヴィニズム」の手に委ねられたことと、それが「いまやフランス革命の娘である近代主義によってその指導的影響力を拒絶されている」[52]ことであった。カイパーにとって近代世界とその文化的経過の中で緊急な問題は、異教主義でもイスラム主義でもなく、またローマ主義でもなく、「フランス革命」と「近代主義」であった。それと「カルヴィニズム」の闘いの中にカイパーは彼にとっての現代の世界史的決戦をみたわけである。「近代主義」という用語はカイパーの時代にあっても多義的であった。当時のカトリック教会の中に「近代主義論争」があり、カトリシズムにおける「教会的権威や伝統」に対するティレル（Tyrrell）やロワジー（Loisy）による「近代主義」の闘いがあった。あるいはまた芸術界におけるモダンとアヴァンギャルドの問題もあった。しかしカイパーの言う「近代主義」はそれらではない。彼の師フルーン・ファン・プリンステラから継承したオランダにおける近代主義との大きな文化闘争があった。「近代主義」は、カイパーによれば「原理上あらゆる宗教から断絶したフランス革命[53]」から発した包括的な生の体系であって、フランスからドイツに至ったものである。それは「神はいない、主はいない」（ni Dieu ni maitre）というフランス革命の叫びに示されている生の体系を人と人の関係やこの世界との関係に及ぼし、科学や芸術など、理論と実践の両面にわたって神を排除する。無神論、汎神論、不可知論、そして進化論をその思想的表現とする「非キリスト教的近代主義」であった。

カイパーは「フランス革命の不信仰」が近代を二分したと見ていた。カイパーによれば、一六世紀における西ヨーロッパは宗教改革によって信仰による新しい歴史の出発を経験した。それに対して、「われわれの時代の歴史はフランス革命の不信仰が起点となった」[54]と言う。したがって近代には一方で「カルヴィニズムの世界で起きた三大革命」の線があるのに対し、他方には「フランス革命」があるという見方になる。カイパーがあげる「カルヴィニズムの世界で起きた三大革命」とは「イギリスの名誉革命」、「アメリカ独立戦争」、それに「オランダの対スペイン戦争」である。カイパーが一六四九年の「ピューリタン革命」[55]でなく、むしろ一六八八年の「名誉革命」を上げたのは、エドマンド・バークの見方に連なっていたからである。それはまた名誉革命に理論的な支持を与え、ヴァージニア憲法を介してアメリカ憲法に息吹を注いだジョン・ロックの見方に連なっていたとも言い得る。カイパーはそのフランス革命観と近代主義との対決によって、カイパー自身の師であるフルーン・ファン・プリンステラを継承しただけでなく、バーグ、ロック、さらに国家主権を限定する国家多元主義の系譜に近く立った。

その際、カイパーの視点の中心には「主権概念」とそれに基づく「自由概念」があった。「カルヴィニズムの三大革命」は「祈りと神の助けへの信頼をもって行われ」、「神の栄光」のためであり、そこには「精神の自由」の独特な見方があったと言われる。これに対し、フランス革命は「政治的生の根拠を自然、この場合はつまり人間自身のうちに見出し、より深い根拠を認めることを拒否する」。「主権者である神は退位させられ、自由意志をもつ人間がその空位の座を占める」[56]。フランス革命の「人民主権」は「人間の意志以上の深い基礎を持たず、したがって無神論と完全に同一である」とカイパーは主張した。その結果、カルヴィニズムの革命においては「神に対しては跪き、人間に対しては頭を誇り高くあげる」のに対し、フランス革命は「神に対しては反抗的に拳を振りかざすが、同僚の前では卑屈である」[57]。カイパーの結論は、カルヴィニズムの革命が「尊ぶべき自由」をもたらしたのに対し、「フランス革命は、国家の絶対的権力という鉄の鎖によって自由を束縛する以外に何をもたらしたか。一九世紀にフランス以上に哀れな国家の歴史を持った国はほかになかった[58]」ということになる。「主権概念」の問題は、一方の「神の主権」と、他方の「人民主権」や「国家主権」の問題である。どちらに真の自由の原理があるかという問題になるが、カイパーは「無神論的自由」と「神に基づく自由」の区別をそれ以上には展開しなかった。これをさらに「結社の自由」と結びつけて明確化したのは、ジョージ・セイバインである。カイパー自身は、プリンストン講義においてはフランス革命における自由の問題を「結社の自由」の観点から扱ってはいない。しかしカイパーの「領域主権論」は、多元主義的な中間団体論とも密接に関連し得るもので、その点ではP・S・ヘスラムがカイパーとフォン・ギールケの多元主義的主権論との類似性を指摘しているのは妥当であると思われる[59]。

カイパーのこのようなフランス革命観は、現代にどれだけ妥当性を持つことができるであろうか。現代の世界文明は大勢として「近代主義」の勝利に見られ、「カルヴィニズム」も世俗化に屈しているように見える。しかしカイパーのこの見方は、近代文明をキリスト教的西欧文明として一括することの誤りを示し、少なくとも近代の複線性を語っている。現代においてもフランスの宗教的寛容がイスラム教の衣装の着衣を宗教的象徴の表明行為として公立学校において禁じているのは、「宗教的寛容」の非宗教的な攻撃的表現であって、カイパーの言うカルヴィニズムの三大革命の国々とは異なるものであろう。それにしても、現代のグローバル文明の中に潜む「文化闘争」は、より詳細に識別されなければならない。その中でカイパーが指摘した「近代」に含まれた「異種性」と、彼の戦った「相克」を考慮することは、今日の世界文明における世俗性と宗教性の相克においても、またイスラム圏における「イスラム主義」と「近代」の葛藤の中にあっても、同じく日本の民族主義的宗教の「異教主義」と「近代主義」の相克の中でも、なお現代的意味をまったく失っているとは言えないであろう。

(2) セイバインとリンゼイのフランス革命理解

トレルチは、その『社会教説』の結論部分において、デモクラシーや団体理念の関係で、「アングロサクソン的、カルヴァン主義的団体理念」と「フランス的、合理主義的デモクラシー」の間に「現在の社会的闘争」[60]（der gesellschaftliche Kampf der Gegenwart）があるのを見ていた。トレルチはまた、カイパーの示唆を受け入れ「プロテスタント的三大革命」を挙げて、それと「フランス革命」を区別した[61]。ただしその際トレルチが挙げた「プロテスタント的諸革命」は、「イギリス革命」、「アメリカ独立」、それに「ドイツ啓蒙思想」であった。カイパーの言う「名誉革命」に換えて「イギリス革命」としたのは、トレルチがエドマンド・バークでなく、ゲオルク・イェリネックの影響に結びついて、プロテスタンティズムの融合としての独立派の意味を評価したからであり、「オランダ独立戦争」でなく「ドイツ啓蒙主義」としたのは、カイパーの「カルヴィニズムによる革命」ではなく、「プロテスタント革命」を評価したからである。トレルチは「ドイツ啓蒙主義」においては「プロテスタント的文化がその宗教的変革によってすでに内側から原理的な革命を済ませていた[62]」と主張した。これらプロテスタント的諸革命の特徴の一つは、フランス革命と異なって社会の「連続性」を完全に破壊する必要がなかったこと、つまりそれらは非歴史的な合理主義の革命にはならなかったことである。それともう一つは、それらプロテスタント諸革命は「宗教」を退位させる必要がなかった。プロテスタント的諸革命とフランス革命とでは、革命における「歴史的連続性」と「宗教の位置」に決定的な違いを有していたとトレルチは語った。プロテスタント的諸革命はむしろ宗教を担い手として遂行されたのに対し、フランス革命においては、カトリック教会が反革命にまわり、革命は宗教を敵視した。宗教の自由を確保するプロテスタント的諸革命と反宗教的なフランス革命の性格的相違はその後にも甚大な結果を伴った。

近代のデモクラシーはこうして一つではなく、二つの伝統に分かれた。このことは、近代は一つではなく、

「二つの近代」があると言い得るほどである。デモクラシーの多形性について種々の言い表しが可能であり、それも試みられてきたが、何と言っても、「プロテスタント的革命によるデモクラシー」と「フランス革命のデモクラシー」の対比が最も包括的な異種性を意味する。革命の主導者について言えば、クロムウェルとロベスピエールの相違であり、政治理論家で言えばミルトンあるいはジョン・ロックとルソーの相違である。

ジョージ・H・セイバインは、ロックの伝統とルソーの伝統の鮮やかな対比を描いている。前者のデモクラシーの伝統は、社会的地位や身分、とりわけ宗教的集団と結びついた自由を主張し、後者の伝統はあらゆる身分や共同体を廃棄し、ただ国家の市民としてどの人にも平等な市民権を与えた。一方は、国家と社会の区別を前提とし、「広い範囲の社会的、道徳的そして宗教的な実践が、自発的な結社に任されて差し支えないし、また任されるべきである[63]」とする。「人々は、自分の問題の大部分は、彼らが自分自身のために組織した、独自に定められた規則を持つ集団のうちで自分自身で処理することが出来るし、また処理すべきである」と考える。「国家の機能は、主として保護と統制にかかわる」。他方の伝統は、「国民に共通の平等な市民権の概念と、またそれと対になる、他のあらゆる種類の社会組織に対して優位に立つ主権的国民国家の概念とを近代政治の中心に据えた[64]」。「国家の内部に存在する諸共同体は、潜在的には国家にとって脅威であるということを当然のこととして仮定した[65]」。

フランス革命の平等主義的個人主義は、帰結として「人民」から委任されたと称する権限に基づく独裁制を助長した。「国民投票による独裁制の民主的正当化」が生じ、ナポレオンによる帝国をもたらした。政治に対して集団的に影響を及ぼすことのできるいかなる私的結社も存在できないとなると、個人は無力化され、社会は相互に繫がりのない「原子的（アトミックな）個人」からなる社会となる。そして「絶対的な主権を持った全能の国家」だけが唯一の組織になる。「個人の自由」とは何か、その「自由の尺度」が重大である。個人を何らかの種類の類似へと平板化させる個人主義は、個人の抽象化であって、人格としての個人の自由を表しはしない。「市民」といっても「ある階級のメンバー」と言っても同じである。

近代デモクラシーはその後、これら二つの伝統の両方に依存しながら発展してきた。イギリスでもそれ以外の地域でも、デモクラシーの広まったところでは、身分、階級、地位などを平準化する傾向が働いたし、フランスでも他の地域でも特にトクヴィルのアメリカのデモクラシーの発見以後、デモクラシーによる統治が結社の自由と少数派の集団的な力に依存するようにもなった。二つの伝統は、歴史の表面では識別しがたく相互に絡み合っている。

しかしそれにしてもセイバインは以下のように結論した。「社会は、民主主義的であるためには、複数のより小さな社会からなる複合体でなければならない」。「自由は、単に一個人に帰せられる属性ではない。それは、人と、彼が属する複数のより小さな社会の複合体との間の関係である。結社の自由がどこまで広くそして有効に達成され得るか、そして結社が個人の自発性をどこまで保つことが出来るか、これがどんな社会においても自由の尺度なのである[66]」。個人が社会的に孤立させられるならば、効果的に活動することは不可能になり、また明晰に考え責任ある判断を下すことも不可能になるであろう。

Ａ・Ｄ・リンゼイもやはり一方の「ロックとアメリカ革命」、他方のフランス革命の「一七八九年の諸原理」との相克を重視した[67]。彼は「フランス革命」の「主権概念」について次のように語る。「フランスの民主主義は、その開始から国民の主権を主張し、他のいかなる権威の存在も否定し、事実、全体主義的であった。それは一般意志（the general will）の完全な権能を主張した[68]」。これに対し、例えばアメリカの独立宣言は、「主権」（sovereignty）について何も語らない。それは「国家権力の制限」を主張するからで、むしろ国家と社会を区別し、「政府をほとんど必要とせず自ら規制する社会[69]」を仮定している。人民主権や一般意志による国家主権を相対化し、自由な社会の存在を支持する国家を超えた「主権」を想定しているとも言い得る。それは立法議会の主権をも超えて、それを司法的に吟味する最高裁判所に役割を与える。国民主権もまた憲法によって制限される。

国家主権を国民主権によって制限するだけでなく、国家と国民の主権をも超えた「主権」を想定する中に、合理主義的デモクラシーとは異なる、宗教的・プロテスタント的革命の含蓄が発揮される。こうしたプロテスタント的革命の伝統に即してフランス革命の伝統に修正を図ることは、プロテスタント的革命の伝統資産に注目し、国家権力の限界づけや国民主権の相対化に働く超越的主権の意味を弁証することであろう。それはデモクラシーにとってのプロテスタント的な宗教的主権の意味を弁証していると言ってもよいであろう。

第四章　パウル・ティリッヒにおける「プロテスタント時代」批判

パウル・ティリッヒの問題意識の中には、われわれが問題にするような形での「近代世界とプロテスタンティズム」の問題がそのまま展開されているわけではない。ティリッヒは「近代成立史」の問題を取り立てて取り扱っていないし、近代文化の本質や経過についても歴史的検討を重ねたと言うことはできないであろう。ティリッヒにおける「カイロス」概念や「社会主義的決断」には、むしろ歴史的過去とそれについての歴史学的認識による規定を脱しようとする「反歴史主義的革命」の要素が見てとれる。しかしティリッヒの問題意識の中には「近代世界とプロテスタンティズム」の関わりをめぐる問いがまったくないわけではない。ティリッヒもまた「近代の危機」を意識にもたらし、それをプロテスタンティズムの責任や可能性の関連で考察した。この問題意識の中でティリッヒは「プロテスタント時代の終焉」について語り、他方終わることのない「プロテスタント原理」について語った。それは、近代の危機に直面しつつプロテスタンティズムの意味や可能性について語ったことを意味するであろう。ティリッヒの語る「プロテスタント時代」とその「終焉」について、ならびに彼の「プロテスタント原理」の主張について検討してみよう。それによってティリッヒにおける「近代世界とプロテスタンティズム」の問題の扱い方を理解し、その問題解決の意味を検討してみたい。

１　第一次世界大戦直後の時代感覚

「プロテスタント時代」の「終焉」を感じ取ったティリッヒの問題意識は、第一次世界大戦直後の時代状況によって規定されていた。古きものが崩れ去って、新しいものが到来するという予感が一九二〇年代から三〇年代のヨーロッパを覆った。この時代意識は、表現主義や当時の青年運動などとともに、ティリッヒ自身も参加した「宗教的社会主義」の時代感覚でもあり、彼自身の「カイロス」の思想の時代的背景となった。この時代意識の思想的衝撃力は、実際、第二次世界大戦後の時代意識と比較するとき明らかになる。アジア地域においては、第一次世界大戦はほとんど画期的な時代転換をもたらすことなく、むしろ第二次世界大戦が歴史の大きな節目を刻んだが、ヨーロッパにおいては第一次世界大戦とそれによる文化的崩壊がよりいっそう決定的な作用を及ぼした。ティリッヒもまたそれを受け取った一人であり、彼は第一次世界大戦直後に「カイロス」の到来を予感したが、彼は第二次世界大戦後にはむしろカイロスの欠如した「空虚」の時代を感じ取った。以後ティリッヒは歴史の問題よりも、むしろ実存の問題に、そして生と聖霊の問題に主たる関心を注ぎ、かねてより関心のうちにあった深層心理学との折衝や「癒しの神学」によりいっそう顕著に向かっていったと言ってよいであろう。

第一次世界大戦直後の時代的衝撃が深い切れ目を精神史の上に刻んだことは、ティリッヒと同時代の人々についても同様に言い得ることである。カール・バルトやエーミル・ブルンナー、フリードリヒ・ゴーガルテンやルドルフ・ブルトマン、マルティン・ハイデガーやフランツ・ローゼンツヴァイク、カール・シュミットやエルンスト・ブロッホなどである。彼らはそれぞれに決断とコミットメントを遂行した。そういう仕方でなければ、自己のアイデンティティを確立し、貫くことが困難な時代であった。

ティリッヒは「世界の構造変革」(Strukturwandlung der Welt) が第一次世界大戦以来進行していると語った。そしてその構造変革の内容を「後期資本主義の大衆社会の崩壊」と表現した。それは大衆社会の「矛盾」が階級対立や国家間の対立として現れ、大衆における統一的所属感の「崩壊」(Desintegration) と「意味喪失」(Sinnlosigkeit)、すなわち経済的、社会的、ならびに精神的な意味喪失をもたらしたと言う。「生きることが意味を失ったことはおそらく後期資本主義の最も特徴的な性格表現である」(1) とティリッヒは語った。

2 「プロテスタント時代の終焉」

上述の世界的な構造変革の中でティリッヒは「プロテスタント時代の終焉」を認識した。それはティリッヒによれば「巨大な諸教会の形を取ったプロテスタンティズムの現実化とプロテスタンティズムによって浸透された文化の終わり」を意味すると言う。それは「プロテスタンティズムの教会的‐文化的捕囚の終焉」を意味するとも語った。その端的な表現は、宗教改革時代にプロテスタンティズムを浸透させた力は、現在では弱まり、外的には抑圧され、内的には空虚になっていると言い、かつてプロテスタンティズムが否定したことが、今ではかえって求められていると語った。そうした事柄としてティリッヒは、「大衆を再統合する権威的で強力な象徴的原理」が今や求められていると述べた。このことは、ある意味で「新しいカトリシズム」が求められていることであって、単純な復古ではあり得ない。「プロテスタント時代の後に来る〈カトリシズム〉は、プロテスタンティズム以後にしてヒューマニズム以後でしかあり得ない。つまりそれは、この両方を自分のうちに持ち、そして両方を越えていなければならない」[2]とティリッヒは書いた。それが「後期資本主義の大衆社会の崩壊」から帰結することと言う。これによってティリッヒが社会主義的、ならびに社会心理学的な分析を用いて、大衆社会における意味喪失や象徴待望の現象を認識したことが明らかである。

それでは「プロテスタント時代」とは何か。教会や文化によるプロテスタンティズムの捕囚というとき、ティリッヒが注目したのは、カトリシズムに対する闘いの中でプロテスタンティズムがヒューマニズムと結合したことである。このプロテスタンティズムとヒューマニズムの関係理解も、ティリッヒのプロテスタンティズム論、その「プロテスタント時代の終焉」の理解に重大な意味を持っている。ティリッヒによれば、プロテスタンティズムは、ヒューマニズムの原典探究、国家論、さらに教育事業などを採用し、対カトリシズムの闘いに用いた。

確かにヒューマニズムの言語研究や原典研究は、文献学として、宗教改革の形式的原理である聖書主義を支え、またその解釈に貢献した。やがてそれはプロテスタンティズムにおける聖書批評学の隆盛をもたらすことにもなった。さらにはヒューマニズムの国家論はローマ・カトリック教会の権威からの国家の独立の主張をもたらしたが、それは教皇と皇帝から独立して宗教改革を支えるドイツ領邦国家の理論ともなった。そのようにして宗教改革とプロテスタンティズムにとってヒューマニズムの援助は重大な意義を有していたとティリッヒは言う。しかしやがて次第にヒューマニズムが逆にプロテスタンティズムを引き込み、ついにプロテスタンティズムはヒューマニズムによって規定された文化の中の宗教的部門に位置づけられるに至ったと言う。つまり文化は基本的にヒューマニズムの「自律的文化」になり、プロテスタンティズムは「自律的文化内部の宗教部門」の位置に落とされた。ティリッヒの言う「プロテスタント時代の終焉」とは、実は「プロテスタント的・ヒューマニスト的時代の終焉」[3]ということであった。しかしプロテスタンティズムはヒエラルヒーとサクラメントをもった教会的権威に対し、聖書とそれを解釈する個人の良心による「預言者的抗議」から生まれたのであって、ティリッヒによれば、「プロテスタント時代の終焉」を認めることこそ、むしろ「プロテスタント的な態度」であるとも言われた。

したがって終焉が語られる「プロテスタント時代」は、宗教改革や古プロテスタンティズムの時代でも、また一七世紀のプロテスタント的近代でもなく、プロテスタンティズムがヒューマニズムに圧倒されたプロテスタント時代であり、啓蒙主義以後、そして官僚制と自律的科学、自由主義的経済、市民階級の調和的理解の浸透した時代、つまりは一八世紀、一九世紀のヒューマニスト的な市民階級の時代で、それがティリッヒの言う「プロテスタント時代」であった。それは「調和の信仰と自由主義的世界観」[4]の時代であり、市民階級の自己満足の時代にも見えた。

この時代の終焉を示すとティリッヒが見たのは、すでに述べたように、「後期資本主義の大衆社会の崩壊」によってである。ティリッヒは膨大な数の失業者を前にしてマルクス主義的社会主義の分析によって「プロレタリアート状況」を認識し、「階級間の対立」と「帝国主義的諸国家間の対立」により近代市民社会の「経済的調和」は破壊されたと見た。「全体主義的主張を持った諸政党」によって「民主主義的一致」は破られ、「大衆操作の扇動的な方法」によって「寛容と自由な討議」は排除されたと言う。「崩壊した大衆」が登場し、彼らは生の意味を失い、新しい権威と意味を与える象徴を求め、そのためには政治的、経済的、精神的な自由を犠牲にしようとさえする。こうしてヒューマニズムと自己満足的市民階級とに結合した「プロテスタント時代」は終焉したと言う。

その際、「大衆社会の崩壊」から「来たるべき社会の再統合」の必要性が認識される。再統合の原理を求めてプロテスタンティズムの外に出て行く傾向があることをティリッヒは認識した。特に一九三〇年代における二つの政治的世界観、つまり「ナチズム」と「コミュニズム」が成功を示していると彼は見て、そこに「再統合の原理」を探究する新しい時代の兆候を見た。プロテスタント時代の終焉と併せて語るべきか否かは別にして、またナチズムとコミュニズムの失敗が明らかになった以後の時代においても、人類社会はなお「(再)統合の原理」を求めているというティリッヒの診断は決して妥当性を失ってはいないであろう。ティリッヒのプロテスタント時代に関する論述から七〇年を経た二一世紀にあって、人類は事実、ティリッヒが指摘した「大衆社会の矛盾」とは別カテゴリーに属するさまざまな分裂に悩んでいる。人類全体を運命的に結びつける文明のグローバリゼーションの中にありながら、世界の諸地域内におけるさまざまな格差と、地域間の格差、それらと相互浸透した宗教と民族と文化の多元主義によって人類は引き裂かれている。この古くて新しい困難に直面しながら、人類はそれを克服する統合や和解、そして平和を求めている。「近代世界とプロテスタンティズム」の問題は、第一次世界大戦直後と異なった世界史的問題に直面していると言わなければならない。その意味で、「プロテスタント・ヒューマニスト時代の終焉」と「来たるべき社会の再統合」を重ね合わせに見たティリッヒの診断は、分析カテゴリーの過去化と提示された解答のアナクロニズムを修正しながらではあるが、その洞察の信憑性の問題を含めて、問題提起として今日再度検討に値すると言ってよいであろう。

3 「プロテスタント原理」

「プロテスタント時代」は終焉しても、「プロテスタント原理」は終わらないとティリッヒは語った。ティリッヒにとってプロテスタンティズム問題は、歴史的な時代の問題であるよりは、むしろ「プロテスタント原理」の問題であって、彼によればそれは「神と人との諸関係の一つの面」を表現した永遠の原理であった。ティリッヒはこの思想的な原理を彼の師マルティン・ケーラーから継承した「信仰義認論」の彼なりの解釈によって獲得した。ティリッヒは義にして同時に罪人の逆説を、懐疑の問題にまで適用し、神への真剣な懐疑はすでに神を肯定しているという逆説の原理、「懐疑者の義認」の原理と見なした。信仰とは実は「無制約的な関心」のことであり、それは「究極的に捉えられている」ことを意味すると言う。そこで究極的に懐疑する主体性は、すでに無制約的な存在論的支持の中にあると言う。懐疑は所与の一切の固定化を批判的に粉砕する。「プロテスタント原理」はこの「預言者的批判」を遂行するとともに、その批判がそこから突出してくるとされる「恵みの形態」に基づいていると言われた。

ティリッヒにおける「懐疑者の義認」によれば、「懐疑」はさらに「無制約的な厳粛さ」をもった「人間の限界状況」を意味した。それは不可避的、無制約的な限界状況であって、その中で人間の実存はそれ自身ではいかなる仕方でも安全を確保することはできない。人間の限界状況は、人間が非存在にさらされ、非存在が人間実存を無制約的な意味で脅かす状況である。「問題は人間の究極的な存在の層の意味における存在と非存在の問題であり」、人間実存が「非存在の脅威」(Drohung des Nicht-Seins) に脅かされていることであると言われる(5)。それでは「義」とは何か。ティリッヒによれば、「義」とは「人間としての人間のうえに置かれている無制約的にして免れることのできない要求」であり、しかも「限界状況の中に立っているすべての者が持っていないと知っているもの[6]」である。ティリッヒによれば、まさしくこの限界状況がまた「そこにおいて無制約的然り（das unbedingte Ja）が人間に対して発せられ得る状況[7]」とも言う。

以上からして「プロテスタント原理」は三重の仕方で表現されたことになる。第一は「プロテスタント原理」は限界状況をラディカルに肯定する。そして限界状況から安全に身を守ろうとする一切の所与のイデオロギー性を批判するものである。限界状況による脅かしを逃れる手段としての文化も政治も経済も批判される。それが懐疑であり、預言者的な批判である。しかし第二に「プロテスタント原理」は「無制約的な誠実さを持って受け取られた限界状況の中で人間に対して発せられる然り[8]」を意味する。この「然り」は真理喪失の混沌の中で真理を語り、人生の意味が脅かしを受けている中でわれわれの人生の意味を証言する。そして第三に「プロテスタント原理」はこの「然り」を語ることがそこから唯一可能な「新しい存在」を証言する。それは新しい存在が再び限界状況から身を守るための安全対策にならない仕方で証言する。「新しい存在」は実体的な対象にはならない。この第二と第三は「恵みの形態」とも言い表された。「プロテスタント原理」は「新しい存在」の原理であり、「恵みの形態」の原理であると言う。

4　「プロテスタント原理」の問題性

ティリッヒの「プロテスタント原理」の主張は、しかし神学的な疑問を免れることはできないであろう。重要と思われるいくつかの疑問を挙げてみよう。一つは「プロテスタント原理」が想定している「究極的関心」あるいは「無制約的なものに捉えられていること」という信仰概念の不十分さである。この信仰概念によって、主体的信仰あるいは懐疑と、究極的確かさとが逆説的に同一性にあると主張されている。この信仰概念は、主体的信仰（fides qua creditur）を語り、客観的信仰、もしくは信仰内容（fides quae creditur）を語ってはいない。むしろ信仰内容は限界状況において破られるべき所与的イデオロギー、あるいはイデオロギー的な安全対策と同一視されている。それによってティリッヒの信仰概念とプロテスタント原理は、キリスト教的信仰内容（三位一体論的、キリスト論的、贖罪論的な信仰内容）と結合せず、それをも突き抜けていくのではないか。

第二に「プロテスタント原理」は歴史的な対象的現象に具体化されることがない。それがこの原理が「永遠の原理」と言われ、プロテスタント時代の終焉の後にも依然として有効に働き続ける理由とされている。それには、それが関わる「預言者的批判」と「プロテスタント的形成」をも超えた「新しい存在」が関わっている。「プロテスタント原理」は「新しい存在」と同様に歴史を超えており、歴史的に具体化・現象化しない。それはまた過去化しない。超越的なものはあらゆる現在に「永遠の今」として現在化するが、その現在化は過去化しないし、対象化もされない。しかしそれは結局、歴史化しない、歴史的に現実化しないということである。原理は歴史に受肉しない。この原理と歴史の乖離が、ティリッヒの「新しい存在」においても、「プロテスタント原理」においても結局は克服されていないと思われる。それが彼の思想の強さであるとともに、また無力さでもあると言わなければならないであろう。

「プロテスタント原理」と歴史との乖離は、彼の思想の「新しい存在」と歴史のイエスとの乖離の中に現れている。ティリッヒの「新しい存在」の思想においては人間実存の限界状況や、矛盾の克服は意味があるが、具体的なイエスの生涯、その言葉、業、十字架、復活は何ら本質的意味を持っていないと言ってよいであろう。それは、非存在による実存の限界状況の中で存在が実存を肯定するという存在概念を語っているだけである。「プロテスタント原理」にとっても歴史的具体的な出来事は何ら本質構成的な意味を持たない。確かにプロテスタント原理にとって歴史は本質実現の場所と言われる。しかしプロテスタント原理は、超越的なものの現在であって、歴史的対象ではない。それは現象学的な考察の対象にされるのであって、歴史学的認識の対象にはならない。

「プロテスタント原理」は過去の具体化から自由であり、それゆえ将来の現実化に対しても自由と言われる。しかしその自由とは現実化しないことであって、実定的宗教としての「プロテスタンティズム」や「プロテスタント教会」にならないということである。ティリッヒの「プロテスタント原理」がアンチヒストリスムスの概念であることは明らかであろう。

「プロテスタント原理」は、歴史のイエスの人格も業も不可分な前提とはしていない。「イエスなきプロテスタント原理」になっている。そのことはすでにはじめからティリッヒの信仰義認の理解が、キリスト論や贖罪論のない義認論であったことに明らかであった。ルターであれば信仰義認論はキリストの義の転嫁であり、「驚くべき交換」であったが、ティリッヒの義認論は存在論的支持を受けた逆説的同一性の議論であった。

「プロテスタント原理」が歴史と乖離していることは、歴史のイエスから分離し、歴史的教会から、したがって歴史的プロテスタンティズムから分離していることでもあるが、このことは宗教概念とも関係がある。ティリッヒの宗教概念は宗教と文化の障壁を取り去った人間の活動の全体に関わるところに、その特徴と長所があった。しかしその短所は文化と区別された特別な領域としての宗教行為と実定的宗教の意味を価値減価させたところにある。真の宗教性は、確かに特定の宗教的領域だけでなく、あらゆる人間の生活に普遍的に関与するであろう。しかし実定的宗教、その共同体、礼拝行為、洗礼や聖餐といったものが根拠づけられなければ、その宗教性は観念的思想に止まるほかはない。プロテスタント原理ではなく、イエス・キリストの人格が重大であり、原理の思想ではなく人格における出来事の事実こそが歴史を形成するであろう。

最後に、ティリッヒはアングロサクソンの「プロテスタント的近代」の意味を適切に評価することができなかった。ピューリタニズム、カルヴィニズム、自由教会、自由な市民社会などに対する歴史的評価を欠いていた。「愛の後にティリッヒはある時、歴史的な「中間的公理」(middle axiom) の意味について語ったことがあった。「愛の絶対的原理と不断に変化する具体的状況の間に、その両者を媒介する中間的な諸公理が存在する。デモクラシーや人間の尊厳、法の前の平等などはそうした諸原理である[9]」と。これについては、一般的に言ってヨーロッパの神学よりはアメリカの神学的倫理学が気づいているともティリッヒは語った。しかし彼は、その視点を彼自身のプロテスタンティズム論の中に生かすことはできなかった。それは「恵みの形態」や「新しい存在」という非歴史的な存在概念によった彼のプロテスタンティズム論が当然陥らざるを得ない帰結であった。ティリッヒが指摘したプロテスタンティズム以後の「福音主義的カトリシズム[10]」の思想は、無意識に対する評価や大衆の評価、権威や象徴やサクラメントの再検討の必要、ヒューマニズムの限定的批判的な摂取の主張など、決して意味のないものではない。しかしそうしたことと取り組む教会に向かわせる教会政策をティリッヒ自身は欠いていたと言わなければならないであろう。

第五章　ヴォルフハルト・パネンベルクにおける「近代成立史」の問題

近代の危機に直面し、その危機の克服のために本格的に取り組もうとすれば、当然、「近代成立史」もまた問題になってくるであろう。歴史研究は実は現代を課題としており、逆に現代問題の現実的な取り組みは、それが真実に有効であるためには的確な歴史研究を前提にする。しかし最近の神学者の中で「近代成立史」の問題を自らの神学思想の課題の中で受け止めている神学者は決して多くはいない。イェリネック、ヴェーバー、トレルチなどの問題意識は継承されがたくなっている。その数少ない例外者の一人にヴォルフハルト・パネンベルクがいる。ここではパネンベルクの「近代成立史」の理解を取り上げ、その意味と問題点を明らかにし、この問題に対する神学的取り組みのあるべき姿を探究していきたい(1)。

1　パネンベルクの一貫した「近代成立史」の理解

「近代成立史」の理解をめぐるパネンベルクの見解は、それ自体としては内容的に言えば、以下に示されるように比較的単純な主張である。それが多少論拠の提示の仕方に発展をみせながら、基本的に変化することなく、彼の著作の中に繰り返し表明されている。それは、彼の思想展開のごく初期から、その大著『組織神学』三巻の結尾に至るまで変わることなく継続した。その開始は一九六二年の講演「神の啓示と近代の歴史」(2)に見られたが、その後ハンス・ブルーメンベルクの著書『近代の正統性』に対する論評「近代のキリスト教的正統性」(3)（一九六八年）の中でいっそう堅固にされ、さらにミュンヘンでの講演を基にした小冊子『昨日と明日の間の宗教改革』(4)

（一九六九年）に続いた。さらに一九八〇年代に入って、トレルチ・ルネサンスのシリーズ本『トレルチ研究』の第三巻に、パネンベルクは論文「宗教改革と近代」(5)（一九八四年）を寄稿し、この問題をめぐるトレルチの見解について言及しながら、自説を展開した。その後さらに小冊子『世俗化された世界におけるキリスト教』(6)（一九八八年）が著され、その他の諸論文も含め、(7)近代成立史をめぐる彼の一貫した主張は、主著『組織神学』第三巻（一九九三年）にまで至った。最後に挙げた『組織神学』第三巻の中で、パネンベルクは以下のように記している。「政治的、経済的、そしてついに文化的でもある生活諸形態をともなった社会が、一切の宗教的諸制約から解放されたこと（Emanzipation）は、西洋の近代的文化世界の世俗主義（Säkularismus）へと導いていった。しかしそれは、西洋の教会分裂の結果にその出発点を持っていた(8)」。

短い文章であるが、この文章の中にパネンベルクの「近代成立史」をめぐる既述の一貫した主張が示されている。この主張の特徴は、第一に「宗教的制約からの解放」と「世俗主義」が近代成立の内容の鍵であるという見方にあり、第二の特徴はその出発は「教会分裂の結果」であるという見方にある。「教会分裂の結果」ということは、具体的に言えば教会分裂から生じた「宗派的な宗教戦争」を意味している。この主張は、彼の初期の文章、つまり『組織神学』から三〇年前に遡る文章によって補うと以下のようになる。

「教派的対立は教派戦争となり、それは特にフランスとドイツを荒廃させた。この時代の終わりには、人々は教派的対立にうんざりしてしまった。この状況は、すでに始まっていた教会的キリスト教からの離脱を促進した(9)」。

こうして近代の出発として、一六世紀から一七世紀にかけてのヨーロッパ各地における宗派戦争が挙げられ、具体的にはスペインに対するオランダの戦争、フランスにおけるユグノー戦争、ドイツにおける三〇年戦争、それにイギリス革命における戦争や革命が挙げられる。パネンベルクは、中でも近代の成立に対する三〇年戦争の意義を強調している。それによって伝統的権威に対する「一般的な疲労困憊(10)」（eine allgemeine Ermüdung）が生じたと言うのである。

「教会統一の破壊が近代史の前提になった。つまり、世俗的国家と世俗的文化の近代的発展は、教会的統一の破壊がなければ考えることができない。近代の世俗的国家は、一六、一七世紀の宗教戦争の結果である」[11]。

この見方によってパネンベルクが宗教改革そのものの中に直接「近代の出発」を見ていないことは明らかである。彼によれば宗教改革はそれ自体としては中世的な枠組みの中での出来事であった。パネンベルクはそのことを宗教改革の原理であった「信仰義認」も「聖書の権威」も、教会やサクラメントの権威や権能に対する代替としての位置を持っていたと見て、その限りで中世的な枠組みの中のこととして理解している。近代はむしろ宗教改革が所期の目的を達成することに挫折し、その意図しない結果として「教会分裂」をもたらし、さらにそこから「宗派戦争」がもたらされたという間接的な結果によって成立したというのである。宗教改革そのものを近代の出発と区別して中世の中に位置づける点では、パネンベルクはトレルチによる宗教改革の歴史的位置づけと類似の見解に立った。

ところで、パネンベルクの見る「近代文化」の中身は、「世俗化」である。その上でパネンベルクは一九六〇年代に一般的にみられた視点を採用して、「世俗化」の「二重の側面」を区別した。一つは「脱キリスト教への方向転換」としての「世俗化」、あるいはむしろ「世俗主義」である。しかしパネンベルクは、この脱キリスト教的世俗化に先立ってむしろ「現実に適応した生活形態」としての世俗化があり、これはむしろキリスト教の創造信仰や「地を治めよ」との人間に与えられた委託に根差していると言う。こうした世俗化の二重の見方はゴーガルテンによる世俗化と世俗主義の区別と類似のものと考えられる。つまり「脱キリスト教的世俗化」（世俗主義）と「キリスト教的世俗化」の区別であり、パネンベルクによれば後者こそ「世俗化の正真正銘の意味」であった。そこで彼は、「世俗化の正真正銘の意味（genuiner Sinn）はまったくキリスト教的に動機づけられている」[12]と語った。さらにブルーメンベルクの著書に対する論評の中で、パネンベルクは「キリスト教的世俗化」の根拠として「受肉の信仰」も挙げている。ブルーメンベルクは世俗化の中に「人間の自尊心の際限のない強化」を見たが、パネンベルクは、世俗化は「受肉の信仰」によって基礎づけられ、キリスト教の歴史の中で初めて完全に現れたと語った。「キリスト教的世俗化」は、聖職者の特権を廃止し、「キリスト教信徒が成人であること」を表現し、「宗教的ならびに政治的な生における権威の原理に対する闘い」を意味した。それは「現実に適応した生活態度」であり、「創造信仰」とともに「受肉の信仰」によっても基礎づけられた。さらにこれこそ「伝承された諸権威からの解放」を意味し、「近代の特徴」を示す。したがって近代の「世俗化」もこの意味においてであれば、「キリスト教的正統性」を保持していると言う。ゴーガルテンは、「信仰義認」を強調し、それに対応する世界の見方として、「世界がただ世界である」こととして「世俗化」を語った。パネンベルクとゴーガルテンの見方の間には類似性があるが、また差異もある。「信仰義認」が世俗化に対する対応的視点として位置づけられれば、当然世俗化は「宗教改革」によって積極的に刺激され、支えられたことになるであろう。しかしパネンベルクの説ではそうならない。「信仰義認」でなく、「創造信仰」や「受肉信仰」を挙げたということは、世俗化の思想的・神学的根拠としてとりたてて宗教改革を挙げることをしないことと結びついている。

それではパネンベルクが語る「近代のキリスト教的正統性」は特に「近代のプロテスタント的正統性」ではないということになるであろうか。二つの文脈からして、そのように言い得ると思われる。一つは彼の言う「キリスト教に根差した世俗化」は、その思想的・神学的根拠が特別「宗教改革」や「プロテスタンティズム」によって根拠づけられたものでないということがあり、もう一つは「宗派戦争」の中に近代成立の出発点を見る見方は、トレルチの言うような「近代世界の成立に対するプロテスタンティズムの意義」を問題にしたものとは異なるということである。パネンベルクははたして「近代のキリスト教的正統性」に対する「プロテスタンティズムの意義」を語り得たのであろうか。実際には、この点をパネンベルクはまったく語らなかったわけではない。「宗派戦争」から帰結した「一般的疲労困憊」は、伝承されてきた諸々の権威から解放し、脱宗教化、脱キリスト教化へと導いていく。しかしそのとき、プロテスタンティズムは「伝承されてきた諸々の権威からの解放への傾向を正当化することができた」。そして「宗教改革の思想から近代的な解放に対する積極的な評価、つまり近代のキリスト教的正統性が生じた(13)」とパネンベルクは語った。つまり権威批判は、即キリスト教との断絶にはならなかった。そこで近代は、キリスト教と単なる対立関係でなく、キリスト教との「事実上の連続性」(sachliche Kontinuität) を持つことができた。それゆえ「近代はそれ自体をまったくキリスト教的に正当化することができた(14)」と言う。ここには「プロテスタンティズムの意義」が語られていると見える。

しかしパネンベルクはいったい何を語ったことになるのか。近代の権威批判がキリスト教そのものに対する批判になることをプロテスタンティズムは回避した、もしくは遅滞させた。しかしそれを「プロテスタント的近代」と言うことができるであろうか。近代の脱キリスト教化を抑制したという消極的な意味はともかくとして、近代世界と積極的に関わり、ある面それをもたらし、促進した意味は語ることができない。パネンベルクの「近代成立史」の理解には結局、積極的な意味での「プロテスタント的近代」の認識はないと言わなければならないであろう。

2　ディルタイとラブ

「宗派的な宗教戦争」と「権威からの解放」や「世俗化」を鍵にした近代成立史の理解を、パネンベルクは繰り返し二人の人物の説で補強している。一人はハーバードの歴史家セオドーア・ラブであり、もう一人はヴィルヘルム・ディルタイである。いずれの場合も彼らの多くの著書によって補強したのではなく、セオドーア・ラブの場合は一九七五年の著書『初期近代ヨーロッパにおける安定性を求める闘い(15)』によってであり、ディルタイの場合はディルタイ著作集第二巻に収録された論文の一部によってである。パネンベルクによると、ラブは一六、一七世紀のヨーロッパの危機的現象、ならびに一七世紀半ば以後の画期的な転換と新しい開始に取り組んで、以下のような「注意深く言い表された結論」に到達したと言う。それは以下のような見解である。

「一七世紀の三〇年代以降に終わる宗派戦争の収束段階、そして特にドイツにおける三〇年戦争の時代が、全ヨーロッパ史の経過の中に深い区切りを形作っている。この区切り以後、人間の態度には一つの根本的に新しい姿勢が支配する。それはとりわけ宗教的な不寛容が後退することによって規定されている姿勢である[16]」。

このラブの説は、かねてより宗派戦争に時代の切れ目を見、そこに従来の諸権威に対するうんざりした倦怠を見、それを権威からの解放として近代の成立に結び合わせて見ていたパネンベルクの見方に、有力な支持を与えることになった。

もう一つは、ディルタイの著作「一七世紀の精神科学の自然的体系」の中の一箇所であるが、パネンベルクはこれも繰り返し引用している[17]。ディルタイは、「神学的‐形而上学的な体系」が一五世紀と一六世紀において人文主義や宗教改革の運動によって動揺させられ、ヨーロッパが教会分裂と分派と宗教戦争によって襲われたとき、「一つの学問的体系が、社会の現実的必要から、成人した学問の新しい基盤の上に出現した」と記した。それが「精神諸科学の自然的体系」である。これは、法、宗教、道徳、政治の根本概念をこれまでのように宗教的概念としてでなく、今や共通の人間本性を基盤として定式化するようになった事態を語っている。ディルタイはまた、この方向へと推進した「最初の要因」を「教会分裂」と破壊的な「宗派戦争」に見出していた。ラブの歴史研究は、ディルタイの精神史研究の正しさを裏づけているとパネンベルクは見た。ディルタイの見方は、人間学とそれによって基礎づけられた自然法によって、近代の成立における法や国家秩序、あるいは公共社会や公共文化の基盤形成が果たされたという見方で、他方、宗教は私事的な分野へと撤退させられたという見方であった。

しかしこの見方によって「近代の成立」を捉えることには、いくつかの疑問も生じてくる。ここで言われる近代は、すでに述べたように、「プロテスタント的近代」ではなく、言うならば「自然主義的な近代」であって、これとパネンベルクの言う「キリスト教に根差した世俗化」とはいかなる位置関係に立つのであろうか。これがキリスト教的正統性を主張できる世俗化になるであろうか。さらに、パネンベルクはこの「自然主義的な近代理解」によって、イギリス革命も、フランス革命も本質的には区別しない、しようにもできない立場に立った。彼は、すでに「宗派的な宗教戦争」として一括した捉え方によって、イギリスのプロテスタント的革命も、三〇年戦争も区別ができなくなっていたが、「自然主義的な近代」によってはプロテスタントも非プロテスタントも区別できない。この点は、ディルタイがオーギュスト・コントの示した見方の「際立った一面性[18]」としてむしろ警戒していたことであった。この一面的な見方に対して、ディルタイ自身は警戒しながら、しかし彼自身もそれに接近するときがあったわけである。

近代成立史は、端的に言って、トレルチが見たように「プロテスタント的革命」、特にイギリス革命から出発したと見るべきか、それとも「三〇年戦争」から出発したと見るべきかによって、甚だしく大きな内容理解の相違をもたらす。「出発点」の理解の中には、「近代の本質」の理解が現れざるを得ないからである。三〇年戦争に出発を見る見方は「解放」と「世俗化」に注目するが、前者のイギリス革命に注目する見方はトレルチの場合のように、内容的に「近代的自由」に注目することになる。

3　トレルチの見解に対するパネンベルクの相違と誤解

パネンベルクは、その「歴史の神学」の主張によって初期の著作以来トレルチに対して深く関心を寄せ、幅拾い理解を示すとともに、またいくつかの点でトレルチに対する批判をも明らかにしてきた。あるときにはパネンベルクは、カール・バルトのものを読むと「五世紀の教会教父」のものを読むようであるが、トレルチのものを読むと「去年か一昨年に書かれたこともあり得る[19]」と語ったことがある。「近代成立史」の問題に関しても、彼がトレルチの理解に関心を向けたことは、『トレルチ研究』第三巻によせた既述の論文の中で十分読み取ることができる。しかしそこには、トレルチ自身のこの問題をめぐる見解とパネンベルク自身の見解との著しい相違も示されており、またトレルチの見解に対するパネンベルクの誤解もあるように思われる。最大の問題は近代における自由の思想、特に市民的自由の思想の理解についてである。

まずトレルチとパネンベルク、この二人の神学者の「近代成立史」に関する相違点を挙げてみよう。宗教改革がそれ自体としては中世に位置し、近代の成立との関係は間接的であるという見方は両者に共通している。しかしトレルチには「近代の成立に対するプロテスタンティズムの意義」を問う視点があり、それをルター派よりはカルヴィニズムに見る見方があった。さらには、純然たるカルヴィニズムでなく、それと再洗礼派やスピリチュアリズムの契機とが結びついたプロテスタンティズムの融合の積極的な意義を強調し、特に再洗礼派とスピリチュアリズムという「宗教改革の継子たち」の歴史的意義を高く評価した。このことはすでに本書で幾度かしるしてきたことである。このこととイギリス革命が持っている世界史的な意味への注目とは結びついていた。これに対し「宗派的な宗教戦争」に注目するパネンベルクにはそうしたプロテスタンティズム内の相違の識別や、再洗礼派やスピリチュアリズムに対する評価は一切見られない。

他方、パネンベルクからすると、トレルチの歴史理解の難点は「宗派戦争」の第一義的な意義を理解しなかった点にあることになる。パネンベルクの言い方はこうである。

「エルンスト・トレルチもまた、近代文化を中世的キリスト教から引き離し、それゆえ新プロテスタンティズムを古プロテスタンティズムの教会的文化から引き離す誘因になったのは、第一に、宗派戦争が未決定のままに終結したことだったという事実の重みを十分に評価しなかった[20]」。

トレルチが宗派戦争といういわば概括的な把握でなく、その中身、その内的理念やその担い手を問題にして、特にイギリス革命に注目したのに対し、パネンベルクはそれぞれの「宗派戦争」の内容でなく、一六、一七世紀の「宗派戦争」の一般的事実に注目する。なお、パネンベルクが新プロテスタンティズムと古プロテスタンティズムの区別を「宗派戦争」に見ているのは、トレルチの理解としては不正確である。トレルチの理解によれば、近代文化をもたらす運動や変化は、教会的権威による強制的文化の中にあってそれを強化することもした古プロテスタンティズムの時代の中に、その権威的強制文化を突き崩す浸食作用が生じたことに発する。古プロテスタンティズムの時代における分派やスピリチュアリズム、そしてそれらとカルヴィニズムの融合体が、他の要因ともあいまって、そうした侵食作用を引き起こした。具体的にはそれらがあいまって「イギリス革命」を引き起こし、「人権」の問題や「教会と国家の分離」などの出現に関係した。

これに対し、新プロテスタンティズムは、近代文化の成立を受けて、その中でそれと協調し、調和したプロテスタンティズムであって、もちろんそれはプロテスタンティズムの融合体であるが、近代文化に対する関係は能産的に近代文化をもたらしたのではなく、むしろそれによってもたらされたもの、つまり所産的な関係の意味合いが強い。古プロテスタンティズムと新プロテスタンティズムの間に啓蒙主義があるという認識も、このことと関係する。新プロテスタンティズムは啓蒙主義以後の近代の中のプロテスタンティズムである。

トレルチが「宗派戦争」の事実一般でなく、その内的な思想とその担い手に注目し、特に「イギリス革命」に注目したことは、彼の「近代の最善」の理解と関係している。トレルチは「近代の最善」を「自由と人格の思想」の中に認識した。このこととイギリス革命の意義、ならびにプロテスタンティズムの融合の意義に対する評価とが関連していた。こうした関連で、トレルチはいわば「プロテスタント的近代」を語り、イギリス革命に主たる起源を持つ近代的な「自由」や「人格」の思想、それに「人権」思想、さらに共同体の変革に注目した。そこには同じくハイデルベルクの知的リーダーであったゲオルク・イェリネックの影響が働いていたこともすでに述べた通りである。

一方、パネンベルクの「宗派的な宗教戦争」に発する「キリスト教的世俗化」の理解からすると、「近代のプロテスタント的性格」を際立って語ることはできない。パネンベルクの近代成立史の理解は、ディルタイの精神史に支持を求めているが、イェリネックの法制史とは何の関係も持っていない。

以上の見方によって、パネンベルクの理解によれば、「近代の出発」の「時点」は「宗派的な宗教戦争」の終焉にあり、一七世紀四〇年代以降のことになる。彼自身の言い方で言えば一七世紀の「三分の一の二番目以降」という言い方である。問題は、この説によっては「近代の出発」の「場所」は特定されないことである。いったい、近代はどの地域から開始されたのか。「宗派戦争」ということで、パネンベルクはスペインに対するオランダの戦争、フランスにおけるユグノー戦争、ドイツにおける三〇年戦争、イギリス革命の戦争を挙げたとすでに述べた。しかしそれではスペイン、オランダ、フランス、ドイツ、イギリスのどこで、あるいはそのすべてで近代は同時に成立を見たのか。彼は特にドイツでの三〇年戦争の意義を強調するが、しかし歴史の事実が示すことは、三〇年戦争によってむしろドイツにおける近代の成立は著しく後れをとったのであって、イギリス、オランダに遅れ、さらにはフランスにも遅れたと見るべきではないか。このことは啓蒙主義の伝播と隆盛の転移の順序が示している通りである。「宗派的な宗教戦争」という仕方での一括した把握は、近代の開始を説明するのにきわめて困難で、そのことはこの「場所」の特定という問題から明らかであろう。近代の成立は、ドイツでもフランスでもなく、イギリスそしてオランダにおいて開始されたのであり、フランスもドイツも近代世界を外から受け取らなければならなかった。

パネンベルクとトレルチとの間には、以上のような「近代成立史」をめぐる歴史理解の相違があるだけではない。パネンベルクによるトレルチの見解に対する誤解も存在する。その一つは「フランス革命」の理解をめぐる誤解である。パネンベルクはディルタイの研究に言及しながら、宗教戦争によって文化一般の宗教的基盤が崩壊し、「いたるところで人間の本性に適ったものを求め、そこから法、国家、宗教の新しい形成のための規準を導き出す新しい態度」が生じたと述べた。そして「この端緒から一つの歴史的連関が出てきて、それが二〇世紀のさまざまな革命的変革にまで及んでいる」と指摘した。そしてトレルチの名を挙げて、以下のように記した。「この歴史的連関は、事実、トレルチが示唆したように、イギリス、アメリカ、フランスにおける三大革命の結果によって特徴づけられている」[21]と。

いったい、本当に、トレルチはその近代解釈によって、イギリス、アメリカ、フランスにおける「三大革命」について語り、それを貫き今日に至っている「一つの歴史的連関」、人間の本性を基盤としたディルタイの言う「自然的体系」による「一つの歴史的連関」について語ったことがあるのであろうか。これはトレルチに対するパネンベルクのまったくの誤解と言わなければならない。なぜなら、トレルチ自身は『近代世界の成立におけるプロテスタンティズムの意義』において、逆に、次のように語ったからである。

「プロテスタンティズムの領域内においても、新しい世界はさまざまな闘いや抵抗なしには生じなかった。イギリス革命とアメリカの独立、それにドイツ啓蒙主義も革命であった。しかしその（プロテスタンティズムの）革命はいたるところでフランス大革命とは性質を異にしていた。それらプロテスタントの革命は連続性を完全に破壊する必要も、また宗教を退位させる必要もなかった。なぜならプロテスタント的文化が宗教的な変革によって内側から原理的な革命をすでに済ませていたからである。このことこそ主要なことであり、また本質的なことである」[22]。

トレルチはここで、プロテスタント的文化とプロテスタント的革命について語ったが、それはフランス革命とは性質を異にすると語ったのである。トレルチによれば、近代世界には「自然的体系」による「一つの歴史連関」があるのでなく、プロテスタント的文化の先行によるプロテスタント的革命の連関と、それと性質を異にする別の革命による歴史連関が存在すると語ったのである。パネンベルクは彼自身の見方、近代的自由を自然法的な自由の理念に直結させる見方によって、トレルチの言うプロテスタント的革命の連関とその内容を無視し、フランス革命についてのきわめて基本的な理解について誤解したのである。

パネンベルクがトレルチを誤解したもう一つの問題は、近代文化と教会の関係についてである。パネンベルクはトレルチが近代文化を「教会から自由な文化世界」として主張したと見なして、現代におけるその無効性を以下のように語る。

「教会から自由なキリスト教的文化世界をキリスト教の将来にとっての決定的なファクターとして考えることは、トレルチにはまだできたけれども、今日では困難である。これに対してむしろ教会的なキリスト教そのものが今世紀のエキュメニカル運動によって、互いに属しあい普遍性を持っているとの新しい意識を獲得した[23]」と。

つまり、パネンベルクによると、「トレルチにとっては、キリスト教の普遍性はプロテスタンティズムの教会から自由な文化世界にその場を持っていた[24]」が、現代ではキリスト教の文化遺産の保持や文化活動にとって教会の意義が増大し、しかもそれは特にエキュメニズムによって増大したというのである。しかしトレルチの語った「教会文化から自由な文化への転換」というのは、「教会なき文化」を主張したわけではなかった。それは、近代文化の成立に関して「教会的強制から自由な文化」を意味したのであり、それは「教会的強制」を行使した純粋形態における「教会型」の文化的強制的支配の終わりを意味したのである。それに対してトレルチは、分派やスピリチュアリズムの契機の浸透したプロテスタンティズムの融合の持つ宗教的ならびに文化的意味を認識していた。つまり「近代成立史」には教会に関して「共同体革命」が併行していたと見たのである。だからこそ、トレルチ自身の現代問題として近代の危機に直面し、キリスト教的宗教の理念と生活の再活性化を課題として認識したとき、トレルチはキリスト教の理念的な集約と再活性化とともに、キリスト教の生活世界の再活性化の必要を認識し、「国民教会の柔軟化」に向かう努力を傾けたのである。つまりトレルチにおける近代の危機問題との取り組みには、彼の教会政策も重大な役割を担っていた。その教会政策は、既述の通り、教義学とは異なり、彼の信仰論とも異なるもので、いわば文化学的な政策学としての教会学であった。トレルチは、それによって第一次世界大戦以前には「国民教会の柔軟化」という政策を掲げ、さらに第一次世界大戦以後はよりいっそう「教会型」から離れて、「人格的な結社」の意味を強調するようになった。つまり、パネンベルクがエキュメニズムに期待を寄せたのに対して、トレルチはプロテスタンティズムの教会政策を追求したのである。パネンベルクに従ってトレルチを誤解したならば、われわれは近代問題との取り組みゆえのトレルチのこの教会政策をまったく理解できなくなってしまうであろう。

4　パネンベルクの見解における問題点

パネンベルクによる「近代成立史」の理解は、既述のように「伝統的諸権威からの解放」と「世俗化」を鍵とし、ディルタイの言う法、政治、宗教、文化に関わる「精神科学の自然的体系」に即するものであった。そこからパネンベルクのあの「一つの歴史的連関」の理解が結果的に帰結してきた。この視点によってなお中世的であった宗教改革と、人間の本性や自然法を共通基盤にした近代文化の区別が描かれ、それが近代における自由の思想を決定すると見られた。つまり一方の「宗教改革的な自由」と、他方の「近代の自然法的な自由」の明確な区別について語られることになる。その上で、パネンベルクは近代の自然法的な自由の理念は「一つの歴史的連関」を成していると見たわけである。パネンベルク自身の言葉を引用しておこう。

「ルターによれば、人間はそれ自身においてまたそれ自身からして、まさに自由ではない。……人間自身におけるこの意志の不自由が、人間がそれ自身の外で初めて、つまりキリストにおいて、そしてキリストに対する信仰によって真の自由を発見する前提である。この理解は、一七世紀以後人権の教説や近代の政治的理論形成の核心部分になった自然法的な自由の理念と深く相違している(25)」。

「人間は、ルターの言うキリスト教的自由をまさしく自然から持たず、自分自身から持ってはいない。人間はまたその自由をルソーの場合のように社会の手から市民的自由として受け取るのでもない。そうでなく、ヘーゲルが正しく見たように、神から、しかもイエス・キリストにおいて啓示された神から受け取るのである」[26]。

こうしてパネンベルクは、「宗教改革的な自由」の理解と「近代的な自由」の理解の区別を際立たせた。前者は人間自身の外から、そして神から規定される自由であり、後者は自然法的な自由の理念と見た。この結果パネンベルクは、「近代的自由」の中に、二種類の区別があるのを識別しなかった。近代的自由の中には、彼の言う「自然法的な自由」も確かにあるが、同時にそれと異なる「神から由来する自由」、あるいは「自然法的」であってしかも同時にもっと深い意味で「神から」由来する自由である近代的自由の理解もあった。このことをパネンベルクは認識しなかった。

この近代的自由の中にある対立を識別しない見方が、すでに言及されたイギリス革命からフランス革命までを「一つの歴史連関」によって把握したパネンベルクの見方になり、カイパーやトレルチの言う「プロテスタント的革命」を理解しない見方であった。ルターからヘーゲルに至る系譜には、「神から由来する自由」を認めるが、それに反してイギリス革命も、ミルトンもロックも、ルソーやフランス革命と同様、人間本性的、自然法的な自由の見方の中に一括してしまう。しかしミルトンが神の創造から語り、クリストクラシーに基づいて語った自由は、「神から由来している自由」ではないであろうか。またロックが「神のプロパティ」に基づいて主張した自由や、市民的権利は、「神からのもの」でなかったであろうか。パネンベルクは、宗教改革的自由と自然法的な自由の理念の区別を認識するのみで、一七世紀の「プロテスタント的な自由」の主張の真髄を把握していない。

この問題をめぐって生じてくる一つの論点は「人権」成立史の理解である。パネンベルクの見方に立てば、人権の理解は、ロックもルソーも、イギリス革命もフランス革命も一つの連関として、人間の本性やそれに基づく自然法による人権理解だけになる。しかし「人権」の成立史を辿って、イェリネックは「フランス革命」の人権宣言とその背後の「自然法」やルソーの「社会契約論」でなく、北米諸州の権利の章典とピューリタン的宗教、具体的にはロジャー・ウィリアムズに至り、カルヴァンの影響に遡って理解する道を明らかにした。トレルチによるイェリネック解釈で言えば、人権は「原理的な宗教的確信のエネルギー」[27]によって歴史に登場したのである。イェリネックは法の歴史学派として人権の起源と根拠づけを「自然法」の中にではなく、「キリスト教的文化の宗教的思想圏」の中に求めた[28]。このイェリネックの発見を、トレルチは「真の啓発的な発見」と呼んだのである。その上で彼は、このイェリネックの捉え方をよりいっそう精密化する努力を重ねて、イェリネックが「ピューリタニズム」と捉えた宗教思想の内実が、分派やスピリチュアリズムとカルヴィニズムの融合であると把握した。このことも第三章「エルンスト・トレルチの格闘」においてすでに記した通りである。

いずれにせよ、パネンベルクの場合のような、宗教改革的自由か、さもなければ一七世紀以後の自然法的自由かといった手荒な見方では、プロテスタント的な自由の系譜、そしてプロテスタント的な人権成立史は理解され得ないであろう。それによってまた近代における自由の精神もプロテスタンティズムの意義の理解も損なわれることになる。「宗教改革的なキリスト者の自由の政治的・文化的生産力[29]」の発見が、イェリネックからトレルチへと継承された一つの共通主題であったが、パネンベルクは遺憾なことにそれを見失ったと言わなければならない。

パネンベルクが一七世紀のプロテスタント的自由を適切に認識できなかったのは、あの「宗派戦争」による「近代成立史」の見方のゆえであった。パネンベルクはそこから現代の課題としてエキュメニズムによる教会分裂の克服、つまりエキュメニズムによる教会統一の主張を掲げた。つまり「宗派戦争による教会分裂」の認識、そして「エキュメニズムによる教会統一」によるその克服がパネンベルクの「近代理解の枠」をなしていた。この歴史観の枠組みが、一七世紀のプロテスタント的近代を理解できなくさせたと言わなければならないであろう。しかしパネンベルクはミルトンやクロムウェルをまったく無視していたわけではない。彼らの「宗教改革を宗教改革する」という主張や、「宗教改革の中心理念のこの世的現実化」の試みについて、パネンベルクも言及している。しかし彼はその意義を積極的に評価しようとはしなかった。その理由は、「福音的自由のこの世的現実化」

ということは、「プロテスタンティズム」を「近代世界に適ったキリスト教の形式」にはするが、「キリスト教の形式としての教会」を原理的に克服してしまうと見たからである。[30] しかしそのときパネンベルクは、ミルトンやクロムウェルそのものよりは、ヘーゲルの視点――「ヘーゲルによると、宗教改革によってキリスト教の形式としての教会は原理的に克服されたのであり」「今からは教会は世界精神の背後に立つ[31]」ことになると言う――による危惧に捉えられていた。そして、自由の原理をこの世界の中に打ち立て、あらゆる制度を自由の原理に対応する仕方で変革するといった問題意識によって、教会制度とともに「教会分裂」が軽視されることを危惧したのである。パネンベルクによれば、「宗教改革をこの世的に完成させる」といったヴィジョンは、二〇世紀における国家と文化のキリスト教離れによって「根拠なきもの[32]」となった。むしろ重大なのは教会統一を達成させることであると彼は考えた。しかし一七世紀の「プロテスタント的近代」あるいは「プロテスタント的自由」は「教会なきプロテスタンティズム」であったわけでも、「教会なき近代」、あるいは「教会なき自由」を狙ったわけでもない。「市民的自由」によって「福音的自由」の社会的形態化を図ることは、「教会なき自由」ではなく、「自由な教会」に基づく社会的自由の現実化を試みることであった。「福音的自由」の市民的自由への形態化の努力は、一七世紀のプロテスタント的近代において、決して教会の文化的・社会的解消を志向したものではない。そうでなく、「自由な教会」という「共同体革命」とともに進行した現象であった。これを教会の文化社会への解消として解釈するのは、ヘーゲルの視点からの解釈に強く捉えられた見方と言わなければならない。

第三部の結語

トレルチが自由の基盤としてプロテスタント的・宗教的な基盤の不可欠性を認識し、キリスト教的理念の活性化とともに教会政策に腐心したのは、プロテスタント的自由に近代の最善を見たからであり、その基盤の保持を図ったからである。この面でのパネンベルクの見方の問題性を指摘し、それを修正する意味では、次のようなＰ・Ｔ・フォーサイスの主張も、会衆派とその周辺の見方に限定された嫌いはあるが、十分意味あるものであろう。フォーサイスは言う。

「われわれが赴かなくてはならないのは、ロビンソン[1]やクロムウェル、ミルトンやグッドウィン、そして彼らの仲間たちのもとにである。この人々の思想には視野の広がりと精神の高揚がある。われわれが赴かなくてはならないのは、後代のドグマティストたちのもとにではない。彼らは一八世紀の質の落ちたカルヴィニズムによってわれわれに重荷を負わせたが、しかし全教会と西洋の根拠づけられた自由の全歴史におけるわれわれの位置に関する偉大な感覚を失ってしまった[2]」。

「福音によって根拠づけられた自由」に対する感覚を取り戻すために、赴くべきプロテスタンティズムの神学的思想家が一七世紀に多くいたことを、フォーサイスは指摘したわけである。それは「プロテスタント的自由」を示し、「プロテスタント的近代」を示したと言ってよい。それは三〇年戦争に近代の出発を見たパネンベルクの視野にはまったくなかったものである[3]。

パネンベルクはエキュメニズムによる教会統一の重大性を強調したが、トレルチにとっては、近代における危機の中で自由と人格の宗教的基盤を守ることは、「国民教会の柔軟化」や「自己伝達と愛の精神による人格的アソシエーション」の意義に注目する教会政策の課題であった。現代において重大な問題はむしろ、パネンベルクの言うエキュメニズムに、トレルチの指摘した国民教会の柔軟化や人格的結社の思想を結び合わせることであろう。現代のエキュメニズムによって、近代文化の運命との関わりにおける教会の意義を増大させるという主張は、それなりに意味のある議論である。しかしその際、そのエキュメニズムの中に当然、多元的な要素に対する柔軟な受容能力や対話能力が発揮されなければならない。つまり、エキュメニズムが現代の問題を解決するためには、プロテスタント的な「自由教会」の意義を汲み取って進められなければならないであろう。パネンベルク自身は、教会分裂の克服のためにエキュメニカルな教会一致を求めて、ローマ教皇（「ローマの司教」と呼ぶが）の主導性に期待を置いた(4)。しかし、エキュメニズムの中で、「自由教会」や「人格的アソシエーション」に対して、当然の位置が尊敬を持って与えられなければ、そのエキュメニズムによって近代的自由を意味深く支えることはできない。「エキュメニズム」か、それとも「自由で人格的な結社」かの二者択一ではなく、エキュメニズムが、宗教的寛容を具体化し、プロテスタント的な契機、自由で人格的なアソシエーションの契機と相互補完にもたらされることが必要であろう。

第四部　新しい日本の形成の文脈におけるキリスト教の弁証

はじめに――第四部の意味

第四部は、日本とキリスト教の出会いを日本にとって重大な機会として取り上げる。両者の出会いは、一六世紀にかなりのスケールにおいて起きたが、ここでは特に一九世紀における日本の近代化と、キリスト教と日本の出会いの関係に注目する。日本の近代化は国家と社会の全体に関わる巨大な歴史的事件であるが、政治、教育、科学、文学、医療、福祉、その他、多角的な面においてキリスト教的な活動が見られ、不十分ながらもそれらキリスト教的な活動との接触を受けながら進められてきた。政府関係の中にも当初、フルベッキなど宣教師の指導があった。しかし明治二〇年代以降、「キリスト教なき近代化」の路線が国家的な文脈で次第に濃厚になった。いわゆる「宗教と教育の衝突」はそれを典型的に示す事件になった。これは視点を変えれば、近代日本の形成が「日本民族主義的な桎梏」に捉えられ続けたことを意味した。「和魂洋才」「東洋道徳、西洋芸（技）術」がその合い言葉になった。「キリスト教なき日本」の問題は、やがて昭和一二年以後、内面をも支配する一種疑似宗教的な熱狂的超国家主義（Ultranationalism）に顕在化した。しかしその傾向は、それ以前にもまたそれ以後にも、日本の国家、社会、文化に潜在する底流としてあり続けたものであり、現在も国家や社会の底流にあり続けている。

二一世紀に至り、今日のグローバル化の中で、「新しい日本」の可能性が問われている。日本の近代化の問題と新しい日本の形成の文脈においてキリスト教の意味を提示することは、日本におけるキリスト教の真理性の弁証課題を果たすことであるが、それはまた日本の新しい可能性に関わることでもある。この課題の遂行のためには、日本学や日本論をめぐる方法的吟味も欠かすことができない。日本という現象を民族的自然主義でなく、歴史的に把握する日本学の方法が提唱されなくてはならないであろう。その上で日本の近代化を再検討し、その問題性を明らかにし、新しい日本の形成に対するキリスト教からの提案を提示しなければならない。

第一章　「日本」の歴史性と「日本学」の方法

1　「日本」の歴史性と「始源論的方法」の誤り

日本ならびに日本人、その精神や文化などの特質や可能性を学的に取り扱ういわゆる「日本学」(Japanology)はいかなる方法をもって研究されるべきであろうか。歴史学、社会学、文化人類学、風土学、比較文明学、心理学、さらには遺伝学など、種々の方法が駆使されている。日本学ないし日本論の系譜を描けば、本居宣長から折口信夫に至る国学、あるいは神道的日本学があり、福沢諭吉、長谷川如是閑などの文明批評・文明論的な日本論もある。和辻哲郎や西田幾太郎の風土論的ならびに皇国主義的日本論や、仏教哲学的日本論を指摘することもできるであろう。あるいは梅原猛、梅棹忠雄などの戦後民族派の文明論的日本論、土居健郎、南博、河合隼雄らの心理学的日本論、さらにその他多くの取り組みがなされてきた。しかしその中でも対象そのものが「歴史的存在」であって、それ自体においてもまた外部との関係においても変化の途上にあり、過去と現在があるだけでなく、将来の可能性問題があることを回避することができないことからすれば、「日本学」はまた歴史的課題であり、しかも単に歴史的過去と歴史的現在の認識に関わるだけでなく、日本の将来的な形成にも関わる。したがってそれは歴史学的認識の課題でありつつ、それだけでなく歴史哲学的な形成課題であるとも言わなければならないであろう。その意味で「日本学」はまた、本書第二部でその権利を扱ったキリスト教的「歴史の神学」の課題でもあると言うことができるであろう。繰り返して言えば、「日本のあり様」は歴史的存在であり、同時に将来に向かっての歴史的当為の問題でもある。日本の文化、日本社会のあり様、日本的精神などの「本質」が歴史的であれば、日本の「本質」を問うことはまた、日本の「本質形成」に参与することと切り離すことはできない。トレルチの言い方で言えば、「本質規定は本質形成である[1]」。

ところで、上記に挙げた種々の方法を駆使した日本学ないし日本論が、主として始源論的、回顧的な「本質」概念を想定し、事実大筋において非歴史的に遂行されてきたことは否定できないであろう。多くの日本学が変わらざる日本の本質を求めて試行されてきた。しかし「日本とは何か」ということは、すくなくとも回顧のみによって明らかにされるものではなく、その歴史的変貌の意味を捉えていかなければならない。もちろん、その歴史性は日本のあり様のすべてにわたって一律な現象ではない。目まぐるしく変貌する局面と容易に変化しようとしない持続的な局面とが混在し、相互に浸透し合っているのが現実である。ここでは「変化の相」に注目するが、それだけに持続的な次元、いわゆる日本文化の「古層」についても関心を払い続けなければならないであろう。日本文化の古層もまた歴史的事実に属する。歴史的事実認識を踏まえながら、歴史哲学的、ないし歴史神学的に認識し、判断していかなければならない。

いずれにせよ文化の本質を、その技術や制度、社会や政治のみでなく、精神や意識、宗教的な次元との関わりも含めて、その「歴史性」において把握するとき、日本学ないし日本論の方法論的な哲学的基礎構造が問題になる。「本質の歴史性」あるいは「歴史的本質」を把握し得る洞察でなければ、この課題に対して適切とは言いがたい。日本文化の歴史性をはじめから排除してかかるとき、その日本学は日本の将来的変化にも、外部からの関係にも、排他的議論の軌道を敷設することになる。日本の文化や精神の探究は、多くの場合、異質と見られるものの流入を排除する方向に規定され、そうした意味でいわゆる「純粋性」を構想するものが多かった。それらはまた勢い、単純に「始源論的」な方法によって究明が試みられた。その結果、将来の形成に関しても排他的に純粋性を追求することになった。従来、多くの日本学は「始源」にその本質を求める意味で非歴史的方法によってきたことになる。その際「始源」をどこに見るかは、「本質」の規定をすでに暗々裏に内定させながら決定している場合が多く、したがって真実に歴史的に遡及しているとも言いがたい場合が多い。しかし日本のあり様やその文化が「歴史的存在」であれば、その「本質」もまた歴史的であり、「将来的形成」に開放されていなければならない。歴史的存在の本質の歴史性を踏まえた日本学の構想が必要とされる。その際、始源論的日本学の哲学的基礎構造が問われるように、「歴史的日本学の哲学的基礎構造」も問われるであろう。キリスト教歴史神学は、歴史的日本学の基礎構造を提示することに寄与すべきであろう。

日本文化の本質を、歴史的に理解するということは、その本質の完成を将来の終末論的可能性の中に見て、現になお形成途上にあるものとして理解することである。それは内的な諸傾向に対してのみならず、歴史的世界の相互作用・相互交流に対しても開放的に、つまりは新しきものとの出会いに対しても開かれたものとして理解しなければならない。真に日本的であることは、他者排除的であることではなく、歴史的形成の中で生成するものとして捉えられる。「キリスト教」もまた歴史的存在である。もちろんそれは「歴史的啓示」を核心に保持する意味で「日本の歴史性」と同一のものではない。しかしキリスト教の中には、イスラエル的、ラテン的、ギリシア的、アフリカ的、ゲルマン的、アングロサクソン的など多彩な含蓄が含まれた。一方で日本の歴史性・途上性を理解し、他方でキリスト教のそうした文化関連の多様性を認識するとき、「日本かキリスト教か」という二者択一は成立しない。むしろその出会いにおける新しい両者の形成が問題になるであろう。

2　「日本学」の諸説と神学的視点

日本学の現状は、その方法論的多様性と関連しながら、諸説の展開が見られる。それを分類して列挙すれば、以下のように整理することができるであろう。第一に挙げられるのは「模倣説」や「伝播説」による日本理解である。これは中国伝来説による場合もあり、南方渡来説による場合もある。近代では欧化主義や脱亜入欧の日本理解の意味を肯定することにもなるであろう。

第二に挙げられるのは「日本固有説」や「排外説」による日本理解である。これは近代では、神道的皇国主義や国学主義、さらには国粋主義や精神的ナショナリズムの強調に見られ、入亜脱欧の主張に見られた。

第三に挙げられるのは「複合類型説」による固有な日本理解である。これは日本文化の形成に複合的な文化交流や文化混合を認める。しかしその上で「基層」を探求し、あるいは「原型」の設定を類型論的に試みる。その際、日本の固有性を「交流」や「複合」に見るのでなく、その「基層」や「原型」に見ることになれば、「複合類型固有説」とでも言い得る型になる。この型の説は、例えば石田英一郎や和辻哲郎に見ることができよう。[2] この見方は「稲作農耕文化」と「牧畜文化」を対比し、さらには風土論的に「モンスーン」「沙漠」「牧場」の対比を試みる。これに対し「基層」や「原型」にすでに「交流」や「混合」が入っているという視点も成立するであろう。例えば、日本民族と日本文化の「起源」について、狩猟文化としての縄文人に対し、稲作農耕文化の伝来と弥生人（朝鮮半島経由か、南方－沖縄ルートかという問題があるにせよ）の混入の中に見る見方がある。これは方法的に文化人類学を用いても、あるいは遺伝学を用いても同じである。埴原和郎は、人骨調査を方法としながら、縄文人と弥生人を「在来系」と「渡来系」に区別している。[3] しかしそもそも「原型」「基層」の中にすでに「複合性」があると想定される。上記、埴原和郎は「縄文時代と弥生時代はまさに鎖国時代と維新後の日本に似ている。それは政治権力の介入こそなかったが、形として縄文時代は孤立時代、弥生時代は門戸開放の時代ともいえる」[4]と述べている。しかし例えば、三大丸山遺跡は、縄文時代における広い日本海交流を示し出した。海は古代の人を隔てた壁であったが、同時にまた古来より海上の道は存在した。鎖国や孤立は、同時に交流へと開放されていた。このことは時代をこえて妥当している。縄文人もまた「渡来系」と区別された「在来系」というよりも、「東北アジア的な交流の視点」で理解されるべきであろう。「日本列島的な鎖国の視点」は日本列島を日本として統一的に理解する後世の文化史的視点を過去に読み込んでいるにほかならない。「複合類型固有説」はすでにその内実において「複合類型交流説」と見なければならないであろう。

第四に「複合的歴史形成説」が考えられる。この場合には「基層」や「原型」といった概念の使用は、過去における「本質」の固定化の意味を含む可能性があるので、むしろ避けたほうがよい。「核」や「中核」という概念も非歴史的な本質規定を窺わせるので避けることになる。しかし文化の「複合」や「成層」(stratification, Schichtung) が事実あること、それが重大な意味を持っていることを認識する。そこで文化や精神の「底層」、あるいは「古層」や「深層」を、「表層」と区別する。その上でそれら諸成層間の相互の「浸潤」を認識し、そこに複合文化の歴史的生成と変貌を認識していく。そのようにしてこの「変貌」の中に「個性」を見る立場が可能である。「複合的個性説」であるが、しかも「歴史的」であって、「歴史的複合的個性説」とでも言うべき見方であって、非歴史的な類型論とは異なるであろう。

ただし、ここで問題が出てくる。それはこの「変貌」の中の「個性」そのものは、非歴史的と考えるべきかという問題である。具体的に言うと、いわゆる「和魂」は元来そうした複合的なものの調整バランスの感覚であったとも言われる。しかしこれをただちに日本文化の「本質」としてよいかどうかは疑問である。内容的な非歴史的個性を言うのではないが、歴史的に変化する文化内容を形式的に調整する、その調整機能を非歴史的なものとして一種の「型」を引き出し、「和魂」という「型」を見分ける。これに類するものとして楠正弘が提唱する、日本文化の「エンドガマス（族内婚）的性格」もその一つであろう。(5) しかし複合的変貌の型そのものもまた「可変的」ではないであろうか。そこまで歴史性を徹底させていくと、「日本の本質」についてむしろ「複合的歴史形成説」が成立することになるであろう。ここでは過去の成層は素材である。その素材は外からの新たな侵入との接触や交流に開かれている。日本の本質は歴史形成的な課題であり、自己の過去との新しい取り組みであり続ける。歴史的な日本の本質は途上性にあり、「本質」は歴史の最後に完成する。複合的歴史形成の方法的視点は、歴史哲学ならびに終末論的な神学的歴史理解と深い関係を持つことになる。この文脈で日本学の方法としての歴史神学的方法の権利を主張し得るであろう。この視点からすると、起源遡及論的本質規定の抽象性や、風土論的規定の限界は明らかである。それらは自己認識の一つの視点ではあっても、歴史的自己の本質規定の力をそこに認めることはできない。他者との非交流による純粋形態の抽象化は、歴史の事実によって誤りであることが判明する。歴史的なものの本質形成の道は、「歴史的交流・複合・変化説」であらざるを得ない。歴史的存在の本質は、過去の古典期に遡って閉鎖的に規定することはできず、将来的な形成途上性において理解しなければならない。その中で古層、底層の存在と変化が認識されなければならないであろう。

第二章　日本の近代

1　屈折した近代化

⑴ 躍進の内部構造に根ざした蹉跌

「近代化」は、一七世紀半ばのイギリスに発し、概略すれば、オランダ、フランス、ドイツの順にヨーロッパ各地域に及び、一九世紀以来非西洋世界にも進展した文化の総体的な変化である。それは、ときに合理化として総称されるが、動向としては政治的には君主制や貴族制から民主制へ、経済的には産業化を伴う近代的資本主義経済へ、またその条件ともなった科学や技術革命を伴って進行した。さらに国家と教会の分離や、国家と社会の区別による共同体革命をもたらし、社会生活においては伝統主義的な封建的身分社会から市民的自由をともなった民主的、平等的市民社会への傾向を持ち、伝統主義的精神から自由で自発的な個人の主体性を解放した。近代化は、したがって、国家の体制、政治、経済、社会、科学、教育、さらに精神的エートスや宗教的な次元と深く関係した文明全体の変化を意味した。もちろんこうした変化は、「典型」として指摘し得るのであって、現実はどの地域でもそれらの諸変化が一括して実現されたわけではない。ある分野での変化は中途に止まり、停滞の中にあるという現実もある。

ところで、日本は一九世紀後半からこの近代化を経験した。それまでにさまざまな方面での準備や基盤の形成がなされたと言えなくはないが、本格的には日本の近代化は「開国」と「明治維新」による「文明開化」から開始された。それは近代化の後発国のすべてがそうであったように「横からの近代化」であり、その点ではドイツもそうであったように「横から」を国内的にはまず上層部分が受け止め「上からの近代化」として遂行された。そのため近代化は、国家的事業として国権の確立や国力の増強の政策としても遂行されることになった。

ここでは、日本の近代化、そして近代日本に潜む根本問題を認識して、日本の新しい形成を考えることが主題である。近代日本の根本問題を把握するためには、当然、日本の近代化についての歴史的認識を必要とする。しかし日本近代化の過程を詳細にわたって検討することがここでの課題というわけではない。ここでの課題はむしろ、日本の近代化における「屈折」や「煩悶」、あるいは「蹉跌」を理解することである。もちろん「近代化」はいずれの場合も一方で「躍進」を見せるとともに、他方で「蹉跌」を抱えている。あるいは近代の「躍進」はその「蹉跌」へと変貌した。ヨーロッパにおいても、「禁欲的プロテスタンティズム」による「世俗内的禁欲主義」のエートスと親和的な政治や経済の近代化、すなわちプロテスタンティズムに協調的な近代から、一九世紀、二〇世紀における「世俗主義化」「鉄の檻」あるいは「近代の危機」へと変貌し、「近代の終焉」（ガルディーニ）や「プロテスタント時代の終焉」（ティリッヒ）が語られるに至った。あるいは構造や秩序を持った社会の大衆社会化による崩壊、資源問題や環境問題、生命倫理問題やその他高度技術化ゆえの難問に直面し、近代化の光と闇について、至るところで検討を迫られている。しかし日本の将来的形成とその可能性を視野において、ここで日本の近代化の問題性として問いたいことは、そうした「変貌」や躍進の「他面」に生じた難問ではない。それはそれとしてまた取り扱い、取り組まなければならない諸問題であるが、そうした他面において生じた難問との取り組みのためにも問われる「主体性の形成」の問題である。個人としての、また社会的共同体としての「近代的な主体性形成」に関わる問題がある。この点では日本近代化の「躍進」の「他面」に生じた問題よりも、むしろ「躍進」そのものの中にあり、それを支え促進させた主体の構造自体の中にすでに「蹉跌」があったという事態が問題になる。日本の近代化は、近代化の躍進そのものの中にすでに蹉跌を抱えていた。このアイロニカルな事実を認識し、それを克服するのでなければ、近代化の結果他面に生じてきたさまざまな難問との取り組みも、結局はこの蹉跌から自由になることはできないであろう。日本近代化の問題性は、近代化の結果にではなく、まずは近代化推進の主体の中に潜んでいたと言うべきであろう。その意味で日本の近代化には近代化との同時進行における「内的な屈折の構造」を指摘する必要がある。日本近代化の「躍進」はその内部構造として「蹉跌」を抱え、それが一九四五年の敗戦の経験にまで至り、さらには戦後もなお基本的に未処理のまま継続されて、その克服が今日の課題となっている。

日本近代化の「内的な屈折の構造」とは、具体的に言うと、市民社会の成熟から発した、あるいはそれを伴った近代化ではなかったということである。市民革命による近代化を経験せず、「上からの近代化」を推進した諸国は、いずれも類似の問題を抱えているであろう。近代化という「新しい皮袋」に入れる市民社会のエートスという「新しい酒」が欠如したという現象である。民主制による政治も、資本主義経済の発展も上からの国権の制約を受け、「富国強兵」「殖産興業」の国策として推進された。国家や経済と区別された、自由な活動領域としての市民社会は未確立のままに近代化の「躍進」が進む。元来、国家や君主の権力を制限することを目的としたはずの憲法が「欽定憲法」として「天皇主権」のもとに国民を制約する。諸個人のエネルギーを国威高揚のために吸収していくためには、「個人の良心の自由」によって拡散させるのでなく、もっぱら「集団主義的な服従」によって方向づけることにもなった。

こうした日本近代化の構造的な屈折状態はさまざまな角度から指摘することができるし、またそれらは常に同一の事柄を指差すとも言い得る。近代化は、社会的成熟の結果として「下からの運動」として遂行されたのでなく、倒幕運動による政治支配の転換を決定的な契機として、藩閥政府の政治的主導により、「上からの運動」の形を取って、国権の強化を目標として遂行された。「明治維新」は「文明開化」であると同時に「王政復古」であり、「自由民権」とともに「国権の伸張」が期された。明治五年の岩倉使節団の派遣から「自由民権運動」まで、一方の「維新」や「文明開化」と、他方の「復古」との間に一種の綱引きや振幅運動による混乱期を過ごした後、明治政府はプロイセン・ドイツに範をとった絶対君主制による近代化の形態を選択し、「大日本帝国憲法」を制定した。もちろん混乱期にもすでに「天皇親政」の施策や「國體論」の思想は顕在化していたわけであるが、明治二二年以来、「天皇制を纏った国家絶対主義」の軌道はいよいよ強固に敷かれた。日本近代化の構造的な屈折を孕んだ国家主義的枠組が打ち建てられたわけである。しかし問題は、それがただ単に国家主義的な枠組ではなく、日本国民の「内的な枠組」をも形成したことである。「外的な権力」としてのみならず「内的な権威」として日本人の魂を拘束したという問題がある。この内と外の両面に及んだ国家主義的枠組みの内部では、「民主化」という意味での近代的な政治の実現は、その後永く「煩悶」の時を過ごさなければならなかった。それだけでなく、「個人の良心の自由」に基づく「主体的な判断の自由」もまた「煩悶」の中にあり続けた。このことは自由な個人の同志共同体の集合としての「自由な市民社会」の確立が永く宿題として残り続け、今日に至ってなお解決していないことによって明白である。

こうした権力と権威に拘束された「日本的近代」の特殊性は、経済の資本主義化の中での「屈折」によっても指摘することができる。経済・産業の推進は、藩閥政府の支配によって上からその促進が図られ、「富国強兵」のための「殖産興業」として推進された。従来の大商人や藩閥政府と結びついた政商が近代の資本家に変貌した例が多く、その体質や意識は前近代的であり、国家主義的であった。産業界における人権軽視の諸問題は、軍隊における上官の部下いじめとも平行した現象であった。日本近代化における人間の人格的尊厳、自由の確立、人権の尊重といったことは当然遅滞した。近代化そのものが権力や権威に対する屈従によって方向を規定された集団主義、いうならば「権威屈従的集団主義」によって遂行され、それがある方面では表向き近代化のスピードを上げ、飛躍的躍進を意味した。それは日本近代化のアイロニーであり、躍進の中に構造的な内的蹉跌があった。日本の近代化の「飛躍的躍進の内的構造としての蹉跌」を取り上げて検討することが、日本近代化の重大な反省的テーマであり、本章の重大な関心事である。この問題を本章では特に「自由な市民社会」の形成の「遅滞」

問題として、また日本近代化における「呪術の追放」の「欠如」の問題として取り上げることになる。あの「飛躍の内的構造としての蹉跌」が、具体的には「権力と権威の一体化」による支配であり、それに対する「屈従的な集団主義」であるとすると、それはまさしく天皇制ナショナリズムに典型的に現れた「タブーの支配」であって、「呪術の追放」の欠如を意味すると思われる。「人格の尊厳」「自主的判断や結社の自由」といった近代化のエートスを問い、またそのエートスと結合した「自由な市民社会」の形成を問うことは、さらに近代日本の思想の基本問題を改めて検討することにもなる。キリスト教弁証学として、この点での日本のキリスト教の意義について検討もしなければならない。

人格の尊厳、個人の自由、思想や表現や結社の自由、自発性原理などは、「自由な市民社会」の形成原理であり、また近代国家や近代経済の基本をなす西欧的近代の価値的原理であった。これらの諸原理は、近代日本の近代化においてはいわば後回しにされた。この後回しは、「日本独自の近代」とか「非西欧的な近代」といった日本の近代の掛け声、あるいは「近代の超克」といった掛け声によっていっそうの停滞の中に置き去られた。これは、戦後においてもなお広範囲に残された課題となったと言わなければならない。「上からの近代化」の屈折は、その後も依然として官僚や行政の指導的支配、民間に対する官の優性、私立に対する国公立の優位、そして他方には屈従的で競争的な集団主義による個的人格や自由に対する圧迫といった形で、戦後も永く継続し、現代に至っている。現代の日本社会において「ポスト・モダン」がしばしば語られるが、日本の近代化には「モダン」「ポスト・モダン」とともに、以前として「プレ・モダン」が同時併行しているのが実態である。日本において手軽に「ポスト・モダン」を語ることはできない。「近代の超剋」は常に前近代的な集団主義、民族主義、反人格主義へと頽落する危険を避けがたくしているからである。

(2) 近代日本における「市民社会」の問題

「市民社会」という問題は、近代化の中の重大問題であり、特に近代化の主体に関わる問題である。しかしそれが考察の対象とされるようになったのは、ごく近年のことと言わなければならない。スコットランド啓蒙主義以来この用語は知られてきたが、ヘーゲルによって「欲望の体系」として消極的規定を受けたことも一つの理由となり、克服すべき対象と誤解され、真剣な取り扱いを受けないままにきた。ヘーゲルにおいて「市民社会」が国家主義的に克服される位置に配置されたことは、ドイツの社会的な後進性を示していたと考えられる。いずれにせよ近代化の先進西欧諸国では市民社会の自覚をそれほど闡明に持つことなく、事実としてその中に生き、そこから国家や経済を規定してきたのである。それでは「市民社会」とは何か。マイケル・ウォルツァーは「市民社会」とは「非強制的な人間の共同社会（association）の空間の命名であって、家族、信仰、利害、イデオロギーのために形成され、この空間を満たす関係的なネットワークの命名でもある」[1]と言う。そのネットワークとして挙げられるのは具体的には「さまざまな組合、教会、政党、運動、生活共同体組合、近隣、学派」それに「諸々のアソシエーション」である。A・D・リンゼイはむしろ「自由なアソシエーション」（そこには教会や大学が含まれるが）の集合を「市民社会」と呼んでいる[2]。「自由なアソシエーション」といった場合に「家族」を入れて考えるべきか、また「市民社会」の中に「政党」を含ませるべきか否かといった詳細な議論はなお存在する。しかしここで重大なのはそうした細部の議論よりは、国家や国家主義的に規定された政治主義的な社会領域と区別され、また国家主義的に規定された経済領域とも区別された市民社会という空間の成立の問題である。権力と権威の一元化は、そうした強制のない自由な活動空間としての市民社会の成立を阻害する。明治維新以来の日本の近代化は、その意味での市民社会の形成を後回しにしてきたことは誰も否定できない事実である。日本の近代化は、国民の忠誠心を一元化して国家に吸収することによって飛躍的に推進された。その国家主義的躍進に対して天皇制は有効に機能した。それに対し、忠誠心を多元的に拡散する市民社会の形成は陰に陽に抑圧されたと言わなければならない。

日本における「社会の発見」が遅滞したことは、「社会」（society）という言葉自体の定着の遅さにも現れた。中村正直が明治五年にミル『自由論』を訳出したとき、この語は日本語にはなく、中村正直は「仲間会所」「仲間連中」「仲間会社」「人民ノ会社」などの語を当て、「しかもそのほとんどに『即チ政府』と付記して」、内容的には真逆な翻訳に陥ったと言う。(3)

しかしそれにもかかわらず「社会の近代化」が徐々に追求されたこともまた事実である。特に「自由民権運動」が収束し、結果として天皇制の権威を纏った絶対主義的国家体制が軌道を施設した時代、つまり明治二〇年代、国権の方向に収斂されることを潔としなかった人々の改革のエネルギーは社会へと向かっていった。このことが特に明治二〇年代の「平民運動」の背景にあった。その中にはキリスト者の働きもあり、例えば植村正久の中にわれわれはその時代における「社会の発見」を見出すことができよう。

植村は当初より「民間にあって官途に就かず」と言い、「福音の干城」、伝道、教会形成の道への決意をもち、「社交上革新」の志を懐いたキリスト教福音の伝道者であった。彼の刊行物『日本評論』は社会の近代化とその啓発を目的として企画された。『日本評論』の発刊の辞（明治二三年）は、そのことをよく示している。「蓋し余輩は、この多事多望、前途すこぶる艱難なる今日の日本国において、一つの特殊なる天職を奉ずるものなるを知る。余輩は、政治、社交、経済、および教育上の事物に関し、世人に論告すべき意見を抱懐するものなり」。少し長くなるが、植村の意図がとりわけ「社会の改良」にあったことは、以下の文章に明らかである。「余輩は、権利、自由なる四字の版図大《だい》に過ぎて、偏重の勢いを逞しゅうせる文明の幣に懲《こ》り、隣友を見ることなお己のごとくせよとの至道に基づき、もって社会の改良を図るの必要なるを覚知す。余輩また家族の制全からざれば、国遂に全きこと能わず。婦人の地位賤《いや》しければ、国ひとり貴きこと能わざるを知れり。今の新聞紙、雑誌を見るに、もっぱらその意を政治部面に注ぎて、これら社交上の問題を等閑にし、彼の小学教育の事のごときに至りては、文学上の志士にして、十分これに心を用うるもの、寥々《りょうりょう》としてほとんど聞こえざるなり。以上列挙する事項の外、これに類せる問題極めて多し。これを論じてもって、社交上革新の方針を定めんと欲す[4]」。言われる通り触れられていない事柄はまだ多いが、ここには国家や国政に優位を帰す見方がなお優位しつつも、その評論とは別に、「家族」や「社会」の事柄が、しかも「権利」や「自由」の身につくべき領域として取り上げられている。植村正久における「社会の発見」を言う理由である。この明治二三年の「社交上革新の方針」を継続させて、植村は後に「第二の開国」を主張した。それは大正二年の文章においてである。

植村は、当時の対米関係を念頭に置きながら次のように記した。「根本的に国を開き、彼我社交の調和、人情の融合、霊的一致をなすに至るこそ、日本今日の急務なれと信ずる[5]」。その判断の根本には、「世の中は最後まで兵力や金権や工業の発達のみで推し通せるものではない」という植村の確信があった。「人情の融和、趣味の投合、信仰の一致、霊的契合」がなければならないというのである。第一の開国は「ペルリ軍艦より響いた暴慢にして理不尽なる砲声」を合図に外から強いられた。しかしその開国は真実の開国に遠く及ばない。植村の言う「第二の開国」は、政治と経済に止まらず、主として「人情および文明の融和[6]」であり、「社交」（社会的交流）に待たなければならない。そのためには当然、社会の成熟を必要とする。植村が課題とした教会形成そのものが、同時に「社会改良」の不可欠な基盤をなすと期待された。

こう見てみると、近代日本における「キリスト教の意義」は、もちろん日本に福音を伝え、神の救済の働きに仕えて、キリストの体である教会を築くことであるが、それは同時に日本における市民社会の形成に結果的に資するという面があったことは明らかである。その実際の成果について過大な評価を行うことは、言うまでもなく慎まなければならない。しかし「自由教会」形成の路線は、それ自体として「自由な市民社会」の形成に関係していたし、それ以外にも日本のキリスト教が「学校教育」、とりわけ「女子教育」の方面で大きな成果を挙げたこと、その他医療活動や社会事業、さらに文化諸領域に活躍したことは、市民社会の形成の観点からしても決して無視してよいものではない。国家とは異なった別原理によるキリスト教的な家族や結婚の形成、ジャーナルや出版物、文学や芸術への影響、そうした諸活動は、教会形成の闘いに伴い、市民社会の形成に関わるキリスト教的活動として決して意義の少ないものではなかったはずである。

日本における「社会の発見」は、既述のように明治二〇年代に生じた現象であるが、日清戦争の終結以後、明治三〇年代に至って国家主義のいっそうの強化にともないいわゆる「閉塞体制」のもと、次第に後退させられていった。二〇年代末からの「宗教と教育の衝突」や「国家主義的な教育の圧迫」、私立学校に対しても宗教教育を禁じた明治三二年の文部省訓令第一二号の事件は、こうした時代状況の変化をよく表している。「閉塞体制」の後、再び「社会の発見」が話題になるのは、大正デモクラシーの時代、特に第一次世界大戦の終了、国際連盟の発足など一時的に国家主義的風潮に対し一種の抑えが国際的にかかった短い期間であった。この時代に例えば吉野作造における「社会の発見」について語られる。この時代の「市民社会」に関する発言者として、われわれは吉野作造の他に山川均や大杉栄のような社会主義者、あるいは長谷川如是閑や大山郁夫といった自由主義者とともに、中島重や高田保馬などのキリスト者を数えることができる。

近代日本の中には、かくして封建的身分社会や国家主義的に一方的に規定された生活空間だけでなく、自由で民主的な平等社会を追求する思想や願望、そして運動がなくはなかった。実際、短期間であれ国家主義的呪縛をはなれた自由空間が未成熟ながら、存在しなかったわけでもない。しかしこれを確固としたものとして語ることはできない。「社会の発見」とその「発言」は比較的短期間に押し止められ、結局のところほぼ昭和五年以降次第に極力狭い空間に押し込められ、ついに「体制翼賛的な国家的統合」の中に吸収され、近代日本の未熟な市民社会は解体させられるに至った。抵抗した集団は弾圧され、弾圧の予感の前に宗教団体も学校も、市民社会としての実質を大幅に放棄せざるを得なかった。そうした結末は近代日本において「自由な市民社会」はついに未確立状態を脱しきれなかったことを意味している。

(3)「市民社会」の思想的基盤の欠如

日本における「市民社会」の確立は、戦前においては本格的にはついに見られなかったと言うべきである。明治二〇年代のいわゆる「平民運動」は明治三〇年代以降、国家意識のいっそうの強化のもとに一部は徳富蘇峰のように国権の方向に吸収され、他方は社会主義となって平民との乖離に陥っていった。大正期に再び「社会の発見」が話題になったのは、既述のごとく従前の国家主義的拘束の一種の弛緩期にすぎず、経済恐慌と満州事変以後、事態は一変する。戦前の日本近代化においては、結局のところ「自由な市民社会」の成長は不十分に終わったと言わなければならない。

近代日本の思想史において、西田幾多郎や和辻哲郎の思想を「日本の市民意識の哲学的表現」として見る見方がある。例えば、「大正デモクラシーとか人道主義・教養主義などとよばれる傾向」の根底には「近代的市民社会のある程度の成長がみられる」(7)として、西田や和辻の思想的な歩みをそれと結びあわせて理解する見方である。しかしそのように見た場合でも、結局は彼らの思想的企ては国家の論理に対する抵抗の原理を持たず、「自由な市民社会」の思想的根拠づけにはならなかったと言わなければならない。彼らが国権による方向づけに巻き込まれていったのは、「市民社会的基盤の崩壊」(8)のためと解釈されることもある。近代日本における市民社会の「ある程度の成長」の後にその「崩壊」を見るという見方も、決して成り立たない見方ではないかもしれない。しかし社会の現実と思想の覚醒との相互関係を言うならば、問題は戦前の日本の「市民社会的基盤」と「思想」の関係であり、「市民社会的基盤」が社会学的な意味での未確立のゆえに「崩壊」したという面もあろうが、結局はエートスの未確立であり、思想的な支持基盤や根拠を欠いていたという根本問題があって、近代日本の思想問題があったと言わなければならないであろう。この意味で本章において後に、西田幾多郎や和辻哲郎の思想の意味を取り扱う。そこに「自由な市民社会の確立」を支える先導的、支持的思想の基盤が――基盤とまでは言えなくとも、思想的拠点や支点が――どれだけ備わっていたかという問題である。「近代市民社会」を「自由な人格の市民社会」として構想し、その思想的表現を求めて、いったい、西田や和辻のあの思想でやっていけたのかという問題があるであろう。「自由な市民社会」の確立や成熟の問題は、戦後、そして現代、なお大きな社会的問題であるが、依然としてなおわれわれ自身の「思想的な課題」と言わなければならない。

2　日本の近代化における「非呪術化」について

日本の近代化の根本問題を問う際に欠くことができない視点として、市民社会の成立に関わる問いとともに、それと関連しながら「非呪術化」(Entzauberung) の問題がある。近代化は合理化であって、その成立期において「非呪術化」を伴い、それによって促進された。「非呪術化」もしくは「呪術の追放」は「禁欲的プロテスタンティズム」による西欧の近代化にあっては、超越的な神の強烈な主権に一切の救済の根拠が吸収されることにより、あらゆる媒介物の神聖性が剝奪されたことによった。ヴェーバーはこれを「被造物神格化の拒否」とも呼んだ。ヴェーバーがこれを合理化の歩みとして探求し、「古代ユダヤ教」の研究と「禁欲的プロテスタンティズム」を関連づけたことは周知のことである。すでに本書第三部で扱ったように、彼によれば、「非呪術化」は予定説との関連に置かれ、ピューリタンにおける「非サクラメント化」と結合して理解された。教会もサクラメントも、また友愛も、救済を左右することはできない。そこからヴェーバーは「禁欲倫理」による救いの確証を非サクラメント的に跡づけ、「非サクラメント化」をすなわち「非呪術化」とみなした。しかしこれが合理化の成立と被造物神格化の拒否を説明する正当な見方か否か、なお議論の余地がある。本書の立場からすれば、「非サクラメント化」よりも、むしろ「神のみを神とする」(soli deo gloria) の宗教にこそ被造物神格化の拒否の根源があると言わなければならない。すべての忠誠心は超越的な神御自身に向けて集中される。超越的な神への忠誠心の完全な吸収による一切事物の「非呪術化」である。経済的な合理性もまた政治的な卑屈な服従からの解放も、ここからむしろ説明されるべきであろう[9]。

ところで、問題は日本の近代化における合理性の受容と推進について、また「呪術の追放」について語ることができるか否かである。日本の近代化はその主たる流れにおいて、プロテスタント・キリスト教を欠如した近代化であった。それでは日本の近代化は、非宗教的な近代化であったのか、それともキリスト教、特に近代の成立に深く関与したプロテスタント・キリスト教に代わって、それと類似の合理化推進に機能した宗教的勢力の関与があったのであろうか。あったと考えるのは、例えばロバート・ベラーである。

(1)ベラー『徳川時代の宗教』（一九五七年）の見方

ベラーは、「日本の宗教」に「近代日本の驚異的な勃興に貢献した」という「信任状」を与えた。「日本の宗教」において呪術型の宗教行為が「より合理化された型の宗教行為によって、全く打ち破られたわけではないが、しばしばそれに圧倒された[10]」と言い、それが日本の近代の驚異的な勃興に貢献したと語った。そしてそれを概略次のように分析した。ベラーによると日本の宗教には「神的なるものの二つのカテゴリー」があり、それに即して宗教行為の二種類の型が区別され、それぞれに呪術を克服する機能を果たしたと言う。第一は、神的なものを「慈悲深い至高的存在」と見る型であって、この型の宗教行為は「恩の理論」を生み出し、「報恩の形式」を取る。ベラーはこれをまず仏教者に見て、日蓮の『報恩抄』や浄土真宗の阿弥陀への報恩に言及し、さらに儒者たちの「孝の義務」にも関係したと述べ、貝原益軒、中江藤樹、二宮尊徳へと辿っている。第二の「神的なるもののカテゴリー」は「存在の根拠」「実在の本質」で、これに関わる宗教行為は存在の根拠や実在の本質と「合一」ないし「同一化」しようとする信仰者の試みであると言う。ベラーはこの第二の型にはさらに二つを区別できると言い、一つは世俗から引退し、個人的な宗教的修養によって究極的なものとの合一をなし遂げようと試みる。これは認識的体験による合一の試みであって、上流層の間に限定的な影響を及ぼすに止まった。しかしもう一つは、世俗の中で倫理的行為によって神的なものとの合一をなし遂げようと試みるもので、広く見られたとともに、一般的な影響力を持ち、第一の型の宗教行為とも密接に関連したと言う。第二の型の世俗内の倫理的なものの典型として、ベラーは、儒教の道徳的修養の実践を挙げている。結論的に言うと、ベラーは第一の型に主として仏教を見、第二の型に儒教を見た[11]。

ベラーの分析は既述のように、ヴェーバーの近代解釈を日本に適用する試みとして、プロテスタント・キリスト教なき日本の近代化を「日本の宗教」から説明しようと試みたわけである。しかしこれによって日本近代化の基盤を「日本の宗教」に見出すことに成功したかどうかは甚だ疑問である。彼の分析はかなりの程度、図式的であり、また「宗教」概念においても、ある不適切感と疑問とを引き起こさないわけにいかない。特に儒教の中に見出した道徳的自己修養の実践は、文字通り「宗教」というよりは、むしろ「宗教的には弱体」で、「弱宗教性」にその特徴があると思われるからである。この面はのちに儒教における「鬼神論」の機能との関連でもう一度言及する。ベラーは一般に「弱宗教性」の中に「宗教的機能」を見出そうとする傾向がある。この傾向は宗教を文化関係における次元として捉える社会学的限界から来ているとも言えるし、パウル・ティリッヒの宗教概念によって方向づけられているとも解釈できるであろう。後に彼が語った周知の「市民宗教」(Civil Religion)の場合にもこれが当てはまる。彼が言う「日本の宗教」という用語がすでに「宗教そのもの」としての諸宗教、諸宗派ではなく、それを貫く一般的な宗教的機能を意味していた。その上で、「日本の宗教」は政治的経済的合理化過程に役割を果たしたとされ、その役割を「必要とされる政治的革新に対して動機づけと正当性を与え、さらに勤勉と倹約を強調する世俗内禁欲主義倫理を強めること、などを通して演じられた[12]」と見た。しかし日本近代化の中でそれを担ったのは儒教的な弱宗教性の精神であったことは、神道の系統でも宗教性の強烈な平田篤胤の系譜や

「民衆宗教」はむしろ弾圧され、弱宗教的な國體派が国権的近代化のイデオロギーを担ったことでも明らかであろう。「日本の宗教による呪術の追放」は実際には「弱宗教性による呪術の緩和」であって、それだけに随所に「呪術」は残存したのである。そしてそれはやがて大掛かりな國體イデオロギーによる皇国主義的ナショナリズムの呪術生産に赴いた。日本の近代化の問題性を理解するためには、むしろこの経過を把握する努力を欠くことができないであろう。

ベラーもまた、一方で「日本の宗教」が「近代日本の驚異的な勃興」に「貢献」しながら、同時に宿命的な負荷を与えた面があったことを指摘した。「一九四五年に頂点に達した不幸にも貢献した[13]」と彼は言う。ただし彼は、そこでも事柄を一般化して、およそ宗教が社会との関係で示す「宗教の悲劇」として、「どの宗教も、世俗をそれ固有の像に造りかえようとするが、常にある程度、逆に世俗に造りかえられてしまう」という悲劇の一つの事例として見ようとした。しかしこれは納得を得られる説明ではない。後年のベラーは『社会変革と宗教倫理』に納められた「近代日本における価値と社会変動」において、日本の近代化に果たしたキリスト教の役割にも注意を払い、近代化の本質を「勇気[14]」として捉え、超越的な神による勇気の拠り所の意味について語った。この視点は『徳川時代の宗教』においてはまだ見られなかったものである。

(2)丸山眞男のベラー批判

ベラーの著書に対して批評を加え、その研究に変化や進展を与えた批評家に丸山眞男がいた。彼はベラーの合理化概念を疑問とし、日本の合理化＝近代化が単純な「呪術の追放」でなく、むしろ呪術性が「天皇制信仰」と「民間信仰」において、つまり社会のトップ・レベルと底辺において、いかに合理化＝近代化を内面的に特徴づけ、推し進めたかという「秘密」こそが、解明の中心でなければならないと語った。丸山によれば、この「秘密」は日本人の人格構造の内部にもある「共存」、あるいは「使い分け」構造にも現れており、合理化と呪術性の共存のように、リゴリズムと恣意とが一人の人格の中に領域を劃して共存していると言う。こうした「合理化」や「産業化」自体の内面構造の秘密の特性がいかにして刻印されたかが問題の核心部分であって、この問題の解明なしに「日本の近代の『躍進』と『蹉跌』」を「統一的に理解する途」は閉ざされてしまうと丸山は語った。(15) 丸山によれば、日本の宗教が日本近代化の過程で「擬似普遍主義の役割」を果たすことは認められるとしても、同時に伝統的権威に対するチャレンジを著しく困難にした事実こそが問題にされなければならない。それは一方では確かに従来のある種のタブーの破壊であるとともに、同時に別種のタブーの強化でもあったということである。そこに弱宗教性や擬似宗教による特殊な近代化の経過があったということにもなるが、そもそもその宗教性の質が問題になるということである。この関連で丸山は、日本の儒教における「天の超越的契機」の「希薄化」を指摘し、仏教の「戒律の拘束力」が弱かったことを指摘する。この指摘は、日本近代化の反省として「超越」と「法」の視点が必要であることを指摘したと言うことができよう。

明治期の日本近代化においては、かえって「宗教」に対する関心の稀薄さ、その意味では日本近代化の弱宗教性と、その上で皇国主義的ナショナリズムの熱狂にいたる「擬似宗教」の興隆の理由を認識する必要がある。維新の担い手であった武士団の精神的基盤は、仏教よりは儒教的教養であり、また国学的な精神であった。その際、江戸期における儒教はむしろ「弱宗教性」の特徴を持っていた。われわれは維新の元勲たちだけでなく、在野にあって活躍したその時代の人々の中にも特に宗教的な価値観や動機によって行動した人物を多く挙げることはできない。彼ら多くの精神的背景は主として儒教に培われたものであり、国学・神道の精神的方向づけを指摘できる場合でも、宗教としてのそれではなく、むしろ知と志の皇国主義的神道であり、せいぜい擬似宗教的なものであった。近代日本の弱宗教性が、やがて擬似宗教的な皇国主義的ナショナリズムへの陥没を用意したとも言い得る。弱宗教性は「呪術の追放」を積極的にもたらしたというよりは、むしろ宗教的空白を産み、やがて擬似宗教的な忠誠の求心力が必要とされたとき、その空白の中へと凝集していきやすくなった。擬似宗教的な皇国主義的ナショナリズムに対して広範な抵抗の基盤は見出されなかったのである。「国家の問題は、……究極において宗教的神性の問題と関係することなくしては理解し得られない[16]」という南原繁の言い方で言えば、天皇制セオクラシーに席巻された国民の神聖観念は、先行的には擬似宗教性もしくは弱宗教性にあって、強烈な神聖性への忠誠の欠如の状態であった。それは真の神性への感覚不在が招いた陥穽とも言い得るし、そこにはまた民衆の不安が権威屈従的な集団主義によって解消を図ったとも言い得るであろう。その過程において、逆に、強度に宗教的であった民衆宗教はむしろさまざまな形で弾圧されたのであった。

近代日本には、かくして、ヨーロッパ近代の成立に見られたような超越神への忠誠の集中による積極的な「呪術の追放」を語ることはできない。むしろそれは「新たな呪術」や「タブー」の生産を伴ったもので、「真の神が発見されないかぎり、人間や民族ないし国家の神聖化は跡を絶たない[17]」という指摘がそのまま的中する過程であった。「呪術の追放」は元来、一切の時空の事物を超えた超越的な神への強烈な宗教的忠誠によって裏打ちされることで初めて可能になるものである。「日本の宗教」はヴェーバーの言う「呪術の追放」とはおよそ宗教としての基盤の質が異なっていたと言うべきであろう。日本近代化の動機に「呪術の追放」を数えることは成り立たない議論と言うほかはない。

(3) 儒教における弱宗教性の標識――「鬼神論」の意味

明治期近代の弱宗教性の背景を示す一つの材料は、江戸期の儒学者たちが一貫して記した「鬼神論」とその影響である。子安宣邦によると、朱子の「鬼神観」を新井白石や伊藤仁斎は継承し、特に仁斎は朱子を引いて「鬼神の名有りといえども、しかれども天地の間は、陰陽を外にしていわゆる鬼神という者有ることあたわず」と語った。「呪術性‐宗教性をまとう鬼神の概念を存在せしめないことへの強い意向[18]」を示したと見られる。この線はさらに中井履軒にいたって「無鬼論」の主張になる。従来、儒家は、古代聖人が「人情」を尊び、「人情」に根をもった「鬼神信仰」に対しては人倫世界の平明な知の教化によって対処したのに倣おうとした。しかし履軒によると、後世になって「人情」を篭絡した「邪教の鬼神」の出現に及び、今の世では「無鬼論」によって「邪教異端」を破り、聖人の教えに立つ必要が生じていると言う。子安によれば、「ここで邪教異端といわれているのは、主として仏教であり、さらに仏教と結びついて民間に流布する俗信をさしている」[19]。庶民の生活のうちには幕府による民衆支配の政策としての檀家制度の遂行によって仏教的諸行事の慣習化が見られたが、江戸期の知識人の知を形成したのはむしろ儒教であった。その儒教による邪教異端の批判が、その「鬼神論」の系譜をなした。これは明治維新の担い手たちの弱宗教性を説明する一つの標識でもある。

しかしこの儒教の「鬼神論」に対する平田神道の対決も興味深い。篤胤の『新鬼神論』はむしろ「人情」に根を持った鬼神の実有を主張しようとした。子安はこの篤胤の逆襲を「儒家流鬼神論」の弱点を衝いたものとして理解している。つまり儒家たちの「鬼神論」は、「人々の心のうちの神信心に外在的な観察や解釈を与えながらも、それと内的にかかわることのない」ものだったからであった。篤胤は「近世儒教のその空白を衝きながら、近世社会の知識の構図のなかに自己の占めるべき位置を要求しようと[20]」したと言うのである。この説明は、江戸期における知識人の知による「邪教」の排除を指摘するとともに、その知自体が宗教的空白を抱えていたために「神道的世界観」の浸透を許したことを語っている。それゆえ、「その神道的世界観の形成が常にその下方に、篤胤自身を含めて人々の心のうちの宗教的‐呪術的世界を根としてもっている[21]」と言う。儒教の鬼神論による呪術の追放というよりは、むしろ儒教的な弱宗教性による宗教的空白とそれによる神道的世界観の呼び込みがあったということは、明治における日本近代の精神的背景を説明する一つの試みである。湯浅泰雄は、中井履軒やその弟子山片蟠桃、富永仲基などについて「彼らの思考形式は、西洋近代の啓蒙的合理主義と本質的に同じ地点まで至りついている」と語って、儒教的「鬼神論」の中に「呪術の追放」を見た[22]。しかしそれよりはむしろ、それらは明治啓蒙の弱宗教性の背景の説明として納得されるのではないか。儒教の「鬼神論」は「呪術の追放」を言うには、強烈な超越的忠誠の根拠をあまりにも欠いていた。弱宗教的合理主義は、やがて新たな大掛かりの呪術やタブー、偶像の産出に圧倒されていったと言うべきであろう。

(4) 外からの近代化

日本の近代化は「上からの近代化」であったが、そうであったのはまた「外からの近代化」でもあったからである。「外からのもの」の受け取り方が「上から下へ」であった。この面はヨーロッパにおいても、啓蒙専制君主が近代化の媒介を果たしたドイツや、あるいはヨーロッパの外で言っても帝政ロシアにおける一部の近代化などにも言い得ることである。その内容の特質は、一九世紀ヨーロッパの近代化の特質であって、一九世紀ヨーロッパの近代は一七世紀の成立期の近代とは異なり、アングロサクソンの近代化とも異なった。日本は、憲法をドイツ憲法から学んだことは決定的であったが、文化の諸分野にヨーロッパ近代の影響が見られた。一九世紀ヨーロッパ近代は総じてフランス革命以後の近代であり、諸所にわたってキリスト教的関連を緩め、脱キリスト教化を経験した。例えばデモクラシーも一九世紀ヨーロッパにおいて「帝政」や「帝国主義」との間で「煩悶」の中にあったし、科学思想も一七世紀のプロテスタント的近代と結合した科学革命の時代はすでに過ぎ、その後二世紀を経てダーウィニズムや実証主義の影響下に入った。明治啓蒙が科学を反キリスト教的なものとして受け取り、科学をもってキリスト教を批判し得るとする素朴な錯覚に捉えられたのには、そうした海外の事情も作用していたであろう。井上哲次郎や加藤弘之がダーウィニズムやスペンサーなどの社会進化論を粗い仕方で受け容れ、キリスト教攻撃の武器に用いたことは、明治啓蒙が一九世紀ヨーロッパの近代を受け取ったいわば低俗な姿勢と関わりがある。すでに脱キリスト教的性格を帯び始めていたヨーロッパ近代は、明治啓蒙の日本側の精神的背景にあった弱宗教性とも合致して、日本におけるキリスト教批判に資するところがあったであろう。

一九世紀は近代がすでに二転三転し、キリスト教的近代の崩壊が歴然とした世紀である。近代化の行方は重大な思想的課題となり、近代化の本来的な宗教的基盤や宗教的エートスとの亀裂が生じ、宗教的基盤との再結合の問題が生じていた。日本のプロテスタント伝道は、一九世紀のプロテスタント世界伝道の一環として、主としてアングロサクソンの信仰復興運動によって行われた。この運動は、アングロサクソンにおけるキリスト教的近代に対する確信をなお一般的に保持していた。しかし一九世紀は、ドイツ・イデアリスムスの崩壊、実証主義の興隆、さらには価値の転倒や諸価値のアナーキーの現象が見られた時代であり、「近代の危機」がやがて思想の主題として取り上げられた時代であった。近代化を成し遂げることなしに、近代の終焉や近代の克服を聞かされる、そうした「一周遅れ」の状態で日本の近代化は経過したわけである。キリスト教との関係もまた一周遅れであって、「キリスト教以前」の状態で「キリスト教以後」を問題にせざるを得なかった。プレ・モダンのままにポスト・モダンと関わる一周遅れの状態は、日本の近代化の中に深く食い込んでいる。

第三章　近代日本におけるキリスト教

1　日本とキリスト教の出会い

日本は一九世紀以後、東アジアの歴史的文脈から世界史的な文脈の中に入った。文明の世界的交流の中で、キリスト教との出会いも起きた。この出会いの中で、キリスト教の受容とその排除や迫害との両極の間にさまざまな対応が見られた。欧米を経由してキリスト教が伝来したことから、欧米文明とキリスト教とは一体化して受け取られ、一六世紀では「南蛮文明」、一九世紀以後は「欧米文明」とキリスト教は結合した仕方で伝来した。

日本の対応として「和魂洋才」や「東洋道徳・西洋芸術」のスローガンが登場するが、それは近代化を受容しながら、キリスト教を排斥する、「精神」と「科学・技術・産業」の分離を意味した。この日本国内における分離政策に拍車をかけたのは、既述したように日本にプロテスタント・キリスト教が伝えられた一九世紀後半には、特にヨーロッパにおいて近代文化とキリスト教の間に乖離が生じていた状況があったことである。「キリスト教なき近代化」でなければ遂行できないことが日本の宿命であった。

キリスト教の側からの日本政策は、当然、日本がキリスト教とより本格的に出会い、キリスト教史の中に日本がより本格的に位置を占めることである。日本が神の国との関わりに入ることは、神の国の普遍性や福音の普遍的包括性から言えば、回避できないことである。そのことはまたキリスト教史を豊かにするとともに、日本の本来の姿を形成することにもなるであろう。キリスト教は、オリエント的であるのみならず、すでにアフリカ的、ラテン的、ギリシア的、ゲルマン的、あるいはヨーロッパ的、アメリカ的な形態をも取って展開されてきた。それは、当然アジア的形態を取っても展開されるであろう。その意味では日本的形態を取っても展開され得る。日本とキリスト教との出会いは、キリスト教史を豊かにするとともに、日本文化史における新しい創造ともなるであろう。

「日本的キリスト教」という表現が第一世代のキリスト者の間にしばしば用いられた。日本の真のキリスト教化を追及した結果としての「日本的キリスト教」であれば、それはキリスト教史とともに日本の歴史を豊かにする。キリスト教的変革や新しい創造によって日本の古層への浸潤が起こり、日本人、日本文化、日本人の宗教心などが、キリスト教化を受けるとともに、他方キリスト教の歴史の中に新しい局面が開かれ、キリスト教史における新しい出来事ともなるであろう。日本とキリスト教の出会いは、それが起きれば、キリスト教の日本における新しい展開をもたらし、「キリスト教的日本」とともに「日本的キリスト教」をもたらす。しかしこの意味における日本とキリスト教の出会いは、ある面端緒においてすでに起きていると言えなくはないとしても、全面的な仕方では遥かに中途である。しかも極めて難渋な道のりを歩んでいることを認識しないわけにはいかない。この難渋の中で明治・大正期の闘いを再検討することは、今後の歩みにとって無意味なことではあるまい。ただしここではただ少数の者たちの闘いを振り返ることに止まらなければならない。

2　伝道者としての植村正久の闘い

(1) 新しい日本の形成を目指す伝道者の闘い

プロテスタント教会の「伝道者」というあり方は、明治の第一世代のキリスト者以前には日本には存在しなかった。植村正久はこの伝道者というあり方を切り開き、生涯それを貫いた人物である。彼はその使命を果たすために「社会の木鐸」として戦うという戦略も半ば不可避的に取らざるを得なかった。明治六年に宣教師バラより洗礼を受け、間もなくブラウンの神学塾に学んだ植村は、明治一〇年頃からすでに下谷で伝道を開始した。その植村が、二二、三歳の頃、婚約者山内季野に宛てた手紙の一節は彼の使命感とその実現の道をどのように構想していたかを記した文章としてよく知られている。一八七九（明治一二）年の文章である。「願フ所ハ民間ニアリテ官途ニ就ツカズ畢生福音ノ広播ニ従事シ有益ナル文筆著述ノ業ニ尽力シ」という終生の姿勢の志を記した文章である。同様にまた「終ニハ在天愛父ノ擁護ニ由ッテ聖会ノ干城社会人民ノ木鐸トモ成リ得ント欲スルナリ」という文章も残されている。生涯の伴侶にこの点での理解の共有を求め、支持を求めた率直な文章表明である。「福音ノ広播」と「聖会ノ干城」は、福音の伝道と教会の牧師を使命として生きる召命理解を語っている。「干城」とは国を守る軍人の意であるから、植村は教会を守る衛士であろうとしたとも言える。「有益ナル文筆著述ノ業」と「社会人民ノ木鐸」は、日本における伝道者の使命からどうしても社会への木鐸であることが帰結し、その働きを文筆著述をもってなすとの表明である。伝道者が国家や社会の文脈に立つとき、どうしても語るべき意見を抱懐する。それを語って積極的に闘いの中に生きようとする決意を植村は若き時より鮮明に召命として意識した。「福音ノ広播」「聖会ノ干城」、つまり伝道者・牧師の働きと、「社会人民ノ木鐸」とはいかなる関係にあったか、植村の召命のアイデンティティの構造が問われるが、記載の順序がその秩序を明白に表明しており、少しの迷いもない。植村はあくまで伝道者、そして牧師であって、その使命を貫く姿が「社会の木鐸」でなければならなかった。伝道者としての闘いの武器が、文筆著述の業であり、そのために植村は『真理一斑』（明治一七年）、『福音道志流部』（明治一八年）などを出版し、やがて『福音週報』（一年後に『福音新報』）をはじめとして『日本評論』などの発行を敢行した。

内村鑑三不敬事件の際、植村は押川方義、巖本善治など四名の連名者とともに「世の識者に告白す」という文章を当時の主要新聞のいくつかに掲載した。その実質的な主唱者は植村であり、その中でも彼一人が生涯を伝道者・牧師として貫いた。植村の闘いが「畢生」、つまり命果てるまで、伝道者としての闘いであったことは、彼の独自にして堅固なアイデンティティを示したものであった。

ところでその植村は、伝道の推進と教会形成のための思想表明と情報伝達の媒体として『福音週報』（後の『福音新報』）を明治二三年三月から刊行開始した。植村が三四歳の時である。この私的な週刊の教会情報誌はやがて実質的に「日本基督教会」の機関誌の働きをなしたが、植村と彼を中心にしたグループの伝道の闘いのための機関となり、海老名弾正との論争なども植村の側の主張はこれによってなされた。ところで、この『福音週報』ないし『福音新報』は植村の生涯において計三度にわたる発行禁止の処分を受けた。定期刊行物の認可は、当時、内務省の管轄下にあった。発禁処分は当該号の頒布のみならず、以後一か月間の発行禁止を強制した。発行禁止の処分を受けたのは打撃であったに違いない。内務大臣名の発禁処分は、「安寧秩序を紊す」といった理由で、それ以上の根拠を逐一挙げられていなかったようである。しかし処分の対象になった号を見れば、何が問題とされたかは自ずと判明する。そこには日本の新しい形成をめぐる植村の発言が、闘いの前線でいかなる問題に抵触したかが歴然とする。ただし当時の発禁処分が内務省のもとでどれだけの一貫性や思想的枠組みをもってなされたかとなると甚だ疑問である。おそらく担当官僚の恣意が相当程度作用したであろうと思われる。

発禁処分の前後で植村の論調の変化はどのように起きたであろうか。和田洋一によれば「帝国憲法によって保障されているはずの言論の自由の限界、壁のかたさをいやというほど感じさせられて、彼の戦闘意慾も弱まらざるをえなかったであろう。日本国家権力の絶大な力を前にして、彼の意識の中に、いつとはなしにあきらめの気持がしのびこんでいったとしても、それは自然というほかない」[1]。「あきらめの気持」を植村に見るべきか否か、発禁処分による植村の論調の変化については、相当に綿密な研究が必要とされる。しかしそれが「いつとはなしに」では三度にわたる発禁処分に耐えた説明にはならないし、その後の闘いの説明にもならないであろう。大正一〇年の文章にかつて三度にわたって受けた発禁処分の経験に触れながら、植村は以下のように記した。

「福音新報はその創立以来その友人とともにこの問題（「神道は宗教でないか」という文章で信仰の自由が問題にさ

れている）につき苦き経験を嘗めて、幾分かそれを味わい知っておる今もなお時々細いながら声を揚げつつある。出来るだけその機会を取り脱がさないようにして居る」（『福音新報』大正一〇年四月二一日）。

発禁処分の苦い経験は問題を論じる植村の姿勢を慎重にさせ、いっそう用心深くさせたであろう。控えめにさせたかもしれない。しかし植村は「細いながら声を揚げつつ」「出来るだけその機会を取り脱がさない」との志を保持し続けた。三度の発禁処分に遭いながら、なおこの志を維持したのは、植村自身の並はずれた胆力によったことに違いないが、それだけでなく、新しい日本の形成をめぐる彼の思想の構成、その根拠や目標に揺るぎがなかったからでもあろう。一〇歳にして明治維新に遭遇し、幕臣旗本の子として人生の激変を経験し、「民間ニアッテ官途ニ就カズ」と決意した植村には、明治政府の生い立ちを知るものとして、それを相対化する気概があった。その彼が、キリスト教に出会い、日本にあって伝道者として生涯を生きる使命を与えられ、また「英学」をもって神学とともに、国家や歴史・社会の思想について深く学ぶところがあった。植村の非宗教的国家の理論は、当時のイギリスの政治思想に負っているところ大であったと推測される。

本章では植村の政治思想や社会思想の全般を詳細に語ることを意図してはいない[2]。そうでなく三度の発禁処分のそれぞれの文章を検討して、新しい日本の形成をめぐる伝道者植村正久の闘いがどのような具体的戦線においてなされたかを明らかにしようと思う。発禁処分を受けたキリスト者の発行物は、植村一人に限ったわけではないであろう。後に柏木義円の『上毛教会月報』なども非戦論の主張によって発禁処分を受けた。しかし内村鑑三の『聖書之研究』や海老名弾正の『新人』がそうした試練にさらされたとは知らされていない。植村の戦う姿勢はほとんど例外的に見える[3]。それはまた逆に、「新日本の建設」が彼のキリスト教的闘いに深く期待すべきものをもっていたのではないかと思われる。

(2) 植村における新しい日本の構想

新日本の形成に関わる植村の思想の全般を仔細に語ることはここでの課題ではないが、彼の基本構想について一言しておく必要はあるであろう。その上で、発禁処分を受けた文章の検討に入りたい。

植村の闘いの前提にあったのは「維新後の日本」であり、帝国憲法制定後は「立憲政治」の行われる日本、そして「奉教の自由」（信教の自由）の行われる日本であった。しかしその日本の「維新」は「復古」と融合し、「立憲政治」は欽定憲法のもと、「大日本帝国ハ万世一系ノ天皇是ヲ統治ス」（帝国憲法第一条）のもとであり、「信教の自由」は「安寧秩序ヲ妨ケス及臣民タルノ義務ニ背カサル限ニ於テ」の制約下にあった。日本の現実の維新は、要するに前提として立脚できる足がかりとしての面と、戦わなければならない敵対面とが融合した両義的状態であった。それが日本の屈折した近代化の現実であり、その現実がとりわけ明治期後半の閉塞状態の中に現れた。その中にあって、植村は「維新」の続行に闘いをかけた。「開国革新の国是を振起し、文明的精神の貫徹せんことを計る」（『福音新報』明治二九年三月二〇日）というのが、彼の新日本形成の総論の骨子をなした。植村は、「日本の開明発達とキリスト教の関係は……一日も忘れざりし疑題なり」（『福音新報』明治二八年一一月二九日）と語り、文明的精神の貫徹はキリスト教精神を必要としていると主張し続けた。「キリスト教は盛衰消長の分岐点」であり、「文明の審判者」、「その主張と精神に帰らざれば健全なる文明は成立し難い」というのが植村の確信であった。国家にとって重大なのは「信仰と道徳」であり、これが「科学」と「威力」（軍事）と「富み」（経済）の三つのものを正しく運用する「羅針盤」であり、またそれらの「勢いを激増し、その効果を最も大ならしむべき動力を供給する」と植村は語った。信仰と道徳のうちでも根本は「真正なる宗教」で、それが背後に、そしてまた根底に横たわっていなければ「科学も威力も富みも……効力をまっとうすることができぬ」（『福音新報』大正四年九月二日）と語った。

彼のこの闘いを具体的に言えば、帝国憲法の条件付きの「信教の自由」の規定に基づきながら、そのいっそうの確立のために闘い、「天皇の非神格化」と「国政の非宗教化」を主張した。これは天皇制とともに、同時に神道や神社に関する闘いを意味し、それらに浸食された教育を正そうとする困難を極めた闘いであった。

植村はまた、新しい日本のために新しい国民性の形成を求め、「国民の改造」を必要と語った。植村によれば日本国民は中心のない「支離決裂せる国民」であり、「烏合の衆」に似て、今日は「欧化主義」、明日は「国粋保存」を唱える。そこで新しい国民性に向かう改造は「日本国民の発達」を期し、「進歩の号鐘を響かせ、回顧保守の夢を破りて、革新の旗を進めざるべからず」(『福音新報』明治二七年四月二七日)と言う。この国民性問題の中には、「偏国民の迷信」(『福音新報』明治二三年五月二四日)や「偏僻なる国粋斥外主義」(『福音新報』明治二七年四月四日)を打破する課題があった。それはまた「世の頑迷の徒」(『福音新報』明治二七年一一月二日)やしばしば「破落戸《ごろつき》の横行」(『福音新報』明治三八年九月一四日)を諫め、「固陋なる国民主義」や「神風連のそれのごとき気風を鼓吹するもの」(『福音新報』大正八年七月一七日)に抵抗しなければならなかった。植村はこれらがもたらす危険の接近を感じ取っていた。結局のところ、植村の死後六年後の満州事変も、一一年後の二・二六事件も軍隊内部の神風連のごとき無法者によって引き起こされたことを思えば、戦争に引きずり込み、一九四五年の敗戦に至るまで日本の運命を破局へと陥れた第一の勢力はこの類の者たちで、それに対し誰も何の抵抗もなしえなかったことによると言わなければならないであろう。天皇制はそれに利用されこそすれ、制御する機能を持ち得なかった。植村の言う「国民改造」はなお敗戦後の課題としても残されたのである。

植村による新日本形成の構想の根本にあったのは、彼の進歩主義である。それはまた彼のキリスト教信仰に基盤を持っていたから、宗教的支持による進歩主義と言うべきであろう。植村はまた、「人間以上に手を伸ばし、天を畏れ神を敬するの道を学ばねばならぬ」(『福音新報』大正八年一二月一〇日)と語った。「人の志以上の志」つまり「神の志」があって、それが「世道人事」を支配し、「歴史はその展開である」とも語った。植村のいわゆる「志の神学」は、「神の志」に根拠を持ち、歴史的具体性の中に展開された。「吾人は大いなる経綸の中に織り込まれたる生命を営みつつある」と彼は語った。歴史における営みはしたがって人間の志による目的設定によって一定地点において限定され、達成されるものではない。植村の新しい日本の形成は、永続的な革新の構想であって、「神の志」が神の計画として歴史の進歩に現れるための営みと考えられた。植村の思想の根底にはこの「神の志」による「歴史の進歩」といういわば「歴史神学」の認識があったわけである。[4] 言うまでもなく、それはまだ本格的な神学として語り出されてはいなかった。彼の具体的な革新の提案は、一つひとつについてすでにその実行は困難を極めたが、たとえそれが首尾よく果たされたとしても彼の信仰の認識から言うと、永続的革新の一こまにすぎず、革新の課題はなお根本的に残り続けたであろう。

(3) 発行禁止処分を受けた文章の検討

以下、三度に及んだ発禁処分に遭遇した文章の中身をそれぞれ検討していくことにする。

一、最初は明治二四(一八九一)年二月二七日発行の『福音週報』五一号である。一か月の発行禁止の後、三月二〇日、植村は名称を改め、『福音新報』としてその第一号を世に送った。その中で発禁処分に触れて、植村は以下のように語った。「二月の末に至り、測らずも条例に触れて、忽ち廃滅の非運に遭遇せり。……筆頭の過失は浅慮なるわが輩の免れ難きところなり。……野人礼節に熟せず、言辞その当を失して、人の感覚を害したることもあらん」。要するに発禁処分の理由は指摘されていなかった。該当した文章はどれか。和田洋一は『福音週報』五〇号(二月二〇日)に掲載された「キリスト教と不敬罪」を取り上げて、「ひどく戦闘的で、今読んでも胸のすく思いがするが、当局者はただちに『福音週報』の発行を禁止してしまった[5]」と記しているが、これは不正確である。五〇号の文章も当局者たちには意識されたであろうが、発行禁止は五一号であって、そこには各新聞に寄稿した「敢えて世の識者に告白す」が掲載されていたことによったのではないかと思われる。

その文章が示す植村の闘いは、教育勅語奉読式における勅語を記載した「一片の紙に向かって稽首せしむる」こと、ならびに「御真影への拝礼」の意義に関しても併せて発言している。「皇上は神なり。之に向って宗教的礼拝を為すべしと云はば是れ人の良心を束縛し奉教の自由を奪はんとするものなり、帝国憲法を蹂躙するものなり吾輩死を以て、之に抗せざるを得ず」。宗教的礼拝の強制に対しては、真の神以外に拝礼せずと宗教的な確信と信念に基づいて反駁することもできたであろう。おそらく植村の胸中にはそれがあったと思われる。「死を以て」の抵抗の表明にそれを覗うことができる。しかし彼は自らの信仰の宗教的信念に訴えると記さず、帝国憲法を盾にとった信教の自由の闘いとして宗教的礼拝の強制に対抗した。植村の弁証的関心が示されていると言ってもよいであろう。しかしそれはまた無条件の闘いとは異なるものとなった。帝国憲法のいまだ条件付きの「信教の自由」の原則を足場とする闘いであった。

教育勅語や御真影に加えて、植村は「教育社交政治上」の国家的行事の非宗教化の必要を主張した。皇室と神道の関係についても語り、「陸海軍の将校士官兵卒をして靖国神社に参拝せしむる」ことや、国家行事における礼式なども挙げて、「果たして宗教の分子是らの礼式に存するあらんか」と問い質した。国家行事や教育が非宗教化されなければ、「信教自由を認可せる憲法に対し違憲の措置に非ずして何ぞや」と主張したのである。植村は宗教的殉教の闘いを前面に出すのでなく、むしろ自己の闘いを「護憲の闘い」として位置づけた。

「不敬罪とキリスト教」の内容もほぼ同様である。「何故に今上陛下の勅語にのみ拝礼をなすべきや」。ここでは護憲闘争とは別に、「文明の教育」の立場が立脚地である。勅語の拝礼は、ほとんど「児戯に類すること」で、「ただ当局者の痴愚なる、頭脳の妄想より起こりて……不動明王の神符、水天宮の影像を珍重すると同一なる悪弊を養成せんとす」。「文明の教育に賛成する一人として……かかる弊害を駁撃せざるを得ず」と植村は語った。宗教上の信念を背景に秘めながら、根拠として信教の自由を定めた帝国憲法に訴え、あるいは人君に対する敬意と礼儀をわきまえつつも、文明的教育の推進を目指しての闘いであった。

しかし帝国憲法は、実際には無条件の信教の自由を謳ったものでなく、既述のように条件付きの規定であったから、それは近代的と言っても、その実、前近代的な後進性に留まったものであった。それに「天皇ハ神聖ニシテ侵スヘカラス」（第三条）の疑似宗教的国家観の表明がなされており、植村の闘いの成立基盤そのものが帝国憲法下では法的に言ってかなり困難であったと言わなければならないであろう。この闘いにおいて植村は屈服したとは言えないが、事実として発禁処分は甘受するほかなく、現実に勅語や御真影への拝礼は強要され続けたわけで、敗北の中を進むほかはなかったのである。

植村の没後にも視線を伸ばせば、天皇の非神格化の問題は、やがて敗戦直後の「天皇の人間宣言」によって一つの決着を見た。しかし日本国憲法のもとにあっても、天皇と神道の結合のゆえに国家構造の中に宗教性問題が潜み続けている事態や、特定宗教施設である靖国神社が依然として公共的施設の如き位置にある問題、さらには社会儀礼における強要の問題、国歌斉唱に際して起立を強要するなど、二一世紀における日本の現下の問題として、国家やその儀礼の宗教性問題はなお依然として継続していると言わなければならない。新しい日本の形成は、国際社会の中を歩むもので、宗教的国家への保守革命によっては不可能であることは言うまでもないから、近代的な立憲国家の方向で形成されるよりほかに道はない。植村の闘いの方向は、今日になおその意義を失っていないと言うべきである。

二、二度目の発行禁止処分はそれから四年後、明治二八（一八九五）年六月六日に起きた。「発行を遏むるとの命令書は、突然内務大臣より下れり」と言う。それから一か月を経過して、七月になって植村は『福音新報』の名称をそのままに、再び第一号から刊行した。その再刊第一号の紙面において植村は、四年前の『福音週報』の発行処分の時をも回顧して語っている。四年前の処分を「かかる小挫折のために廃むべからざるなり」と語り、「同一なる主義の顕彰を継続し、神国の拡張に対して、軽微ながらあえて合力寄付するところあらんがため、更に福音新報なる名称の下に、読者諸君に見ゆることとはなりにき」と記した。また明治二八年の今回の発禁処分については「罪なくして配所に月をながむるの想いをなしつつ千秋のごとき一月を経過して、ここに再び福音新報の第一号を発刊す。前福音新報の号を追わざるも、その素志はなお旧のごとく継承して、いよいよこれを伸暢せんと欲するなり」（『福音新報』明治二八年七月五日）と記した。「至上監督者の聖覧に洩れざるを粛しむの精神」をもって「福音新報を主イエス・キリストの御前に献ぐ」と語っている。闘いの気力は依然として旺盛であることを疑うことはできない。

ところで問題とされた文章は何であったか。六月六日に発行禁止処分が出たのであるから、その直前の号は『福音新報』二二〇号（一八九五年五月三一日）である。明治二八（一八九五）年は三月に日清戦争が終結し、四月には遼東半島の割譲を含む講和条約が交わされた年である。その一週間後にロシア、フランス、ドイツによる「三国干渉」が起こり、五月八日、日本政府はその勧告に譲歩して遼東半島を返還し、代わりに賠償金を得た。「三国干渉」により国民の中には国家権力をめぐる一種の激高した精神状況があった。徳富蘇峰が「力の洗礼」を語り、国家主義者に変身した時期でもあった。

『福音新報』二二〇号に掲載された社説は、藤原安宅の名による「大元帥陛下の還幸を祝ひ奉りて」という歯の浮く様な天皇賛歌と「社会進歩の天候」という無記名の文章である。後者が植村の筆になることは明らかである。その主張は何か。その文章において植村は明治六、七年を指して、「進取改革の気勃発して、人心の活動目覚しきものありき」「日本の活歴史は此の時の議論に胚胎せしものなり」と語った。そこから見て「日清間の戦争は古今未曾有の盛事」であるが、「国民の一部が講和の成行に其の精神を挫折せられんとするのを見て、口惜しく思はざるを得ず」と記した。植村は日清戦争に反対しなかった。むしろ「日本の社会に非常なる活気を鼓吹せしもの」と肯定的に語った。これ以前に、植村はフレンド派の人々の非戦論についても、その熱誠の人を愛するが、その説に賛成しないと記した。政府の講和外交についても植村は肯定的に記した。「吾らは講和の結果が精神上において日本の一大利益たるを疑わず、吾らは進歩改善の萌芽春の若草の如く社会の全面に充ちたるを歓喜す」と。三国干渉に屈したことも非難しなかった。かえって「講和終了の模様は国民が謙に居て益を受け、更に一大進歩をなすべきの動機に非ずや」と記した。日清戦争を経て、その終結は進歩、開新であって、「国粋固陋の僻見漸く破れ、開新の元気大いに興らんとするの徴に非ずして此れ果たして何ものぞや」と言う。進歩主義、開新主義による戦争肯定論で、この論旨は二〇世紀以後の戦争概念には当てはまらない。今日では理解するに困難な論旨と言うほかはない。しかし植村は「征清の師《いくさ》は文明を擁護せるに由りて義とせらるべし」と主張して憚らなかった。それゆえまたその文章を「此の闘いの結果は日本の大進歩とならずんば恐ろしき茶番狂言たりしなり」と締めくくった。要するに、進歩・開新・革新が目的であり、戦争とその講和とはそのための機会であり、手段にすぎないと言う。

この論説がなぜ発禁処分になったのかは理解に困難である。内務省がよほど植村の進歩主義に辟易、警戒したか、あるいは「恐ろしき茶番狂言たりしなり」の文言に激怒したか、いずれにしても過剰な神経質状態に陥っていたと思われる。「罪なくして配所に月をながむるの想い」と植村が語ったのは当然である。これでは何も書けなくなると歎じたか、あるいは植村は内務省検閲官の小心を嗤ったかもしれない。

三、三回目の発行禁止処分を受けたのは、明治四三（一九一〇）年九月八日の『福音新報』第七九三号であった。処分の対象になったのは「朝鮮の基督教（一）」という文章である。これには続編が続く予定であったが、発禁処分によってそれは果たされなかった。ただしこの時の処分は一か月間の発行禁止でなく、その次の週『福音新報』七九四号（一九一〇年九月一五日）に植村は事の経過を報告して、「朝鮮の基督教」は「前号限りをもって葬り去らるべし」と記した。それによると「九月一一日突然警視総監より次の如く達せられるに遭ひぬ。一、明治四三年九月八日発行の福音新報第七九三号は安寧秩序を紊すものと認め新聞紙法第二三條に依り其の発売と頒布を禁止す。二、朝鮮の基督教と題する掲載事項と同一趣旨の事項は其の記載を差止む。右内務大臣より命令ありたるに付此の旨相達す」とある。これに続いて植村は、「無論当局者の意旨は福音新報をして朝鮮の基督教及び其の伝道に関して、一切沈黙を守らしめんとするにも非ざるべければ、他の機会を得て更に之を論ぜんと欲するのみ」と記した。しかし相当に闘いがたい状態であったことは歴然としている。

「朝鮮の基督教（二）」はいかなる内容の文章で、内務省は何を問題にしたのであろうか。その直前、一九一〇年八月二九日には「日韓併合」があり、以後一九四五年九月まで日本による韓国に対する植民地支配が続いた。そうした状況の中で植村は別段、日韓併合そのものを非難したわけではなかった。彼は日本の植民地主義も問題として論じていない。表題通り、朝鮮の基督教について報告し、その「進歩の勢いは目の醒むるほど盛んである」こと、日本の教会では平均三〇〇名以上の会衆を見出すことができないのに、朝鮮では数倍の信徒が会堂に集まること、その信仰は感情的な面もあろうが、「熱烈な信仰状態を示している」こと、集会に熱心で、聖書を学ぶに甚だ熱心であること、献金をなすにも「その貧困なるに比較して、額がよほど高いように思われる」ことなどを記した。要するに朝鮮のキリスト教はその熱意と本気度によって朝鮮の他の諸現象の中で「異彩を放って居る」との批評を紹介し、「活気有る、燃ゆるごとき基督教は、いずくに在りてもよろこばしき現象」と語った。その論法は、在朝鮮の外国人宣教師を排斥する当時の気風や、儒教主義によって朝鮮人を教育し「彼我精神上の統一を図るべし」などという日本国内に見られた風潮に対して断然反対し、朝鮮のキリスト教の勢いを歓迎したものであった。

さらに植村は「朝鮮の基督者には排日思想を抱くものが多い」という「取り沙汰」についても、冷静に確かめるべきで、もしそうならその原因や動機を研究すべきと語った。そして「朝鮮の基督者が国を憂え、独立を重んじ、他の威力に対して反抗するの気勢を保つということが事実ならば……かえって末頼母しく、後世恐るべしとでも言うが適当であるまいか」、日本には「少しく不便ではあるが、末を楽しんで歓迎すべきである」と記した。

こうして植村は、朝鮮における信仰の自由を主張し、独立心を持ったキリスト教の盛んなことを歓迎し、「末頼母しい」という表現により、また「朝鮮の基督教を論ずるものに雅量乏しきを残念に思う」との表現によって、実質的にキリスト教の影響下に植民地支配が将来廃止されることを歓迎したと言ってもよい。

植村の政治思想の中には、原理的に戦争に反対することも、植民地主義に反対することも含まれていなかった。しかし「朝鮮の基督教（二）」の中で植村が予感し歓迎したキリスト教的影響下における朝鮮の独立は、日本の敗戦とともに現実化し、また彼がすでに予見していた韓国キリスト教の発展も、戦後まもなく劇的に実現した。それに比して日本のキリスト教の勢いと影響力の乏しさはいかんともしがたく、現代に残された大きな宿題と言わなければならない。それにしてもこの文章を発行禁止処分にしたことで、欽定憲法下の日本政府がいかに「雅量乏しき」ものであったかが如実に示されたわけである。

その後、大正八（一九一九）年、植村は次のように記した。「既に国民の一角にはデモクラシーを呪い、固陋なる国民主義を唱道し、神風連のそれのごとき気風を鼓吹するものもあるごとく見える。思想の戦雲は漲らんとして居る。その結末を着くるがためには、幾多の犠牲を払わねばならぬ時節の到来するやも知れぬ」(6)。そしてその二年後植村は再び記した。「日本のキリスト者は神道および神社の問題につき、議論に事実に、戦闘力を発揮して、時代錯誤の甚だしきこれら弊事を清掃することを務めねばならぬ」(7)。しかしそこに至る前に植村はこの世を去った。「幾多の犠牲を払わねばならぬ時節」は植村の生前にはついに来なかった。しかしそれが来たとき、植村が指導した「日本基督教会」も、それを含んだ「日本基督教団」もホーリネス派の牧師たちを例外として「犠牲」（殉教）を生み出すことはできなかった。また「犠牲者」（殉教者）を尊敬する気風を育成することもできなかった。信仰告白的状況における信仰の真実な表明と証人（殉教者）を生み出すことができず、それを尊重することもできないとしたら、信仰の本気度が当然問題になろう。それでいったいどのような礼拝と伝道が可能であろうか。戦後の日本のキリスト教はこの問題の検討から再出発する以外に道はない。しかしこの問題の再検討もなされないままである。

3　内村鑑三における「日本的キリスト教」

(1)「二つのＪ」

内村鑑三の文章の中に「二つのＪ」という文章があることはよく知られている。大正一五年九月の短文で、英文の原題は"Two J's"という文章がその一つである。これは、「わたしは二つのＪを愛する、その他を愛さない。一つはイエス（Jesus）、一つは日本（Japan）である」[8]という書き出しではじまる。この「二つのＪ」は内村の生涯の姿勢を表現していると言うことができるであろう。そのことは、例えば、彼が明治三三年、四〇歳にして創刊し、生涯の仕事とした『聖書の研究』の英文タイトルの中にも現れている。『聖書の研究』の英文タイトルは、Biblical Study. Pro Christo et Patria と称した。つまり「聖書の研究」は主タイトルであって、それには副題として「キリストと祖国のために」とあったのである。つまり『聖書の研究』は同時に「二つのＪ」のためであったことになる。

内村の生涯の姿勢を同様に表現した類似のものとして、もう一つ有名な彼の墓碑がある。内村の墓は東京、多磨霊園にあるが、そこには墓碑として、"I for Japan, Japan for the World, the World for Christ, and All for God"と記されている。この墓碑の由来は、内村のアメリカ留学中の愛用の聖書の見返しに、青年内村自身の手で、自らの墓碑銘として記されていたものによると言われる。「二つのＪ」とI for Japan は同一の生の姿勢や価値観を表した表現と思われる。しかし厳密に言えば、それら二つは同一の表現と言うことはできない。I for Japan の方は、内村にとって一種の価値の「序列」を表しており、「二つのＪ」のように二つの価値の「並列」とは異なるものがあるからである。そこにこの問題をめぐる内村の「揺れ」が見えるとも考えられる。いずれにせよ、イエスと日本、あるいは日本とキリスト教の問題は、内村の札幌農学校時代に遡ることができ、その後の内村鑑三の生涯を貫く生と価値観の根本姿勢を表していた。

この日本とキリスト教、いな日本とキリストの問題は、内村一人の問題でなく、明治のキリスト者に共通する「アイデンティティ構造」の問題であった。さらには戦後の日本人キリスト者のアイデンティティ問題にも存在し続けた問題であった。「日本人にしてキリスト者」というあり方をどう自覚し、どう展開するかという問題は、今日の日本人キリスト者の中にもなお存在し続けている。「福音の土着化」が問題にされ、日本人一般によるキリスト教に対する違和感情が問題にされ、それに対するキリスト者の特別な姿勢が問われるとき、常に同一の問題が根本に横たわっている。

まず「二つのJ」とI for Japanの相違をもう少し明確にしておきたい。「二つのJ」においては、内村は「わたしはイエスと日本の、どちらをより愛するかを知らない」と述べた。「わたしは断固として一人の日本人キリスト者である」と言い、自分の信仰を「二つの中心を持つ楕円」と述べている。これに対して、I for Japanの方は、日本は世界のため、世界はキリストのためと言われ、すべては神のためとなる。これはI for Japanと言うよりは、むしろ内容的にはAll for Godの信仰の価値観的表明である。これによればキリストと日本の関係は「楕円をなす二つの焦点」ではなく、むしろ「段階」をなしている。そして最後は「すべては神のため」の中に収斂される。この価値的段階の立場、あるいは「すべては神のため」の生き方に立てば、「わたしはイエスと日本の、どちらをより愛するかを知らない」とは言わなかったはずである。価値の秩序は明確で、世界はキリストより低く位置し、日本はその世界よりもさらに低く位置している。しかもその日本は、それでも「我」よりは価値ありとされている。「二つのJ」では、日本とイエスは並列するから、「どちらをより愛するかを知らない」という表現にもなる。この「二つのJ」と「すべては神のため」の間で実際、内村は揺れた。内村について、彼もまた「国粋狂」に傾いた時がしばしばあったと言われる。例えばこれも周知のこととされるが、日露戦争時、非戦論者のはずの内村が、旅順口攻略の成功の知らせに「帝国万歳」を三唱したと言われる。そこには日本の位置価値をめぐる不安定さが、キリスト者内村の中にあったということを意味しているであろう。

「二つのJ」と「すべては神のため」の相違はあるが、しかし共通して言い得ることは、「日本の位置価値」が高いということである。それは幕藩体制から、天皇親政を装った薩長支配へという一種のクーデターや政権争奪の争いの時代に生きて、国家の命運と関わりながら、キリスト教信仰に入信した明治のキリスト者の第一世代に固有な共通問題であった。次世代になってようやく「自我の問題」や「人格としての自己意識」の問題が前面に現れ出るのとは問題意識の時代的な差が歴然としていると言い得る。しかしまた他面、「日本の位置価値」が高いという問題は、国運をかけた時代転換という明治前半の世代に限らず、時代問題にまったく吸収しきってしまえない面も持っているように思われる。戦後世代、それも戦後数十年の国際化時代の世代にまで、キリスト者のアイデンティティ構造の中に「日本人とキリスト教」は陰に陽に尾を引く現象としてあり続けて、今日に至っているからである。そこにこの問題の執拗さと異様さがあると言うべきであり、この問題を明らかにするためにむしろ内村鑑三は一つの好事例を現していると言うことができるであろう。ナショナルなものの位置価値の高さは、諸外国にはそう例をみない現象ではないであろうか。日本がそれほど高められて、キリストと並ぶほどであれば、キリスト教信仰はなお未確立と言わなければならないであろう。ナショナルな価値が擬似宗教化しているとも言わなければならない。

もう一つの問題として「我は日本のため」という際の「日本」概念に曖昧さがつきまとっているという問題がある。ここでの日本とは何かが必ずしもはっきりしていない。内村によれば、それは「理想の日本」であって、現実の日本ではないとも言い得る。しかし理想にせよ現実にせよ、「日本」と言って、「国家」「民族」「文化」「社会」の区別が明瞭ではない。また「国家」が考えられる場合、それは「政府」「政体」として考えられるよりもっと「肥大化」して考えられている。「国家」と「民族」「文化」「社会」の区別が不明であるだけに「国家の肥大化」が見られることになる。「国家理念」に従った明確な定義があるわけではない。これは市民社会の未確立な近代日本に通底した問題の性格であった。「国家理念なき日本の肥大化」という問題である。これはやがて「國體」の問題とも関わるが、そこでも「國體」と言っても天皇制の他に積極的な国家理念の定義があったわけではなかった。「国家理念を欠いた日本」や「国家と社会の未分化」という問題は、日本の近代における前近代性であって、内村の「日本」もこの前近代性の中にあったと思われる。

(2) 内村における「愛国心」の構造

内村は現実の日本政府や日本社会と決して友好な関係にあったわけではなかった。むしろ「不敬事件」に具体的に表現されたように、日本の政府と社会から排撃されたと言うべきであろう。日本からは愛されていないと、彼流の言い方で語っている通りである。特に「不敬事件」直後の数年の苦労は、並大抵のものではなかったと思われる。彼はしかし「愛国心」、しかもキリスト者ゆえの「愛国心」を語り続けた。さらには日本人の愛国心の低劣さを批判しながら語った。それだけ内村は「愛国心」を強調しないわけにはいかなかったのではないか。しかしはたしてそれが唯一の道だったのかどうか、またそれが正当なことだったのかどうかという問いは残るであろう。内村にあって「愛国心」と「ナショナリズム」の区別は不明確である。「愛国心」は元来、「国家の理念」と関係すべきもので、天皇親政の「國體」によって表現された国家に、愛国心を本当は語るべきではなかったはずである。内村の愛国心は、近代国家の愛国心とは異なり、むしろ「理想の日本」に対する愛国心ということがあったであろうが、未整理なものが残り続けたと言わなければならない。

内村は「民」や「国土」についても語っている。しかしその場合の「民」もまた「理想の民」であった。「国土」の方は農学出身者としての内村の地理学的な観察が発揮され、「富士山と琵琶湖」が日本の国土に対する典型的な愛の対象とされた。しかしそこにも「国土の理想化」が働いたと思われる。内村の国土観は今日では環境論の観点から興味深い観察が可能である。しかし愛国心による国土の理想化が働いていたことは否定できない。同じことは「日本の天職」についても「東西の掛け橋」といった地政学的表現についても言い得るであろう。

「日本の理想化」を通してしか「愛国心の批判的発動」をなし得なかったのではないか。そしてそれはなぜかがむしろ問われなければならないであろう。本当は日本の現実を認識した批判が必要であり、国家理念に応じては愛国心の拒否が必要であったが、明治日本のキリスト者、そして戦後にも長く尾を引くが、日本のキリスト者には多くそれは不可能であった。キリスト者はその点で、戦わずして負けていた面、前提として敗北を負っていた面があったと思われる。この状態を戦後にも長く引きずったことは、日本のキリスト教の未成熟というほかはないであろう。圧倒的な異教的力の中でキリスト者であるということは、そういうことだったのか、いやそうでない道もあり得たはずではなかったか、と反問される。

(3)「純粋福音」と「日本的キリスト教」

次に内村鑑三の「日本的基督教」の主張を検討してみたい。これは内村が、「ドイツのキリスト教」や「アメリカのキリスト教」に対し、「日本人のキリスト教」があると主張し、それによってこそ「一つである世界的なキリスト教」が真に日本人に身に付いたことを意味することができると主張したものである。しかもこの主張は、キリスト教の日本化を主張したものではないと言われた。内村は一貫して、キリスト教の内容としては「純粋の基督教」を主張し、それが日本人の身に付くことを願い続けた。この意味では、旧約聖書を否定して万葉集と結びつけた戦時中の「みくに運動」などが語った「日本的基督教」と、内村の「日本的基督教」は非常な相違にあったと言ってよい。内村鑑三には「純福音」の主張があり、彼はそれと矛盾しない仕方での「日本的基督教」の主張を掲げたわけである。内村の言葉を引用すれば以下のようである。

「最も多くの場合に於ては日本人は基督教を日本化せんと努めて、日本を基督教化せんとはしない、爾うして日本化したる基督教を受けて、自ら基督教徒なりと称する、而《し》かも其純粋の基督教でないことは直《ちき》に判分《わ》かる、日本化されたる基督教は俗化したる基督教と成りて終はる、爾うして其信者は遠からずして基督信者としてゞはなくして、普通の日本人として世に立つに至る[9]」。

しかし他面において内村は、「神が我らに賜ひし特殊の国民性」をもって、その「純福音」を解釈するとも語った。内村の主張で言えば、この解釈はキリスト教を日本化することではないが、「日本人独特の見地よりして基督教の真理を闡明《せんめい》したる者である[10]」と言う。そこには「日本的な色彩や特徴を帯びることも当然で」あり、「サムライの精神も入る」。これを内村は、「融合」とも呼び、またキリスト教への「寄与」でもあると語った。「狭い意味におけるキリスト教の原理と、キリスト教国民の国民的発展との相互作用[11]」という表現も見られた。キリスト教の原理と国民的発展との「相互作用」や「融合」と言えば、それではすでに「純粋の基督教」の主張ではなくなっていると疑われないわけではない。「融合」が進めば戦時中の「みくに運動」の主張との差異も曖昧になるであろう。しかし内村の場合、「日本的基督教」は、まだキリスト教を換骨奪胎する意味でのキリスト教の日本化ではなかった。ただし国民的特徴を解釈主体とし、それとの融合や相互作用による一種の日本化を語ったことにはなる。内村の「日本的基督教」にも、一方の「純粋の基督教」や「純福音」の主張と、他方の国民的発展との「相互作用」や「融合」におけるキリスト教の主張との間にある意味での「揺れ」があったと言わなければならない。

これにもう一つ、「日本人の宗教心」に対する内村の積極的評価が関係してくる。内村は「日本人の宗教心」によって、「純粋の基督教」が維持されると考えたとも思われるし、また日本人の宗教心と基督教との「融合」が語られたとも見られる。内村の「日本的キリスト教」は宣教師的キリスト教、外国人的キリスト教に反発するところがあったが、その意図としては本来的には信仰内容を日本化することを考えていたわけではなかったであろう。しかしそれでいて内村の「日本的基督教」には、日本人の信心や宗教心を積極的に肯定し、それとキリスト教の相補的結合を主張したわけで、本来の意図とその後の経過や結果は異なってくる。

このことは、内村の「日本の天職」観とも関係する。というのは、当初、内村は日本の使命（Mission）を欧米とアジアの「仲裁人」「媒酌人」の位置に見ていたが、やがて日本人を特に「宗教の民」と見るようになったからである。彼は「日本の歴史と日本人の性質」を考えて、そのように見ざるを得ないと語った。内村によれば、「明治大正の物質的文明は日本に取り一時的現象」であって、これに対し恵心僧都源信は「純信仰家」として「世界の信仰界」において「第一流の内に数へらるべき者」であると言う[12]。その他、法然、日蓮、道元などを挙げ、さらには「信仰的愛国者」として本居宣長や平田篤胤なども挙げる始末であった。その際内村はこれを「純宗教」と言い、「純信仰」とも言うが、この純宗教、純信仰は、内村の現在において、世界いずれの国においても見出されず、世界は「その復興を待ちつつある」と主張された。人類全体が憧れている「純信仰」を提供するのが日本人というわけで、「我等日本人に賜ひし特殊の宗教心[13]」があると彼は語って憚らなかった。

こうした内村の日本的宗教心の異常なほどに高い評価の中には、彼の思想家としての単純性や一種の偏狭さが現れているのではないかと疑われる。柏木義円が内村の近代批判やデモクラシー批判をめぐって「反動的性癖」が現れていると批判したことがあるが、それに通じた思想家としての一種反動的な性癖が、日本的宗教心の異常に高い評価の中にも現れたかもしれないと疑われる。

「我が信仰の友」（大正四年）とか「我が信仰の祖先」（同年）といった短文の中でも、内村は、法然、親鸞、源信などの宗教心、宗教的対象に対する「心の態度」をルター、ウェスレー、ムーディの信仰心と同一視している。そして日本人であるゆえに前者の人々により近く感じることはやむを得ないとして、「彼等が弥陀を慕ひし其心を以て我主イエスキリストを慕ふ者である」[14]と語った。これは既述の「解釈主体」の立て方と、それによる信仰対象や信仰内容との「相互作用」や「融合」の思想の根本にあることであるが、「主体的信仰」と「信仰の対象」との切り離しを前提にしている。内村において、日本人の宗教心や心の態度は、fides qua creditur（主体的信仰）であり、それは fides quae creditur（信仰の対象や信仰内容）から切り離されて理解されている。宗教心を歴史的に存在する具体的な積極宗教・実定的宗教から切り離し、仏教的宗教心もキリスト教的宗教心も根本的に同一視してしまう。それはあたかも贖罪の事実とその意味内容からまったく切り離して「義認の信仰」が成り立つかのような錯覚を起こすであろう。この主観的信仰と客観的信仰の引き離しは、信仰概念が客観的な出来事や信仰内容を離れて、主観主義的、情緒主義的信仰概念に堕していることにもなるであろう。

これらの議論は、表層的に言えば、宣教師やその周辺に蝟集する人々への反発などに背景を持つであろう。さらには欧米のキリスト教に対する批判を込め、またそれら躓きの現象から引き離して、福音を福音として日本において弁証しようとする意図から出ていると言うことができるかもしれない。しかしここには、信仰概念をめぐる神学的認識の欠如があって、弁証的試みとしても決して成功しているとは言い得ないであろう。

内村の「純信仰」の考えの特徴についてもう少し言葉を重ねると、「信仰」は「文化」ではないということも挙げられるが、さらには信仰と言っても「制度化された信仰」ではないという面が強調される。内村はイギリス人について次のように語った。「英民族の本性として彼らは信仰の民ではない。英国人は制度化されざる信仰に信用を置かない。故に英国人は教会を棄る時に大抵は信仰を棄る」と。つまり内村の言う「純信仰」は「制度化されざる信仰」である。さらに内村は米国人の宗教について、英国人の宗教をいっそう「純宗教」「純信仰」たものと言い、「此れは宗教と言うよりも寧ろ事業教である」、あるいは「米国人に取りては宗教は運動である」とも語った。それは「信仰よりもその結果に目を注ぐ」からと言う。それに対して内村の言う信仰は「其の結果如何に拘はらず神を動かし世に勝つの力である。信仰其物を信ずるの信仰、其れが本当の信仰である」と言う。「純信仰」は、運動や結果重視の事業と異なり、さらには制度化されたものではなく、信仰のための信仰であって、純粋に内面的、心情的なものとして理解される。文化的でないだけでなく、教会制度的でもなく、さらには信じられる信仰の客観的内容表現である信仰告白や教理でもない。そうした教会や教理を離れた内面的、心情的信仰、あるいは精神的信仰が日本人の中にあると内村は見た。プロテスタント・キリスト教の中の主観主義の強い日本の敬虔主義的な福音主義の中に内村もいて、キリスト教文化も教会制度も批判し、教理や信条も断った意味で、もっとも主観主義の強い極端な一翼に位置したということになるであろう。

信仰の主観性の強調の結果、fides qua creditur（主体的信仰・純信仰）はまったく教会や教理と区別されたから、その区別によって逆にいかなる fides quae creditur（客観的信仰内容）とも両立することにされる。主体的信仰としての「日本人の宗教心」が、信仰内容としての「純福音」と両立させられ、相互補足の関係に立ち、「日本的基督教」が主張された。しかしこれは信仰の現実から言っても、神学的認識から言っても不可能な分離であり、不可能な両立と言わなければならないであろう。主体的信仰は、常に客観的信仰の規定を受けるからである。何を信じるか、どなたを信じるか、そしてその信仰の内容は何かという問題から乖離して、主体的にどう信じるかを決定できるわけではない。源信の信仰や宣長の信仰でイエス・キリストを主なる神と信じることは事実として不可能であり、主イエスにおける神を信じながら源信や宣長の主体的信仰に留まることは、信仰的にも、神学としても誤りである。キリストを主なる神と信じる信仰は、主の名を呼ぶ信仰であり、また「アッバ、父よ」と叫ぶ信仰にほかならない。信仰対象や神の事実から規定されない信仰は、その対象や事実と結ばれることはできないであろう。

内村は「日本は神国であり、日本人は精神的民族である」と語り、「恥を知り名を重んずる点において日本は世界第一」といった主張によって、日本人の「純信仰」を見ていた。これはむしろ内村の信仰概念が、教会制度から乖離しただけでなく、信仰内容の教理的理解や展開を欠如していたことと無関係ではない。内村は昭和五年に世を去ったが、昭和一二年以後の日本であったら、この「日本的基督教」がどこまで「純粋福音」を貫き、「贖罪教」であり続けることができたか、相当な試練に遭ったはずである。それでも奇妙な逸脱へと傾斜しないためには、神国日本とも、精神的民族としての日本人の主張とも決別しなければならなかったであろう。今日の日本人の状況は、内村が語ったように「恥を知り名を重んずる点において日本は世界第一」と言えるものではまったくない。いわば、「恥の文化」も遠く過去化した現代の日本の中で、内村の「日本的基督教」はすでにアナクロニズムになっている。内村鑑三の精神を必要な修正を加えて継承するならば、キリスト教的な神的真理の徹底した探求と、その伝道による日本人の精神的回心を希求するほかはないであろう。

4　海老名弾正における「基督教の日本化」と「日本の基督化」

海老名弾正の主要著書の一つ『日本国民と基督教』は大正八年、著者六三歳の作である。海老名はこのとき日本基督組合教会本郷教会の牧師であったが、この書の出版の翌年、第八代同志社総長に就任し、京都に移転した。彼はこの書を晩年昭和八年に、瞑想の断片「断想録」を加えて、再出版した。『日本国民と基督教』は海老名弾正の円熟期の思想とともに、生涯の思想を表す著作となったと言ってよいであろう。この書の中に「日本化か将た基督化か[15]」という文章がある。そこには海老名の主張する「日本的基督教」の内容と、同時に「日本の基督化」として「新しい日本の形成」を語る構想の概略が記されている。これは、近代日本の形成途上におけるキリスト教の一つのあり様を表現したものとして、その長所と問題点とを合わせて検討する重要な材料をなしていると言ってよいであろう。

(1) キリスト教の「日本化」

海老名は「キリスト教の日本化」とともに「日本のキリスト教化」を構想した。彼によれば、もしキリスト教が日本化しないならば、日本国民は「二千有余年の奮闘を以て贏ち得たるその性格を維持する上よりして、勢ひ基督教を排斥せねばならない」と言う。同時にまたキリスト教の方から言っても、日本国民を教化しようと真に欲するならば、日本とキリスト教、その「双方の性格に於て同化する結合點を見出さなくては、到底その教化の大目的は達せ得られない」と語った[16]。したがって、日本国民の新しい形成のためにも、キリスト教の日本における働きのためにも、「基督教の日本化は必然の運命と思はるゝ」と言う。

それでは日本国民のいかなる性格が維持されるべきか。日本国民の性格とキリスト教との「結合点」はどこに見出されるべきかが問題になる。その際海老名は、キリスト教の方もその日本化によって自己本来の性格を損ない、その「価値を損する所以となつてはならぬ」ということもはっきりと語っていた。結果はともかくとして、海老名が彼の覚悟においては、キリスト教の真髄を喪失してまでの日本化をまったく考えていなかったことは明らかであろう。

海老名が日本とキリスト教の「結合点」を語った大前提は、キリスト教と日本を根本的に対立的に配置する善悪二元論的な歴史観に立たなかったことである。そこで一方ではダニエル書、あるいはヨハネ黙示録に示された、キリスト教対異教の対立史観を海老名は「近代の史眼」から見て「幼稚」と判断し、棄て去った。この意味では海老名弾正には彼の言うところの「近代的歴史観」が役割を担っていると言わなければならない。この歴史観で海老名は聖書を解釈し、特に黙示文学的歴史観を拒否した。黙示文学的歴史観は海老名には近代的教養に即さないものと判断された。海老名のこの黙示文学否定の聖書観は、また、大正期のキリスト教の一つの事件でもあった内村鑑三たちの「キリスト再臨運動」に対する海老名の批判の中にも現れた。日本との関係で問題視されたのは、黙示録の歴史観とともにキリスト（メシア）観であって、海老名によると「黙示録のキリストは羅馬皇帝と衝突し、ダニエル書のメシアはスリヤ國王と衝突して居る。斯の如き基督教は到底日本の國體と衝突を免れない」と言う。つまりその「政治的キリスト観を去らねばならぬ」と海老名は主張した。「皇國に於ての基督教はその政治的キリスト観を去つて、全くロゴス哲學のキリスト観とならねばならない[17]」。海老名によれば、黙示録でなく、ヨハネによる福音書のキリスト観であれば、「日本の國體」と衝突しないと思われた。こうして「此の如く獨り形式の上のみならず、信仰の見解に於ても、日本人としては其の本領を保守する点に於て、断然欧米に行はる信仰の形式を棄てねばならない所がある」。つまりキリスト教信仰には「形式」と「本領」の違いがあり、形式を棄てても保持できる「本領」があるという考えである。海老名によれば、「国家の大祭日に國旗を建るとか、陛下の御眞影を拝するとか」は、「墓参をするとか、焼香をするとか」と同様、本領に関係することではなかった。キリスト教の本領は天皇制の國體下のもとにあっても保持できるもので、それを困難にする黙示録的キリスト観こそその本領に属するものではないとされた。それでは海老名の言うキリスト教の本領とは何かという問題になるが、これはもう少し後に明らかにしなければならない。その前に、海老名はなぜキリスト教から「政治的キリスト觀」を形式として棄て去れば、「日本の國體」に結合し得ると考えたのか、その結合点の内容は何であろうか。

(2) 日本国民とキリスト教の「結合点」

日本国民とキリスト教の「結合点」という用語は、海老名自身の用語である。その内容は何か。海老名はそれを数点にわたって挙げている。第一の結合点は、すでに述べた「歴史観」であるが、それはただ善悪二元の歴史観でないというだけでなく、キリスト教は「歴史の神」を信じる点が重大であった。彼によると、この歴史の神の信仰には摂理の理解が含まれ、古代ユダヤの歴史に神の摂理を認めたように、「初代のクリスチャンはギリシャの思想史にも神の摂理の存するを確信して居つた」。そこで「基督教が天啓に由来するものならば、日本國民も亦神の摂理に基いて生れたるものと論断すべき[18]」であり、「二つながら同じく神より出でたるものならば、等しく使命を有することは疑はれない」と言う。海老名はこの歴史観をまた「史的神明の信仰」とも言い、「日本帝國は國民を指導し保護し照鑒する神明を信じて居る」と言ってはばからなかった。「此史的神明の信仰は日本國民と基督教との主要なる結合點である[19]」と言う。この結合点に立てば、日本国民はすでに潜在的にキリスト教というわけである。
の神と同一の神を信じていることになり、キリスト教の日本化は、同時に日本国民の使命を全うする根拠になる

第一の結合点の「歴史観」はすでに「神観」を含み、それを前提しているものであるが、日本国民のこの「神観」が第二の結合点とされた。「史的神明」はすでに神観を意味していたが、神観のもう一つのことが「結合点」としてさらに語られる。それは、「日本國民の神が人格的性質を有して居るは、新舊約聖書と酷似して居る」という点である。海老名によると日本国民の神は儒教や仏教の影響によって汎神論的な傾向を示してはいるが、その固有の人格的性質は失われなかったのであって、この点はギリシア哲学の汎神論的傾向にもかかわらず人格的性質を維持したキリスト教の神と同様であるとの理解を示す。海老名による神道的神の理解はアニミズム的でなく、人格的であった。しかしまたこうした人格神の理解がはたして単なる擬人論的にすぎず、真実に人格の名に値する神理解を意味し得るかという疑問を残すことは避けられないであろう。

海老名の言う日本とキリスト教の結合点の第三は、「敬神」と「忠君」の関係にある。「聖書の敬神の教は我が敬神の道と結合して、又能く我忠君の至情を深うすることを得る」[20]と海老名は言う。彼によれば、日本国民は敬神より忠君の方に発展したが、しかし敬神を決して軽視しているのではない。他方、聖書は敬神の方面に著しく発展したが、「その敬神は熱烈なる忠君に外ならない」。キリスト教の敬神が熱烈な忠君であるという表現は、海老名の第一の回心とも関係しているであろう。明治八年熊本洋学校におけるジェーンズの指導下での祈りの経験により、神を主君として海老名は受容した。「殿の馬前で死す」ことをもって生き甲斐として育てられた武士の子弟である海老名が廃藩置県により藩主を失うとともに自らの死に場所を失った際の虚無の深刻さは大方の理解し得るところである。神を真実の主君として発見し、自らを臣下として取り戻せたことは非常な歓喜の経験であったと海老名は語った。海老名にとって敬神は熱烈な忠君にほかならなかったのである。自己自身の入信の道が、そのまま日本国民とキリスト教の結合点を体感したものとして、生涯保持されたと言ってよいであろう。

第四の結合点は海老名の「正義公道」の理解である。海老名によれば日本国民は厳格に正義公道を高調し、大義名分を主張する国民である。この点は、海老名における儒教の評価が示されているとも受け取られよう。戦後、日本国民は従来の大義名分が虚妄であったことを知り、かつ国際世界での正義公道も喪失したかに見える。国家としての正義観の明文化は憲法において表現されたが、その憲法を根本的に改正することを歴代内閣と与党が主張し続けたことは、日本の正義観の大きな捩じれ現象とも言わなければならない。はたせるかな、正義観が重大であるとの自覚は日本人の成人にも、また未成人にもともに低く、海老名の論調は現代とは大きな隔たりをもっていることは否定できない。しかしそれにしても海老名は、他方キリスト教は「天國の實現を企劃し経営する倫理的奮闘の宗教である」と認識した。そこで海老名の言う正義公道を高調する日本国民とキリスト教、この「二者の倫理的なるは肝膽相照らして、結合し一致し得る所以である」との判断になる。海老名は儒教的正義観とキリスト教的正義理解の間に本質的な対立や区別を認識しなかった。両者の一致は、キリスト教から見れば、「日本國民に同化して、その靈能とならんことは、卽ちその深遠なる神國の理想を地上に實現する所以」ということになり、日本国民から見れば、「日本國民はその本來の生命を盛んならしめて、世界に膨張せんと慾するが故に、基督教の理想と生命とを取つて自己の能力とするは、卽ちその使命を遂ぐる所以」であると言う。それゆえ「二者の婚姻は世界に最も祝すべき事實といはねばならぬ[21]」と結論される。この「結合点」の理解は、日本人の歴史観や神観、それに日本の忠君愛国や正義感をキリスト教の歴史観、神観、そして倫理観に対し、基本的に類似性にあり、その差は深浅の差、あるいは潜在と顕在、未熟と発達の差として、質的相違を見ないわけで、率直に言って、キリスト教理解としても、また近代日本の形成に対する無批判的な楽天主義という点でも、そのまま受け取ることは極めて困難な思想と言わなければならないであろう。しかしもう少し忍耐をもって海老名の主張に耳を傾けてみたいと思う。

(3)「日本の基督化」

海老名は、以上のようなキリスト教と日本の結合点を指摘し、その自覚を促しながら、「キリスト教の日本化」を図った。しかしまた彼は、同時に「日本のキリスト化」についても主張した。その内容は何であったか。同じ論稿「日本化か将た基督化か」の中にはキリスト教が日本をキリスト教化する使命を負い、また日本がキリスト教化を許容し得る点には多くがあると語られ、その中でも特筆すべきものとして以下の点が指摘されている。第一は、日本がその「国民を指導し、訓練し、鞭撻し、慰籍する所の神明を明確に承認すること」と言う。つまり神観において日本はより明確であるべきで、それにはキリスト教化される必要があるという主張である。明確な神観は、海老名によれば日本国民の発展的な「史的精神」と「道義的精神」の根拠をなす。その際特に日本に見られる「利己主義」は日本の道義的精神を損なうものであって、「日本国民の敵」であると海老名は言う。そして「道義的精神の本源は深く宇宙の根底に發するもの、又その人格的實在は國民の父母として尊敬すべき天父である」[22]。つまりこの道義心の根源をなす神観を鮮明にしなければならない。倫理の根底である宗教を深化し、鮮明にする、それが日本の基督化、日本のキリスト教化として遂行されると言うのである。

道義的精神の本源である「天父」はただに日本民族の祖先ではなく、「世界万民の主宰」であり、「世界人類共通の公父」とも言われる。海老名はこの主張によって、日本民族の神観と接続しながら、民族主義を超えて世界主義の淵源であるべき神観に深められることを語った。神観の深化を通して民族的利己主義を超えていくことが、海老名の言う日本のキリスト教化の主張であった。

「天父」あるいは「公父」は、「広義正道の霊能」とも言われた。「霊能」は海老名によれば歴史に発揮される神の力である。またその働きを意味している。「神」を「霊能」、すなわち神の力として、またその働きと同一視することは海老名の宗教思想の一つの特徴である。海老名の神観は神御自身の理解を内在的三位一体の神として表明することをしない。神理解は、神の歴史的働きだけに限定される。それがまたとりわけ「霊」の力として理解されることは精神的な力としての神の理解を表しているわけで、この「精神の宗教」は海老名の宗教思想の根本的な特徴である。「正義公道の神」は「畏るべく恭むべく敬すべく愛すべき又親しむべき活ける神である」と言われる。これが海老名のキリスト教的神理解であり、キリスト教の真髄の理解でもある。海老名は親しむべき活ける神の理解を第二の回心の中で実感した。それが海老名の霊能としての神の理解の根本にある。この点は後にもう少し明らかにしなければならない。

海老名による日本のキリスト教化は、日本の民族的利己主義を超えて、「日本国民の世界的運動」を促すことであり、「博愛心の勃興」を奨励することであった。要するに、民族主義を超えて世界主義へと「博愛の大事業を企劃する」[23]ことが、日本のキリスト教化の具体的表現である。その際、「基督教の精髄は先づ國民の精髄と婚姻して、一身同體となり、その所謂基督教なるものは、全然日本國民に併呑されたるの觀を呈せねばならぬ。しかして國民の根底よりその新なる神的生命を発せしめ、その従来の狭隘なる民族主義を脱却して、人類主義を旨とするに至らしむる」[24]。これが海老名の言う「日本の基督化」である。「狭隘なる民族主義」を脱却して「人類主義」あるいは「世界主義」に発展することが主張されたが、海老名によればそれは日本國民本来の性格を完成させることでもあった。それが「基督教なるものは、日本國民に併呑されたるの觀を呈せねばならぬ」という表現の真意である。「併呑されたるの観を呈す」ことがなぜ、またどのようにしてできるのか。それが語られるところに海老名のキリスト教理解の特徴が現れている。それは要するに「霊能」のキリスト教、さらに端的に言えば精神運動としてのキリスト教であることを意味する。

(4) 海老名弾正における宗教意識としてのキリスト教

日本のキリスト教化は、海老名において要するに、日本の狭隘な民族主義、あるいは島国根性を脱却し、世界主義的な博愛主義に至ることであった。それは、政治の問題でも、経済の問題でも、あるいは法や文化の問題でもない。要するに「精神」の問題であった。キリスト教の精髄は、海老名にとって「天父」である神との「神人父子の意識」もしくはその自覚、あるいはその精神であった。海老名はそれを「神の赤子の意識」、あるいは「父子有親の自覚」とも言い、「基督の宗教意識」あるいは「基督の精神」、さらには「基督魂」とも語った。この宗教意識の自覚が海老名のよく知られた第二の回心の内容であった。

明治三四年から三五年にかけての植村正久との論争の後、海老名は雑誌『新人』に連続して掲載した論争期の論稿をまとめて出版した。これが彼の主著と目される『基督教の本義』(明治三六年)である。その序には以下のような文章が記され、海老名弾正の信仰と思想を知る端的な手掛かりを与えている。日本キリスト教史上有名な彼と植村正久との論戦は、彼の意図としては以下の理由によったと言う。「基督教の本義は普通基督教会が標榜するが如き信條にあらずして、基督の宗教意識によれる靈能にあるを明白にせんが為であった」[25]と。「基督の宗教意識によれる霊能」とは、キリストの宗教意識が霊的な威力をもって人類史の中に一貫して発揮されるということであり、このキリストの宗教意識が「神子の意識」であり、「父子有親の自覚」であって、海老名自身がその意識・自覚・精神をキリストと共有している。それが彼の回心の経験であった。

既述した明治八年の海老名の第一の回心は、君臣関係を喪失して人生の目標を失っていた海老名にとって新しい君臣関係の回復をもたらし、人生の生と死の意味の再獲得であったが、彼によればそこにはなお棄てきれぬ功名心が残り、生死をかけた人生姿勢の中になお我意や我欲、そして自己中心性が残った。その後、海老名は大きな挫折の経験を経て、初めてそれら自己中心性の傾向を捨て去り、無為にして唯一天父との親交に生きる敬神の喜びを深く知ったと言う。明治一一年、海老名二二歳の秋のことであった。

この父子有親の宗教意識は、キリスト教の真髄をなすものとして海老名弾正の生涯を決定したと言ってよい。この宗教意識を堅固にするとともに、これを「思想」[26]として展開することが海老名のその後の牧師、またキリスト教思想家、教育家としての歩みになった。植村との論争の内容もここから見る時に判然としてくる。海老名のキリスト教の「本義」あるいは「真髄」は、この宗教意識そのものである。したがって、重大なのは信条や教理ではなく、また教会でもサクラメントでもない。宗教意識はまた精神と言ってもよい。宗教的自覚の精神運動としてのキリスト教という理解であって、その精神を思想的に展開したのがまさに海老名の宗教思想であった。

キリスト教の本質的精神である宗教意識の内容を言えば、繰り返しの表現になるが、神は父、人間はその子、あるいはむしろ赤子であり、その神と人との間に功績や罪悪を越えた親しい交わりの意識が生じる。それが「神の赤子の意識」、あるいは「父子有親の自覚」である。「遍在神の意識[27]」と記されることもある。神の赤子とは、キリストがそうであるとともに、海老名自身もそれである。したがって、神の子、あるいは神の赤子としてのすべての人間の「神性」、つまりヒューマニティの中にあるディヴィニティを語ることができるとされ、キリストが神の内在的三位一体の第二位格にあることを語るものではない。イエス・キリストは父子有親の親交にあずかる意味において他のすべての人間との兄弟関係にあり、宗教意識の深浅の差によって教え、学ぶ関係にあるとしても、キリストとのその関係は、兄弟関係であり、それが師友の関係を含むにすぎない。植村正久からそこにはただ「先輩後輩の違いがあるのみ」と批判されたが、海老名にはそれでよかったのである。つまり「御子なる神キリスト」に対する信仰とか、キリストに向かって祈り、キリストを拝み、礼拝する関係ではない。その意味において海老名のキリストは「我が主、我が神」のキリストではなかった。海老名によれば「耶蘇の宗教と耶蘇を神として立てたる宗教との区別」があり、「耶蘇を神として實驗し來れる基督教」は「耶蘇の宗教其のものゝ如く純粋にして深遠なることは望まれない[28]」と言う。海老名自身の宗教意識とその思想的表現には、内在的三位一体とともにキリスト論も欠如した。贖罪論についても海老名は、「深遠なる神人父子の自覺には、所謂贖罪説の如き観想を許さゞるのである[29]」と言う。ただし海老名の宗教意識に贖罪論が皆無かと言えば、贖罪論の定義によってはそうではない。確かにキリストによる代理的な審判の受容や神の犠牲による勝利としての贖罪は語られないが、キリストの神意識の霊能によって感化され、教えられ、影響されることは肯定される。したがって、海老名にはいわゆる近代的道徳感化説の宗教意識的な変容における感化説的贖罪論があると言うことはできる。贖罪論がこうした宗教意識の次元のみにとどまることは、海老名の罪責論の質をも表現することになる。人間の罪責は神関係を喪失し破壊しているほどのものではない。人間の罪の問題は意識や自覚や精神の問題であって、御子なる神の十字架による代理的審判による救済を必要とするといった深刻な罪の実在性は語り得ない。人間は自らの宗教的意識や宗教的経験の深化によって聖化されるものと考えられた。そこで海老名の倫理的な宗教としてのキリスト教、つまりは自力的な倫理的宗教とその奮闘努力が語られることにもなった。さらに挙げていけば、教会論の欠如も指摘されることになろう。キリスト論なしには、その体としての教会論は成立しないからである。教会はもっぱらただキリスト教精神の運動団体にすぎなくなる。こうしたキリスト教の本義の理解が、日本のキリスト教化を構想した海老名の思想の中に当然姿を表さないわけにはいかなかった。これについてはさらに項目を改めて明らかにしていくことにする。

それにしても、海老名の宗教思想は彼自身が自得したものであり、その思想もまた彼なりの展開であった。その核心部分において、海老名は誰からも学びはしなかった。海老名によれば「遍在神の自識は教へられて得たものではない、之を高調する宣教師に面會したことはない、之は神學校に於て學び得たものではない、又書物に由つて教へられたのでもない、之は我が心内に自得したるものである、故に之は輸入したる思想ではない、全く日本人の中に發生したはえぬきである」(30)と言う。この次第を海老名はすでに『基督教の本義』の序に、次のように語っている。彼自らの「宗教的実験」の後に、「古人の書を讀み、其宗教的實驗を窺ひ見るに、同感同情殆んど肝膽相照らし、彼我の別を忘るゝ程にまでいたるを覺ゆる」。つまり海老名の読書や研究は、その核心部分の自得の後のことである。これは決して偽りではないであろう。同じくその序の中に「予をして聖人賢哲の宗教的意識の幾分を窺ふの便を得せしめた」書として「最も重なる書名」を挙げて、海老名はヴェルハウゼン、キッテル、プフライデラー、ハルナック、ネアンダー、バイシュラークなどの著者名を挙げた。それらの書はいずれも聖書とキリスト教史、そして宗教哲学に関する書名であって、海老名がそこからあの宗教的実験を学んだというより、その思想的な表現と展開に教えられたというものである。彼の宗教的確信そのものは「はえぬき」であり、「自得」であって、その思想の時代的展開の学習については博覧強記であった。しかしそこに挙げられている書名が、植村正久が時に挙げた英語圏の福音主義の系譜を示す多くの神学書の書名と比較して、その内容的な隔たりの大きさは一目瞭然である。海老名の思想表現に刺激を与えたのは、植村の場合のような敬虔主義的な含みを持った福音主義の教義学的書籍ではなく、一九世紀ドイツの歴史研究書であり、宗教哲学書であった[31]。

⑸ 海老名の神子意識の思想化とその表現構成

海老名は、自得した宗教意識の経験を根本にして、それを思想的に表現することを試みた。その際、聖書の宗教思想とキリスト教思想史とを中核的宗教意識の発展史的な表現として理解した。父子有親の意識としての宗教的精神とその発展史的観察が海老名の思想の骨格をなしていると言ってよい。『基督教の本義』の結論の章に明らかなように、神観、救済観、歴史観（キリスト教の霊能の発揮史）が彼の思想的表現の大項目をなす。概略を言えば、その神観は父子有親の交わりの中で理解されたように、人格的で、良心の聲に聞くものとして倫理的である。そこから一方で「個人の価値」が意識されるとともに、他方で神の子の人類的な「世界同胞主義の博愛心」に展開する。そこで人格主義は個人主義を包括するとともに、民族主義を包む世界主義になると言われる[32]。倫理的であるという面からは「正義公道の神」であり、その枠は「神は卽ち愛なりといふ眞理」[33]であり、それが「万国民の公道」にして「狭隘なる愛国心」に安住させないと言う。人格主義が一方で個人の価値を高め、他方で全人類兄弟同胞主義として民族主義や狭隘なる愛国心を超えさせるゆえに、まだ決して深い意味ではないが人格の思想があって、それが社会改造や世界主義の思想として展開された。これが海老名のキリスト教的社会思想の骨格であった。

この関連でまた、地上に形成される「神の国」についても語られる。これもまた、あの父子有親の神意識と関連している。海老名によれば「基督の意識に發揮せられたる精神は、獨り神とのみ偕なるを以つて満足するものにあらず……基督の精神は神との交際を要求する社交的精神で、又……聖徒の交際を要求する社會的本能である。此靈能は……有限界を救済し抱養し愛育し清淨ならしむるもの。自然界の夫婦たり兄弟たり朋友たるの関係は、盡く此靈能に由つて神聖にせらるる。……終に世界人類が靈化せられて、神國の旺盛を見るべきを期する。是れ卽ち基督の社會的救済の精神である」[34]と言われる。「基督の精神」から「社交的精神」、そして「兄弟朋友の関係」へと展開される思想構成が単純に読み取れる。また「基督の精神」の霊能による聖化とその発展による神の国という思想も明らかであろう。こうした思想構成の中で海老名は日本のキリスト教化を語ったわけである。

(6) 新しい日本の形成

海老名の新しい日本の形成は、父子有親の自覚に立って、人格主義を確立し、人類同胞の博愛心を養って世界主義に向かわせるものであった。大正七年一一月号の『新人』(第二〇巻一一号)に海老名の「超國家の權力」という論稿が掲載された[35]。既述した海老名思想と別段変わったものが打ち出されたわけではない。ただ、第一次世界大戦の終結と国際連盟の発足準備の時局に当たり、海老名は国家主義を超えた「超國家の權力」を日本は今日まで意識すること「極めて貧弱なりし」と批判した。そして「吾等《われら》基督教徒《きりすとけうと》が四十年一日の如く高調力説してやまざりしものは超國家の權力であった」と語り、「超國家の權力」とは「神の權力」であると述べた。さらに詳述すれば、海老名は国家主義を全否定したわけではなかった。国家主義と世界主義、あるいは民族主義と世界主義を対立させることをしなかった。問題なのは「狭隘なる民族主義」であり、超国家的権力を認めない国家主義であった。そして「超國家の精神は國家其のもの丶精神として、國家の中に胚胎《はいたい》して居るもの」であるという認識を語り、「今日《こんにち》に於ては此の超國家意識に醒むるにあらざれば、世界《せかい》の表に堂々闊歩することは出来《でき》ない」という国際社会の認識を語り、「吾人は我國民の世界《せかい》的覚醒《てきかくせい》の遅きを浩歎せざるを得ない」と記した。日本は偏狭な民族主義や国家主義では「世界の経営」に参画できないと語ったのである。その上で海老名は、「國民上下が超國家《てうこくか》的權　力《てきけんりよく》を認めて居らぬ證左」として「祖先崇拜の時代」をなお脱却していない点、そして「彼の神社崇敬の如きは之れ實に國家《こくか》的宗教《てきしうけう》の域を畛脱せざるもの」とも語った。堂々の論陣と言い得るであろう。ある面、今日においてなお大筋として妥当する。

この論稿が当時、「皇国青年団」と称する団体から問題にされ、翌大正八年一月に「本郷追分の大学青年会館」において警官の護衛する中、海老名と同団体との間の立会演説会が開催されるに及んだことが、大正八年二月号の『新人』の記事に報告されている。彼ら皇国青年団の主張は、「要するに國家以上の權力を認むる事は吾國體に反すると云ふ主張なのである。此點に就いては吾國民には餘程理解が困難な様である[36]」と記されている。

後に第二次世界大戦の敗戦を受けて、南原繁は講演「新日本文化の創造」の中で日本国民には「熾烈な民族意識」はあるが、「おのおのが一個独立の人間としての人間意識の確立と人間性の発展」がなかったと述べた。この指摘は海老名弾正の主張にも、概略共通のものと言い得よう。海老名もまた新しい日本の形成について、世界主義への歩み出しを主張するとともに、個人の価値意識を含む人格主義と「人格改造」を主張していたからである。もちろん海老名と南原では思想の根底に相違があることは無視できない。海老名の根本にある「父子有親の自覚」あるいは「遍在神の意識」と南原の思想の根本にあった「価値併行論」とでは、国家と宗教の関係理解に大きな隔たりがあった。海老名では超国家的権力は国家の中に胚胎され、宗教的霊能は宗教と国家に連続する。他方、南原の価値併行論においては、宗教の超越的根拠はおよそ国家の容喙し得ない超越の彼方に位置した。超絶の峻厳な理解は、国家宗教あるいは宗教的国家に対する厳粛な批判となる。海老名にこの国家宗教や宗教的国家に対する拒絶を求めることはできない。

それにしても海老名の思想が示した先見性もまたまったく否定し去ってよいものではないであろう。近年、大江健三郎は日本の現状を思案に入れつつ、「新しい人」[37]について語っている。「新しい人」を近代日本の思想の中で重大視したのは、その雑誌名『新人』が示すように、まさに海老名弾正にほかならなかった。海老名は「新社会は新人物を要する」[38]と語って「人格改造」を主張した。「父子有親の自覚」によって「博愛心」に生きる人物を求めたわけである。海老名は、人種問題についても触れて、「人種問題は依然として残って居る。之は法律を以て解決し得べきものではない。実に人格改造に待たねばならぬ。したがって長い年月を要するのである」と書いている。人格改造とは、人類的な博愛の兄弟主義へと人間を改造することであって、海老名によれば「奴隷の解放」も「パン問題」も、「小作争議」も「労使問題」も「苟くも人を以て解決すべき問題は人そのものの改造に由らざれば、恰も木材を以て防火屋を造るやうなものである」[39]と言う。人格改造、すなわち兄弟主義による人間の確立によって形成される新社会が海老名の言う「神の国」であった。

「神の国」とは海老名によれば「天父を中心とする神子の國」で、また「兄弟の國」「友愛の國」[40]とも言われる。そして「基督教の大目的は神の國を地上に建設することである。地上を離れて別に天上に之を求むるのではない」[41]とも言う。社会改造を大いなる楽天主義によって唱えたとも言えるであろう。

しかし海老名は、神の国は「神人父子の関係より自然と發生し來る神の衆子の平等自由の社會である」[42]と言い、それが「無形」の形で現在するとの独特な思想をも展開した。神の国は、「有形の社會に潜在する無形の社會」と言われ、「有形の國家の中に潜在する無形の國家」「有形の家庭の中に潜在する無形の家庭」「有形の國際列國の中に潜在する無形の兄弟社會である」[43]と言う。「この神の國が何の形状を取つて地上に顕れ來るべきかは甚だ遠い将來に属するものであつて、如何なるユウトピアも之を理想することは出來ない」[44]と言う。それにしても、「基督教の大目的は神の國を地上に建設することである」と言う以上、神の国は倫理的な未来的目標として構想されていることは言うまでもない。その点では、倫理的達成目標、人間の行動課題としての神の国の理解であり、リッチュルやラウシェンブッシュ、さらに広げればシュライアーマッハーからマルクス主義に至るまで共通した一九世紀的な神の国理解に共通したものであった。神の国が倫理的課題というのは、甚だ楽天主義的と言えるが、その上で海老名はそれを遥かかなたの未来に期待するだけの現実感覚は有していた。その意味で倫理的、未来的な終末論である。しかしその海老名に一種独特な「現在的終末論」との調整が図られている。この点は海老名の神の国思想の面白さであり、遥か未来の目標としての神の国とともに、現在における神の国の「無形の潜在」が両立的に構想されている。有形におけるいまだ非存在の中に、無形においてすでに潜在している神の国が語られているわけである。不完全な有形の中に無形において潜在するというのは、言うまでもなく、海老名にとって神の国は「精神」として鼓吹されるからである。神の国の「無形の潜在」を語り得たのは、その精神主義によったからにほかならない。倫理的未来的神の国と精神的潜在的神の国の両立が、まさに海老名の倫理的、精神的神の国の特徴であった。しかしはたしてこれが聖書的、神学的な終末論として妥当かという問題とともに、これが日本の新しい形成にどれだけ力あるものであったかということも問題になるであろう。無形の神の国は、日本の現実の中でどれだけの批判力と形成の力を持ち得たであろうか。

(7) 海老名の今日的意味と問題点

海老名弾正は、キリスト教信仰に基づいて日本における博愛心の発展を期し、博愛による新しい日本の形成を志向した。宗教的精神による正義公道の基礎づけや、人格主義による個人主義と世界主義の確立の主張など、今日の日本においてもなお無意味な指摘ではなく、その方向はなお今日的な指針としても有意義なものを持っていると言うこともできよう。とりわけ彼の「新しい人」の主張と「世界主義」の思想は、新ためて深められ、もっと強固な根拠づけによって再発言される意味があるであろう。キリスト教的思想家として、また教育家としての海老名の生涯を貫いた闘いは、この意味で今日なお評価されてよい。

しかし彼の思想の問題点を挙げれば、多くの点を挙げなければならないことも事実である。日本のキリスト教化をめぐる彼の思想が、どれだけ日本に対する批判力と形成の力を持ち得たかという点が重大な疑問点である。海老名の思想は、歴史観や神観においてキリスト教と日本の結合点を見たもので、それによってキリスト教精神の超越性と批判力とを曖昧にし、日本精神との連続性の強調の方に傾斜した。超越性の希薄さと批判力の弱さは、随所に現れ、キリスト教精神が神道をその一部にするような考え方にも現れた。海老名の天皇観は、「天皇陛下に對する不滅の忠」(45)を語り、その対皇室関係は「君臣」の関係であって「厳格にいふ所の宗教的関係ではない」(46)とも語られたが、しかし「君臣関係」もまた海老名にとっては最初の回心が示したように宗教的であったはずである。したがって、日本は「幸にして萬世の皇室を仰いで……不朽の精神を宿した」(47)とさえ発言したのは彼の自己矛盾である。植村正久もまた皇室に対する親愛の情を示し続けたが、植村には「イギリス非国教徒から学ぶ」姿勢があった。この点での海老名との違いは大きい。海老名の場合、キリスト教と日本の連続性の強調があり、それゆえにまた日本精神や日本のいわゆる「國體」に対する距離感に希薄さがあった。彼のキリスト教信仰が「父子有親の自覚」として「はえぬき」であることを自負していたことは、批判的な距離感をいっそう薄めこそすれ、強化することにはならなかった。

この関連で海老名の神学思想の問題性も認識されなければならない。具体的に言えば彼の神観、キリスト論、贖罪論、罪論、終末論などの精神主義的、倫理的理解ゆえの欠陥を指摘しなければならないであろう。とりわけキリスト論を欠如したことからくる教会論の欠如を問題点として指摘する必要があろう。教会についてもちろん海老名も「現代に無くてはならない尊き団体」と言う。教会は「国家の衷心に神の子を養成する使命を持つ」とも言われるが、しかしその「神の子」は「神子意識」の経験を有する者と言うほどの意味であった。教会はただキリストの精神が活きている団体ということであり、精神運動としてのキリスト教の理解に立った海老名にはそれ以上の洗礼によって結ばれるキリストの体や聖餐におけるキリストの現臨は問題にならなかった。もっともこの点については、それでは教会論を強調した当時のプロテスタント教会の行き方が、どれほどの日本批判と日本形成に寄与したかとなると、日本における国家は、教会の中に何ら現実的な対立者を見る必要はなかったわけで、話は大同小異であったと言わなければならないであろう。海老名はまた人格とデモクラシーを語ったが、「人権」や「信仰の自由」や「教会と国家の分離」などの議論はなく、博愛を語るほか、キリスト教的文化理念や文化価値論は欠如していたと言わなければならない。

彼が「はえぬき」にこだわらず、むしろイングランドの会衆派神学から学んでいたら、話はだいぶ違っていたのではないかとも思われる。「クロムウエル、ミルトン時代に深甚の興味を注ぎ[48]」と記したことはあったが、彼は「日本基督組合教会」の思想家として一七世紀イングランドのコングリゲーショナリズムの神学（トマス・グッドウィンやジョン・オーウェン）についてほとんど知るところなく、また一九世紀から二〇世紀、つまり同時代のコングリゲーショナリズムの神学（デニーやフォーサイス）にも注目しなかった。彼自身が自得した宗教経験と当時の組合教会の神学的状況は、そのような研鑽を要求しなかったことは明らかである。世評、ドイツの自由主義神学が影響したようにも言われるが、そもそも「自由主義神学」といった一括的表現が思想的影響の指摘としては不適切であり、真相は別と思われる。海老名弾正は自得の人であって、神学を学習すべきときに適切な指導者を得なかったのが実情と言うべきであろう。

海老名の日本理解は決して専門的に仔細を尽くしたものではなく、キリスト教理解も博覧強記でありながら、その質はさほどのものと言うことはできない。その国家や社会についての理解も概括的理解の域を出ない。しかし宗教的倫理的精神の思想的伝達者、博愛精神の教育家、精神の鼓吹運動の伝道者として、当時の多くの青年の心を捉えた。近代日本の思想的な未成熟とキリスト教思想の若々しさを表したものと言うことができるであろう。キリスト教信仰による「新しい人」と「世界主義」の育成は、今では種々の思想や難題を越えなければならない問題でありながら、なお依然として今日の課題として残されていると重ねて言わなければならない。

第四章　近代日本における思想の中の近代

前章においてキリスト教の特に第一世代において、キリスト教と日本の出会い、また日本の近代化がどのように取り組まれたかを検討した。本章では、キリスト教外の日本の近代思想の中で、近代化や近代市民社会の形成、あるいは新しい日本の形成といった問題がどのように受け止められたかを検討したい。ここでは特に思想的な影響力の大きかった西田幾多郎と和辻哲郎を取り上げる。

１　西田幾多郎と日本の近代市民社会

近代日本の哲学者において西田幾多郎が特別な位置を築いたことは、彼の思想内容に対する賛否は別にして、誰もが認めるであろう。西田幾多郎は明治三（一八七〇）年の生まれであるから、自由民権運動の気風がなお残る時代にその青年期の初期を過ごした。やがて明治二〇年代以降、近代日本が国家主義的閉塞体制に入る中、西田は思想的確立期を過ごした。西田の哲学を天皇制絶対主義下における近代日本の市民社会の運命と重ね合わせて理解する見方が存在するのは、あながち理由のないことではない(1)。それは、近代日本におけるある意味での自由主義、さらには人格主義の思想が、彼の哲学の中に見られるという見方である(2)。しかし日本の近代市民社会そのものは、天皇制絶対主義の制約下にあって未確立であり、とりわけ昭和五年以降、さらに著しくは一〇年代における皇国主義的ナショナリズムの大政翼賛運動の中に崩壊していった。近代日本の市民社会は絶対主義的国家とは別な社会的空間をなして堅固に確立されることはできなかった。このことは、中産階級の子弟の社会的上昇の道が、軍隊を別にすると大部分、官僚、官学教授、資本家、いずれにせよ絶対主義権力に何らかの仕方で係留されることによって初めて開かれたことで明らかであった。自由で民主的な市民社会はこの国においてなお久しく未確立であったと言わなければならない。当然、その中において個人は、自由に自己を解放することはできず、その自我意識は内的に屈折した。西田自身も、その人生を一種の挫折から出発しなければならなかった[3]。明治三〇年代に彼が猛烈な仕方で座禅の修養を継続したのは、そうした屈折した状況下での自我形成の闘いであったと見ることもできるであろう。絶対主義国家の閉塞体制という同一時代環境の中で、近代的自我の確立をはかったものとして、文学における「私小説」と「西田哲学」の成立を並行現象とみる見方もある[4]。西田哲学は、「日本的市民社会の矛盾に根ざした『日本的みじめさ』の『倒影』[5]」とも言われる。

そこでわれわれの課題は、西田哲学の中に現れた市民社会的思想の契機を検討することであるが、同時に日本における近代市民社会の矛盾、蹉跌が、彼の哲学そのものの中に哲学的表現をとっていないかどうかを検討することである。そのため特に西田における「人格」や「自由」の思想を検討する必要がある。「市民社会」概念は彼には見られなかった。この欠如は彼の思想における「市民社会」問題の不在とも言えなくはないが、「市民社会」そのものを主題にし得ない段階において「人格的個」や「自由」をどう捉えたかは問題にできるであろう。それゆえ、彼の哲学における人格的個の自己限定の思想、あるいは自由の思想を念頭において、それがどこまで市民社会の哲学として、市民社会的自由の思想、あるいは自由主義的思想、およそ自由と人格の思想であり得たか、そうでなかったとすれば、その思想はどこに問題があったのか、それでもなお今日、西田哲学は何らかの現代思想的意味を持ち得るのか、さらにはこれらのことと彼の思想の根本にあったキリスト教思想との対決や東洋思想の論理化としての哲学の遂行がどう関係しているか、検討を重ねてみたい。

(1) 西田哲学における人格的自己と自由の思想

西田幾多郎の思想が最初に著作の形で世に出たのは、一九一一年、彼が四一歳の時の『善の研究』（弘道館、明治四四）によってであった。その後『自覚に於ける直観と反省』（岩波書店、一九一七年）が続き、京都帝大定年の前年昭和二年には、『働くものから見るものへ』（岩波書店、一九二七年）が出版された。後者において「場所の論理」が展開され、「西田哲学」の成立と称されるようになった。しかし西田哲学の本格的な展開は、定年退官後に押し進められた。『一般者の自覚的体系』（一九三〇年）、『無の自覚的限定』（一九三二年）、そして一九三五年から一九四六年にかけて『哲学論文集』全七巻が出版された。こうした著作を通して、西田の思索は、『善の研究』における「純粋経験」から、「自覚」の論理を深め、「行為的直観」、「場所の論理」に至り、さらに「絶対無」「弁証法的一般者」そして「絶対矛盾的自己同一」といった用語による思想展開によって提示され、最後の論文「場所的論理と宗教的世界観」（一九四五年）に至っている。西田哲学のこの歩みには、一貫して「人格的自己」の自覚の論理を深めるという筋道があって、その意味で彼は近代日本における人格的個の思想を追求したと言っても決して誤りではない。実際、彼の著作の中には随所に「人格」や「自由意志」といった概念が頻発する。

本章での中心問題は、既述したように、西田幾多郎の哲学的格闘の中で「人格」や「自由」の思想がどう展開されたか、また彼の思想によって「市民社会」の根拠づけが可能なのかという問題である。こうした主題は、彼より一世代前の井上哲次郎のような官学的国家的イデオローグには成立するはずのない論題である。しかし西田にはこの論題が成立する。その意味で西田哲学は「近代日本の市民社会」の哲学として、その挫折とも本質的な関わりがあると言うことができるであろう。

西田哲学の展開の中に「人格的自己」や「自由」の問題があることは、例えばすでに『善の研究』において、次のような西田独特な「人格」概念に逢着することによって明らかである。「意識の統一力であつて兼ねて實在の統一力である人格は、先づ我々の個人に於て實現せられる[6]」と彼は語った。西田はわれわれの意識の根底に「無限なる実在の統一力」を考え、それが「人格」として個人において実現されると考えた。やがて『無の自覚的限定』（昭和七年）に収録された「自由意志」や「私と汝」といった論文がこの面で注目されるであろう。あるいはまた、同じ昭和七年に、西田は信濃哲学会において「実在の根底としての人格概念」という講演も行っている。これらは「真の個物の自己限定」として「人格的自己」について語り、「人格が人格を生む」と語って、その時点での西田哲学の「人格思想」の貴重な文献になっている。しかしここでは紙幅の都合もあり、特に彼の最後の論述となった「場所的論理と宗教的世界観」に集中して、そこでの「人格的自己」や「自由」の思想を検討してみたい。それは、西田哲学としては最後の展開であるが、既述の『無の自覚的限定』では必ずしもまだ突き詰められていなかった点にも及んでいるからである。彼の著作は周知のように比較的明確な一貫した筋を辿って深化を見せているもので、この最後の論文によって彼の人格と自由の思想の最終形態を見たとしても、決して大過あるものではないであろう。

「場所的論理と宗教的世界観」が書かれたのは昭和二〇年二月から四月にかけてであるが、その執筆の最中三月一一日、西田は年来の友人鈴木大拙に宛てて、この論文の主題について次のように書いた。「私は今宗教のことをかいてゐます。大體從來の對象論理の見方では宗教といふものは考へられず、私の矛盾的自己同一の論理即ち即非の論理でなければならないと云ふことを明にしたいと思ふのです。私は即非の般若的立場から人といふもの即ち人格を出したいとおもふのです[7]」。この論文によって西田の人格理解、またそれとともに彼の理解した人格と宗教的実在の関連を捉えることは、西田自身の意図に適っているると言ってよいであろう。

「場所的論理と宗教的世界観」における人格的自己や自由の思想を明らかにするためには、三つ、ないし四つの観点から叙述する必要がある。その観点とは、第一は「主語面と述語面」という観点であり、第二は「世界と自己」の観点、さらに第三は「他者と自己」であるが、この第三については「場所的論理と宗教的世界観」にはそれほどの論述はなく、むしろ『無の自覚的限定』における「私と汝」がそれを主題的に論じていたと言うことができる。第四は「自己成立の根底」あるいは「人格的自己をして人格的自己たらしめる立場」として「絶対者の問題」が問われる。西田は『善の研究』以来、その論述の最後には宗教的な究極的実在ないし絶対者の問題を問い続けた。「場所的論理と宗教的世界観」はこの最後の問いに特に主題的に集中したものである。それゆえ人格成立の宗教的根拠を西田がどう捉えたかがそこに示されていると言ってよいわけである。

第一の観点について言うと、西田は基本的に主語と述語の論理的区別の観点から、「真の自己」の所在を問うた。彼の文章表現で言えば、「我々の真の自己」は「主語的方向にあるのでもなく、述語的方向にあるのでもない。主語的方向と述語的方向との矛盾的自己同一的に、自己自身について述語する所にあ(8)」るという表現になる。西田によれば「自己」は個的であって、例えば「私は人間である」というように、主語として述語によって表述される。その際、主語は個体を意味し、述語は一般を意味する。したがって「自己」の所在を問えば、通常、それは「個」として主語的方向にあると考えられる。しかし西田はそう考えない。西田によれば、自己の本質が「主語的有にあるとするならば、それは本能的であり(9)」、「真の自己」とは言い得ないと言う。しかし他方、自己の存在を述語面に考えると理性的、一般的で、個性を失った抽象に帰着すると彼は言う。真の自己は単なる一般者的存在ではあり得ない。そこで「我々の自己は何處までも述語面的自己限定として主語的なるものを内に含むものでなければならない。而も述語面即主語面的に自己自身を限定する所に……我々の人格的自己がある(10)」と言うことになる。つまり西田の理解している「人格的自己」とは、「本能的自己」とも「理性的自己」とも区別された「真の自己」であり、「主語と述語との矛盾的自己同一的に……眞に自己自身を限定する唯一的個」を意味している。

第二の観点が問題にするのは、「自己と世界」の関係であるが、「意識的」と「創造的」の区別が問題にされる。

西田によれば我々の自己は単に自己の意識の内にあるものではない。もちろんまた意識の外にあるものでもない。「内と外との矛盾的自己同一的」にあるのであるが、それは世界との関係では「自己に於て世界を表現するとともに、世界の一焦點として自己自身を限定する」[11]ことであると言われる。「自己における世界の表現」「世界の一焦点としての自己限定」ということが西田によるとすでに創造的であって、それ自体創造的な歴史的世界の事件である。「表現」「自己限定」はまた「実行」であり、「働く」ことを意味している。その意味で「人格的自己」は「実践的自己」とも言われ、「創造的世界の創造的要素」[12]と言われる。

人格的自己が世界の創造的要素であるという点についてはもう少し説明が必要であろう。西田がここで言う世界とは、「絶対矛盾的自己同一的世界」であって、それ自体創造的な世界である。彼の言う世界は我々の自己に対立する世界ではない。我々の自己を包括する世界であり、「絶対無にして而も自己自身を限定する絶対矛盾的自己同一的世界」と言われる。現実はそういう世界として現実であり、また実在であると西田は見る。この「矛盾的自己同一的世界が自己の中に自己を表現し、自己自身を表現することによつて自己自身を形成して行く」[13]。この絶対矛盾的自己同一的世界は「絶対者」とも言われる。そこで人格的自己は、「絶對的一者を表現するとともに、逆に絶對的一者の自己表現として、一者の自己射影點となる」。この意味で、創造的世界の創造的要素として創造的世界を形成して行くというわけである。西田はさらに、この絶対矛盾的自己同一的世界の動態を「自己の中に自己を映し」「自己の中に自己焦点を有ち」「自己自身を形成して行く」動態と把握して、ここに「父なる神と子と聖靈との三位一體的關係を見ることができる」[14]とも語った。絶対者の自己表現として「神の啓示」との類比を見たのであるが、これを「世界の三位一體的關係」とも言い、「我々の人格的自己は、右の如き世界の三位一體的關係に基礎附けられて居る」[15]とも語っている。しかし語っていることは、世界それ自体（それが西田にとっては即実在であり、即絶対者であるが）の「自己表現」「自己射影」であり、「創造的」ということも世界即実在の創造的側面のことである。あくまでも世界内在的な事態を語っているのであって、世界を超越した三位一体の神の創造行為を語っているわけではない。このことは後にもう一度西田の「超越」の理解の中で指摘しなければならないであろう。いずれにしても西田が人格的自己の成立根拠として挙げているのは、それ自体創造的な実在としての世界そのものである。

自己と世界の関係についてもう一つ指摘しておくべきは、「絶対現在」という一種の終末論的思想であろう。これには時間と空間の思想も関係する。要点を述べれば、西田によれば我々の自己は、単に物質のように空間的でなく、また単に精神的に時間的に働くのでもない。「何處までも時間空間の矛盾的自己同一的に、絶對現在の自己限定として創造的に働く[16]」と言う。その際、「絶対現在の自己限定」というのは、過去、現在、未来の区別を超えた現在において、我々の自己自身の「底」において自己自身を超えて「逆対応的」に絶対的一者に応ずることと説明される。そのときわれわれの自己はすべてを超越すると言われる。この現在は過去も未来も超越する。詳しく言えば、西田は「対象的超越」と「内在的超越」を区別して、「絶対現在の自己限定」を現在的自己の内在的超越の方向に考えた。それゆえ、われわれの自己は自己自身の底に、無基底的な底の方向にすべてを超越すると言われる。自己自身を超えて絶対的一者に応ずるということは、すべてのものがそこから来たりそこへといたる絶対者に応ずることで、そのとき自己は自己を超越するとともにすべてを超越して、「そこに我々の自己は絶対自由である」と言われる。これが西田の言う「自由」であることに注意しなければならない。

第三の観点は「他者と自己」あるいは「人格と人格」の関係であるが、論文「場所的論理と宗教的世界観」においては、この面についてはは決して多くは語られていない。「他の人格を認めることは、自己が人格となることであり、その逆も真である」といったいわば当然のことが記されているに止まっている。ただし他の人格との関係が、「個と個との矛盾的自己同一的」と説明され、「多と一との純なる矛盾的自己同一的形の自己限定として[17]」語られた。つまり「他の人格」とのいわば水平的な関係が、多と一との純なる、いわば垂直的な関係、自己と絶対的一者との矛盾的自己同一的関係を範型として語られた。もう一つは「人格と人格」の関係をめぐって「絶対の愛」が語られたことである。西田によれば、愛は「何處までも相對する人格と人格との矛盾的自己同一的關係」であり、「眞の愛と云ふのは、人格と人格との、私と汝との矛盾的自己同一的關係でなければならない」。そして「何處までも自己自身に反するものを包むのが絶對の愛である」[18]と言われる。「自己自身に反するものを包む」のが「矛盾的自己同一的関係」である。この「絶対の愛」が西田によれば「自己成立の根柢に於て、矛盾的自己同一的に自己を成立せしめるもの」[19]である。単なる意志、意志的対立といったものからは、人格的自己は成立しないと西田は強調した。人格的自己の成立根拠は、自他の区別でなく、あるいは区別を最後まで残した関係でなく、「絶対の愛」という「包む」愛、包括的な同一性になければならない。こうした関連で西田はさらに「絶対悲願の宗教」について語った。西田による人格的自己の成立は、区別と関係にではなく、「絶対悲願」による「包括」にその成立の場を持った。それが「矛盾的自己同一」の人格概念である。これが社会の形で実現するとどうなるのか、それはさらに先に行って検討しなければならない。

第四は人格的自己の成立根拠としての絶対者との関係であるが、このことはすでにこれまでの既述で基本的には触れられている。しかしもう一つ節を改めて、西田哲学における宗教的絶対者の問題として検討してみよう。

(2) 西田幾多郎の宗教的絶対者の思想とその問題性

西田幾多郎が実在の根底に宗教的なものを認識し、繰り返しその論理的表現を試みたことはすでに述べた通りである。宗教的実在をめぐって、すでに『善の研究』の中に「主客相没し物我相忘れ天地唯一實在の活動あるのみ」とか「天地同根萬物一體」[20]といった表現が見られたことはよく知られている。またそれが東洋的宗教の哲学的表現として自覚されていたことも、彼自身の文章によって明らかである。これも多くの研究者が引き合いに出すが、『働くものから見るものへ』（昭和二年）の序文に、彼の哲学の根本の狙いが次のように記されている。「幾千年來我等の祖先を孚み來つた東洋文化の根柢には、形なきものの形を見、聲なきものの聲を聞くと云つた様なものが潜んで居るのではなからうか。我々の心は此の如きものを求めて已まない、私はかゝる要素に哲學的根據を與えて見たいと思ふのである」[21]。こうした東洋的文化の根底すなわち東洋的文化の底に潜む宗教的なものの哲学的表現が、西田の「絶対無」の思想であり、またその論理が「絶対矛盾的自己同一」の論理であった。さらに東洋的宗教の哲学化を主題的に追求したのが、彼の最後の論文であって、そこには彼の「絶対矛盾的自己同一」の立場が特に浄土教の哲学的表現として示され、「逆対応と平等底」の思想、あるいは「絶対現在」といった終末論的色彩を帯びた仏教的哲学によって示されている。

「絶対矛盾的自己同一的世界」がすでに「絶対的実在」の思想であり、「絶対現在」も「絶対の愛」も同様である。繰り返しにもなるが、人格的自己の成立根拠としての絶対者との関係について、特に論文「場所的論理と宗教的世界観」において初めて言及された「平常底」の思想について一言しておく必要があるであろう。西田によれば、人格的自己の成立は過去、現在、未来の時間的連続の中に不連続的な仕方で「絶対現在の自己限定」として生起する。人格的自己の成立の時として、西田は一種の現在的終末論の思想を言い表した。現在における決断が人格的自己の成立をもたらす。そのさい自己の決断がそこから支持を受ける超越が問題になる。西田はその際「対象的超越の方向」でなく「内在的超越の方向」を考えた。絶対現在の自己限定は、「我々の自己自身の底に、何物も有する所なく、何處までも無にして、逆對應的に絶對的一者に應ずる」[22]と言う。そこでは「我々の自己がすべてを超越する」、「絶対現在の自己限定としての、此の歴史的世界を超越」し、「過去未來を超越する」。「そこに我々の自己は絶對自由である」と言われたこともすでに記した通りである。「自己の底に自己を限定する何物もない」。「何処までも無基底的」である。これを西田は「平常心の底に徹する」と言い、「平常底」と呼んだ。それは自己が「自己の底に自己を越えて」、いたるところで自己が「絶対者の自己表現」となることであり、「世界の自己表現点」になることであると説明された。そしてそれが「真の自己」となることであると言われた。絶対者の自己表現とは、自己が絶対的一者の自己否定的多として、絶対的一者に「逆対応」として成立する。「逆対応」とは、全体即個、個即全体として全体からも個からも連続的な対応としてあるのでなく、それぞれの側の自己否定を通して対応していることを意味する。全体は個でなく、個は全体ではない。全体の自己否定と個の自己否定を媒介にして対応する、自己否定的対応が意味されているわけである。そこで「絶對否定卽肯定的に、かゝる逆對應的立場に於て、何處までも無基底的に、我々の自己に平常底といふ立場がなければならない。而してそれが絶對現在そのものの自己限定の立場として、絶對自由の立場と云ふことができる[23]」と言われるのである。

西田はこの逆対応における「平常底」の立場を人格成立の立場として、次のようにも語った。「私の平常底と云ふのは、我々の自己に本質的な一つの立場を云ふのである。我々の人格的自己に必然的にして、人格的自己をして人格的自己たらしめる立場を云ふのである。卽ち眞の自由意志の立場を云ふのである。……絶對的一者の自己否定的に個物的多として成立する我々自己の、自己否定卽肯定的に、自己轉換の自在的立場を云ふのである。我々の自己は此點に於て世界の始に觸れるとともに常に終に觸れて居るのである[24]」。人格はここでは世界との関係においても、他のあらゆる個との関係においても「自己否定即肯定的」に「自己転換の自在的立場」で語られる。しかしこの人格は、観念的に語られるだけで、社会化されることはない。

また、ここで語られている「平常底における自由」は、西田によれば「西洋の近代文化に於ての自由の概念と對蹠的立場に立つ」とされる。それは「東洋的なるものの深奥に於ての臨濟の絶對的自由[25]」と言われる。これを西田は、「抽象論理的な西洋哲學に於ては、抽象的なる意志自由の立場と云ふものはあるが、私の云ふ如き意味に於ての平常底といふ立場はない」と言ってはばからない。「抽象」とは西田の言う「対象論理的」な意味での「抽象」であって、西田自身は「平等底」の「非社会性」を「抽象」とは考えなかった。もちろんここでは「絶対自由」の名のもとに、「市民的自由」も「基本的人権」も一切問題にはされはしなかった。しかし西田は、この「平常底」や「絶対現在」から直接、民族や国家の問題を論じ、歴史的世界の自己形成を論じた。また文化を論じ、「内在的超越こそ新しい文化への途である[26]」とも語った。しかしこの文化概念がいかなる内実を持ったかは、次節に見る通りである。

ここで、もう少し西田のキリスト教批判にも触れておく必要があるであろう。西田は当時の非キリスト教ないし反キリスト教的思想家の中では、比較的キリスト教についての理解が公平で、神学についても造詣の深いところがあったと言われる。実際、彼の周辺からは逢坂元吉郎や高倉徳太郎といった当時の代表的なキリスト教指導者が生まれた。特に逢坂との交流は最晩年まで続いたと言われる。[27] また「場所的論理と宗教的世界観」の中に見られる弁証法神学の終末論に対する言及、あるいはバルト、ゴーガルテン、ティリッヒなどについての言及、さらには「場所的論理的神學」[28]としての自己表現などは、当時の西田の神学への関心の強さを示しているであろう。ただしキリスト教ならびにその神学との西田の対決ぶりは、きわめて図式的であって、西田によればキリスト教は「対象的超越」の立場を取る宗教であり、「君主的宗教」、そして「万軍の主の宗教」である。それはまた中世に中心的であった宗教と見られている。これに対し仏教は、「対象的に外に佛を観ることではなくして、自己の根源を照すこと、省みることである」と言う。西田によれば「外に神を見ると云ふならば、それは魔法に過ぎない[29]」。

もちろん自己の根源を照らすと言っても、単純に自己同一的に宗教的絶対者と連続するわけではない。人格的自己の自己否定の途を通ってでなければならない。しかも絶対者の自己否定があることによって、自己の自覚の道は逆対応的に平常底に至る。そこで真の絶対者は自己自身の中に絶対否定を含むものと考えられ、「我々の自己は絶對の自己否定に於て自己を有つ[30]」と言われる。こうした事態を西田は「絶對矛盾的自己同一」と呼び、それをまた鈴木大拙の用語を借用して「般若郎非の論理」とも称し、「悲願の宗教」とも呼んだ。西田はこうして仏教の中に、内的超越の方向で我々を包む「絶對悲願の宗教」を見た。彼はキリスト教の神の愛の中に同じように幾分「絶對者の自己否定」を見てはいたが、「今日の時代精神は、萬軍の主の宗教よりも、絶對悲願の宗教を求めるものがある[31]」と語った。しかしその本心は、キリスト教には結局のところ彼の言う本当の愛はないということではなかったかと思われる。彼は言う。「私は何處までも自己否定に入ることのできない神、眞の自己否定を含まない神は、眞の絶對者ではないと考へる。それは鞫く神であつて、絶對的救濟の神ではない。それは超越的君主的神にして、何處までも内在的なる絶對愛の神ではない」[32]。この言葉によって西田は弁証法神学における神概念を批判し、宗教と文化の対立的理解を批判した。しかしそれはまた彼の内心に頑として存在した対キリスト教批判として理解されるべき言葉である。「君主的神の宗教」対「内在的超越の宗教」という対立的な見方こそ、東洋文化の根底にあるものを論理的に哲学化して、西洋思想を超えようとする彼の奥深くに横たわり続けた思想を貫く根本的な見方であった。

こうした西田のキリスト教理解に対するキリスト教神学の側からの批判についても若干言及しておこう。北森嘉蔵は、西田の「君主的神の宗教」「さばく神の宗教」に対する批判は弁証法神学批判としては妥当であるとして肯定した。つまり北森は西田の「宗教の論理」（北森によれば「福音の論理」であるが）を受け入れ、「さばく神」に対する「包む神」の優位を肯定した。北森によれば、「論理」としては西田の悲願の宗教も福音の論理も同一である。しかし問題は、北森によれば、西田自身の「絶対者の自己否定」はもっぱらただ「論理」だけで、その「質」を欠如している。北森は絶対者の自己否定の「論理」の「質」、その「内実」を問うた。西田の思想には真に絶対矛盾的なものを包む愛の「質」が欠如している、つまり西田の言う「絶対悲願の宗教」には「絶対者の痛み」がないと北森は主張した。「絶対者の自己否定」の質は「神の痛み」でなければならない。結局、西田哲学に絶対者の「痛み」がないことは、そこでは「対立」契機が弱い、「即非の論理だといっても即が強い」ということであり、具体的に言えば「十字架」が欠如しているという批判である[33]。

もう一人滝沢克己についても言及しておこう。滝沢は、西田の弟子としての自己認識を重んじていたから、西田批判を好まなかったように見える。しかしその彼も西田における「なお一つの重大な曖昧」がある点を批判しないわけにはいかなかった。滝沢が主張したのは「真実の神と人との関係は、絶対に不可逆的」ということであった。西田の絶対矛盾的自己同一の論理では、絶対者と人間との関係のこの「不可逆性」が曖昧というよりはむしろ欠如していた。つまり西田の矛盾的自己同一の論理には両方向的構造、すなわち「逆対応」の両方向性があった。滝沢はこれを批判した。そしてさらに滝沢は、この神と人との関係の「不可逆性」の欠如は、「真に根源的な意味で人間の『罪』あるいは『虚無の誘い』に関する認識」を「曖昧」にすることへとつながると批判した。(34)この批判も絶対矛盾的自己同一の論理が結果的には「同一性」の論理に帰着するという批判に通じるであろう。滝沢もまた西田の「同一性」による現実認識の甘さを突いたわけである。北森はこの点を「矛盾の質」を問うことで問題にし、滝沢は「矛盾的同一の論理の両方向性の構成」について問題にした。滝沢の場合には、神と人との関係の「不可逆性」を言うことで、彼の中に西田と並ぶもう一人の師としてのカール・バルトの影響が、超越から内在への一方的方向性の強調として現れたと言ってよいであろう。滝沢の言う「インマヌエルの原事実」は、バルト的な超越的な「原歴史」における事実であって、逆対応の相互的方向性を持った西田的な「平常底」の原事実ではなかった。

西田は「対象的に超越的な宗教」「君主的神の宗教」としてのキリスト教を「魔法」と呼んで批判した。それは彼によると、「中世的世界の自覚的中心」にすぎず、そこへと回帰することは「時代錯誤」であると語った。そこで彼は、キリスト教を一種仏教化する提案を掲げた。「内在的超越のキリスト」によって「新しいキリスト教的世界」が期待できると言うのである。しかしこれは、神と人間の越えることのできない差異、絶対の相違を不明にし、人格も自由も絶対的な内在的実在へと一体的に没入させる思想になるであろう。自由も人格も、その思想や制度の成立史に遡れば、西方キリスト教の伝統の中で「主権的な神」の「人格性」に根拠を持ちつつ、中世ではなく、とりわけキリスト教的近代におけるその発現と成立を把握しなければならない。近代的な人格と自由の思想や制度の成立は、中世的統一文化の崩壊と併行した。しかし西田は「人格的自由」の社会的成立史の認識をまったく欠いていた。西田にとって、人格と言えばカント的人格主義のみであって、人格のキリスト教的成立史は視野に入っていなかった。ちなみに西田は新カント主義から哲学を始めたと言ってよいが、トレルチの『社会教説』や近代世界成立史についてはまったく触れたことがなかった。「人格的自由」のキリスト教的成立史には「三位一体の神」の「人格性」と「主権性」があり、教会と国家の分離の問題や市民社会の成立問題が関係する。それは「君主的神」かそれとも「内在的超越のキリスト」かといったあれかこれかを超えた三位一体的な人格神に基づく経過であって、その「人格性」と「主権性」、ならびにそれに対応する「共同体」の問題であった。こうした人格的自由の神学的、また社会史的な認識を西田に要求しても仕方のないことであろう。それにしても西田に対する批判点については、さらに検討を加えなければならない。

(3) 西田幾多郎晩年の政治思想

論文「場所的論理と宗教的世界観」は西田幾多郎の最晩年の著作であるが、その頃西田は、しばしば国家についての思想を表明する必要に直面していた。その論文末尾にも「眞の國家は、その根柢に於て自ら宗教的でなければならない」とか「浄土眞宗的に國家と云ふものを考へ得るかと思ふ」と記し、論文「場所的論理と宗教的世界観」の最後の文章は、「國家とは、此土に於て浄土を映すものでなければならない」という文章であった。[35] 要するに、西田幾多郎はその晩年、国家についてしばしば語った。しかしそれにしても西田が当時の国家、つまりは天皇制絶対主義国家とほとんど直接向き合ったと言えるのは、「日本文化の問題」（昭和一五年）、「世界新秩序の原理」（昭和一八年）、「御進講草案」といった文章においてであった。近代日本における市民社会の蹉跌が、第二次世界大戦下に現実のものになったように、この時代の西田の政治思想的表現の中に、彼の哲学思想が蹉跌的性格をもって現れたと言わなければならないであろう。

時期から言うと「日本文化の問題」が先であるが、まず「世界新秩序の原理」から見てみよう。これには背景として、当時の極右勢力から西田哲学に対する批判があって、時には西田は身辺の危険を感じることがあったと言われる。そのため、矢次一夫他、西田と軍関係者との間に立って仲立ちする人々があり、西田自身が陸軍軍務局長佐藤賢了ならびに情報局総裁天羽英二と密かに会合するという、いわば「事件」めいたことがあったと言われる。一説では、その交渉によって、西田は右翼からの「酷しい追及の手から免れることが出来た[36]」とも言われる。また、この関連で西田は、軍関係者との「協力姿勢」を示し、その表現として「世界新秩序の原理」を起草したと言われる。昭和一八年五月のことである。「世界新秩序の原理」は、西田と軍関係者の間を取り持った矢次一夫の手によって二〇部に限定して作製され、陸海軍大臣、次官、軍務局長などに配布されたらしい。戦後、このことが矢次によって公表され、それを大宅壮一が昭和二九年六月『文藝春秋』臨時号でとりあげ、その頃の話題になった。大宅壮一はこうした軍関係者との交渉の事情を捉えて、「少なくとも結果において、博士は魂を売って肉体の保証を求めたのである」と書き、こうした事件めいた交渉の結果の執筆を「西田幾多郎の敗北[37]」と呼んだ。

しかしその内容はどうであろうか。「世界新秩序の原理」は短い文章であり、その中に大別して二つのことが記されている。一つは表題に言われる「世界新秩序の原理」についてである。西田は一八世紀を「個人的自覚の時代」と呼び、それに対し一九世紀を「國家的自覺の時代」「所謂帝國主義の時代」と記した。その上で「今日の世界は、私は世界的自覺の時代と考へる[38]」と言う。この時代にあっては「各國家は各自世界的使命を自覚することによつて一つの世界史的世界即ち世界的世界を構成せなければならない」と西田は記した。さらに、「世界的世界の構成」を歴史的課題として、そのために「各国家民族」は「それぞれの地域伝統に従って、まず一つの特殊的世界を構成することでなければならない」。これが西田の言う「世界新秩序の原理」であった。ここから西田はさらに進んで、そうした世界的世界の構成という課題を負った特殊的世界として、当時のスローガンであった「八紘為宇の理念」や「東亜共栄圏の原理」を説明した。これがこの文章の主要な内容である。

それにもう一つの内容が加わる。それは西田の「國體」理解や「皇室」理解である。西田によると、皇室は

「過去未来を包む絶對現在」であり、「我々の始であり終である」[39]。つまり、皇室は西田哲学の概念の言う終末論的な「絶対現在」ということになり、その中に彼の言う「世界的世界形成の原理」が含まれていると西田は主張した。その原理は「萬邦各その所を得せしめ」[40]ながら「世界的世界形成主義に基礎附けられ」た国家主義として展開されると語った。

この主張の意味はどこに見出されるであろうか。少なくともその思想内容は大宅壮一が言うような「魂を売って肉体の保証を求めた」ための結果を表したものではないであろう。そうでなく、むしろ当時の西田の他の文章、例えば「御進講草案」や「哲学論文集第四補遺」の諸文章、それに昭和一三年の講演に発する「日本文化の問題」と大同にして小異である点にある。確かに「世界新秩序の原理」においては他の文章なら言われていることが控えめになっている点もなくはない。全体主義に対する批判、全体主義と個人主義をともに批判する語調は、「世界新秩序の原理」では他の文章より控えめと言えるかもしれない。「御進講草案」では「個人主義」が時代遅れであるように、「個人を否定する単なる全体主義」も時代遅れであると明言され、「個人と全体が互いに否定する」個と全体の即非の論理がより明らかに語られていた。しかし「世界新秩序の原理」においても「我國體は所謂全體主義ではない」と言われている。そこで問題は、西田と軍関係者の間の協力交渉といった「事件」にあるよりは、むしろ平素の西田哲学そのものの思想問題にあると言わなければならない。西田は、その頃、「國體」における「全即個、個即全」あるいは「一即多、多即一」を語った。また皇室における「絶対現在」の具現を語った。「絶対現在」の思想は、歴史を喪失させて現在へのコミットメントを絶対化する一種の現在的終末論である。彼はこの観点で、一九二〇年代ヨーロッパの一群の反歴史主義的な神学者たちの名を挙げた。バルト、ゴーガルテン、ティリッヒなどがそれである。ヨーロッパの反歴史主義の神学者たちの「現在」や「永遠の今」の強調は、もともと没歴史的な東洋思想の哲学的原理化に努めた西田にとっては違和感が少なく、類似色の強いものであった。さらに西田は「君民一體、萬民翼賛」を「内在卽超越、超越卽内在」と結合させた[41]。こうして絶対矛盾的自己同一の哲学が「國體」「皇室」「萬民翼賛」の思想的根拠づけであり得る能力を表現したわけである。国家や社会についても、「全体的一即個別的多、個別的多即全体的一」の論理によって説明を施した。いずれも歴史的世界の自己限定の形、すなわち「自覚形」であるが、「一から多への方向を國家的と考へ、多から一への方向を社會的と考へる[42]」といった説明である。つまり西田哲学は「近代日本の市民社会」の哲学ではなく、まさしく「皇道的國體」と「萬民翼贊社會」の哲学であることを現したわけである。西田哲学が民族国家や民族社会の論理的根拠づけとしてあり得ることはその思想の核心部分にある「全体と個人の絶対矛盾的自己同一」からして明らかであるが、それはとても「人格的自由」とその相互関係において成立する「市民社会」の哲学ではあり得ない。このことは昭和一〇年代の西田思想が明白に表明したところであった。

西田の絶対矛盾的自己同一の思想と「皇室」や「皇道」の結合は、昭和一五年の「日本文化の問題」（これはさらにその骨子を昭和一三年の京大講演に遡ることができる）にすでに示されていた。「何千年來皇室を中心として生々發展し來つた我國文化の迹を顧みるに、それは全體的一と個物的多との矛盾的自己同一として、作られたものから作るものへと何處までも作ると云ふにあつたのではなかろうか[43]」と西田は述べた。そこで彼は、一つの国家を「主体化」する帝国主義とは区別しながらも、「世界として他の主體を包む」ものとしての日本精神を強調した[44]。日本民族の思想の根底には「歴史的世界の自己形成の原理」があったと語り、それを「矛盾的自己同一的世界そのものの自己形成の原理」と呼んだ。これを改めて見出すことによって世界に貢献することが、彼によれば「皇道の發揮」であり、「八紘一宇の眞の意義」であった。西田によれば、日本は島国において「日本即世界」として歩んできた。その「日本形成の原理」が「皇道」であるから、「日本即世界」において今や「日本形成の原理」は「我々がそこからそこへといふ世界形成の原理であった」と主張し直される。「島国的世界原理」の「世界的世界」への拡張が主張されたわけである。世界やアジアの多元的な現実から見れば、およそ話にならない日本主義の論理が主張されたことになる。さらにこの「日本形成の原理」を主体化し、帝国主義化するなら、それは皇道を覇道化し、帝国主義化することになるが、そうした「主体化」を回避して、他の主体を包む「世界形成の原理」とすれば話は別と主張された。「皇室と云ふものが矛盾的自己同一的な世界として、過去未來を包む永遠の今として、我々が何處までもそこからそこへと云ふのが、萬民輔翼の思想でなければならない[45]」といった具合である。こうした皇室を他の主体を包む世界形成原理として主張したのであるが、西田自身はこの主張によって帝国主義を主張したとは思わなかったようである。彼の考えでは武力によるのが帝国主義であって、文化的、宗教的包括主義は帝国主義とは考えなかった。もちろんいずれにしても西田が帝国主義についての概念を明確に持っていたとは思われない。西田にとっては、東洋文化の根底と浄土的な絶対無や絶対矛盾的自己同一、それと「皇道」とは、みな同根同一のものであった。それはまた同根同一のものとして、普遍的思想を表明するものと考えたのである。

西田がその若きとき自由民権的な思想に触れて以来、その思想には「旧套打破の精神」があり、「進歩的な自由の精神」があると、上山春平は指摘した[46]。それが「ファッシストたちに近い面も少なからずあった」「一部西田門下の戦時中の発言」と、西田自身の発言の相違となって現れていると彼は語った。西田は「自由主義と全体主義を同時に否定しつつ高次の見地から両者を生かそうとする立場をとった」、それが「全体的一と個物的多の矛盾的自己同一」の思想であると言う。確かに晩年の西田においても、彼の思想を冷静かつ公平に検討すれば、彼が皇国ナショナリズムのイデオローグとして発言したとは言い得ないであろう。その意味では西田は一世代後の彼の弟子たち、西谷啓治、高山岩男らとも異なる。特に軍国主義的な全体主義に対する西田の違和感は疑うべくもなかった。武力でなく文化の立場、一方的な全体主義でなく個体主義即全体主義の立場が彼の立場であった。この点も疑いがない。しかしその西田にも「皇室」理解、日本文化即東洋精神の「八紘一宇」的宣揚、武力的國體論に替えて文化的國體論、軍事的帝国主義に替えて「包む」「悲願的」な帝国主義があったということは、同じく否定できない事実である。少なくとも日本対西洋だけでなく、東洋の内部にあってもあるべき自他の明確な独立的区別、独立的個体の相互関係の思想は、西田の「即非の論理」や「絶対悲願の宗教」の論理の中では「矛盾的同一性」の中に解消させざるを得なかった。それが「絶対無の絶対矛盾的自己同一」の思想の宿命であったと言わなければならない。

上山春平はなんとかして西田を「自由主義ナショナリスト」「ブルジョア・リベラリスト」として理解しようと試みている。西田は確かに極右のイデオローグではなかった。しかし彼を「自由主義者」「リベラリスト」と呼ぶ積極的な理由があったであろうか。「絶対矛盾的自己同一」の思想によって「天皇」を根拠づけ、日本国家の「神聖性」を世界化しようと語った点に至って、さすがに上山春平も西田に対して、「出なおしてもらう他はない(47)」と書いた。しかし、西田はいったいどこから「出なおす」べきであったのか。天皇制日本国家の「神聖性」の主張は、西田のどこから始まったのであろうか。「絶対無の矛盾的自己同一」の思想は、それがそのままただちに八紘一宇の理念や皇国主義である必然性はなかったであろう。しかしそれは同時にそれらに対する批判原理をまったく欠如していたし、それらに結合同化することはきわめて容易な思想であった。その思想は、全体的なものを神聖化しやすい思想であって、民族、国家、集団、首長的人間などの神聖化を促進しこそすれ、それを拒否する批判原理をまったく欠如していた。彼は最初から、西洋思想の克服と近代の克服を課題として認識しており、その意味では自由主義者と言うよりも、むしろ文化と思想の強度なナショナリストであったと言わなければならない。

(4)日本人のアイデンティティをめぐる哲学的状況と三位一体論の可能性

われわれは西田哲学と近代日本の市民社会の関連を問うて、西田の人格や自由の思想に注目した。しかしその思想は人格と自由の確立というより、自覚の底を超えて見出される絶対悲願に人格も自由も没入させる思想であり、社会的には国家を制限する自由な市民社会の思想ではあり得ず、せいぜいのところ文化的皇国主義の思想であると判明した。ここでさらに西田哲学の問題をいくつかの点にわたって指摘しておく必要があるであろう。

一つには何と言っても彼の思想においては「自他の区別」をもって「他者の存在」を確立させるよりも、他者を同一哲学的強調で解消させる欠陥があった。もちろん西田哲学には他者、しかも「絶対他者」という用語が頻発する。しかし結局は、包摂即限定、限定即包摂の思想であって、「他者存在」もいわんやそれ以外の「自他の区別」も絶対矛盾的自己同一の中に解消される。西田の思想においては絶対他者といえども不連続の連続の中にある。内省的な自己の底への個の没入とともに、内省的な自己の底での全体的実在との連続の思想であって、制度的には集団主義を破ることができない。他者感覚も他国感覚も他民族感覚も希薄化し、欠如していく。これが事実彼の国家と社会の思想の根底をなしていた。

もう一つは、「人格と物との区別」も希薄のままに止まる問題性がある。論理としては人格も物も個体である。西田の言う「本能」「意識」「自覚」といった概念の区別によっては「人格の秘義」その「尊貴」は確立しない。キリスト教神学の言う「神の人格性」、それとの不可逆な関係における（ということはフォイエルバッハの言うような人間学的投影によって解消されないということであるが）「神の似像」、あるいは「神の選び」や「神の契約」を表現する思想が西田には欠けていた。「人格的自己」の成立の基盤が「平常底」にあると言っても、無基底的な「平常底」の人格性が言い得るわけではなく、西田の人格思想はそれ自体が結局のところ無基底的と言うほかはない。さらに、西田の言う「神人同性」「神人同根」は実は「神人物同根・同体」の意味であって、人格も物も含めて絶対矛盾的に自己同一の世界をなしている。これではとても他の諸物と質的に区別された「人格の尊厳」を表現することはできない。

第三に「被造物神格化の拒否」の思想が西田には欠如していた。これは「神聖性」の概念の問題であり、「即非の論理」「慈悲の宗教」を社会理論として直接適用させた場合には恐るべき問題が生じることになる。それこそ一九四五年に頂点を見た日本による不幸の現実であったと言わなければならない。「絶対矛盾的自己同一」の論理は絶対主義的国家主義のもとでの個体と全体、一と多、現象と実在の思想表現であって、社会的な批判原理をまったく欠如し、したがって社会的形成原理として意味をなさない思想であった。被造物の神格化を拒否する思想なしには、国家、民族、個人などが神聖化されるのを阻止することはできない。それこそ天皇制絶対主義下にあった日本近代の難題そのものであった。西田は「外に向かっての超越的神」を「魔法」と語ったが、彼の思想は「國體」や「皇室」のそれこそ「魔法」や「呪術」に対し批判はおろか、問題性を指摘することさえできなかったのである。この点は同時代の南原繁とは好対照をなしていた。南原は西田によれば「魔法」に類する対象論理的な彼岸的超越を強調し、まさにその視点から国家を神聖化する呪術に激しく抵抗し、擬似神聖国家の非呪術化を主張したからである。西田哲学は、「絶対矛盾的自己同一」「絶対悲願の宗教」に立つことによって、歴史的相対的なものの自己絶対化に対する抵抗の原理を欠如させた。

彼はまた第四に、社会的制度についての思想を持たなかった[48]。多数的個と全体的一の矛盾的自己同一において、全体的な無の自己限定における「一即多」の方向と「多即一」の方向の差、どちらにおいても全体即個であるが、どちらから見るかの違いが国家と社会の区別をなすというのが西田の「国家と社会」の区別であって、社会による国家の制限や、国家を相対化する社会活動の空間などを理解することは彼にはできなかった。「信仰の自由」について言及したことはあるが、「信仰の自由」の歴史についても、その闘いの実質についても、西田はほとんど考えたことがなかったのではないかと思われる。彼の社会理解は、その歴史の知識とともに結局は貧困なものであったと言わなければならないであろう。この意味で西田哲学は、とても近代市民社会を形成し得る思想ではなかった。

第五に挙げるべきは、西田思想の「非歴史性」である。彼の思想の特徴は、東洋思想に哲学的論理的表現を与えるというものであった。しかしその思想そのものに対して歴史的、批判的に対峙しなかった。対象としての東洋思想を歴史化し、相対化しなかったように、西田の中に主体化された東洋思想は歴史的な批判原理を欠如した。

彼の哲学的関心はもっぱら認識論や存在論の「論理」にあって、「歴史」にはなかった。東洋思想対西洋思想という対峙のさせ方も非歴史的であったが、近代についての歴史的理解も彼には無縁であったようである。西田にとっては、近代は一括して西洋思想であって、「西洋思想の克服」すなわち「近代の克服」であった。西田哲学発展の後期、マルクス主義の思想的影響が強くあらわれた時期、彼の弟子にも三木清や戸坂潤のようなマルクス主義的傾向を示す人が現れた。そのとき西田は、しきりに「歴史的世界」とか絶対者の「歴史的自己創造」について語るようになった。しかしそうした世界や実在の歴史性、あるいは人格的自己の表現や実践の「歴史性」は、「絶対現在」の思想が示すように、歴史的過去や歴史的未来のいわば水平的な歴史的経過には関心を寄せず、強調はもっぱら過去も未来も含む「絶対現在」にあり、「歴史」の哲学化をはかったものであった。哲学化することによって歴史を非歴史化させたわけである。「歴史的創造」とか「歴史的形成」について語っても同様で、自己の底への超越方向において逢着する形なきものが自己限定すること、そしてそのさいの表現点になることが彼の言う歴史的創造や歴史的形成であった。それは非歴史化された意味での「歴史的形成」と言うほかはない。彼が興味を示して言及した神学者、バルト、ティリッヒ、ゴーガルテンなどがすでに「歴史概念」を「神の超越の原歴史」へ、あるいは「存在論」へ、あるいはまた「キェルケゴール的決断」へと非歴史化させていたのであるが、西田は「絶対現在」の存在論的根底としての「平常底」の思想によって、さらにいっそう、歴史概念を非歴史化させたと言うべきであろう。

西田哲学は東洋的宗教を哲学的表現にもたらすことを基本としながら、西洋哲学と取り組んだ。それを単純素朴な意味で「和魂洋才」型の哲学と言うのは言いすぎであるにしても、しかし結局のところ宮川透の言い方で言えば、「己れみずからは傷つくことのない《和魂》を基底とし、それに接ぐに《洋才》をもってする『採長補短』的な思惟構造を基本的に超えでるものではなかった[49]」。そこでは「洋才」たる近代哲学やギリシア哲学の諸概念は自家薬篭中のものとされ、そのままでは「抽象的なもの」として換骨奪胎され、「和魂」としての「絶対無の場所」「絶対的矛盾の自己同一」の中に取り込まれた。宮川は、そこに「あたかも日本の近代が上滑りの近代であった」と同様の「致命的盲点」が西田哲学にはあったと指摘する。[50] かくして戦後、日本の精神は再び、新しいアイデンティティの確立を求めて必死の苦闘をしなければならなくなったのである。「万有一体」「神人同性」の旧アイデンティティ思想でなく、新しい自由な市民社会の思想基盤が確立されなければならない。キリスト教伝承史に起源的資源を持った「自由」や「人格」、「人権」や「デモクラシー」、そして「自由な市民社会」といった歴史的価値の基盤的な思想の現代的展開が改めて求められる。この面では西田哲学は率直に言って、時代とともに押し流された過去の思想である。現代に無理に生かそうとすることは思想の困難を強いることになるであろう。

戦後においてなおこの面で西田思想を継承し続けて思想の困難を負った一つの例を挙げてみよう。それは、「新しい国体論」を主張した滝沢克己の中に見ることができるであろう。滝沢は彼の著『日本人の精神構造』（一九八二年）において、日本の古代に「己が心を虚しくして『物に行くこと』を旨とするわが国本来の気風」や「ただ単純に明るく軽やかな遠い先祖の感覚」[51] といったものを歴史的な事実として想定できると考え、西田の天皇思想を支持した。滝沢によれば「わが『国体』『天皇の存在』を心から尊びながら、資本主義体制から社会主義体制への政体の根本的変革を進めることは、たんに可能であるのみならず、むしろ現時点の日本において、必然かつ当然の道」[52] であると言う。マルクス主義的社会主義と西田哲学に見られる文化的皇道的國體論を合体させる思想である。しかしこの「新しい国体論」は価値論的分裂を抱えている点でも、歴史の現実に合致しない点でも、とても新しい日本人のアイデンティティの可能性を示したとは言えない。これは西田自身がそうであったのと同様、歴史的現実感覚を希薄にした一種の政治的ならびに歴史的ロマン主義と言うほかはない。

もし西田の示唆をある面生かすとすれば、以下のように語ることができるかもしれない。西田は東洋思想と相違する西洋思想の特徴をその対象論理の中に見て、逆に、東洋思想の真髄を内的自覚の方向で、無の自覚の弁証法に深めることで表現した。それは超越的内在に対する内在的超越の立場、外への超越でなく自己の底に自己を超えて逢着する絶対無の基底的超越の立場に立つとされた。しかしキリスト教神学で言えば、神の超越は外的超越であるが、同時にまた内在的超越の可能性をキリスト論的にも聖霊論的にも保持している。この三位一体論の方向は西田の言う「東洋対西洋の対立」を越えているものと言うことができるであろう。西田はあるとき三位一体論に言及した。しかしそれは世界形成における絶対者の自己表現として言及したもので、本格的な三位一体論との取り組みではなかった。「対象論理」や「超越的内在」に対立する「内在的超越」という捉え方であって、三位一体論との本格的な取り組みにはなっていなかった。西田はキリスト教の新しい可能性を「君主的宗教」「万軍の神」との対立において、いわば浄土教的方向に見て、「内在的超越のキリスト」に見る方向を暗示した。「さばく神」でなく「包む神」を示したわけである。興味深い指摘であるとしても、同時に一切の被造物の神聖性を批判する預言者的な方向を喪失した問題性があった。彼の言う「内在的超越のキリスト」は、「外への超越」との対立思考によるキリスト教の仏教化の試みであって、真実に三位一体論的ではなかった。それに対して、キリスト教三位一体論には、西田の言う二つの超越、外的超越と内的超越の対立を克服する可能性が残されている。むしろ三位一体論の中に神の超越的超越と内在的超越の契機を認識する必要があるであろう。この三位一体論によって、一方で、完成へと向かう歴史的過程の意味を把握するとともに、他方その神の人格性や主権性との関係によって、人格や自由の宗教的根拠を認識する道は、今日なお歩み続ける意味ある神学的思想であり続けていると言うことができるであろう。

2　和辻哲郎と日本の近代

(1) 神道と尊皇思想

和辻哲郎は、一八八九（明治二二）年の生まれであるから、西田幾多郎からほぼ二〇年の隔たりがある。彼が過ごした歴史の文脈で興味深いことは、和辻が明治末年から大正時代にかけて自己形成をはたし、第二次世界大戦の敗戦と転換を経験し、それ以後なお十数年思想的な活動をしたことである。戦前、戦後と歩んだ和辻において日本の近代はどう理解されたであろうか。和辻は昭和一八年、五五歳のとき、著書『尊皇思想とその伝統』を岩波書店から出版した。この書の内容は、その序言にある通り「わが国倫理思想の根幹をなせる尊皇思想について歴史的概観を試みたもの」であった。この著作は、戦争と敗戦を挟んでやがて後の主著『日本倫理思想史』（昭和二六年）に内容上大幅に取り入れられ、その実質的な準備をなしたものであった。その中で彼は、本居宣長の「古道説の核心」について共感を込めて語った。その内容は「天照大御神と天つ御璽と天つ日嗣との相即、これが神の道の核心なのである」という宣長の説である。「天つ御璽《みしるし》」とは皇位を示す印であり、鏡と剣、そして特に玉を意味する。「天つ日嗣」とは天皇の位である。宣長によれば、「天照大御神」と皇位、そしてその印とは「相即」している。この説を「古道説の核心」とすることで、和辻は宣長に共感した。その意味は、「『天照大御神の道』はすなわち『天皇の天下をしろしめす道』なのである」と言うにある。「宣長の『神の道』はあくまでも尊皇の道なのであって、尊皇の核心を離れた信仰の道なのではない」。その「相即」の意味をもう少し補足すれば、「天照大御神の背後は『高御産巣日の神の御霊』にまで遡源せられてはいるが、しかしそれによって神の道の重心が産巣日の神の方へ移されたというわけではない」、つまり「天照大御神」は「現実に国家を統治せられる天皇」の「皇祖《みおや》」としてであり、それを離れた「空理のごときもの」ではないと言う。これは和辻によると、宣長の理解する「神の道」は、究極者・絶対者の問題にあるのではないということになる。「神の道」は「絶対者」問題を背後にし、それとは区別されて、あくまで「尊皇の道」として主張される。「絶対者」の問題は「信仰の道」に関係するとして、和辻はここで「尊皇の道」と「信仰の道」とを区別し、宣長の神の道は前者「尊皇の道」であって、後者「信仰の道」ではないと語ったわけである。そのように主張して、和辻は、この点で宣長は「中世以来の種々の神道」と「根本的に異なっている」と語った。つまり、中世以来の種々の神道、具体的には「卜部神道」や「垂加神道」などは、「仏教や儒教との結びつきによって、あるいはそれらに対する対抗の意識によって、主として究極者・絶対者としての神の概念の建立に腐心し、尊皇の思想動機からは遊離し去っている」[56]からである。中世以来の種々の神道による逸脱から、宣長はもう一度脱却して、再び尊皇思想こそ神道の中心という本来の道を明らかにしたということになる。和辻自身、この尊皇思想としての神道解釈の立場に立ち、宗教的信仰としての神道解釈を退ける点で、本居宣長と同一軌道にいることを自覚した。

(2) 湯浅泰雄の和辻解釈

この問題に関心を注ぎ、ここに和辻を通して「日本の近代」の問題性が見えてくると主張したのは、湯浅泰雄である。彼によると、神道の重心を「尊皇の道」に置くことは、「宗教的信仰」に関心を向けるよりは、むしろ「民族的統一」に関心を向け、「政治的上部構造」に関心を向けることを意味し、他方では「宗教化」や「信仰化」の歩みを「私事」として否定する傾向に立つことである。「国家と宗教」という言い方で言えば、神道が国家的側面に重心を現すのが、尊皇の道であり、宗教的側面に重心を現すのは秘教的民衆宗教や、幕末から明治にかけて現れた天理教、金光教、大本教のような民衆的な宗教的発現である。和辻はその宣長解釈を通して、この宗教的、そして民衆的な神道を低く評価し、政治的・民族統一的・国家的神道を高く評価した。湯浅は、そこに「近代日本の知識人」に共通した精神状況が見て取れると語った。湯浅によれば、「注意しておくべきことは、神道の政治的性格を強調する宣長や和辻のような考え方が、近世以降に現れてきた新しいいわば近代的現象であって、近代以前の日本人（特に民衆）の考え方とは非常にちがっていたという点である。……神道の政治性を強調する見方は、知識人世界から生れてきた近代的国家意識ないし国民意識の最初の芽生えであったと言うことができよう」[57]。しかしこの湯浅の解釈にはそう容易に同意することはできない。政治性を強調した神道の解釈が、なぜただちに「近代」と結びつくことになるのか、本居や和辻はそれを「古代的」「原始的」として主張したのに、それと湯浅の言う「近代」とがどう関連するかは明瞭ではない。湯浅の議論では、近代的国家意識の内容そのものが問題にされていないと言わなければならない[58]。

湯浅は、和辻の日本主義についても以下のように言う。「和辻の日本主義の背景には、(1)民族国家の政治的統一の重視、(2)古代復興、および(3)反宗教的合理主義という三つの要因が見出された[59]」。湯浅のこの解釈の基本をなしているのは、「宗教一般の価値を低く評価する近代人の合理主義的発想と思考態度[60]」があるという見方で、これがまた和辻の宗教観を規定しているという見方であった。さらにその背景には、「非呪術化」についてユングの心理学からの影響を受けた湯浅自身の見方が働いている。それによると、「天皇絶対主義」の志向は、「近代人の合理主義」の抑圧によってゆがめられた「絶対的なものへの欲求」が擬似的な表現を取ったものだという。湯浅によると「絶対的なるものへの欲求」は「人間心理に内在する本性的傾向」であり、この人間心理の本性的傾向に直面して、「呪術の追放」による近代合理主義の発展は結局行き詰まりを見る。その意味で合理主義的近代の日本人に対して現れた大掛かりな呪術の復興が「天皇制絶対主義」だと見るわけである。そこで「天皇制絶対主義」は、「近代意識の成長過程が、日本独特の形をとってあらわれたもの[61]」ということになる。それが和辻の尊皇主義に、さらにはすでに本居の神の道としての皇道の理解に開始的な仕方で、現れているというのである。「簡単にいえば、宣長や和辻に代表される天皇観は、『呪術の追放』によって抹殺された古い神々に代って要求された新しい神であった。言いかえれば、和辻にみられたような文化的ナショナリズムの絶対化は、近代日本の知識人社会に現われた宗教的志向の世俗化形態である[62]」ということになる。

この見方は興味深い日本近代の見方と言えなくはないが、この見方に立って理解しにくいのは、「非呪術化」をもたらした宗教文化史的淵源をどこに見るかという問題である。近代文化における「非呪術化」は、単に非宗教的なだけの合理主義の産物と言うことはできない。むしろ一切の被造物の神格化を拒否する超越的で主権的な宗教的神性への信仰なしに、非呪術化は歴史の中に生じてはこなかった。文化史的に言えば、非宗教的合理主義は、むしろその後続に現れた派生的現象である。そこで問題とされるのは、いったい天皇制絶対主義は「非呪術化」の「行き詰まり」の結果なのか、そうではなくまさに「非呪術化」が行われなかった結果ではないのかという問題である。「宗教の代用」「擬似的超越者」は、まさに「呪術」の支配である。湯浅は、近代合理主義が発展して、その「行き詰まり」として、人間心理の本性的傾向に直面しての「行き詰まり」として、天皇制絶対主義という呪術が再興したと言う。それが明治二〇年代の大日本帝国憲法や教育勅語から現れたとして、あるいはすでに宣長に萌芽があるとして、いったいそれ以前のいつ、日本は近代の非宗教的合理主義を経験したというのであろうか。湯浅は儒家を主とする江戸期知識人の中に「鬼神否定論」があることに注目して、知識人における非宗教性の傾向を指摘した。しかしそうした儒家の諸著作活動などを称して「近代合理主義」などと呼ぶべきであろうか。「近代合理主義」と呼び得るものは、文明の下部構造の変動をも伴う巨大な精神的文化的大運動でなければならないであろう。湯浅の日本近代の説は、近代化の潮流の世界史的文脈の中では適合しない卑小な近代説になっていると言わなければならない。彼が指摘する「民族国家の政治的統一」も、決してただちに「近代」ではない。彼には「近代的民族国家」とは何かという考察が欠けている。「民族国家の政治的統一」には、古代的な形態もあったのであって、記紀の成立はあの時代の「古代的民族国家の統一」の表現ではなかったか。

しかしそれにしても湯浅が指摘している日本史上の重大問題の次の見方は、彼の「近代」の見方とは別に興味深いものである。彼は「仏教の没落によって近世以降、知識人の思考様式が超越的次元を見失ったという精神状況」[63]を指摘した。このことは、ただちに「近代」と呼べるようなものではない。それはまた「非呪術化」の原因でもなければ、結果でもない。むしろ徳川幕府による仏教の政治的道具化が引き起こした結果である。キリシタン弾圧の宗教政策として仏教は政治的に道具化され、知識人層の宗教的希薄化の一つの要因となった。日本宗教史は「非呪術化」を推進する宗教的基盤をついに獲得することなく、呪術の支配に屈したと言わなければならないであろう。

(3) 和辻における「国民的当為」

戦後、和辻は一種の思想転換を行った。その思想転換の内容を挙げると、根本的なのは世界的普遍と日本的特殊の関係に関わる見方を修正した点である。その他には、日本における科学精神の遅滞を批判し、開国を強調し、そして国家の倫理的絶対性を薄める方向へと修正した。この諸点において和辻は変節漢であった。そうでなければ、彼の思想は戦後に適応することはできなかった。しかし彼にとって基本的な「天皇制の至上価値」については、彼はいささかの変化も見せなかったのである。

『尊皇思想とその伝統』において、和辻は、日本の特殊的形成のみが「真に普遍的なまことの道を実現している」と主張し、しかもその主張を「合理的に論証し得られる」[64]とさえ語っていた。その際、鍵となったのは、「民族的全体性」と「神聖性」の関係理解であった。和辻によれば「民族の生ける全体性は最初いずこにおいても神聖なるものとして自覚される」と言う。和辻には「神聖性の伝統は、民族を遊離することなく、国家国民に即して展開すべきものなのである」という判断が前提としてあった。「しかるにわが国を除いては、世界至る所にその〔神聖性と民族との―筆者注〕遊離が行われた」。「してみれば、わが国にのみ正しい伝えがあり、外国はみなその伝来を失ったという主張は、歴史的事実によって証明し得られるのである[65]」と言う。正常な判断が困難であった戦時の思想として、「わが国にのみ正しい伝えがある」といった独善的な日本賛美の過ちを記したことを責めるのは公平とは言えないかもしれない。しかし和辻の日本主義は基本的に戦後の『日本倫理思想史』にも継承されている。この和辻の思想と彼と同世代の南原繁のこの点での相違は著しい。南原にも確かに一面では民族主義的共同体の思想が見られた。しかし和辻が『尊皇思想とその伝統』（昭和一八年）を出版した前年、南原繁は『国家と宗教』（昭和一七年）を出版し、当時のナチス・ドイツのみならず、日本における民族国家と神聖性の合体現象の擬似神聖政治を批判した。和辻と南原は、同年の生まれ、第一高等学校と東京帝大では、和辻が一年上、東京帝国大学への就任も、和辻は一九二〇年教授として、南原は一九二一年助教授としてであったが、ほぼ同年であった。しかしこの同年齢の二人の間で「民族的・国家的全体性」と「神聖性」の関係の理解は、非常な懸隔を見せた。この懸隔に注目すると、湯浅の言うような、和辻において「近代人の合理主義的発想と思考態度」があるとか、「呪術の追放」による「近代合理主義の発展とその行き詰まり」が現れているといった判断は、明らかに大幅にずれていると言わなければならないであろう。南原はまさに日本の民族国家において「呪術の追放」がなされていないことを問題にしたからである。

　戦後、和辻はかつての自らの独善的日本賛美をある意味で修正した。しかし「民族の生きた全体性は、最初はどこでも神聖なものとして自覚された」という判断は一貫して残った。ただし今度は「全体性」と「神聖性」はやがて「分化」（かつては「遊離」と言ったが）するものとされた。「国家の組織として伸びて行く場合」と「超民族的な宗教として伸びて行く場合」への「分化」があると言う。「発展が著しいほどこの分化も著しい」。しかし日本においてはこの分化は遅くまで行われなかったと和辻は言う。しかし依然として「わが国のみ」の主張は基本的に残った。彼は言う。「原始的な形態の保持がわが国にのみあって外国に見られないということも、歴史的に証明し得られることである[66]」と。ここでは「わが国のみ」を、かつてのように「まことの道の正しい伝え」と直接的に賛美しているわけではない。「わが国のみ」が「原始的な形態の保持」を有すると言っているだけである。今や和辻は、宣長に対して、その直接的日本賛美は「原始的なるものはすなわちまことの道であるという前提なくしては、……成り立たない[67]」と言って批判の対象にした。しかしこの宣長批判は、決して実質的な批判と言うことはできない。なぜなら同じ『日本倫理思想史』の第一編の古代神話の分析において、和辻はすでに「原始的な宗教形態が世界宗教に優る」との判断を示していたからである。彼は言う。絶対者を無限定にとどめた原始的な形態の中に「原始人の素直な、私のない、天真の大きさがある」と。そしてそれが、「あらゆる世界宗教に対する自由寛容な受容性として、われわれ〔つまり日本――筆者注〕の宗教史の特殊な性格を形成する[68]」に至ると語った。和辻において隠された、あるいは間接的な「日本のみ」（日本個別主義、日本主義）の賛美思想は、原始人の賛美を介して、戦後も残り続けた。古代賛美、ないし原始性賛美、それに民族的全体性と神聖性を結合する思想は、歴史的現実感覚を欠いたロマン主義的思想と言うべきものであろうが、戦後の和辻になお不変なものとして残り続けたわけである。

　戦後の和辻の宣長批判としてはっきりしているのは、民族的全体性と神聖性の結合による「日本のみ」の賛美の点ではなく（この点は宣長と和辻自身とは大同小異である）、むしろ「合理的思惟」に関わる面である。「宣長が実際に神話の説いている日の神の出生を太陽の出生だと考えたとすれば、これはもう議論にも何にもなるものではない」。「神話のなかに生きている日神尊崇の体験」は、「天体太陽の知識」とはまったく別のものなのに、それを結びつけてまで主張しようとするのは、「狂信以外の何物でもない[69]」と、和辻は今や宣長を手厳しく批判した。湯浅によれば、「かつての宣長評価がこのように逆転してしまったことは、和辻自身の思想的立場がそれと共に崩壊してしまったことを示している[70]」。しかし湯浅がその一方で注目しているように、和辻自身には、宗教の本質を「民族国家の政治的統一の観念的表現」と見る宗教観について、また「世界宗教の価値を低く評価する見解」について、戦後になってもそれを変えようとしなかったという問題がある。和辻は、宣長における「科学的合理主義の欠如」を「狂信」と指摘したが、彼自身もまた「古代賛美」「原始性賛美」そして「原始的な形態の保持がわが国のみにあって外国に見られない」ことは「歴史的に証明し得られることである」といった主張において、歴史的批判を欠如した「狂信」のままであった。その意味で、和辻の戦後の変節は、限定されたものにすぎなかったのである。ロバート・ベラーによれば、和辻が日本のみに見ている「文化、社会、個人の融合のタイプは、原始的、古式な文化にみられるごくふつうの特徴である、それは紀元前一千年頃まで文明世界に存続していた青銅期時代の君主国において、ごく一般的にみられたもので……紀元後五世紀の日本が、古典的タイプの青銅期時代の君主国であったことはかなり明らかである[71]」。戦後の和辻が宣長批判に見せた合理性問題や学問的精神の問題は、もう少し広い範囲にわたる彼の戦後の「日本文化論」ないし「国民の性格論」にも関係していく。『日本倫理思想史』と並ぶ和辻のもう一つの主著に『倫理学』（昭和二四年）がある。この主著を和辻は「国民的当為の問題」という独立した時代批評的な論考によって締めくくっている。その中の日本国民に対する批判点の一つは、合理的思考が未熟なままであるという問題であった。彼は言う。「學問の進歩は眞理探究の活動の進歩、合理的な思考力の進歩、發明する力の進歩でなくてはならない。その根柢を培はず、たゞ他所での研究の成果を輸入してそれを學問の進歩と考えたやうな限界の狹さが、遂にわが國民に未曾有の不幸をもたらしたのである。この機會にこそわが國民は、三百年間の鎖國の深刻な意義を悟り、近代文明の根本動力たる學問的精神に心底から目ざめなくてはならぬ[72]」。こうして和辻は、戦後になって「学問的精神に心底から目ざめる必要」を主張した。主張した事実は明らかであるが、しかし一歩掘り下げて考えると、その内容はまことに不明である。ここでは確かに、「わが國民に未曾有の不幸をもたらした」のは、学問の成果の輸入をこととし、その根底を養わない開国の姿勢に理由があったとされ、「自ら考える力」が必要であると主張された。「自ら考へ自ら判断する力を持つた市民は、もはや思想上の附和雷同に陥ることもなく、また思想統制などに屈することもない[73]」とも語られた。勇ましい言葉と言ってもよい。しかし、それでは「自ら考え自ら判断する力」の欠如は何に由来し、その克服はいかにして可能になると言うのであろうか。この肝心な点の考察を欠いては、どんなに勇ましい言葉も単なるオプティミスティックな言葉の空回りになるほかはない。

和辻はそこでは「自ら考える力」の弱体という問題を、かつての自著『風土』（昭和一〇年）に戻って、そこで展開した「風土論」的理解による日本人の国民性の分析によって説明した。例の「モンスーン的性格の特殊形態としての台風的性格」といった日本人の性格分析である。彼によればこの性格は、「しめやかな激情・戦闘的な恬淡」という「二重性格」として理解された。この性格には「自發的・戦闘的な性格が稀薄である[74]」と和辻は語った。この自発的・戦闘的性格の希薄さから国民性の弊害が由来したというのである。まず、「自發性の弱さ」

は「感情融合的な態度」と相表裏し、「理詰めの思索」を賤しめ退ける。「その結果、自發的に物を考へ、理性の納得するまでどこまでも追求して行くといふ習性は、遂に形成されなかつた」。これはわが国民の性格の「最も大きい弱點」であったと和辻は言う[75]。和辻は、こうして「自発性」と「合理性」とを結びつけて理解し、その欠如を問題にしたわけである。「生活全般の合理的処理」という点においても「著しく遅れてゐる」のはこの弱点のゆえだと言う。「眞理を求める情熱もまた台風的な烈しさをもって燃え上るのであるが、やがてそれは突如として恬淡なあきらめに變り、信仰の立場に役目を譲ってしまう」[76]。「信仰の立場」をこうして反知性主義的なものとして理解している点に、和辻の「信仰」概念の依然として評価の低さがあらわれているが、宣長についても「宣長が易々として信仰の立場に移り得た」[77]ことを批判しているのと軌を一にする。これを宣長批判とも、またあの「わが国未曾有の不幸」とも結び合わせて理解すれば、日本の近代における「合理性」の弱体や不足という問題になり、その克服が「未曾有の不幸」の原因の克服ということになる。宣長でも和辻でも、「信仰」や「宗教」の問題がそもそも「合理性」や「非呪術化」の成立の根源と関わる、つまり宗教的信仰が知性の成立に関わることが理解されていない。この点は湯浅が「宗教一般の価値を低く評価する近代人の合理主義的発想と思考態度」を語るのとも共通している。「近代人」を「合理主義」と結びつけ、それを非宗教性や反宗教性と結びつけるわけである。こうした「近代」の理解は、それこそ非宗教化した日本の知識人においてはごく普通の見方かもしれない。しかしそれは近代の成立と経過の中で決してただちに妥当するものではない。この見方は、一七世紀の近代の成立期における「禁欲的プロテスタンティズム」による「近代」には妥当しない。それでは、プロテスタント的近代でなく、啓蒙主義的近代に当てはまるかと言えば、啓蒙主義的近代についてもイングランドやスコットランド、さらにはオランダの啓蒙主義的近代には、そのまま無条件には当てはまらない。アメリカにおいても同様であり、ドイツ啓蒙主義についても同様である。湯浅の言う「宗教一般を低く評価する近代人の合理主義」を指摘することができるのは、おそらくフランス啓蒙主義である。「合理性の宗教的基盤」という問題は、自然科学史の分野も含めて、重要な問題であるが、日本の知識人の多くはこれを理解することができない。

日本国民性の批判として「自発性」から「合理性」に進む線と区別されるもう一つの理解の筋道がある。和辻によれば、それは「戦闘的性格の弱さ」から「意志の力の持続的な粘り強さを重んじない」(78)結果になるという議論の線である。「道徳的背骨」は小乗的なこだわりとして貶められ、そのため「妥協し互譲する習性」が出来上がった。これは「附和雷同性の最も好き地盤」となり、「道徳的背骨に対する感覚の欠乏」「正義の防衛を放棄する怯懦な態度に対しての感覚の欠如」が結果する。「これらは何と云つても超克されなくてはならない弱点である」(79)と和辻は語った。それではどのようにしたらよいのか。和辻によれば、その超克の道は、やはり風土論的比較からくる。「それらの點において、牧場的性格や沙漠的性格が好き模範を示してゐる。われ〳〵はそれを學び取つて國民的性格を打ち直さなくてはならない」(80)「國民的性格の打ち直し」はどう可能なのか。「それを可能ならしめる唯一の道は、それ〴〵の特性の十分な理解である」(81)と和辻は言う。「國民的性格の打ち直し」という烈しい目標が、風土論的な特性の比較理解によって可能だと和辻は語った。「自発性」から「合理性」に向かう「自ら考える力」についても、「意志的道徳的欠陥」の克服という課題についても、和辻にとっては、要するに知性の開明によって克服するほかはなく、あるいはそれによって可能と考えるほかはなかった。開明的知性に対する過信というべきであろう。あるいは和辻の国民性格論のオプティミズムとも言うべきであろう。「未曾有の不幸」とか「わが國民の性格の最も大きい弱点」などと言っても、和辻にとっては、要するにそれほどに深刻な問題ではなかったということになるであろう。風土論の比較考察によって克服可能とする程度の問題であったというのである。和辻は、基本的に文化意識をそれ以上には深刻に掘り下げない、要するに文化オプティミストとして少なくとも戦後の知的転換を最小に止めた。元来、「國民的性格の打ち直し」とか、国民精神の自由と独立の構築となれば、宗教的根源に切り込み、宗教的絶対者との対面に根拠づけられるべき事柄である。それが天皇主義的絶対性や国家主義、あるいは社会全体の画一主義との対決において求められれば、それは預言者的な闘いであり、それだけに強固な精神の支持と、堅固な抵抗の根拠を必要とする。精神の自由や独立は、「偶像の支配」からの解放を必要とする宗教的闘いであるからである。近代的な自由が、「非呪術化」と随伴した一大精神運動であって、深く偶像破壊の宗教に支持基盤を持ったことがその具体的な例証をなしている。風土論的比較考察などというレベルの問題ではないであろう。しかし和辻は、文化の問題をその宗教的次元にまで掘り下げることのできる思想家ではなかった。彼はまた当然、国民性格の傾向や国家の傾向に対して、絶対者との対面に根ざした堅固な支持基盤や強固な抵抗の根拠を問題にしなかった。和辻における「抵抗の根拠」の欠如を指摘したのは、ロバート・ベラーである。ベラーは、別の文脈で和辻が「人間存在の基礎」として「絶対的否定性」に言及しているのに注目し、その関連で和辻には「抵抗の根拠」が欠如していると指摘した。「国民的性格の打ち直し」といった激しい思想問題は、風土論的な比較による認識といったレベルの話ではなく、人間存在のもっと根底に関わる宗教的次元の問題であるはずである。しかし和辻が人間存在の根底として主張したのは、「絶対的否定性」であり、あるいは「絶対的空」といった主張であった。これが国民の精神的自由と独立、「自ら考える力」の根拠になり得るのか、厳しく問い返されなければならないであろう。「絶対的空」が、はたして天皇絶対主義や国家主義的支配、あるいは民族社会の画一主義に抗して、「抵抗の根拠」になり得るのか、また国民性格の意志的虚弱性を克服する力になり得るのか、真剣に反省されなければならない[82]。

「合理性の宗教的起源」を問わないという点では、和辻解釈者としての湯浅も同様である。彼は「非呪術化」の根源を問わない。「近代」を年代的概念としてのみ用い、近代の宗教文化史的根拠を問わないのと併行している。超越的な神の支配から非呪術化を理解するのと、そうでないのとでは、日本の近代に対する理解はまったく異なってくる。その見方は結局のところ「抵抗の原理」を欠き、「近代の勇気の根拠」を欠くであろう。和辻の風土論も、また湯浅の歴史心理学も見ていないところにこそ日本の近代の問題をめぐる事柄の真相があるのではないか。超越的神性なき合理性の理解では、日本の近代の診断は誤るほかはない。

(4) ベラーの和辻哲郎批判

ベラーによれば、和辻は「後年自分で十分気づいていたように、日本を敗北にいたらしめた傾向に対してなんら有効な抵抗をしなかった。実際、彼の考え出した思想的立場は、個人的にせよ、社会的にせよ、抵抗の根拠をなんら与えはしなかった」[83]。こう述べて、ベラーは和辻が一九二〇年代から一九三〇年代にかけて「日本のデモクラシーを擁護した形跡はない」と指摘した。和辻は理念として「新しいゲマインシャフトの共同体」を掲げたが、それは時代の日本の問題に何ら効果的な答えにならなかったし、事実、ややもすれば「この国を支配しつつあった最右翼の美辞麗句へとすりかえられていった」[84]。この「共同体の理念」の問題とともに、ベラーは和辻の「絶対的否定性」を批判する。「同様に和辻が人間存在の基礎とした絶対的否定性は、国の画一化の方針に反対の個人にとってはなんらの有効な支持も与えはしなかった。和辻の理論におけるように、絶対者はいつも社会において、完全なかたちでは国家において具体化されるというとき、個人として効果的なプロテストのための手がかりはどこにもない」[85]。和辻の国家主義的絶対性の主張が問題とされる。「より根本的にいえば、おそらく和辻の体系には、個人や社会の行為を判定する基準、普遍的先験的な基準が欠けている」[86]。和辻によれば、国家こそが人間価値のもっとも完全な具現であり、国家は天皇によって表現された。

和辻の「人間存在の基礎」としての「絶対的否定性」あるいは「空」とは何か。戸坂潤が揶揄的に語った西田哲学との多少の関係や、中村元が大真面目に言及した仏教思想との関係もあるであろう。その場合、あのベラーの批判は、当然、西田にもまた仏教思想にも無関係でないことになる。もう一つの関連は、和辻が日本的精神の基本として語った神道の絶対者・究極者の理解、すなわち「究極者は一切の有るところの神々の根源でありつつ、それ自身いかなる神でもない。言いかえれば神々の根源は決して神として有るものにはならないところのもの、すなわち神聖なる『無』である」[87]という理解である。この「絶対無とも称すべき無限流動の神聖性の母胎」

に対し、「太占に現われた神の意志が、ほかならぬ民族の意志であることを示すものは、その太占の儀式を司どるのが祭り事の統一者であるということであろう[88]」と言われる。「絶対無」と「天皇による民族的統一の意志表示」が裏表の関係におかれた。同じように「絶対的否定性」と「国民統合の天皇制的表現」とは、和辻において裏表をなし、「絶対無」や「絶対的否定性」はとても「抵抗の根拠」になり得るものではなかった。そもそも和辻の中には「抵抗の根拠」といった考え方そのものがなかったのではないか。その意味では、和辻がきらった明治体制の御用学者であった井上哲次郎と和辻哲郎自身の差は、ほとんど大差のないものであったと言わなければならないであろう。和辻だけではない。日本の哲学思想家の多くが、そうした無批判的体制表現者であったという日本思想の現実があり、和辻はその典型的体現者の一人であった。「被造物神格化の拒否」を遂行する宗教的神性との出会いが、日本における「抵抗の拠点」として、現代もなお日本の根本的な課題であり続けている。このことは、日本はキリスト教の中に新しい可能性の根拠を持つということではないであろうか。

第五章　新しい日本の形成

1　日本近代化の課題――丸山眞男と南原繁

(1)丸山眞男の学的課題の認識

丸山眞男の文章に「近代的思惟」という短文があることは、丸山に関心を持つ人々の間ではよく知られたことであろう。第二次世界大戦敗戦の年の秋、東大構内の大学新聞社に仮事務所を置いて「文化会議」と名乗るグループが結成された。このグループの機関誌「文化会議」がザラ紙による謄写版刷りの形で発刊されたのは、翌一九四六年一月であった。丸山眞男の短文「近代的思惟」はそれに寄稿された文章である。丸山は敗戦の年の暮れ一二月三〇日にこれを記したと言われる(1)。この三頁弱の短い文章の中に、当時三九歳の丸山は自己の学的決意の表明を記した。彼はまず「近代的精神」が「悪名高く」(丸山はノトーリアスと書いた)、その「超克」のみが問題であるかのような言辞が支配的であった直前の数年の時代的雰囲気に言及し、それと「ダグラス・マッカーサー元帥から近代文明ＡＢＣの手ほどきを受けてゐる現代日本とをひき比べて」、「自ら悲惨さと滑稽さのうち交つた感慨がこみ上げて来るのを如何ともなし難い」と記した。そこで丸山は「我が知識人たち」は「今やとつくに超克された筈の民主主義理念の『世界史的』勝利を前に戸迷いしてゐる」と書き、「我が国に於て近代的思惟は『超克』どころか、真に獲得されたことすらないと云う事実はかくて漸く何人の眼にも明かになつた」と言い放った。これは、丸山眞男の日本の近代、その精神・思惟・思想状況に対する診断であるとともに、また彼自身の学的課題の文脈を把握した認識であった。丸山はしかしさらに言葉をつないだ。事態がそうだからといって彼によれば、「超克」説と反対の「無縁」説、つまり「過去の日本に近代思想の自生的成長が全く見られなかつたといふ様な見解」も「決して正当とは云へない」と。[2] そこで彼の学的課題の認識が語り出されたが、それは「日本思想の近代化の解明」ということにあり、そのためには徳川時代の思想史にもっと注目すべきであると言う。具体的には儒教ないし国学思想の展開過程の中に「隠微の裡に湧出しつつある近代性の泉源」を探り当てると言うのである。この展開過程での思想的近代化は「封建権力に対する華々しい反抗の形」を取ってはいない。しかしそこに「支配的社会意識の自己分解」が見られる。この「支配的社会意識の自己分解」という形態を取って思想的近代化が進行した点に、むしろ日本の「著しい特殊性」があると、丸山はこの時点で考えた。重大なことは日本におけるこの「思想的近代化」の過程を「粘り」をもって追究することであると彼は言う。こうして丸山は、「ひたすらにこの道を歩んで行きたいと念願してゐる」という決意の言葉で、この短文を結んだ。

しかし丸山が日本における思想的近代化の問題を「支配的社会意識の自己分解」という消極的な「隠微の裡に湧出しつつある」形態においてだけ問題にしていたと言うことはできないであろう。彼にはまた同時に近代日本における「人格的主体」の未確立を指弾する問題視角が存在したからである。この視角は、「近代的思惟」の直後に発表され、一躍彼を有名にした論文「超国家主義の論理と心理」（一九四六年）に現れ、その後『日本の思想』（一九六一年）にも表現されることになった。ここでは『日本の思想』によって、丸山眞男の「人格的主体」の取り上げ方を明らかにしながら、彼の「日本の近代化の課題」の受け取り方をもう少し明らかにしてみたい。

丸山が近代日本における「人格的主体」の問題を取り上げた文脈は、「近代日本の基軸としての國體の創出」という文脈である。彼の主張の要旨を一言で言えば、「國體という名でよばれた非宗教的宗教」が「魔術的な力」を奮い、精神的内面性への浸透力をもって、人格的主体の確立に対して「桎梏」となったと言うにある。しかしその分析には、丸山独自の視点と表現が加えられており、もう少し精密化して理解しなければならない。丸山が「日本の思想」についてまず指摘する問題は、日本の思想における「基軸となる伝統」が欠如しているという点である。彼が「基軸となる伝統」ということで意味しているのは、ヨーロッパで言えばキリスト教的伝統であり、中国について言えば儒教的伝統に当たるものである。その際、彼の言う「伝統」において重大なのは、そこに「構造化」があるということであった。この「構造化」という概念は必ずしもわかりやすい概念ではないが、「構造化」をもった伝統がない場合、外部からの思想や文化の流入は、従来の伝統と構造化されず、したがって対決や修正、克服、発展といった嚙み合いのないままに無制限に受容されたり、無制限に排除されたりすることになる。無制限な受容が起こった場合にも、そこに構造化がないため、すべて流入したものは並存のままに置かれることになる。それが丸山の言う「精神的雑居性」の状態である。この「雑居」には意識された状態もあれば、無意識の中の雑居もあり、それがある時代に触発を受ければ、過去の忘却の中から「噴出」し、容易に現在化することにもなる。つまり「構造化」の欠如は、共時的な雑居を生み出すだけでなく、通時的な雑居も生み出し、歴史的克服も不可能にしているということになる。

この「構造化された伝統」の欠如は、丸山によると一方ではその起源をめぐって、日本の「固有信仰」の問題に通じていき、他方では近代日本における「國體」の問題に結果し、あの「人格的主体」の確立に対する「運命的な桎梏」と関係することになる。後者の「結果」の問題は後に扱うことにして、ここでは前者の「起源」の問題、つまり「固有信仰」との問題を検討してみることにする。日本における「構造化された伝統」の欠如には、その起源の問題を尋ねていくと、神道の特殊な事態があると丸山は指摘する。それは、神道における「無限抱擁性」と「精神的雑居性」である。その理由として、神道においては「絶対者がなく独自な仕方で世界を論理的規範的に整序する道が形成されなかった」からだと指摘される。したがって、根本にあるのは「究極の絶対者の欠如」であり、そこから規範的思考の欠如が結果したと丸山は考えた。この結果、あの思想や文化の対決・批判・修正・克服・発展といった構造化した伝統形成が不可能になったと言う。そこで丸ごとの受容による雑居か、あるいは丸ごとの排除による清掃以外になくなる。神道はいわば「縦にのっぺらぼうにのびた布筒」のようなものだと丸山は言う。この起源にあるのが、日本神話を手がかりに読み解いた日本の「固有信仰」の特質である。「日本神話においては祭られる神は同時に祭る神であるという性格をどこまで遡っても具えており、祭祀の究極の対象は漂々とした時空の彼方に見失われる」[3]。丸山はそう指摘して、この関連で和辻哲郎の古道の分析を受け入れた。そこで多少回り道になるが、和辻の分析についても言及しておく必要があるであろう。そして注意すべきことは、この両者間には、分析の共通性がありながら、思想家として事柄の取り組みには対極的な隔たりがあったことである。

(2) 和辻哲郎の神話伝説における絶対者の解釈

和辻哲郎によれば、日本神話においては「祀られる神」は同時に「祀る神」である。詳しく言えば、和辻は日本の原始宗教における神概念に四種あり、ただ「祀られる」ことを要求して、自らは祀らない神がいるとも語っている。しかしそれは「祟りの神」であって、神の「尊貴性」については劣るものだと言う。「尊貴性」において優れているのは、むしろ「祀り」かつ「祀られる神」であって、天照大御神も、イザナギもこの種の神だと言う。それらは「その尊貴性は常に背後から与えられ」、背後の不定の神を媒介する神として神聖なのであって、自ら究極の神なのではない。「ただ背後にある無限に深い者の媒介者としてのみ、神々は神々となるのである」[4]。この和辻の分析と結びついて、丸山は「究極の絶対者」の不在を問題にした。しかし既述したように、丸山と和辻とでは、この共通の問題についてその分析も微妙に異なるのであるが、それよりもそこから結果として引き出したものは一八〇度の相違があった。

和辻によれば、「祀り、祀られる神」は「無限に深い神秘の発現しきたる通路」として神聖性を帯びる。しかし「無限に深い神秘」そのものは決して限定されることのない背後の力として、神々を神々たらしめるが、「それ自身ついに神とせられることがなかった」。和辻はむしろこの点にこそ「神話伝説における神の意義に関して最も注目せらるべき点」を見た。和辻によれば、それは「究極者の欠如」ではなく、「一切の有るところの神々の根源でありつつ、それ自身いかなる神でもない」「神聖なる『無』」があるということを意味した。そして和辻の結論は、「それは宗教の発展段階としてはまだ原始的であることを免れないが、しかし絶対者に対する態度としてはまことに正しい」と言う。なぜなら「絶対者を一定の神として対象化することは、実は絶対者を限定することにほかならない。それに反して絶対者を無限に流動する神聖性の母胎としてあくまでも無限定にとどめたところに、原始人の素直な、私のない、天真の大きさがある。それはやがて、より進んだ宗教的段階に到達するとともに、あらゆる世界宗教に対する自由寛容な受容性として、われわれの宗教史の特殊な性格を形成するに至るのである」。原始的な宗教に一般に共通した現象が、「われわれの宗教史の特殊な性格」とされ、「あらゆる世界宗教に対して」優位するものとされた。和辻のこの箇所での「論点の飛躍」と「議論の不十分さ」は明らかであろう[5]。

丸山の議論に戻る前に、この和辻の結論的文章をよく吟味しておくことは、われわれの主題「日本の近代化」とその「課題」の認識にとってきわめて重大なことと言わなければならない。まず和辻の文章の中に多少の詭弁があることは否めないであろう。彼の言う「原始人の素直な、私のない、天真の大きさ」はどこにあると言われているのであろうか。それは「絶対者」を「一定の神として対象化する」と「絶対者を限定する」ことになるので、その神概念には収まらない「絶対者」を「無限に流動する神聖性の母胎」として「無限定にとどめた」ところにあると言われる。「絶対者」は「漂々たる時空の彼方に見失われた」のか、それとも絶対者を限定する神概念による限定化を避けて「無限的にとどめた」のか。もし後者であれば、そうした精神の巧みさを、通常は「素直な、私のない、天真の大きさ」とは言わない。あきらかに和辻は、現代的な技巧性を原始人の中に読み込んでいる。もう一つの問題は、「絶対者を無限に流動する神聖性の母胎としてあくまで無限定にとどめた」ことが、「あらゆる世界宗教に対する自由寛容な受容性」の基盤となるという主張である。丸山が「精神的雑居性」を見て、そこには後述するような「抑圧」と「排除」があると見たところで、和辻は逆に「自由寛容な受容性」を見た。この二人の東大教授は、同一の事象に対してまさに一八〇度異なる反対の評価を与えた。彼らはまさに事柄に取り組む「生の座」を甚だしく異にしたと言わなければならない。和辻と丸山では「日本の思想的近代化」の「課題」がまるで違っていた。

(3) 丸山眞男による「國體」問題の理解

そこで再び話を丸山に戻して、彼の言う「構造化した伝統の欠如」からの近代日本における帰結としての「國體」の問題を検討してみよう。丸山は、伊藤博文による帝国憲法制定の根本精神に関する発言に注目しながら、「新しい国家体制には……ヨーロッパ文化千年にわたる『機軸』をなして来たキリスト教の精神的代用品をも兼ねるという巨大な使命が託された」と見る。その際「我国ニ在テ機軸トスヘキハ、独リ皇室アルノミ」「乃チ此草案〔憲法草案―筆者注〕ニ於テハ君権ヲ機軸トシ」という伊藤の言葉に丸山は注目した。その上で丸山は、こうして「近代日本の基軸」として創出された「國體」が、遥かにあの「固有信仰」以来のものを継承していると指摘した。その一つは「無限定的な抱擁性」を有している点であって、「國體を特定の『学説』や『定義』で論理化することは、ただちにそれをイデオロギー的に限定し相対化する意味をもつからして、慎重に避けられた」と言う。これは「のっぺらぼうの布筒」に通じ、また一見するところ和辻の言う「絶対者を無限定にとどめる」に通じる面がある。しかし丸山はそこに「自由寛容の受容性」を決して見はしなかった。確かに國體は、その積極面においては、「茫洋とした厚い雲層に幾重にもつつまれ、容易にその核心を露わさない」。しかし「否定面においては――つまりひとたび反國體として断ぜられた内外の敵に対しては――きわめて明確峻烈な権力体として作用する」。そのようなものとして國體は、思想問題に対して「外部的行動の規制――市民的法治国家の法の本質――をこえて、精神的『機軸』としての無制限な内面的同質化の機能」を遂行していく。それが、過激社会運動取締法案が治安維持法から思想犯保護観察法へと過激化していく過程であったと、丸山は言う。「内面的同質化」は「近代自由主義の前提であった内部と外部……の二元論をふみこえ」、「精神内面への浸透性」をもって思想的忠誠を要求する機能である。「國體」において「無限定的な抱擁性」とこの「内面的同質化」が裏腹に結合していた。それはあの「構造化を欠いた精神的雑居性」の「無限定的な抱擁性」であり、またそれの「内面的同質化」である。そこで丸山は、「國體が雑居性の『伝統』自体を自らの実体としたために、それは私達の思想を実質的に整序する原理としてではなく、むしろ、否定的な同質化（異端の排除）作用の面でだけ強力に働」いたと言う[6]。そしてこのことが「人格的主体」の確立にとって「決定的な桎梏」になったと丸山は見たのである。その際、丸山は「人格的主体」ということで、「自由な認識主体」「倫理的な責任主体」ならびに「秩序形成の主体」を考えていた。そのどの意味においても、日本の「固有信仰」、「構造化と機軸」を欠いた伝統のない「伝統」、國體という「エセ精神的機軸」によっては「人格的主体」は確立しない。こうして丸山の「日本の近代化」の「課題」は「人格的主体」の確立という点に収斂していったと思われる[7]。

この点でもう一つ注目に値するのは、丸山が指摘する加藤周一の言う「雑種文化」との相違である。加藤周一は日本文化を本質的に「雑種文化」と規定し、これを国粋的に、あるいは西欧的に純粋化する試みは失敗したのであって、むしろ雑種性から積極的な意味を汲み取るべきと提言した。丸山はこれを「傾聴すべき意見」として評価した。しかし、そこには彼自身が指摘した「精神的雑居性」と「雑種文化」の相違があって、前者から後者へといかなる道程を歩むべきかという問題があると言う。なぜなら、「雑種文化」はそれなりに整序・構造化・規範性を含むものと考えられるからである。それはまた伝統化されもするであろう。その意味では「雑種文化」は、「無限定的な抱擁性」と「否定的な同質化」（異端の排除）をむしろ克服したところに成り立つものと考えられる。そこで丸山は、「雑居を雑種にまで高めるエネルギーは認識としても実践としてもやはり強靭な自己制御力を具した主体なしには生まれない」と指摘し、「その主体を私達がうみだすことが、とりもなおさず私達の『革命』の課題である」(8)と語った。「強靭な自己制御力を具した主体」をうみだすということは、あの自由な認識主体、倫理的な責任主体、秩序形成の主体としての「人格的主体」の確立と同一の事態を意味している。そうだとすれば、丸山の「日本近代化の課題」はこの「人格的主体」の確立という「革命」に収斂されることになる。ここで彼が括弧つきで「革命」と言ったのは、もちろん暴力的革命の意味ではなく、精神的、思想的、文化的な「革命」の意味である。あるいは丸山は、その師南原の言う「わが国民の思想的＝精神的革命」を思い起こしていたかもしれない。しかしまた、そこには後述するように、丸山と南原の思想の間に相違もまたあることを無視することはできない。いずれにせよ、丸山は、認識、倫理、秩序に関わる人格的主体の形成を「精神的な革命」として、つまり「精神的な市民革命」として遂行する思想的課題を、自己の学的課題の中に抱え続けた。しかしそれにしても、この「精神的な市民革命」、ないし「人格的な主体」の確立は、丸山が語った、あの「超克説」とともに「無縁説」も克服して、日本において「隠微の裡に湧出する源泉」を指摘することでいったい果たされたのであろうか。

(4) 南原繁の「日本の近代化の課題」

丸山眞男が精神的な市民革命の遂行をもって日本の近代化の課題に応えることを自己の使命としたとする理解が、当たっているとすると、われわれは丸山とその師南原繁との興味深い異同に気づかされることになる。共通していることは、この師弟はともに近代日本における「人格的な主体」の確立に心を向けた点である。しかし大きく異なっていたのは、内村鑑三の系譜を継いだ南原が「人格的な主体」の確立をめぐって「宗教的神性」との直面を強調したのに対し、丸山が日本の「固有信仰」における「絶対者の欠如」を問題にしながら、自らは南原の言う「宗教的神性」との対面に類することを語らなかった点である。

丸山が「近代的思惟」や「超国家主義の論理と心理」を思念していたと同じ頃、南原もまた「新日本文化の創造」に心を傾けていた。敗戦の翌年の二月、南原は東大総長としての講演の中で、過ぐる戦争とその結果としての敗戦は、日本国民の「内的欠陥」に深く由来していると語り、「日本国民の性格転換」[9]の必要を力説した。その点では日本の戦争と敗戦とは、ドイツのそれとは異なると南原は語った。ドイツはドイツ本来のあり方の外で今回の戦争と敗戦に至ったと言うのである。それゆえドイツはカント、さらにはルターに立ち返ることで立ち直りを果たすことができよう。しかし日本はそういう外的な逸脱によって戦争と敗戦に至ったのでなく、むしろその内的帰結においてここに立ち至ったと南原は言う。それゆえ「わが国民の思想的＝精神的革命」は「個々人の心の内奥において自らの苦闘と体験によって」遂行されなければならない、と南原は語った。その際、南原が日本国民の内的欠陥と見たのは、「わが国民には熾烈な民族意識はあったが、おのおのが一個独立の人間としての人間意識の確立と人間性の発展がなかったことである」と言う。さらには、「国体観念の枠」にはめられ、「個人良心の権利と自己判断の自由が著しく拘束を受け、生々の人間性の発展はなされなかった」[10]とも語った。「國體」が「人格的な主体」の確立を妨げる運命的な「桎梏」となったという丸山の主張は、師からそのまま受け継いだものと言ってよいであろう。しかし異なるのはこの事態に対する対応である。

南原は「日本国民の性格転換」のために「人間の発見」の必要を語り、ルネサンスとの出会いの必要を言う。しかしさらに彼が力説したのは「國體観念」という「民族宗教的な日本神学」からの「解放」であった。そしてその解放は「単なる人文主義理想によって代置し得られるものでなく、宗教に代うるには同じく宗教をもってすべく」と言い、「ここに新たに普遍人類的なる世界宗教との対決を、いまこそ国民としてまじめに遂行すべき秋《とき》であると思う」と述べた。「普遍人類的なる世界宗教」ということで南原が意味していたのは明らかにその師内村鑑三から学んだ福音主義のキリスト教にほかならなかった。南原が世界宗教との「対決」という意味は、世界宗教との真剣な直面を通してこそ人格的自由は確立を見るということであった。このことを南原は「一個の主観的信仰や臆測」からではなく、「精神史研究の学問的立場から客観的に主張し得ること」として語った。ここから「新日本文化の創造」のために、そして人格的自由の確立のために、「第二の宗教改革」が日本に必要だとの南原独特な提言が生まれた。

そこにはすでに暗示したように、人格的自由の主体確立の問題は宗教的神性との直面を必要とするとの南原の認識があった。この点をもう少し検討してみよう。南原によれば「およそ人は人間性をいかに広く深く豊潤に生きえたとしても、それだけでは真に人格個性の自覚に到達することは不可能」である。真に人格個性の自覚に到達するためには、「人間主観の内面をさらにつきつめ、そこに横たわる自己自身の矛盾を意識し、人間を超えた超主観的な絶対精神――『神の発見』と、それによる自己克服がなされなければならない」。さらに南原は人間の自由と神的絶対者の関わりについて、次のように語った。「元来『自由』の真義はかかる神的絶対者に結びつくものであって、人はかかる絶対者を本源的なものとして信じ承認するところ、少くともそれを否定せず、科学者といえどももはやその究め尽くし得ざるものの前に畏敬の念を以って立ち停まるところに、人間の自由、一般に人類の自由があるのである」。「科学者といえども云々」の背後には、疑いもなく、カント主義的批判主義に連なった南原の「価値併行論」があるが、南原の求道的、宗教的な経験があるとも言うべきであろう。いずれにせよ、南原において人格的主体の自由とその根拠としての神的絶対者の問題が「日本の近代化」という課題の文脈において鮮明に姿を現した。

人格的自由の真義が神的絶対者と結びつき、日本の近代化はこの自由の確立をめぐって世界宗教との対決を回避できず、したがって日本は第二の宗教改革を必要とする。この南原の主張は、丸山眞男との違いをも明らかにした。丸山は明らかにこのようには語らなかった。丸山が日本の近代化の課題として追求したのは、「精神的な意味での市民革命」であった。しかし南原は「宗教改革」を希求した。「今日に至るまで、日本の政府も国民もキリスト教に対しては、概して冷淡であり無関心であった。しかし遂に日本人は、固有にして且つ普遍的な価値の所有者である人間、すなわちペルソナとしての人間を認めるところの、この世界的宗教と真剣に対決しなければならない秋《とき》を迎えたのである」[11]。

ここには「自由の真義」をめぐる突き詰め方の相違があった。南原が突き詰めていく「宗教改革的自由」と、丸山が追求する「市民的自由」の間の関連と相違の問題がある。ヘーゲルの言い方「宗教改革なき革命（フランス革命）は近年の愚考」に倣って言えば、市民革命的自由が問題になるところ、宗教改革的な神的絶対者との直面が問題になる。フォーサイスの言う「根拠づけられた自由」が日本の近代化の課題であるとも言い得るであろう。そうなればまた、その自由の担い手、その自由の成り立つ神的絶対者との対決の「場」が問題にもなる。その点はまた、丸山にとっても「精神的な市民的革命」の担い手とその成立の場の問題があったであろう。日本の近代化の課題は、いったい誰によって担われ、またいかなる場において遂行され得るのであろうか。神的絶対者との直面の中で自由とされる共同体が生起しなければならない。それはいったい「支配的な社会意識の自己分解」とともに「隠微の裡に湧出」し得るものであろうか。まさかそうではあるまい。それは不可能なことである。丸山眞男はこの問題と生涯をかけて取り組んだであろうが、しかし真っ向から実存的宗教者としてこの問題を受け止めはしなかった。またこの点において、南原繁の方は戦後の大学と教育に期待を込めた。しかし彼の大学への過剰な期待は空転せざるを得なかったと思われる。神的絶対者との直面の中で自由とされる共同体の形成は、神的絶対者との出会いの共同体、「礼拝と洗礼の共同体」の中に求める以外にないであろう。人格的主体とその自由の確立という課題は、絶対者との対面を求めて、第二次世界大戦時における挫折にもかかわらず、その挫折の後に再び、あるいは戦後の挫折の後にさらに再び、日本におけるプロテスタント・キリスト教会の形成という形で追求されるほかはない。日本の「キリスト教なき近代化」の挫折の認識とその克服の希望は、繰り返し、キリスト教弁証学の具体的な表現になる。

［附論４］熊野義孝における「回顧と展望」

(1)プロテスタント日本伝道一五〇年の意味

日本におけるプロテスタント伝道一五〇年の年（二〇〇九年）を経て、今、われわれはこの国のプロテスタント伝道の過去一五〇年をどう回顧し、また将来をどう展望するべきかという問題に直面している。回顧に関して言えば、机上には「開教五〇年記念」（一九〇九［明治四二］年）と「宣教一〇〇年記念」（一九五九［昭和三四］年）の報告がある。前者は、日本のプロテスタント第一世代の代表的人物たちが、自らの伝道の闘いの年月を振り返り、教会形成の各分野、伝道者養成や、婦人と青年の育成、それに宣教師たちの活動、種々の社会事業など多岐にわたって報告し、明治期の熟年に達したキリスト教リーダーたちがなお意気軒昂に闘いを継続する姿勢を公にする様子を伝えている。後者は、一週間にわたり、全国の教会学校、婦人会、青年会などがひとところに会し、戦後の荒廃の中から立ち直った教会の姿を伝え、そこになお新鮮なものが脈打っているのを示していると言うことができよう。

あれから五〇年、今われわれが直面している日本のキリスト教の現実は、並々ならぬ事態と言わなければならない。われわれは日本のキリスト教界の全貌を通覧し得る親密な連絡網をもはや欠如している。しかし把握し得るところに従えば、伝道は容易に進展しない現実の「壁」に直面し、日本における伝道戦線は膠着と低迷の状態にある。このことは多くのキリスト者の意識を暗く覆っていると思われる。戦後伝道の新戦力となった「福音派」もまたこの状態に巻き込まれている。戦前からの旧戦力が同様であることは言うまでもなく、とりわけ「日本基督教団」は伝道の体力を甚だしく喪失した。一九六〇年代末以来経験した「教団紛争」は混乱状態のまま四〇年を経過し、いまなお決定的な立ち直りに至っていない。この問題は、周囲の「壁」の問題ではなく、それと関連があるにしても、教会内部における「信仰と職制」の「弱体化」である。ここにおいて「回顧と展望」はいっそう厳しく教会の現実と取り組まなければならないであろう。

日本のプロテスタント・キリスト教は一五〇年の歴史を経て、この現状に立ち至った。この歴史の中でイエス・キリストの福音に捉えられ、キリストの体に加えられ、神の子とされ、神の民の中に生かされた者たちは、それでもなおこの歴史を神の祝福の歴史として感謝しなければならないであろう。そして同時に、一五〇年の歴史は、昭和一〇年代の「戦時の経験」や最近四〇年の「紛争の歴史」のゆえに、明らかにプロテスタントの誰にとっても「重荷」を持った現実であり、解決や克服が祈り求められ、企てられなければならない現実である。しかしその「重荷」の中にこそ、日本のプロテスタント・キリスト教の誤魔化すことのできない「質」が現れているとも言うべきであろう。それをどう認識し、どう克服して、現代世界とこの国における「福音の前進」に仕えていくか。この国のプロテスタント・キリスト者の誰もがこの課題を免れることはできない。

日本キリスト教史に現れた光栄と重荷をどう認識し、その長所を継承しつつ、その試練にどう対処するかという問題は、日本キリスト教史に関わる神学的作業を不可欠とする。「日本キリスト教史論」「日本教会史論」とでもいうべき神学的な教科分野の作業が必要であり、この「神学的作業」は、歴史の現実を神学的な観点から認識し、評価し、吟味し、検討しなければならない。それはさらに日本キリスト教史を世界教会史の中に位置づけながらなされなければならないであろう。それはまた教会政策的な現状克服の道も探求しなければならない。「キリスト教史論」や「教会史論」は人間理性に従った歴史学の認識としてただ社会史、思想史的な現実に関わることで終始することはできない。当然、そこには教義学的認識も不可欠な契機をなす。また教義学的認識をもって教会史の歴史的現実と取り組み、今日における教会進路にも関係するとすれば、その教義学的認識は無歴史的、非歴史的な教理認識に終始することはできない。そこに歴史の診断を可能とし、その意味を認識する「歴史形成的な教義学」「歴史の神学」がなければならないであろう。そうした神学的歴史批評と認識の目を持って日本プロテスタント・キリスト教史に取り組んだ過去の一つの事例を、われわれは熊野義孝『日本キリスト教神学思想史』[12]、特にその「前篇」（われわれはこれをその中の一項目の題名をとって「回顧と展望」と総称する）の中に見出すことができる。

(2) 熊野義孝における「回顧と展望」

熊野義孝『日本キリスト教神学思想史』（一九六八年）は、その表題が示す通り日本の「キリスト教神学思想史」を扱ったもので、内容は海老名弾正、小崎弘道、植村正久など明治期の日本プロテスタント・リーダー第一世代の代表者たちと、柏井園、富永徳磨、高倉徳太郎など大正・昭和初期に活躍した第二世代の代表者たちを扱っている。それは、それら諸個人の思想の内容と意味をその時代の文脈に置きながら明らかにしたもので、いわゆる「思想史」の作業に類した著作である。しかしその根底には、それぞれが心血を注いで戦ったキリスト教についての認識があり、福音と教会の理解があることは言うまでもない。熊野義孝はただ「偉人伝」式の関心を一人ひとりに向けることによってではなく、「日本神学史」を求め、しかもなお厳密な意味では「神学」の歴史とは言い得ない日本キリスト教の若き時代にあって、「神学史」をすでに潜在的に宿した「神学思想史」の解明に心を傾けた。「神学思想」の背後には当然、神学の「生の座」としての教会存在がある。そこで熊野義孝の「神学思想史」の検討作業は、神学思想史の根底にある教会存在、さらにはその教会的伝統の問題を問い、その関心を単なる思想や思想史でなく、「教会史論」に向けて「キリスト教史論」を試みようとした。そしてその「キリスト教史論」を熊野は個々人の思想の扱いとは別に、特に前編の「回顧と展望」に記した。われわれは、熊野義孝『日本キリスト教神学思想史』の「前篇」（「回顧と展望」）の中に著者の「日本キリスト教史論」を見出すことができる。それはまだ対象そのものが未成熟であるため、「日本教会史論」とは言い得ないにしても、この問題をめぐる著者の考え方を知ることはできる。そこには、われわれが必要としている「プロテスタント日本伝道一五〇年についての神学的な認識と批判」が意味深い仕方で論述されている。

それにしてもわれわれの視点からこの書を読み直すとき、「キリスト教史」よりはむしろ「神学思想史」に限定したこの書の性格とともに、他のいくつかの「限界」があることにも気づかされる。それらはいずれも致し方のない限界と言わなければならない。その一つは、この書が著されてからすでに四〇年を経ており、われわれの直面する問題の多くが、この書の出版後の四〇年間に現れたということがある。それゆえ著者の視点から学ぶとともに、また四〇年後の視点からこの書を受け取りなおす作業も必要になる。

もう一つの問題は、熊野義孝のこの書は、昭和初期をもってその対象の記述を終えている。逢坂元吉郎についての叙述は昭和二〇年の逢坂の死までを含むとしても、やはり対象の「年代的な限定」は明らかである。日本プロテスタント伝道一五〇年の視点で言えば、それは前半分の時期を満たすか、満たさないかの、限定された期間である。日本プロテスタント史一五〇年は、日本基督教団設立の年（一九四一）までに八二年（横浜基督公会の設立からすると六九年）を経過し、教団設立後六八年を経過した。熊野義孝のこの書はクロノロジカルに言えば、一五〇年の前半分を対象としたにすぎない。

しかしそれにもかかわらずこの書が与える益は大きなものがある。それはこの書の著者がただ歴史家、思想史家ではないからとも言えるし、またこの書の著者がただ教義学者ではないからとも言い得る。熊野義孝はその神学によって歴史を見、歴史を見つつ神学的に思惟し、検討した。そこに熊野義孝の神学的資質がよく示されており、熊野をよく知る佐藤敏夫は熊野のこの資質を「トレルチ的」と表現した。そうした資質による観察と考察とがこの書には具体的に示されていて、この書をきわめて貴重な書物にしている。こうした著作のあることを私たちは感謝し、その問題意識から豊かに汲み、またその考察内容を批判的に継承しなければならないであろう。

熊野は特に日本プロテスタント・キリスト教史の進路を「国民的自由教会の建設」に見た。そのように見て、日本キリスト教史を外国宣教師たちによる教派的伝道の植民地化から区別した。もし後者のままであれば、神学は当然「教派神学」の移植とならざるをえなかった。しかし日本プロテスタント神学思想の主要な形態は決して教派神学の移植でも、その土着化でもなく、自主独立の開拓精神による「神学思想形成」の姿を呈した。それはまた無教派、無教会の方向とも異なっていたと熊野は語る。日本のプロテスタント史は「国民的自主独立の教会形成」をもって進められたと言うのである。「国民的自由教会の建設」に即した企てであっただけに、神学思想史の対象を多く生み出してきたとも言い得る。それらは、教派神学における既成の教義や教理を踏襲したものでなく、時には精神主義や教養主義、日本の文芸における自然主義などとも並行した思想の動きに陥ったこともあったが、そこにはやはり「宗教的実験」を踏まえた「神学思想」の自主的展開が見られた。ただし熊野によれば、そうした努力もなお「教会史」を持つことはできず、「伝統」との関連を曖昧にし、「教会的神学」の道としては困難をきわめざるを得なかったと言う。「国民的自由教会の建設」が「普公的教会」への接続をどのように明らかになし得るか、なおいっそうの神学的努力が要請され、この国に伝統を築く上での難事業が指摘されている。

この課題を自覚しつつ、熊野義孝は、その書の執筆までの歴史を「五つの時期」に区分した。彼は、明治当初から明治二七、八年までを「日本キリスト教思想史」の第一期と見ている。第二期は、その後の明治三七、八年の日露戦争までを前期とし、大正の初めにまで及ぶと言う。第三期は、大正の初めから関東大震災（大正一二）までを前期として、昭和の初期までとされる。そして第四期は、戦時ないし戦時態勢の時代であり、敗戦時に至る。そしてそれ以後、第五期の戦後であるが、この時期は世間では昭和二〇年代で終わるとされ、「もはや戦後ではない」と言い合わされたが、日本キリスト教の状況では一九六八年の「今日にまで及んでいると思われる」[13]と熊野は語った。

われわれも当然、「プロテスタント日本伝道の一五〇年」をどのような区分を施しつつ理解するかという課題を負う。特に、熊野義孝のこの書の後、いったいいかなる時期区分を提示することができるであろうか。私見によれば、戦後の日本プロテスタント史は一九五九年の宣教一〇〇年までを一時期として理解され、その後の一九六〇年代を区別して考察すべきと思われる。「安保紛争」「所得倍増」「高度経済成長」「外資依存の終焉」といったことは、日本プロテスタント史にも深く影響したからである。しかし日本の教会のこの六〇年代の模索は、一応の落ち着きにまで至ることなく、一九七〇年前後の大学紛争・教団紛争によって思いがけない挫折に逢着した。しかしそこにもまた日本プロテスタント教会の年来の弱点が姿を呈したと捉えなければならない。それ以後の混乱は長く今日にまで至っているが、途中、一九八九年のソヴィエト連邦崩壊と東欧の変革の歴史的事件を一つの時代の区切りとすることができるであろう。これは日本プロテスタント史にただちに影響を与えたようには見えないが、しかし少なくとも教団紛争の経過に隠された仕方で大きな影響を及ぼした。新左翼的なマルクス主義に影響された社会活動路線が、その不毛性を歴史的に確証され、徐々に終息していかざるを得なくなったからである。ただし、洗礼を受けない者の聖餐によって聖餐を愛餐に解消し、あわせて洗礼を空虚にさせる、要するにヒューマニズムやセキュラリズムによるキリスト教破壊がその後も長く続いた。

(3) 熊野義孝に向けられる疑問

一九五九年に持たれた「宣教一〇〇年記念」の際、一〇〇年の回顧と展望を語ることを期待されたのは、熊野と同世代の渡辺善太であった。熊野も渡辺も日本プロテスタント第二世代の最後に属する。渡辺は講演「日本プロテスタント宣教百年の回顧と展望」において、特に植村正久と小崎弘道の名をあげて、一方は教義学的な思想により、他方は聖書的造詣によるという違いを持ちつつ、二人とも日本の牧師たちを「福音的」な方向に導き、「教会形成」の道を示したと評価し、また感謝を捧げた。(14) この見方は一般的に言って妥当であろう。この視点からすると、熊野義孝の視点、「国民的自由教会の建設」という進路はどう理解されるであろうか。熊野が「国民的自由教会の建設」を特に日本プロテスタント史の基軸とし、そこから「神学思想史」を理解したとき、重大なことが二点あった。その一つは外国宣教師の教派神学的支配からの自由であり、もう一つは近代国家の形成に伴う「政教分離」による国家からの自由であった。この意味では熊野義孝の中には「自由教会路線」と言うべき基本姿勢があった。しかし熊野の実際の論調は、海外宣教師からの自由については明らかであるが、「国家からの自由」の主張は取り扱いが十分とは言えない。この問題は、明治二〇年代の内村鑑三不敬事件とその後の「教育と宗教の衝突」に関する彼の扱いの中に見て取れるし、昭和一〇年代以降の「戦時態勢」における皇国思想の激化についての熊野の見方とも関係してくる。後にさらに詳しく述べなければならないが、熊野義孝は明治国家の進展の中に「政教分離」を伴った「近代国家」の建設を見る見方を採用した。この見方は、いったいどれだけ歴史の現実に即して適切であったのか、疑問があると言わなければならない。

もう一つ、熊野義孝の「日本キリスト教史論」を理解する上で、熊野の「戦時態勢」の捉え方は、疑問を惹き起こさずにはいない。あえて言えば、熊野の「戦時態勢」の見方やそれに対する姿勢には、「弁証法神学の流入」から受けた問題と無関係でないことがあったと思われる。これは一つの仮設的解釈であるが、そういう解釈が成り立つように思われる。この点も後に再述しなければならない。

さらにもう一つ問題として取り上げたいのは、「福音主義」という語の意味に関してである。熊野義孝は「福音主義」という用語で何を意味したか。一読して著しいことは、『日本プロテスタント神学思想史』の「回顧と展望」の文章の中で熊野は「福音主義」という言葉を極めて稀にしか使用しなかったことである。「国民的自由教会」は信仰と神学思想の内容から言えば英米の自由教会と同一の系譜に立って「福音主義」であるはずである。それも、少なくとも「宗教改革」そのものではない意味で「福音主義」であるはずである。宗教改革者たちは「自由教会」とは無縁であったし、また日本のキリスト教の大勢に影響を与えたアメリカ、イギリス、カナダの自由教会は、宗教改革後のドイツ領邦教会とも、またそこから由来した「ドイツ国民教会」とも直接的にはほとんど無縁であった。しかし熊野義孝は「国民的自由教会の建設」あるいは「国民的自主独立の教会形成」を頻繁に語りながら、「福音主義」の語を積極的に使用することはしなかった。ただ第二ヴァチカン公会議について語った関連で「ローマ教会側の聖職者とわれわれとの会議が交誼をもってなされる機会」を得て、「忌憚なく教義的・教会的な討議」を進めることができれば、「この国の福音主義教会人にとって望外の幸福と言わざるをえない[15]」と記した箇所で、「福音主義」の語を使用した。この「福音主義教会人」とは彼自身を含めて言われていることは明らかであるが、それは英米プロテスタント教会から由来した「自由教会人」というより、むしろドイツ語で言うEvangelisch、つまり「プロテスタント教会人」という意味ではないかと思われる。その少し前の箇所では「福音主義」の用語を批判的に使用した箇所が二例見られる。一つは、「厳密な意味での普公教会の理念をおろそかにして福音主義を叫ぶことは、宗教的な自己陶酔の陥穽に誘われるだけである[16]」という表現であり、他は「日本のプロテスタントは、キリスト教移入の経過に沿って、いとも簡単に信仰の精神主義化と伝統離脱とをもって福音主義の常則と考えやすかった[17]」という文書である。これらにはいずれも本来の「福音主義」を「宗教改革の精神」の中に見て、「近代欧米の教会的風潮を形造った『敬虔派[18]』」を警戒する意図が表されている。「敬虔主義的無伝統的な傾向[19]」とか「無信条的敬虔主義と倫理主義の結合[20]」に対して、熊野はきわめて警戒的であった。この点で熊野義孝はその師植村正久の「福音主義[21]」と明らかな差異を示したと言わなければならない。植村が特に「英米自由教会の敬虔主義」を含めて自己の「福音主義」を自覚していたのに対し、熊野はそうした中に「教会的伝統の希薄」を指摘した。熊野は植村も含ませながら、次のように語った。「ある人々はそこで自主的国民的な教会の建設に力を集中し、それによって自国の宗教的道徳的な進歩を促すとともに教派主義を斥けながら世界の教会史につらなる道を歩むために渾身の勇気をふるったが、その結果はかえって意図に反して教会的伝統の方面を稀薄にしてしまった[22]」。それでは熊野は、この点で植村と異なり何らかの「教会的伝統」との接続を教派的に図ったかと言えば、そうではない。ただ「敬虔主義的無伝統」に対する批判を強くしたということである。それではいったい、熊野義孝は教会史的にどこに接続するのであろうか。熊野は次のように言う。「キリスト教的中世世界を持たないこの〈古い〉文化圏において、新しく近代国家を形成して行くに際して、そこに適合する教会（教会の理念）は国教会主義でも世界教会主義でもなく、また教派主義に安んじることにはもとより不満である。いわんや植民的属地主義に拠って、外国種の土着化を目ざし、そこに誰にもよろこばれる開花を求めることは卑屈に感じられる」[23]。歴史的過去に属する人々の気持ちを忖度して語ったこの言葉は、熊野義孝自身の気持ちでもあったと理解すべきであろう。そこで熊野は「途はただ一つ」と言う。「古い『公同教会』（ecclesia catholica）を今ひとたび根底から吟味してその理念を自家内部に再生させるほかはない[24]」と。ここに熊野義孝の教会史・教会史論の立場が示されている。しかし教会史的にはどのような具体性をもって「公同教会の理念を自家内部に再生させる」のであろうか。

英米の敬虔主義的傾向の短所に対しては植村正久もまた批判的、改善的に対処することを心がけた。しかしその植村とも違った判断を持って、熊野義孝は批判を強めた。そのことは、熊野の「福音主義」という用語の使用の中に現れている。彼が敬虔派を含めた意味で、肯定的な響きにおいて「福音主義」と呼ばなかったことは、熊野の用語の使用においてただ「回顧と展望」だけのことではない。その「福音主義」の用語使用法は、それより二〇年前に遡って、彼の著書『基督教概論』（一九四七年）から一貫している。『基督教概論』において熊野は「福音的」とか「福音主義」という用語を自覚的に規定しながら使用した。それは植村の「福音主義の信仰」という文章に示された福音主義の系譜、そして敬虔主義的傾向を含めた福音主義の理解とは、相違を明瞭にした使用法であった。熊野によれば、「福音的」という語は、「主として英米では國教會乃至監督主義教會に對する自由主義的一派殊に敬虔派の人々が好んでこの語を採用した。しかし、また一方では十六世紀の宗教改革の根本精神をあらはすものとして之を用ゐ、従つて改革者達の信仰的傳統（reformatorischer Glaube）といふ意味に理解することもできる」。そこで熊野は、「ここでは最後の用語に準じてこの語を藉りたい[25]」と述べている。つまり熊野義孝の「福音主義」の用語使用は、少なくとも『基督教概論』において、また「回顧と展望」においても、植村正久のように「英米の敬虔主義を含んだ自由教会」ではなく、「宗教改革の根本精神」を意味するものであり、「改革者達の信仰的伝統」を意味した。そのことは、熊野においては敬虔派的傾向に対する批判がいっそう鮮明にされていることを意味し、また熊野が弁証法神学、とりわけカール・バルトの敬虔主義批判や自由主義神学批判を採用していることと密接に関連していると思われる。『基督教概論』には次のような熊野義孝の根本姿勢が繰返し主張されている。「我々は我々の熱愛するこの祖國に、醇乎たる福音的教會を建設することによつて、光輝ある歴史の恩澤に應へねばならない[26]」。ここに言われる「福音的教会」が敬虔主義と自由主義神学を排除する仕方で構想されたことは繰り返す必要はないが、熊野はこの文章の直後に、「信仰の主観面に偏して私的な敬虔に執するとき必然的に教會のセクト化を招來する」と述べて、その具体例に「自由主義プロテスタント[27]」を挙げた。そして「健全な教會建設のためには、主觀的な自由主義神學とともに分派形成的なファンダメンタリズムの警戒もまた甚だ必要である」と語っている。熊野の言う「福音主義」「福音的教会」が敬虔主義とも自由主義プロテスタントとも区別された「宗教改革の根本精神」を意味したことは明らかであろう。

しかしそれでは、この「宗教改革の根本精神」に、教会的に、また教会史的にいかにして接続するのであろうか。神学者個人の神学的思惟であれば、飛躍も可能であろう。しかし具体的な教会は飛躍して過去のある時点に接続するわけにはいかない。教会は伝統の身体を持っているからである。熊野義孝自身が神学思想的な飛躍ではなく、教会史的接続や伝統的関連を重視していたはずである。日本のプロテスタント教会がとりわけアメリカの敬虔主義的自由教会から由来していることは歴史的事実であり、そのことは礼拝堂の建築にも礼拝の様式にも、その「献金皿」（アメリカなら皿であり、日本なら袋であるが）の中にも、そして教会生活の祈りや礼拝の讃美歌にも、あるいは伝道集会や、祈禱会、家庭集会、日曜学校（後の教会学校）の中に、また倫理姿勢の中にも現れていた。それはまた「信仰と職制」の全貌に現れている。それゆえの長所もあれば、またそれゆえの短所もある。この歴史的事実との取り組みを介すことなく、それからの継承と、短所の克服の努力を介さずして、どのように「宗教改革の根本精神」に教会史的に接続できるか。ただ「宗教改革の根本精神」を語ることは、教会史的継承ではなく、かえって神学と教会史の乖離を顕わにして、身体はアメリカ、頭はヨーロッパ中世末期（宗教改革）の分裂になると思われる。

熊野義孝はこの「福音主義」の用語使用によって、明らかに「弁証法神学」との結びつきを示した。『基督教概論』は、通常、教会の歴史的事実から出発し、しかる後に教会の自己存在の根拠を認識する歩みを展開したもので、教会の歴史的事実や現象からその権利問題、真理問題に遡及するいわば「現象学的方法」によるものと言われた。それはまた、その書の三部構成が示しているように、「宗教的なもの」から「特にキリスト教的なもの」に登っていき、そこからさらに「福音的教会の理念」を尋ねる。それは、いわば「下から上への神学」の方法を採っているとも思われた。この神学的思惟の下から上へ、あるは現象から本質へという進行方法は、「神の言葉の神学」が上から下へと降るのとはまったく逆で、宗教の現象から本質へ、そしてキリスト教の本質へと進む自由主義神学に見られた思惟方法に類似すると考えられた。確かに一応はそう言い得るであろう。しかしその内実に注目すれば、ちょうど宗教の本質を「媒介」に見て、仲保者キリストの「受肉」と結び合わせていくように、「福音的教会」の理念は「宗教改革の根本精神」に見られている。それは、歴史的現実や現象から出発したとして、どこにある歴史的現実や現象から出発したのであろうか。それは「日本の教会の歴史的現実や現象」から出発したとはまったく言いがたい。歴史的、あるいは現象学的に出発したとして、いったいどこにある現象から出発したのかと、改めて問わなければならない問題性があると思われる。「キリストの受肉」を宗教改革的な意味での福音主義的信仰告白と説教との結びつきによって捉えた『基督教概論』の基本的筋道は、むしろ弁証法神学の大筋の主張に近いものであった。

(4) 熊野義孝における「戦時態勢」の理解と「弁証法神学」の流入

日本プロテスタント一五〇年を回顧するとき、昭和の激動、特に満州事変から敗戦にいたる大戦とそこに現れた超国家主義、過激な皇国主義をどのように把握し、その中の教会をどう評価するかという問題がある。これは日本史的にだけでなく、日本キリスト教史的に大きな問題をなす。この問題は、日本基督教団の成立とも関係し、さらに日本はポツダム宣言受諾による無条件降伏の中でも国内的には唯一「國體の護持」に執着したから、当然、戦後の問題としても引き継がれた問題である。日本における近代国家の挫折と再建は、ここに根本問題をさらけ出したと言わなければならない。戦争の終結は言うまでもなく交戦国相互の終戦の承認と調印によることであるから、日本が一方の当事者であったアジアにおける世界大戦の終結は、当然、九月二日の終戦の調印をもってなされた。しかし日本にあっては、永く八月一五日の「玉音放送」による天皇の「終戦の詔勅」をもって「終戦」とする、国際関係的に言えば非常識な見方が常識とされてきた。これは一つの例であるが、特殊日本的異常性は、種々の方面で今日の日本の国家と社会にも継続していると言わなければならないであろう。戦争のこともさることながら、そこに現れた神聖天皇を戴いた皇国主義の問題とその異常性を認識しなければならない。

　熊野義孝は、「回顧と展望」において先の大戦と皇国主義問題を特に教会の問題としては扱っていない。しかし戦時態勢への傾斜をほぼ昭和一〇年代の現象と見ていることは明らかである。「それでも昭和十年頃までは日本のキリスト教社会は比較的安泰であった」と語っている。この受け取り方は、戦時態勢の中を現実に生きた一人の人間の具体的生活感覚として承認しなければならない。「そして教会の周辺では急速度の右傾が進行している。しかし、とにかくこの状況のもとで日本のキリスト教神学史が絶えることなく命脈をつないで生長して行ったことは、忘るべからざる事実である[28]」と熊野は語っている。「極端にして無稽と言うべき時局便乗の思想談義が交わされる中で、今日から見ればいささか拙劣な弁証を試みたり、また誤解されやすい用語表現を借りて相手を啓蒙すべく努めた牧師や教授もなくはなかったけれども、事実はこの非常事態にそれほど良識を失ってはいないと判定すべきである[29]」とも語っている。姿勢はひたすら守りに徹するほかはなかった。その中で熊野義孝はどう過ごしたであろうか。戦後の神学的影響の大きさから言って、「熊野義孝の戦時経験」という問題に関心を寄せた人々はキリスト教会には少なくなかったと思われる。しかし熊野の生前には、幸い、無遠慮に問いただす風潮はそれほど見られなかったように思われる。

熊野義孝が漏らした戦時の心境は、例えば「この季節に心あるキリスト者が憂鬱であった[30]」といった表現に見られ、この心象表現が偽りでなかったことは誰もが肯定するであろう。彼はまた「逃避でもなく猪突でもなくこの旅程を責任のもとに進めるためには、各自が強く深く自分だけの孤独の場所に立ち帰るほかはないという自覚を唯一の拠りどころとして、この季節の風に堪えたのであろう[31]」とも語る。過ぎた季節のこの回想の言葉に、熊野自身の感慨を読み取ってさしつかえないであろう。また言う。「問答無用の場合にはこつこつ禿筆を駆して文章を書き溜めたという人もないではなかったと思われる。この暴風の前後の出版目録を点検するならば、少なくともこの形跡は判然とする[32]」。ここに戦時の熊野義孝の生活は明らかと言ってよい。「問答無用」に吹き荒れる「暴風」の中に、「憂鬱」な思いを懐きつつも、「強く深く自分だけの孤独の場所に立ち帰って」「禿筆を駆して文章を書き溜めた」のである。ただしその文章は「時局」批判の文章でも「拙劣な弁証」でもなく、また「相手を啓蒙する」ものでもなかった。それはまた、この「暴風」の由来や進路についての考察でもなかった。それはただ「福音的教会の理念を求めて健全な国民教会建設に渾身の努力を傾注する」神学的文章、つまり『基督教概論』にほかならなかったのである。

後年、熊野は「この時期に弁証法神学はその母国においてたいへんな闘いを続けている」と書いた。しかし当のその時期には「その消息はアメリカの雑誌を通じて以外には入手し難く、日本の神学界は依然として〈信仰的に〉バルトやブルンナーの著作を評論するにすぎなかった[33]」とも言う。しかし熊野によれば、その経過は教会的に幼稚ではあっても、決して異常でも、不健全でもないと言う。「危機の神学に励まされて聖書を研究し、宗教改革者たちの精神をいっそう深く汲み取ろうと努めた若い教師たち、明日戦場に送られるかも知れない教職の数少なくはなかったことを、四半世紀後の今日、改めて想起すべきである」。そして次の言葉に対して誰も容易に反論する心境にはなれないであろう。「この刹那を生きるだけの日々において、なお平素の祈りが絶えなかったとするならば、今われわれはそれ以上に何ごとを彼らに要求しうるであろうか。しかも、この頃、一行の文も綴らず、沈黙を守りながら、静かに永遠の道を語りつづけた日本のキリスト者は決して少なくないはずである」(34)。これは一九六八年の文章であるが、この前年には日本基督教団総会議長による「第二次大戦下における日本基督教団の責任についての告白」が発表されている。熊野の文章がそれを意識していたかどうか、つまびらかではない。しかし「日本基督教団の戦責告白」をめぐる一九六七年以後の賛否激論の過熱した状況を振り返れば、熊野義孝の文章がそれとまったく無関係に書かれたと考えることも難しい。いずれにせよ戦時態勢に身を置いた一人の神学者の感慨を語る言葉として、謹んで受け止めるべきと思われる。

熊野義孝はこうして「暴風」として、自然災害に比すべき難事の経験として、戦時態勢下を過ごした。われわれは当時の熊野義孝についてとやかく言うより、ただ二点の疑問を表明したいと思う。一つは「暴風」であっても、それが台風であれば突発的災害ではなく、発生源があり、経過と進路があるはずである。熊野義孝はそれをどう見ていたかという問題である。そしてもう一つは戦時文章として『基督教概論』を読むとき、見えてくる問題があるという点である。

戦時暴風の進路といえば、経済史的、あるいは社会史的に明らかにすべき角度もあって、維新以後の富国強兵・殖産興業の国是とその経過、そして大正末から昭和初期にかけての経済的破局の状況がよく指摘される。「大東亜戦争肯定論」や、それとは逆の価値判断から資本主義経済の不可避的崩壊過程における帝国主義的侵略戦争といった診断や意見が聞かれることになる。しかしもう一つ精神史的に、超国家主義の思想として皇国主義の暴発という点を問題にすると、日本における近代国家形成の「挫折」に至る経路はさらに長いスパンの精神史に即して問われなければならなくなる。日本のプロテスタント教会と伝道にとって決定的なのは、むしろこの後者の問題である。日本における近代国家の形成に関わる理念や精神の問題は、すでにその基本的軌道を「大日本帝国憲法」と「教育勅語」によって据えられていた。精神史的には、それよりさらに遡って論及すべき日本の特殊民族主義的な「国学思想」の問題もある。そしてこの問題との闘いという視点で見れば、明治二〇年代の闘いは重大な時期を画していたと言わなければならないであろう。熊野義孝も『日本キリスト教神学思想史』の中で明治二〇年代の問題を挙げている。そこに彼は三つの問題を指摘した。それは、「日本基督一致教会と日本組合基督教会との合同不成立」「内村鑑三のいわゆる不敬事件とそれに関連して国民教育と宗教の問題」「新神学の移入によってもたらされた物議」の三つである。日本の近代国家の進路とキリスト教の命運にかかわる重大問題はどれかと問えば、言うまでもなく第二の問題にほかならない。しかし熊野はそう考えなかった。「新神学運動の勃興」を挙げて、「今日から見ればこの方が二〇年代の保守反動による教勢の阻害などよりも、はるかに重要事件でありかつ有意義である[35]」と語って憚らなかった。熊野の目には、明治二〇年代の国家進路の確定と昭和一〇年代の暴風とは、皇国主義的国家形成をめぐる通底した政治的、文化史的問題としてほとんど興味を引かなかったようである。熊野義孝には明治の近代国家形成に対する基本的な批判的視点が欠落していたのではないかと思われる。明治の、言うところの「近代国家」の中に生まれ、それを前提にした熊野と、例えば終始それに対して批判的で、違和感を抱き、自ら主催した雑誌を三度にわたって発行禁止処分にされながら闘い続けた彼の師植村正久とは、「教会と国家」の問題をめぐってかなりの距離感があったと推測される。われわれは明治二〇年代の植村正久らの闘いとその後の日本社会とキリスト教の変化を次のように見ている日本政治思想史家の言葉を無視することはできない。「この問題〔明治二〇年代の「教育と宗教の衝突」、筆者注〕を契機としてキリスト者の忠誠問題に対する態度にはこれまで見られなかった陰影がさしはじめ、それがますます色を濃くして行ったことを否定できない。当初、内村事件について『皇上は神なり之に向つて宗教的礼拝をなすべしと云はば我輩死を以て之に抗せざるを得ず』〔押川方義・植村正久・三並良・丸山通一・巖本善治「敢えて世の識者に告白す」『福音週報』五一号〕と声明し、あるいは『衝突論』にたいして、『政治上の君主は良心を犯すべからず、上帝の専領せる神聖の区域に侵入すべからず、基督教徒は国民の一人として政府に服従するの義務あるを知ると同時に、神に対する義務あるを確信するものなり』（植村正久『今日の宗教論及び徳育論』明治二六年）として、問題の核心をすこしも回避せずに積極的にたたかっていたキリスト教陣営も、見えない社会的な圧力の加重によって漸次防衛的な姿勢に変わり、個々の攻撃者にはかなり激しく応酬する者も、結局、立論の根拠としては、キリスト教はけっして忠孝に反しないとか、あるいはキリスト教こそ忠君愛国と一致する、というようにいわば相手の土俵で角力をとる恰好に追い込まれて行く。この趨勢はその後ついに逆転のチャンスを迎えなかった(36)」。「日本プロテスタント史論」は、この指摘を重く受け止めるべきであろう。

昭和一〇年代「暴風」が突如激化したという熊野の理解は、偽りのない彼の生活感覚であったであろう。しかしそれは、彼が「日本近代国家」の理念をめぐる年来の疑惑と「見えない社会的な圧力の加重」をキリスト者としてあまり認識していなかったということでもある。それは、明治三〇年代に生まれ、大正デモクラシーに青年期を過ごした人、そして何よりもその時代の中で生きなければならない人の時代的制約からくる感覚のズレであったと思われる。

こうした熊野義孝に対する疑問は、戦時文章として『基督教概論』を読むとき、同様の思いを抱かされる。『基督教概論』は昭和二二年に出版されたが、その中身について「後半に至つては、しばしば砲聲の合ひ間に執筆せられた(37)」と著者自身が書いているように、戦時下の文章である。熊野自身が「禿筆を駆つて文章を書き溜めた」と語った著書である。その中で熊野は「歴史的教會の傳承に勉めながら、健全な國民教會建設に渾身の努力を傾注する」と語り、同時に「國家目的の遂行における堅固な協力一致を少しも妨げない(38)」と語って憚らなかった。戦時の国政や世相を「暴風」として受け止めたとは言え、それ以上に身を切られる違和感に苛まれずに、熊野は「国家目的の遂行における堅固な一致」を語ることができた。いったい、「暴風」の中身は何であったのか。環境は戦争であり、しかも質的には国際上の正義のない戦争であった。のみならず「暴風」の中身には「信仰告白的状況」があったのではないか。これが問題である。戦時態勢の中で日本プロテスタントは「信仰的良心の苦悩」に悩んだのではなかったか。礼拝前に「宮城遥拝」を強いられ、諸教派は教団に統合され、「部制」は一気に廃止され、教団代表者は伊勢神宮参拝を求められた。もちろんそれが「信仰告白的状況」であったか否かの判断は、各人の信仰的良心による判断に従う以外にない。他方では教団設立時に教団側から提出し、そして認可された「教義の大要」は、キリスト教信仰の基本を表現していたのであるから、事態は解釈によって揺れ動き得る微妙な状況とも受け取れる。しかし「信仰告白的状況」はいつでも微妙なものである。敗戦の翌年の年頭、天皇による「人間宣言」には、「天皇ヲ以テ現御神トシ、且日本国民ヲ以テ他ノ民族ニ優越セル民族ニシテ、延テ世界ヲ支配スベキ運命ヲ有ストノ架空ナル観念」があったとして、「神話」と「伝説」を修正した。差し迫った東京裁判を懸念しての天皇の保身的な「人間宣言」であったであろうが、しかし修正しなければならない事態は社会の中に蔓延していたのである。要するに心あるものたちは、「信仰告白的状況」における信仰的良心の苦悶があってしかるべき状況を過ごしたのではないか。その戦時に執筆された文章の中で熊野は「我々の教會がいはゆる告白する教會（bekennende Kirche）である所以を覺悟することが肝要である」[39]とも語っている。こうした文章の中で熊野は反ナチスの闘いにある「告白教会」をある程度知っていたかも知れない。しかし以下のような文章は戦時下の文章として、あるいは終戦直後の文章としても、どう受け止めたらよいのであろうか。「信仰の告白は歡喜と勇氣とに終局する。勝利の信仰の行爲となるのである。そして斯様なコンフェッシオは、それの典型を殉教者において見出す。マタイ傳一〇・三二、同一六・二四等の明證するとほり、告白者は時に殉教者で無ければならぬ」[40]。神学的な内容としてはこの通りであろう。問題は、この文章はその時の日本の「教会的現実」とかなり大きく「乖離」していたのではないか、その「乖離」をどう受け止めたらよいのかという問題である。信仰告白を困難にさせた「教会の外の状況」に対する批判的考察と、信仰告白の典型は殉教者であるとの筋道をそのまま実践できなかった「教会の内なる状況」の検討や吟味なしに、戦時中、あるいは終戦直後の文章において躊躊躇なく、信仰告白の典型は「殉教者」に見出されるとただ神学の筋道として書くとしたら、それは神学を高踏的に語って教会的現実との乖離に遊ぶ、もしくは神学にかろうじて息つく場所を見出す、しかしいずれにせよ教会との有機的、責任的な関連を思いきって間接的なものにした「神学主義」ではないであろうか。熊野義孝『基督教概論』は一種「神学主義」への傾斜によって、初めて可能になった学術的な戦時文章ではなかったか。率直に言って、これが疑問点である。そしてそれには弁証法神学の流入が一つの役割を果たしたのではないかというのが、ここに掲げる仮説である。そのことと、「福音主義」をイギリスにおける非国教徒や敬虔主義と結びつけた植村と異なる方向で「宗教改革」との接続で構想したことも関連していると思われる。

弁証法神学の流入は、昭和一〇年代の激動の時代に、熊野義孝が「神学青年」と呼ぶ世代の若者たちに、また熊野自身に対しても、少なくとも二つの道を備えたと思われる。一つは、「宗教改革的精神」のリアリティを教え、そこに向かって「学問意識」を尖鋭化させる道を与え、それによってあの時代の中で精神的、知的に活路を見出すことを可能にさせたということ、つまり一種の高踏的な「神学主義的傾向」に誘ったということである。もう一つはそれが行った「自由主義神学批判」によって戦時態勢における日本の一般知識人たちの精神的雰囲気にあった「近代の超克」[41]に身近に歩み寄ることを可能にさせたのではないかという憶測が生まれる。少なくとも「近代の超克」に対する精神的抵抗心を薄めたということがあったのではないか。これら二つが戦時における激動の「暴風」に、内面において真っ向から対決するのでなく、それがとてもできない状況の中で、ある種の順応をもって対処することを可能にさせたのではないかと思われる。後者の「近代の超克」に近い具体例がやはり『基督教概論』の叙述の中に見てとれる。『基督教概論』において展開された神学史的な意味での「自由主義批判」[42]や「近代主義批判」[43]はともかくとして、文化史的な意味での「近代西欧批判」[44]にも言及されているのがそれである。弁証法神学が「自由主義神学」を批判しながら登場したことは、その通りとしても、はたして日本にあって、この『基督教概論』執筆の時代、つまり戦時状況下で「自由主義」一般や「近代西欧」に対する批判を展開することにどのような意味があったであろうか。『基督教概論』は決して時局的な書物ではない。むしろきわめて専門的な学問意識に自己限定したことによって記された高度に学的な書物である。しかしそこには弁証法神学に結合する仕方で「近代の超克」が暗に含まれていたと言い得るのではないか。そして、その意味では西田哲学一派とほとんど同一の軌道によって戦時態勢の中を過ごしたことになると思われる。戦後の歩みを再開するに当たっては、この問題の何らかの処理を必要としたであろう。しかしそれは熊野義孝自身によってはなされなかった。他の者たちによってもなされなかったと言うべきであろう。日本伝道一五〇年の機会に、熊野義孝の卓抜な「回顧と展望」に学びながら、この疑問点に言及しておかなければ、日本における神学形成にとっての「回顧と展望」にはならないと思われる。教会、伝道、神学における「回顧と展望」は、「信仰告白的状況」における信仰の貫徹の願いを不可欠な基軸にすると思われるからである。そこに信仰の本気度がかかっている。また敬虔主義的福音主義についても、それと近代とのある面積極的な関連は、教会と国家の関係をめぐっても、また人格的自由や人権の主張をめぐっても、さらには伝道の活力をめぐっても、カール・バルトが指摘する主観主義の問題とその批判だけでは済ませられない面がある。熊野義孝が願った「宗教改革」に接続することと、植村が自覚したピューリタニズムや禁欲的プロテスタンティズムに淵源を持つ敬虔主義的福音主義の系譜に含まれる意味を維持することは、決して二者択一ではないであろう。日本のプロテスタント・キリスト教は、普公教会の伝統に支えられながら、宗教改革的信仰をもって、自由教会的福音主義の道を開拓していく以外にないであろう。そのときまた、植村正久の晩年の気概も身近なものになるのではないか。

2　新しい日本の形成とキリスト教

日本社会の精神的、宗教的地平をキリスト教的観点から一瞥すると、戦後七〇年を経て今日なお日本社会は宗教文化的画一主義の桎梏の中におかれていると言わなければならない。神社神道が依然として諸地域の祭りや年中祭儀、通過儀礼を通し、一般庶民の生活風習に浸透し、さらには靖国神社や各地の護国神社を通し人心に浸透し、その頂点に天皇制を戴いている。津地鎮祭訴訟の最高裁判決が示したように、国家や地方自治体の公的行事の中で神道行事は安堵され、伝統文化や儀礼の名のもとに社会的浸潤を図っている。日本の精神的画一主義は、天皇制下における民族主義的、神道的な気風と生活習慣を軸ともし、基盤ともしていると言ってよいであろう。国家官僚の機構である警察までもが神棚を祭り、国有鉄道に発するＪＲの各駅舎も神棚を祭る。さらには交通や運送などとりわけ偶然的な災害を懸念する一般諸企業の中にも神社宗教や神棚を配置した生活習慣が場を占めている。日本は依然として神道を国教に準じた仕方で位置づけ、その精神文化や儀礼習慣を維持し続けていると言わなければならない。その中で、日本仏教は、徳川時代にキリシタン弾圧のために組織化された体制が社会変動の中で多大の動揺にさらされながら、なお葬送儀礼と墓所管理を軸にして日本の精神的画一主義の中でその安定化の作用を遂行している。

社会儀礼、祝祭日、模範とされる人物、さらに国歌や国旗の「フルセット」[45]をもって、国民宗教的な不寛容社会が構成されているのが日本である。この社会は単一民族主義的で、国際社会の軽蔑を買ってでも、画一主義を保守し、移民も難民も迎え入れようとはしない。この国の常識は依然として、しばしば国際社会の非常識となり、国際社会の非常識は、この国の常識であることが多い。植村正久が語った「開国革新の国是」は一五〇年を経て依然として日本の宿題であり続けている。一九四五年の敗戦もまた、憲法による国家的統治の形態はともかくとして、この国の社会の根本における変革をもたらすことはできなかった。

キリスト教会は、この社会にあって戦後数年間、価値観の崩壊と目標喪失を経験した人々の人生の支えとして関心を集めたが、やがて戦後体制が復興し、旧体制的価値観の復興とともに経済成長の路線を一筋に走り始めた頃、画一主義的な国民的関心の外に置かれるようになった。キリスト教はこの国にあっては依然として外国宗教である。以後、キリスト教、特にプロテスタント・キリスト教は、困難な闘いの中に陥り、ごく限られた伝道の空間を保持し、今日に至っている。歴史的に回顧すると、戦時における日本基督教団の挫折とその未処理問題、そして一九六〇年代末から四〇年にわたる日本基督教団の混乱とその決着の無力が問われる。その根本には、信仰告白的真実に生きることが時には殉教に至ることがあり、したがって命を賭して信仰を証した者たちに対しては深い尊敬をもって遇するという、伝道に当然な熱意や真剣度の希薄さがあると思われる。それゆえプロテスタント・キリスト教は疑いにさらされ、新しい日本の形成に寄与することも困難という単純な事実に止まっている。

キリスト教、とりわけプロテスタント教会とその伝道は、信仰告白的真実に立ち返りつつ、日本の形成に責任を負わなければならない。それはとりわけ新しい日本の形成が以下の諸点を回避できないとすれば、確かなことと言ってよいであろう。

第一には、国家としての日本は、今やグローバル化しつつある自由や人権、デモクラシーなどの近代憲法的な諸価値に基づき、立憲主義国家の形成の道を歩み続けなければならない。立憲政治の成熟という視点から見れば、戦後日本の大半の政治は、憲法改正を党是とした政党がその党是を真剣には追及しない仕方で統治してきたという皮肉な歩みによって維持されてきた。信教の自由は厳密には常に侵食され続けてきたし、神道と深く結合した天皇を国民統合の象徴とするというジレンマを抱え、日本は憲法的理念におけるいわばアイデンティティの分裂を抱え続けてきた。国家や国政を非宗教化し、さらに国際化し、世界に向けて多元化する努力が、今後とも必要とされるであろう。

新しい日本の形成を本心から求めるのであれば、個人人格としての人間性の確立と市民社会の建設のために疑似宗教的な天皇制は廃止しなければならない。それのできない当分の間は天皇制をいっそう内実的に憲法に接近させなければならないであろう。「皇室典範」は旧法の継承を脱して、憲法的な内容方向に改正されなければならない。天皇の「人間宣言」を徹するのみならず、その脱神道化の道が求められる。皇位の継承も両性の平等に服させ、天皇の退位の自由も承認し、神道的桎梏からの自由を推進しなければならないであろう。

そのようにして日本形成における理念的ならびに精神的な多元化を図るとともに、憲法的な価値観におけるアイデンティティの形成が探求されなければならない。これと対極の道は、神道の社会的浸潤をいっそう強化し、憲法ではなく神道や神道的天皇制の方向で日本の画一主義を強化し、非憲法的なアイデンティティの統合を図る道である。この道は、それを明白に打ち出せば「保守革命の道」であることが歴然とするが、実質的には戦後、漸進的にこの保守復旧の道が歩まれてきたのではないか。しかしこの道がさらにいっそう推し進められていけば、日本はグローバルな現代の国際社会の中でますます特殊で孤立的な閉鎖社会になる以外にない。この道は徹底するのに不可能な道である。そこから生じる当然の破局は、むしろ再度、唯一可能な本来の道、新しい日本に向かって転じる劇的チャンスになるかもしれない。

日本の近代化の新たな推進に際し、憲法的諸価値は世界観的に中立ではあるが、それらの精神的起源を問えば、歴史的に言って、プロテスタント・キリスト教以外の源泉を考えることは困難である。プロテスタント教会は、人格と自由、人権やデモクラシーといった宗教的拘束から自由な憲法的諸価値をその起源的な宗教的根底から理解し、深みからの実現に協働する。それはもとよりキリスト教会の第一の使命ではないとしてもである。キリスト教会は文化的、社会的な価値追求に終始するものではなく、終末論的な群としてあらゆる文明を審判の層のもとに置き、神の国と神の義を求めて、まことの礼拝と福音の正しい伝道に邁進することを唯一の使命とする。しかしそのことが結果としてあらゆる被造物の神格化を拒否して、国家や社会の形成努力の文脈に立つ人格と自由を支えることになるであろう。

第二に、新しい日本の形成は、「個としての人間の確立」とともに、あらゆる個人の「自発性」や「共同性」の涵養を不可欠にしている。個としての人間の確立は、自己の内的な挫折や自己中心主義への歪曲から繰り返し立ち直されなければならない。それは個としての人格を形成し支える宗教的基盤を要請するとともに、その宗教的基盤は他者とともに生きる人間の確立として、共同体形成力をもったものでなければならないであろう。それはまた、国家や社会におけるさまざまな支配的勢力に対する「抵抗や批判の原理」を持たなければならない。超越的な神による贖罪の宗教としてのキリスト教は、人格としての人間をその成立根拠から支え、共同体形成の期待に応えることができるはずである。

第三に、新しい日本の形成には、「自由なアソシエーション」の成長を伴った「自由な市民社会の成熟」が課題とされる。グローバル市民社会の視点からしても、自発性の原理に基づく自由な市民社会が日本の中で確実に成熟することが期待される。プロテスタント自由教会の形成は、他の自発的共同体とともに、自由な社会の成熟の一大要件をなすであろう。「自由な社会における自由な伝道」が新しい世界とともに、新しい日本社会の標識になるであろう。

第四に、新しい日本はグローバルな相互責任の中を前進しなければならない。市民は世界市民である。ナショナルな閉鎖性を越えたグローバルな共同体への所属がその市民を支える。そうした世界共同体として国境を越えた市民社会や学問の共同体にとって、自由教会としてのキリスト教もまた重大な位置を持ち得る。ナショナルなものを遥かに超えた超越からの支持により、教会は普遍的意識をもたらし、民族的画一主義を破って、日本に従来欠如した「他者感覚」、つまりは民族性を異にする他者の存在をその他者の側から理解し、それを尊重する精神を国民意識の中に吹き込み、新しい国民性の形成に寄与するであろう。

最後に加える必要があるのは、今後とも世界は高度技術化による技術社会の追求を停止することはできないという問題である。この回避できない高度技術化はしかし一般的に言えば、本質的に「ネクロフィラスな傾向」を持ち、[46]不断に新たな「倫理的難問」をもたらし、「規範喪失社会」[47]へと誘う。世界は技術化を精神的に担い、道徳的困難に耐え、新たな規範を探究し、倫理的再生に不断に力を注ぐことのできる宗教的な力を必要とし続けるであろう。新しい日本の形成は高度技術化の中の道徳的再生という課題によってキリスト教に対する期待をなお抱くであろう。その意味でキリスト教が自らまさしく本来的にキリスト教であり続けることが、新しい日本の形成における積極的な要因になると言うことができるであろう。

以上、新しい日本の形成を、現代における世界共通文明の動向に即して短く述べた。現代の世界文明が共通に前提している諸問題とその文脈におけるキリスト教の弁証は次の第五部の課題である。

第五部　世界共通文明の文脈におけるキリスト教の弁証

はじめに――第五部の意味

本書のこれまでの歩みは、第一部では人間の自己理解の文脈において、人間の本質構成的な超越関係、すなわち神的なものへの憧憬を指し示すことによってキリスト教的な神との文脈を示すことを試み、第二部では実在全体の歴史性の文脈において、キリスト教信仰とその歴史神学の権利を明らかにしようと努めた。その上で第三部においては、近代世界が「未完のプロジェクト」としてなお無視できない現代的意義を有していることを踏まえて、その成立とプロテスタンティズムの関わりを問うた。そこからさらに第四部において「キリスト教なき日本の近代化」の問題を指摘し、新しい日本の建設に向けてキリスト教の意味を語る試みをした。それらを受けて、ここでは現代世界とその共通の文明の諸契機を論じて、その中からいくつか問題視角を選択し、キリスト教の弁証を試みようと思う。

現代世界とその文明の文脈におけるキリスト教の弁証という課題は、構成主義的な方法によってその問題群を完結的に設定することはできない。現代の問題群からいかなる問題を選択するかという課題は、論理必然性や構成主義的な筋道を辿る作業ではなく、歴史的な経験に基づく選択的判断によるほかはない。キリスト教弁証学の扱うべき課題の選定は、論理的・構成的必然性によらず、歴史的な課題意識に従って選択されるが、なお取り上げられない課題に対して開放的である。キリスト教神学は、神の真理の定義からして、本来、あらゆる問題の文脈において弁証学的思惟を展開しなければならない。キリスト教弁証学は、すべての問題の苦境の中に神とその真理に対する渇望を見出し、神とその真理による解決の可能性を提示し得ると確信し、それを試みなければならないであろう。

ここでの主題設定は、歴史的な諸問題との直面における選択的判断として、「信仰と理性」「市民社会とキリスト教」「ヒューマニズムとキリスト教」「自然科学とキリスト教」「キリスト教と諸宗教」という五つの大きな問題群に絞られる。グローバルな市民社会の価値的動向の中からは特に「デモクラシー」と「ヴォランタリー・アソシエーション」の問題が取り上げられる。また、ここでの五つの問題群は、それぞれに相互作用的連関にあるが、同時にそれぞれの問題群としてそれぞれの歴史的経過を顧慮しつつ扱われなければならない。

第一章　信仰と理性

現代世界の共通文明の文脈においてキリスト教信仰と神学の弁証を試みるに当たり、当然選択的に絞り込まれなければならないいくつかの問題群の中で、「信仰と理性」の問題は根底的な問題である。続いて扱われる市民社会の共通諸価値の文脈、あるいはヒューマニズムや近代科学の問題関連においても、さらには諸宗教の多元性の問題との取り組みにおいても、「信仰と理性」の問題は根底的な役割を果たす。そこでまずこの問題から扱うが、「信仰と理性」の問題はキリスト教史における永い歴史を経過して現代に至っている。その事柄の歴史が示すように「信仰と理性」の関係は時代史的変遷を見せるとともに、同一時代においても決して一定の形に固定化したものではなかった。古代キリスト教時代においても、ユスティノスが構想した理性と信仰の調和的関係やその文脈での信仰の弁証と、テルトゥリアヌスが遂行した理性と信仰の対決的文脈での弁証とでは大きな隔たりがあった。同様に中世においても、ペトルス・ダミアーニの対決的理解とトマス・アクィナスによる調和的理解とでは信仰と理性の関係の理解は相違を見せた。宗教改革者たちと人文主義者たちの間にも、啓蒙主義とロマン主義の間にもこの問題をめぐる隔たりや葛藤が見られた。二〇世紀においてもこの問題をめぐってカール・バルトとパウル・ティリッヒとではやはり扱いが異なっていると言わなければならない。それにしてもヘーゲル哲学に典型的に見られた信仰と理性のドイツ・イデアリスムス的総合が、その後の時代に崩壊した後では、理性の自律の主張はキリスト教信仰から一段と乖離し、信仰は理性との関係から次第に排除される傾向に置かれた。

信仰と理性の関係の変遷は、理性に対する信仰の弁証の変遷ともなったが、それは信仰概念が変化したために起きたというよりも、むしろ理性概念が変化したことによったと言うべきであろう。この変化は現在なお進行中である。「理性概念の歴史的変化」は神学が問題として認識すべき課題であるだけでなく、哲学もそれを自覚し、他の諸科学も認識しなければならない問題である。したがって理性の文脈におけるキリスト教信仰の弁証は、特定の理性概念を絶対化し、それを規範とする法廷内で遂行されるものではなく、同時に信仰による理性批判、つまりは「神学的理性批判」をも含んで遂行されなければならない。理性概念そのものが決して自明的ではなく、信仰はただ非合理的な命題を教会の権威のもとに受け入れるものでもない。信仰はイエス・キリストの出来事に真理の啓示を見て、その啓示を通して神とその業を霊的に認識する。信仰の認識は信仰的理性によって遂行される。信仰と信仰的理性とは、神の真理に関係する。その意味では、信仰と信仰的理性が関わる神の真理と、非信仰的理性が関わる真理概念との関わりも反省されなければならないであろう。神の真理は特殊な領域の真理ではなく、当然、普遍的、包括的な真理であるからである。普遍性や包括性を欠如して、神概念の真理性が維持されることはないであろう。

それにしても、キリスト教弁証学にとって重要なのはとりわけ現代の問題として「信仰と理性」の関係がどのように理解されるかであり、その意味では現代に優勢な理性概念に対する神学的批判が不可欠とされる。その際やはり啓蒙主義以降の近・現代にあって、信仰との関わりを局限化し、あるいは拒絶してきた「近代的理性」の限界や問題性が明らかにされなければならない。その上で「信仰と理性」のあるべき関係を問い、この文脈におけるキリスト教信仰の真理性や正当性、さらにはあるべき理性概念を追求することによって、「理性の理性性」を回復する必要がある。キリスト教弁証学は、その意味では、その作業を通して「信仰と理性の新しい関係」を再提示しなければならないであろう。キリスト教弁証学は、あるべき理性概念を求めて、信仰と理性の関係を再定義する道を求める。

この問題は、キリスト教信仰の意味を理性にとって理解可能な仕方で提示することによって、現代の理性が単なる合理主義的、世俗主義的な自己閉鎖性に留まることの不毛性を示し、あわせて現代の世界共通文明の動向の渦中における理性の自己反省に寄与することを目指す。この関連で「信仰と理性」の問題は、一方の神学と他方の哲学や諸科学との関係問題にも及び、さらにはキリスト教と現代世界文明そのものとの関係に及ぶ。つまりは、教会と国家や社会との関係問題にも及び、世界観的中立性によって営まれる現代の公共圏にあっても、世俗主義的理性の行き詰まりを打開し、信仰と理性の関係の再定義を試みようと思う。

二一世紀の今日、人類は、宗教的多元性の現実に各地域において、またグローバルな規模で直面し、宗教的多元性の中でのグローバル市民社会を形成しなければならない。この課題は信仰と理性の関係史における、一九世紀、二〇世紀の近代的世俗主義以後の一つの新しい局面を意味していると言うことができるであろう。「世俗主義的技術的理性の行き詰まり」という問題は現代の問題として広く明らかになっているであろうが、それとともにもう一方では宗教の深層次元に無理解な「非宗教的理性の限界」を知らなければならないであろう。そうでなければ宗教的資源や資質から来る諸価値の深みの次元に根差した諸価値の真相を理解することはできない。しかしまた現代の世界文明は熱狂主義的な不合理的宗教の脅威にも直面している。「非宗教的理性」の弱点を認識し、その不十分さを越える努力を試みるとともに、「非理性的宗教」の破壊の危険にも対処しなければならない。そしてそれには宗教的理性の権利の回復を適切に図ることが無関係ではないであろう。

1　近代的理性による信仰の排除

近代的理性は、それ自体の活動領域から宗教を排除し、現代文明の諸価値が根差し、また親和的な関係をもってきた宗教的な次元の理解を排除してきた。カントが『純粋理性批判』の序言に、「信仰を容れる場所を得るために知識を除かねばならなかった[1]」と記したことはよく知られている。この言葉は理性が自らの認識能力を批判的に吟味し、自己の能力の限界を認め、神や魂の自由や不死に関わる事柄を理性による認識領域から除外し、信仰に委ね、その意味で謙遜な理性の自己表明を発言したと受け取られる。しかしそれは見方を変えると、「自然的世界に関する学的認識」と「人間道徳に関する実践的認識」とを区別し、信仰の問題を道徳的実践との関係の中での要請に止め、自然的世界の認識から神関係を締め出すことでもあって、つまりは信仰に一段狭い場所を許可した発言でもあった。こうしてカント的な批判主義的理性は、信仰に場所を与える仕方で信仰に対する理性の優位を主張したことになる。その結果、信仰から自然的世界との関係は奪われ、道徳的世界も自律的実践理性の判断によって立てられたのであるから、信仰はその中でもさらに狭い接点的な領域に追い込まれることになった。この道は理性にとっても、自らのカテゴリーによって認識される経験的現象界から物自体を区別することになり、形而上学的問題を自己の外に残すことになり、やがてドイツ・イデアリスムによる形而上学の回復に可能性を残すことになった。

したがって、カントの批判主義からわれわれはその後の信仰の人間学的主観性への局限的な撤退を直線的に引き出すわけにはいかない。その間にフィヒテからヘーゲルにいたるドイツ・イデアリスムの経過が介在したからである。しかしドイツ・イデアリスムが力を失って以後、実存主義の系譜も、実証主義の系譜も、信仰を自然的世界関係から排除し、無宇宙的（akosmistisch）な仕方で人間の主観性へと移行させた点では共通の道を歩んだ。カントにおいて信仰に与えられた倫理道徳との接点は、やがて実存の決断や主体的価値判断の領域、あるいは人格的主体間の出会いの領域に限定され、自然的世界を認識する科学的理性も、社会を理解する実証主義的理性も信仰に場所を与えず、歴史的な事実判断も「没価値的」（wertfrei）に遂行されるべきとされた。信仰はもっぱら主観的価値判断や決断の領域に追いやられたわけである。この理性による信仰の排除、概して「実証主義的な理性」対「主体的決断的な信仰」の対立関係は二〇世紀に及んだ。

しかしこの過程で理性が見せた変遷によって、自律的理性も実証主義的理性も、宗教的次元を排除したことによりいっそう「小さな理性」となり、人生や世界の事実経過を認識するにしても、それらの意味や目的との関連を欠如して認識するほかはなく、価値判断の世界も事実認識と区別され、「小さな理性」の外に、多くの場合主観的な恣意性の場に置かれることになった。理性はこうして、道具的、技術的な理性として「理性の蝕[2]」や「理性の貧困」を拭いがたくした。それは、ただ世俗的、非宗教的理性というに留まらず、その原理的な徹底によって世俗主義的理性、反宗教的理性とも言うべきものになり、理性本来の理性性を失ったとの疑いにさらされたとも言い得る。その結果、例えば具体的に「人命の意味」について問われても、現代の理性はもっぱら「自己決定」や「功利主義」などに訴えるほかなく、生命そのもの「秘義的な尊厳」についてその深みを理解し、それを伝達する能力を喪失しているありさまである。

2　ティリッヒによる「存在論的理性」の回復とその問題点

パウル・ティリッヒは、マックス・ホルクハイマーとともに、近代的理性が「技術的理性」のみに縮小していることを批判的に認識し、その克服のために「存在論的理性」の回復を重大と考えた。「存在論的理性」とはパルメニデスからヘーゲルに至る存在論や形而上学の中で理解されてきた理性であり、存在とその構造、その意味や目的の認識に関わる理性である。これに対して「技術的理性」は、人類とともに古いが、しかし近代においてイギリス経験主義の興隆の中で優勢となり、特にドイツ・イデアリスムの崩壊後に「存在論的理性」にとって代わる仕方で前面に登場してきた。技術的理性は「手段」に関わることを仕事とし、その「手段」がいかなる目的に仕え、いかなる意味を有するかという問題には関わることができない。「目的」は他から与えられるものを受け取るよりほかにない。技術的理性は、存在論的理性と結合しつつ作用すれば意味や目的の認識との接合を図れるが、一九世紀以来存在論的理性の衰弱により、人生や世界の目的や意味は個人的、あるいは集団的な恣意的決定に委ねられる傾向が色濃くなった。これによって技術的理性が非合理な力による恣意的目的設定に仕える可能性が大きくなり、そうなれば技術的理性の遂行は非人間化し、それがもたらす手段は意味喪失に陥り、技術的理性自体としても弱体化するほかはない。ティリッヒによれば信仰と理性の関係において重大なのは、存在論的理性を回復することであった。技術的理性はその支持のもとに意味があるにすぎないことを承認しなければならない。

それでは存在論的理性を回復するとはいかなることか。ティリッヒは彼の言う「本質と実存」の区別を理性概念にも適用する。つまり存在論的理性もまた実存の時間・空間内においては理性の本質においてあるのでなく、その実存的困窮の中にある。理性には「構造的な諸契機」が内在的に備わっているが、実存の制約下にあってそれら諸契機は相互に対立し、「自己破壊的な葛藤」(3)（self-destructive conflict）に陥っている。しかもこの葛藤はアクチュアルな理性を基盤として解決することはできないと言う。存在論的理性もそのアクチュアルな形態、つまり「実存」「生命」「歴史」にあっては、「堕罪と救済」の関連に置かれ、その困窮から救い出されなければならないと言う。

ティリッヒが見ているアクチュアルな存在論的理性の困窮は、「三つの葛藤」の形で認識される。一つは「自律的理性と他律的理性の葛藤」であり、他は「相対主義と絶対主義の葛藤」、さらに「形式主義と情緒主義の葛藤」が挙げられる。第一の葛藤は理性における「構造と深み」の両極性がもたらす葛藤と言われ、第二の葛藤は理性の「静的契機と動的契機」の両極性、第三は理性の「形式的契機と情緒的契機」の両極性がもたらす葛藤であると言われる。そしてそれらの葛藤から解決を求める理性の探求は、第一の葛藤では「神律」を求め、第二の葛藤では「具体的で絶対的なもの」の探求に、第三の葛藤では「形式と神秘の統一」の探求へと導くと言う。また、これら諸葛藤は、そこに陥っているアクチュアルな理性そのものによっては解決できず、ただ「啓示」、それも「終局的な啓示」だけが解決を与えると言われる。「啓示」こそは「神律」であり、また「絶対的でかつ同時に具体的であるもの」であり、そして「形式的契機と情緒的契機の統一」を与えるものとティリッヒは語る。

その詳細な叙述はここでは省略するが、こうした論述によってティリッヒは、理性が啓示に対抗するのでなく、むしろその自己破壊的葛藤の中で啓示を求めていること、そして啓示が「理性の再統合」[4]を意味することを描き出そうとした。

ティリッヒにおいて「キリストとしてのイエスにおける啓示」がアクチュアルな理性の諸葛藤を解決し、理性の再統合を意味するとされた重要な根拠は、それが「終局的な啓示」であって、それには「自らを失うことなしに自らを否定する偉力があること」とされ、そこに媒介としてある「有限な諸条件」を犠牲にして「新しい存在」の開示の透明性に至っていることによるとされた。つまりティリッヒによる終局的な啓示は、新しい存在の透明性における開示であって、媒介的な有限的諸事項は犠牲にされる。その典型的な表現が「十字架」によるイエスの自己犠牲とされた。つまり「イエスの十字架」は啓示される新しい存在への透明性に仕えるのであって、十字架としての事実の自己主張が重大なのではないことになる。しかしそうであれば、イエスの十字架だけでなく、十字架をはじめとしてイエスの他の行為も、イエスの言葉も、有限なものとして透明化されることになるであろう。つまりはイエスという歴史的人格もその歴史的行為とともに透明化される。ティリッヒにおいて啓示は、歴史を透明化することによる新しい存在の開示として理解されている。

ティリッヒの啓示概念においては、結局のところ、イエスの歴史的存在は透明化され、それによってティリッヒの言う「終局的啓示」の出来事とその内容、つまり「新しい存在」に対し、「歴史のイエス」とその言葉や行為、それにふりかかった諸出来事は、不可欠的な本質的意味を持っていないことになる。つまり彼の啓示概念は「歴史的啓示」ではないことにもなるのではないかと思われる。啓示の内容は「新しい存在」であり、それは「無限なものが有限なものの実存的疎外を克服するために有限なものに入ること」であって、「歴史のイエス」はそれ自体としてこの「新しい存在」と構成的・本質的な関係を持っているわけではない。このことは、イエスと無関係なところでも「新しい存在」の発言が語られることによって明らかになる。それはティリッヒが「神の自己開示が現れて、受け入れられるかもしれない他の複数の『宇宙世界』が存在する可能性」を語るところで明白になる。「受肉は、それが起きた特定の集団にとって独一的であるが、他の独一的な諸世界のための他の一回的な諸受肉（other singular incarnations）を排除する意味で独一的ではない[5]」と言われた通りである。

ティリッヒにおいては「キリストとしてのイエス」の啓示は、「新しい存在」の存在論的な啓示であって、イエスの出来事を本質とする歴史的啓示ではなかった。このことは啓示の認識にあずかる理性の問題で言えば、ティリッヒの理性概念は存在論的理性であって、歴史的理性ではないということである。存在論的な啓示によって存在論的理性が、実存的困窮から癒されるという内容になっている。イエスの出来事という偶然的な歴史的事実の意味は、ティリッヒにおいては啓示の本質ではなく、理性にとっての意味も問題になっていない。

以上のティリッヒの啓示理解や存在論的理性によって、はたして「信仰と理性」の問題が解決されたことになるのか、なお疑問は残ると言わなければならないであろう。理性の問題としては「非歴史的な存在論的理性」でよいのかという問いがその一つである。それによって現代文明の諸価値をめぐるさまざまな葛藤を認識し、それに適切な光をあてることができるであろうか。また啓示概念が問題で、「歴史のイエスが本質を構成しない啓示」つまりは「歴史のイエスなしの啓示」でよいのかという問題にもなる。キリスト教神学にとって決定的な啓示の認識は、歴史的人格であるイエスの出来事における「神」の啓示の認識であって、イエスが御子にいます神であるとの啓示認識でなければならない。その上で現代の理性の諸葛藤を克服する希望の認識でもなければならないであろう。ティリッヒが彼の組織神学において「信仰」と「愛」については語っても、「希望」についてほとんど語らなかったのは、彼の理性が「非歴史的な存在論的理性」であったことと無関係ではないであろう。キリスト教信仰から言うと、理性は歴史的出来事の意味を認識できなければならないし、それを深めて神の認識、神性の認識にそれ自体では至り得ないとしても、その霊的な開示を受け入れるものでなければならない。ティリッヒが「神律的理性」を言うのであれば、そうした「歴史の認識」に携わり、「霊的な開示を受け入れる」理性、つまり歴史神学的な理性とその正当性を主張できなければならなかったであろう。

3　パネンベルクにおける歴史的理性と信仰

ヴォルフハルト・パネンベルクもまた近・現代における「信仰と理性」の問題状況、すなわち信仰と理性の相互対立や分裂、あるいは相互無関係の並行状態といった問題状況を認識し、両者の統一を追求している。信仰は非合理的な主観性の中に閉じ込められてはならないし、理性もまた信仰からはなれた実証主義的理性に縮小されてはならない。その際パネンベルクは、信仰に関しては「権威信仰」の問題性を認識し、「信仰の真理性」をどのように語るかを課題とした。パネンベルクはその歴史神学の展開によって、「権威信仰」に替えて、ヘブライ人への手紙一一章に記されているような「将来的なものに信頼を寄せる信仰」を前面に打ち出した。

他方、理性に対しては、キリスト教信仰に主観性の空間のみを与え、それ以外の空間を与えようとしない理性の絶対的支配の行使を批判した。その際パネンベルクは理性概念の典型的な三形態を識別し、「先験的理性」(apriorische Vernunft)、「知覚的理性」(vernehmende Vernunft)、「歴史的理性」(geschichtliche Vernunft) に区別して論じた。[6] 理性の先験的理解は、理性が推論過程を歩む際、理性それ自体にあらかじめ備わっている諸原理を経験の素材に適用する理性の理解である。カントに典型的なこの先験的理性概念を、パネンベルクはアウグスティヌスにもトマス・アクィナスにも見られると指摘している。理性に対するルターの激しい批判は、この理性概念に対して向けられたのであって、実際この先験的諸原理からキリスト教信仰やその真理を引き出すことはできないと言わなければならない。

理性の先験的理解よりもいっそう信仰に対して受容的であり、信仰と理性の関係を打ち立て得る理性概念として「知覚的理性」が考えられる。パネンベルクはこれをハーマン、ヘルダー、ヤコービ以来のものと言う。これは現存するものを支配しようとする近代的理性でなく、そのモデルは真に存在するもののイデアを感得するプラトンの洞察にあったと言う。これは、あるがままのものを受容する理性であるが、しかしその際パルメニデス的な常に存在するものを知覚する理性であれば、「将来的なものに向かう信仰」とは異ならざるを得ないであろう。「知覚的理性」のギリシア的理解では「将来」はいかなる役割も果たさなかった。そこではまだ「思惟と真理の歴史性」は発見されていなかったとパネンベルクは語った。「真理の歴史性」が問題になれば、当然、「理性の歴史性」も問題にならなければならない。こうしてパネンベルクは「将来的なものに向かう信仰」という信仰概念と「歴史的理性」としての理性概念の統合に向かっていく。

「理性の歴史性」という問題は、ヴィルヘルム・ディルタイの「歴史的理性」の探求が示したように、カントの批判主義以来の理性概念の探求課題であった。パネンベルクは一九世紀のこの理性探究の線を継承し、そもそもカント自身による「生産的な構想力」ないし「創造的想像力」の構想は、元来、閉じた理性体系を打ち破るはずのものであったと言う。フィヒテからヘーゲルに至る「理性の反省構造」の発見も、思惟の反省的運動がいまだ完結していないプロセスの中で理解されるべきであって、この反省運動が概念の中で完結可能であるとしたヘーゲルの主張は崩れ、ヘーゲルの「概念」に代わって、ディルタイの「意義」(Bedeutung)が登場したとパネンベルクは主張した。[7]「意義」はそれ自体の中で完結したものでなく、「歴史的精神の独特な開放性」を明らかに示していると言う。「生の全体的意義は常に暫定的に獲得されるだけ」であり、いかなる個々の体験も生の全体との関連において初めてその意義を持つと考えられる。ディルタイの「意義」が持っているこの全体との関わりを、パネンベルクは終末論的に解釈した。それによって「意義」は「終わり」から明らかになると彼は語った。歴史の意義は歴史の終わりを待って初めて完全に理解されるのであり、「意義」はどれも「最後的将来の先取り」(Vorgriff auf eine letzte Zukunft) に基づくとされた。[8]

パネンベルクはこうして「歴史的理性」を語って、その終末論的構造を指摘したわけである。理性の終末論的構造を通して「信仰と理性」の統一を図ったとも言い得る。信仰はあからさまに終末論的な将来と完成に信頼しつつ向けられており、理性はある事物を指してそれが何であると語るとき、つまり事物の「本質」を語るとき、この終末論的将来と完成を先取りしていると言う。本質の認識は終末論的な先取りにほかならないとされた。そこから「信仰はまさにそれが究極的な終末論的将来に向かうことによって、それ自身を理性の理性性（Vernünftigkeit der Vernunft）にとっての基準として確証することができる」[9]とパネンベルクは主張した。

4　信仰による神認識と理性の理性性

パネンベルクは以上のように、「信仰の将来関係」と「歴史的理性の終末論的構造」を手がかりにして「信仰と理性との終末論的統一性」を主張した。信仰の終末論的志向が理性の理性性の基準であると語られた。しかし、信仰は歴史的啓示において終末論的将来に向かうだけでなく、聖書的証言に導かれ、またその霊的な受容によって神の認識に至るであろう。その際信仰にとって「終わりの先取り」が根本をなすのか、それとも「神の認識」が根本をなすのかが問われなければならない。信仰は先行的に終末に関わるのか、それとも神に関わるのであろうか。パネンベルクにおいては「終わりの認識」が根本で、かつ先行し、それに基づいて「神の認識」が語られる。しかしこの問題は「聖書的証言による霊的な神認識」なしに「歴史の終わりの認識やその先取り」に至れるのかという問題を引き起こすであろう。それに対する回答は「聖書的証言による神認識」が根本であり、また先行するのでなければならない。なぜなら「将来への希望」にしても「歴史の終わり」にしても、そもそも「歴史的啓示」によって示された「歴史の神」の述語であるほかはないからである。「歴史の神」が認識されなければ、パルメニデスの場合にそうであったように「終わり」が存在するとは誰にも認識されないからである。「全体性」や事物の「全体」を語ったとしても、それはただちに「その終わり」を語ることを意味するものではない。終わりのない汎神論的な全体論があり得るのであって、その方が人類世界においてはむしろ普遍的な現象であった。全体が終わりにおいて完結するといったパネンベルクが前提にしている全体理解は、むしろ例外的なもので、キリスト教的な神と、その神による歴史理解を前提にして初めて成り立つ議論にほかならない。パネンベルクは全体からの意義は、全体の終わりからの意義であると認識した。そしてさらには全体の終わりは、一回的な究極的将来であると理解した。しかし全体の完結は何度も繰り返し、完結として起こり得ると、思考することもできるのであって、全体論からただちに終末論を引き出すことはできない。それを引き出せば、むしろ論理の飛躍になる。全体論は汎神論的に語り得、完結も周期論的に語り得るからである。その意味で「歴史の終わり」は、決して全体論から自動的に派生し、結果として生じてくるものではなく、「終わり」があるかどうかは、むしろ「終わらせる神」にかかっていると言うべきであろう。創造し完成する神なしに全体の一回的な終末論的終わりを語ることはできない。したがって、信仰の真理性は「将来」との関わりや「終わり」との関わりに先立って、やはり将来をもたらし、終わりをもたらす「神」に関わることを決定的としなければならない。全体の終末論的終わりは、その神の働きの結果として希望し得ることである。歴史の終わりは、歴史を終わらせる神の啓示によって初めて希望される。パネンベルクの思想は、あたかも神を信じることなしに、歴史の終わりがあると思惟し得るかのような前提に立っていると思われる。そうだとすると、「理性の理性性」の基準は信仰の終末論的志向である以前に、「信仰の神認識」にかかっていると言わなければならないであろう。

歴史的理性は「神」の認識に到達することができるであろうか。理性の神認識を「終末論的先取り」によって根拠づけることはできないと思われる。終末の到来そのものが「神認識」によって初めて成立するものだからである。歴史的理性は、歴史的事実とそれが持っている意味の認識に至る。それと信仰による「霊的な神認識」とが矛盾や対立でなく、しかも区別を持ちながら成立しなければならない。信仰が理性の理性性を支えるのは終末論的構造による以前に、より根本的に「神の真理性」によると言うべきであろう。

ティリッヒの「神律的理性」には歴史が欠けていた。しかしパネンベルクの信仰と理性の「終末論的統一性」では神が歴史の述語になっているという疑問が生じた。むしろ逆に神認識が歴史認識を支える仕方で信仰と理性の統一は考えられなければならない。それはただに終末論的理性としてでなく、同時にディルタイが元来求めた過去的な歴史の認識に携わる歴史的理性として信仰との統一にもたらされる必要がある。その意味で、「歴史的啓示」による神への信仰が、「歴史的理性の理性性」を支持することになるであろう。歴史的啓示の認識において歴史的理性との矛盾や対立でなく、それとの統合における信仰の神認識があるとき、歴史的理性そのものだけでは神を認識することはできないとしても、歴史的理性は信仰の神認識を支持し、それに仕えることができる。またそれなしには歴史的啓示における歴史認識による啓示は確証できない。信仰の神認識と、歴史的理性の理性性とは、歴史的啓示の認識において統合されると言うことができるであろう。

5　真理概念からの可能性

(1) 二つの真理概念

真理概念には、さしあたり二つの真理概念が区別され、その統合が問題とされる。一つは古代ギリシア的な真理概念であり、いま一つはヘブライ的な真理概念である。新約聖書が後者を背景としながらギリシア語の「アレセイア」をもって真理を表現したことは、二つの真理概念の共通性に注目したことを意味し、両者の統合を図っていると見ることができる。「アレセイア」は元来、「レーセイ」（隠され、覆われ、知られないもの）でないこと、隠されたものが開かれ、示され、知られていることを意味した。その点では、アレセイアはすでにあるもの、すでにあることを前提にしていると言うことができるであろう。そこで知られるものは、すでに存在しており、ただその認識だけが将来的であることになる。アレセイアの反対はドクサ（憶見）であるが、このことは、非真理は事物や事柄のことを意味せず、われわれの判断や認識のことを意味するということである。真理もまた事柄の中になく、その認識や把握の中にあることになる。現象の惑わしを超えて、「永遠の存在」を認識することがギリシア的な意味での真理とされた。

ヘブライ的な真理概念は、ヘブライ語の「エメス」によって表現される。マールブルク大学の学長であったハンス・フライヘル・フォン・ゾーデンによれば、ヘブライ的な真理概念においては、真理はただ知られ、語られ、聞かれるだけでなく、また時には逆に隠され、偽られ、誤解されるだけでもなく、「行われ、生起する」[10]と言う。真理は期待されたことを守り、実行する。そしてその真実を証明し、信頼されたことを成就する。「神の真理」は約束を成就する真実によって示される。神は将来を規定し、力強く真実で、義なる方であることを示す。こうしてエメスはいつでも存在するものの認識ではなく、出来事に関わり、出来事としての啓示に関わる。アレセイアが元来、存在的であるのに対し、エメスは出来事的であり、歴史的である。

しかし両者には共通しているものがある。両者とも「確かさ」の性格を持ち、「神的なもの」に関係している。「ギリシア人には存在の概念が神の思想の規準であり、ヘブライ人にとっては存在は神によって造られた現実である」[11]。そこに両者の共通性として「神的なものによる確かさ」がそれぞれの真理概念にはある。キリスト教的真理概念はこのヘブライ的真理概念とギリシア的真理概念の二つを混合させた。歴史的な真理概念の中に存在的な真理概念を統合することによって両概念の統合が図られた。この統合のプロセスは、今日の真理の断片性や多形性の中での統合の模索にとって示唆的であるに違いない。

(2) 真理問題の現代状況

かつて真理は、真、善、美として古代の価値のトリアーデを形成していた。しかし真理概念もまた歴史的変貌を免れず、近代的理性によって認識された真理は、必ずしも善には結びつかず、また美とも結びつかなかった。

真理はときには惨たらしく残酷にもなった。真理の統合性は失われ、それを扱う学も統合性を失った。真理は細分化され、断片化され、多形化されている。

真理に関わる知や学は、特に一九世紀以後、次第に専門化を増し、細分化を増幅させている。それゆえ把握された真理はいよいよ断片的、部分的であらざるを得ない。レッシングは「事実の真理」と「理性の真理」の溝を指摘し、カントは「理論的真理」と「実践的真理」の断絶を表現した。ヴェーバーは「事実的真理」と「価値的真理」を切断し、実存主義は「主体的真理」によって「客観的真理」の価値減価をもたらした。しかしまた二〇世紀において、断片的な諸真理の相互連携が求められ、真理の統合が切望されてもいる。学問は一方で専門分化をいよいよ進行させながら、他方では「学際的連携」を必要とし、諸科学間の対話を求め、総合を模索している。

真理の歴史性や、専門化・細分化による真理の断片性とともに、異なる宗教文化圏による真理の「多形性」にも今日、直面している。ヴィルヘルム・グラーフはトレルチの「文化圏」の思想を現代的なものとして次のように評価的に語った。「トレルチは多元主義的な現実性理解に有利になるように、伝統的な一元論的真理概念を『真理の多形性』(Polymorphie der Wahrheit) に解消した。どの文化圏も独自の真理を有している」と。[12] グラーフによればこれによって「トレルチは真理の要求を自らの文化圏に制限することによって、より新しい相対主義的文化人類学の開拓者となった」。しかし相対主義は無制限な形態であったなら、真理探究の「倦怠」や「断念」に導くであろう。現代のグローバル世界には、各種の原理主義のように、自己の文化圏の真理に対する絶対主義によって「文明の衝突」を過激化させるファクターも働いている。無制限な相対主義にこの衝突を回避させる力はない。グラーフはトレルチの中に無制限な相対主義でなく、「神学的に反省された批判的な自己制限の立場」を見て、その「歴史論的な思惟」が、現代の「文明の衝突」を回避する「論証の模範」を準備していると語る。真理の統合は、抽象的に達成できるものではなく、真理の多形性を承認する歴史的真理論を介し、論証を重ねつつ求められるほかはないと言うのである。しかしその歴史的真理論が真理の多形性を介しつつ、統合に向かっていることをどう認識することができるであろうか。

⑶公共圏における「信仰の真理」の権利回復

世俗的真理と宗教的真理の間もただ相互排除に徹することで片がつくわけではない。グローバル文明は、今日、特に公共圏において世界観的中立性を基盤としながらも、宗教的真理の意味について考慮する必要性に直面し、その道を模索している。宗教多元的な社会は、世俗主義社会ではなく、むしろ世俗主義以後の社会であり、宗教的真理と世俗的真理の何らかの橋渡しを求めているであろう。

真理の全体性への希求は、理性の理性性は非宗教性を意味しないことを示さなければならない。もちろんそれは逆に理性を抑圧する反知性主義的原理主義や熱狂主義に対して公平な市民権を与えるわけではない。理性は、世界観の中立化によってグローバル市民社会の公共圏を成立させるとともに、その世界観的中立性にありつつ特定の宗教的資源に起源する文化的諸価値の意味を認識する必要がある。そのためには、理性は世俗的であっても、宗教への尊重を失ってはならず、宗教に対して排他的な意味で世俗主義的であってはならないであろう。一方、信仰は、非宗教的理性に対し宗教への回心を反理性的に要求することなく、理性的な仕方で宗教的真理を提示する必要がある。宗教に対して排除的な理性では、抽象的合理主義に陥り、宗教文化史的起源に淵源する歴史的な真理をその深層から認識することはできない。ディルタイ自身の意図は生の歴史的表現の意義を汲むことにあったが、歴史的な理性は、信仰や宗教の歴史的な文化的創造性を認識しなければならないであろう。合理主義的理性がその抽象性のために認識できない歴史的な諸価値の起源における秘義的な創造的文脈が捉えられ、また伝達されなければならない。諸価値の認識の平板化のために価値的生命が衰弱していく文明の中で、それは必須の課題である。

この関連で近年、ユルゲン・ハーバーマスが「公共圏における宗教の貢献」に対し開放的な態度の必要性を語ったことは意味あることである[13]。もっともハーバーマスは近代的諸価値の歴史的成立の認識をめぐって宗教的理性に注目するという視点からではなく、現在の公共圏における宗教的市民と非宗教的市民のどちらもが啓蒙された仕方で「相互補完的な学習過程の中を進む[14]」必要性を主張した。確かに、世界共通文明としての人類的な諸価値の特質は、デモクラシーにせよ自由や人権にせよ世界観的な中立性にあって、宗教的市民も非宗教的市民もこの諸価値の前では平等であり、公平に扱われるべきである。市民的諸価値によって遂行される公共圏が世界観的中立性にあるという事実は、あらゆる宗教に対して排他的に凝り固まった世俗主義を意味すべきではない。むしろ「世俗主義的に凝り固まって、排他的となっている近代の自己理解の自己反省的克服[15]」こそが求められ、とりわけ非宗教的な市民にそれが理解されるように期待される。ハーバーマスの主張の持つ意味は、公共圏の現実の政策遂行をより円滑にさせるという実践的課題があるが、同時に「世俗的理性の限界」を自己吟味するという認識態度を求めたことにある。ハーバーマスは一方でますます世俗化する環境からの挑戦に対し、宗教的市民の宗教意識がそれに適応することも求めるが、しかし他方で「ポスト世俗社会」について語って宗教的市民と宗教的理性の権利を主張する。「宗教的共同社会の存続に認識的にも向き合うポスト世俗的社会の中を生きているという認識[16]」が非宗教的市民に対しても求められ、彼らのメンタリティの変容が求められる。

以上の意味でも、真理の断片性は克服の課題である。真理の全体的統合性の回復が求められる。それには、真理の歴史的多形性の認識を介して、真理の全体性が希望され、真理の終末論的完成の模索が意味を持つであろう。断片性の克服は一気に全体的真理の主張によってイデオロギー的に達成されることはできない。その意味では、真理の歴史性、断片性、あるいは多形性は、ただちに真理の「歪曲」とみなされるべきではない。確かにそれは「永く痛ましい歴史[17]」であって、現代人は真理に対する「断念」（Wahrheitsverzicht）に誘惑される。現代の知性は「断片的なものの絶対化」という原理主義からも、また無制限の相対主義による「真理の総合の断念」からの脅かしも受けている。これに対し、歴史性、断片性、多形性を、むしろ完成、統合、統一を求めて途上にある暫定性として理解することが求められる。自己に示された真理の確信が、他の真理の形態に対し寛容を持ち、忍耐と希望を失わせることなく、暫定性に耐えなければならない。真理問題は未来を持たなくてはならないとも言い得るであろう。真理の中間時的な模索を支持し方向づける真理の終末論が必要であろう。その意味で、歴史を通して働く神の真理によって真理の途上性、そしてその断片性も多形性も、耐えることができると理解される。

(4) 真理の将来とキリスト教的終末論

真理の終末論を語った例としてミルトン『アレオパジチカ』（一六四四年）が思い起こされる。ミルトンはその中で真理の断片性と途上性について語り、それを「出版の自由」の主張と結びつけた。真理の認識は歴史性にあり、その進展は認識者の自由に本質的に結合しており、自由なしに真理の認識に到達することはできない。この関連でミルトンは真理の終末論について語り、同時に真理認識に携わる自由を介して、真理概念と人間学との対応を主張した。「真理は聖書においては流れる泉に喩えられる。もしその水が絶え間なく流れ続けていなければ、画一性や伝統の泥沼に化す」[18]。真理の泉が流れ続けることは、人間における「修練」（exercise）に対応する。「われわれの信仰と知識は、われわれの手足や顔色と同様、修練によって盛んになる」と言う。ミルトンによれば、人間に「成長と完成」があるように、真理もまた「前進」する。「立ち止まること」は「真理からほど遠く離れること」を意味する。この意味で、市民的自由（出版と言論）と真理問題は切り離せない問題として認識された。真理問題は一部の哲学者の問題ではなく、市民社会の問題である。

ミルトンの真理概念は前進的と言っても、それは進歩主義的な概念ではなく、むしろ終末論的であった。「真理は実際、かつてその神的な主と共に世界に来て、もっとも栄光に輝く完全な姿であった。しかし主が昇天し、彼の使徒たちがそのあとを追って死の眠りにつくや、ただちに邪悪な詐欺師の群が起きたのである。彼らは……乙女である真理をつかまえ、その美しい姿態を千々に切り刻み風に載せて四方にまき散らした。その時以来、あえて真理の味方として立ち出た人々は、悲しみながらも、……真理の手足を一つ一つ見つけては拾い集めて、道を上り降りしていったのである。……われわれはまだそのすべてを見つけ出してはいない。また、真理の主の再臨までは見つけ出すことはできないであろう。主があらゆる関節と手足を統合し、それらを美しい完璧な不滅の姿に形造るであろう[19]」。真理の将来的終末論が語られ、細分化された真理の統合は将来的な再臨のキリストの業とされ、その中間時における真理の断片の発見が激励されている。真理の細分化、断片化、多形化は、真理の発見を停滞させるものではない。「われわれが知っていることによって、知らないことをなお捜し続けること、見出すたびに真理と真理を結合していくことは（真理のすべての身体は同質で、均衡がとれているのだから）、数学においてと同様、神学においても黄金率であり、教会において最善の調和をつくりあげる[20]」とミルトンは主張した。

真理の細分化と断片性はまだ克服されてはいない。しかし現代の真理問題の状況は、諦念や絶望に沈み込むべきではない。ミルトンからの示唆を受けて、むしろ真理の終末論的考察の必要に目覚め、すでに来た真理なる方の現在に支えられ、その将来を希望するのでなければならないであろう。真理の現状と希望の考察は、キリスト教教義学における真理の終末論を弁証している。キリスト教教義学における真理の終末論は、すでに来られ、現在する真理である方の将来を希望する。その将来への希望は、今現に真理の認識における断片性、多形性にありながら、真理の認識の完全性への希望を支え、その探究を激励するであろう。

第二章　市民社会とキリスト教

現代世界文明に共通し、現代世界を規定している諸価値の中には種々の多形的な価値がある。自然科学を典型とする高度に発達した科学もそうした価値であり、またその具体的な適用である高度技術も現代の規定的な共通価値である。この科学や技術の分野とキリスト教の多面的な関係を明らかにすることも、現代にキリスト教弁証学の避けてならない課題であろう。同様に人間の生命と他の多様な生命の尊重の意識とそのための諸制度も、現代の共通価値を表現している。言うまでもなく、現代にも依然として人命を何とも思わない野獣性や他の目的のために人命を犠牲にするウルトラ・ナショナリズムやその他のイデオロギー的熱狂主義がある。現代文明において生命の尊重はなお闘いの中にあり、ヒューマニズムによる生命擁護の活動も、世界共通価値の擁護のための闘いとして支援されるべきである。生命擁護の支援はヒューマニズムにもましてより深みから、生命とりわけ人命を理解する必要があって、この問題は「ヒューマニズムとキリスト教」の章において取り扱わなければならない。「科学」や「生命」とともに、それらの擁護と相互に補完し合う第三の共通価値の分野があり、現代世界における人類共通文明を目指す動向として作用している。それはデモクラシーや人権や自由の尊重の思想と制度であって、現代国家の基本的条件をなし、さらにはグローバルな市民社会の根底にあって規定的に作用している。デモクラシーは現代的な国民国家の統治形態であるが、それが円滑に営まれるためには「社会的デモクラシー」の成熟が必要である。社会的デモクラシーはさらに「グローバル・デモクラシー」として拡大される動向にあると言ってよいであろう。そうでなければ、現代世界は国民国家による分断を越えてより高次な価値を追求する国際社会として成立することはできない。

「人権」は信仰の自由や結社の自由を中核にしながら、身体的自由や社会的集団的自由へと拡大している。その領域には、例えば生命倫理に典型的に見られるように道徳的な諸規範との葛藤の状況も生じており、人権の主張によってすべてが要求されるものではなく、人権至上主義はまた道徳的破壊をもたらす個人主義に頽落する危険性も帯びている。人権を適切に規制し、人権至上主義の道徳的混乱を防止し得るものが、国家ではなくて、それを超えたところに期待されるであろう。

「デモクラシー」と「人権」の諸価値は近代憲法によってその基本的な軌道を施設されたので、これを「憲法的諸価値」と呼ぶことができる。そこで憲法的諸価値の文脈でのキリスト教の弁証が問われる。グローバル化する憲法的諸価値の支持基盤としてのキリスト教の意味をどのように論証することができるであろうか。デモクラシーや人権の主張は、すべての人の法の前の平等を前提にし、それゆえ国家や公共圏の世界観的中立性の中で維持される。世界観的中立性は教会と国家の分離の形で遂行される。これが現代世界共通文明の価値の文脈であるが、しかしこの公共圏において無視すべきでない宗教の位置や意味がある。非宗教的市民によって宗教的市民の権利が抑圧されるのでなく、相互補完的な仕方で保持されなければならない。

1　憲法的諸価値とキリスト教

憲法的諸価値の内容理解や、その支持と方向づけの理論は、どのように展開されるであろうか。この関連で宗教的な理論がいかなる位置を持ち得るかがここでの問題である。憲法的諸価値が現代世界の共通文明の動向として保持されているという認識は、現代においてはほぼ共通理解を得ていると言ってよいであろう。しかし憲法的諸価値とその世界共通文明としての動向に対しては、宗教的、具体的にはキリスト教的、特にプロテスタント的な基盤が不可欠な意味をもっているという認識については、肯定と否定が分かれるところである。近代世界の見方と関連し、第三部であつかった「もう一つの近代」の見方、つまりフランス革命から近代を理解する見方は、憲法的諸価値とプロテスタント的基盤とを引き離す。

デヴィット・ヘルドは、「自由主義的な多国間秩序」の中には「普遍的基準と人権や民主的価値に依拠した道徳的・政治的見通し」が成立していると言い、これらの諸価値を「コスモポリタンな諸価値」(1)と呼んでいる。彼は「コスモポリタンな諸原則がグローバル社会民主政の基本的な倫理基盤である」と語って、憲法的諸価値とプロテスタンティズムの引き離しを行っている。ヘルドがプロテスタント的宗教基盤に替えて持ちだすコスモポリタニズムとは、以下の「八原則」に示される「万人の行動の一般的指針」を持っているという。一、各人が平等に尊重され、尊厳を承認されること。二、各人は自覚的に推論し、自省的に自己決定できる意味で、能動的行為をなすこと。これにはコミュニティを形成し得ることとともに、他者の行動を妨害しない義務も含まれる。三、個人の責任と説明責任の原則。人々の多様な文化や社会の相違が承認されなければならない。四、同意の原則。これが強制のない政治過程や非強制的な集団的同意とガヴァナンスの基礎になる。五、投票手続きに則り、公的問題を集団的に決定すること。六、包括性と補完性の原則。これは、集団的決定によって重大な影響を受ける人々は代表者を選出して、その決定形成にあずかり、その形成に影響を与える平等な機会を持っていることを意味する。七、社会正義の基本的指針として、重大な危害を避け、緊急の必要に応える原則。八、持続的発展の可能性。ヘルドによると「この八原則は、どこで生を得、育てられようと、すべての人々の平等な自由を明らかにし、高めるための基盤となりうるものであり、他人の自律性を無視するものではなくて、これを保障するための基礎でもある。これはだれしも否定しえない各人の道徳的地位を対象としたものであって、これを認めることが自己決定の可能性や自立的選択能力と直接的に結びつくことになる」(2)。このコスモポリタニズムによってヘルドは「国民国家の要求を超える権力・権利・制約を生みうる政治規制と立法の形態」(3)を考えているとも語った。

ヘルドのコスモポリタニズムの構想は、デモクラシーを世界に普遍的な仕方で基礎づけようとしていることは明らかであるが、他方ではデモクラシーや他の憲法的諸価値の歴史的成立の連関から乖離した議論であることも明らかである。彼は「民主政は世界中に根を張っているのであって、西側の理念ないし制度に過ぎないとはいえない(4)」と記した。結局彼の論法は、デモクラシーの根拠を自然法的な人間性や理性に根拠づけながら、それが歴史的に現実化した際の宗教的資力を無視した主張である。しかしデモクラシーははたして世界中に根を張っていると言えるであろうか。現実には多くの地域でデモクラシーは今なお闘いの中にあり、煩悶の中にある。ヘルドの主張は、世界の現実に合わない。デモクラシーの普遍化は、理性主義的普遍性とは異なり、歴史的な普遍性であって、歴史的な闘いや煩悶の経過を必須の媒介にしたものである。デモクラシーのグローバル化自体が、コスモポリタン的な原事実でなく、達成されるべきか否か、また達成され得るか否かという問題も含めて途上にある歴史的動向として語られるべきであろう。

価値の歴史性問題は、現代文明の共通価値の認識問題とも関係する。文化価値が純粋に合理主義的でなく、歴史的価値であるとき、それを歴史的起源や背景の資源から切り離すことは、価値の深みからの認識のためにはむしろ禍に作用し、価値認識の理性的平準化に陥るであろう。世界共通文明の諸価値は、一方ではデモクラシーにしても、信仰の自由や教会と国家の分離にしても、世界観的な中立性を特徴としている。しかしその諸価値の成立には宗教的な支持が働いた。デモクラシーを合理主義的構成主義から引き出しても、それは見せかけの合理性になるだけである。古代ギリシアの哲学的思惟がデモクラシーの普遍性を主張しなかったことは軽く考えるべきではない。理性的な定義可能性を合理主義的に主張することは、それによって「歴史的資産」を排除し、根こそぎにする危険性を帯びる。それはかえって価値理解を平準化させることになり、それを深め、豊かにすることにはならない。現代文明の共通価値としての憲法的諸価値は、むしろ背景の歴史的資産と合わせて、そこからの芽生えや根の張り方において理解される必要がある。このことは、理性一般の定義能力の限界を受け容れることでもあり、人類の道徳的伝統の豊かさを尊重し、その現代的意味を吟味しつつ価値形成を図ることに結びつく。むしろ憲法的諸価値の「キリスト教史的起源史」（die christentumusgeschichtliche Herkunftsgeschichte）を明らかにすることが、現代の価値の混乱や浅薄化に対し、また倫理的葛藤におけるそれら諸価値の意義を理解する上で重要なことであろう。この問題についての歴史的考察は、本書第三部において扱ったトレルチのイェリネックに関する言及が端的に語っていたことであった(5)。

この関連でユルゲン・ハーバーマスによる公共圏における「世俗的理性の限界」の指摘は評価されてよい。それによれば世界観的中立性の体制は、決して排他的な世俗主義に基づくものではなく、理性が宗教的な貢献に目を開かれることに期待を寄せる。ハーバーマスの主張は公共圏の現実と諸価値をめぐって、理性の世俗主義的狭隘化を理性自らの自己吟味によって脱するところまで到達している。この地点から見れば、世界共通文明とキリスト教の関係に目を向けることは当然のことであろう。文化価値をめぐって宗教的淵源に目を向け、その資源に支持基盤を尋ね、そこから文化的価値の資力を汲むことは正当性を持ち得る。しかもそれはただ宗教的市民のみの関心ではなく、凝り固まった世俗主義に立てこもるのでなければ、非宗教的市民に対しても求められる関心、啓蒙的に開かれたメンタリティの関心であろう。ただしハーバーマスは依然として啓蒙の線上にいるため、啓蒙された理性における宗教的理性とのコミュニケーションを念頭に置きながら、「世界宗教を不可欠の部分として含む理性の歴史(6)」を構想した。しかし理性によって宗教を包括するのは、キリスト教神学から言えば、啓蒙のヘーゲル主義的完成の轍を踏むことになる。理性による宗教の包括より、むしろ理性と宗教のコミュニケーションに止まり続けて、共通諸価値の深みの理解に努める方が、謙遜にして賢明な理性に相応しいであろう。

憲法的諸価値のシステムが宗教的な支持基盤に基づいていることは、その成立の歴史に関して言えばよいだけではない。それは特にその世界観的中立性における将来のグローバル化の方向においても重要な意味を持つ。価値の理念の世俗主義的浅薄化に抗して、価値の豊かな精神性と強靭な歴史的耐久性を保持するために、その価値が測りがたいほどの宗教的深みに根差し、そこから汲み尽くし得ない意義を汲むことが重要だからである。歴史的諸価値を、世界観的な中立性にありながら、その宗教的支持基盤から認識し直す課題は、当然、歴史的宗教の意味を前提にし、価値と宗教との歴史的関係を前提にする。

価値と宗教との関係は、憲法的諸価値の場合、歴史的実定的宗教としてのキリスト教との関係を言うのであって、それはロバート・ベラーが言うような「グローバル市民宗教」(7)によるわけではない。「市民宗教」は「歴史的宗教の制度的諸形式から分離され得る」(8)が、憲法的諸価値に対する宗教的支持基盤としてのキリスト教は、教会なきキリスト教として想定されるわけではない。同様に、ティリッヒが言うような「文化の次元としての宗教」に還元されるものでもないであろう。価値の宗教的基盤は、実定的宗教の歴史的共同体を前提にしている。つまり文化現象に還元されない宗教そのものとしての礼拝や伝道における働きを持ったキリスト教、その上で文化との関係においても作用する歴史的キリスト教が、世界観的中立性を基準とする憲法的諸価値に対し支持的機能を果たすことが重要である。

2　デモクラシーとキリスト教

世界共通文明を形成する有力な文化価値の一つは「デモクラシー」である。現代のデモクラシーは古代ギリシアのデモクラシーから直接由来したものでなく、さまざまな歴史的資源を背景にしながら、一七世紀イングランドに成立を開始し、合理主義的普遍性そのものの発露ではなく、宗教的運動を介して、また歴史的葛藤を経て普遍化のプロセスを辿って今日に至っているものである。現代の世界においてデモクラシーは一方では、イスラム圏諸国、アジア諸国、旧ソヴィエト連邦などにおいてなお煩悶の中にある。しかしその動向として「グローバル・デモクラシー」への道を歩んでいると言い得るであろう。

デモクラシーが特定の時代に、特定の地域において、成立し始めた事実は、デモクラシーの歴史性を意味することで、その背景にいかなる宗教的精神性が作用したかが問われ得る。「デモクラシーとキリスト教」という提題はその宗教的背景の問題を意味する。それとともにまたデモクラシーのグローバル化において、その宗教的背景や基盤の役割がどのように変遷し、また維持されるかを問う。現代世界は一方で公共社会の非宗教性が主張され、宗教の私的内面性への撤退という事態が語られるが、しかし他面ではこの文化価値の精神的支持基盤は宗教的次元を要請する。キリスト教はグローバル化するデモクラシーとの関係でその公共的意味をどう発揮したか、今後も発揮することができるかが問われるであろう。言うまでもなく「宗教的国家」や逆に「国家的宗教」も問題にはならない。それらはむしろ「デモクラシーとキリスト教」の関係から学ばないことを意味し、宗教にも国家にも破壊的に作用するに違いない。国家や政治的共同体の成員としての市民に対する精神的、倫理的影響という間接的な貢献の中で、宗教の間接的な公共的働きが求められる。

デモクラシー国家の基盤には「デモクラシー社会」の存在が必須である。デモクラシー社会のないデモクラシー国家は、社会的基盤を欠いた上からのデモクラシーという矛盾の形態であり続ける。その際、国家と区別された社会の形成にキリスト教が役割を果たした歴史的事実は、デモクラシー社会の形成にとって今後ともキリスト教が意義を持っていることを示すであろう。

(1) プロテスタンティズムとデモクラシーの「親和性」（Wahlverwandtschaft）

異なる二つの歴史的現象の間に見られる関係を表現する「親和性」という概念は、マックス・ヴェーバーやエルンスト・トレルチによって使用された。トレルチによると、近代における市民化（Verbürgerlichung）は「ライン下流地方やネーデルランド、イギリスならびにアメリカのカルヴィニズムの市民的雰囲気の中で十分に発達させられた。この宗教的倫理はこの地盤と内的親和性を持っていた。それはちょうど、カトリシズムの二階層的倫理が中世社会の階層構造と親和性を持っていたのと類似している。そのようにして開始しつつある市民世界は、カルヴィニズムの倫理と内的に類似（innerlich verwandt）し、さらにそれによって好みや偶然的見解から独立した精神的、倫理的な力へと宗教的に強固にされ（festigen）、形成（formen）されている」[9]。トレルチはまた次のようにも指摘した。「フランス的な近代デモクラシーも、あるいはまたアメリカ的なそれであっても直ちにカルヴィニズムに遡及させるのは誤りである。……しかしカルヴィニズムがカトリシズムに優り、ルター派にも遥かに優って、著しい仕方であの（デモクラシーの自然法の）諸理論をキリスト教的諸理念のつなぎ合わせから漸次的に導き出す道を開いたということは正しい。それよりももっとこの方向で徹底的に作用したのは、イギリス革命に際して示されたように、再洗礼派だったということはある。両者が合わさって、近代デモクラシーを創出したというより、むしろ用意し、それに精神的支柱（geistiges Rückgrat）を提供した[10]」。「両者が合わさって」という言い方でトレルチは特に独立派（インディペンデンシー）を指した。それはまた「新カルヴィニズム」とも表現されたし、またヴェーバーの「禁欲的プロテスタンティズム」とも重なっていた。

「親和性」はこうして「創出」（schaffen）の関係ではないが、類似のものの単なる併行関係ではなく、ある積極的な作用関係を意味している。それは「用意」し、「精神的（ならびに倫理的）支柱を提供[11]」し、「宗教的強化と形成」の働きかけをしたことを意味する。P・T・フォーサイスがインディペンデンシーの自由教会を「政治的デモクラシーと自由の母[12]」であったと語ったのは、同一の軌道にありながら、「親和性」を一歩踏み越えた表現を取ったと言ってよい。インディペンデンシーの自由教会こそ、デモクラシーの「創始者」であって、その「産物」ではないと語ったのである。

近代デモクラシーの形成とのかかわりにおける「新カルヴィニズム」の特徴はどのように理解されたであろうか。それは「国家、社会、家族、経済、公共的あり方と私的あり方における全体的生活をキリスト教的諸規準にしたがって連帯的に造形した意味でキリスト教的社会主義であった[13]」と言われ、そこでとりわけ「個人」と「社会」の関係の調停に注意が向けられた。「カルヴィニズムはこの二律背反の両方（個人と社会）をきわめて重要かつ強力な仕方で相互に調停した」と言い、トレルチはそれによってカルヴィニズムは、「中世的社会理念の有機的・家父長的根本シェーマと並ぶヨーロッパ社会の第二の偉大な、キリスト教的に規定された社会理想となった」と語った[14]。この「第二の偉大な社会理想」は「自由教会の原理」と結びついた「新カルヴィニズム」や「禁欲的プロテスタンティズム」の「社会哲学」についても言われた[15]。

「個人」と「社会」のアンティノミーの調停は、デモクラシーとの「親和性」にとって重大な意味を持つ。それは「個人性の形成と自立」を遂行し、個人を「宗教的性格によって侵害され得ないものとされた共通の客観的な目標や価値に厳格に結びつける」。そこで「個人主義的・デモクラティックな特徴」とともに「法の権威と不可変性が強烈に形成される[16]」。こうして「社会と個人」とともに、「権威と自由」「強制と創意」「客観性と精神的高揚」などの「調停[17]」(Ausgleich) が成立したと言う。この「調停」の内的な構造と根拠をさらに尋ねていけば、デモクラシーとの親和性の神学的実質を探求する「デモクラシーの神学」になる。

(2)「親和性」の歴史的変貌と再定式化の試み

「親和性」は歴史的な概念であり、時代的に変貌する。そこにはまた各国の地域差が見られる。一九世紀にはデモクラシーとプロテスタンティズムの「親和性」は、概して、デモクラシーとプロテスタンティズムの両方から解消に向かった。一方では官僚制国家による統制の強化が起こり、他方では「禁欲的プロテスタンティズムの社会哲学」の「消耗」(erschöpft) が起きたからである。プロテスタンティズムの社会的レリヴァンスを今日何らかの意味で語るとすれば、その再活性化の試みとともにでなければならない。

この問いをめぐってヴェーバーとトレルチの間には大きな差異があった。すでに第三部で指摘したが、ヴェーバーの眼には幻想に見えたが、トレルチは宗教の社会的レリヴァンスを回復する努力を放棄しなかった。そのことは、彼が宗教的・超文化的価値と世界内的・文化的価値との内的緊張という形で宗教的に基礎づけられた「文化総合」を探求したことに現れていた。それは宗教の「私的心情への撤退」とは異なる構想であった。宗教はなお現代の生活秩序の内部できわめて重要な文化的勢力として認識された。社会の中の人格の尊厳の確保のためにも、また文化そのもののヒューマニティの基盤としても、宗教の重要な意味はなお存続した。しかしそのことは、ただ既存の「消耗」された宗教的伝統に固執することでなく、それを現代に活性化させながら、新しい表現の探究を追求することでもあった。

「デモクラシーとキリスト教」の歴史的関係を認識し、その意味を現代的に問うことは、プロテスタント的伝統資産を各地域の事情に即しながら、現代の倫理的困窮における論証に適した仕方で定式化し直す企てとも言い得る。それは非人格化する現代社会に抗して「人格性」の意味を宗教的秘義的淵源から保持することを伴う。この線上でデモクラシーの深化や成熟と、プロテスタンティズムの再活性化との新しい「親和性」の開発が期待される。それはただ過去の経過に基づき、それを指し示す静態的な弁証ではなく、現状の危機にあるデモクラシーと消耗したプロテスタンティズムの両者に対する挑戦として新たな親和性を探求するものであり、その意味でデモクラシーの視点におけるキリスト教の弁証の遂行である。

(3) デモクラシーの支持基盤としてのキリスト教

デモクラシーの少なくとも一つの宗教的支持基盤としてキリスト教は何を提供するであろうか。この問いに回答することは、キリスト教神学が「デモクラシーの神学」をどう提示するかを明らかにすることである。それもただ抽象的な思想として構想するのでなく、デモクラシーのエートスや思想を事実形成してきたプロテスタント的資産から汲みながら、デモクラシーとの親和性の再定式化を神学的に試みることである。

第一に挙げられるべきは、キリスト教における「神の主権」の思想である。それは神の支配として「セオクラシー」と言い表してもよい。ただしそれは、「キリストの支配」でもあり、また「聖霊の支配」でもあるから、三位一体論的なセオクラシーであることも明確にしておく必要がある。神の主権的支配によって「国家の相対化」が覚悟して明示される。覚悟してというのは、忠誠心の対象が問題になるからである。忠誠心は命を賭けることで表現される。国家が相対化されるということは、権力と権威とは明白に引き離され、忠誠心は神的な権威に向けられることである。セオクラシーは言うまでもなくあらゆる被造物の神格化を拒否する。人間の人格的自己も相対化されなければならない。この被造物神格化の拒否は、被造物の支配からの自由の根拠でもある。この意味ではキリスト教的な主権的神の信仰と思想の中に、あらゆる被造物の支配に対する抵抗と、抵抗に身を挺する勇気の拠り所があって、それがデモクラシーの宗教的支持基盤の重大な要因である。

神の主権性の信仰によって、被造物の神格化が破られ、世の諸力による権威的支配が打ち破られただけでは、まだ神の支配に積極的に身を挺して生きる自由が示されているとは言えないであろう。フォーサイスが「自由の根拠」を「神の聖なる主権」に見ながら、それを「福音的自由」として理解したことは、今日なお意味がある。神の主権的な支配がイエス・キリストの十字架の出来事の中に現れているというのが、福音主義的キリスト教の理解である。フォーサイスは次のように語った。「あらゆる思想と行動の自由、公共的自由と私的自由とが、福音的自由の中に、つまりキリストの十字架がこの世界と魂とを自由にするその福音的自由の中に根拠づけられているることを説教し、実践してきたのが、インディペンデンシーの真髄である」[18]と。神の支配の神学と十字架の神学は二者択一ではない。キリストの十字架の中に現れた神の支配が、われわれを外面的な被造物的権威の絶対的支配やその腐敗から自由にするとともに、自らの内的な罪の腐敗からも自由にする。セオクラシーは十字架のキリストにおける神の支配である。

被造物の神格化を拒否できなければ、世界の統治は限りなく悪魔的に歪曲される。デモクラシーはその悪魔的に歪曲された支配からの自由でなければならない。しかしそれだけでなく、さらに悪魔的に歪曲された統治の絶えざる改善に働く。政治的支配の相対化が、ただ政治的支配からの脱出に結果するだけであるならば、それはグノーシス的な意味での宗教であることもあり得る。しかしキリスト教的支持基盤に立ったデモクラシーは、政治的支配からの脱出口だけでなく、「政治の聖化」の課題を持つことを意味する。「あらゆる歴史的達成には、罪の腐敗が存在する。しかし、そのことはそうした歴史的達成の可能性を破壊せず、また歴史の中で真理と善とを実現する義務を破壊することもない[19]」。デモクラシーの神学は贖罪の神学であるだけでなく、同時に聖化の神学でもある。神の主権的な支配は、キリストの贖いに基づき、神の国の到来に備えて、世界と魂を聖化する聖霊の支配でもある。

(4) デモクラシーの共同体と自由教会

デモクラシーの宗教的支持基盤からのエートスは、宗教的共同体から切り離すことができない。デモクラシーのエートス論とデモクラシーの共同体論は不可分である。デモクラシーとの親和性において新カルヴィニズムの共同体論は歴史的にいかなる特徴を持っていたか。それを「結社の自由」の中に見たのは、フランス型デモクラシーとアングロサクソン型デモクラシーを区別したジョージ・H・セイバインであった。セイバインによれば、イギリス革命の当事者は、「宗教団体」の代表者の自覚をもっていたと言う。「争っていた党派は政党や社会階級ではなく宗教団体であった[20]」とも彼は指摘した。このことは、デモクラシーの真相は、国家に対する個人の優位といった、国家主義対個人主義の両極対立とは別である。そうでなく、国家と個人の間に、そして双方に対して「結社の自由」が有効に働くことを意味する。これが、国家主義的な国家を抑制するとともに、社会の個人主義的解体を防御するのでなければならないであろう。国家や社会における個人の自由とは何か。「結社の自由」から見ると、個人の自由はまったくのアトミックな個人の自由を意味するものではない。アトミックな個人の自由は、対国家的には一種の抽象である。個人はむしろ結社の中、すなわち共同体の中で国家に対し真に有効的に自由であり得る。A・D・リンゼイによれば、「およそ人間というものは、男であれ女であれ、誰しも観念的な抽象的孤立のうちに生きるのではなく、なんらかの種類の制度的、共同体的な社会的関係において初めて彼ら自身の生活を生きる個ができる」。というのは「人格はフェローシップやコモン・ライフの中で展開する[21]」からである。国家が真に国家であるのは、まさに自由な共同体に積極的な活動空間を与えることによる。国家は共同体がいよいよ共同体であるために働き、それによって個人の自由を促進するのでなければならない。国家の機能は「共同体を一層共同体らしくすること[22]」というリンゼイの言葉は、抵抗しがたく進行している現代国家の肥大化に抗して、デモクラシーの神学から忘れられてはならない気構えである。

デモクラシー論はこの共同体論によって教会論と関係する。日本においてはこうした「結社の自由」に基づくアソシエーション的社会は依然として未熟であり、この問題は今日なお依然として火急の問題に属している。グローバル・デモクラシーやグローバル市民社会が課題とされるとき、国家を超えた自由共同体がどのように存在可能かが問われなければならないであろう。A・D・リンゼイは、一七世紀イングランドに見られたクリスチャン・コングリゲーションにおける「小さな民主主義の経験[23]」に注目し、「集会のセンス」(the sense of the meeting)を持った「小さな宗教社会の経験」にデモクラシーは発すると語った。今日から見ると、「その規模と複雑さの相違は莫大であるが、……小さな宗教社会の経験にわれわれは巨大な共同体を理解する助けを見出してよい[24]」と。デモクラシーにおいて失われてならないものは、「同意の原則」ではなく、「自由な良心による討論」であり、「共同思考」であるとリンゼイは言う。その上で「自由な討論」や「共同思考」の目的は、再び「同意」の獲得ではない。そうでなく、そこに新しい発見がなされることである。「自由な討論」による「共同思考」を通してでなければ、見出すことのできない「神の意志」がある。真理は一人思索する哲学者に現れるのでなく、「自由な討論」による「共同思考」をもった「コングリゲーション」の中に現れ出る。「説得」がその生命ではない。もしそうであれば、デモクラシーはレトリックや雄弁の舞台になり、情報化と効果的プロパガンダの舞台になる。しかしここでは、聖霊による神の意志の発見が重大であった。そこで、聖霊が誰を通して働くかあらかじめわからないゆえに各人は耳を傾け合わなければならない。こうして「発見的で創造的な集会」が行われる。神学者ではないリンゼイにおいては、聖霊の働きの指摘は隠されていて、明示的ではなかった。

しかしデモクラシーの神学の観点から言うと、「神の意志」を求めて「聖霊」の語りかけに注目する自由な共同体の存在が、社会的デモクラシーにとって重大である。教会、キリスト教学校、キリスト教的諸活動グループの実践の中で聖霊の指導下における「自由な討論」や「共同思考」が経験されることは、現代の世界において希望を指示するものとなるであろう。特にデモクラシーと「親和的」な、さらにはその「母」である教会の再建や活性化が試みられなければならない。教会が贖罪論的なキリストの体として国家を超えて存在することが、真実に国家のためであることが示されなければならないであろう。

3　ヴォランタリー・アソシエーションとキリスト教

上記においてすでにデモクラシーの共同体の観点から現代世界文明における「ヴォランタリー・アソシエーション」の意義について言及した。ここでは、現代市民社会の総体的な成熟のために自発的な共同体問題に焦点を当てて検討してみたい。

現代の社会には「非営利民間組織」（NPO）の急激な増加が見られる。具体的には各種共同組合、社会福祉団体、学校法人、医療法人、その他地域的な諸活動団体があり、国家や地方自治体の「公共セクター」や「市場原理」による「私的セクター」と区別された「第三セクター」、つまり「ヴォランタリー・セクター」を形成している。この「非営利民間組織」の経済活動は「社会経済」と言われ、「市場」との関係を含みながらも「資本」と異なる原理によって「国家」と「市場」の間に自由な活動空間を開拓している。この「社会経済システム」に新しい社会の可能性が期待されることは、例えば「福祉国家」の理念が、高負担のため不可能になった今日、「福祉社会」の理念として再編成され、「ヴォランタリー・セクター」に期待が掛けられていることによっても明らかである。[25] この現象は、二〇世紀後半以降世界的に見られ、レスター・M・サラモンはこれを「アソシエーション革命」[26] と呼んだ。さらに今日、ヴォランタリー・アソシエーションの活動は、NPOや「社会経済」のみでなく、各種NGOの形態を採って、しばしば国家の枠を超えて活躍し、グローバル市民社会の重大な担い手になっている。

ところでヴォランタリー・アソシエーションは「社会経済」として顕著な姿を現す以前に、すでに市民社会の政治・文化・宗教に関わる不可欠な集団であった。すでに「結社の自由」をめぐって、それがデモクラシーに対して重大な意味を持つことは既述した通りである。「社会経済」はヴォランタリー・アソシエーションのいわば第三局面である。ヴォランタリー・アソシエーションは典型的には一七世紀に宗教的・教会的形態として出現し（第一局面）、一八世紀には特にアングロサクソン社会において非教会的な多彩なヴォランタリー・アソシエーションの増加として出現した（第二局面）。それは社会学的に言えば中産層の興隆と同時進行的であったが、やがて二〇世紀には公民権運動やマイノリティー・グループの解放運動に見られたように、中産層を超えて発展した。二〇世紀後半にはさらに「非営利民間組織」として社会的、経済的に重大な役割を担うようになり、政治的デモクラシーから発した共同社会が経済的現実に対して責任を負う一つの重大な形態を体現するようになった（第三局面）。この一連の発展を鳥瞰すると、「アソシエーション革命」はむしろ一七世紀における世界史的登場とそれ以来のヴォランタリー・アソシエーションの発展過程の中にあると言うべきであろう。[27] この経過の中でプロテスタント自由教会は特にその登場期（第一局面）に重大な役割を果たしたが、その後も直接的、間接的にヴォランタリー・アソシエーションの「精神」、その「エートス」の形成に関わってきた。別の言い方をすれば、ジェームズ・ルーサー・アダムズが言うように、「宗教的アソシエーションの自由を求める要求が、他のアソシエーションが公共的な事柄に活動的に関わる自由を求める要求に道を開いた[28]」のである。ヴォランタリー・アソシエーションとプロテスタント自由教会との間にコミュニケーションを切り開くことは、現代のヴォランタリー・アソシエーションのアイデンティティの確認のためにも、また現在のヴォランタリー・アソシエーションが直面している諸問題を克服するためにも、有意義で必要な作業であろう。

　ここでの論述の目的は、市民社会の形成を「アソシエーション革命」として捉え、それとキリスト教、とりわけプロテスタンティズムとの関連に改めて注目し、現代のアソシエーション問題に光を投ずることである。この作業は現代の多元的社会におけるプロテスタント自由教会の一つの存在意義を明らかにすることになり、同時にキリスト教会にとってのヴォランタリー・アソシエーションの意味を認識する道にもなるであろう。J・L・アダムズは、ヴォランタリー・アソシエーションの神学的思想家である。彼によると、“nation of joiners”（団体参加を好む者たちの国）と呼ばれるアメリカ合衆国において、しかもヴォランタリー・アソシエーションのアクティヴ・メンバーの中にも、ヴォランタリー・アソシエーションの位置や正当性、その文化的価値の理解について「知的空白」[29]があると言う。そしてその理由の一端は国家の役割を過剰に理解する国家主義の流行にあると言う。こうした「知的空白」とその原因は、ヴォランタリー・アソシエーションの後発国である日本においてはいっそう顕著であると言わなければならない。それだけにヴォランタリー・アソシエーションと教会とのコミュニケーションを語り、この「知的空白」をその成立史の理解から、[30]またその倫理的意味や宗教的根拠の認識において埋めることは重大な課題である。その努力はまた、近代社会の錯綜した諸問題に対するプロテスタンティズムの問題解決能力への期待を掘り起こす作業にもなるであろう。

(1)「自由な市民社会」の鍵としてのヴォランタリー・アソシエーション

　従来、ヴォランタリー・アソシエーションは、モンテスキューの言い方で国家と個人の間にある「中間団体」として認識された[31]。それは、強制的権力を行使する国家と区別され、自由と創意の空間として社会の中に位置した。社会は単に経済の舞台であるだけでなく、ヴォランタリー・アソシエーションによる文化や宗教、その他さまざまな価値形成の世界である。この文脈でのヴォランタリー・アソシエーションの意味は、自由の活動を形態化し、組織化する点にある。A・D・リンゼイは、この「自由」と「ヴォランタリー・アソシエーション」の関係に注目した代表的なプロテスタント的政治思想家である。国家もまたアソシエーションではあるが、それは「ヴォランタリー」ではない。人間は国家に生まれながらに所属し、国家はその成員に対して法的強制をもって当たる。これに対しヴォランタリー・アソシエーションは、「国家と教会の分離」によって典型的に登場した。この「分離」をリンゼイは、相互の「独立」とも呼び、この分離や独立の原理が自由の確立にとって正当性を有することをアクトン卿の次の説によって主張した。「自由は政治組織よりは、むしろそれ以外の他の組織が中心となっている社会においてはじめて存在しうる[32]」。ヴォランタリー・アソシエーションの第一の意味はこうしてリンゼイによれば、自由の活動の確立にあり、自由な市民社会の中心を形作るところにある。彼がヴォランタリー・アソシエーションとして念頭に置いたのは、具体的には、教会（自由教会）、大学、各種組合、文化的諸活動団体であった。その際リンゼイは特に「自由」によって「実験」「イニシャティヴ」「先駆的な仕事」の価値を重視した。それらは強制的組織体によってではなく、「ヴォランタリー・アソシエーションとインフォーマルな諸関係」からこそ生まれると彼は語った。この「自由」の信念の根本には、リンゼイの場合、さらに「無限の道徳的進歩への信念」があり、それこそキリスト教が人類史の中に導入した原理だと彼は語った。教会外のヴォランタリー・アソシエーション（第二局面）は、国家からのみでなく、教会からも分離し、独立している。しかし「自由」と「無限の道徳的進歩の信念」に基づくことで、ヴォランタリー・アソシエーションは宗教的な基盤の上に立っているとリンゼイは言うのである。

しかしなぜ自由はアソシエーションを必要とするのであろうか。それは「孤立した個人は巨大な組織に対して常に無力」だからである。そこで「通常の人間は彼のパーソナリティがチャンスを持つべきであるなら、彼自身がその中で有効に働くメンバーである自分自身の小さなアソシエーションを持つべき」[33]と言われる。外部からのオピニヨンによって形作られることに対するパーソナリティの抵抗は、自分の小さなアソシエーションにおける討論に参加することによって具体化するとリンゼイは主張した。この討論への参加によって、その参加者のパーソナリティは具体化の機会を持つ。それだけでなく人間はさらに討論を通して他者を啓発し、自らも真理に到達する。そういう討論を通して初めて到達できる真理がある。ここには特徴的な真理概念が想定されている。それは「デモクラシーの真理観」「アソシエーションによる真理概念」と言うことができよう。そこにはまた「意見の多様性」だけでなく、「アソシエーションの多様性」もあり、その根底にリンゼイは、「霊的生活の多様性[34]」(the diversity of the spiritual life) があると認識した。近代デモクラシー社会は、その中に数多くのヴォランタリー・アソシエーションを抱えていなければならない。「自由な市民社会」とは実は「ヴォランタリー・アソシエーションの複合体」であり、ヴォランタリー・アソシエーションこそは「自由な市民社会の鍵」をなしている。リンゼイはこのデモクラシーの思想とエートスとを「ピューリタン左派からの遺産[35]」(inheritance from the Puritans of the Left) と呼んだ。ピューリタンの中でも特に「独立派」「バプティスト派」「クェーカー派」に「ヴォランタリー・アソシエーション」の起源を見たからである。この歴史の認識をＡ・Ｄ・リンゼイはエルンスト・トレルチの歴史の見方に負っていた。

(2)ヴォランタリー・アソシエーションの世界史的登場と「禁欲的プロテスタンティズム」——「ヴォランタリー・アソシエーションの神学」

ヴォランタリー・アソシエーションの歴史をその萌芽にまで辿れば、古代にまで遡ることができる。後に検討を加えるＪ・Ｌ・アダムズによれば、古代イスラエルの預言者の活動や初期キリスト教会にその重大な萌芽が認められる。しかし社会全体を規定する決定的意味においてヴォランタリー・アソシエーションが人類史に登場したのは近代世界の開始とともにであって、その意味で「近代的デモクラシー」や「近代的資本主義経済」について語り得るように、「近代的集団組織」としてのヴォランタリー・アソシエーションについて語らなければならない。ヴォランタリー・アソシエーションは集団論・共同体論的な意味で「近代社会の指標」である。「結社の自由」なしに近代社会は成立しないが、「結社の自由」があってもそれが活用されず、ヴォランタリー・アソシエーションが未成熟であれば、近代社会としてなお未確立の中にあることを意味する。

ヴォランタリー・アソシエーションの歴史的成立を論じた研究としてエルンスト・トレルチ『社会教説』の中の「禁欲的プロテスタンティズム」の考察は無視することができない。トレルチはその大著の中で、中世のカトリシズムに見られたキリスト教会の社会教説に比してキリスト教史上第二の巨大な社会教説として「禁欲的プロテスタンティズムの倫理」を挙げた。その際、彼はこの第二の巨大な倫理の特徴としてヴォランタリー・アソシエーションとその思想があることに言及した。トレルチによると「禁欲的プロテスタンティズムの社会哲学は、自由教会的ならびに敬虔主義的に色づけられたカルヴィニズムと教会化に接近した禁欲的ゼクテから生い育ったもので、近代の功利主義と合理主義、職業の活発さと労働それ自身のための労働の栄化、政治的デモクラシーとリベラリズム、個人主義の自由な活動とすべてを支配するアソシエーションの思想（der alles beherrschende Vereinsgedanke）に内的に親和的である」[36]。ここに禁欲的プロテスタンティズムの集団理念としてヴォランタリー・アソシエーションの出現が理解されたことがわかる。リンゼイが語った「ピューリタン左派の遺産」としてのヴォランタリー・アソシエーションという理解もトレルチのこの認識に結びついていた[37]。

トレルチはまた上記の文章に続いて次のようにも記した。「禁欲的プロテスタンティズムは、近代の生の倫理的に危険な結果を、個人の責任や個人と共同体の愛の義務といった宗教的理念によって、また贅沢や拝金主義や享楽的気分を禁止することによって、最後にはいたるところでキリストのザッヘに仕える英雄主義によって中和することを知っていた[38]」。近代的なヴォランタリー・アソシエーションもまた「倫理的に危険な結果」を孕んでいる。「禁欲的プロテスタンティズムの倫理」はそれを「中和させることを知っていた」とトレルチは語った。しかしその後のヴォランタリー・アソシエーションの歴史は、それ自身の歴史的背景である宗教的基盤から分離し続けた歴史であった。さまざまな非宗教的・非教会的なアソシエーションが登場し、現代に著しく台頭した非営利民間組織も宗教的背景から分離している。「倫理的に危険な結果」に対し宗教的基盤からの「中和」の作用を喚起し、回復することは、現在の大きな課題である。しかしまずその前に、ヴォランタリー・アソシエーションと禁欲的プロテスタンティズムの倫理との関係をもう少し明確にしておく必要がある。

ヴォランタリー・アソシエーションは、歴史的にはキリスト教共同体（教会）のあり方として出現した。トレルチによれば、近代以前にすでに「ゼクテ」が「自発的教会」(Freiwilligkeitsgemeinde) を展開した。ゼクテは誰もがそこに生まれてその会員とされる「教会型」から「聖化」によって自己を分離する。「自発性原理」と「聖化の思想」、それに加えて「世と教会からの分離」にゼクテの特徴があった。しかしその起源はさらに遡れば、新約聖書とその福音にまで至るとトレルチは言う。つまりゼクテ・モティーフはキリスト教の本質に根ざしている。その際特に注目されたのは、「神の聖なる愛の意志」である。「意志の神」の強調はさらにヘブライの神思想に遡る。トレルチによると「神の聖なる愛の意志」によって、「神のために自己を聖化する人々が、共通目標である神の中で互いに出会い」、「絶対的個人主義が絶対的愛の共同体になる」[39]。「神の聖なる愛の意志」の思想によって、「絶対的個人主義」と「絶対的普遍主義」という「社会学的二重性」が根拠づけられる。しかしそれにしても共同体論や集団論として「自発的教会」が世界史的な意義を獲得したのは、古代や中世ではなく、「教会と国家の分離」を伴った「自由教会」として出現した時代、中世カトリシズムの教会的権威による統一文化が崩壊した時代であった。典型的には一七世紀イングランドにおける革命期のことである。この中世的全体文化の崩壊と近代世界の開始の中に、文明全体を規定する人間共同体の理念の革命、つまり「共同体革命」があった[40]。それはトレルチの用語で言えば「教会型」集団思想の変革にほかならない。一七世紀における近代世界の開始は、共同体思想によって言えば「教会型」の崩壊である。しかしだからと言って近代世界はその共同体思想を「ゼクテ型」へと転じたわけではない。近代世界とともにキリスト教は、一方でもはや破れのない教会型でなくなり、「教会制度の拘束的な保証なしに、教会の自由な精神性と適応能力とを求めている」。しかし他方で「キリスト教は主観的な確信と自発性（Freiwilligkeit）、ならびに生き生きした倫理的実証に基づきながら、ゼクテの急進的な文化喪失や慣習に捉えられた狭さ、また福音の文字通りの理解に拘束された社会変革に耐えることはできない」[41]。こうして近代世界における共同体思想はもはや「教会型」か「ゼクテ」かの二者択一でなく、「残されているのはただ教会からもゼクテからも等しく距離を隔てた、類似の心情を持った人々のヴォランタリー・アソシエーション（freie Vereinigung）だけである」[42]。共同体革命の世界史的変化は「教会からゼクテへ」ではなく、「教会からヴォランタリー・アソシエーションへ」の変化であった。その際、ヴォランタリー・アソシエーションは、元来はゼクテ的性格の共同体であったが、「教会とゼクテの融合」としての「禁欲的プロテスタンティズム」の共同体として世界史的な働きを獲得した。この点の認識にトレルチのアソシエーション論の重大な指摘があった。そこでトレルチはこの「禁欲的プロテスタンティズム」の共同体理念を「アングロサクソン的・カルヴィニズム的共同体理念」[43]と呼んだ。ヴェーバーが「禁欲的プロテスタンティズム」の「禁欲」と「合理化」の関係に注目しながら、「団体論」でなく、「禁欲の内面的孤立化」を重視したのに対し、トレルチは「合理性」を問題にするだけでなく、「社会的生の全体」に注目し、「宗教的個人主義」と「共同体形成」の「二重の方向」に注目した[44]。

トレルチのこの視点によって決定的な位置を持ったのは、すでに再洗礼派からゼクテ的諸契機を受け止めていたカルヴィニズムであり、さらに自由教会体制を取ったカルヴィニズム、つまり「新カルヴィニズム」であった。典型的には「独立派」が考えられており、これがトレルチの理解では「禁欲的プロテスタンティズム」の中核をなしていた。「禁欲的プロテスタンティズム」は教会型の分解過程においてゼクテとの融合によって生じた「最初の巨大な造形物」[45]であったが、それはカルヴィニズムにすでにあった「融合」（Verschmelzung）、つまり当初からのゼクテ・モティーフの導入に基づいていた。カルヴィニズムはこのゼクテ的モティーフを宗教改革に対する再洗礼派による批判からのみでなく、「新約聖書」からも引き継いだとトレルチは見ていた。

こうしてカルヴィニズムとゼクテの融合により、元来の厳格なゼクテにはなかった「二重性格」が出現した。それは、「自発性原理」と「聖化の思想」を持ちつつ、「世界に開かれた集団」であること、あるいはヴォランタリー・アソシエーションとしての法的・社会的存在でありつつ、神学的には「救済機関」としての自己理解を保持するという二重性格である。かつて再洗礼派の小集団による社会否定は、時には切迫したキリストの再臨の希望によって点火され、世界攻撃へと燃え広がったが、そのような急進的終末論は後退し、それと異なる社会倫理と終末論の創造的な関係が現れるようになった。「新カルヴィニズム」においてヴォランタリー・アソシエーションは、公共性に対する責任と結びつき、キリスト教的な一種の全体的社会的生活の形成と関係するようになったと言うのである。

上記の二重性格は、神学の内容にも現れ「ヴォランタリー・アソシエーションの神学」を形成した。トレルチによれば、カルヴィニズムは「ゼクテ的モティーフ」と「恵みの機関としての教会のモティーフ」とを「予定思想」(46)(Prädestinationsgedanke)の中で「融合」させた。「予定思想」は一方では、神との直接的関係によって魂を他の一切のものへの依存性から解放し、その活動性によってゼクテ的モティーフを強化した。しかしまた「恵みの機関としての教会のモティーフ」によってそれに制限が加えられ、そこから「積極的な共同体形成」に向かうとともに、方法的合理性を帯びた「個人的な業績遂行」の方向にも向かった。「予定」つまりは、「神の意志」と「救済の事実」に根拠を置いた個人主義によって、予定を否定する再洗礼派の「合理主義的自由」とは異なり、「本質的に不平等な者の個人主義」を持ちつつ、全体的な社会性の計画的、組織的な形成努力へと導いていった。

ヴォランタリー・アソシエーションにおける教会型とゼクテの融合による二重性格は、キリスト理解にも現れた。キリストは一方で「教会型」に対応して両性論と和解論によって理解されたキリストでありつつ、他方でゼクテに対応して「主」であり「模範」であるキリスト、そして終末に到来するキリストである。和解論は罪ある者の救済機関として教会を理解させる。教会はキリストを通して神によって信仰者と結ばれた契約となり、改革派的契約思想が成立した。信仰者は恵みの約束に対して服従へと義務づけられた。こうして教会型モティーフとゼクテ的モティーフの両面を結合した「ヴォランタリー・アソシエーションの神学」が表明されたと言う。

「禁欲的プロテスタンティズム」の中に「ヴォランタリー・アソシエーション」の成立を見るトレルチの共同体の歴史の理解は、「アソシエーションの自由」という近代市民社会の条件としての「市民的自由」が宗教改革の「福音的自由」との関連において成立したと理解することを意味した。しかし「禁欲的プロテスタンティズム」がもたらした歴史的形成物は、やがて「他の手」に渡され、その精神は消えていく危機に立たされた。トレルチはこれを「成果の変形」(Umwanderung der Ergebnisse) と呼んだ。共同体理念に関する「成果の変形」[47]は、「アングロサクソン的、カルヴァン主義的な共同体理念」と「フランス的、合理主義的なデモクラシー」との対立という「現在の社会的闘争」[48]の中に現れたとトレルチは語った。しかしこの「成果の変形」の中で「自由教会」は依然としてその起源的記憶を保持している。現に教会はヴォランタリー・アソシエーションでありつつ、それを超えた救済機関としての自己認識を保持している。「成果の変形」の中で、教会は他のヴォランタリー・アソシエーションをも含めてその超越的起源を記憶に止めているはずである。このことは、教会とヴォランタリー・アソシエーションとのコミュニケーションの中で意味を発揮すべきことである。それがまた種々のヴォランタリー・アソシエーションを確立するためにも意味のあることであろう。

(3)ヴォランタリー・アソシエーションの神学的考察――チャニングの場合

ヴォランタリー・アソシエーションの近代における理論史は通常、ジョン・ロックやアルトジウスに遡る。アダムズはさらにトクヴィルがアメリカ社会のこの面の特徴を報告する以前にすでにアソシエーションの理論に気づいていた思想家として長老派のレイマン・ビーチャー、バプティスト派のフランシス・ウェイランド、それにユニテリアンのウィリアム・エラリー・チャニングの三人の名を挙げている[49]。なかでもチャニングの論文「アソシエーションの考察」（一八二九年）はアダムズによると「ヴォランタリー・アソシエーションに関するアメリカの文献中最初の体系的研究[50]」と言われる。そこで次にチャニングのこの論文の内容を検討し、その後にアダムズ自身のアソシエーションの神学的考察を検討してみたい。

チャニングはジョナサン・エドワーズと同時代、大覚醒の時代の中で「アソシエーションの考察」を記した。記したと言っても、彼の論文は元来、「アメリカ・ユニテリアン・アソシエーション」やその他の「年報」に掲載された三つの記事から構成されており、論文としての筋道は多少の錯綜を余儀なくされている。特に後半は、具体的に「禁酒支持協会」や「聖書協会」の活動について、さらにはかなりの分量を費やして「安息日厳守支持協会」の活動について記したものである。それにしてもこの論文は、特にその前半において、チャニング自身のヴォランタリー・アソシエーションの考察を展開し、彼の時代の問題としてアソシエーションの有する膨大な力とその理由とを明らかにし、同時にそれが悪用される場合の巨大な危害についても指摘している。そこにこの論文の特徴と貢献があると言ってよいであろう。チャニングはこの論文でアソシエーションによる行動様式を規定する一般原理についても考察し、その悪用を戒め、善用のための提言を行った。この議論の筋道の中でチャニング自身のアソシエーション論の思想的立場もおのずから明らかにされている。

チャニングによればアソシエーションの原理は、「結合の原理」（the principle of combination）ないし「協力の原理」（the principle of co-operation）である。そのメンバー相互が結び合わされ、そこに「力」の結合が起こり、「エネルギー」が発揮されると言う。単純に言えば「人間は一人ではできないことを結びあってすることができる[51]」。こうして「結合された力は、自然を克服し、山々を切り倒し、ピラミッドを建て、大海原に水路を開く」。つまりアソシエーションは、「強力なエンジン[52]」として働く。その際「力」だけが集中的に蓄積され、行使されるのではない。人々は結び合わされるとき、「心が燃やされる」[53]。「人間が孤独の中でうなだれるとき、いかなる声も仲間の声のようにはその人を奮い立たせることはできない」。それ以前に分散していた力が結合され、一点に結集され、同時に「感情と関心」が引き起こされ、「温かさ」と「真剣さ」が獲得される。こうしてアソシエーションは「新しい力」を呼び起こす「創造的な原理」である。さらにはアソシエーションの重大な意味は「知的ならびに道徳的なエネルギー」と「自由」[54]とを呼び起こすことにあるとも言われる。交通・交流の発達がこれに手段を提供する。チャニングの時代、商業や旅行の増加、郵便や汽船の発達が見られた。それに新聞やトラクト、その他出版の発達が起こり、人々の相互理解や共同行為を容易にした。そこで「数人のリーダーが一つの問題で意見の一致を見ると、衝撃は一か月で全地域に及び、全国にトラクトやその他の出版物が氾濫し、広大な、そして遠く離れた群集から一つの声がまるで大水の轟きのように生じさせられる」と言う[55]。

しかしアソシエーションはまた「危険なエンジン」[56]でもある。なぜなら、チャニングによれば、アソシエーションはそのメンバーに影響を与え、初めはメンバーを服従させるとしても、やがて「その影響に対し抵抗し、それを抑制する力」を引き起こす点に、本来はその有益性がある。しかし現実にはアソシエーションはしばしば逆に「くびき」になり、そのメンバーを抑圧する「危険な道具」にもなると言う。彼によれば、魂は「自由で責任的な本性の自覚」を獲得しなければならない。「個人の行為こそが確保されるべき偉大な点であり」「最高善」[57]である。「個人の内的力こそが目的」であるとも言う。内的な自己形成力が、社会の与える影響や仲間が与える印象に抵抗する。この「抵抗」こそ「徳」にとって本質的なものとチャニングは言う。なぜなら、彼によれば「一切の徳は、個人的な行為、内的なエネルギー、自己決定にある」[58]からである。この個人の内的な自己決定と自己形成の力にチャニングは「精神の神聖さ」を見ていた。ヴォランタリー・アソシエーションはこの「人間の精神の自由な行為を勇気づけるまさしくその手段」である。しかしそれが、逆転してそれに逆らうものになる。チャニングによる「アソシエーションの考察」はすでに述べたように、アソシエーションの有効な力を認識するとともに、この危険を見た点で優れた考察であった。

チャニングはさらにその考察に二点を加えた。「アソシエーションの優劣の区分」と、「アソシエーションの評価や使用の基準」についての考察である。前者について述べると、チャニングは「自然的アソシエーション」と「人為的アソシエーション」を区別した。「自然的アソシエーション」は創造者である神によって作られたアソシエーションであり、「われわれの存在から不可分なもの」と言われる。それには「家族」「隣人」「地域」(country)のつながりがあり、それらには「人間性の偉大な結合」がある。これに対して「人為的なアソシエーション」は、それこそ考察の対象とされた当のヴォランタリー・アソシエーションであるが、チャニングによればそれは「特別な時と急場のために人間によって考案されたもの[59]」である。チャニングはこの自然的と人為的の二つを区別して、「人為的アソシエーション」は「自然のアソシエーション」より劣ると見た。それはちょうど暗闇を照らそうとする「松明」が自然の「太陽」に対して劣るのと同様だと彼は言う。例えば、子供の擁護や医療にかかわるいかなるアソシエーションも「家族」には劣ると言う。「家族」「隣人」「地域」は「ヴォランタリー・アソシエーション」ではないから、チャニングは「ヴォランタリー・アソシエーション」の第二義的な意味を主張したことになる。彼はまた「教会」も「自然的で神によって作られたアソシエーション」と見なし、「ヴォランタリー・アソシエーション」から区別した。

「ヴォランタリー・アソシエーションの評価や使用の基準」として語られることは、すでに個人の精神の神聖さとその内的自己形成の力を促進すべきとの指摘に明らかである。アソシエーションの価値は「それが勇気づけ普及させるエネルギー、自由、活動性、道徳的力によって計られる」。しかしそれは「賜物を与えられている諸個人が彼ら自己の精神を実行するために手段と機会とを与える[60]」のであって、個人性の価値、個人の精神と行為の独立を促進するところに特質がある。チャニング自身が使用していない用語を用いれば、「自律を促進するアソシエーション」ということになる。しかしこの「自律促進」の課題を負ったアソシエーションは、個人の魂の神聖さや自由を通して、無限なるものに関わる。チャニングはまたヴォランタリー・アソシエーションの課題として、一方の個人の自由、自律、自己決定と、他方の集団からの影響とを「和解」させる課題もあることを認識していた。

チャニングのアソシエーション論は、アソシエーションの積極的な力を叙述するとともに、その危険を指摘し、宗教的次元の意義を認識していたところに、今日なお意味があると言うことができる。アソシエーションは諸個人の無力を克服することができるが、しかしそれは彼が指摘したように、時には少数のパワー・エリートの手に力を集中させ、他の多くの人々を依存状態に置く危険性がある。人々に枷をはめ、脅しつけ、臆病にする。アソシエーションは、独裁者を作り出す危険があるともチャニングは語った。彼によれば、この危険な力は「社会的交流」がもっと拡大され、遠くの人々が身近にもたらされ、異質で、時には相対立する諸影響が相互にバランスを取り、中和しあうことによって、減少され得るとも語った。チャニング自身はこの関連で、宗教の可能性に期待した。彼によれば、宗教は本来、精神の交流を拡大し、「人格の独立」と「ソサイエティの助力」とを「和解」させる偉大な手段と言われる。こうしてチャニングは、近代の典型的な集団形成としてのヴォランタリー・アソシエーションが危険なものになるとき、持続的な意義を発揮し続ける宗教の意味を認識していた。しかし現実の宗教はしばしばセクト的形態によって、良心を狭め、意見を異にする人々との交流を「ペスト」のように避け、自分たちの心を「リーダーたちの排他的な影響」に引き渡すとチャニングは指摘した。現実の宗教が「アソシエーションの陥る危険」の手に落ちていると言うのである。このセクト的形態に対する批判と同じ観点で、チャニングはリヴァイヴァリズムをも批判した。個人はそこでは大衆の中に見失われ、「つむじ風」のような群集の興奮によって吹きさらわれていると語った。

こうしてチャニング自身の思想的立場も明らかになっている。それは、一言で言えば、自然主義的な傾向をもった啓蒙主義的キリスト教の立場である。それにスピリチュアリズムによる個人の尊厳の認識が結びついている。

この思想的立場でチャニングは、ヴォランタリー・アソシエーションの有力な力と危険性とをともに認識し、その両面を雄弁に指摘した。しかし彼はそれ以上にヴォランタリー・アソシエーションそのものの神学的根拠を示したとは言い得ない。「結合の原理」の根拠を彼はただ自然主義的な人間本性や人間心理の現実の中に見た。彼の思想的立場が自然主義的であると言うゆえんである。また、彼の立場が啓蒙主義的キリスト教の立場であることは、例えば伝道のためのアソシエーションや安息日厳守を支持するアソシエーションの活動に対し、比較的冷淡な態度を表明した中によく現れている。「啓蒙されたキリスト者は（安息日だけでなく）あらゆる日を同じように尊重する」(61)と彼は語った。同様の啓蒙主義的立場は、外国伝道のためのアソシエーションに関する彼の語り方の中にも現れている。「キリスト教を遠隔の地に派遣するためにさまざまな国民の収入から寄付を受ける種々のインスティテューションによるよりも、われわれの自然的な関係やわれわれのホームに、そしてわれわれの共通のサークルや教会にそれをもたらし促進させることによる方が、キリスト教は比較にならないほど多く普及させられる」(62)と彼は語った。このキリスト教的啓蒙家のアソシエーション論をJ・L・アダムズは、リヴァイヴァリズムの中のジョナサン・エドワーズと比較して、チャニングの方をより高く評価し、次のように語った。「エドワーズが個人の行動のみを扱ったのに対し、チャニングは道徳と社会に関心を注ぎ、制度に関する行動を扱っている」(63)と。しかしリヴァイヴァリズムの指導のもとに成立した海外伝道のアソシエーションによってキリスト教との出会いを与えられたアジアのプロテスタント教会の視点から見れば、この啓蒙家の限界の方が明らかであろう。海外伝道団体がチャニングの思想に規定されたとしたら、アジアにキリスト教は伝道されなかったか、少なくともいっそう遅れて伝道されることになったであろう。

さらに言えば、チャニングはヴォランタリー・アソシエーションの現象を見事に把握しながら、またそれに対する宗教の持続的意義についても認識しながら、「ヴォランタリー・アソシエーションの神学」には至らなかった。彼は、この問題でイエス・キリストの道徳的完全とその独立性に注目したが、それはただ個人的な魂の自律の模範としてのみであった。団体論に関しては、神の創造は自然的関係と未区別な仕方で論じられ、教会の位置も家族や地域とともに、その意味での神の創造として「自然のアソシエーション」として位置づけられた。結局、教会は地域的な紐帯の中で理解され、その自発性と神の愛の普遍主義は後退させられ、アソシエーションによる世界伝道も後退させられた。トレルチが「禁欲的プロテスタンティズム」の団体論に指摘したような二重性、「恵みの救済機関」と「自発的服従団体」という二重性もチャニングには理解されていない。チャニングが立っていた啓蒙主義と結合したスピリチュアリズムの個人主義の立場は、[64]「ヴォランタリー・アソシエーションの神学」としては十分ではなかった。「人格の独立」と「ソサイエティの助力」とを「和解」させる偉大な手段としてのヴォランタリー・アソシエーションの宗教的基盤は、彼によってはなお神学的に深められないままであった。

(4) ヴォランタリー・アソシエーションの神学的考察——アダムズの場合

ジェームズ・ルーサー・アダムズは、ヴォランタリー・アソシエーションの歴史と現実、さらにその理論について種々の論文を著わし、この問題をめぐる神学的考察の第一人者である。[65]ここでは彼のヴォランタリー・アソシエーション論の中からその特徴的な面のみを取り上げることにする。一般にそうであるように、彼もまたヴォランタリー・アソシエーションとヴォランタリーでないアソシエーションとを区別する。「国家」や「家族」はそれらに対する所属性が選択の自由によらないゆえに、ヴォランタリーでないアソシエーションとされる。ヴォランタリーとインヴォランタリー、両種のアソシエーションを包括しているのは、共同社会（コミュニティ）である。共同社会は、国家によって創造されたものではなく、逆に国家が共同社会によって創造されたと理解される。その中でヴォランタリー・アソシエーションは、極めて膨大な多様性に富んでいる。アダムズはこれも一般的な区分に従って、それらを「道具的アソシエーション」と「表現的アソシエーション」に分けて理解した。「表現的アソシエーション」はそのメンバー自身の関心や満足を表現し、促進することを主眼にしている。それには文学、芸術、その他文化的諸活動に関わるものから、娯楽やレジャーのクラブまで各種のアソシエーションがある。しかし社会的に重大なのはむしろ「道具的アソシエーション」の方である。これは、アソシエーションのメンバーに対してだけでなく、その外部の人々に対しても、公共的な目標に関して、あるいはパブリック・オピニヨンや社会的決断の形成に関して影響を及ぼそうとする。これにも政治、文化、宗教など各種のアソシエーションがある。さらにこの「表現的」と「道具的」の両方を結合したものをアダムズは「プロフェッショナルなアソシエーション」と呼ぶ場合もある。「道具的アソシエーション」は個人と国家の間に位置する「中間的アソシエーション」の典型と言ってよい。「中間的アソシエーション」は特に、アソシエーションの自由、その憲法上の権利を主張して、その確立のために永い闘いの労苦を経た。この「中間的アソシエーション」にはヴォランタリーであるが、利益を生み出すビジネスや産業界のアソシエーション、経済的アソシエーション、それに労働組合や各種プレッシャー・グループ、婦人解放運動、黒人解放運動なども挙げられる。「教会」もまたこの「中間的アソシエーション」の特徴を有している。ただし教会はその自己理解によれば、超越的な方向づけや神の召しによって存在するとの認識があり、その点において他のアソシエーションとは異なっている。

アダムズのヴォランタリー・アソシエーションの解釈理論として特徴的なものに「力の分離」(separation of powers)の原理がある。これは「権力の構造化された分散」(structured dispersion of powers)とも言い表される。アソシエーションによる「力の分離」は「教会と国家の分離」にその典型的な表現を見たが、さらに多様なアソシエーションの活動によって多元的社会を現出させていることに明らかである。ただ個人の内面的な自由でなく、グループの活動の自由が制度化されることが重大で、それが既成体制の変革や、社会変化に影響を及ぼし、多数による支配を阻止する。それはまた「反対意見の制度化」でもあって、影響力のない単に個人的な反対とは区別される。歴史はこうした影響を与える力の行使を行うグループによって作られるとアダムズは語った。権力の分散は立法、司法、行政の「三権分立」だけで十分とは言えない。包括的な多元的社会を成立させるヴォランタリー・アソシエーションの存在が「デモクラシー社会」には不可欠と言う。

アダムズはこの「力の分離」の歴史を辿り、その起源を「急進的宗教改革」から「初期キリスト教」へ、さらに「古代イスラエルの預言者」へと遡っている。「預言者」が「中間構造」としての継続的組織体を作らず単独で行ったことを、原始教会は「永続的な組織体」を形成することによって継承した。「急進的宗教改革」（アダムズはバプティスト派、独立派、クェーカー派などをこれによって意味した）は、「初期キリスト教会の独立と構造とをモデルとし」、「神の契約の民としての教会理念の再発見を目指した[66]」と言う。こうして「古代イスラエル預言者」から「初期キリスト教会」を経て「急進的宗教改革」へと辿るアダムズのヴォランタリー・アソシエーションの歴史理解において、決定的なのは「預言者的批判」と「預言者的契約」の理解である。この点をもう少し明らかにしておきたい。

イスラエル預言者は「主は言われる」という言葉によって王と民とに対して独立的に立ち向かった。独立性を持たずに王と民に依存する預言者は「偽預言者」である。アダムズによれば「預言する自由」はイスラエル独特なもので、「力の分離」を表すと言う。これには他の諸民族の場合と根本的に異なるイスラエル特有な「歴史的方向づけ」が関係しているとアダムズは考える。「バビロニアやエジプトでは、静態的で成層的な社会秩序が無時間的、超歴史的な宇宙的モデルによって是認されていた。社会の既成秩序はこのモデルに従って一度にして永遠に規定されていた。したがって他律的な権威の堅固な空間が時を支配していた[67]」。この「空間による時の支配」と対比的に、イスラエル預言者の背後には出エジプトによる抑圧からの解放という時間の中の出来事が与えた「時間的な方向づけ」(time-orientation)があった。「この出来事と神の契約、神の諸行為の記憶が、独裁制に対抗する自由のための継続的な闘いに是認を与え、したがってそれらから独立した預言の批判や介入に対し是認を与えるものになった[68]」。こうして「非歴史的宗教」には、一定の既成秩序の他律的支配と「力の非分離」が結びついているのに対し、「歴史的宗教」には神律的支配が、そして「力の分離」が結びついているとアダムズは言う。

初期キリスト教会は、「組織化された預言者」と見られた。この点では、トレルチが新約聖書と福音の中に一方でゼクテ・モティーフを見ながら、他方同時に「教会型」の契機も見たのとは微妙な相違を見せる。アダムズによれば、「原始教会」はユダヤ教的既成体制に対抗する新しい共同体を意味し、それは宗教と民族的特権の結合を打破するものであった。さらにそれは、ローマ帝国とその「市民宗教」に対して独立的であったと強調される。「カエサルのものはカエサルに、神のものは神に返せ」という行き方は、神をカエサルと異なった「組織体の原理」として提示し、「組織体の神」による「教会の独立性」の主張になったと言う。神はその意味では、創造し、支持し、審判するとともに、「共同体を形成する力」として理解されたと言われる。

アダムズはさらに「力の分離」との関連で「契約」思想に注目する。彼はG・メンデンホールの研究に従って、「契約」思想の起源を紀元前四〇〇〇年頃の中近東における列強と従属的勢力との間の条約の中に見ている。この政治的領域から採用された「契約」が神学的領域に適用され、「人間と神との関係を理解する土台」とされ、「人間実存の全体」を理解する鍵になったと言う。[69] 特にヘブライ預言者は契約概念に「垂直次元」を与え、「人間の企てを義の社会のために働く自由へとコミットすることを求める宇宙的な力に関係づけた」。[70] 契約はまた「弱者や権利を奪われた者に対する関心」を要求し、「憐れみや正義を促進する責任」を要求した。これによって「契約」は「社会の性格」に対する「個人」の責任とともに、「集団」の責任を明らかにした。それは、一方で「個人の尊厳や自発性」——それは神から与えられたものである——を破棄する「きつい集団主義」を退けた。それとともに他方で「単にアトミックな個人主義」に陥ることも退けた。「要するに、契約観念は個人を擁護し養うとともに、その個人を責任性に関して包括的な諸構造に関係づける」。[71] その観念は「歴史に対する偉大な洞察の一つ」[72]であったとアダムズは言う。古代に使用されたこの「契約概念」が一七世紀に「復興」したと彼は見る。このようにして「契約」は、「個人」「中間的構造」「政府」「社会」を「神的、創造的な意味の根拠」に結び合わせた。アダムズはさらに、それらを結び合わせた「契約」の「秩序原理」は既成体制の中にはなく、神の「約束」の中にあったと語った。「契約の神」は「約束」し、その「約束を守る実在」であり、われわれは「この信頼し得る力、創造的で支持的な力、また審判的な力、共同体形成的で共同体変革的な力である実在に究極的に依存している」[73]と言う。そのようにして神の約束に対する応答にコミットすることができることが人間的であることとされた。人間は約束を破る。それに対し神的な実在は約束を更新する力である。それは人格同士の関係の中にだけでなく、制度的な行動の中にも示される。アダムズはこのように神的な実在を「約束する力」「約束を更新する力」として指し示した。そうすることで、教会と離れたアソシエーションに対しても、人間実存の意味——個人的人格的な意味と同時に社会的制度的な人間実存の意味——の根拠として、この実在を指し示したわけである。

以上のように預言者における「力の分離」と「契約」の思想、そしてその根本にある「神概念」が、アダムズの場合「ヴォランタリー・アソシエーションの神学」である。ヴォランタリー・アソシエーションを「自由」概念を根本として考えるか、それとも「力の分離」を根本として考えるかによって、ヴォランタリー・アソシエーションの神学的考察の基本は異なってくる。「自由の神学」か、それとも「力の神学」か、という問題になる。A・D・リンゼイなら前者、アダムズは後者である。実際アダムズはこの問題で、彼の親しい友人であり、師でもあったパウル・ティリッヒの「力の存在論」と結びついた。そこで契約と存在を結びつけて「存在の契約」[74]とも言い、「実在の本質や意図との契約」とも語った。しかしそこからアダムズの神学思想に二重の問題が生じてくることになった。一つは、究極的には時間を支配する「存在」の立場に立つのか、それとも存在以上の神としての「歴史の神」を語るかという、パウル・ティリッヒにも突きつけられる根本問題であり、この問題にアダムズも巻き込まれている。もう一つは、確かにティリッヒには「預言者思想」の尊重や「神律的な共同体思想」の主張があった。しかしティリッヒは結局のところ「禁欲的プロテスタンティズム」や「ピューリタニズム」には馴染もうとしなかった。彼の神学思想とヴォランタリー・アソシエーションの神学的考察を結びつけることは「歴史観」をめぐって一種の違和感が伴わざるを得ない。「自由と歴史の神学」か、それとも「力と存在の哲学」かという根本的問題があって、アダムズはその間の曖昧さを抱え込んだわけである。われわれはむしろ自由と歴史の神学的考察を根本にして、力の問題はその基盤の上で受け止めるべきと考える。(75)

(5) ヴォランタリー・アソシエーションと自由教会

既述したようにヴォランタリー・アソシエーションが真に確立されるためには、その伝統が理解されることが必要であり、特にその第一段階における自由や自発性の意味が理解される必要がある。そのためにはキリスト教会、特に「禁欲的プロテスタンティズム」の記憶を有するプロテスタント自由教会とのコミュニケーションが必要とされるであろう。ヴォランタリー・アソシエーションと自由教会との相互理解は、ヴォランタリー・アソシエーションの起源と意味だけでなく、同時にその限界を理解し、その病理を克服する上でも重要である。ヴォランタリー・アソシエーションの病理は、ヴォランタリー・アソシエーションの形態を取って存立しているプロテスタント自由教会の病理にも通じる。ヴォランタリー・アソシエーションの病理の検討は、教会の自己吟味と不断の改革にとっても意味がある。そこでまずヴォランタリー・アソシエーションの病理を取り扱い、続いてヴォランタリー・アソシエーションとプロテスタント自由教会のコミュニケーションの意味について究明しよう。

(a) ヴォランタリー・アソシエーションの病理

ヴォランタリー・アソシエーションの健全な発展に関して、特に上からの近代化がなされた地域ではヴォランタリー・アソシエーションの未確立という問題が見られる。日本社会にもこの面は著しい。「第三セクター」の自立性は弱体で、一方で公的資金に依存するとともに、他方では官僚や中央からの「天下り人事」の受け皿になるといった現実はその現れの一つである。また「非営利組織」がもっぱら雇用創設の観点から取り上げられ、その組織の公共目的の認識が弱く、その目的に対する召命や献身の意識が曖昧で、市場原理に支配された現実もある。かつて総理大臣の諮問機関「教育改革国民会議」において「奉仕活動の義務化」、つまり〈自発的〉活動を〈法的に強制する〉という滑稽な話が真顔で提唱された。この喜劇的事態もヴォランタリー・アソシエーションに関わるエートスの貧困を表したものである。ヴォランタリー・アソシエーションの健全化や活性化は、その参加メンバー各人の質の高さによるだけでなく、社会全体の精神やエートスから支持されなければならない。ヴォランタリー・アソシエーションの精神やエートスを無視して、その制度や技術のみの導入を図ることは、結局のところあらゆる制度や技術が抱えている病理を克服することはできない。国家や地方自治体への依存、自立性や自発性の未発達という一方の問題に対して、その対極にはヴォランタリー・アソシエーションによる「社会的アナーキー」の不安がある。ホッブズはこのアナーキーの不安のゆえに、ヴォランタリー・アソシエーションを社会全体の健康を破壊する「寄生虫」と呼んだ。ヴォランタリー・アソシエーションの複合体としての社会の秩序を維持する課題は、「共同体をより一層共同体的にする」「国家の機能」を不可欠としている。現代ではさらにヴォランタリー・アソシエーションの国際的調整の必要も生じている。

次にヴォランタリー・アソシエーションは、チャニングが指摘するように、自己の内部的関心に排他的に集中する危険性を持っている。それは組織体の自己目的化、自己絶対化の誤りに陥る危険性、一種の制度的偶像礼拝に陥る危険性である。インスティチューショナリズムがもたらす閉鎖性、その目的のパティキュラリズムから結果する問題性もある。大衆社会の中で、個人的成功に多くのエネルギーが傾けられ、結果として政治的責任、共同社会の責任、公共的関心や目的に対してわずかしか注意が向けられないことがある。ヴォランタリー・アソシエーションとしての教会も、「閉鎖的教会主義」に陥る誘惑がある。特殊的、地域的なものは、同時に「普公教会」に連なり、常に普遍的全体性に対する責任へと開かれ、それによって調整されなければならない。普遍的な意識と責任の喚起が不断に必要である。ヴォランタリー・アソシエーションがゼクテ的傾向に陥る危険は、預言者的契約のホーリスティックな「義の社会」、あるいは終末論的な神の国の普遍性によって、より包括的な普遍的目的へと開かれ、関係づけられ、それによって絶えずその克服へと促されなければならない。

さらに指摘されるべきは、ヴォランタリー・アソシエーションがパワー・エリートによる少数支配の道具として悪用される危険である。ヴォランタリー・アソシエーションが、「自律の形態化」でなく、「独裁の道具」と化す場合がある。他のメンバーの無関心や無責任がこの傾向を助長する。自律が弱体であることが他律を促進する。いわゆる「カルト集団」にしばしば見られる「マインド・コントロール」の現象は、この「他律」の典型である。「自律的・神律的アソシエーション」を確立する課題がある。

(b)ヴォランタリー・アソシエーションに対する教会の意味

ヴォランタリー・アソシエーションに対する教会の意味について、簡潔に要点を記したい。教会は「記憶と希望の共同体」である。聖書と伝統、信仰告白と典礼が教会の「記憶と希望」を表現している。プロテスタント自由教会は特に「禁欲的プロテスタンティズム」の伝承資産の形で、ヴォランタリー・アソシエーションの歴史的・宗教的起源の記憶を保持している。これをヴォランタリー・アソシエーションのエートスとして教会外のアソシエーションに伝達することが期待される。礼拝の中の「献金」は神の恵みへの感謝の応答であり、神以外の何物にも依存しない自由の決意の表明である。「献金」は「寄付のエートス」を生み出し、国家からの独立のエートスによって「税金」に依存しない活動を表現する。この自由献金のエートスのある社会が、ヴォランタリー・アソシエーションの基盤を形成するであろう。「献金のエートス」を欠如した社会でヴォランタリー・アソシエーションを育成することは、いわば「上からの促進」になり、「自発性の育成」の非常な困難を負うであろう。この意味でもヴォランタリー・アソシエーションの第一段階が、第二、第三段階の基盤をなしていると言わなければならないであろう。

自由教会の記憶と希望は、「アソシエーションの自由」がどこから来たか、そしてどこに向かうか、「自発性原理」の根拠と目的はどこにあるかを示す。教会の記憶によれば、自由や自発性は、突き詰めたところ、人間に生得的なものではない。それはまた自己努力による獲得物でもない。それは人間を選び、自由な応答へと解放し、神の民として召集する神の意志的行為に基づいている。人間の自由と自発性は、この神の選び、解放、召集に対する応答である。具体的にそれは、キリストの十字架の出来事に成立根拠と支持根拠を持ち、神の国にその目標と方向づけを持っている。こうした自発性原理の宗教的根拠や自由の超越的根拠を神学的に解明するためには、さらに「神の選びと自由」「キリストの贖罪と自由」「聖霊と自由」などについて考察する必要があるであろう。

ヴォランタリー・アソシエーションの「エートス形成」にとって重大なのは、「自由」や「自発性」とともに、「愛」であり、「献身」である。またその目標としての「公共的目的」の意識である。教会の希望は「神の国」の約束によって支えられている。自由が超越的根拠によるように、希望もまた「根拠づけられた希望」である。「神の国」の希望によって「普遍的な義と平和の社会」に向けて個人と集団の関心が方向づけられる。ヴォランタリー・アソシエーションがしばしばパティキュラリズムに陥り、インスティチューショナリズムやローカリズム、その他の排他性や閉鎖性に陥る弊害は、教会もまたヴォランタリー・アソシエーションとして時に陥るものである。しかし教会の記憶と希望にあるキリストの贖罪、そしてそれに基づく神の国の普遍性によって、それら弊害の克服へと向かう推進力が与えられるであろう。

繰り返し指摘するように、ヴォランタリー・アソシエーションの病理は、ヴォランタリー・アソシエーションの側面を持つ教会の病理でもある。しかし教会がその記憶と希望のうちに与えられている神の行為は、この病理を克服し、教会に不断の改革を与えるはずである。教会は「不断に改革される教会」(ecclesia semper reformanda) として、その霊的エートスを他のアソシエーションに伝達することを期待されている。なぜならヴォランタリー・アソシエーションは元来、深くキリスト教の歴史の胎内から生じ、とりわけ「禁欲プロテスタンティズム」の中に共通の根を持ったものとして、プロテスタント自由教会とは親和的だからである。教会は、ヴォランタリー・アソシエーションの「エートス形成」に対し、果たすべき役割、また果たし得る役割を負っていることを銘記しなければならない。

(c) 教会に対するヴォランタリー・アソシエーションの意味

教会以外のヴォランタリー・アソシエーションは、教会にとって貴重な意味を持ってきた。具体的には、「聖書協会」や伝道のための活動団体、教育、医療、福祉団体の諸活動が示してきた通りである。教会はホーリスティックな目標に方向づけられている。しかし中間時において、教会はすべてを行うことはできないし、また行おうとすべきではない。「何よりもまず、神の国と神の義を求めなさい」（マタ六・三三）とある通りである。教会はとりわけ教会固有の使命（伝道と礼拝、そして信仰の教育）に献身しなければならない。そのためには特に他の事柄について、ヴォランタリー・アソシエーションの助力を必要としている。終末論的中間時の中では区別があり、近代的合理化過程の中では文化的諸価値とその領域、生活諸秩序に分化があり、即事的な献身にも区分がある。ヴォランタリー・アソシエーションを媒介にすることによって、教会はそれ固有の使命を曖昧にすることなく、政治、文化、社会の活動に生きた関係を結び、それを促進するための息吹を吹き込むことができる。その意味ではヴォランタリー・アソシエーションは、教会が教会であり続け、同時に文化や社会との生きた関係を保持し、促進するための有効な手段である。

キリスト者は、敬虔主義的に内面性と人格関係に関心を集中させることによって、生活のすべてを尽くしているわけではない。キリスト者は同時に社会的、制度的な責任の中にもいる。公共的政索決定に関する社会的プロセスに参与する責任もある。そのためにはヴォランタリー・アソシエーションは不可欠的、かつ有効な手段である。それにしても、教会はすべての政治的政策決定について一定の立場を教会員に求めることはできない。多様なアソシエーションへの参加が可能とされることによって、教会は一元的な政治主張に陥ることを回避することができる。アソシエーションの多様性が政治判断の多元的な自由を保障する。教会が一定の政治目標を自己の目的と同一視するのは、ホーリスティックな政治概念による誤りであるが、それは他面ヴォランタリー・アソシエーションの未成熟な状態を表してもいる(76)。その意味でヴォランタリー・アソシエーションは教会の政治主義化を回避させ、教会としてのアイデンティティを確立し、それを遂行する上で有効な援助手段である。

ヴォランタリー・アソシエーションはまた教会人と非教会人の協力の場を形成する。教会固有の課題においては非教会人との協力は困難であるが、文化的、社会的、政治的共通課題においては可能であり、また必要でもある。

「自由な市民社会の文化」は「教会的権威による統一文化」とは異なる。それは「教会が支配する文化」ではない。しかしまたそれは、決して「教会なき文化」でもない。教会がなお不可欠な持続的意味を持ち得るし、また持つことが期待される文化である。それは教会がそれ自身の固有の使命を果たすことで、支持的、また協力的に働き得る文化である。ヴォランタリー・アソシエーションと自由教会のコミュニケーションはそのことを具体的に示す。その根本には、三位一体の神は教会の神であるとともに、歴史、文化、社会を統治し、審判し、共同体を形成する神であるという事態がある。自由な市民社会をいっそうの成熟にもたらすためには、ヴォランタリー・アソシエーションの働きが不可欠であり、それはまたキリスト教自由教会とのコミュニケーションを必要としているという認識は、市民社会の文脈における自由教会としての教会の弁証でもある。

第三章　ヒューマニズムとキリスト教

二〇世紀を貫いてヒューマニズムは現代世界文明の基盤的な精神また思想として期待されてきた。二一世紀は国際テロリズムや膨大な難民の発生に直面しながら、宗教の多元性の中で世界秩序を模索しつつ、その根底に依然としてグローバルなヒューマニズムを要請している。この間、特別にヒューマニズムの概念定義が明確に確定されてきたわけでも、深化されてきたわけでもない。ヒューマニズムは、ルネサンスのヒューマニズムから歴史的な変遷を重ね、キリスト教との関係も変貌させてきた。ルターに対するエラスムスの関係は、当初、連携を予想されながら、結果的には対決的になった。しかしヒューマニズムと宗教改革の関係には、ツヴィングリやメランヒトンが示した調停的なケースもあった。歴史的にさらにくだれば、新プロテスタンティズムにおけるキリスト教と啓蒙主義的ヒューマニズムの融合が見られた。しかし一九世紀には、フォイエルバッハやマルクス、さらにはニーチェにおいてキリスト教に対決する反キリスト教的ヒューマニズムの傾向が先鋭化され、二〇世紀に至って弁証法神学におけるキリスト教からのヒューマニズムに対する対決も見られた。こうした変遷にもかかわらず、ヒューマニズムが今日、宗教、人種、文化の多元主義を超えて、世界文明の全面にわたって根底に要請されている事実は無視されてはならない。ヒューマニズムを欠如してグローバル市民社会は成立することができない。キリスト教もまた世界政策を問題にするとき、ヒューマニズムとの同盟や連携を図らなければならないであろう。現代世界は、宗教的多元性の中にあっても、ヒューマニズムと連携できる宗教にのみ資格ある世界宗教の承認を与えることができる。なぜなら、世界はヒューマニズムの人間性の理想を少なくとも尊重することを存立の条件としているからである。その内容の理解や基礎づけにおいてたとえ多大な相違があるにしても、暴力と野蛮が吹き荒れ、人間性への抑圧がまかり通り、非人間的野獣性が暴発するとき、それには何の正当性も真理性もないことが自明とされなければ、グローバル市民社会は成立し得ない。人類世界が一つの世界として存立することは不可能になる。それゆえ、あらゆる思想や宗教はヒューマニズムとともに手を携える同盟者として初めて歓迎される。現代の世界文明はヒューマニズムを歓迎し、アンチ・ヒューマニズムを警戒する。それでは、ヒューマニズムはいかなる宗教の中にその支持を期待できるであろうか。キリスト教は、ヒューマニズムとの相違を明確にし、その限界を明らかにしつつ、それを支持し、それと連携できるであろうか。ヒューマニズムはキリスト教を同盟者とし、その中に深層からの批判とともに、より深い支持・根拠づけを受け取ることができるであろうか。

1　第一次世界大戦直後のエピソード

一九二二年、エルンスト・トレルチは「世界政策における自然法とフマニテート」という講演を行った。その中でトレルチは、第一次世界大戦において「二つの世界の原理的な相違」が決定的な役割を果たしたと見て、ドイツの敗戦は「ドイツ理論の修正をどこまで強いるか」と問うた。二つの世界の原理的な相違とは、一方にはドイツ・ロマン主義の「個性の思想」があり、「個性的なもの、積極的なもの、常に新たに生産するもの、創造的なもの、精神的有機的なもの」[1]を強調したと言う。それに対し他方には「永遠な神の自然法、人間の同質性、人類の統一の定めを信じ、その中にフマニテートの本質を見る」[2]行き方があった。両者の相違が一九世紀、特にドイツ帝国建設の闘いの中で激化し、「経験的・個性的国家の神格化」が起こり、「民族精神の個性的充実から普遍的人類理念に対する侮蔑が生じた」[3]とトレルチは語った。そこで敗戦後ドイツ・ワイマール時代の世界政策の提言は、普遍史的見方を喪失したドイツの民族的個性主義を「世界史的思惟と生活感情」、「偉大な世界的未来の課題」と結合させることに見出された。トレルチは、「現代的文化総合」の形成課題を前にして、「自然法とフマニテート理念から生じた諸発展に、はるかにより強力な顧慮を払う[4]」べきと主張した。その際「国家から与えられるのでなく、国家とあらゆる社会そのものに理想的前提として仕える人権の理念に、ヨーロッパのエートスの真理と諸要求の核心がある[5]」と語った。ドイツの「社会理念や国家理念において極めて重大になっている共同体理念や個性的な生の統一の理念」も、「伝統、習慣、自己愛に固執してはならないし、他の国家、民族、共同体や、それらとの秩序ある関係を見失ってはならない」。そこで「世界市民主義（Weltbürgertum）と人類共同体（Menschheitsgemeinschaft）の地平がすべてを包括しなければならない」、「国際連盟、人類組織、さまざまな破壊力やエゴイズムに対する制限といったすべての理念の中に失うことのできない道徳的核心が潜んでいる[6]」と語った。西欧的ヒューマニズムが不可欠と語ったわけである。他方でトレルチは、「ドイツのマルクス主義的・社会主義的な理論」が持っている「デモクラシーとヒューマニズムの世界市民主義」は、「全く歴史を喪失したヒューマニズム・平等的な革命の熱狂主義[7]」に陥ると見て、それを現実的とは見なかった。トレルチは合理主義的平等のヒューマニズムでなく、歴史的資産を資源に持った西欧的ヒューマニズムを現代的文化総合の基調とすることで、戦後ドイツの再生を図ったわけである。しかしこのトレルチの試みは実現することなく、その一〇年後にドイツはアンチ・ヒューマニズムの暴力によって支配される状態に堕ちた。第二次世界大戦によるいっそう野獣的な破壊を経て、戦後、再びヨーロッパで「新しいヒューマニズム」が要請された。さらに二一世紀において「世界市民主義」と「人類共同体」は依然として課題であり続けている。トレルチが問題にした合理主義的平等主義的ヒューマニズムと歴史的自由主義的ヒューマニズムの相違もなくなっているわけではない。しかしそれだけでなく、今日、宗教の多元性の中で「新しいヒューマニズム」が模索されなければならなくなっている。

2　「技術社会」におけるヒューマニズム化の闘い――フロムの場合

二〇世紀は第二次産業革命に入り、機械とエネルギーだけでなく、コンピューターと情報化による「高度技術社会」に入った。高度技術社会は、社会自体が巨大な技術的システムと化し、人間をその一部として取り込んだ。民族主義、全体主義的国家に続いて、技術社会という第三の非人間化の現象が出現した。フロムは、一九六八年その著『希望の革命』において「ヒューマニズム化された技術を目指して」語った。彼によると「技術社会」はヒューマニズムの伝統的価値を崩壊させる。かつてヒューマニズムの伝統においては、「何かをしなければならないのは、それが人間にとって、また人間の成長、喜び、理性にとって必要だからであり、またそれが美で善であり、あるいは真であるからであった[8]」。しかし「技術システムの指導原理」は、「技術的発展の原理」であって、他のすべてはこの発展に服せられ、技術的に可能なことはすべて行われなければならなくなった、と言う。そして最大の効率と最大の生産が追及されるようになった。その中では、人間は「より多くを持ち、より多くを使うことを唯一の目的とする」「消費人[9]」（homo consumens）となる。「消費人」は「受動的になった人間」で、精神的自発性を失い、能動的に世界と関わりを持とうとしない。こうした技術社会をヒューマニズム化するためにフロムはいくつかの提言を試みた。「人間の生の過程に奉仕するように、体制を人間化すること[10]」が目指され、そのためには社会の「官僚主義的管理」を「ヒューマニスト的マネージメント」に切り変えることが必要と主張された。あるいは「受動的消費」のあり方を止めて、消費の方法に「消費者の参加方式」を取り入れ、消費における能動性の回復を図ることも提案された。

フロムの特徴は自発性、能動性、関心、参加、討論の回復によってヒューマニズムの伝統的価値の回復を図るもので、この関連で技術社会における「対面的集団」（face-to-face-group）の存在理由やタウン・ミーティングの意味の再発見が主張された。同時に社会心理学者としてフロムは、技術社会の問題を以下のように分析した。「技術的進歩に最高の価値を与える傾向は、……すべての生命なきもの、すべての人工のものに情緒的に惹かれる深層心理と結びついている。この生命なきものへの憧れがもっとも極端な形になると死と腐敗への憧れ（ネクロフィリア）になるが、それほどひどくない場合でも、〈生命への畏敬〉でなく、生命への無関心を生じる結果になる」。さらに彼の分析は進む。「生命なきものに惹かれる人たちは、生きた構造より〈法と秩序〉を好み、自発的な方法より官僚的な方法を、……独創より繰返しを……好む人たちである。彼らが生命を制御しようとするのは、生命の制御しえない自発性を恐れるからである[11]」。フロムが「自発性、能動性、関心、参加」などを重大な価値とする根本には「生命あるものへの愛」（バイオフィリア）と「死体愛好」（ネクロフィリア）の対立的な見方、両者の二者択一の選択がある。実際、フロムはこの点でアルバート・シュヴァイツァーの「生命の畏敬」の立場に近く立った。彼は言う。「本書に示された物の見方に対応する価値体系は、アルバート・シュバイツァーが〈生命への畏敬〉と呼んだものの概念に基づいている。価値あるもの、または良きものは、人間独特の能力のより大きな発展に寄与し、生命を促進するすべてのものである。価値なきもの、また悪しきものは、生命を窒息させ、人間の能動性を麻痺させるあらゆるものである[12]」。

フロムはこの「生命愛」の根本原理を特に宗教的に基礎づけようとはせず、どの宗教とも敵対することを意図しなかった。「仏教、ユダヤ教、キリスト教、イスラム教のような偉大な人間主義的宗教や、ソクラテス以前の哲学者から現代の思想家に至るまでの偉大な人間主義的哲学者たちのすべての規範は、この一般的な価値の原理をそれぞれ独自に精練したものである[13]」と彼は語った。ヒューマニズムはフロムにとって人類共通の精神であり、高度技術社会にあって欠如してはならない世界共通価値であった。

しかしそのフロムも「超越」についてまったく語らなかったわけではない。人間特有の経験には、愛や思いやり（tenderness）のように、直接の生存を目的とした行為を超えた超生存的な経験がある。貪欲のようにエゴセントリックでなく、エゴを捨て、エゴを超えるものがある。「人間の発達は、自我《エゴ》、貪欲、利己主義、同朋からの隔絶、その結果としての心底からの孤独などの狭い牢獄を超越する能力を必要とする[14]」と言う。「この超越が、……生きているすべてのものを楽しみ、自分の能力をまわりの世界に注ぎ込み、〈関心を持つ〉能力の条件である」。エゴを超える「超越」はまた、わが手で作り出した物の崇拝を超える。「偶像崇拝」は結果として人間を物に従属させ、物化させる。そこでエゴも、いかなる物も超越されるのであって、それらはそれ以上の超越のない神の位置を占めてはならない。フロムは神自体については語らなかった。しかしエゴを超越することと、あらゆる偶像崇拝の否定を通して「神のみが占めることのできる場所」を語った。フロムはどの宗教がヒューマニズムの宗教であり、あるいはヒューマニズムと連携できる宗教であるかを問わなかった。しかしヒューマニスト的な宗教は当然、人間のエゴを超える「超越」と「偶像崇拝の拒否」を持つと語った。

しかし「超越」と「偶像崇拝の拒否」について語るだけで、人間の悪の現実に十分抵抗し得るであろうか。それだけでヒューマニズムの根拠づけは十分かという問いは残る。バイオフィリアとネクロフィリアの二つの心的傾斜のうち、バイオフィラスなオリエンテーションがいかにして優勢であり続けることができるか。技術社会に挑戦するヒューマニズムは、どこにその支え、根拠、精神的支柱を得るか。フロムは究極的な現実や約束や希望について語ろうとはしなかった。彼はただ「やればできる[15]」の立場に立ち、「教育」によって解決する希望だけを抱いた。彼にとって意味のある宗教は、ヒューマニズムの精錬された表現ではあっても、その根拠や力の源泉ではなかった。彼は「究極的な真理」に対して関心を示すことをしない。究極的真理の信仰よりも、現実的認識のより真理への接近という、「程度の増減[16]」の方が重要だと語った。それは直接、反宗教的ではないが、明らかに非宗教的であり、そしてそれでよい、あるいはその方がよいという主張によって間接的に反宗教的であった。しかしそれにしても、「偶像崇拝の拒絶」や「エゴを超えること」は、「宗教的空白」以上のものを必要とするのではないか。また「生命への畏敬」はもっと深みに根拠しなければならないのではないか。社会心理学的分析とそれによる決断は、宗教的基盤によってこそ支えられるべきではないか。そうでないのは、彼のネクロフィリアによる人間悪の理解も[17]、まだ人間の罪の現実にまで届いていない、それゆえまだ真実な意味で現実的になっていないということではないかと思われる。

3 シュヴァイツァーの「生命への畏敬」とその問題

Ａ・シュヴァイツァーの「生命への畏敬」の思想は、ヒューマニズム思想史における最近一〇〇年間での一つの重大な発露として注目に値する。フロムが「バイオフィリア」の立場をシュヴァイツァーの「生命への畏敬」と関連づけて理解したことは改めてシュヴァイツァー思想の現代性を示唆した。他にも例えばワルター・シュルツの名を挙げることができる。シュルツはその『変貌した世界の哲学』第五部において、「意識してアルバート・シュヴァイツァーの倫理学に立ち戻」り、「生きんとする意志を原初的事実とみなしそれの承認を倫理の根本要請……にまで高め[18]」ようとした。シュヴァイツァーの思想、とりわけ「生命への畏敬」の思想の現代的可能性を検討し、それとキリスト教との関わりを検討することは、現代における「ヒューマニズムとキリスト教」の問題にとって必要な作業であると言うべきであろう。

シュヴァイツァーが「生命への畏敬」の理念の着想を得たのは、一九一五年九月、オゴーウェ川を遡る舟中においてであった。やがて彼は講演などでこの理念を語り、一九二三年には『文化と宗教』第二部の最後の部分で若干の叙述を試みるに至った。しかし特に第三部で主題的に論じられるはずであったが、それはついに世に現れなかった。シュヴァイツァーによれば、「人間の意識の最も直接的な事実」があって、それは「私は、生きんとする生命にとりかこまれた生きんとする生命である[19]」という。その際、「生命への意志」はただ人間各人における特殊的な意志ではなく、「すべての現象の背後にも、中にも、生きんとする意志がある[20]」。「すべて存在するものは生きんとする意志であるという神秘」があると言う。そこで「人間は同時に、すべての他者の『生命への意志』に、自己のそれに対すると同様な『生命への畏敬』を払うべき必然を感得する」。「生命への畏敬」は、そのように「内的要求」として「体験」される。そこからシュヴァイツァーは「善と悪」を定義した。「生を維持し促進するのは善であり、生を破壊し生を阻害するのは悪である」[21]。シュヴァイツァーはこの理念によって「世界人生肯定と倫理とがともに包含される理念」に到達したと考えた。この「世界人生肯定と倫理の結合」は、ルネサンスには明らかであったが、やがてそれが弛緩し、ついに解消するに至ったことが、「近代ヨーロッパ思想の悲劇」であったと彼は言う。その悲劇をシュヴァイツァーは特にニーチェの中に見ていた。ニーチェは同じ「意志」の思想であったが、「力」（Macht）を意志したのに対し、シュヴァイツァーは「生」（Leban）を意志する。「生命への畏敬」の思想は、シュヴァイツァーにとっては、「新しいルネサンスとそれに対応するヒューマニズムのプロジェクト」であり、ヨーロッパ精神の再建の思想であった。彼はこれによって、第一次世界大戦に次ぐヨーロッパ文化の没落に対して解答を与えようと試みた[22]。彼はまたこれによってキリスト教会再生の道も示すことができると考えた。「人々を国民的情熱の闘争から正気に立ちかえらせ、至高の理想の信念のうちにとどまらせることが、教会の仕事であった」。それにもかかわらず、「戦時中におけるその完全な無力さ」が示すように、「教会にはそれができなかった」。しかし「生への畏敬の信念は、それ自身深く宗教的であるがゆえに、宗教的共同体の理想へむかう教会の再形成に従事することができる[23]」と彼は語った。「生命への畏敬」によるキリスト教会の再建の構想を語ったわけである。

この最後の引用文が示すように、シュヴァイツァーは「生命への畏敬」の思想が「深く宗教的」であることを感じていた。「生命への畏敬」の倫理は、あらゆるものに拡大された愛の倫理であって、これこそイエスの倫理を探究するときの、最後の必然の帰結であると彼は考え、生命への畏敬の世界観は、その宗教的に実践する愛の倫理とその内面性とによって、キリスト教の世界観と本質的に同系に属すると考えた。しかし「生命への畏敬」

がキリスト教によって根拠づけられるとは考えなかった。キリスト教と「生命への畏敬」の関係の秩序はシュヴァイツァーにとっては逆で、彼は「生命への畏敬」によってキリスト教再生の道を示し得ると考えた。つまり「生命への畏敬」がキリスト教を力づけ再生させる位置にあった。シュヴァイツァーによれば、キリスト教は時代の精神生活との連絡を失い、時代を動かす力を失いつつある。「生命への畏敬」の世界観が現れたことで、キリスト教はもう一度、宗教的な性質を持ったこの倫理的な思索との連携によって自らの再生の可能性を迫られると言う。

しかし「生命への畏敬」の思想そのものにある困難が横たわっていることをシュヴァイツァーは知らないわけではなかった。とりわけ、あらゆる生命体が他の生命体を犠牲にし、破壊することによって、初めて自己の生存を遂行するこの世界では、「生きんとする意志」の「自己分裂の惨劇」がある。人間も常に他の生命を犠牲にして生きなければならない。それにもかかわらずシュヴァイツァーは「生命への畏敬」を「絶対的倫理」として貫こうとした。「絶対的倫理」ということは、他の生命を毀損する必然性との調整を図ろうとはしないことを意味した。生命を毀損破壊する必然性にいよいよ頑強にただ抵抗することを求めた。その道は、生命を毀損破壊するゆえの「良心の疚しさ」を抱えないわけにはいかない。そこでシュヴァイツァーは言う。「断じて鈍感にされてはならない。われわれが葛藤をいよいよ深く体験するならば、われわれは真理のなかにある。疚しくない良心などは、悪魔の発明である[24]」と。「生命への畏敬」を「絶対的倫理」として貫くために、良心は常に疚しさに疼かなければならないとされた。

「生命への畏敬」の思想はさまざまな疑問を引き起こす。根本的な疑問は、この思想が「根拠づけ」を欠いていたことであり、それと関連して「生命」概念が、いかなる区別も内に持たず、「分節」されていないことである。シュヴァイツァーは「生きんとする意志」を人間としての自己の原初的な意識の事実の中に認識した。そこから「普遍的な生きんとする意志」へと推論し、「生命への畏敬」を語った。しかし自己の原初的な意識から普遍への「思惟必然性」に至る歩みは決して自明なことではない[25]。彼においては「生命」概念の思惟的・理論的な筋道の理解が不十分と言わなければならない。このことは「生命」の「分節」の欠如と関係する。実際にはさまざまな生命の形態があり、それら生命の諸形態の間に連続性と不連続性とがあるであろう。また連続性にも直接的な連続性と間接的連続性の区別があるであろう。さらにシュヴァイツァー自身、他の生命の毀損破壊の必然性を語り、現にそれを実行していた。つまり生命の区別をし、とりわけ人間の生命の特別な位置を事実としては前提していたわけである。しかし彼の「生命への畏敬」はこの現実とただ矛盾するのみであった。「生命への畏敬」は「生命の連続性」のみを前提している。その上、その点にこそ彼の思想の重大な意味があった。人間が倫理的であるのはただ、植物も動物も人間も、すべて生命が生命として神聖であり、すべての生きとし生けるものに対する無限の責任感を体験することであり、それのみが普遍的倫理として思考の中に基礎づけられ得ると考えた。実際、神戸の「少年Ａ」の事件報告によれば、少年はまずハトを殺し、次に猫を殺したという。この生命の殺害の激しい刺激に駆られ、少年はやがて二人の少女を殺害した。ヒューマニズムの破壊は、小動物の殺傷からすでに始まっている。この意味ではおよそあらゆる生命は連続性の中にあり、すべての生命が畏敬されなければならないということであろう。しかし同時に人間の生命の特別な位置が根拠づけられなければならないのではないか。シュヴァイツァー自身の実践的生活も人間の生命の特別位置によって生きていたはずである。病原菌は殺し、食物の生命も断つ。しかし彼の理論ではこの人間の生命の特別な位置は規定されないままであった。人間の生命をすべての生命と同一視することは、実際にはアンチ・ヒューマニズムであり、それが彼の思想では回避し得ない「良心の疾しさ」による攻撃によって示されていた。

しかし生命の根拠とその分節の必要に答えるためには、生命の思索は人間の原初的な意識の事実ではなくて、もっといっそう根本的な視点のもとに立たなければならなかったであろう。ヒューマニズムはより根本の宗教的基盤を必要とする。ワルター・シュルツはシュヴァイツァーを擁護しながら「倫理的に行為する者には背面援護がない」と語った。ただしそのために、彼は次のように言わざるを得なかった。「われわれは、歴史を最初から一貫して支配している悪を終わらせることに切りをつけることもできないであろう。こういう見通しを排除せず、しかもなお、あたかもよりよき人類がいつの日か、現実となるかのように振舞うということ、これこそがすべての倫理学を支配している逆説なのである(26)」。「かのように振る舞う」、つまり Als ob とパラドックスの倫理学の主張である。「かのように振舞う」の「逆説の倫理学」は、なぜもっと確かな「背面援護」を拒否するのか。その正当な理由が示せなければ、そこにはヒューマニズムが人間の高慢になる地点があると言わなければならないであろう。そしてその見返りが、「良心の疾しさ」を制度化させ、固定化させる誤った結果をもたらしているのではないか。そして人間は、誰も、牢獄のような良心の疾しさの中に留まることはできない。そこに留まらせることは決してヒューマニスティックな主張ではない。むしろそれは結果的には人間としての人間を攻撃し、抑圧し、破壊する思想になるであろう。したがって良心の疾しさを固定化させる思想は、一切の抑圧の世界を破壊して自由を獲得しようとしたニーチェの「力への意志」の前に太刀打ちできないのではないかと思われる。つまりシュヴァイツァーの「生命への畏敬」は、それがもたらす「良心の疾しさ」の制度化のゆえに、それが克服しようとしたニーチェの超人の思想によってすでに乗り越えられた倫理思想に属することになる。

カール・バルトは「生命への畏敬」という概念をシュヴァイツァーから引き継ぐとともに、「あらゆる倫理の根拠と基準」としての「生命」の観念を拒否し、「シュヴァイツァーにおいて生命が立っているところに、われわれの場合は神の戒めが立つ(27)」と語った。それはシュヴァイツァーの「生命の神秘的倫理」とバルトの「神学的倫理」との違いを表明する指摘であった。ケルトナーもまたシュヴァイツァーに対する批判として、「生命に対する普遍的な責任の倫理は事実（de facto）ただ神学的倫理のみである」とのテーゼを立てた。彼の場合、創造論的倫理と義認論的倫理の対立を超え、むしろ義認信仰の創造論的な適用が有意義であると考えている。しかし「生に対する普遍的な責任」を支える神学的倫理の立て方の詳細は、ここでの主題ではない。いずれにせよ、生命を根拠づけるとともに、人間の生命の特別な位置を明らかにする宗教的基盤が求められている。そしてシュヴァイツァーの思想が解決できなかった「生命の自己分裂」「生命の毀損破壊の必然性」の問題に対して解決の光が求められている。それなしには、「生命の畏敬」は、良心の疾しさによる不断の人間攻撃の思想として、人間を病へと押しやり、結局は人間を破壊するアンチ・ヒューマニズムに転落しないわけにいかない。真にヒューマンであるためには、ヒューマン以上のものを必要とする。「人間的なものだけでは十分ではない[28]」からである。

4　ヒューマニズムの「終焉」とキリスト教の「課題」——ブルンナーの場合

エーミル・ブルンナーは一九四七年、セント・アンドリュースにおいて行ったギッフォード講演「キリスト教と文明[29]」において、ヒューマニズムの問題をまさに彼らしい仕方で扱った。ブルンナーによれば、「われわれの時代の自然主義的ニヒリズムにおけるヒューマニズムはまったき解消に立ち至っている[30]」。「ヒューマニズムの終焉」は、従来のヒューマニズムの基盤や線上においては「人間の尊厳、人格、人権、人間の規定といった諸概念がその意味を失った」ということであり、「その核心は、人間は比較的高度に分化した動物〈以外の何物でもない〉というテーゼである[31]」。つまり、ブルンナーはヒューマニズムからニヒリズムへの移行が起きたと認識し、ここに立ち至った精神史を顧み、この文脈での神学的課題を把握しようとした。

まず精神史の理解については、ブルンナーによればヒューマニズムは、元来人間を自然との区別において見るところから出発した。それには、ヌースやロゴスによって人間精神の自然に対する優越を理解した「ギリシア的ヒューマニズム」と、神の被造物として神関係における人間の特別な位置と責任とを理解した「キリスト教的ヒューマニズム」の二つの形態があったと言う。この両者はやがて融合し、一六世紀に宗教改革とルネサンスとして分化するまで一つの混合形態をなした。しかしルネサンスにおけるキリスト教からのヒューマニズムの「分離」は、啓蒙主義的ヒューマニズム、理想主義的ヒューマニズムを経て、ついに一九世紀後半における自然主義的ニヒリズムによるヒューマニズムの「解消」にまで進行した。「近代的、理想主義的ヒューマニズムはキリスト教の地盤に生じた。……しかしこの歴史的基盤から分離した程度に応じて、それ自体の形而上学的内実はうすく不確かなものになった(32)」。その際決定的に作用したのは、ブルンナーによれば、「人間の本質を因果論的に自然的所与から解明する実証主義的・自然主義的哲学の現実主義の攻撃(33)」であった。コント、ミル、スペンサーなどは彼らとしては「何らかのヒューマニズムを救い出そうと欲していたが、実効的なヒューマニズムのためにもはやいかなる理論的根拠も提供していない(34)」。ヒューマニズムはすでに「破産」していた。そこに進化論が単なる科学上の仮説としてでなく、哲学的意味合いをもって受け止められたことにより、ヒューマニズムの終焉に至ったと言う。

この精神史の理解は、現代における課題意識と結び合う。それはキリスト教的基盤からの真のキリスト教的ヒューマニズムの再建という課題である。これはブルンナーにとっては、ヒューマニズムとキリスト教の「同盟」ではない。ヒューマニズムの破産と終焉を受けて、それに対する「真のキリスト教的ヒューマニズム」の形成である。その際「神の像」と「キリストにおける神の啓示」がヒューマニズムに基礎を与えるとブルンナーは考えた。キリストの神・人性における「神の像」の実現、そしてそれによる人間における神の像の回復が語られた。そういう「神学的人間論」が新しいヒューマニズムとして主張された。しかし、ここには非キリスト教世界にまでおよぶ世界政策としてのヒューマニズム、あるいは現代の世界文明の基盤として要請されるヒューマニズムという見方からの議論は見られない。広く世界の問題よりも二度の世界大戦の崩壊を経たキリスト教世界としてのヨーロッパの再建が緊急課題であった。ブルンナーは伝道的神学に押されて極東の日本にまで渡来し、二度にわたり長期の職務に従事した。しかしヒューマニズムがキリスト教と区別された形でも世界に行き渡ることを願うことはしなかった。彼にとっては「真のキリスト教的ヒューマニズム」の確立と浸透が重大であった。

5　ブルトマンにおけるヒューマニズムとキリスト教の「同盟と対決」

第二次世界大戦後数年の間に、ブルトマンもまた「ヒューマニズムとキリスト教」について語り、二つの論文を残している。彼もまた一五、一六世紀の文化的精神運動としてのヒューマニズムという「歴史概念」と区別された、現代の思想的内容課題としてのヒューマニズムについて語った。彼によればそれは「人間の理念への信頼」であり、「精神的なものに対する信頼」である。精神はまた「真・善・美」として科学・法・芸術の中にその世界を展開する。人間の理念はまた「教養」と「精神的な陶冶」によって発展的に実現される。こうしたヒューマニズムとキリスト教の関係の中に、ブルトマンは一方で「同盟」の関係を見た。

この同盟関係についてのブルトマンの理解はなお詳しく検討する必要がある。まずそこには消極的同盟の理解がある。消極的同盟とは、キリスト教もヒューマニズムもともに、同一の敵から攻撃されているという共通の状況を語っている。共通の敵としてブルトマンは、「相対主義」を挙げ、特にそれが帰着する「ニヒリズム」を挙げた。「主観主義の恣意に対する闘争において、ヒューマニズムとキリスト教信仰は一致している」[35]とブルトマンは語った。彼がその共通の敵として挙げたのはナチズムである。ナチズムはそれ自身の目的のために人間を手段として完全に利用し、自己組織の中に組み込むために「人格意識の最後の残余まで組織的に抹殺しようと努めた」[36]。それに対してヒューマニズムとキリスト教は「ともに人間を人格としても彼自身の意識にたちかえらせ、自己意識を打ち砕き、毒殺するルサンチマンの魔力から人間を解放しようとする点で一致している」[37]。しかしこの同盟はただ消極的なものであり、両者が一致していると見える「人格としての人間や自己意識」の理解において両者は「対立」していると言う。

両者の「対立」は、精神と神概念の違いであり、また教養と信仰の対立でもある。それはまた罪概念の相違とも関係する。キリスト教信仰の神は、ヒューマニズムの精神的世界を超えており、信仰は世界を超えた神との出会いにおける不断に新しい決断であり、「持つものは持たないもののごとく」という仕方で世界の終末、実存の「非世界化」を意味する。「キリスト教的生は、常に、将来的なものとしての彼岸から来る生[38]」であって、信仰の決断の行為は「そのキリスト教的性格が証明可能な一つの業の中に決して客観化されず、その瞬間とともにすでに消え去っている[39]」。ブルトマンによればキリスト教的生も信仰も、歴史化せず、世界化しない。この信仰によれば、科学も法も芸術も非世界化としての信仰の背後に退くほかはない。これに対し「ヒューマニズムが問題とする精神は、目に見える世界において業の中に、世界の形成の中に表明される[40]」。罪責についても、ヒューマニズムにおいてはただ「教養」によって克服される単なる「消極的なもの」としてだけ理解され、「欠如」として「いまだないもの」として理解されるにすぎない。「積極態、悪、神に対する叛逆」として罪は理解されていない。

以上のような「同盟」と「対立」の中でブルトマンはディレンマに立った。一方でブルトマンは「キリスト教とヒューマニズムが共通な関心事に心を向けなければならない理由のある時代もある。今日はそういう時代であると私には思われる[41]」と語った。その際、ブルトマンは、キリスト教信仰はヒューマニズムの補完を必要としないが、「具体的な歴史的存在としての個々のキリスト者は、ヒューマニズムを必要とする[42]」と語った。なぜなら、キリスト者は「世界を制御しなければならない」からである。「キリスト者は、世界を制御可能にするヒューマニズムを必要とする。ヒューマニズムは科学によって世界を解明し、世界のもろもろの力を認識し、それらの諸力を人間の働きに奉仕させるように教えることで、また法によって人間共同体の諸秩序を形成することで、芸術によって人間に心の平安、喜びの回復、精神的な陶冶を与えることで、世界を制御可能にする[43]」。しかしブルトマンの信仰概念は、不断の瞬間的決断における「非世界化」としての信仰であり、それは世界を制御できない。それゆえ「信仰」そのものはヒューマニズムを必要としないが、「人間」はそれを必要とすると言う。しかしこのことは、ブルトマンの信仰概念が人間の存在全体を統合できず、世界を制御できないということにほかならない。ヒューマニズムが必要だという判断も信仰の判断ではないことになろう。ブルトマンの信仰と神学はヒューマニズムを評価し、それとの連携を図るキリスト教の世界政策をもたらすことができなかった。しかしブルトマンの理解とは異なってキリスト教信仰は、科学や法にも関係するのではないか。ブルトマンの信仰概念を規定している「非世界化による終末論」がヒューマニズムとの関係における不毛性の理由である。キリスト教の世界政策を可能にさせ、ヒューマニズムの連携とその修正を図り、ヒューマニズムの神学的な根拠づけと批判的限界づけを可能にするキリスト教神学が求められていると言わなければならない。

6　バルトにおける「神のヒューマニズム」と二一世紀の世界文明

一九四九年九月、ジュネーヴにおいて「新しいヒューマニズムのために」という主題のもとに国際会議が開かれた。ヨーロッパ各地から哲学者や歴史家、オリエント学者や自然科学者、神学者や共産主義者たちが参集し、論じ合った。それは第二次世界大戦終了後の新しい世界形成のためにヒューマニズムの復興に向けて関心を集中させた時代の要請をよく表した試みと言ってよいであろう。実存主義哲学者カール・ヤスパースやマルクス主義哲学者アンリ・ルフェーブルとともに、キリスト教神学者カール・バルトもこの会議で講演した。それがバルトの「キリスト教的メッセージの現実性」と題された講演である。バルトはさらに翌年二月チューリッヒにおいて「ヒューマニズム」という題の講演を行い、この会議と自分の主張とを再論した。(44) そこにおいてバルトは、「受肉」を存在論的ならびに認識論的な前提にして「神のヒューマニズム」について語った。それは「人間に対する神の親愛」(Gottes Menschenfreundlichkeit) を表現し、「イエス・キリストにおいて成り立つ神と人との根底的交わり」を意味するものであった。それはまた「神の自由な選びの恵み」に基づくと語られた。

ここから見て、「究極のところ、すべてのヒューマニズムは反駁されなければならない」とバルトは勇ましく語った。「というのは、まさにそれらがヒューマニズム、つまり抽象的なプログラムだからである」と言う。バルトによると「キリスト教的ヒューマニズム」といった構想も持ち出すべきではない。「キリスト教的ヒューマニズム」は「木製の鉄[45]」というに等しいとバルトは言う。語るべきなのはただ「神のヒューマニズム」だけである。その際、重大な点は、人間は罪に落ちたという事実である。既述のジュネーヴの国際会議の一〇日間、「罪過の問題はおよそ触れられず、死の問題もただわずかに高慢な態度でなぞられただけであった」とバルトは語った。「いったいそこで現実の人間が視野にはいっていたか[46]」とバルトは問う。「神のヒューマニズムには「イエス・キリストの死」を通して、人間に対する「告訴」と「判決」が含まれていると言い、他のヒューマニズムには、ヤスパースのそれも含めて、「現実の人間である今日の人間」が視野に入っていないと語った。「人間の善性や人間実存の幸いについての多くの妄想[47]」がそこにはある。そこで「これまで知られている限り、新しいヒューマニズムは目だって懐疑的で悲しそうな顔を見せ」ながら、他方では真の慰めを語ることができず、その上高慢であるとバルトは語った。「ハイデガーを読みサルトルを読むとき、私は自問する。恵みをないがしろにし、それゆえまた恵みはなくてよいとする人間の高慢は、今日もかつてとまったく同様度し難いのではないか[48]」と。バルトであれば、おそらくフロムについても同様に語ったであろう。要するにバルトによれば、「キリスト教的メッセージ」が語るところ、ヒューマニズムは終わり、ヒューマニズムが終わるところで福音が語り始める。「神のヒューマニズム」と人間の思想、つまり共通文化としてのヒューマニズムとは同時に存在することも、共同することも、連帯することもできない。「新しいヒューマニズムは、それが実際に新しいものであるためには、神のヒューマニズム以外ではありえない[49]」。それゆえバルトは、新しいヒューマニズムに対するキリスト教的メッセージの「現実性」としてただ以下のように言う以外になかった。「汝ら悔い改めて、福音を信ぜよ」と。説教であればそう直截に語るという仕方で、バルトは講演の形で直截的でなく語った。しかしバルトはその講演の中でいかにも彼らしく率直に、ヒューマニズムはいかなるヒューマニズムであれ、「悔い改めと回心」によって

「神の恵みのヒューマニズム」へと赴く以外に道はないと語った。それは、一切のヒューマニズムに対する「神のヒューマニズム」の対立であり、他の一切のヒューマニズムに対する「回心の要求」である。ブルンナーによれば、自然主義的実証主義がヒューマニズムを終焉させ、今やその終焉において「真のキリスト教的ヒューマニズム」が出現しなければならない。しかしバルトにおいては、キリスト教のメッセージが語るところで、ヒューマニズムは終わる。ただ、どちらにしても、キリスト教とヒューマニズムの「同盟」や「連帯」について語ることはなかった。

7　われわれの時代的状況

バルトもブルンナーもヒューマニズムとの同盟や連帯をその世界政策として語ることはなかった。ブルトマンはキリスト者にはそれが必要と言いながら、語ることができなかった。彼らはともに、民族主義や国家主義の専制によるアンチ・ヒューマニズムの危険を体験し、技術時代における人間否定の危険も知らなかったわけではない。しかし「ヒューマニズムと同盟し連携を結ぶ世界政策」にそれほどの意味も、可能性も、興味も見出さなかった。ブルンナーは「キリスト教的自然法」の再建に期待したように、「キリスト教的ヒューマニズム」の再建に期待はしたが、それはヒューマニズムとの「同盟」や「連帯」ではなかった。バルトは教義学以外に世界政策を持とうとはしなかった。しかし、三人とも根本的にヨーロッパ的に考えたのではないか。民族主義、国家主義、そして技術社会の非人間性の問題を異教の中で経験する地域があり、また世界にはおよそ剝き出しの野蛮や暴力が吹き荒れる地域がある。「汝ら、悔い改めて福音を信ぜよ」と語って、それが聞かれる「場の形成」のためにも、ヒューマニズムとの連携が意味を持つ社会や時代がある。現代世界文明はまさにそうした時代ではないか。ヒューマニズムの非宗教的な確立には、ヒューマニズムとしてのその根の深さについても、強靭さについても、ましてや人間の現実性の認識についても限界があることは、キリスト教神学にとってはほとんど自明と言ってよいほどに明らかである。しかし非宗教的な中立的ヒューマニズムは、アンチ・ヒューマニズムに対抗し、宗教的なヒューマニズムと連帯し得るであろう。世界共通文明のこの動向を支えつつ、その前進に期待し、その中に福音伝道の空間を持ち得ることを期待しなければならない時代の中にわれわれはいる。

グローバル・テロリズムに直面しながら、グローバル市民社会の形成を求めて、世界共通文明の動向としてのヒューマニズムの強化が要請される。今日、ヒューマニズムに関して世界会議を開くとすれば、かつてのようにジュネーヴが会場になるとは思われない。会場がイスタンブールであれ、バンコックであれ、「汝ら悔い改めて、福音を信ぜよ」と言い得るのはどのようにしてか。そう語って、耳を傾けられるためには、その前提となる文脈の指示と形成がなければならないであろう。現代世界におけるヒューマニズムの意味について理解し、その限界を指摘し、ヒューマニズムがその困窮において赴く先にヒューマニズムを支えるキリスト教の世界政策の仕事があることを示さなくてはならないであろう。危機にひんした現代世界文明の文脈において、キリスト教弁証学の企てが批判と対論の形態を取って試みられなければならない。

第四章　自然科学とキリスト教

現代世界文明は高度な科学文明であり、また科学の技術的応用によって決定的に規定された高度技術文明である。科学は現代世界文明の不可欠な構成要素として普遍性を持っている。しかし現代科学は、自然科学も社会科学も含めて、総じて人間の生の倫理的次元との乖離に陥っている。「科学は彼〔＝人間―筆者注〕がいかに行動すべきかを誰にも教えない」(1)と言われる。科学はむしろ人間の行動の手段の位置に立たされている。科学によって開発され、その適用に用いられる技術は、その道具的・手段的性格は科学以上に明白である。技術それ自体は、技術が何のために用いられるべきか、その意味や目的は何かという問題に携わらない。科学も技術も現代世界の現実においては倫理的に無規範的と言わなければならないであろう。それらは善用が可能であるが、悪用もまた可能である。現代の科学や技術の高度な発達によって規定された文明世界にとって、そうした科学の抽象性や技術の手段性がもたらす不安は大きな問題になっている。科学は自然の抽象的な法則性を認識し、技術はそれを目的のいかんにかかわらず適用しようとする。科学の抽象性は、自然の諸形態をその文脈から分離させ、技術の手段性は道徳的危険に対して確かな防備を持たない。とりわけ生命科学や生殖科学、遺伝子科学などとそれらの技術的適用の分野において道徳上の不安は著しく、原子科学や原子力技術の分野においては人類を常に危機にさらしている。それゆえ現代文明は、科学や技術の本質を問いながら、不断に科学・技術からくる不安にさらされ、その倫理をどのように建てるかという課題のもとにある。こうした科学・技術の難問に直面して、キリスト教は科学・技術の理解やその方向づけに関与することができるであろうか。キリスト教と科学は互いに対話の相手として相互認識、相互尊重の関係に立ち得るであろうか。現代の世界文明における科学や技術の文脈においてキリスト教は何らかの責任能力を発揮して、その真理性を弁証できるであろうか。

1　一七世紀の科学革命

一七世紀における近代科学の出現は「科学革命」と呼ばれ、イギリスの歴史家ハーバート・バターフィールドは、「キリスト教の出現以来、歴史上の画期的な出来事として、これに比肩《ひけん》するものは他にない」と語った。彼はまた近代科学の出現を「キリスト教そのものからも、自《みずか》らを分離することのできた文明」(2)と述べた。文明はキリスト教文明から科学文明に変化したのであろうか。確かに、文明に対する科学の規定力が強くなるにつれて、文明に対するキリスト教の規定力や妥当性は次第に後退したかのように見られることが多い。しかしまた他方、近代科学の出現そのものを壮大な事件として見るとき、それは近代初頭における合理性や実験的な検証の精神の台頭を意味し、それ自体ある面においてキリスト教によって支えられ、そこから刺激と滋養を受け取ることによって成立した文明の現象とも考えられる。一七世紀の「科学革命」を完全に脱宗教的な知の世俗化と見ることは、必ずしも歴史の事実に即した見方ではなく、歴史の事実はむしろ近代科学の台頭とキリスト教との間により積極的で親密な関係があったとも示しているのではないか。例えば、宗教改革から四半世紀後に現れたコペルニクスの著書の匿名の序文の起草者がルターの盟友オジアンダーであったことなどは、科学と宗教改革のある種の積極的関係を示す例として挙げられる。しかしこれに対しては、ルターやカルヴァンは少なくとも地動説には敵対的であったとの反論も出され、諸説紛々の状況と言うべきであろう。概して言えば、科学とキリスト教の間の関係は多面的である。しかしそれにしても「科学革命」が否定できない歴史的事実としてキリスト教文化の伝統の中に起きたこと、さらには一七世紀のイギリスというプロテスタント・キリスト教の比較的影響の強い地域で成立したことは、科学とキリスト教との少なくともその一部における何らかの「親和性」を推測させせないわけにはいかないであろう。それを否定する場合には、科学成立の思想基盤を別に求める方向で解明しなければならず、それはまた困難を窮めると言わなければならない。

近代科学の「無神性」や科学一般における「無神論」といった現象は、科学成立期より遥か後の一九世紀の問題として生じた。その科学の無神性は、やがて近代科学が陥った科学の抽象性や手段性、そして倫理との乖離といった難問に通じていった。それは「科学革命」そのものの結果と言うより、その後に生じた逸脱によって陥穽に誘われたとも言い得るであろう。

2　科学とキリスト教とのコミュニケーション

科学とキリスト教との少なくともその成立期における親和性が想定されるとすれば、科学成立の後の時代に起きた関係喪失に抗して、キリスト教と科学はコミュニケーションの回復を図ることができる。その回復努力は、それぞれのアイデンティティの観点からも決して不可能ではないことになるであろう。さらに言えば、その回復は科学とキリスト教の両者にとって意味のあることになる。キリスト教にとって言えば、キリスト教信仰の真理、すなわちキリスト教信仰が基づく神の真理は、神の行為の真実を含み、神の創造による被造的世界の全体と関係する。つまりキリスト教信仰が関わる神の真理は、自然的世界を含む全現実に関係している。神学が見る被造的世界としての全現実は、科学が対象とする時間・空間的な全現実と別個の世界であるわけではない。神学がこうして神の創造による全現実の理解に関係することは、神の行為のリアリティを各信仰者個人の主観的内面世界だけに限定しないことを意味する。むしろ神の行為の対象世界が自然世界から隔絶し、人間の道徳界に限定され、さらには実存的決断の瞬間に局限されるに至った神学史上の一部の経過は、キリスト教信仰の主観主義的撤退を意味したことになる。それは、キリスト教神学が関わる神概念や真理概念から、また神学的な現実概念からも、是認できるものではない。神学の真理はその妥当範囲として神と被造的世界の全現実に関わることを要求しているのであって、主観主義的、内面主義的、実存主義的、さらには教会主義的に局限され閉鎖された、特殊な部分的領域内の主張に止まることはできない。そうした領域内的自己限定は、聖書に従った歴史的啓示の神概念とは両立することの不可能な歪曲的な自己限定と言わなければならない。この意味で聖書の神について、パネンベルクに賛成して以下のように言うことができるであろう。「もし自然が聖書の神に言及することなしに適切に理解されるというのであれば、その神は宇宙の創造者ではあり得ず、したがってそれは真実に神であり得ず、また道徳的な教えの源泉としても信頼されることはあり得ない(3)」と。そこであらためて神を正しく理解することを求めて、神と被造的世界との関係が問い直され、「自然の無神性」とともに「神学の無世界性」は克服されなければならない虚構となる。

他方、現代の科学や自然の理解にとっても、キリスト教神学とのコミュニケーションは意味のある、また必要不可欠な要件であると思われる。すでに述べたように、科学は成立以来その発展経過の中で、漸次キリスト教と分離し、脱宗教化への傾向を濃厚にした。ついには「科学の無神論化」を引き起こし、その結果今日、科学の抽象性による種々の困難に陥っている。その困難の一端は、科学そのものの成立基盤を不問に付すことと関係している。また科学の対象である自然そのものの意味も問わないこととも関係している。そこから今日、科学はそれ自体とその対象の意味も目的も問うことを放棄した。それはまた科学が自己規定を喪失したことでもある。そして自己規定を喪失した科学は、科学の外からの恣意的な科学の規定や無制限な科学の乱用に供される傾向を帯びる。これはすでに経験されていることであるが、今や科学は国家や企業によって、さらには個人によっても、恣意的使用に委ねられ、乱用に委ねられかねない。結果として科学とその対象としての自然は尊厳を喪失した。自然は生命についても原子力についても、科学的乱用の消費物と化した。しかしそれによって自然は適切に理解されていると言うことができるであろうか。既述のパネンベルクの文章は、自然が神なしに語られることによる

「神の信憑性の喪失」を語ったものであるが、それには当然、その裏面がある。神なしに語られる自然理解の問題性である。「もし聖書の神が宇宙の創造者であるならば、その神に何ら言及することなしに自然のプロセスを十分に、あるいは適切にも理解することは可能ではない[4]」。神がまことに神であるなら、神なしに語られている自然理解もまた信憑性を喪失するほかはないであろう。

そこであらためて「科学の無神論」と「自然の無神性」によって自然は十全かつ適切に理解されているかが、問い直されなければならない。明らかに「科学の無神論」によって、科学はそれ自身の目標と意味の認識を困難にし、科学倫理の喪失に苦慮している。のみならず、それがもたらす「自然の無神性」は真の自然認識になれていないのではないか。自然科学の倫理性の喪失とともに、その真理性の喪失も問われなければならないであろう。また倫理と真理の喪失は、当然、科学的発見や解明の意味性や創造性を枯渇させずにはおかないのではないか。科学の成立基盤とともに、科学の意味や目的の問題、そして科学の倫理の問いが問われる。そしてその問いは、科学の成立の宗教文化史的背景をなしたキリスト教とのコミュニケーションの回復に目を向けさせるのではないであろうか。

もっとも科学とキリスト教とのコミュニケーションの回復が必要であるとの認識は、日本の科学者の間では、少数の科学史家を例外として、十分熟しているとは言えない。しかしそれは科学そのものの問題性から来るというよりも、科学の受容における日本の特殊な状況の問題であり、科学輸入の当時の時代的性格がその後に影響を残した問題とも言うべきであろう。日本における科学受容の歴史は、日本近代化の一翼として、政策的に非キリスト教的、ないし反キリスト教的に進行させられてきた。日本は、他のさまざまな文化領域、政治、社会事業、芸術にまで、キリスト教的淵源に発するものについては、その成果を宗教文化史的根源から切除して、ただその結果のみを取り入れる「和魂洋才」の手法によって受容した。科学については、上記の理由に加わり、科学受容の開始時期が脱宗教的性格の強かった明治啓蒙期であったこと、それが一九世紀末の進化論興隆の時代であり、科学とキリスト教の緊張や対立が強調された時代であったことも災いした。しかし根本はやはり日本近代化の基本姿勢をなしている日本の姿勢にあったと思われる。この事情の影響が現代の日本の科学的知性をなお拘束している事実は、自然科学の倫理喪失に際してキリスト教とのコミュニケーションの回復にほとんど関心を示そうとしない現実の中に現れている。

そこでまず近代自然科学の成立とキリスト教の歴史的関わりを概観し、その上で科学時代におけるキリスト教の位置的価値をあらためて認識することが求められる。科学の成立期におけるキリスト教との関わりを理解することは、科学と神学との一九世紀、二〇世紀における分裂を克服し、今日、現代科学とキリスト教神学とのコミュニケーションの回復に向かって挑戦するための重大な基盤の確認作業になるであろう。「科学革命」をもっぱらキリスト教からの「分離・離脱」と理解する場合、このコミュニケーションの回復は科学とキリスト教の両方にとって困難になる。そもそもコミュニケーションそのものが両者の自己同一性を脅かすと理解されるからである。成立期の歴史的関係をどう理解するかは、現代における両者の関係の可能性を探究する上で影響を与えずにはおかない。そこでまず近代科学の成立の背景にある宗教文化史的事実を検討し、科学とキリスト教、特にプロテスタンティズムとの親和性を解明することにしたい。それによって科学とキリスト教神学とのコミュニケーションが、それぞれの自己同一性を脅かすものでないことを確認したい。

3　「科学革命」の定義とキリスト教との関係

近代科学の発祥は、歴史的に言って、多彩な要因によった。そこには例えば一四世紀のパリにおいて、スコラ学の中に起こったアリストテレス批判、あるいはイタリア・パドゥア大学における医学の進展、さらにはルネサンスにおけるプラトン主義の復興なども関係したであろう。しかしより狭義に近代科学の成立について言えば、コペルニクス、ケプラー、ガリレオなどの天文学的研究や運動論がその準備段階をなしたとしても、主たる成立は一七世紀のことであった。一七世紀はウィリアム・ハーヴェイの血液循環論、フランシス・ベーコンの『ノーヴム・オルガーノム』、ロバート・フックの物理的実験とロバート・ボイルの化学実験、そしてニュートンの『プリンキピア』とライプニッツの微積分の発見に至る時代である。

特に一七世紀に集中した躍進的な科学的成果の総合的出現に注目するとき、この期の近代科学の確立は「科学革命」と称され、「産業革命」にも比肩される。ただ天文学や運動論の領域だけでなく、医学、生物学、化学、物理学など諸分野の総合性がその特質である。この「科学革命」はしたがってその遥か準備段階である中世後期の文化現象、あるいはルネサンス文化とは一応の区別が可能であろう。「科学革命」を中世後期の現象やルネサンス文化として説明することはできない。もっとも「科学革命」という用語をトマス・クーンにならって科学の累積的進歩でなく、時折起きるパラダイム転換の意味で使用すれば、近代科学成立の「科学革命」とは異なってくる。[5] しかしここでは「近代科学」の成立を画期的な事件として語り得るという解釈によって、この用語を歴史的概念として使用したいと思う。そしてその科学革命にキリスト教はいかなる関係にあったかを重大な関心事とする。この観点ではバターフィールドの見方は、ロバート・K・マートンの見方に反対して、科学革命をキリスト教と分離させて見る方向での行き過ぎがあったように思われる。そのため科学革命の宗教文化史的背景や原因の分析について、彼の考察は曖昧になった。

「科学革命」は、やはり一七世紀の現象と見てよいのではないか。一七世紀のハーヴェイの血液循環論を指して、「われわれはここでようやく真の科学革命らしきものに触れた思いがする」[6]というバターフィールドの言葉もこの事情をむしろ語っている。それ以前のコペルニクスやケプラー、あるいはガリレオの段階では、科学の確立よりもむしろ占星術や錬金術とのつながりが強く、宗教的な中世の人としての性格が色濃く残った。もっとも正確に言えば、ニュートンも他方では錬金術に関心を向け続けた事実がある。しかし彼の場合のプロテスタント的宗教性を考えると、ニュートンを中世人と見ることはもはや不可能である。彼の一六八七年の『プリンキピア』は「科学革命の頂点」となり、その後の近代科学の基礎となった。科学革命の時代は、かくして一七世紀、場所は主としてイギリスである。渡辺正雄は「近代科学が創り出されたのは、特定の世界観が行われていた一七世紀西洋という、特定の時代、特定の文化圏においてであった[7]」と語り、バターフィールドは「イギリス海峡に面した地域を中心に、知的変化が起こった[8]」と語った。

「科学革命」はこうして一七世紀に典型的に興隆した運動であったが、もちろんその時に突発したわけではない。その歴史的淵源は既述のように中世に、また遥かに古代世界にもつながる。近代科学の萌芽は、すでに言及したように、アリストテレスのラテン語訳の後にその批判として、それとは別の自然学、自然哲学の試みがなされた中にすでに現れていたとされる。その際、アリストテレスやプトレマイオスの自然学や天体論に対抗して中世に立てられた異説は、すでに古代に見られた異説の再発見でもあって、その意味では「古代の発見」としてのルネサンスとも関連があった。ルネサンスにおけるプラトン主義復興は、ビザンティン帝国の崩壊による東方の学者たちの移動によって、西方にもたらされた。一五世紀まで文明の優位は概して東方にあり、古代文明は東方を経由して西洋に伝達された。しかしビザンティン文明の中では成立しなかった近代科学が、一七世紀西洋には確立した。そのため「科学革命」と西方キリスト教、とりわけプロテスタンティズムとの関係が少なくとも注意されなければならないであろう。近代科学がそのとき、そこで成立し、それ以外のどの時代にもどの地域にも成立しなかったという歴史の事実は、重い意味を持っていると思われる。実際、キリスト教文化圏、それも西方キリスト教・プロテスタント文化圏以外のどこにも近代科学は成立しなかった。近代科学成立の要因としては、さまざまに多彩な要因が働いたに違いないとしても、キリスト教、特にプロテスタンティズムとの関係に注目することは歴史的に言って、回避し得ないであろう。そしてキリスト教、特にプロテスタンティズムの何が作用したかという問題は、科学とキリスト教のコミュニケーション回復の問題に通じる問題である。

この面の分析についてはすでに述べたように、バターフィールドは曖昧である。彼は「科学革命」を一七世紀末における思想の世俗化とも結びつけ、因果関係でなしに並行現象として「キリスト教の衰退」について語っている。しかし、一七世紀にキリスト教の衰退を見るのはいささか時期的に尚早であって、「科学革命」には「キリスト教の衰退」が併行していたのでなく、キリスト教から科学革命への刺激に注目する方がより蓋然性が高いと思われる。

渡辺正雄は、ルネサンスの諸要因、そこで復興した新プラトン主義の意味なども指摘するが、近代科学は「キリスト教的な要因を欠いては形成されえなかった[9]」と述べ、当時見られた、自然を「第二の聖書」として受け取る受け取り方、またそこに「神の栄光」を認める行き方があったことに注目している。自然の中に神の創造の御業を読み取る行き方があったことによって、「宗教的にも意義あるものとして近代科学を開始することができた[10]」と言う。そうでなければ、被造的世界を研究することは、「ありふれたつまらぬもの」としてその意義を見出しにくかったと見る。渡辺は「第二の聖書」としての自然理解に次いで、さらに、自然を客体とし、自らは主体として自然を研究および使用の対象とする「人間の特別な位置」を科学成立の理由として挙げる。つまりキリスト教的な人間の位置理解が自然科学の成立の基盤になったと言う。彼が第三に挙げるのは、「フィランソロピー」（人間愛）としての科学研究という理解で、これは特にフランシス・ベーコンなどの思想にある「楽園回復」の思想とも関係している。知恵の木の実を食して罪に落ち、自然に対する支配力を喪失した人間は、同じく知恵の木の実を食し、味わうことで、「ある程度は」回復されると言う[11]。宗教は罪から回復させ、科学は自然に対する支配力の喪失から回復させると見られたと言うのである。

「第二の聖書としての自然」という自然観が科学の成立の背景をなしたという解釈は、多くの科学史家が科学成立の要因として挙げている。その場合当然、「第一の書」である「聖書」の権威が前提にされている。しかし当時、聖書に権威を承認する聖書観は、決してキリスト教一般に普遍的に主張されていたわけではない。教皇の権威主張の下であれば、そのようには考えられなかったであろう。したがってそこには当然中世後期のオッカミズムの聖書観の影響や、宗教改革とプロテスタンティズムによる聖書観の影響があったと見なければならない。さらに言えば「楽園回復」の思想も、一七世紀にあったピューリタニズムにおける「パラダイス・リゲイン」の思想と関係するであろう。科学革命とその宗教文化史的背景、キリスト教、とりわけプロテスタンティズムとの関係はさらに究明されるべき歴史研究の課題である。

4　トランスにおける科学の基盤とキリスト教

トマス・トランスは、キリスト教、それも古代アレクサンドリア学派の教義学的思想が「三つの主導的な観念」を発達させ、それが自然科学にも「強い影響」を与えたと主張する。(12)その三つの観念とは、いずれも「永遠のロゴスの受肉」と「無からの創造」についての諸教義を注意深く総合的に考えたところから生まれた観念と言う。第一の観念は「宇宙の合理的統一性」(the rational unity of the universe) である。宇宙には秩序と合理性、したがってまた知解可能性があり、その一切の究極的根源に世界を無から創造した唯一の神がおられる。これはトランスによれば、宗教、哲学、科学において多神論、多元論、二元論を拒否することになる。この「統一された合理性」という観念が、天的世界と地上世界の区別というアリストテレス的、新プラトン主義的な二元論やプトレマイオス的な二元性の主張を一掃したと言う。第二の観念は、第一の観念の言う「合理性」「知解可能性」が「偶然的」であるという観念である。この「偶然性」の観念も無からの創造の信仰と関連していて、宇宙は時間、空間もろとも存在しなかったかもしれないし、別のものであったかもしれない。したがって、宇宙の理解は、現にある宇宙に即してなされる以外にないことになり、そこから「実験による認識」、さらには「経験的要因と理論的要因との不可分性」の主張が成立したとトランスは言う。もし宇宙の成立が偶然でなく、何らかの必然性に依拠したと受け取られたならば、実験の意味はなく、宇宙をその必然の論理や原理によって認識することが主導的になったであろう。トランスが第三に挙げているのは、この創造の「偶然性」からさらに宇宙の将来に向かって「宇宙の自由」「宇宙の開放性」があるという観念である。これは「神の自由」に根拠を持つとされる。これが宇宙論における「予測不可能な開放性」に関係する。トランスはこうした諸観念が現代における宇宙物理学と神学の対話に深く関係していくことを意識した。

トランスの以上の指摘は自然科学の思想構造の解釈としては意味あることと思われる。しかし問題は、それがはたして自然科学の成立に際して作用した宗教文化史的事実の解釈として妥当かという点である。この点では明らかに疑問がある。彼の指摘する古代キリスト教教義学に発する三つの主導的観念が科学に対して決定的な影響を与えたと言うのであれば、いったいなぜ古代東方のキリスト教でなく、一七世紀の西方キリスト教の中から自然科学が成立したのか、それは別に説明されなければならなくなる。トランスによる科学の神学的根拠の説明は、彼自身の理論にある「経験的要因との総合」という点に関して、歴史的経験の要因との総合を果たせず、自己矛盾に陥っているのではないか。つまり「科学革命」の発生という歴史の偶然性の経験と総合された理論になっていない。古代のキリスト教教義を根本理由に挙げるにしても、一七世紀における、あるいはその準備期におけるその再強調の事実が指摘されなければ、「科学革命」の歴史を説明したことにはならない。トランスの関心は一七世紀の「科学革命」にはなく、古代アレクサンドリア学派の神学とカール・バルトの教義学、それに「アインシュタインの物理学」との斉一性を明らかにして、アインシュタインを代表とする現代の科学とキリスト教神学を架橋することにあった。

［附論５］「科学革命」とプロテスタンティズムの関係

近代自然科学の成立について歴史的に考察すれば、一七世紀の「科学革命」が少なくともプロテスタンティズムと併行的、相関的な関係、あるいは特別な「親和性」をもって進行したという判断は蓋然性が高い判断である。そうだとすれば、「新しい宗教」が「新しい科学」と併行したと言い得る。科学革命とプロテスタンティズムの関係については、資本主義の興隆に対するマックス・ヴェーバーの視点を科学の興隆に適用したロバート・K・マートンの説がよく知られている。また、マートンに先立ってすでに一九世紀末にアルフォンス・カンドルは統計上の数字をあげて近代自然科学とプロテスタンティズムの関係を指摘した。カンドルによれば、プロテスタントとカトリックとでは「第一級の自然科学者」を生む能力に相違があった。そのことは一六六六年から一八八三年の間の「パリ自然科学アカデミー」の外国人会員の調査結果が歴然と示しているという。[13]一六六〇年創立のロンドンの「王立協会」（Royal Society of London for the Promotion of Natural Knowledge）に携わった会員についてはいっそう明らかである。その会員は当初、多くはカルヴィニストであった。[14]何と言っても一七世紀の科学者にはプロテスタントが圧倒的に多かった。チャールズ・ウェブスターによれば、「科学における一連の指導的人物は〔ピューリタンの—筆者注〕聖職者であり、多くは教会で重要な地位を占めていた」。[15]そのような人物として彼は、ウィリアム・ターナー、ウィリアム・オートレッド、ヘンリー・モア、レイフ・カドワース、アイザック・バロー、ジョン・レイ、ジョン・ウィルキンズ、ジョン・ウォリス、セス・ウォードといった人々の名を挙げている。そして「ボイルとアイザック・ニュートンは平信徒であったが、宗教的使命感に動かされて科学を研究した」[16]と指摘している。プロテスタンティズムが新しい科学の推進に何らかの影響を与えたと見るのが、偏見のない歴史の見方であろうと考えられる。実際、「近代ヨーロッパの指導的な科学者の間では、ローマ・カトリック教徒よりは一般にプロテスタントが優勢であり、プロテスタンティズムの中では改革派が、（少なくとも一九世紀までは）科学を育成する人々の中で重大な役割を演じた」[17]。

科学とプロテスタンティズムの関係についてのトレルチの見方は以上の見方からすると、かなり控えめである。

彼は科学を近代の諸制度と並ぶ「近代世界の第二の大きな力」であり、また「本来の合理主義の指導的な担い手[18]」と認識していた。しかしこの科学の成立に対するプロテスタンティズムの「直接的影響」として彼が挙げたのは、積極的、内容的貢献というよりむしろ消極的な環境形成の貢献である。「最も重大なことは、従来の教会的な科学を失脚させ、教育施設を全面的に、少なくとも法的に世俗化し、検閲も国家当局に委ねたこと[19]」とトレルチは言う。第二にプロテスタンティズムは「歴史的批判」の精神を育て、その結果「個人的な審査（Prüfung）の精神」を一般に強めた。その結果、人文主義を引き継ぎ、文献学的批判と解釈の萌芽を継承した。第三にプロテスタンティズムは概して「意志と信頼」を強調したにもかかわらず、宗教を疑いもなく「知性化」し、いたるところで正しい認識と学習を促進した。この点でプロテスタンティズムは「思想的な明晰性と意識的反省の原理[20]」であった。この文脈でトレルチが問題にしたのは「近代の自律的な科学」一般であって、特に自然科学を取り上げたわけではない。こうしてトレルチの結論は、「近代の自律的な科学はみずから誕生した」のであって、「プロテスタンティズムから生まれたのではなく、ただプロテスタンティズムと融合（verschmelzen）した[21]」というものであった。「個人的確信というプロテスタント的宗教的個人主義」が「科学的良心や思想の自由」と合流した。プロテスタンティズムは「とりわけネーデルランドや、教会の種々の闘いのために疲労したイギリスにおいて、これら新しい科学をゆっくりと自分の風土にならし、ついにはロックやライプニッツ以来、その内奥の理念世界をその新しい科学と結びつけ、混合させることを学んだ。これはもちろん極めて高度な意義を持った経過であって、これがプロテスタント諸民族に科学上の優越性を継続的に保証した[22]」と言う。「科学革命」におけるキリスト教と科学の関係は、キリスト教による科学の生産ではなく、別に誕生したものとの「結合」「混合」「融合」の関係と言う。

それにしてもアングロサクソン人の「経験論の成立」には、カルヴィニズムが影響しているとトレルチは見ていた。カルヴィニズムは、「神的な行為」をいかなる内的必然性や形而上学的な実体的統一とも結合せず、「まったくの個別的意志行動」として理解する。カルヴィニズムは、本来的に「個別的なものや事実的なものを強調する原理」であり、「絶対的因果性の概念や統一性の概念を放棄し、万物の実際的で自由な、功利的で自発的な評価をくだす原理」である。「この精神の影響が、まったく紛れもなくアングロサクソン的精神の経験主義的で実証主義的な諸傾向の最重要な原因である[23]」と言う。だとすると、経験と実験の科学精神の背景にある宗教的基盤として、プロテスタンティズムのもう少し積極的な関与に対する指摘があってもよかったと思われる。

マクグラスは宗教改革が自然科学の成立に与えた影響として、特にカルヴァンの思想の意味を指摘している[24]。彼が第一に挙げるのは、カルヴァン自身が特に天文学と医学の研究を奨励したということである。それには、カルヴァンの「秩序」の思想が関係していると言う。カルヴァンは「被造物界の秩序」に注目し、自然の秩序の中に「創造者なる神の知恵」を認識した。自然界もまた「神の栄光の劇場」である。こうして自然科学研究に宗教的な動機が与えられた。これが「ベルギー信仰告白」（一五六一年）第二条「神の認識について」に現れているとマクグラスは指摘する。「われらは二つの方法によって神を認識する。第一は、全世界の創造、保持、統治によって。それらはわれらのまえにあるすぐれた書物のように、われらに神の見えざるものを見させるため、使徒パウロの言うように、われらに神の永遠の力と神性を知らせるため、大小の被造物は文字の役をしている……第二は、神は聖なる尊き言葉によって……」。ここには「第二の聖書」としての自然理解が出ているが、むしろ聖書が「第二の自然」のようでさえある。マクグラスがカルヴァンの影響としてもう一つ挙げるのは、聖書の文字通りの逐語解釈主義・字義直解主義を回避した点である。聖書の逐語解釈主義・字義直解主義はその後の自然科学の発達にとって重大な障害をなした。ルターもこの障害を免れていなかった。しかしカルヴァンは「適応」(accomodatio) の説を聖書解釈に用いることによって、聖書の字義直解主義から脱出していたと指摘される。神はわれわれの認識能力の次元にまで自ら身を低くし、あるいは適応することによって御自身を啓示したと言われる。この「適応」の理論が、自然科学に向かう聖書解釈上の障害を取り除いた。例えば「創造の六日間」は、二四時間の六倍の時間ということではなく、長い時間の期間を指すために人間の考え方に合わせた「適応」にすぎないと解釈された。この聖書解釈の転換による科学への障害の除去という点は、他の人、例えばオランダの科学史家R・ホーイカースも指摘していることである。[25]

「科学革命」に対するカルヴィニズムの影響として挙げられるのは、さらに「神の栄光」と「社会のキリスト教化」に向かう宗教的義務感情があった。オレンジ公ウィリアムがオランダ市民の要請に応えてライデン大学を設立し、「ライデン大学では科学が神とその栄光のために仕え、教会と社会、宗教と自由の両方のためにその力をささげるべきである」[26]と願ったのも、このことと類似の線を表している。さらにアブラハム・カイパーのように「一般恩恵」に科学の根拠づけを見る見方もある。[27]あるいは「予定論」に科学の根拠づけと育成の主たる原因を見る見方もある。カイパーにもこれがあり、またステファン・F・メーソンもこれを挙げる。[28]「予定論」はその根本の「神の意志決定論」（デクレタ・デイ）に遡るが、これは自然の「非魔術化」(Entzauberung）に導いていくと見られる。神の意志決定が自然の秩序、法則性の確かな基盤にあるとされ、科学的研究が確信をもって自然の統一性や斉一性、安定性や法則性に依存できることになる。

以上、いくつかの要因を指摘したが、どれか一つというより、それらすべての総合的な作用が「科学革命」の基盤をなしたであろう。[29]こうした総合的な作用の中でわれわれは決定的な要素として、特に「神の主権的な意志決定」、それによる無からの世界創造の信仰を挙げたい。それによって「被造物神格化の拒否」が支持され、自然の「非魔術化」が根拠を得る。神の主権性、その自由な意志決定の強調によって、他の権威からの自然の解放が意味され、神への信頼の中で自由な自然研究のエートスが形成される基盤ともなった。これはさらに、アリストテレスが物体そのものの中に運動の原理を認めたのに対し、「完全な受動性」を物体の本性とする見方にも通じた。「機械論哲学」は、「神の絶対主権」のプロテスタンティズムと少なくとも当初は表裏をなして受け入れられたと思われる。[30]やがて機械論の神概念とプロテスタンティズムの主権的な神概念は乖離していった。この乖離が、今日、再度問い直されるべき問題である。むしろ神の主権、つまりはその愛における自由な意志決定によって無から世界を創造した神を信頼することが、科学成立の根底にあって決定的な役割を果したのではないか。神を信頼することが科学の根底にあったということが最も重要なことであろう。これが現代の科学とキリスト教神学のコミュニケーションの回復にとっても根底的な基盤を形成する重要事項になると思われる。国家や企業による科学の恣意的乱用に抵抗する根拠もここから与えられるであろう。さらに言えば、科学の成立にかかわる研究主体の姿勢（フィランソロピー）も、単に研究者自身の主体性問題ではなく、神の主権的意志決定の中に根拠をもつことになる。神の意志決定におけるフィランソロピーは、歴史的啓示による認識に懸っていることであるが、自然研究者の姿勢を支える支持的根拠になるであろう。

さらに実践的なアスケーゼの影響も挙げるべきであろう。それは、反権威的なアスケーゼであり、古い権威からの自由によって新しい科学を促進させる精神的な力になった。また、アスケーゼの与える組織的な集中なしに科学的研究は促進され得ない。これはまた宗教的使命感に動かされた科学研究の促進でもあった。自己を抑制し、目標に向かって整える生活姿勢、組織的エネルギー集中などが、科学的技術的研究を促進させる精神態度に不可欠なことは今日においても変わらない。

これにさらに「共同体革命」との関係を加えることも欠かせないであろう。一七世紀プロテスタンティズムにおいて契約的教会理念が強調され、同志的結合体の理念が生まれた。国教会から自由教会への変化が生じた。同志的結合の共同体理念は、教会を越えて、社会の種々の団体を形成したが、「自然研究促進のための共同体」もその例外ではなかった。その会員たちは、「彼らが参加している組織体を完全にするために、各自に与えられた賜物を最大限に用いるように、相互に協力することを誓っていた」。チャールズ・ウェブスターはジョン・ウィルキンズやジョン・ウォリスといった聖職者である科学者の名を挙げて、彼ら「科学の先駆者たちは、ピューリタン牧師たちと平信徒の後継者たちとの『精神的兄弟関係』という状況の中で育成された。彼らの科学的見解には、この兄弟関係のインスピレイションが反映していた[31]」と述べている。ロンドンのロイヤル・ソサイエティの設立思想にもこの同志結合の理念が働いていたことは明らかである。国家的強制とは異なる自由な同志結合の働きが科学を促進させたのである。

［附論６］科学革命の宗教文化史的背景をめぐるトランスとパネンベルクの相違

エディンバラの神学者Ｔ・Ｆ・トランスとミュンヘンのＷ・パネンベルクは、二〇世紀後半のプロテスタント神学者としてある基本的な類似点を持っていた。同じプロテスタント神学といっても、もちろん一方はスコットランドの神学者であり、カール・バルトの弟子であったのに対し、他方はドイツ・ルター派の神学者であり、ヘーゲルとの親近性に立っていた。神学史的な立脚の背景は互いに異なっている。類似していたのは二人とも現実全体を神の世界として思惟する神学者であったことである。トランスが神と“Universe”の関わりを思索したのに対し、パネンベルクは「現実全体」を“Geschichte”として捉え、「神と歴史」の関わりを終生の神学的課題とした。一方が「世界・宇宙」から「歴史」にも及ぶのに対し、他方は「歴史としての現実全体」から「自然」や「宇宙」にも視野を及ぼした。両者を「実存主義的神学」との対比に置いてみれば、相互の相違を超えて親近性は一目瞭然である。特に二人の神学が接近するのは「自然の神学」において、また「ペリコレーシスの三位一体論」においても共通していた。このことを考えると、トランスより一五歳後輩のパネンベルクがほとんどトランスに言及しなかったのはなぜか、疑問に思われる。実際、トランスを二〇世紀の最重要な神学者と評するＡ・Ｅ・マクグラスは次のように述べている。「パネンベルクは『自然』を正しく理解する上で創造についての三位一体的な教理が持っているインパクトを創造的に探究する必要を主張している。それも古代教会のロゴスの教理がもっている諸洞察と結びつきながらである」。こう指摘して、マクグラスは言う。「このような企てが、Ｔ・

F・トランスの神学的プログラムのもとにあることをパネンベルクが気づいていないように見えるのは当惑を感じさせる（puzzlingly）ことである。パネンベルクは彼の『科学と信仰についてのエッセー』の論考のいかなる点においてもトランスに言及していない」[32]。

実際、マクグラスが挙げたパネンベルクの著書にトランスに対する言及はない。『組織神学』第一巻において「ペリコレーシスによる三位一体論」を強調した際にもパネンベルクはトランスに言及しなかった。しかしパネンベルクの著書の中に、トランスに対する言及がまったくないわけではない。パネンベルクのトランス引用は、『組織神学』第二巻の「創造論」、中でも「神の霊と自然の出来事の力学」を論じたところに数箇所見られる。それは特に「場の理論」を神学の中に導入することを巡ってであった。

(1)パネンベルクにおけるトランス引用

パネンベルクは、トランスについて「創造における神の霊の働きと物理学の自然記述とを関連づけ、神学の中に場の概念を取り入れることを指示した最初の人」として「功績」があると語った[33]。そしてその上で、彼はトランスの著書『空間・時間・受肉』からその該当箇所を引用した。「われわれは場に関心を向けるのであるが、場は確かに創造と受肉を軸とし、そこから理解された神と歴史の相互作用である」。それから途中を略してパネンベルクは引用を続けた。「この場についてのわれわれの理解は、それを構成している力ないしエネルギー、つまり神の聖なる、また創造者である霊によって規定される」[34]と。この引用の中略部分にも実は注意を向けなければならない。なぜならパネンベルクが意図的に略した部分に、パネンベルクとトランスの思想の「相違」が示されているからである。除かれたトランスの本文にはこう記されている。「そしてそれゆえニュートン物理学と理神論的自然神学から帰結したヒストリエとゲシヒテの間の宿命的な分裂なしに。異なった用語を混乱させたこの二元論に代えて、われわれは二つの対立方向に向けて同時に、つまり神の本性と行為に従い、また人間の本性と行為に従い、空間と時間の関係的ならびに区別的な理解を展開しながら問うことを学ばなければならない」[35]。この部分をパネンベルクは引用しなかった。ここに示されているニュートン理解、つまりニュートンの中に理神論的二元論を見て、それが西洋文明における「文化の分裂」をもたらし、ヒストリエとゲシヒテの宿命的分裂をもたらしたと厳しく批判するトランスの理解にパネンベルクは与しなかったからである。

トランスとパネンベルクとの意見の相違の一つは、ニュートンの理解と評価に現れている。トランスは「アウグスティヌス的－ニュートン的二元論」という仕方で、ニュートンの科学思想を西洋文明の「分裂」の代表とみなした。ニュートンとロックを結び合わせて、「ニュートン－ロック的な原子論的見方」を問題にする場合もある。その場合ニュートンの絶対的時空と相対的時空の区別が問題であった。しかしパネンベルクはニュートンを二元論者とは見なさなかった。むしろその思想の中に「神と世界との関係」の思想を見出し、「被造物に対する神の臨在の表現としての空間と時間」の思想を読み取った。そこでニュートンは一方で機械論的自然理解をもたらしたけれども、それだけでなく他方では、それを克服するファラディーの場の理論によって再解釈される思想を持っていたとパネンベルクは語った。この場合、個体と力の区別、力の優位の思想がすでにニュートンに出発をもっていたとの認識が働いている。現代物理学の相対性理論もまた「ニュートンの自然哲学が持っていたより深い神学的な意図の発掘に対する一つの寄与[36]」として理解され得る。つまり、パネンベルクはニュートン物理学が世界の機械論的な解釈に導いたことは認めるが、同時にニュートンの神学的関心はそれを回避しようとしていたとも認め、「場の理論」はこの「ニュートンの自然哲学の神学的な意図」を汲んだものと語ったのである。

パネンベルクのこのニュートン理解はＥ・マクマランのニュートン研究から示唆されたものと思われる。マクマランはニュートンにおける「力の概念」が「個体から区別された力の概念」であることに注目した。それは「非物質的な力」の考え方であるが、この考え方は神と世界の関係を魂と身体の関係との類比で考えることによって可能になった。こうして、「力の優位の思想」と「場の理論」とは、「世界の創造における神的な霊の働きを再び物理学の自然描写に関係させることを可能にした[37]」とパネンベルクは考えた。力を個体の質量に付随したものとしてでなく、場としての空間自体のエネルギーとして個体から独立的に理解することは、神の非個体的な働きを理解することと結びついている。この行き方は、あらゆる物質的、個体的現象を、力の場の発現として把握し、究極的には唯一の宇宙的な力の場の発現として理解するに至る。それにしても物理学の場の理論は、神学的考察とは原理的に相違しているので、「直接」神学的に解釈され得るわけではない。ただ「創造についての神学的陳述の対象でもある同一の現実」に対する「自然科学的考察方法の特質に対して相応しい接近」として把握され得るとパネンベルクは語った。

(2)自然の神学における「ペリコレーシスによる三位一体論」

パネンベルクの「自然の神学」においても、トランスの場合と同様、三位一体論が決定的な位置をしめている。「ただ三位一体論的な神学だけが、ニュートンが機械的な自然記述の形態で眼前に持っていた世界概念のそのものとしての独立性に対して有効に反対することができるであろう[38]」とパネンベルクは言う。つまり三位一体論だけが、神から世界のプロセスを引き離す思想を阻止することができると言うのである。この三位一体論の強調によってパネンベルクは再びトランスと軌を一にする。しかし詳細に語れば、パネンベルクとトランスのペリコレーシスによる三位一体論には類似性があるとともに差異もあって、ここで扱うべき問題を越えている。ただここで示唆しておきたいのは、バルト評価をめぐってトランスとパネンベルクとでは大きく相違していることである。バルトとの関係は、当然、三位一体の理解の中に現れ出てくるものである。トランスにとっては、バルトの中にはアウグスティヌス－ニュートン的二元論、彼の言う西洋文化の「分裂」を克服する見方があり、アインシュタインに代表される現代物理学における新科学革命に対応した「統一論的な思惟」が見られると思われた。それはまたトランスによれば、アインシュタインとバルトとともに、彼自身の思想の立脚地である古代のアレクサンドリア神学の思想と一致するものであった。この思想的パラダイムの把握からすれば、当然、アレクサンドリア神学のペリコレーシスの三位一体論とバルトの三位一体論の関係、その類似性が主張されることになる。バルトには確かにキリストの出来事を内在的三位一体と結合する「永遠の選びの教説」がある。しかしそれはペリコレーシス論に従って神と世界の相互作用を捉えたと言い得るであろうか。そういう解釈はむしろ批判的に検討される必要があるであろう。バルト自身にはむしろアウグスティヌス的三位一体論を継承したフィリオクエの父‐子‐聖霊の垂直線的な関係理解が比較的歴然としているからである。それにバルトにおいては聖霊論の独自の位格とその働きについては希薄であったという問題が加わる。場の理論と親近性をもった聖霊論はバルトの聖霊論とは結びつかないであろう。

(3)「主観主義」批判と「文化の分裂」批判

パネンベルクは「自然の神学」の回復をめぐって、二〇世紀の神学が陥った「主観主義」を批判した。一九世紀にはカント‐リッチュル的な系譜と、敬虔主義の系譜によって神学の主観主義が起こり、「自然」は神の霊的な働きの場として理解されなかった。他方トランスは「文化の分裂」として西洋思想における二元論を批判した。しかしトランスの二元論批判は、パネンベルクの主観主義批判より、神学史的さらに文化史的に言って、いっそう包括的な見方であると言わなければならない。それはトランスのニュートン批判に見られた通りである。これに対してパネンベルクの場合は、思想のより詳細な道筋を辿って、近代西洋科学と思想の中に真理契機を見出している。パネンベルクが問題にする「主観主義」は、トランスの「文化の分裂」や「二元論」の批判のように西洋思想をまるごと初めから批判するのでなく、一九世紀以降、特に二〇世紀の現象に対する批判である。この両者の見解の相違は、科学史の理解に現れないわけにはいかない。その相違は、一七世紀における「科学革命」の意義をどう評価できるかにある。トランスの見方では、一七世紀の科学革命を評価することは不可能である。一七世紀の「科学革命」もまた「西洋文化の分裂」「二元論」の中に一括されざるを得ないからである。トランスが唯一評価するのは、アインシュタインを代表者とする現代の「新科学革命」だけである。しかしわれわれは一七世紀の「科学革命」をもっと積極的に評価し得る視点に立つべきであろう。そうでなければ、現代の問題を解決する自然科学とキリスト教のコミュニケーションの回復のための歴史的足場を失うことになると思われる。

［附論7］渡辺正雄の問題提起

渡辺正雄の「科学史」研究の仕事は、プロテスタント神学の視点から見ると以下の三点において意味あるものであった。第一は、科学史特に近代科学の成立に関して渡辺がキリスト教の果たした役割に注目し、近代科学の発展における歴史的な不可欠的要因としてキリスト教があったことを明確にする努力を重ねたことである。

第二は、この事態が従来、日本においてほとんど理解されなかったこととそのために現代にまで引き継がざるを得なかった問題性があり、それを渡辺が指摘した点である。日本ではキリスト教と近代科学がほとんど同一時期に西洋から渡来し、しかもその時期が一九世紀後半、ダーウィンの進化論をめぐって科学とキリスト教との論争期と重なったこともあって、当初よりキリスト教と近代科学は、反目、ないし乖離した関係で受け取られた。渡辺はその際特に「ドレイパーやホワイトの謬見」が日本の近代科学受容に果たした悪影響があったと指摘した。近代科学の受容がキリスト教的基盤を欠如したままなされたことは、渡辺によればさまざまなその後の弊害を生んだ。そうした問題として渡辺が指摘するのは、日本では科学の成立と遂行とを担う「全体的視点」を欠如したこと、それに科学の主体としての「人間の主体性やその責任的位置づけ」を欠いたことがある。これらの問題がやがて公害病に対する認識や環境破壊に対する曖昧な態度を結果させ、つまりは科学の運用をめぐるモラル・ハザードの問題を引き起こしたと考えられた。宗教的基盤との関連を欠いた科学は、倫理からも浮遊せざるを得なかったと渡辺は指摘した。

渡辺正雄の「科学史」研究の第三の意味は、近代科学の成立に対するキリスト教一般の意義でなく、特にプロテスタンティズムの意義を指摘したことである。そのことは、特に彼のフランシス・ベーコンの研究、ベーコンの科学思想におけるフィランソロピー（人間愛）の意義の指摘に現れている[39]。渡辺によれば、ベーコンの近代科学理解は、科学によって「堕落前の楽園を幾分かは回復する」という「キリスト教の最も基本的な人間観」が動機づけとしてあったと言う。それはまた「人類共通の福利」(human welfare)の増進を図るという人類愛的動機であったとも語った。渡辺はこのフィランソロピーの思想、科学によって堕罪の状態から「ある程度までは回復される」という思想が、ベーコンからさらにロバート・フックに継承されていることを指摘した。この科学によるある程度までの「楽園回復」の主張をフィランソロピーとして一括することが適切かどうかにはなお疑問は残るであろう。しかしそこにプロテスタンティズムの意義を指摘したことは記憶されてよい。ベーコン『新機関』の扉には「大革新」という言葉やダニエル書一二章四節の終末の言葉とともに世界の海に乗り出す帆船が描かれていた。これは黙示録的なカイロス意識をもった新たな出発を意味していた。このカイロス意識が一七世紀ピューリタニズムにおける終末論の強調と響き合い、ベーコンの「楽園回復」の思想もそれに重なったことは、大いにあり得ることである。また堕罪からの「ある程度までの回復」の思想は、ミルトンの教育思想にも見られたものである。またベーコンからフックに継承され、ある意味で「王立協会」の設立の中で実現したヴァランタリー・アソシエーションが、プロテスタント的背景と結びついていることも指摘することができよう。

しかしこのように科学史上におけるキリスト教との関係の有意義性や不可欠性に注目してきた渡辺が、現代における科学と宗教の関係の理解をめぐって、後年それとはまったく異なるもう一つの転回を見せた。彼は一九九〇年代になって、「科学と聖書」ないし「科学と信仰」の次元的な区別を鮮明にして、科学に関わらない信仰の態度を表明した。この後年の渡辺によれば、第一に科学革命が進むとともに自然の中に神の証拠を見出すことは、一般にますます困難になった。のみならず第二に自然の中に神の御手を読み取っていたのは、科学を前進させる上での不可欠な歴史的要因にはなったが、実はすべて「読み込み」をしていただけであったと言う。そこから渡辺は、「科学的探究によってはもはや宇宙と自然の中に神のみ手のわざを読み取ることはできないということが明らかになった」[40]と語った。「科学とキリスト教の分離」というかつての「謬見」は、現代においては真理性を持つことになると言う。かつての「謬見」は科学の側からキリスト教に対して批判的に下されたが、今回はキリスト教信仰に「毅然として」立ちながら、科学に対して次元の相違を主張する。そこから渡辺の主張は以下のようになった。一方では「近代科学の誕生と発展のために西洋的・キリスト教的世界観がいかに重要な役割を果したかについて、また、そのような世界観を知らなかった日本がその近代科学を取り入れたためにどのような問題を抱えるに至っているかについて、十分な歴史的認識を持つことが必要である」[41]。しかし他方で、「科学そのものに気がねしたり、科学の新しい成果に目がくらんでキリスト教を考え直さなければと慌てふためいたり、というようなことは一切不要」と言う。なぜなら「聖書」と「科学」は、「本来、同一の次元で語ることのできるものではない」からと言うのである。つまり渡辺のこの後年の立場では、科学とキリスト教信仰とは歴史的には関連し、科学の前進の不可欠な歴史的要因をなしたが、実は両者は事柄としては異次元のことであって、科学の成果は信仰に関わりを持ち得ない。そこで渡辺は現在においては「キリスト教と科学との橋渡しをつけようと模索するといった試みは、およそ無用である」[42]と語った。しかしそうであれば、事柄として科学に関わりのない異次元の信仰が、科学の前進の不可欠的要因になったという、事柄から言えば不適切な歴史があっただけになるであろう。この「橋渡し無用」の態度が、渡辺によると、科学に対するキリスト教信仰の「毅然たる態度」であり、ここに渡辺は「近代科学とキリスト教」というテーマの「結論」を見出したと述べた。

渡辺の後年のこの結論は、科学からの信仰の解放とも言えるであろうが、それはまた科学の信仰からの乖離でもあり、科学からの信仰の異次元への撤退にほかならない。渡辺のこのキリスト教信仰の理解は、実存的救済の信仰に規定されたもので、おそらくは二〇世紀前半の「神の言葉の神学」、それもブルトマンのそれに一番近いものではなかったかと思われる。しかしそれでは、あの科学の遂行や適用をめぐる「全体的視点」も「人間の責任主体の位置づけ」も問題意識の外に置かれざるを得なくなる。

その場合当然いくつかの問題が生じるであろう。一つは、渡辺自身が気づいていたように、「科学研究が必ずしも人類の福利をもたらすとは言えなくなった今日、……それでもなお科学をすることには何か意義があるのか」[43]という疑問が残る。つまり科学研究者は実存的に救済的宗教としてのキリスト教に撤退したとしても、「科学の意味の問題」は残る。第二に、「科学政策の問題」も残り続ける。人間の営みとしての科学が存続する以上、科学の意味とともにその位置づけの問題も存続し、さらには科学の適用をめぐる「倫理の問題」も残るであろう。信仰は科学と次元を異にするからといって、科学政策や科学倫理の問題は回避されるわけではない。しかも科学から異次元へと撤退し、科学との対話能力を喪失した信仰と神学が、はたして科学倫理や科学政策に発言能力を発揮できるであろうか。文化形成や大学形成に発言できるであろうか。無用の発言と言われるだけであろう。「解放」や「撤退」でなく、むしろ近代科学の成立と発展に「不可欠な要因」として伴い続けたキリスト教のあり方を現代においてもなお追求し、回復する必要があるのではないか。またその可能性も存在するであろう。それは創造の信仰において科学からの異次元へと撤退せずに、「天地の造り主」である「神」の理解を明らかにする道であり、創造と救済の同一の神を理解する道であり、科学と信仰の乖離を克服する努力をなし続ける道である。そして第三に、信仰について、世界と人間の創造者、全現実の創造者なる神と乖離した仕方でキリスト教的、聖書的な救済の神を信じることはできないという問題がある。全現実の創造者なる神であって救済者なる神こそ、真実の神である。キリスト教の神が真実に神であるのであれば、神は人間実存の神であるだけでなく、すべての被造物の創造者である神であり、全宇宙の神であろう。神の働きから、ある領域や次元を排除して、それ以外の特定の領域や次元に神の働きを限定することは、その神を実は有限な神とし、真実の神でないと告白していることに等しい。そのようにして成り立つ救済は、真実の救済ではない。聖書的な信仰、万物の創造者にして統治者、そして完成者なる神の信仰は、あらためて科学と神学との橋渡しを要求するであろう。それはまた科学の意味や科学の倫理に、さらに現代科学の種々のアポリアと深く関係し続けるであろう。

［附論8］進化論とキリスト教は排斥し合うか

ダーウィンの進化論は、『種の起源』（一八五九年）とそれに続いた『人間の起源』（一八七一年）によって発表されて以来、すでに一世紀半を経過した。進化論は当初からキリスト教界から賛否両論をもって迎えられた。今日では進化論とキリスト教の関係は、一部の地域を除いて、相互の尊重に基づきつつ、調和や総合を探究する落ち着いた関係を獲得していると言ってよいであろう。その結果、今では進化論とキリスト教は、相互排除や激しい非難の投げ合いを不可避とする関係であるわけではない。むしろ両方の議論や主張のこれまでの経過を反省し、両者の相互補完の試みや、それ以上の総合の工夫が探究されていると言ってよい。したがって、進化論の文脈でのキリスト教の弁証という課題は、特別な問題というよりは、現代の科学とキリスト教との関係問題の一つとして扱われる。

進化論とキリスト教のこれまでの対立や緊張の歴史については、イギリスのビクトリア朝時代の論争や、その後のアメリカ合衆国における保守的神学との論争、さらには州によってはファンダメンタリズムによる教育界からの進化論の排斥運動など、経過に即して種々の報告や研究の文献がある(44)。この問題をめぐってドイツ語圏の神学はほとんど関心を向けてこなかったが、英語圏の神学は深く関わってきた。「ローマ・カトリック教会の教理省は一九五〇年まで非常に距離をとり、進化論に否定的な態度を取ってきた。これに対してイギリスとアメリカの神学ははじめの激しい対立の後、キリスト教信仰の新しい解釈に向かうより積極的な可能性が進化論の中に含まれているのを見出した」。パネンベルクはこう語って特にヘンリー・ドラモントの名を挙げている。ドラモントは「一八八四年のグラスゴー大学の就任講演『キリスト教に対する科学の貢献』以来、進化を神の国に向かう神の創造活動そのものの道として解釈した(45)」。進化論とキリスト教は、相互排斥とは別の今や相互に積極的な関係を探究する関係にあると言ってよい。しかしもちろん進化論に対するキリスト教とその神学の立場にはいろいろな主張があるのであって、決して自明な一つの解答があるわけではない。

日本人一般の意識の中では、進化論とキリスト教はなおもっぱら対立的で、それが科学とキリスト教の対立の代表例をなしているように受け取られている。その意味では「キリスト教弁証学」の中でこの問題をまったく無視することは必ずしも適切ではないであろう。限られた紙幅の中でもこの問題を扱う理由はある。特に日本の明治啓蒙思想がキリスト教を排撃したとき、その理由は加藤弘之が代表したように主として天皇を「族父」とする忠君愛国の国家主義からであって、世界宗教であるキリスト教は「国家の害」をなし「国家の不利」を生じるといった主張であった。しかし彼が足場にしたもう一つの理由は概して進化論的な自然科学をもって科学的な知と断じて、キリスト教を「迷信」として扱う、いわばかなり粗略な科学思想であった。この科学思想の受容の背後には宗教性の希薄な儒教思想があった。加藤が時折、超越的な神を「化物《ばけ》(46)」と暴言したのは進化論そのものの正確な習得によったというより、社会的進化説と彼の思想背景にあった儒教の非宗教性、もしくは弱宗教性が合体したものである。今日の日本人の一般意識には、加藤弘之のような國體観念も反宗教的儒教もほとんど消失しているから、進化論とキリスト教の関係についてはより冷静に判断できる位置にいるはずである。

進化論とキリスト教の関係には、まず原則的にキリスト教の柔軟で闊達な神学的対応が求められる。それは進化論に合わせるためというより、キリスト教信仰と神学の真実のあり方の探究によるものである。思想史的、学説史的に言って、進化論を真っ向から拒絶したキリスト教は、創造論や人間論に関してあまりにも伝統主義的な保守的観念に固定的に捕らわれ、概して闊達な活力を希薄にした神学ではなかったかと反省される。聖書解釈も字義的直解主義に陥り、それに凝り固まった状態で、神の創造の業は今から六〇〇〇年前であったとか、二四時間かける六の意味で計量的に六日間の創造であったといった見方であった。しかしそうした解釈は、聖書解釈としても自己矛盾に陥るもので、キリスト教信仰そのものの真理性を示すことができないものである。キリスト教神学は真実なキリスト教信仰と神学とは何かという問いに不断に直面して営まれる。進化論問題との直面は真実な信仰と神学を求める外からの一つの機会である。

進化論とキリスト教が相互に排斥し合う場合、進化論に対してもその自然主義の性格が問われる。進化概念や進化を規定する自然選択（natural selection）の理解についても、それが自然内在主義で反宗教的なものとして理解されるべきかが問われるであろう。キリスト教としてはもちろん進化論をただ単純に受容すればよいと言うものではない。確かにダーヴィンは少なくとも進化論を発表した当初、キリスト者であった。進化論の中でダーヴィンが神に言及した場面がなかったわけではない(47)。しかしそれは自然的世界と二元論的に分離されたいわゆる理神論的な神であった。それなら、キリスト教を理神論的キリスト教によって表現し、進化論と両立させればよいかと言えば、そうではない。理神論そのものが十分にして適切なキリスト教と言うことはできないからである。

理神論と言えば、一般には機械論的自然理解を持って、神を自然という時計のような自動装置の作者、つまり「時計製作者」とする信仰で知られる。神は自然世界に対してその存在の開始と初動にのみ、つまり初めの創造のみに関わり、その後の自然的世界は「慣性の法則」によって自動機械として作動すると見る。こうして神はその自然的世界の運動の中に自ら働きを及ぼすことはないとされた。創造後の世界に自ら働かないで済むだけ、製作者としての神の見事なデザインが施されていると言われ、創造の後に自然の中に働く神はむしろ製作者として不完全であることを意味することになるとも言われた。ただし通常、理神論が機械論的自然観を伴うのに対し、進化論の場合の自然は機械論的でなく、生命的で、その生命は進化を重ねる。それにしても「慣性の法則」に替わって「進化の連続的な法則」があるわけで、理神論の立場に立てば、神は最初の創造のほか手を出すことはせず、進化の背後に立ち続ける仕方で理神論的神の位置を保持することができた。しかしこの神観念が聖書的なキリスト教信仰による真正な神理解かという問いを免れることはできない。理神論が神と自然的世界の「二元論」に立ち至ったように、進化する自然や生命と、最初の創造以外では働かない神とではやはり同様の神と世界の「二元論」になって、聖書の証言による神が創造しかつ働く世界と、進化論の世界とは一つの世界でなくなり、両者の調停が必要になる。

神と自然という二つの世界の「異次元的な分離」による解決は、理神論に見られただけではない。それは理神論とはまったく異なった二〇世紀の「神の言葉の神学」においても見られた[48]。理神論が啓蒙主義的な限定的意味でのキリスト教であり、キリスト教正統主義と対立的であったのに対し、二〇世紀の「神の言葉の神学」は、近代的な自由主義神学に対する批判的な立場にあって、その中のバルト神学はむしろ新正統主義神学と言われたようにプロテスタント正統主義を生かして、それを再興する契機も含んでいた。しかしバルト神学の中に示された神とその働きの世界とは、自然科学やその対象としての世界から異次元的に分離していた。トマス・トランスはバルト神学をそのようには解釈せず、バルトはニュートンの理神論的二元論をちょうどアインシュタインの相対性理論が克服したように、二元論的思惟を「統合的思惟様式」に切り替え、科学と神学の二元論も世界の二元論的解釈も克服したと見た。それを「幾何学と物理学の関係」に譬えてバルト神学の解釈としてバルト自身に語り聞かせたトランスに対し、バルトは「この身近にあるアナロジーの事例にまったく気づかなかったとは、灯台もとくらしであった」と応答したと言う。いかにもバルトらしいユーモアの言葉と思われるが、それをトランスは気まじめに受け取って、バルトは「彼の思想に対するわたしの解釈に全面的に同意」したと記した[49]。しかしそれはいかにも無理な解釈と言わなければならないであろう。バルトの神理解、ならびに神の決意による世界関係の働きは、進化論が扱っている自然の世界とは異次元的に分離していたと言わなければならない。それはバルトの神理解が歴史学の対象世界との異次元的区別を持っていたのと同様である。同様の二元論的分離は、同じく「神の言葉の神学」の中でもバルトとは異なって実存主義的な翼にあったルドルフ・ブルトマンの場合でも同様であった。バルトの神の決意に替えて、ブルトマンでは実存の決意が重大な神学的位置を占めたが、どちらにしても進化論が扱う世界とは次元を異にした。それらは実存の出会いにせよ、神の決意にせよ、そこに立つ神学の非世界化を示し、進化論が対象とする世界とは異次元である。この区別のゆえに対決も対立もなく、また次元的な相違によって無関係に両者間の対話も不可能なままで両立するよりほかなかった。［附論7］に既述した渡辺正雄の最後の思想的転回による立場も、この次元的相違の立場であった。しかしそれは次元的に無関係という仕方で、別世界を想定したもので、聖書の神とその世界創造や神の世界支配と一致するものではない。

しかしながら求めるべきは、進化論が扱う世界と神が創造し働きかける世界を一つの世界として考察することである。そうすると進化論と神学とは次元的な相違によって無関係に両立するのでなく、同じ一つの世界の理解として扱われる。そこから進化論と神学が、両論併記でなく、相互に調和や総合を求めて突き合わされることになる。そうした試みを示した思想として既述のドラモントはじめ、二〇世紀のピーコックなど多くの英語圏の神学的な努力がある。ヨーロッパ大陸には多いとは言えないが、フランスのテイヤール・ド・シャルダンの進化論的なキリスト教思想はその代表例であり、パネンベルクも多少とも彼なりの取り組みに踏み出していたと言ってよいであろう(50)。

ここではそれら一つひとつを紹介し検討する余裕はないので、進化論との単なる次元的区別や両論併記の道でなく、相互補完や内容的により総合的な道を追求する可能性とその際の問題について触れておくことにしよう。その意味するところは、進化論とキリスト教とを単純な相互排斥の関係におくべきでなく、相互補完や総合的な意味ある展開の可能性を探究することである。まず問題とされるのは、創造の問題である。神の創造の業は、一回的な行為として「無からの創造」(creatio ex nihilo) と呼ばれる。しかし同時にそれはすべてが一度の創造行為で終了したわけではなく、続く神の経綸の業の中で「継続的創造」(creatio continua) があると信じられる。

聖書もまた神の創造行為を継続的と証言している。ただし継続的創造は従来、摂理論の中の一つの表現として、すでに創造されたものを前提にして、それに対する保持や統治や、それとの協働の働きを意味した。進化論との関連で、この神の継続的創造が再考される必要があると思われる。その際、継続的創造を摂理論の中でなく、創造論として考えることができると思われる。つまりただ所与的被造物の保持でなく、唯一回的な開始の創造の枠内にありながら新しい創造が継続する可能性である。それはまた目標として神の国に向かう継続的創造を言うことになるが、それと進化との関係を問うことができるであろう。

第二に、進化論が語る「自然選択」と「神の意志」を相互補完的に語れるかという問題がある。自然選択は変化の出現に対して「適者生存」で解答するから、自然のプロセスの連続性が語られることになる。しかし自然経過の中に偶然性や不連続性、さらには飛躍が起きるであろう。新しい種の出現、新しい生命の誕生がある。さらには新しい精神の出現、共同体の結成、信仰の登場など、キリスト教神学は新しい出来事の中に神の聖霊の働きを認識する。これに対し進化論が内在的自然主義に閉じこもるならば、超越からの働きに身を開くことはできない。しかしそれでは生命の出現の「秘義」を理解することはできないし、その「意味」を理解することもできなくなるであろう。また精神や信仰の出現を理解することはなおさらできない。進化論と聖霊論の実りある対話が可能かという問題がここにある。それによって新しい生命や新しい種の出現を語り得るとすると、進化と継続的創造や霊的な働きは関連づけられる。ただしその場合、逆に、すでに確認されている多くの「種の滅亡」はどのように理解されるかという問いが跳ね返ってくるであろう。これはちょうど歴史における苦難の経験に似た問題であって、自然的世界における種の滅びをどう解釈するかという一種の神義論的な問題になるであろう。この関連で、聖書に言われている「被造物の呻き」と「聖霊の呻きの執り成し」が進化論的なプロセスに関連して理解されるかどうか、なお問われるであろう。

進化論とキリスト教の関係で第三に問題になるのは被造物における「人間の位置」である。聖書は人間を神の似姿として捉え、神学も全被造物における人間の特別な位置を認識する。神の似姿は神の御子キリストがそれであり、御子の人間としての受肉は人間が被造物の中にあって他の被造物と連続しながらも、特別な位置にあることを意味している。進化の連続性の中で人間はどのようにこの特別な位置を獲得できるであろうか。進化の形態をとって神の意志決定が進行することは考えられなくはない。しかしもう少し内容的な噛み合いが表現されなくてはならないであろう。形は進化であるが、内容は創造であるというだけでは、再び、次元的区別の両論併記に後退することになるからである。しかしそれにしても進化論とキリスト教とは相互排斥でなく、相互の対話や総合の探究によってより深い真理の表現に導かれていく機会を共有し得るであろう。

第五章　キリスト教と諸宗教

現代の世界文明は高度技術社会の進展とともに滔々たる「世俗化」の中にある。しかし同時に現代世界には依然としてこの時代と社会に生きる「多数の宗教」が存在している。現代の世界は諸宗教の併存と競争による宗教多元的な世界である。したがってキリスト教の弁証は、世界観的中立性にある国家や社会の文脈や、世俗的ヒューマニズムや無神論的科学に対する文脈の中でキリスト教の真理性を語る試みをするとともに、それだけでなく他の諸宗教、とりわけ他の世界宗教に対して、その真理性を示さなくてはならない。その上で他の諸宗教に対してキリスト教はどのように関わり、振る舞うかを明らかにする必要があるであろう。「宗教間対話」の可能性や基盤が問われ、またキリスト教的観点から「他宗教者の救済」をどう考えるかといった問いも問われる。ここでは、こうした複合的な問題群を「キリスト教と諸宗教」のテーマのもとに包括してみたい。そうするとこのテーマは、宗教的多元性にある現代世界のキリスト教弁証学の回避しがたいテーマであろう。ただし紙幅の限界もあり、ここで諸宗教の多元性から派生するすべての問題を取り扱うことはできない。キリスト教弁証学にとって重大と思われるいくつかの点に絞って扱うほかはない。

まずこの問題と取り組んだエルンスト・トレルチの著作『キリスト教の絶対性と宗教史』（一九〇二年）に注目し、その成果と問題点とを考察し、その上でトレルチの議論の継承と克服を図って前進する道を検討する。トレルチは「キリスト教の絶対性」の問題を「近代世界」に固有な問題として取り上げ、歴史哲学とは離れた「素朴な絶対性」を重視しつつ、歴史哲学の歩みとしては次第に歴史における個性概念を強調しながら、問題解決の視界を「ヨーロッパ文化圏」に限定していった。「キリスト教と諸宗教」の問題をめぐって歩まれたこの経過の理解を深めるとともに、同時に批判も加えなければならないであろう。この問題は「キリスト教における啓示」の検討を不可避にする今日の状況をよく示している。トレルチの言う素朴な絶対性の主張は、イエスと神の関係理解という核心部分に触れていた。この問題は、「歴史的な啓示」の問題として探究されなければならない。それはキリスト教神学の歩みが一九世紀的な歴史的神学を越えて、二〇世紀以降の「啓示の神学」へと歩んだ不可避性を認識し、その可能性の問題を追及することになる。啓示、とりわけ「歴史的啓示」は神学成立の根拠であり、その出発点であるが、この神学の根本に関わる問題は特に教義学が負わなければならない。(1) 弁証学は神学のこの核心問題に支持されながら、自己の学的文脈における課題と取り組んでいく。

現代の市民社会においてキリスト教と諸宗教の平和的競争関係は、現代文明における「宗教的寛容」という憲法的価値によって国内的にも、国家間的にも、支えられなければならない。「キリスト教と諸宗教」の問題は、トレルチの時代のようにヨーロッパ文化圏の問題ではなく、グローバルな市民社会の問題になっている。「宗教的寛容」というグローバルな市民社会の原理が、現代における諸宗教の「宗教間対話」も「平和的競争」も成立させる条件をなしている。このことは、今日、人格的な文化価値としての「宗教的寛容」に対して、キリスト教がどのような関係を持っているかという問いとともに、他の諸宗教がこのグローバルな社会的原理にどう関わるのかに注目させるであろう。「宗教的寛容」の宗教的基盤や資源を問いつつ、キリスト教と諸宗教がいかなる位置関係に立つかを問わなければならない。

さらに現代の宗教的多元性の社会は、自家宗教の所属者の救いの問題だけでなく、他宗教に所属する人々の救済問題をどう理解するかという疑問を引き起こしてもいる。それは当然、伝道の課題と言えるが、同時に現に厳然として存在する宗教的多元性の中にあって「キリスト教と諸宗教」をめぐる救済論の問題を、無言のままに押し通すことはできない。特にこの問題をめぐって「宗教多元主義的神学」が発言するのであるから、この問題について本書の立場を示す努力はしなければならないであろう。

したがって本章で扱う問題は以下のようになる。第一節はトレルチにおける「キリスト教の『絶対性』」の議論の評価と、その継承や克服の問題をめぐり、第二節は「宗教的寛容」に対する宗教的資源としてのキリスト教の意味を明らかにする課題に取り組む。そして第三節では「キリスト教と諸宗教」の問題として「宗教多元主義的神学」の問題を扱い、さらにキリスト教における「他宗教者の救済」の問題についてどのような理解が可能かをも検討したい。

1　キリスト教の「絶対性」の問題

(1)歴史的思惟と「キリスト教の絶対性」の問題

「キリスト教と諸宗教」の問題や、諸宗教との関係におけるキリスト教の「絶対性」の問題を検討する際、エルンスト・トレルチ『キリスト教の絶対性と宗教史』(初版一九〇二年、第二版一九一二年)は今日でも無視してはならない著作である。トレルチによれば「キリスト教の絶対性」(die Absolutheit des Christentums)という概念、ならびにその主張は、古代や中世のものではない。それは、変化した新しい世界である近代世界のものであって、その時代に適応した方法によってキリスト教の位置理解を打ち出そうと試みたものであった。その際、近代世界についてては「この新しい世界の最も重要な基本傾向の一つは、人間的な事物を残りくまなく歴史的に観察することを身に着けさせたことである」(2)と言われる。つまり近代世界においては「歴史学があらゆる人間的なものの全体を見る世界観の原理であり」、「あらゆる世界観形成の中心」(3)である。しかし歴史的に物事を見ることは相対的に見ることにほかならない。そこでこの歴史的な見方の中でキリスト教を理解することは、まずは非歴史的な考察方法であった正統主義的な「超自然主義」による見方を否定することになる。正統主義的な超自然主義はトレルチによれば、客観的にも主観的にも非歴史的な奇跡に基づく考察方法であって、それによるとキリスト教のみが神によって創始されたとされ、キリスト教以外のすべては人間的な誤りとされた。教会は歴史のうちに存在するが、それでも歴史に由来しない超自然的な制度と見なされた。しかしこうした見方はもはや近代人の歴史的世界観に合わない。トレルチによれば「歴史学から初めて方向づけを獲得される思惟方法」によって、古い教義学的な概念形成は終焉し去った。

「キリスト教の絶対性」の主張は、しかし正統主義的超自然主義によるものだけではなかった。それの終焉を意味した歴史的思惟の経験の中で、「キリスト教の絶対性」は「絶対的宗教概念」が歴史の中で発展史的に実現するという見方によっても主張された。これはシュライアーマッハーや、特にヘーゲルによる「発展史的歴史観」によるものであって、宗教史を宗教の本質の発展史と見なし、歴史的キリスト教の中に宗教の本質の完全な実現があると認識した。つまりキリスト教は、歴史的思惟に基づきつつ宗教の本質概念の発展史的実現として理解され、「絶対的宗教」と主張されたわけである。ただしヘーゲル自身はキリスト教の中に最終かつ最高の宗教段階を認識してほぼ絶対的な宗教として定義はしたが、厳密に言えばなお「絶対的なもの」の「表象」に捕らわれた段階の最終的なものであって、絶対的な理念そのものからは区別された。そこには表象と概念の相違があり、絶対的宗教としてのキリスト教と精神の絶対的哲学との相違があった。しかしいずれにしても「キリスト教の絶対性」の主張は、発展史的歴史概念に基づいて、キリスト教を宗教の理念の完全な実現と見なすことによって主張された。かつての正統主義的超自然主義は他の諸宗教を排除して、「キリスト教をまったく独一的な仕方で根拠づけられた真理として孤立化させ、その独一性を特別なキリスト教の原因に遡及させた」が、それが歴史的思惟によって不可能になったため、今度は「あらゆる宗教に真に共通なものの概念と、宗教の唯一真に共通な概念のキリスト教における実現(4)」によって、キリスト教の絶対性を主張しようとしたわけである。

トレルチはこの「絶対性」の主張のどちらの形態も（正統主義的超自然主義による主張も発展史による宗教の本質の実現による主張も）肯定することができなかった。「キリスト教はどこにあっても歴史的、時間的に制約された状態にあり、またまったく個性的に性格づけられた状態にあって、その状態から解き放たれた絶対的宗教ではないし、またどこにあっても宗教の一般概念を汲み尽くした不変的で無制約的な実現でもない[5]」。トレルチによれば「絶対的なもの」は歴史の中の固有な歴史的形成物として存在することはなく、「そのつど前方に浮かぶ目標や理想」としてのみある。それは「あらゆる生活形態の中に個性的な実現を見出すが、いかなる形態の中にも完全に実現されることはなく、ただ実現の軌道に導かれた究極的な最終目的として前方に浮かんでいる[6]」のみである。そこでトレルチの有名な命題が掲げられた。「相対主義かそれとも絶対主義かという二者択一ではなく、両者の混合、すなわち相対的なものから絶対的な目標への方向づけが現れ出ることが歴史の問題である」。そしてトレルチは言う。「不断に新しい創造的総合は、絶対的なものに対してその瞬間に可能な形態を与えるが、しかし究極的で、普遍妥当的な真の価値に対しては単に接近するのみという感情を抱き続ける[7]」と。トレルチのこの「前方に浮かぶ絶対的なもの」という思想は、イエスの神の国理解とも結び合わされ、彼もその一員であった宗教史学派による黙示録的な神の国思想の再発見と無関係ではなかった。いずれにせよトレルチにとって「絶対的なもの」と「神的なもの」とは重なり合うものと考えられ、近代的歴史的思惟は、ただちに無神論的でも、また非宗教的なものでもなかった。トレルチにおける近代的歴史的思惟は、むしろ神関係的であり続け、その歴史主義は神学的に制約された歴史主義であった。彼にとっては「無神論的な歴史的思惟」を言う方がむしろ際限のない相対主義に埋没して、歴史の意味を語るには自己矛盾的に思えたと言うべきであろう。

(2)「キリスト教の最高妥当性」の主張

以上のような歴史と絶対性の関係理解によって、キリスト教と諸宗教の問題はどのように扱われたであろうか。トレルチによれば宗教史の現実が示すところ、「単に肉体的、心理的に存在する自然に対して、より高次な世界を建設する偉大な倫理的、精神的な諸宗教は、ただわずかにしか存在しない[8]」。宗教史的に見て意味ありとされたのは、一つの共通系列をなすユダヤ教、キリスト教、イスラム教、それと他のもう一つの共通系列をなすバラモン教と仏教のみであった。それら以外には「歴史的基盤との結びつきを断ち切った理性的宗教の哲学的試み」はあるが、それらは一元論的汎神論、二元論的神秘主義、道徳主義的有神論など、みな何ら「強力な自立的宗教的衝動力」を持つものではなく、「それらからは宗教的力も宗教的共同体も出てこない」[9]と言う。「理性的宗教の哲学的試み」に対するこの批判的判断は重要な意味を持つ。後に第三節で扱うジョン・ヒックの哲学的試みなど「宗教多元的神学」と自称する哲学的試みの問題点を半世紀以前に明確に言い当てていたからである。それら理性的宗教の哲学的試みからは「宗教的な力も宗教的共同体も出てこない」。そこで結論は以下のようになる。「宗教的な生の啓示の三つか四つの巨大な主要形態はそれらなりに、それらに対応した精神的な全体文化の担い手であるが、それらの闘い以外には何も残らない」。「宗教的な力」と「宗教的共同体」を生み出し、「それらに対応した精神的な全体文化の担い手」である三つか四つの巨大な主要形態の宗教の闘いだけが真に重要な意味を持っている。

それら主要な諸形態の相互比較において決め手になるのは、トレルチによれば、まずは「律法宗教」と「救済宗教」の区別である。「律法宗教」においては「高次な精神的な永遠の世界」は依然として「感覚世界」によって拘束されている。「救済宗教」が初めて「感覚世界と高次な精神世界の断絶を完成し、人間をそこに見出される全体的な現実から、また彼自身の自然的な心理作用からも内的に引き離し、神的力によって満たしながら再び自然的な心理作用に対立させ、そうすることで世界を克服するとともに世界の唯一の価値を表す善の行為を人間に保証し、併せて高次な世界のための勝利と生とのより確かな希望を与える」[10]。ユダヤ教、キリスト教、イスラム教は、イスラエルの預言者の宗教に共通の基盤を持った一つの系列に属するが、その中でユダヤ教とイスラム教は、「主要な点において律法宗教」であると言う。そこでこの系列における救済宗教として立ち優っているのはキリスト教とされる。

「救済宗教」としてあるのは一方の系列のキリスト教と他方の系列の仏教であり、これら両者の比較は「人格的なもの」の位置や評価をめぐってなされるとトレルチは言う。インドの救済宗教においては「あらゆる人格的なものが純粋な存在へと没入していく」が、それに対し「キリスト教は自然宗教のさまざまな限界や制約からの唯一完全な断絶であり、高次な世界を人格的な生として、それも一切の他のものを初めて制約し形成する無限に価値ある人格的な生として提示しているものである」[11]。その上で、一方の「思索による超存在や非存在への救済」と他方の「信仰的信頼による神の人格性への参与、あらゆる生命性とあらゆる妥当的諸価値との根拠への参与」、これら二つの救済のどちらに与するかは「決断」によるとトレルチは語った。学問的証明でなく、「宗教的自覚による決断」が決め手であると言う。「単に存在するもの」と「行為や意志」との対立的な見方が、「自然的なもの」と「人格的・価値的なもの」との対立として考えられている。一方は「自然存在や自然の作用」によって神観念を描き、人間を「単に存在するもの」として考察するのに対し、他方は神を「生ける神」として、また人間を「その人自身の献身や行為によって初めて生成するもの」として理解している。トレルチはこの「人格主義的な救済宗教」を「自然存在への没入の救済宗教」よりもいっそう高次であると決断的に判断した。こうしてキリスト教は、その理念と生の世界において「あらゆる認識可能な宗教の発展方向の単に頂点（Höhepunkt）としてでなく、収斂点（Konvergenzpunkt）として妥当しなければならず」、「他の宗教との比較において中心的な総括として、また原理的に新しい生の開示として特徴づけられてよい」[12]と語った。トレルチの言う「キリスト教の絶対性」とは今やこの意味での「最高妥当性」[13]（Höchstgeltung）のことであって、「絶対的な真理」ということではなかった。「キリスト教自身の中心的根本思想」によれば、「絶対的な真理は、将来こそが神の審判において、地上の世界時間の停止の中で初めてもたらすであろう」。「キリスト教自身の考察にとって、絶対的なものは歴史の彼方にある」[14]と言われた。

以上の議論は、宗教を「宗教的な力」の問題として「宗教的共同体」との結びつきで扱い、また「精神的な全体文化の担い手」として注目しながらの議論であった。そこから「人格的救済宗教」としてのキリスト教は、ヨーロッパ文化圏の担い手として「最高妥当性」を持つと主張された。トレルチは後年、さらにいっそう、文化圏的「個性」の思想を強調するようになり、それだけいっそう普遍史的でなく、むしろ相対主義の傾向に強く傾いた。しかし現代は、「精神的な全体文化の担い手」は、文化圏的あるいは地域的な限定を超えて、むしろ世界共通文明のグローバル社会に関係している。この観点から「人格的な価値の王国」は新たにグローバルな地平で再評価されなければならない。「人格的な価値」は単にヨーロッパ的というより、人類的な価値として取り上げられなければならないであろう。トレルチ自身、近代の最善の部分を「自由と人格」に見たが、その価値の根拠を問えば、人格的な価値の王国に向かう救済宗教がその宗教的基盤として重大な役割を期待される。人格的な価値は、ヨーロッパ文化を超えてグローバルな市民社会の価値として「人格主義的救済宗教」であるキリスト教の宗教的資源からその意味を汲むことになるであろう。

(3)「素朴な絶対性」の真理契機

「人格主義的救済宗教」としてのキリスト教に「最高妥当性」を認める判断は、宗教学ならびに宗教史的な比較検討、それにヨーロッパ文化総合の建設に関する歴史哲学的認識を加えて、総合的な判断を伴いながら、しかしその核心においては「宗教的自覚に基づく決断」として遂行された判断であった。それはまたトレルチによれば、「前方に浮かぶ人格的な価値の王国である絶対的真理」によって支持されるとともに、もう一つイエスの宣教の素朴な絶対性にも結合されるものであった。宗教の絶対性の問題は、単に理論の問題でも、また宗教的な理念世界の問題でもなく、「宗教的共同体」を伴った「宗教的な生の世界」の問題である。理論としては、それが「敬虔な人々、神を求め、神を信じて告白する人々を満足させることができるか否か」が問題である。トレルチは宗教共同体の求心的な焦点に歴史のイエスがいなければならないと主張した。その歴史のイエスの確信には

「素朴な絶対性」が感じ取られる。それは正統主義的超自然主義が設定した孤立した絶対的奇跡の主張や、発展論的歴史観による歴史内的な絶対性の実現といった「技巧的な絶対性」の主張とは異なるものであった。トレルチによれば、「絶対的なものを歴史の中のある一点で絶対的な仕方で持とうとすることは妄想である[15]」。「絶対的宗教」はただ「前方に浮かぶ理想」の中にあって、その正当性の主張は、「前方に浮かぶ絶対的なもの」とともに、それを語った「イエス自身の宣教[16]」に訴えることができた。「イエスもまた、否まさしくイエスこそが、絶対的な宗教を歴史の彼岸に留保した」からである。イエスの宣教は一切の究極的救済と究極的真理を将来に待望したと言う。イエスの宣教のこの理解によってトレルチが宗教史学派の成果に立っていることは、すでに指摘した通りである。それゆえ「歴史においてわれわれを歴史的に導く神の導きの手を信頼し、イエスとともに救済の啓示と完成を将来に委ねる[17]」とトレルチは語った。

イエスの宣教の素朴な絶対性は、歴史的に成立した諸宗教の素朴な絶対性に属する。それが表しているのは「啓示の担い手たちと彼らに語る神との深い内的な結びつき以外の何物でもない[18]」。トレルチはイエスと神とのこの「深い内的な結びつき」を語ったが、それ以上にその秘義的内奥にまで進むことはしなかった。「歴史のイエス」（つまり啓示の担い手イエス）から「御子なる神・キリスト」（啓示された神）に進むことは、個人の信仰に委ねられ、学問的な方法に即してはなされ得ないと考えた。それが歴史的思惟の限界であって、イエスと神との「三位一体論的一致」やキリスト論的な「位格的一致」の認識は歴史的思惟を超えていると言わなければならなかった。それゆえ、一方の「宣教するイエス」「宗教的共同体の中心イエス」と、他方の「キリスト教的理念世界」「将来に浮かぶ絶対的なもの」「将来に救済し啓示する神」とは、トレルチにおいてはなお「人格と原理の分離」に留まったままであった。歴史的思惟方法に立ちつつ「歴史的啓示」をどう認識するかという啓示認識の課題は、トレルチ以後になお探究されなければならない問題として残った。トレルチ以後に教義学再建の課題が残されたわけである。

2　諸宗教の平和的競争の基盤としての「宗教的寛容」とその宗教的資源

キリスト教が「高次な精神的生のあらゆる価値評価の中心と支柱」として、人格的な諸価値の宗教的根拠をなしたと語ったことは、トレルチの特徴である。この面は彼の後にもパウル・ティリッヒによって宗教と文化の関係として継承されたとも言い得るであろう。しかしトレルチは人格と原理の分離を完全には克服できなかったにしても、宗教共同体に対する歴史のイエスの意義を主張した。彼は、ティリッヒのように歴史学的思惟の危険を恐れて、「イエスなきキリスト教」に陥ることはなかった。それにしても歴史的な文化価値に対する宗教的な根拠とその意義を語ることは、次第に困難を加えた。マックス・ヴェーバーによる「生活秩序の自己論理化」や「宗教の無世界的な内面性への撤退」そして「神々の闘争」の主張によっては、それは不可能であった。世俗化や世俗主義の進行とともに、人格的な価値の深みを宗教的資源に汲むことはいよいよ困難になる。

「キリスト教と諸宗教」の問題の文脈では、近代的な人格的諸価値の中でとりわけ「宗教的寛容」の価値が重大である。「キリスト教と諸宗教」の問題をめぐって「宗教間対話」に関心が向けられる場合もある。その宗教間対話の主題には、生命の尊厳や平和の問題など共通の関心事が挙げられることもあれば、それぞれの宗教における究極的なものの理解や救済理解など、共通語を求めつつ宗教の内実を直接対話の主題にすることもあるであろう。しかしそもそも自由な宗教間対話が成立するためには、その共通の基盤として「宗教的寛容」が前提にされなければならないであろう。他者の宗教に対する忍耐や尊重がなければ、対話どころではない。「キリスト教と諸宗教」の問題にとって「宗教的寛容」は特別な基盤的位置を持っている。諸宗教は他の宗教に対して寛容であり得る根拠をそれ自体の中に持っているであろうか。

「宗教的寛容」の成立と経過を言えば、「個々人の信仰者の寛容は、最初一七世紀のイングランドで苦心のうちに形成され、その後大西洋を越えて運ばれたが、それが今日優勢なモデルである」[19]と言われる。あるいはまた「寛容もキリスト教宣教の〔遅まきながらの〕産物であり、それは神の忍耐に根差し、宣教の性格に根差している」[20]とも言われる。これを宗教的基盤から切り離して、自然法や啓蒙主義的理性によって説明することは、「宗教的寛容」の理解を浅薄にする危険があるであろう。その成立の歴史的事実が宗教的起源と関連していたなら、それをその宗教的資源から乖離させて適切な理解を維持し続けることは容易ではない。むしろ成立の歴史的事実から遊離した抽象論に陥る危険は避けがたくなる。本書の第五部第一章で言及したように、近年、ユルゲン・ハーバーマスは現代社会を「ポスト世俗社会」と見て、現代社会における「宗教的理性」の意味を語り出した。このことは、一律に「宗教的理性」を実体あるものとして語り得るか、なお疑問を残してはいるが、「宗教的寛容」の理解にとって意味ある主張と思われる。

(1)ハーバーマスの「宗教的理性」

ハーバーマスは「国家権力ないしは政治的支配権行使の世界観的中立性の原則」を前提にしながら、世俗的理性と宗教的理性が相互に補完しあう必要性を語り、そのための「学習過程」についても語っている。その際、彼が反省的に問うているのは、「宗教的伝統と宗教共同体にいまなお〔世俗的市民との比較において―筆者注〕非対称的な負担を課してはいないか」[21]という問いである。彼によれば「リベラルな国家は、政治的公共圏における宗教的な意見の自由な表明ならびに宗教的な組織の政治参加に利害関係をもっている」。したがって「リベラルな国家は、信仰者や宗教共同体が自らをそういうものとして政治的にも表現する意欲を挫くことは許されない」と言われる。それには特別な理由があって、「世俗的社会は、それら〔信仰者や宗教的共同体―著者注〕なしに、意味付与の重要な資源から切り離されないで済むかどうか確信をもてないからである」[22]と言う。これは現代の社会にとってきわめて重要な発言と言うべきであろう。政治的公共圏は信仰とその共同体に特に意味付与の資源との接続を負っているところがある。この認識は特に憲法的、かつ人格的な諸価値に関して欠いてはならないであろう。それら諸価値は「意味付与の重要な資源」としてとりわけ大きくキリスト教的淵源に根差していることは、公平に判断して承認されるべきであろう。ここでは特に「宗教的寛容」というまさに国家権力の世界観的中立性に関わる根底的原則や制度についてハーバーマスの指摘が妥当していることを明白にしたい。宗教の意味の尊重は、それの無世界的な実存的意味についてだけでなく、近代の世界観的中立性の根本原則に関わり、「近代の自己理解」に関わる。ハーバーマスが言うように「世俗主義に凝り固まって、排他的となっている近代の自己理解の自己反省的克服」[23]が課題になる。そのためには「政治的な論点に対する宗教の貢献をまじめに取り上げること」[24]が必要とされるであろう。

ハーバーマスによれば、そのためには公共圏において宗教的な言語を使用する自由を保障しなければならず、宗教的な言語が議会や法廷、行政機関での議論に登場し、その決定に影響を与えることもできなければならないと言う。そのためには誰がその責任を負うかはともかくとして、宗教的言語を誰もが理解できる言葉に「翻訳する」ことが条件になるとハーバーマスは言う。そのようにして民主的な討論の場は、世俗的市民と宗教的市民とが相補う関係の学習プロセスになると言う。その成果は「政治文化に資する宗教的伝統の意味論的な潜在力」[25]が回復されることである。それはまた宗教的伝統の意味論的潜在力を通してのその宗教的伝統の真理性の弁証になるであろう。問題は、およそ政治文化一般ではなく、現代の市民社会を支えている憲法的な人格的諸価値の政治文化に資する宗教的文化の意味論的な潜在力が生かされることである。公共圏が無責任な宗教の恣意的発言やイデオロギー的プロパガンダによって掻き回される場になることではない。したがって民主的な討論の場が宗教共同体の利益の主張によって破壊されないように何らかの論点整理の規則が必要であろう。

(2)「宗教的寛容」の宗教的資源に関する問い

「宗教的寛容」は日本においてしばしば誤解されているが、他宗教をみずからの宗教的な系の中に位置づけることによっては達成されない[26]。日本の神道的な多神教の中に仏教を配置したところで、それは何ら日本の多神教が寛容であることを示すことにはならない。むしろそれは、他宗教を自己の系の中に入れこむ宗教的抑圧を意味するであろう。同様のことはジョン・ヒックが受肉論の修正を求めながら、キリスト教を彼自身が構想する諸宗教の系の中に配置しようとするのに対しても言い得ることである。宗教的寛容は、むしろ他の宗教に対しそのアイデンティティを尊重することであって、他の宗教に内部構成上の改造を迫るものでも、対外的な位置関係の主張の修正を要求するものでもない。

このことは自らの宗教的アイデンティティに対して確信を持つことを可能にさせることを意味する。そのようにして現代における「宗教的寛容」に対し、その「意味付与の資源」を自らの宗教の中に見出すことができるようにしなければならないであろう。それによって「宗教的寛容」をいっそう効力あるものとすることができることがここでの主題である。その意味でキリスト教の中にある「宗教的寛容の資源」を考察したい。

この考察は、一方では「宗教的寛容」の歴史的な起源やその経過におけるキリスト教との関連を新たに捉え直す歴史探究的な課題であるが、同時にすでに成立したものとしての宗教的寛容に対し、宗教的根拠づけを新たに模索する課題でもある。歴史的な起源や経過の再認識という歴史的課題だけに問題を限定すれば、宗教的寛容の起源と経過は、概して直接的には宗教改革に関係せず、ルター派や改革派といったプロテスタント教会のいわば主流とも関係を比較的疎遠にする。その起源については、なお詳細な研究課題であり続けているにしても、大筋では「北アメリカのバプティスト派やクェーカー派」から「イギリス革命の偉大な宗教的運動である独立派」に遡及していくであろう。いずれにせよ「宗教的寛容の起源的な資源」を求めて一六世紀の宗教改革に直接遡及することはできない。こうした問題の中に一例を挙げれば、「良心の自由」をめぐってスピリチュアリズムの良心理解とルターのそれとの関連と相違を尋ねる問いがあるし、宗教改革者の知らなかった「生まれながらの自然権としての宗教の自由」の主張が出現したといった問題がある。[27] こうした起源や経過を問う歴史的な問いは今後も探究される意味がある。しかしそれとまったく無関係ではないにしても、すでに成立した宗教的寛容の「意味付与の資源」を求めて、「宗教的寛容の神学」を組織神学的に、かつ弁証学的に探究することも可能であり、必要であろう。歴史的な起源や経過の問題と一旦区別して、現代と将来における「宗教的寛容」の「宗教的資源」を求める宗教的探究を意味ある課題として受け止めるのでなければ、この問題をめぐって他の諸宗教に検討の機会を求めることははじめから排除するほかはなくなるであろう。

(3)「宗教的寛容」の神学

宗教的寛容の場は、国と宗教共同体の間、宗教共同体相互の間、国と個人の間、宗教共同体と個人の間、あるいは個人相互の間といった市民社会における多岐な関係にわたる。その際、憲法による制約の対象は、権力規制の順序によって、国、地方自治体、各種共同体、そして最後に個人に関わるのであって、寛容の遂行主体と寛容に遇される客体の区別と秩序を「市民的正義」(justitia civils)の中でわきまえなければならないであろう。[28]「宗教的寛容の神学」は、神学的な視点から市民的正義としての寛容を理解する。それによって、迫害や強制による宗教的不寛容を排するとともに、無関心としての不寛容も排するであろう。このことは、宗教的寛容は諸宗教の本質的特徴やそれら相互の差異を平準化することでなく、諸宗教にあるアイデンティティ、他者との区別に立った自己の特質の中に宗教的寛容の資源的根拠を見出す必要があるということである。またそれをなし得ることが現代世界において諸宗教に対して要請されていると言ってよいであろう。

キリスト教神学は自己の信仰のどこに宗教的寛容の根拠を見出すことができるであろうか。エルンスト・ヴォルフは「聖化論」の中に寛容の資源があると指摘した。ヴォルフによると「聖化の中で真価を発揮すべき信仰の従順が、福音的理解に従ってキリスト教的行為のため、つまりともに生きる人間の間での奉仕のために、信仰の要求として寛容の神学的根拠づけが生じてこなければならない場所である」[29]。そう語って彼は、「聖化は福音的理解に従って、義とされた者の生活をこの世における神の証人、協働者として描く。その中で『キリスト者の自由』は、ともに生きる人間つまり人と人との対向の中で、自由な奉仕者として実現される。ここにおいてまさに啓示の不寛容から寛容が、つまりそのためにキリストが十字架にかけられた神による被造者としての隣人とその自由の承認が要求される」とも語った。注意深く彼の文章を読むと、寛容の主体は聖化における信仰の従順とされている。その従順によって隣人に対して奉仕がなされる。しかし寛容に扱われる隣人の側に注目すると、ただ神の被造物であるゆえにではなく、彼（もしくは彼女）のためにキリストが十字架にかけられたことが重大な根拠をなしていることがわかる。ここに注目すると、ヴォルフの「聖化論的寛容論」の根底には実は「贖罪論的寛容論」があるとも言うことができ、むしろそう言うべきと思われる。

ゲルハルト・エーベリンクは一九八一年の論文「神の寛容と理性の寛容」においてルターにおける「神の寛容」(tolerantia dei) に注目した。それはルターの一五三六年の論考「ローマの信徒への手紙第三章二八節に関する第三討論」に注目したものであった。そのさいエーベリンクは「近代の寛容」が「洪水のように増加する不寛容」[30]に脅かされている現実を認識し、それゆえただ挫折した啓蒙主義に反省を迫るのでなく、宗教改革と啓蒙主義の「排他的な対立」にも、また啓蒙主義が宗教改革から「調和的に由来した」という同調でもなく、神学者として「啓蒙主義の寛容理解の危機」に対して「共同責任」を意識しつつ、「両者の遺産の内的緊張を担いながら」究明する姿勢を示した[31]。そのさい彼の解釈によれば、ルターにおける寛容は三つの契機によって構成されると言い、寛容を誘う「誘因的な対象」、寛容の動機となる「目標」、「神の寛容の作用様式」の三つの契機が取り上げられた。寛容に遇されるべき「対象」としては「罪や反神的なもの」が挙げられ、寛容が目指す「目標」としては「神の救済計画の成就」が挙げられ、寛容を遂行する「作用様式」としては「矛盾を引き受ける用意」が挙げられる。この第三の契機において神が怒りの炎をその愛の炎に止揚することが語られ、「キリストの出来事において神の寛容は最も内的に圧縮され、神の寛容は究極的に十字架の寛容（tolerantia crucis）である」[32]と語られた。

クリストフ・シュヴェーベルの論文「信仰から由来する寛容」[33]は、グローバル化した世界において緊急になった宗教的寛容の問題を取り上げ、ある面力作と言うべき論稿である。彼は「信仰の真理の確かさ」が持っている「構造」からまず寛容の形成を語る。その際彼の論文の表題「信仰から由来する寛容」が示しているように、「宗教的伝統そのものの中」に寛容の資源があるのを探究する。もし宗教的寛容の根拠が、例えば世俗化といった宗教的伝統の外からのものとして、寛容の要求が宗教的確信に対して相対化を強いるならば、宗教的伝統のアイデンティティは弱体化される。それに対する対応策としてしばしば見られるのは、宗教の原理主義的な自己閉塞化への誘惑であり、その結果は宗教の外部世界への激しい攻撃が見られることになる。しかし宗教の原理主義的自己閉塞は、外部からの脅かしに対して弱体なアイデンティティが示す反応にほかならない。これに対し、真の信仰はその確かさの構造から言って、人為的な創作ではない。信仰には人為を超えて与えられたものとして「賜物」の性格がある。シュヴェーベルは宗教改革的な神学の理解に訴えて、信仰の真理の確かさは「神の至高の創造的行為」によると理解する。こうして人為的創作を超えた信仰の真理の確かさは、信仰者自身の確信からは区別され、人間の確信が相対化されることに耐えることができる。この「信仰の真理の確かさの構造」がシュヴェーベルの言う「信仰から来る寛容」を成立させる。「信仰の真理の確かさ」は、信仰の良心が「既存の教理」によって呪縛されることからも解放する。この点にシュヴェーベルは「良心の自由」の根拠が宗教改革における宗教的権威に対する抵抗の中に描かれていたと見る[34]。この見方は、一七世紀において宗教的寛容の根拠をなしたスピリチュアリズムの「良心の自由」を宗教改革と結合して理解することにもなって、歴史神学的な意味で検討に値すると思われる。ところで信仰の確かさは人間の人為的創作ではなく、神の自己開示の中に根拠づけられる。

信仰はその「神の啓示の絶対的な権威」に対する証言に留まる。証言としての信仰の確信は、啓示そのものではなく、「神の自己啓示の相対的な表現形態」である。

以上が信仰の確かさの構造であるが、この構造は自己の信仰の確信の相対性を受け入れることができ、同時に他者の異なった信仰の確信を寛容の中で相対化しながら受け入れることもできる。他者の宗教的確信や主張に対して寛容に処するということは、他者の絶対性を主張する確信に譲歩する意味ではない。寛容はむしろ相互的に相対化を受容することである。人間は信仰を作り出すことができないように、信仰の確かさを作り出すこともできないし、他者の確かさも自己の確かさも意のままにすることはできない。しかしこの信仰の確かさの構造によって、相互の確かさの表現形態の相対性を認識することはできる。ただしこの確かさの構造による議論は、神の権威とその受領形態との区別に従った信仰の形式論によっており、まだ信仰の内実を語ってはいない。それだけにおよそ世界宗教と言い得る宗教には共通して当てはまると言い得るであろう。シュヴェーベルを越えて言えば、自己の宗教的確信を、信じられている信仰対象の絶対性と区別し得ることは、宗教的寛容の中に位置し得る世界宗教の条件とも言うべきであろう。この信仰者の主体的信仰（fides qua creditur）と、信じられている信仰内容（fides quae creditur）の区別は、キリスト教固有のものと言うことはできない。神の啓示と人間の信仰の区別、あるいは宗教的な秘義と人間の認識の限界を知る宗教には当然備わっているものである。さらにまた、これは宗教的寛容を成立させる消極的資源ではあり得ても、積極的な資源と言うことはできないであろう。

そこでもう一歩進んで、「信仰からの寛容」はキリスト教信仰の「内容」による寛容の根拠づけやその遂行に向かっていくことができる。そうできることが世界宗教には求められるであろう。ここでシュヴェーベルはエーベリンクに結びつき、「神の寛容」について語る。宗教的寛容には自他の宗教的確信形態の相対性の受容があるだけでなく、異質な他者の存在をその自己絶対的な主張や確信に耐えながら受け入れることも含まれる。もちろん絶対的な主張や確信に耐えながら受け入れるという意味は、他者の主張を真理と認めることではない。しかしその主張や確信を放棄しなければその他者を受け入れないというのでもない。寛容は自己の相対性を承認する他者だけでなく、絶対性の確信や主張を掲げる他者に耐える力も必要としている。これは「信仰の確かさの構造」だけでは片付かない問題であって、寛容の宗教的資源として、耐えて、赦し、受け入れる力が必要とされる。寛容のこの積極的資源として「キリスト教信仰の内容」が問題になる。そこで信仰内容として「神の寛容」が語られ、さらに神の「敵への愛」が語られる。人間に対する神の関係、神の愛が罪人に向けられること、御自身の敵に対する神の愛があることが重大である。神は罪や邪悪な中にある人間の確信や行為を退けながらも、その人格存在に対して寛容を行使する。シュヴェーベルは、人間は信仰者だけでなく、敵であっても愛されていることを寛容の基礎として語る。その際、彼は、創造論と和解論に訴える。その人間存在は「神の似像の栄誉を担っている」のであり、「敵である人も信仰者と同様、神との和解に参与すべく召されている。その和解は、神がイエス・キリストの十字架と復活において勝ち取ったものである」[35]と言う。寛容の資源としての信仰の内容はここでは創造論的な人間論であり、またキリストの業に基づく和解論である。

確かに創造によって与えられた人間の神似像性は、人間の生命の尊厳を根拠づけるであろう。しかし神に対して敵対的な主張や確信に留まり続ける人間に耐えて、その人を受容するのは、神が創造したゆえであるのにまさって、キリストの贖いの業において神がその人に犠牲的な愛を注いだゆえであろう。神が敵を備えたことは試練の理由にはなっても、必ずしも寛容の理由にはならない。しかしわれわれもまだ罪人であったとき、まだ敵であったとき、キリストにおける神の犠牲の贖いによって和解の条件を備えられたことは、われわれの敵対的な相手との関係も変えずにはおかない。シュヴェーベルもまたローマの信徒への手紙五章一〇節に触れながら、贖罪論的な寛容論を語らないわけではない。しかし、神における敵への愛が宗教的寛容を支えるという認識は、「贖罪論に基づく寛容」としてよりいっそう明白に力強く語られ得るし、語られるべきであろう。

宗教的寛容は諸宗教の歴史の中でその成立が求められる。それは罪と救いの歴史の領域に属するものであり、創造論的秩序ではない。この点では宗教的寛容は、生命の尊厳の保持とは異なる。それはまた終末論的秩序とも言えないのではないか。宗教的寛容は神の国のまったき到来とともに終わる価値に属する。神の国の到来においては主を知る知識は全地に満ちるからである。キリスト教神学によれば神の国は神の平和と正義の中にあるのであって、敵対的な宗教的確信に耐えなければならない世界ではない。宗教的寛容はこの意味で、暫定性を持った救済史的な中間時の秩序である。寛容は永遠に持続すべき秩序ではなく、贖罪論に支えられながら、神の国のまったき到来において終わる終末以前的な体制である。シュヴェーベルには残念ながらこの「寛容の暫定性」に対する注目は欠けている。さらに言うと、暫定的な時としての寛容の時代に重大な課題であるのは、宗教的確信の「自由な証言と伝道」である。終末論的中間時は単に「対話と連帯」の時であるだけではない。それはとりわけ伝道の時である。伝道の欠如は一般にドイツ語圏の神学の弱点であって、シュヴェーベルの寛容論にもこの視点は欠けている。

宗教的寛容は救済史的中間時に関わり、市民的正義における神の統治に関わる。国家や社会における宗教的寛容の内実は、それぞれの地域により、その国権の制約の質によって異なっている。例えばフランスのように宗教一般に対する攻撃性を帯びた世俗主義的な国権と、アメリカのように宗教一般に温和な国権ではその内容が異なり、また日本のような特定の宗教である神道の枠組みの中で、宗教の取り扱いに差異を持つ国権とでは、寛容の内容はかなりの差異を示す。しかしいずれの場合にも宗教的寛容は国権を制約してこそ成立する。この点を考えると対国家的には宗教的寛容は「信仰の確かさの構造」によって成立せしめ得るものではない。「神の寛容」のもう一つの面をはっきりと証言する必要がある。それは「神の寛容」は神の支配・神の統治の質であるという面である。ファン・リューラーが寛容を成立せしめる「神の支配」（セオクラシー）を強調したことは理由のあることであった。[36] 神の支配が無視されれば、国権は増長する。国権の神格化も、また世俗国家の猛威も、宗教的寛容を破壊する。国権を相対化する預言者的な宗教文化の中でなければ、宗教的寛容は容易に成立も、持続もしない。

日本の仏教史が国権に対する宗教の従属を示している通りである。日本仏教は国権を制約して寛容の制度を生み出すことができなかった。十字架にかかられた方が「キリスト」であるという信仰の中に、国権を非神聖化する預言者的メシア思想が継承され、成就されていることは重大である。キリストの十字架によって神の国に入れられる道は、宗教的寛容の対象を支えるとともに、国権を非神聖化し、宗教的寛容が向けられるべき対象に対し、どこまで国権の支配が及ぶか、その範囲を規制する。現代のグローバル市民社会における宗教的寛容は、世俗的な自律的理性の寛容によって完璧に成り立つものではない。むしろキリスト教的資源の中に、つまり国権の神格化を許さない預言者的な「神の支配」（セオクラシー）と敵である者のために犠牲となる「キリストの贖い」の中に、宗教的寛容の貴重な資産を見出すことが可能であり、また見出す必要があるであろう。

3　キリスト教と諸宗教

(1)現実としての宗教的多元性

一九八〇年代以降、「宗教多元主義」という用語が一般化した。しかしその意味は決して明瞭であったわけではない。現代の多元的な社会や文化における現実として諸宗教の存在が多元性の形を取って事実あることを意味した場合もあるし、また諸宗教に関わる多元主義的な神学もしくは宗教哲学の主張を称して「宗教的多元主義」と呼んだ場合もある。前者について言えば、事実認識として大筋で肯定しなければならないであろうが、後者であれば「宗教的多元主義」と称する思想が真に多元主義かどうかは疑問であり、また諸宗教についての神学的考察が「多元主義的神学」であるべきかも疑問である。本書はそれを肯定しない。より詳細に言えば、世界の現実としての宗教の多元性の認識についても、民族や言語、伝統や文化においては多元的であっても、地域によっては特定の優勢な宗教の抑圧的支配があるところが多く、それでは多元的な社会と言うことはできないであろう。

日本は宗教的に多元的な社会と言われることがある。しかし儀礼や習慣における神道の支配や、民族的に強固な単一性の持続は、真に多元的な社会と言い得るか、なお疑問としなければならないであろう。事実としての宗教的多元性は、すでに論じた「宗教的寛容」によって維持されなければならないものである。今日の世界が地域によっては、なお民族的ならびに宗教的な一元的な支配による閉鎖性の中にある事実は否定できないであろう。しかしそれにしてもグローバルな市民社会の動向として宗教的寛容に基づく宗教的多元性に向かっていると言うことはできるであろう。それを否定することは自由を抑圧することになって、決して容易ではない。自由は多元性の形を取るからである。

そこでキリスト教弁証学の中で、他の諸宗教に対する関係をどう理解するかという問いが生じ、その関連でキリスト教信仰の真理主張の中で他の諸宗教に属する人々の救いをどう考えるかという問題も生じた。

(2)「宗教多元主義的神学」とその問題点

「宗教多元主義的神学」と称するものの出現とともに、キリスト教と諸宗教の関係理解を表現する類型論的な区分が登場してきた。レスリー・ニュービギンは、以下のように言う。「キリスト教と諸世界宗教との関係についての見方を多元主義、排他主義、包括主義に類型化することが慣例になってきた。この三つの立場はジョン・ヒック、ヘンドリック・クレーマー、カール・ラーナーによって典型的に代表される」[37]と。慣例化したこの三つの類型的な区別は、ジョン・ヒックの系譜に立つアラン・レイスによって提示されたもので[38]、それ自体決して問題のないものではない。およそ類型化というものは現実のありのままの把握ではなく、抽象化を免れがたくする。類型化による認識は、一つの側面を際立たせた仕方で強調することによって、他の面を無視し、あるいは軽視し、総体としての現実の正確な理解を失うからである。「多元主義」という呼称は、その提唱者自身が自己の立場を呼称した言い方であるからともかくとして、「排他主義」と「包括主義」の方は多くの場合ほとんど意味をなさない。そもそもキリスト教信仰の独自性やアイデンティティの確認は常に排他性を帯びる。しかしキリスト教の独自性に基づいて、その普遍性や包括性が主張されることが多い。われわれはすでに宗教的寛容という普遍的包括的な思想や制度が、その根拠づけをキリスト教信仰の固有な資源から汲むことを論じてきた。異質なものに対して驚異を抱き、それを抑圧しようとする弱体な宗教的アイデンティティが原理主義的排他性を帯びるのに対し、それとは別に寛容をもたらし、それを基礎づけ、深め、維持する排他性もある。独自のアイデンティティの中に宗教的寛容の資源を持つキリスト教の独自性は、非寛容な排他主義から区別されなければ理解されたことにならないであろう。したがって「排他主義」にも「排他的な排他主義」と「包括的な排他主義」があることになる。ヘンドリック・クレーマーがキリスト教信仰に固有な啓示に根拠を置いて福音を信じたことは、排他主義者の特徴と見られるかもしれない。しかし信徒による伝道を励ます彼の伝道の神学は包括性への運動を表現してもいた。カール・ラーナーの「匿名のキリスト者」の主張は包括主義的と見られるであろう。しかし彼が匿名のうちにも「キリスト者」と呼び、それ以外の名で呼ばなかったことは排他主義と言われるべきではないか。カール・バルトはその「キリスト論的集中」によって排他主義と呼ばれるかもしれない。しかし彼の排他的なキリスト論は、その内実において「キリスト論的包括主義」であった。そこで、シカゴのルター派神学者カール・ブラーテンは、彼自身がポール・ニッターから「一つの陣営」に位置づけられたとき、以下のように答えたと言う。「いいえ、神学的に言うと、私は一面では多元主義者ですが、他の面では排他主義者です。なお第三の面では包括主義者です」(39)と。三つの類型的区別、とりわけ排他主義と包括主義の区別はほとんど意味をなさないと言うべきであろう。

以下に「宗教多元主義」を自称する神学的主張の問題を指摘しなければならない。宗教多元主義の神学を代表する人々としては、ジョン・ヒック、ポール・F・ニッター、レイモンド・パニカー、それにラングドン・ギルキーの名が連ねられる(40)。彼らの主張は、ニッターの表現によれば、「キリスト教とキリスト教の優越性あるいは究極性の主張から、他の道の独立性と妥当性の認識へという以降」を表していると言う。しかしそれ以上に彼らの間に明確な共通性があるかとなると、実態の把握は容易ではない。諸宗教の相互に相対的な関係を「宗教多元主義的な一つの神学思想」のパラダイムによって表現できるかという問題についても、それを可能とするヒックと、「多元主義的システム」を認めないパニカーとの間に一致はない。そこでニッターは、多元主義に共通な「三つの基本的な道」として「歴史的意識」と「あらゆる形を越えた神秘」、それに「正義を推進する必要性」を挙げた。[41] しかし多元主義がこの「三つの道」を共通性とするという主張も疑問に満ちていて、「宗教多元主義的神学」が成り立たないことを表している。「歴史意識」を共通にするというなら、多元主義ははじめから歴史意識を持たない「非歴史的な宗教」に対して誠実でないことになる。また「神秘を共通にする」のでは「あらゆる共通理解を越えた神秘」に対して誠実でなくなるだろう。「正義を推進する必要性」とか「暴力に終止符を打つ必要性」に至っては、キリスト教的な解放の神学の道ではあり得ても、とりわけ多元主義の道を規定したものにはならない。ヒンズー教をはじめとしてある意味では正義を断念した深刻な宗教的経験に対してそぐうものではないであろう。ついでに言及すると、ラングドン・ギルキーが一九八〇年代初頭の時点で宗教的多元性の認識による「劇的なこの新しい状況」や「まったく新しい立場」が生じたように語って、「相対的絶対主義」の思想を主張したが、[42] そこで語られたことは、何ら劇的に新しくも、まったく新しい立場でもなかった。一九一二年のトレルチの思想を一つも超えていなかった。率直に言って「宗教多元主義的な神学」のもとに自己の思想を語る一群の人々は学問的な水準について疑問を拭いがたい。

ここでは宗教多元主義の思想的・学的問題をその代表的な人物であるジョン・ヒックの思想に限定して二、三、指摘しておこう。ヒックの自伝的な回顧によれば、一九六〇年代から一九七〇年代にかけてイギリスは、従来の植民地運動の結果、またその時代の経済上の理由もあり、人種的、文化的、宗教的な多元性の事実に深く巻き込まれたと言う。彼自身はそれをバーミンガムにおいて経験し、その宗教的多元性の現実の錯綜の中にあって、一九七三年、「宗教の神学における『コペルニクス的転回』という観念[43]」に到達したと言う。それは彼にとっては「単なる共存を超え出た一層刺激的な、一層遠大な何ものか[44]」の探究の結果的な到達点であった。ヒックはこの観念を「キリスト教中心あるいはイエス中心の型《モデル》から、諸信仰の宇宙における神中心の型《モデル》へのパラダイム転換[45]」であったと言う。こうしてヒックは「諸々の偉大な世界宗教を唯一の神的実在に対する人間のさまざまに異なる応答として見る[46]」ことになった。

以上によってヒックが「唯一の神的実在」を中心にした宗教多元主義的な思想を構想したことは明らかである。諸宗教はこの唯一の神的実在に対するさまざまな応答として、その唯一の神的実在を中心とする多元主義的な系（システム）の中にそれらなりの位置をもって配置される。しかしこの思想はもうすでに不可能な困難を何重にも抱え込んでいると言わなければならない。第一点として、中心にある「唯一の神的実在」を彼はどこから認識したのか[47]。それが諸宗教の神、キリスト教信仰の神と同一であることをどのようにして知るのか。ヒックの思想は総じてユニテリアン的な思潮に示されたキリスト教世界の思想的バリエーションの一つにすぎないと思われる。第二に、ヒックの掲げた唯一の神的実在を中心にした多宗教の思想的系は、諸宗教の多元性に人為的に創作されたもう一つの思想を加えただけのものである。それは数を一つ増やしただけで、単なる共存を超え出るものにはならない。第三に、そうして加えられたヒックの思想は、正確に言うと、他の宗教に伍して共存の形で並ぶこともできないものである。ヒックの言う宗教多元的な思想は、ただ思想にすぎず、特定の宗教行為や宗教的共同体を持った宗教、民族的宗教や歴史的実定的な宗教と並ぶものではないからである。それは彼なりの宗教哲学的な思想ではあろうが、宗教的多元性の現実は単なる思想の問題ではなく、具体的な諸宗教による多元性の現実である。それは哲学的な認識よりも、むしろ宗教学的な認識の対象である。多元性の現実は、祭儀、聖なる日、共同体、教化活動、宗教的な道徳や宗教的な法に関わる。これを思想のみで超えられる現実と見なすのは、知恵のあることではないと知るべきである。第四に、人為的に創作された思想の系に種々の実定的な宗教を配列すれば、それぞれの宗教の独自性やアイデンティティは尊重されず、それぞれに思想的な修正を求められざるを得なくなる。ヒックはあらゆる宗教に自己の思想的系に入るべく修正を求めるであろう。それは多元主義的というより一元主義的な支配や抑圧の思想であり、まさに不寛容な思想である。日本の神道は、自己の多神教の中に外来宗教である仏教も取り込んだ。中を見れば多神教でも、そのシステム全体については自己の相対化を認めない。それはまた自己と他者の併存を認めないわけで、諸宗教そのものの独自性やアイデンティティを許さない宗教思想上の帝国主義とでも言い得るものであろう。

この第四の特徴は、ヒックがキリスト教に対して要求した修正の中に現れ出ている。彼の言う唯一の神的実在の系に入れられるためには、キリスト教は三位一体論を修正しなければならないとされる。三位の実体的な区別は否定され、せめて様態論的三位一体論に、結局はユニテリアニズムへの修正を迫られる。三位一体の根本には受肉論によって示されるイエス・キリストの神性の主張があるので、ヒックは受肉を神話化し、その解釈によって修正しようともした。「『受肉』の観念は、信心深い人に対し、またその人を介して他の人々に対し、神の強力な臨在のことを語って聞かせる一つの詩的な、あるいは象徴的な、あるいは神話的な方法である(48)」と言う。同様にまた贖罪論も修正を迫られる。キリストの神性を否定しても成立する感化説的方向がその修正方向である(49)。内在的三位一体を解消し、受肉におけるキリストの位格的一致を喪失させ、感化説としてのみの贖罪論を認めるということは、結局、キリスト教をユニテリアン的ヒューマニズムに解消することになるであろう。そうしなければ宗教多元主義的神学が成立しないということは、実定的宗教としてのキリスト教を破壊しなければ、それは成立しないということであって、ヒック自身の宗教多元主義的神学が、何ら多元主義的ではなく、宗教の破壊を主張しているもので、真に神学的でないことを意味している。

ヒックの宗教多元主義的神学には宗教に関わる当然の知恵がない。イギリスの思想には、深遠な知恵深さを示す例が時折見られるのであるが、イギリスにはまたヒックのようなシンプルな独善的思想が出現する場合もある。

この思想は、現代の宗教的多元性の世界に焦燥感を抱いたのであろうが、それを生き伸びる力は持っていないのではないか。キリスト教は宗教の多元性の世界にあって、自己に本質的な修正を加えて、キリスト教でなくなるのでなく、むしろ自己のアイデンティティをいっそう深く掘り下げていくことによって、宗教的寛容の宗教的資源を提供しつつ、自由な世界における自由な宗教として生き続けるであろう。

(3) 排他的福音の普遍性

諸宗教が存在し活動する宗教的多元性の現実は、宗教史とともに古く、初代教会の時代もまさにそうであった。福音伝道もあらゆる時代の中、そのつど宗教的多元性の中を進行してきた。ただしそれが今日ほど世界の全域を覆う現実として認識されたことは従来にはなかったと言ってよいであろう。宗教的多元性が経済的に不可避な労働の需要や経済的な南北の格差とも関連し、さらに情報化と結合して、現代の種々の社会的難問の背後に横たわっている。この問題がキリスト教にとって厳しい問いかけになり、人々は一般にキリスト教とその福音、さらにその救済の排他主義に対して馴染みにくさを感じている。しかし福音の排他性やキリスト教信仰の救済の独自性は、宗教的多元主義者が非難する排他主義ではなく、キリスト教的伝統の閉鎖的な保守主義やファンダメンタリズムの排他性とも異なる。キリスト教的福音はその独自性、その排他性において、むしろ普遍性や包括性を発揮するからである。聖書の語る救いや祝福の普遍性は、アブラハムの契約に語られるように（創一二・二以下）、特殊な選びの民に基づいて包括的な普遍性を発揮する。排他主義から包括主義へというのは、「ルビコン川を渡って」多元主義へという進行ではなく、排他的な福音の包括性を明確に理解し、伝えることが信仰の確信をもったキリスト者の普遍への道である。いわゆる固定的で排他的な排他主義は福音の伝道を不可能にし、多元主義は伝道を不必要にする。包括主義もまた排他性を含まなければ、伝道の根拠も、伝道の必要も理解できなくなるであろう。排他的独自性をもった福音が、その包括性において、伝道を可能ともし、また要求もする。現代において排他的福音の包括性を主張した一人にヴォルフハルト・パネンベルクがいる。彼の主張がなおいかなる問題を残していたかについても短く示唆しながら、この問題を探究する道を求めていきたい。

パネンベルクは「救済の規準」は「イエスとその使信」であると主張した。終末における他宗教者の救いについても「イエスとその使信」が規準であって、それ以外の規準はないと言う。つまりイエスとその使信が救いの規準として排他的に主張された。しかしこの救いの規準は、キリスト者だけでなく、他の宗教に属する人々にも及ぶとされた。パネンベルクは以下のように言う。「その地上の人生においてイエスと出会ったことなしに神の国に参与するであろう人々の場合でさえ、イエスが彼らの救い主であろう。たとえ彼らがどんな宗教の形態に従っていたにせよである」[50]。イエスと出会ったことがない人にも救い主であるという仕方で、救い主であるイエスの包括性が語られる。イエスは他宗教者の主でもある。それでは「イエスとその使信の規準性」はどのように語られるであろうか。「イエスとその使信」が「救済の規準」として他宗教の人々にも及ぶ仕方をパネンベルクは以下のように述べた。「彼らの人生がそのように与えられている規準に対応していれば、他の文化と宗教の人も神の支配の救済に参与するであろう」[51]と。彼らは「いますでにではなく」、「神の国の完成において初めてイエス・キリストを、彼らの救済の希望が彼らの人生の予感に満ちた暗闇の中でいつも既にその方に結び合わされていた方として認識するであろう」[52]と。「イエスとその使信」は「イエスの教え」と言われる場合もある[53]。それにしても、「彼らの人生がその規準に対応していれば」と言われ、あるいは「彼らの生とイエスの宣教との類似性(affinity)」[54]があればとも言われるが、それはいったい何を、いかなる事態を語っているのであろうか。人生がイエスとその使信に「対応する」、あるいは「類似性を有する」ということは、宗教が異なり、したがって信仰が異なっていてもということであるから、信仰以外の人生のあり様を語って、それが対応したり、類似したりしていることが、永遠の救済の規準性を満たすと語っていると理解するよりほかはないであろう。そうするとパネンベルクは、信仰でなく、人生の生き様、人生態度や倫理がイエスとその使信に対応し、類似することを決定的と見ていることになり、結果的に信仰を持って義とされない人の場合に、行為による義認が残されていると語ったことになるのではないか。パネンベルクはキリスト教神学者として「神の支配による救済への参与の規準」はイエス・キリストであると語り、しかもそれを、キリストを信じる者についてだけでなく、他宗教の人々にも貫こうとした。一方ではキリストとその使信を規準とすることでキリスト教的アイデンティティを保持し、しかも非キリスト者をも救いから排除された者とはしない道を語った。非キリスト者もまたキリストの規準の中で救済に参与する者として語った。しかしそれは、結局のところ人生の生き様にキリストとの類似性を求めて、行為義認の主張に陥ったのではないであろうか。これがこの問題をめぐるパネンベルクの問題点である。

そもそもイエス・キリストは他宗教の人々にとっても主である。しかしイエス・キリストが主であるというのは「救済への参与の規準」として主であるというようなことではないであろう。それよりむしろその人々のためにもキリストは死に、かつ復活されたことで「主となられる」（ロマ一四・九）のである。救済の「規準」(Kriterium) として包括的なのでなく、その十字架と復活の贖罪論的効力により、救済の「根拠」として包括的であるはずである。人間は宗教的、人種的、文化的相違を超えて、この救済の根拠に基づき、信仰によって神との和解に参与し、神の支配における救済に入れられる。そこに神の贖罪行為に基づいて、人間に与えられた信仰の意味があり、したがってまた福音伝道の不可欠な位置もある。信仰と伝道の救済史的な位置があると言ってもよい。救済の包括性は信仰と伝道を無意味にするのでなく、むしろ救済の包括性は伝道と信仰を必要とさせる。聖書的な祝福の普遍性は、選びと契約を根拠として、特定の選びの民に基づいて、それを担い手として進展する普遍的に広がる運動である。そういう運動として普遍性に向かい、包括性に向かっていく。

パネンベルクの言う「救済への参与の規準としてのイエスとその使信」では、この点が示されなかった。違いがどこに起因するかと言えば、パネンベルクにおいてはイエスの使信の終末論的終極性が重大ではあっても、イエスの十字架における贖罪行為が神の国の将来の決定的救済の根拠としては理解されていなかった点にあると思われる。救済の根拠による普遍的な包括性は、その根拠に基づいて神との和解に入れられる信仰を無意味にせず、そこに至らせる伝道を無意味にしない。むしろ救済の包括性は、あらゆる民への伝道と神への応答としての信仰を必要とする。聖書的な祝福の普遍性が、選びと契約を根拠とし、特定の民に基づく普遍化的運動の形態を取るように、救済の普遍的包括性もすでに信仰に入れられたものが伝道に用いられて進行する包括性である。

しかしそれではキリスト教信仰なしに他宗教に属したままに人生を終えた人、あるいはまた生前キリストを伝えられることなく地上の人生を終えた人について、その終末における救済への参与は不可能なのか。包括的な救済思想はこの問題にも答えようとする。しかしこの問題について、確定的な言表を断言的に主張することは誰にもできない。神学的に言えば、誰もこの問題を断言的に語って、正当性を自己主張すべきではない。ここで言葉を発する者は、ただ希望の表現を語ることができるだけである[55]。その希望は、キリストの贖罪論的包括性に基づき神に信頼を置く希望である。この希望によって生前キリスト者でなかった人々もまたキリストにおける神の憐れみのゆえに、キリストの贖いに基づいて、終末における救済に参与するようにと希望し、祈ることができ、また祈りの中で思いやることができる。しかしこの希望は、それ以上の確言になることは慎まなければならない。キリスト教的確信はむしろ宗教多元性の現実の中で、主体的確信としては謙遜でありつつ、キリストにおける神の憐れみを確信して、伝道に励む中にこそ表現されるであろう。福音の伝道は、終末における救済の参与まで不可欠であり、それゆえにこそキリスト教弁証学もまた営まれ続けなければならないのである。

注

序章

（1）M. Kähler, Schriften zu Christologie und Mission. Gesamtausgabe der Schriften zur Mission, mit einer Bibliographie, herg. von Heinzgünter Frohnes, München 1971, 89; 190. マルティン・ケーラーのテーゼについては拙著『伝道の神学』（教文館、二〇〇二年）一三二頁以下を参照。

（2）拙著『キリスト教の世界政策――現代文明におけるキリスト教の責任と役割』（教文館、二〇〇七年）ならびに『いま、震災・原発・憲法を考える――続・キリスト教の世界政策』（教文館、二〇一五年）を参照。

（3）その例証として、ルカ文書の書き出しと後の弁証学的諸文書の書き出しとの類似が指摘される。

（4）シュライエルマッヘル『宗教論』（佐野勝也・石井次郎訳、岩波書店、一九四九年）。

（5）フリードリヒ・ダニエル・エルンスト・シュライエルマッハー『神学通論』（加藤常昭訳、教文館、一九六二年）は第二版（一八三〇年）の訳であるが、第一部「哲学的神学について」の第一章四三節から五三節まで（三〇―三六頁）「弁証学の諸原則」が記されている。

（6）F. Schleiermacher, Der christliche Glaube, 1. Bd., herg. von Martin Redeker, Berlin 1960, 74-105.

（7）『ブルンナー著作集1　神学論集』（清水正訳、教文館、一九九七年）八九頁以下。

（8）拙著『トレルチ研究』上下（教文館、一九九六年）ほか、『伝道の神学』一五二頁以下を参照。

（9）M. Kähler, Die Wissenschaft der christlichen Lehre von dem evangelischen Grundartikel aus, im Abrisse dargestellt, 3. Aufl., Leibzig 1905, 81-214.

（10）「組織神学」の一環としての「弁証学」は、総体的な仕方ではかつて日本の神学界において出版されたことはない。市川康則『改革派教義学　別巻――弁証学』（一麦社、二〇一五年）が近年出版されたが、これは「教義学」

との関連を特に意識し、その「別巻」をなしている。総体的叙述としては日本で初めてのものであろう。しかし本書の「組織神学」の構想とは異なっていると言わなければならない。そこには弁証学の性格や課題の記述、また弁証学の神学史的概観が紹介されているので参照を勧めたい。そのうえで多少論評を加えると、そこに示されている弁証学史の概観もそうであるが、全体として著者自身の神学的背景であるオランダ改革派の色彩を濃くしており、また牧師候補生教育のための教科書の作成という目的に特化した性格が明らかである。その点にこの書の長所と、また短所もあると言うべきであろう。それによってオランダ神学の諸説に触れられるのは長所である。しかし各論が「奇跡」と「冠婚葬祭」に限定されているのは牧師養成の実践的課題に即したに違いないが、現代の世界と日本における キリスト教の真理の戦いとしては不足に思われる。キリスト教信仰と教会が置かれ、伝道の戦いが遂行されている現代状況において、必死の事柄としての弁証学はこれとは違った取り組み方になるであろう。現代世界と日本におけるキリスト教弁証は、なぜキリスト教か、なぜ教会か、なぜ福音の伝道かをめぐって、より広範囲にわたって自らの戦いを赤裸々に叙述する以外にない。

(11) E. Brunner, Die andere Aufgabe der Theologie, in: Zwischen den Zeiten, 7, 1929.(「神学のもう一つの課題」として『ブルンナー著作集1』に所収)。これにはさらにブルンナーの論文「神学の問題としての《結合点》への問い」(一九三二年)、「自然と恩恵——カール・バルトとの対話のために」(一九三四年)が続いた。これに対するバルトの反論は、『教会教義学　第一巻』(一九三二年)、「神学的公理としての第一戒」(一九三三年)、「ナイン!」(一九三四年)に至る。いわゆる「自然神学論争」と言われるものである。

(12) ZZ, 7, 1929, 255ff.

(13) Ibid., 258.

(14) シュライアーマッハーの Kurze Darstellung des theologischen Studiums, 2. Aufl. 1930 によれば、アポロゲティークもポレミークもキリスト教の本質を規定する「哲学的神学」に含まれるが、アポロゲティークが教会共同体の真理性の確信を基礎づけ、その承認要求を基礎づけるのに対し、ポレミークは自己の共同体の中に生じた「病的な逸脱」を意識化させ、キリスト教ないしプロテスタンティズムの本質の正当な表現を論争的に表現するとされる。シュライアーマッハー『神学通論』二五頁以下参照。

(15) K. Barth, Die kirchliche Dogmatik, Bd. 1/1, Zürich 1932, 30. 以下の本文の括弧内の数字は本書の頁数を意味する。
(16) こうしたバルト批判については以下のものを参照。P. Tillich, Systematic Theology, vol. 1, Chicago 1953, 7.; W. Pannenberg, Grundfragen systematischer Theologie. Gesammelte Aufsätze, Göttingen 1967, 351; M. Honecker, Das Problem des theologischen Konstruktivismus, in: ZEE, 24, 1980, 104.
(17) A. Richardson, Christian Apolgetics, Haper & Brothers 1947, 22f.
(18) ThLZ, 1950, 259ff.
(19) E. Brunner, Dogmatik Bd. 1, Zürich 1946, 107.
(20) W. Pannenberg, Ethik und Ekklesiologie, Göttingen 1977, 54. 拙著『キリスト教倫理学』(教文館、二〇〇九年)もこの立場で構想されている。
(21) P. Tillich, Systematic Theology, vol. 2, Chicago 1957, 14ff.
(22) W. Pannenberg, Grundfragen systematischer Theologie, Göttingen 1967, 367.
(23) Pannenberg, Ibid., 365.
(24) P. Tillich, Systematic Theology, vol. 2, Chicago 1957, 5.
(25) W. Pannenberg, Gottesgedanke und menschliche Freiheit, Göttingen 1972, 20.
(26) Pannenberg, Ibid., 24.
(27) P. Tillich, Systematic Theology, vol. 2, Chicago 1957, 15.
(28) Tillich, Ibid., 15.
(29) E. Jüngel, Gott als Geheimnis der Welt, Tübingen 1977, 16ff.
(30) Jüngel, Ibid., 20ff
(31) P. Tillich, Systematic Theology, vol. 1, 70.
(32) W. Pannenberg, Gottesgedanke und menschliche Freiheit, 19.

第一部

第一章

（1） E. Troeltsch, Gesammelte Schriften, 4. Bd., Aufsätze zur Geistesgeschichte und Religionssoziologie, herg. von Hans Baron, Tübingen 1925, Aalen 1966に収められた論文 Die englischen Moralisten des 17. und 18. Jahrhunderts ならびに Der Deismus を参照。

（2） E. Troeltsch, Die Selbständigkeit der Relogion, in: ZThK V u.VI, 1895.

（3） E. Troeltsch, Psychologie und Erkenntnistheorie in der Religionswissenschaft, Tübingen 1905; Zur Frage des reloiösen Apriori（1909）, in: Zur religiösen Lage, Religiosphilosophie und Ethik. Gesammelte Schriften 2. Bd., Tübingen 1913, 765-768. 邦訳は『トレルチ著作集1』森田雄三郎・高野晃兆・帆苅猛訳、ヨルダン社、一九八一年、九九―一五八頁ならびに二二七―二五〇頁を参照。

（4） 社会における「規範喪失」（アノミー）の状況はすでに一八九七年にエミール・デュルケームによって「アノミー的自殺」の分析の中で指摘されている。デュルケーム『自殺論』（宮島喬訳、中央公論社、一九八五年、二九二―三四四頁を参照。

（5） W・パネンベルクの『人間学』（Anthropologie in theologischer Perspektive, Göttingen 1983）もこの観点から研究の動機づけを受けている。「もはや自然の世界そのものではなく、世界に対する人間の経験と世界における自己自身の存在についての人間の経験が、ますます神の現実に関する問いの出発点になった」（Panneberg, Ibid., 11）と認識されている通りである。

第二章

（1） インマヌエル・カント『純粋理性批判　上』（篠田英雄訳、岩波書店、一九六一年）四三頁。

（2） ルートヴィヒ・アンドレアス・フォイエルバッハ『キリスト教の本質　上』（船山信一訳、岩波書店、一九三七年）一九頁。

（3）L・A・フォイエルバッハ『キリスト教の本質　下』（船山信一訳、岩波書店、一九三七年）一五九頁（引用に際して多少の変更を加えている）。

（4）カール・マルクス『ユダヤ人問題によせて／ヘーゲル法哲学批判序説』（城塚登訳、岩波書店、一九七三年）七一頁。

（5）前掲書、七一―七二頁。

（6）前掲書、七二頁。

（7）前掲書、七二頁。

（8）前掲書、七二頁。

（9）『マルクス＝エンゲルス選集1　上』（マルクス＝レーニン主義研究所編、大月書店、一九五〇年）七―八頁。

（10）マルクス『ユダヤ人問題によせて／ヘーゲル法哲学批判序説』七二頁。

（11）『マルクス＝エンゲルス選集1　上』七頁。

（12）前掲書、七頁。

（13）K. Barth, Die protestantische Theologie im 19. Jahrhundert, Zürich 1946, V.

（14）K. Barth, Die Theologie und die Kirche, Zürich 1928, 213.

（15）Barth, Ibid., 230.

（16）Barth, Ibid., 231.

（17）Barth, Ibid., 233.

（18）Barth, Ibid., 233.

（19）Barth, Ibid., 235.

（20）Barth, Ibid., 235f.

（21）Barth, Ibid., 236f.

（22）Barth, Ibid., 237.

(23) Barth, Ibid., 239.
(24) W. Pannenberg, Grundfragen systematischer Theologie, Göttingen 1967, 351. ただしここでパネンベルクがバルトの説を「説教のごとく」と語ったのは正当とは言えない。説教もまた問いと解答の関係や誤った解答に対する闘いを含んでおり、弁証学的なモティーフを決して欠いてはいないからである。
(25) Pannenberg, Ibid., 351.
(26) Pannenberg, Ibid., 352.
(27) 『パスカル冥想録』(由木康訳、白水社、一九五九年)一六六頁。
(28) ゲオルク・ヴィルヘルム・フリードリヒ・ヘーゲル『信仰と知』(上妻精訳、岩波書店、一九九三年)一六八頁。
(29) ヘーゲル、前掲書、一六九頁。
(30) フリードリヒ・ニーチェ「悦ばしき知識」『ニーチェ全集8』(信太正三訳、筑摩書房、一九九三年)一九九頁。
(31) パウル・ティリッヒ「カイロス　その二」『キリストと歴史』(野村順子訳、新教出版社、一九七一年)四〇―四一頁。
(32) ヴォルフハルト・パネンベルク『現代キリスト教の霊性』(西谷幸介訳、教文館、一九八七年)一五頁以下。
(33) マルティン・ハイデガー『ニーチェの言葉「神は死せり」・ヘーゲルの「経験」概念』(『ハイデッガー選集2』細谷貞雄訳、理想社、一九五四年)一二頁以下。
(34) ニーチェ、前掲書、三六七頁。
(35) ハイデガー、前掲書、七〇頁。もっともこうした価値概念によるニーチェ解釈は、「生および生きた世界の全体的性格は評価し査定することのできないものであるというニーチェの明確な確認」に反するものという解釈もある。ニーチェが「権力への意志」において展開しようとする世界概念は、「在るものは『おのおのの瞬間において』完全であり、あらゆる変遷のうちにも等しい力と意義をもっているのだから、権力意志としての生は評価しがたいものである」と言う。カール・レーヴィット『ニーチェの哲学』(柴田治三郎訳、岩波書店、一九六〇年)三一四頁参照。

(36) カール・レーヴィット『世界史と救済史――歴史哲学の神学的前提』（信太正三・長井和雄・山本新訳、創文社、一九六四年）二八七頁。

(37) J. Moltmann, Der gekreuzigte Gott. Das Kreuz Christi als Grund und Kritik christlicher Theologie, München 1972, 205-214. 邦訳は『十字架につけられた神』（喜田川信・土屋清・大橋秀夫訳、新教出版社、一九七六年）。

(38)「無神論」についての扱いがパネンベルクと異なることはモルトマン自身、パネンベルクとの相違として認識していた。拙著『二十世紀の主要な神学者たち――私は彼らから何を学び、何を批判しているか』（教文館、二〇一一年）一〇七頁以下を参照。

(39) 引用は『カラマーゾフの兄弟』（米川正夫訳、河出書房新社、一九六〇年）による。『罪と罰』は、小沼文彦訳、筑摩書房、一九六〇年によっている。

(40) この点に注意を向けるかどうかで、ドストエフスキーの神義論的問いの解釈は異なってくる。本書はモルトマンの解釈とは異なっている。

(41)『カミュ全集6　反抗的人間』（佐藤朔・白井浩司訳、新潮社、一九七三年）を参照。

(42) 前掲書、二四頁。

(43) 前掲書、二七頁。

(44) 前掲書、三四頁。

(45) Moltmann, Ibid., 213.

(46) Moltmann, Ibid., 213.

(47)『カミュ全集6』二七頁。

(48) P. Tillich, The Courage to Be, London and Glasgow 1952, The Fontana Library 1967, 182.

(49) 久松真一『無神論』（法蔵館、一九八一年）二六頁。

(50) 久松、前掲書、九一頁。

(51) 久松、前掲書、二七頁。

(52) 久松、前掲書、二九頁。

（53）久松、前掲書、四三―四四頁。
（54）久松、前掲書、三四頁。
（55）丸山眞男『日本の思想』（岩波書店、一九六一年）五、三四、一三九頁。

第三章

（1）これらについては、以下に揚げるそれぞれの著書の他に、以下の文献を参照。W. Pannenberg, Anthropologie in theologischer Perspektive, Göttingen 1983, 32-39; ワルター・シュルツ『変貌した世界の哲学２　内面化の動向　精神化と肉体化の動向』（藤田健治監訳、二玄社、一九七九年）二八一―三五三頁、ボルノウ「哲学的人間学とその方法的諸原理」（ボルノウ／プレスナー『現代の哲学的人間学』藤田健治・新田義弘・林田新二・清水窕子・中埜肇・尾田幸雄訳、白水社、一九七六年、一九―三八頁）、金子晴勇『ヨーロッパの人間像』（知泉書館、二〇〇二年）一九八―二一八頁。
（2）W・シュルツ『変貌した世界の哲学２』三四〇頁。
（3）世俗的な時代における神学と諸科学との関係について考察したものとしてW. Pannenberg, Humanbiologie-Religion - Theologie, in: Beiträge zur Systematischen Theologie, Bd. 2, Göttingen 2000, 99-111を参照。
（4）マックス・シェーラー『宇宙における人間の地位』（『シェーラー著作集13』亀井裕・山本達・安西和博訳、白水社、一九七七年）二八頁。
（5）シェーラー、前掲書、三一頁。
（6）シェーラー、前掲書、四七頁。
（7）シェーラー、前掲書、四七頁以下。
（8）シェーラー、前掲書、五一頁。
（9）W・パネンベルク『人間とは何か』（オット／パネンベルク『現代キリスト教思想叢書14』熊沢義宣・近藤勝彦訳、白水社、一九七五年）三五二頁。
（10）パネンベルク、前掲書、三五六頁。

（11）シェーラー『宇宙における人間の地位』八四―一一〇頁。
（12）シェーラー、前掲書、一〇三頁。
（13）シェーラー、前掲書、一〇四頁。
（14）シェーラー、前掲書、八五頁。
（15）シェーラー、前掲書、八四頁以下。
（16）H. Plessner, Die Stufen des Organischen und der Mensch. Einleitung in die philosophische Anthropologie. 3. Aufl., Berlin 1975, Vf.: 288ff.
（17）Plessner, Ibid., 127ff.
（18）Plessner, Ibid., 218ff.
（19）Plessner, Ibid., 226ff.
（20）W. Pannenberg, Anthropologie, 35
（21）Pannenberg, Ibid., 35.
（22）Plessner, Ibid., 342.
（23）Plessner, Ibid., 345.
（24）シュルツ『変貌した世界の哲学２』三〇七頁。
（25）Plessner, Ibid., 346.
（26）Plessner, Ibid., 346.
（27）オットー・フリードリヒ・ボルノウ／ヘルムート・プレスナー『現代の哲学的人間学』（藤田健治他訳、白水社、一九七六年）二九頁。
（28）H・プレスナー『人間の条件を求めて――哲学的人間学論考』（谷口茂訳、思索社、一九八五年）一〇〇頁。
（29）プレスナー、前掲書、一〇一頁。
（30）プレスナー、前掲書、二〇〇頁。
（31）アルノルト・ゲーレン『人間――その本性および世界における位置』（平野具男訳、法政大学出版局、一九八五年）二九頁。
(32) ゲーレン、前掲書、三〇頁。
(33) ゲーレン、前掲書、三四頁。
(34) ゲーレン、前掲書、四四頁以下を参照。プレスナーも『有機的なものの諸段階と人間』の第二版の序文でA・ポルトマンのこの用語に言及し（Plessner, Ibid. XVI）、以後これを採用している。プレスナー『人間の条件を求めて』一五一頁以下を参照。
(35) シュルツ、前掲書、三三二頁以下。

第四章

(1) A・ゲーレン『人間』（平野具男訳、法政大学出版局、一九八五年）四一七、四二一頁、あわせて三四頁参照。
(2) F・シュライエルマッヘル『宗教論』（佐野勝也・石井次郎訳、岩波書店、一九四九年）五四頁。
(3) ピーター・バーガー『天使のうわさ――現代における神の再発見』（荒井俊次訳、ヨルダン社、一九八二年）一二四頁。
(4) バーガー、前掲書、一一四頁以下。
(5) アウグスティヌス『告白』第一巻第一章（引用文は聖アウグスティヌス『告白 上』服部英次郎訳、岩波書店、一九七六年、五頁）。
(6) O・F・ボルノー『実存主義克服の問題――新しい被護性』（須田秀幸訳、未来社、一九六九年）一三三頁。
(7) ボルノー、前掲書、一三三頁。
(8) ボルノー、前掲書、一三四頁。
(9) 大江健三郎『人生の習慣《ハビット》』（岩波書店、一九九二年）三頁以下。
(10) 大江、前掲書、一三頁。
(11) 引用は『罪と罰』（小沼文彦訳、筑摩書房、一九六〇年）による。
(12) M・ハイデガー『存在と時間　中』（桑木務訳、岩波書店、一九六一年）一二四頁。

(13) セーレン・キェルケゴール『不安の概念』（齋藤信治訳、岩波書店、一九五一年）一〇二頁。
(14) キェルケゴール、前掲書、九七頁。
(15) キェルケゴール、前掲書、二七四頁。
(16) キェルケゴール、前掲書、二八八頁。
(17) W. Pannenberg, Anthropologie in theologischer Perspektive, 247.
(18) M・ハイデッガー『形而上学とは何か』（『ハイデッガー選集1』大江精志郎訳、理想社、一九六一年）五九頁。
(19) 『G・K・チェスタトン著作集1　正統とは何か』（福田恆存・安西徹雄訳、春秋社、一九七三年）一六頁以下。
(20) アウグスティヌス『神の国』第一二巻六章（引用文は聖アウグスティヌス『神の国3』服部英次郎訳、岩波書店、一九八七年、一〇五頁）。
(21) Pannenberg, Anthropologie, 87.
(22) アウグスティヌス『告白』第二巻五章（引用文は聖アウグスティヌス『告白　上』服部英次郎訳、岩波書店、一九七六年、五五頁）。
(23) R. Niebuhr, The Nature and Destiny of Man, New York 1941, 1964, 186ff.
(24) Niebuhr, Ibid., 200.
(25) Niebuhr, Ibid., 202.　論敵に対する傲慢な権力意志の道具として罪の教説を行使した例として、ニーバーはシュヴェンクフェルトに対抗したルター、カステリオやセルヴェトスに対したカルヴァンの例を指摘し、さらにブルンナーの主張を否定したバルトの回答（Nein!）の中にも論敵に対するある種の「傲慢と無礼」が含まれていることを指摘した。しかしさらにこの指摘の中にニーバー自身の傲慢が隠されているのではないかと問えば、この傲慢の連鎖から人間は何によって脱出することができるかと問わなければならないであろう。罪の問題からの脱出は、神的な救済を求めるほかはない。
(26) パウル・アルトハウスも「罪とは何かの基準は、われわれに対する神の意志である」と語り、「神の意志はわれわれに対しイエス・キリストにおいてまったく開示されている」と語った。P. Althaus, Christliche Wahrheit, 355. これはバルトと同様、罪の規定はキリストにおける啓示によると語ったわけである。

(27) K. Barth, Kirchliche Dogmatik IV/1, 430.

(28) 中村雄二郎『日本文化における悪と罪』（新潮社、一九九八年）一四三―一五五頁では、こうした問題にはまったく触れていない。

(29) W. Pannenberg, Anthropologie, 286.

(30)『ボンヘッファー選集4　現代キリスト教倫理』（森野善右衛門訳、新教出版社、一九六二年）一九四頁。

(31) 岸本英夫『死を見つめる心――ガンとたたかった十年』（講談社文庫、一九七三年）三三頁。

(32) 脇本平也『死の比較宗教』（岩波書店、一九九七年）三九頁。

(33) ボルノーは次のように語った。「われわれの時代の故郷を喪失した人間を、再び新たにかれの世界のなかで根拠づけることが、また、諸連関を人間を支えている周囲の世界に新しく結びつけることが、肝要である。わたしは、それを『新しい被護性《ゲボルゲンハイト》』の問題と言い表した」（O・F・ボルノー『実存主義克服の問題――新しい被護性』須田秀幸訳、未来社、一九六九年、ii頁）。

(34) P. Tillich, The Shaking of the Foundations, New York 1948, 153-163, 162.

(35) P・ティリッヒ『生きる勇気』（『ティリッヒ著作集9』大木英夫訳、白水社、一九七八年）五〇頁以下。

(36) P・バーガーは「母の言葉」を「秩序づけ」の支持として挙げている（バーガー、前掲書、一一四頁以下）が、主観性の形成基盤としての信頼を支持しているとも理解できる。ボルノーにもパネンベルクにも同様の思想が見られる。

(37) 意味論と終末論の関連についてはW. Pannenberg, Eschatologie und Sinnerfahrung, in: Grundfragen systematischer Theologie. Gesammelte Aufsätze Bd.2, Göttingen 1980, 66-79を参照。

(38) W. Pannenberg, Sinnerfahrung, Religion und Gottesfrage, in: Beiträge zur Systemtischen Theologie. Bd. 1, Göttingen 1999, 101-113, 110.

はじめに

（1）G. Krüger, Grosse Geschichtsdenker, Tübingen 1949, 219ff. これはゲオルク・ピヒト『歴史の経験』（岡本三夫訳、未来社、一九七八年）五六頁の示唆による。

（2）加藤尚武「歴史哲学の不毛」、『理想』一九八〇年二月号、七〇―八七頁、加藤尚武・山崎賞選考委員会『歴史哲学の地平』（河出書房新社、一九八一年）一二三頁以下を参照。

（3）W・パネンベルク『組織神学の根本問題』（近藤勝彦・芳賀力訳、日本基督教団出版局、一九八四年）二二三頁。引用の文章は、そこに収録された一九五九年の大きな論文「救済の出来事と歴史」の冒頭文である。

第一章

（1）M. Ellade, The Myth of the Eternal Return or, Cosmos and History, trans. by W. Trask, Princeton University Press 1954, 104.

（2）パネンベルク『組織神学の根本問題』二五頁。

（3）Elliade, Ibid., 44.

（4）Elliade, Ibid., 142.

（5）Elliade, Ibid., 141f.

（6）Elliade, Ibid., 162.

（7）マックス・ウェーバー『古代ユダヤ教1』（内田芳明訳、みすず書房、一九六二年）六頁。

（8）Max Weber, Gesammelte Aufsätze zur Religionssoziologie I, Tübingen 1920, 1988, 173 Anm. 1.

（9）ウェーバー『古代ユダヤ教1』六頁。遠藤周作の小説『深い河』はインドの宗教に対する憧憬に掻きたてられているが、こうしたインド宗教における歴史意識の不在とそこからくる倫理的保守的帰結について作家はまったく感覚を欠いている。

（10）P. Tillich, Systematic Theology, vol. 3, Chicago 1963, 374ff.

（11）Tillich, Ibid., 375.

（12） Tillich, Ibid., 381.

第二章

（1） エルンスト・トレルチ『歴史主義とその諸問題　上』（『トレルチ著作集4』近藤勝彦訳、ヨルダン社、一九八〇年）二八頁。

（2） ロビン・ジョージ・コリングウッド『歴史哲学の本質と目的』（W・デビンズ編、峠尚武・篠木芳夫訳、未来社、一九八六年）二五二頁。

（3） コリングウッド、前掲書、二五二頁。

（4） TRE, Bd. 12, 633ff.

（5） K. Löwith, Weltgeschichte und Heilsgeschehen. Die theologischen Voraussetsungen der Geschichtsphilosophie, 1953, 176.

（6） Löwith, Ibid., 175.

（7） Löwith, Ibid., 175.

（8） W・パネンベルク『組織神学の根本問題』（近藤勝彦・芳賀力訳、教文館、一九八四年）四〇頁。

（9） この理解については、パネンベルクの論文「光の近さと世の闇」（一九九二年）Beitrage, Bd. 2, S. 288を参照。パネンベルクが彼の歴史神学とは本来対極に位置しているレーヴィットの「コスモスのテオリア」の行き方そのものを批判しないのは意外と言うべきである。

（10） K・レーヴィット『世界と世界史』（柴田治三郎訳、岩波書店、一九五九年）四一頁。

（11） K・レーヴィット『知識・信仰・懐疑』（川原栄峰訳、岩波書店、一九五九年）一四八頁。

（12） R・コリングウッド『歴史の観念』（小松茂夫・三浦修訳、紀伊國屋書店、一九七〇年）一二〇頁。

（13） H. Nohl (herg.von), Hegels theologische Jugndschriften, Tübingen 1907, Frankfurt/Main 1966; G. Rohrmoser, Subjektivität und Verdinglichung. Theologie und Gesellschaft im Denken des jungen Hegel, Gütersloh 1961. なお一九七〇年のヘーゲル生誕二〇〇年の前後には、ヘーゲル哲学に関する神学的研究が多く著された。W.-

D. Marsch, Gegenwart Christi in der Gesellschaft. Eine Studie zu Hegels Dialektik, München 1965; H. Küng, Menschwerdung Gottes. Eine Einführung in Hegels theologisches Denken als Prolegomena zu einer künftigen Christologie, Freiburg 1970; W. Panneberg, Die Bedeutung des Christentums in der Philosophie Hegels, ingottes-gedanken und menschliche Freiheit, Göttingen 1972, 78-113などがある。

(14) G・W・F・ヘーゲル『精神の現象学　上』（金子武蔵訳、岩波書店、一九七一年）二三頁。

(15) ヘーゲル『歴史哲学　下』（武市健人訳、岩波書店、一九五四年）一四四頁。

(16) ヘーゲル、前掲書、一三八頁。

(17) ヘーゲル、前掲書、一三八頁。

(18) ヨアキムの歴史神学については、拙著『救済史と終末論』（教文館、二〇一六年）第一部第二章を参照してほしい。

(19) E・トレルチ『歴史主義とその諸問題　中』（『トレルチ著作集5』近藤勝彦訳、ヨルダン社、一九八二年）八二頁。

(20) 代表的なものにはパネンベルクのヘーゲルの三位一体論の解釈がある。

(21) トレルチ、前掲書、五四―五五頁。ワルター・シュルツも「歴史と未来性と実践というこの三つのものの連関を認識してはいなかったということ、まさにこのことこそが彼の本質的過失である」と語っている。『変貌した世界の哲学3　歴史化の動向』（藤田健治監訳、二玄社、一九七九年）五一頁。

(22) エルンスト・カッシーラーの「楽観論の問題」の一節から引用。E・カッシーラー『一八世紀の精神――ルソーとカントそしてゲーテ』（原好男訳、思索社、一九七九年）七〇頁。

(23) Löwith, Ibid., 62.

(24) シュルツ、前掲書、一六六頁。ヘーゲルとマルクスに対するコントの進歩主義の相違についても参照。

(25) E・トレルチ『歴史主義とその諸問題　下』（『トレルチ著作集6』近藤勝彦訳、ヨルダン社、一九八八年）六六頁。

(26) シュルツ、前掲書、五三頁。

(27) F. W. Graf, Die “antihistorische Revolution” in der protestantischen Theologie der zwanziger Jahre, in: Vernunft des Glaubens. Wissenschaftliche Theologie und kirchliche Lehre, Festschrift zum 60. Geburtstag von Wolfhart Pannenberg, herg. von Jan Rohls und Gunter Wenz, Göttingen 1988, 377.

(28) 『カール・バルト著作集13　一九世紀のプロテスタント神学　下』（安酸敏眞・佐藤貴史・濱崎雅孝訳、新教出版社、二〇〇七年）一九頁、K. Barth, Die Kirchliche Dogmatik, 1/1, 1932, 3.

(29) W. Dilthey, Gesammelte Schrifte VII. Bd. Der Aufbau der geschichtlichen Welt in den Geisteswissenschaften, Stuttgart 1958 , 291.

(30) Dilthey, Ibid., 262.

(31) トレルチ、前掲書、九四頁。

(32) シュルツ、前掲書、九一頁。

(33) シュルツ、前掲書、八九頁。

(34) トレルチ、前掲書、九五頁。

(35) フリードリヒ・ヴィルヘルム・グラーフによると「二〇世紀の神学者たちのうちでエルンスト・トレルチこそは真の意味での危機神学者である。……近代の危機的傾向を規定するためのトレルチの分析的能力は、彼に続く世代の神学者たちのなかの、彼に批判的な大家や断固たる批判者のそれよりもはるかに精確である」（F・W・グラーフ『トレルチとドイツ文化プロテスタンティズム』深井智朗・安酸敏眞編訳、聖学院大学出版会、二〇〇一年、二〇三頁）。

(36) トレルチ『歴史主義とその諸問題　上』（『トレルチ著作集4』）二九七頁。

(37) トレルチ、前掲書、三一六頁。

(38) トレルチ、前掲書、三一七頁。

(39) トレルチ、前掲書、二八九頁。

(40) トレルチ、前掲書、二九八頁。

(41) シュルツ、前掲書、九三頁。

(42) カール・マンハイム『歴史主義・保守主義』（森博訳、恒星社厚生閣、一九六九年）三頁。
(43) K. Nowak, Die »antihistoristische Revolution« Symptome und Folgen der Krise historischer Weltorientierung nach dem Ersten Weltkrieg in Deutschland, in: Troeltsch-Studien Bd. 4 Umstrittene Moderne, hg. von Horst Renz und Friedrich Wilhelm Graf, Gütersloh 1987, 133-171, 136f.
(44) トレルチ、前掲書、一七頁。
(45) Graf, Ibid., 380.
(46) 上記のグラーフの論文からの引用。Ibid., 381.
(47) K・レーヴィット『ハイデッガー――乏しき時代の思索者』（杉田泰一・岡崎英輔訳、未来社、一九六八年）一二一頁。
(48) ハイデガーのアンチヒストリスムスを指摘しているものには、以下のものがある。G. Wenz, Offenbarung, Problemhorizonte moderner evangelischer Theologie, Göttingen 2005, 181.
(49) M・ハイデガー『存在と時間　下』（桑木務訳、岩波書店、一九六三年）一三六頁。
(50) ハイデガー、前掲書、一三七頁。
(51) ハイデガー、前掲書、一三七頁以下。
(52) ハイデガー、前掲書、一三九頁。
(53) ハイデガー、前掲書、一七二頁。
(54) ハイデガー、前掲書、一四九頁。
(55) ヴァルター・ビーメル／ハンス・ザーナー編『ハイデッガー＝ヤスパース往復書簡　一九二〇―一九六三』（渡邊二郎訳、名古屋大学出版会、一九九四年）四〇一頁。
(56) ビーメル／ザーナー編、前掲書、三三五頁。
(57) ユルゲン・ハーバーマス『認識と関心』からの引用。Michael Theunissen, Gesellschaft und Geschichte. Zur Kritik der kritischen Theorie, Berlin 1969, 39 による。
(58) Theunissen, Ibid., 39.

（59） Theunissen, Ibid, 39f.

（60） マックス・ホルクハイマー『哲学の社会的機能』（久野収訳、晶文社、一九七三年）一七一頁。

（61） ホルクハイマー、前掲書、一七二頁。

第三章

（1） W・シュルツ『変貌した世界の哲学3』二二七頁。

（2） M・ハイデガー『存在と時間　中』（桑木務訳、岩波書店、一九六一年）五四頁。

（3） シュルツ、前掲書、二二九頁。

（4） 現代の哲学的思索における実質的歴史哲学の不毛性について、加藤尚武・山崎賞選考員会『歴史哲学の地平』（河出書房新社、一九八一年）における加藤尚武の報告（一三―三六頁）は率直に語っている。

（5） アウグスティヌス『神の国』第二〇巻第一章。

（6） シュルツ、前掲書、二四五頁。

（7） K. Löwith, Weltgeschichte und Heilsgeschehen, 175.

（8） カール・ヤスパース『歴史の起源と目標』（『ヤスパース選集9』重田英世訳、理想社、一九六四年）四五九頁。

（9） ヤスパース、前掲書、四六一頁。

（10） P. Tillich, Systematic Theology, vol. 3, Chicago 1963, 360.

（11） ラインホールド・ニーバーは自由のこの問題性に特に注目した。R. Niebuhr, Faith and History, New York 1949, 70ff.

（12） アルフレッド・スターン『歴史哲学と価値の問題』（細谷貞雄、船橋弘、小林一郎訳、岩波書店、一九六六年）三〇九―三一〇頁。

（13） シュルツ、前掲書、二〇六頁以下。

（14） シュルツ、前掲書、二一二頁。

第四章

（1）　これについては拙著『救済史と終末論』（教文館、二〇一六年）の第一部第六章「神の世界統治」を参照してほしい。

（2）　拙論『キリスト教の世界政策——現代文明におけるキリスト教の責任と役割』（教文館、二〇〇七年）ならびに『いま、震災・原発・憲法を考える——続・キリスト教の世界政策』（教文館、二〇一五年）は限られた問題視点においてであるが、この課題に取り組んだ。

（3）　K. Löwith, Weltgeschichte und Heilsgeschehen, 176f.

（4）　ギュンター・ボルンカム『ナザレのイエス』（善野碩之助訳、新教出版社、一九六七年）三三四頁。

（5）　ボルンカム、前掲書、三三七頁。

（6）　E. Troeltsch, Die Bedeutung der Geschichtlichkeit Jesu für den Glauben, Tübingen 1911.（『トレルチ著作集2』高森昭訳、ヨルダン社、一九八六年、一六七—二〇七頁）。

（7）　E・トレルチ『信仰論』（安酸敏眞訳、教文館、一九九七年）一一三頁。

（8）　トレルチ、前掲書、一一三頁。

（9）　アウグスティヌス『告白』第一一巻第三〇章、ならびに『神の国』第一一巻第五—六章。

（10）　K. Barth, Die Kirchliche Dogmatik, 3/1, 4. Aufl. Zürich 1970, 76.

（11）　R. Niebuhr, Faith and History, 135.

（12）　E. Heimann, Theologie der Geschichte. Ein Versuch, Stuttgart 1966, 28.

（13）　M・ヴェーバーは、神義論を広く取って救済問題との関連で扱っている。「神義論の問題には爾来さまざまな解決がなされているが、これらの解決は、神概念の形成と、さらにまた罪観念および救済観念の性格づけの仕方と最も緊密な関係をもっている」と語っている通りである。『宗教社会学』（武藤一雄・薗田宗人・薗田坦訳、創文社、一九七六年）一七九頁。同書、一八八頁でヴェーバーは仏教の中に神義論の徹底した形態を見ているが、それは「神なき神義論」を語っているわけで、要するにヴェーバーは神の義の問題でなく、禍からの宗教的救済を「神義論」の名のもとに扱っている。しかしこれは、この用語の精確な使用法と言うことはできない。

(14) P. Tillich, Theology of Culture, New York 1964, 167. ティリッヒはこれらに対する評価がアメリカの神学的倫理学にあると認識したが、彼自身はルター派的背景に立った神学にとどまり、「中間的諸公理」を重視した神学を展開しなかった。

(15) ロバート・ニーリー・ベラーは、「育ちつつあるグローバルな道徳的同意と世界法の重要な創出をグローバルな連帯とグローバルな統治の効果的な形式に転換しようとするならば、そこに宗教的な動機が必要な要素である」(ロバートN・ベラー・島薗進・奥村隆編『宗教とグローバル市民社会――ロバート・ベラーとの対話』岩波書店、二〇一四年、二五頁)と語る。世界共通文化価値の普遍的動向には宗教的基盤が問題になるが、それを「グローバル市民宗教」として構想すべきか、またそれが可能かという問題はまた別の問題である。宗教は「市民宗教」というより、具体的な宗教的集団を持った歴史的実定的な宗教として理解されるのが基本である。

(16) H. Berkhof, Christ the Meaning of History, tr. by L. Buurman, Virginia 1962, 81.

(17) Berkhof, Ibid., 87ff. 小冊子である拙著『伝道』(東京神学大学出版委員会、二〇一五年)六六―八四頁でこの問題を記した。これについてはA・ファン・リューラー『伝道と文化の神学』(長山道訳、教文館、二〇〇三年)七一頁以下も参照。

(18) J. Moltmann, Das Kommen Gottes. Christliche Eschatologie, Gütersloh 1995, 217ff.

第三部

はじめに

(1) J・ハーバーマス『近代――未完のプロジェクト』(三島憲一編訳、岩波書店、二〇〇〇年)。

(2) 遅塚忠躬・近藤和彦編『過ぎ去ろうとしない近代――ヨーロッパ再考』(山川出版社、一九九三年)。

第二章

(1) ヴィルヘルム・ヘニス『マックス・ヴェーバーの問題設定』(雀部幸隆・嘉目克彦・豊田謙二・勝又正直訳、

恒星社厚生閣、一九九一年）などがその例である。
（2） M. Weber, Gesammelte Aufsätze zur Religionssoziologie I, Tübingn 1920, 1986, 37.（マックス・ヴェーバー『プロテスタンティズムの倫理と資本主義の精神』大塚久雄訳、岩波書店、一九八九年、五一頁）。
（3） Weber, Ibid., 198f.; 大塚訳、三五七頁。
（4） Weber, Ibid., 56; 大塚訳、八二頁。
（5） Weber, Ibid., 105; 大塚訳、一七八頁。
（6） Weber, Ibid., 161; 大塚訳、二八四頁。
（7） Weber, Ibid., 53; 大塚訳、七八頁。
（8） Weber, Ibid., 105; 大塚訳、一七八―一七九頁。
（9） Weber, Ibid., 174; 大塚訳、三〇九頁。
（10） Weber, Ibid., 117f.; 大塚訳、二〇二頁。
（11） Weber, Ibid., 183; 大塚訳、三二四頁。
（12） Weber, Ibid., 94; 大塚訳、一五七頁。
（13） Weber, Ibid., 110; 大塚訳、一八五頁。
（14） F・ニーチェ『道徳の系譜』の第三論文「禁欲主義的理想は何を意味するか」（『ニーチェ全集11　善悪の彼岸　道徳の系譜』信太正三訳、筑摩書房、一九九三年、五一七頁以下）を参照。
（15） Weber, Ibid., 94f.; 大塚訳、一五七頁。
（16） 湯浅泰雄もその一人である。湯浅泰雄『日本人の宗教意識――習俗と信仰の底を流れるもの』（講談社、一九九九年）三〇五頁以下を参照。
（17） M・ウェーバー『古代ユダヤ教2』（内田芳明訳、みすず書房、一九六四年）四八一頁。
（18） ウェーバー、前掲書、四五八頁。
（19） ウェーバー、前掲書、四六三頁。
（20） ウェーバー、前掲書、四六二頁。

(21) ウェーバー、前掲書、四六五頁。
(22) ウェーバー、前掲書、四七一頁。
(23) ウェーバー、前掲書、四六四—四六五頁。
(24) ウェーバー、前掲書、四五九頁。
(25) ウェーバー、前掲書、四八四頁。
(26) M・ウェーバー『マックス・ウェーバー2』（大久保和郎訳、みすず書房、一九六五年）四四六頁以下。
(27) M. Weber, Zwischenbetrachtung: Theorie der Stufen und Richtungen religiöser Weltablehnung, in: Gesammelte Aufsätze zur Religionssoziologie I, Tübingen 1920, 8. Aufl., 1986, 536-573.
(28) Weber, Relisionssoziologie I, 53f.; 大塚訳、七八頁。
(29) M・ヴェーバー『職業としての学問』（出口勇蔵訳）、『ヴェーバー　宗教・社会論集』（河出書房新社、一九六八年）三六九頁。
(30) ジョン・ミルトン『楽園喪失』第一二巻六四八行（引用文はミルトン『楽園喪失　下』藤井武訳、岩波書店、一九五〇年、一〇四頁）。「手に手をとり」は『楽園喪失』第四巻三二一行、六八九行、七三八行にも見られ、人格的な交わりを描き出すミルトンの重要な表現である。
(31) ヴェーバー、前掲書、三九〇頁。
(32) E. Troeltsch, Deutscher Geist und Westeuropa. Gesammelte kuruturphilosophische Aufsätze und Reden, herg. von Hans Baron, Tübingen 1925, 252.
(33) E. Troeltsch, Die Bedeutung des Protestantismus für die Entstehung der modernen Welt, München und Berlin 1911, 22.
(34) ハーバーマス『近代——未完のプロジェクト』（三島憲一訳、岩波書店、二〇〇〇年）二一頁。
(35) ハーバーマス、前掲書、二三頁。
(36) ハーバーマス、前掲書、二三頁。
(37) ハーバーマス、前掲書、三九—四〇頁。

（38）　中野敏男「合理性への問いと意味への問い――ヴェーバーとハーバーマス」（藤原保信・三島憲一・木前利秋編著『ハーバーマスと現代』新評論、一九八七年、二〇八―二三一頁）は、われわれの関心との類似性を表している優れた論文であるが、そこに見られる以下の記述は、宗教的基盤の支持そのものをプレ・モダン的と見なす先入観による囚われを意味しているのではないか。そうでなければ幸いである。ヴェーバーを「ニヒリスト」とか「決断主義者」とか論難する「当の論者が、あいかわらず宗教的あるいは形而上学的な前提、例えば素朴な『自然法思想』などに依拠しているのだとすれば……、そのような論難は、〈近代〉がわれわれに課している試練の全重量を充分に受けとめたものとは言えない」（二二三頁）。著者は「近代がわれわれに課している試練の全重量を充分に受け」とめる宗教的基盤を思惟する可能性を保持しているであろうか。

（39）　トゥルッツ・レントルフも、トレルチが神秘主義の契機を評価した中にこの「コミュニケーション能力」への注目があったように理解している。

第三章

（1）　E. Troeltsch, Die Bedeutung des Protestantismus für die Entstehung der modernen Welt, München und Berlin 1911, 56.

（2）　Troeltsch, Ibid., 56.

（3）　Troeltsch, Ibid., 43.

（4）　Troeltsch, Ibid., 43.　トレルチがカルヴィニズムの禁欲をヴェーバーのように「不安の心理学」から理解せず、また「内面的孤立」とも理解していないことは明らかである。

（5）　これによってトレルチの思想発展における宗教文化史的な三類型論の成立が明確になる。そのことはまた数年にわたって書き続けられた『社会教説』は、前半は基本的に「教会型」と「ゼクテ型」の二類型に従い、後半になって三類型を基本として記され、全編にわたる見直しにより調整が図られたという経過を表現している。

（6）　Troeltsch, Ibid., 53.

（7）　Troeltsch, Ibid., 53.

(8) Troeltsch, Ibid., 61.
(9) E. Troeltsch, Ausgewählte Schriften und Reden, von Georg Jellinek, Berlin 1911, in: Zeitschrift für das Privat- und oeffentliche Recht der Gegenwart, Bd. 39, 1912, 273-278.
(10) E. Troeltsch, Die Bedeutung des Protestantismus, 60.
(11) Troeltsch, Ibid., 60.
(12) Troeltsch, Ibid., 61.
(13) Troeltsch, Ibid., 61.
(14) Troeltsch, Ibid., 62
(15) Troeltsch, Ibid., 63.
(16) Troeltsch, Ibid., 63.
(17) Troeltsch, Ibid., 86f.
(18) この点についてはフリードリヒ・ヴィルヘルム・グラーフ『トレルチとドイツ文化プロテスタンティズム』（深井智朗・安酸敏眞編訳、聖学院大学出版会、二〇〇一年）二八一頁以下を参照。
(19) Gertrud von le Fort, Hälfte des Lebens. Erinnerungen, München 1965, 89.
(20) トレルチとヴェーバーの差異についてF・W・グラーフの論文「専門家どうしの友情」（W・J・モムゼン／J・オースターハメル／W・シュベントカー編著『マックス・ヴェーバーと同時代人群像』鈴木広・米沢和彦・嘉目克彦訳、ミネルヴァ書房、一九九四年、二一四―二三六頁）特に二二六頁以下は啓発的である。
(21) Troeltsch, Ibid., 23.
(22) 彼はまた一九一一年の他の諸論文、例えば「現在の生活における教会」（E. Troeltsch, Gesammelte Schriften Bd. II, Tübingen1913, Aalen 1962, 91-108）「宗教的個人主義と教会」（Ibid., 109-133）といった論稿の中で「近代の個人主義」を現代問題として論じ、特にそのキリスト教的基盤の保持の必要を訴えた。
(23) Troeltsch, Ibid., 22.
(24) Troeltsch, Ibid., 22.

（25）E. Troeltsch, Die Bedeutung des Protestantismus für Entstehung der modernen Welt, 1906, 11f.
（26）E. Troeltsch, Gesammelte Schriften Bd. II, 126.
（27）E. Troeltsch, Die Bedeutung des Protestantismus II. Aufl., 102.
（28）E. Troeltsch, Gesammelte Schriften Bd. IV, herg. von Hans Baron, Tübingen 1925, Aalen 1966, 328.
（29）W. Köhler, Ernst Troeltsch, Tübingen 1941, 1.
（30）これについては、すでに本書第二部で言及した。第二部注47を参照。
（31）E・トレルチ『近代精神の本質』（『トレルチ著作集10』小林謙一訳、ヨルダン社、一九八一年）一八頁。
（32）トレルチ、前掲書、二六頁。
（33）トレルチ、前掲書、二六頁。
（34）トレルチ、前掲書、二六頁。
（35）E. Troeltsch, Die Bedeutung des Protestanntismus, II. Aufl., 102.
（36）この一九七七年の学位論文は、そのままの形ではないが、実質的に拙著『トレルチ研究』（上下巻、教文館、一九九六年）に収録されている。
（37）トレルチ『信仰論』一四二頁。
（38）トレルチ、前掲書、一七四頁。
（39）トレルチ、前掲書、一五八頁。
（40）トレルチ、前掲書、一六〇頁。
（41）拙著『啓示と三位一体――組織神学の根本問題』（教文館、二〇〇七年）の「歴史的啓示の考察」（一五―四〇頁）を参照。
（42）E. Troeltsch, Gesammelte Schriften Bd. II, 105.
（43）Troeltsch, Ibid., 141.
（44）Troeltsch, Ibid., 181.
（45）ZThK, NF 1, 1920, 120f.

(46) E. Troeltsch, Der Religionsunterricht und die Trennung von Staat und Kirche, in: Revolution und Kirche. Zur Neuordnung des Kirchenwesens im deutschen Volksstaat, Berlin 1919, 301-325.; derselbe, Der Historismus und seine Überwindung, Berlin 1924, 56ff. その他トレルチの戦後数年の文書を精読することによって彼の教会政策とアソシエーションの思想を読み取ることができる。

(47) A. Kuyper, Lectures on Calvinism, Lafayette IN, 2001. 邦訳には『カルヴィニズム』（鈴木好行訳、聖山社、一九八八年）がある。

(48) E. Troeltsch, Die Soziallehren der christlichen Kirchen und Gruppen. Gesammelte Schriften Bd. I, Tübingen 1912, Aalen 1965, 769.

(49) Kuyper, Ibid., 19.

(50) G・W・F・ヘーゲル『歴史哲学　上』（武市健人訳、岩波書店、一九五四年）一五五頁。

(51) Kuyper, Ibid., 20.

(52) Kuyper, Ibid., 20f.

(53) Kuyper, Ibid., 15.

(54) Kuyper, Ibid., 16.

(55) Kuyper, Ibid., 52.

(56) Kuyper, Ibid., 54.

(57) Kuyper, Ibid., 54.

(58) Kuyper, Ibid., 54.

(59) ピーター・ソマース・ヘスラム『近代主義とキリスト教――アブラハム・カイパーの思想』（稲垣和久・豊川慎訳、教文館、二〇〇二年）二三八頁。

(60) E. Troeltsch, Die Soziallehren der christlichen Kirchen und Gruppen, 964.

(61) E. Troeltsch, Die Bedeutung des Protestantismus II. Aufl., 86.

(62) Troeltsch, Ibid., 86.

(63) ジョージ・ホーランド・セイバイン「民主主義の二つの伝統」(『民主・自由・平等――政治哲学的考察』秋元ひろと訳、公論社、一九九一年)一三七頁。
(64) セイバイン、前掲書、一四五頁。
(65) セイバイン、前掲書、一四六頁。
(66) セイバイン、前掲書、一五六頁以下。
(67) A. D. Lindsay, The Modern Democratic State, Oxford Uni. Press 1962, 121ff.
(68) Lindsay, Ibid., 126.
(69) Lindsay, Ibid., 128.

第四章

(1) P. Tillich, Der Protestantismus als Kritik und Gestaltung. Gesammelte Werke Bd. VII, Stuttgart 1962, 160.
(2) Tillich, Ibid., 152.
(3) Tillich, Ibid., 155.
(4) Tillich, Ibid., 154.
(5) Tillich, Ibid., 76.
(6) Tillich, Ibid., 79.
(7) Tillich, Ibid., 79.
(8) Tillich, Ibid., 81.
(9) P. Tillich, Theology of Culture, ed. by Robert C. Kimball, Oxford University Press 1964, 167.
(10) P. Tillich, Der Protestantismus als Kritik und Gestaltung, 157.

第五章

(1) この問題は、筆者としてはすでに『歴史の神学の行方』(教文館、一九九三年)一九六―一九八頁において、また拙著『キリスト教倫理学』（教文館、二〇〇九年）九四―九九頁において論じた。基本的趣旨に変化はないものの、もう少し紙幅を拡大して、より本格的に扱いたいとかねてより考えていた。この問題をめぐる文献には、W・パネンベルク『近代世界とキリスト教』（深井智朗編訳、聖学院大学出版会、一九九九年）があり、それには編訳者による大きな解説論文（五―三一頁）が加えられている。しかしそこにも含まれていない諸論文も加えて検討することにする。

（2）W・パネンベルク『信仰と現実』（佐々木勝彦訳、日本基督教団出版局、一九九〇年）一五一―一八二頁。

（3）W. Pannenberg, Die christliche Legitimität, in: derselbe, Gottesgedanke und menschliche Freiheit, Göttingen 1972, 114-128.（『神の思想と人間の自由』座小田豊・諸岡道比古訳、法政大学出版会、一九九一年、一四五頁以下、ならびにパネンベルク『近代世界とキリスト教』一一二頁以下）。

（4）W. Pannenberg, Reformation zwischen gestern und morgen, Gütersloh 1969.

（5）W. Pannenberg, Reformation und Neuzeit, in: Troeltsch-Studien Bd. 3 (Protestantismus und Neuzeit), herg. von H. Renz und F. W. Graf, Gütersloh 1984, 21-34.（パネンベルク『近代世界とキリスト教』九九頁以下）。

（6）W. Pannenberg, Christentum in einer säkularisierten Welt, Freiburg 1988.（パネンベルク『近代世界とキリスト教』三二頁以下）。

（7）例えば、W. Pannenberg, Beiträge zur Systematischen Theologie, Bd. 3（Kirche und Ökumene）に収録されている以下の諸論文がある。Reformation und Einheit der Kirche (1975); Reformation und Kirchenspaltung (1986); Das protestantische Prinzip im ökumenischen Dialog（1991）など。

（8）W. Pannenberg, Systematische Theologie, Bd. III, 558.

（9）パネンベルク『信仰と現実』一七一頁。

（10）W. Pannenberg, Gottesgedanke und menschliche Freiheit, 126.

（11）W. Pannenberg, Reformation zwischen gestern und morgen, 13.

（12）W. Pannenberg, Gottesgedanke und menschliche Freiheit, 127.

（13）Pannenberg, Ibid., 126.

(14) Pannenberg, Ibid., 127.

(15) Th. K. Rabb, The Struggle for Stability in Early Modern Europe, New York 1975. この箇所は『トレルチ研究』所収のパネンベルクの論文にも『世俗化された世界におけるキリスト教』にも、『組織神学』第三巻にも引用されている。

(16) W. Pannenberg, Christentum in einer säkularisierten Welt, 29.

(17) W. Dilthey, Das natürliche System der Geisteswissenschften im 17. Jahrhundert, in Ges. Schriften II, 1914, 90ff.

(18) Dilthey, Ibid., 92.

(19) Dialog. A Journal of Theology, vol. 11, 1972, 294.

(20) Troeltsch-Studien, Bd. 3, 30.

(21) Ibid., 25.

(22) E. Troeltsch, Die Bedeutung des Protestantismus für die Entstehung der modernen Welt, 2. Aufl., München 1911, 86.

(23) Troeltsch-Studien, Bd. 3, 33.

(24) Troeltsch-Studien, Bd. 3, 34.

(25) Troeltsch-Studien, Bd. 3, 31.

(26) Troeltsch-Studien, Bd. 3, 31.

(27) Die Bedeutung des Protestantismus für die Entstehung der modernen Welt, 60.

(28) Zeitschrift für das Privat- und Öffentliche Recht der Gegenwart, Bd. 39, 1912, 217.

(29) W. F. Graf, Puritanische Sektenfreiheit versus lutherische Volkskirche. Zum Einfluß Georg Jellineks auf religiosdiagnostische Deutungsmuster Max Weber und Ernst Troeltsch, in: Zeitschrift fuer Neuere Theologiegeschichte, Bd. 9, 2002, 55.

(30) W. Pannenberg, Beiträge zur Systematischen Theologie, Bd.3, Kirche und Ökumene, Göttingen 2000, 189.

（31） Pannenberg, Ibid., 189.
（32） Pannenberg, Ibid., 189.

第三部の結語

（1） ジョン・ロビンソンは英国教会の学識ある教職であったが、会衆派の牧師として一六〇八年アムステルダムに亡命した。彼の会衆の中から一六二〇年のメイフラワー号による「ピルグリム・ファーザーズ」がニュー・イングランドに渡った。
（2） P. T. Forsyth, Faith, Freedom and the Future, London 1912, 346f.
（3） パネンベルクとは異なり、「自由と人権」という「近代の最善」をめぐる一七世紀プロテスタンティズムの意義を主張するトレルチ的な流れに併行する研究として、大木英夫『人格と人権――キリスト教弁証学としての人間学　下』（教文館、二〇一三年）は注目すべき著作である。
（4） W. Pannenberg, Ethik und Ekklesiologie, Göttingen 1977, 209. その他にもいくつかの箇所でローマのイニシャティヴに期待する主張が見られる。

第四部

第一章

（1） トレルチの論文「キリスト教の本質とは何の意味か」を参照。Troeltsch, Gesammelte Schriften, Bd. 2, 386-451.
（2） 石田英一郎の文化人類学的日本論と和辻哲郎の風土論的日本論についての類型論的整理については楠正弘『文化学としての日本学』（創文社、一九九三年）を参照。
（3） 埴原和郎『日本人の成立ち』（人文書院、一九九五年）一五四頁以下。
（4） 埴原、前掲書、一五四頁。

（5）楠正弘『文化学としての日本学』（創文社、一九九三年）五六頁以下。

第二章

（1）マイケル・ウォルツァー『グローバルな市民社会に向かって』（石田淳・越智敏夫・向山恭一・佐々木寛・高橋康浩訳、日本経済評論社、二〇〇一年）一〇頁。
（2）A. D. Lindsay, The Modern Democratic State, Oxford Univ. Press 1962, 120 などを参照。
（3）松本三之介『明治思想における伝統と近代』（東京大学出版会、一九九六年）二二四頁。
（4）『植村正久著作集1』（新教出版社、一九六六年）一二頁。
（5）『植村正久著作集2』（新教出版社、一九六六年）二七二頁。
（6）『植村正久著作集2』二七一頁。
（7）湯浅泰雄『近代日本の哲学と実存思想』（創文社、一九七〇年）一八頁。
（8）湯浅、前掲書、一七頁。
（9）ヴェーバーの見方に対する批判については拙著『贖罪論とその周辺』（教文館、二〇一四年）一四六頁以下、ならびに三〇二頁以下を参照。
（10）R・N・ベラー『徳川時代の宗教』（池田昭訳、岩波書店、一九九六年）一四六頁。
（11）ベラー、前掲書、一四五―一六〇頁。
（12）ベラー、前掲書、三六六頁。
（13）ベラー、前掲書、三七〇頁。
（14）R・N・ベラー『社会変革と宗教倫理』（未来社、一九七三年）二三九頁。
（15）丸山眞男「ベラー『徳川時代の宗教』について」（一九五八年）（『丸山眞男集7』岩波書店、一九九六年、二五三―二八九頁所収）特に二八五頁以下。
（16）『南原繁著作集1』（岩波書店、一九七二年）一三頁。
（17）『南原繁著作集1』三頁。

(18) 子安宣邦『宣長と篤胤の世界』(中央公論社、一九七七年)一五六—一五七頁(本書については湯浅泰雄『日本人の宗教意識』[講談社、一九九九年]によって知らされた)。
(19) 子安、前掲書、一六五頁。
(20) 子安、前掲書、一六七頁。
(21) 子安、前掲書、一六七頁。
(22) 湯浅泰雄『日本人の宗教意識——習俗と信仰の底を流れるもの』(講談社、一九九九年)二八四頁。

第三章

(1) 和田洋一「植村正久と日本の国家権力」(『キリスト教社会問題研究』第九号、一九六六年)一一頁。
(2) 植村の政治思想の全般的な研究としては、京極純一「日本プロテスタンティズムにおける政治思想——植村正久の場合」(福田歓一編『政治思想における西欧と日本——南原繁先生古希記念 下』東京大学出版会、一九六一年、六五—一六六頁)がある。拙論「植村正久における国家と宗教」(拙著『デモクラシーの神学思想』、教文館、二〇〇〇年、三九三—四二五頁)も参照されたい。
(3) 和田洋一「キリスト者の受難と抵抗」(『キリスト教社会問題研究』第一〇号、一九六六年)九頁。これは斉藤昌三編『現代筆禍文献大年表』(粋古堂書店、一九三二年)に基づくとされている。
(4) これについては拙論「植村正久における国家と宗教」(拙著『デモクラシーの神学思想』、教文館、二〇〇〇年、三九三—四二五頁)を参照されたい。
(5) 和田洋一「植村正久と日本の国家権力」(『キリスト教社会問題研究』第九号、一九六五年)一一頁。
(6) 『植村正久著作集2』二二六頁。
(7) 『植村正久著作集1』一九七頁。
(8) The Japan Christian Intelligencer, Vol. 1, No. 7.(『内村鑑三選集4』鈴木範久編、岩波書店、一九九〇年)三〇六頁。
(9) 『聖書之研究』第五五号(『内村鑑三全集12』、岩波書店、一九八一年、三四九頁)。

(10)『聖書之研究』第二九一号(『内村鑑三全集28』、岩波書店、一九八三年、三八一頁)。
(11)『世界のなかの日本』(『内村鑑三選集4』)三〇二頁。The Japan Christian Intelligencer, Vol. 1, No. 3 (1926) に寄せられた文章 "Japanese Christianity" の訳文から。
(12)『聖書之研究』第二九二号(『内村鑑三全集28』、岩波書店、一九八三年、四〇四頁)。
(13)『聖書之研究』第八二号(『内村鑑三全集14』、岩波書店、一九八一年、三六六頁)。
(14)『聖書之研究』第一八〇号(『内村鑑三全集21』、岩波書店、一九八二年、三四四―三四五頁)。
(15) 海老名弾正『日本國民と基督教』(北文館、一九三三年)七二頁以下。
(16) 海老名、前掲書、七二頁。
(17) 海老名、前掲書、七五頁。
(18) 海老名、前掲書、七三頁。
(19) 海老名、前掲書、七五頁。
(20) 海老名、前掲書、七六頁。
(21) 海老名、前掲書、七七頁。
(22) 海老名、前掲書、七八頁。
(23) 海老名、前掲書、七八頁。
(24) 海老名、前掲書、七九頁。
(25)『近代日本キリスト教名著選集 第Ⅰ期 キリスト教思想篇5 基督論集／基督教本義』(鈴木範久監修、日本図書センター、二〇〇二年)「序」参照。
(26) 熊野義孝は海老名弾正の宗教思想を「思想の神学」と呼んでいる。『日本キリスト教神学思想史』一四五頁。
(27) 海老名弾正『基督教大観』(先進社、一九三〇年)一二五頁。
(28) 海老名弾正『日本国民と基督教』一三二頁。
(29) 海老名、前掲書、一三〇頁。
(30) 海老名『基督教大観』一二四頁。

(31) 海老名弾正の思想を「自由主義神学」と結びつけることが一般になされる。しかし「自由主義神学」が多様な内容であることも心得てでなければ、この用語は簡単には使用すべきではない。その中のどういう人々かということが問題で、総称で語って海老名の思想との関連を語るのは用語の不正確な使用であらざるを得ないであろう。むしろ自得した体験の言語化と聖書とキリスト教史に関わる知識の習得手段として自由主義神学の中のある著作が用いられたということである。

(32) 海老名の世界主義の出発について、「海老名の世界主義の基礎はジェーンズを通して世界・宇宙の創造者を主君として受容したこの時(一回目の回心)に確立したことは間違いない」という解釈がある。關岡一成「海老名弾正における世界主義と日本主義」(『キリスト教社会問題研究』第四四号、一九九五年、同志社大学人文科学研究所、二六―四八頁)二九頁を参照。しかし海老名の世界主義が「博愛心」と結びついていることは第一回目の回心ではなく、むしろ二回目の回心にあった「父子有親の自覚」が天父のもとでの全人類兄弟同胞主義に至ったものと考えられよう。

(33) 海老名『基督教の本義』二二五頁。

(34) 海老名、前掲書、二二九―二三〇頁。

(35) 『新人』(大正七年一一月号)二〇―二六頁。

(36) 『新人』(大正八年二月号)六七頁。

(37) 大江健三郎『「新しい人」の方へ』(朝日新聞社、二〇〇三年)一七六頁以下、ならびに同『二百年の子供』(中央公論新社、二〇〇三年)二七二頁以下を参照。

(38) 海老名『基督教大観』一七七頁。

(39) 海老名、前掲書、一七七頁。

(40) 海老名、前掲書、一八五頁。

(41) 海老名、前掲書、一九九頁。

(42) 海老名、前掲書、一九九頁。

(43) 海老名、前掲書、一九九頁。

（44）海老名、前掲書、一九九頁。
（45）海老名『日本国民と基督教』二五六頁。
（46）海老名、前掲書、二六五頁。
（47）海老名、前掲書、二三一頁。
（48）海老名『基督教大観』I頁。

第四章

（1）例えば以下のものを挙げることができよう。山崎正一『哲学の現段階』（弘文堂、一九五九年）、上山春平『日本の土着思想』（弘文堂、一九六五年）、湯浅泰雄『近代日本の哲学と実存思想』（創文社、一九七〇年）。
（2）小坂国継『西田哲学と宗教』（大東出版社、一九九四年）二二二頁など。
（3）西田の一種の挫折とは、家業の没落ということもあったが、彼自身の思想的な自己形成と関係した問題もあって、明治一〇年代の自由民権的な空気のあった校風から一転して二〇年代の国家主義的中央集権の校風へと転換した第四高等中学校を中途退学するという試練であった。以後彼は四〇歳頃に大学（初め学習院、後に京都帝国大学）の職を得るまで、エリートコースをはずれた人生経路を辿った。
（4）山崎、前掲書、一五一頁。
（5）山崎、前掲書、一九一頁。
（6）『西田幾多郎全集1』（岩波書店、一九四七年）一五七頁。
（7）『西田幾多郎全集19』（岩波書店、一九八九年）三九九頁。
（8）『西田幾多郎全集11』（岩波書店、一九四九年）四一六頁。
（9）『西田幾多郎全集11』四〇〇頁。
（10）『西田幾多郎全集11』四〇二頁。
（11）『西田幾多郎全集11』四〇二頁。
（12）『西田幾多郎全集11』四〇三頁。

(13)『西田幾多郎全集11』三〇二頁。
(14)『西田幾多郎全集11』四〇三頁。
(15)『西田幾多郎全集11』四一六頁。
(16)『西田幾多郎全集11』三八七頁。
(17)『西田幾多郎全集11』四三五頁。
(18)『西田幾多郎全集11』四三五頁。
(19)『西田幾多郎全集1』一五六頁。
(20)『西田幾多郎全集4』(岩波書店、一九七九年)六頁。
(21)『西田幾多郎全集11』四四八頁。
(22)『西田幾多郎全集11』四五〇頁。
(23)『西田幾多郎全集11』四五〇頁。
(24)『西田幾多郎全集11』四四九頁。
(25)『西田幾多郎全集11』四六一頁。
(26)松本正夫は、西田と逢坂両者の最晩年に、逢坂の使者として西田を訪問し、その文章に二人の交流の様子を伝えている。松本の文章「西田先生との最後の出会い」(『西田幾多郎全集2』月報、一九六五年三月)を参照。
(27)『西田幾多郎全集11』四〇六頁。
(28)『西田幾多郎全集11』四〇八頁。
(29)『西田幾多郎全集11』四二〇頁。
(30)『西田幾多郎全集11』四三九頁。
(31)『西田幾多郎全集11』四五八頁。
(32)北森嘉蔵『哲学と神』(日本之薔薇出版社、一九八五年)一九〇頁ならびに一九四頁を参照。
(33)滝沢克己『日本人の精神構造』(三一書房、一九八二年)四〇頁以下。

(35)『西田幾多郎全集11』四六三頁以下。
(36)矢次一夫『昭和人物秘録』(新紀元社、一九五四年)三〇〇頁。
(37)『文藝春秋』昭和二九(一九五四)年六月臨時増刊号、三〇頁以下。
(38)『西田幾多郎全集12』四二七頁。
(39)『西田幾多郎全集12』四三四頁。
(40)『西田幾多郎全集12』四三〇頁。
(41)『西田幾多郎全集11』一九一頁。
(42)『西田幾多郎全集12』四二五頁。
(43)『西田幾多郎全集12』三三五頁。
(44)『西田幾多郎全集12』三四九頁。
(45)『西田幾多郎全集12』三四〇頁。
(46)上山春平『日本の土着思想——独創的なリベラルとラディカル』(弘文堂、一九六五年)七四頁。
(47)上山、前掲書、三四頁。
(48)西田哲学では「制度を媒介にした社会性」の積極的考察が位置を持たないとの指摘は、中村雄二郎『日本文化における悪と罪』(新潮社、一九九八年)七六頁、三〇四頁にも示唆されている。
(49)宮川透『近代日本の哲学　増補版』(勁草書房、一九六二年)二八二頁。
(50)宮川、前掲書、二八二頁。
(51)滝沢克己『日本人の精神構造』一一七頁。
(52)滝沢、前掲書、一一八頁。
(53)『和辻哲郎全集14』(岩波書店、一九六二年)三頁。
(54)『和辻哲郎全集14』二二八頁。
(55)『和辻哲郎全集14』二二八頁以下。
(56)『和辻哲郎全集14』二二九頁。

(57) 湯浅泰雄『和辻哲郎——近代日本哲学の運命』(ミネルヴァ書房、一九八一年)三三四頁。
(58) 例えばフリードリヒ・マイネッケ『世界市民主義と国民国家』(1・2、矢田俊隆訳、岩波書店、一九六八、一九七二年)がそれを問題にしているように、湯浅は近代的国家意識の内容を考えていない。
(59) 湯浅、前掲書、三四二頁。
(60) 湯浅、前掲書、三三八頁、その他三三九、三五四頁など。
(61) 湯浅、前掲書、三四一頁。
(62) 湯浅、前掲書、三五四頁。
(63) 湯浅、前掲書、三四〇頁。
(64)『和辻哲郎全集14』二三五頁。
(65)『和辻哲郎全集14』二三五頁。
(66)『和辻哲郎全集13』(岩波書店、一九六二年)二八四頁。
(67)『和辻哲郎全集13』二八四頁。
(68)『和辻哲郎全集12』(岩波書店、一九六二年)六七頁。
(69)『和辻哲郎全集13』二八八頁。
(70) 湯浅、前掲書、三三八頁。
(71) 湯浅泰雄編『人と思想　和辻哲郎』(三一書房、一九七三年)一〇三頁。
(72) 和辻哲郎『倫理学　下』(岩波書店、一九四九年)五四二頁。
(73) 和辻、前掲書、五四三頁。
(74) 和辻、前掲書、五六九頁。
(75) 和辻、前掲書、五六九頁。
(76) 和辻、前掲書、五六九—五七〇頁。
(77)『和辻哲郎全集13』二八四頁。
(78) 和辻哲郎『倫理学　下』五七〇頁。

(79) 和辻、前掲書、五七一頁。
(80) 和辻、前掲書、五七一頁。
(81) 和辻、前掲書、五七一頁。
(82) 大木英夫『人格と人権——キリスト教弁証学としての人間学　上』(教文館、二〇一一年)は、和辻『鎖国』によって、和辻が日本の敗戦を「科学的精神の欠如」にしか見ることができなかった問題を指摘し、むしろ「倫理的精神の欠如」を問題にすべきと言う(二五四頁以下を参照)。本書は「被造物神格化の拒否」を支える「神聖性」の欠如を問題にしている。
(83) 湯浅編『人と思想　和辻哲郎』九七頁。
(84) 湯浅編、前掲書、九七頁。
(85) 湯浅編、前掲書、九七頁。
(86) 湯浅編、前掲書、九七頁。
(87)『和辻哲郎全集12』六七頁。
(88)『和辻哲郎全集12』七三頁。

第五章

(1) 丸山真男『戦中と戦後の間　一九三六—一九五七』(みすず書房、一九七六年)一九〇頁。
(2) 丸山、前掲書、一八九頁。
(3) 丸山真男『日本の思想』(岩波書店、一九六一年)二〇頁。
(4)『和辻哲郎全集12』(岩波書店、一九六二年)六三頁。
(5) 湯浅泰雄『和辻哲郎——近代日本哲学の運命』(ミネルヴァ書房、一九八一年)三二九頁。
(6) 丸山、前掲書、六三頁。
(7) 米原謙『日本的「近代」への問い——思想史としての戦後政治』(新評論、一九九五年)も「近代日本における『主体』意識の欠如が丸山によって抉り出された」(九四頁)ことに注目している。

（8）丸山、前掲書、六六頁。
（9）『南原繁著作集7』（岩波書店、一九七二年）一九―二〇頁、二二頁。
（10）『南原繁著作集7』一三頁。
（11）『南原繁著作集7』三〇三頁（この部分は一九四九年一二月九日にワシントンにおける国務省協力・米国教育協議会主催「第一回占領地域に関する全国会議」において行われた演説「日本における教育改革の理想」に見られる）。
（12）熊野義孝『日本キリスト教神学思想史』（新教出版社、一九六八年）iv頁。
（13）熊野、前掲書、六六頁。
（14）市川忠彦編『日本キリスト教宣教百年を記念して――宣教百年記念大会記録　一八五九―一九五九』（日本基督教協議会編、一九六〇年）九三―一二〇頁。
（15）熊野、前掲書、一三九頁。
（16）熊野、前掲書、一三〇頁。
（17）熊野、前掲書、一三一頁。
（18）熊野、前掲書、一二七頁。
（19）熊野、前掲書、一二七頁。
（20）熊野、前掲書、一四一頁。
（21）植村正久には「福音主義の信仰」という大正四年に記された興味深い文章がある。『植村正久著作集4』（新教出版社、一九六六年）四六六―四八九頁に収録されている。
（22）熊野、前掲書、一二八頁。
（23）熊野、前掲書、四〇―四一頁。
（24）熊野、前掲書、四一頁。
（25）熊野義孝『基督教概論』（新教出版社、一九四七年）二一四頁。
（26）熊野、前掲書、二九八頁。

(27) 熊野、前掲書、二九八頁。
(28) 熊野『日本キリスト教神学思想史』一一二頁。
(29) 熊野、前掲書、一一二頁。
(30) 熊野、前掲書、一一二頁。
(31) 熊野、前掲書、一一三頁。
(32) 熊野、前掲書、一一三頁。
(33) 熊野、前掲書、一一三頁。
(34) 熊野、前掲書、一一三頁。
(35) 熊野、前掲書、四六頁。
(36) 丸山眞男『忠誠と反逆――転形期日本の精神史的位相』（筑摩書房、一九九二年）六三―六四頁。
(37) 熊野『基督教概論』三〇二頁。
(38) 熊野、前掲書、三〇〇頁。
(39) 熊野、前掲書、二九五頁、あわせて二八四頁にも見られる
(40) 熊野、前掲書、二八八―二八九頁。
(41) 雑誌『文学界』が「近代の超克」を特集し、座談会「近代の超克」を組んだのは昭和一七年九、一〇月号であった。「近代の超克」は戦時態勢にあって日本の知識人たちのいわば「合言葉」になった。これを扱った文献は豊富であるが、河上徹太郎・竹内好編『近代の超克』（冨山房、一九七九年）を参照。
(42) 熊野、前掲書、二七二―二九八頁。
(43) 熊野、前掲書、一六八頁。
(44) 熊野、前掲書、二七三頁。
(45) M. Walzer, On Toleration, Yale Univ. Press 1997, 76.
(46) エーリッヒ・フロム『悪について』（鈴木重吉訳、紀伊國屋書店、一九六五年）六七頁以下。
(47) E・デュルケーム『自殺論』（宮島喬訳、中央公論社、一九八五年）二九二頁以下。

第五部

第一章

（1）I・カント『純粋理性批判　上』（篠田英雄訳、岩波書店、一九六一年）四三頁。
（2）M・ホルクハイマー『理性の腐蝕』（山口祐弘訳、せりか書房、一九七〇年）参照。
（3）P. Tillich, Systematic Theology, vol. 1, Uni. of Chicago Press, 1951, London 1953, 92.
（4）Tillich, Ibid., 104.
（5）P. Tillich, Systematic Theology, vol. 2., London 1957, 1964, 111.
（6）W. Pannenberg, Grundfragen systematischer Theologie. Gesammelte Aufsätze, Göttingen 1967, 244.
（7）Pannenberg, Ibid., 249.
（8）Pannenberg, Ibid., 249.
（9）Pannenberg, Ibid., 251.
（10）H. F. von Soden, Was ist Wahrheit? Vom geschicgtlichen Begriff der Wahrheit: Rede bei Antritt des Rektorats der Universität Marburg, N. G. Elwert, 1927, 13. この文献についてはパネンベルクの示唆による。
（11）von Soden, Ibid., 18f.
（12）F・W・グラーフ「真理の多形性——ドイツ文化プロテスタンティズムの今日的意義について」（『基督教学研究』第二〇号、京都大学基督教学会、二〇〇〇年）一三三頁。
（13）J・ハーバーマス「公共圏における宗教」（島薗進・磯前順一編『宗教と公共空間——見直される宗教の役割』東京大学出版会、二〇一四年、九一——一二七頁）。
（14）ハーバーマス、前掲書、一一四頁。
（15）ハーバーマス、前掲書、一一三頁。
（16）ハーバーマス、前掲書、一一四頁。

（17） von Soden, Ibid., 7.
（18） J. Milton, Areopagitica, in: Complete Prose Works of John Milton, vol. II, Yale Univ. Press MCMLIX, 543. 真理を「流れる泉」と表現している聖書箇所として通常は詩編八五編一二節が考えられるが、アーネスト・サールックの注によると、ミルトンは雅歌四章一五節のアレゴリカルな解釈で考えていたとも考えられる（ibid., n. 194）。
（19） Milton, Areopagitica, 549.
（20） Milton, Ibid., 551.

第二章

（1） デヴィット・ヘルド『グローバル社会民主政の展望』（中谷義和・柳原克行訳、日本経済評論社、二〇〇五年）二二三頁以下。
（2） ヘルド、前掲書、二三一頁。
（3） ヘルド、前掲書、二二三頁。
（4） ヘルド、前掲書、二三四頁。
（5） 本書二五二頁以下。
（6） ハーバーマス、前掲書、一二一頁。
（7） R・N・ベラー・島薗進・奥村隆編『宗教とグローバル市民社会――ロバート・ベラーとの対話』（岩波書店、二〇一四年）参照。
（8） W. Pannenberg, Covil Religion? in: Peter Koslowski (herasg. von), Die religiöse Dimension der Gesellschaft. Religion und ihre Theorien, Tübingen 1985, 67.
（9） E. Troeltsch, Die Soziallehren der christlichen Kirchen und Gruppen, Tübingen 1912, Aalen 1965, 656.
（10） Troeltsch, Ibid., 702.
（11） Troeltsch, Ibid., 713.
（12） P. T. Forsyth, Faith, Freedom and the Future, London MCMXII, 193.

(13) E. Troeltsch, Die Soziallehren der christlichen Kirchen und Gruppen, 676.
(14) Troeltsch, Ibid., 674.
(15) Troeltsch, Ibid., 793; 984.
(16) Troeltsch, Ibid., 671
(17) Troeltsch, Ibid., 676.
(18) P. T. Forsyth, Faith, Freedom and the Future, 347.
(19) R. Niebuhr, The Nature and Destiny of Man. II Human Destiny, New York 1943, 213.
(20) G・H・セイバイン「民主主義の二つの伝統」（『民主・自由・平等』秋元ひろと訳、公論社、一九九一年、一二七―一六九頁）一三五頁。
(21) A. D. Lindsay, The Modern Democratic State, Oxford Univ. Press 1962, 92.
(22) Lindsay, Ibid., 245.
(23) アレキサンダー・ダンロップ・リンゼイ『民主主義の本質』（永岡薫訳、未來社、一九六四年）六〇頁以下を参照。
(24) A. D. Lindsay, The Modern Democratic State, 242.
(25) 富沢賢治「福祉社会におけるコミュニティとアソシエーション」（『聖学院大学総合研究所紀要』第一六号、二〇〇〇年）一〇二―一四五頁参照。
(26) 富沢、前掲書、一三六頁、レスター・M・サラモン「福祉国家の衰退と非営利団体の台頭」（『中央公論』一九九四年一〇月号）四〇一頁。
(27) ジェームズ・ルーサー・アダムズも、ヴォランタリー・アソシエーションの発展を辿りながら、「われわれが辿った発展を今鳥瞰するならば、われわれはこの発展を組織体革命（organizational revolution）として語らなければならない」と語った。J. L. Adams, Voluntary Associations. Socio-cultural Analyses and Theological Interpretation, ed. by J. R. Engel, Chicago 1986, 192.
(28) Adams, Voluntary Associations. 251.

(29) Adams, Ibid., 168.

(30) ヴォランタリー・アソシエーションの歴史について、アダムズはベンジャミン・フランクリンやコットン・マザーについて言及しているが、これらについての研究として梅津順一「フランクリン・デフォー・マザー――中産層とアソシエーションの構想」(『中産層文化と近代』、関口尚志・梅津順一・道重一郎編、日本経済評論社、一九九九年、一二九―一五八頁)がある。ヴォランタリー・アソシエーションの歴史として日本古来の「勧進講」や「地縁組織」を挙げるサラモン(『米国の非営利組織入門』[ダイヤモンド社、一九九四年]の日本語版への序文)や小島博光氏の指摘(『非営利組織の経営』北海道大学図書刊行会、一九九八年、六頁)は無意味ではないにしても、国家との分離という問題をはじめ、ヴォランタリー・アソシエーションの確立のためには、まずはキリスト教的関連の伝統を理解することが本筋であろう。

(31) しかし「中間団体」という用語には限界がある。ヴォランタリー・アソシエーションは今日の多くのＮＧＯがそうであるように、一つの国を越えているからである。すでに世界伝道に乗り出した「伝道団体」が国境を越えていた。

(32) A. D. Lindsay, The Essentials of Democracy, Oxford 1929, 1967, 37.(『民主主義の本質』永岡薫訳、未來社、一九六四年、八一頁)。

(33) A. D. Lindsay, The Modern Democratic State, Oxford 1942, 1962, 258f.

(34) Lindsay, Ibid., 122.

(35) Lindsay, Ibid., 121.

(36) E. Troeltsch, Die Soziallehren der christlichen Kirchen und Gruppen, Tübingen 1912, Aalen 1965, 984; 674; 793.

(37) J・L・アダムズの認識も同様である。彼が以下のように述べていることは重大な指摘であろう。「アメリカ憲法創設の父祖たちによって語られた権力の分離(アダムズがこれをヴォランタリー・アソシエーションの原理として位置づけていることは後ほど述べる)の概念を理解する背景として一七世紀の独立派の集会経験があることに比較的僅かにしか注意が向けられてこなかったことは奇妙な事実である。具体的にはむしろモンテスキューやジョン・ロックの著作に注意が向けられてきたが、彼ら自身この背景から切り離しては適切に理解され得ない」（Adams, Voluntary Associations, 235）。

(38) E. Troeltsch, Die Soziallehren der christlichen Kirchen und Gruppen, 984.

(39) Troeltsch, Ibid., 40.

(40) 同様の指摘はジョン・ネヴィル・フィッギスにも見られる。トレルチとフィッギスをこの面で比較したものに以下のものがある。M. D. Chapman, Concepts of the Voluntary Church in England and Germany, 1890-1920: A Study of J. N. Figgis and Ernst Troeltsch, in: Zeitschrift für Neuere Theologiegeschichte, Bd. 2, 1995, S. 37-59.

(41) Troeltsch, Ibid., 424.

(42) Troeltsch, Ibid., 425.

(43) Troeltsch, Ibid., 964.

(44) ヴェーバーは彼の論文「プロテスタント・ゼクテと資本主義の精神」において、ヴォランタリー・アソシエーションの政治的意味や社会的意味について暗示したが、その主たる関心は「社会的生の全体」に関わる「団体革命」には向けられなかった。彼の関心は「ヴォランタリー・アソシエーションの原型」としての「ゼクテ」の「排他性」と、その「世俗化」に向けられた。M. Weber, Gesammelte Aufsätze zur Religionssoziologie I, Tübingen 1920, 1986, 217. つまりヴェーバーの関心は、「宗教的に資格ある者たちのヴォランタリー・アソシエーション」としてのゼクテが、そのメンバーに「紳士としての確証」を与え、それによってそのメンバーが「中産層市民の企業家層の中に上昇的に参入する」ための「典型的乗り物」（Ibid., 213）として役立ったという面に限定的に向けられた。こうしてヴェーバーの関心は、ヴォランタリー・アソシエーションの意味を「第二セクター」との関連に絞り、しかも「紳士としての確証」という心理的・社会的報酬の面で問題にしただけである。J・L・アダムズはアイロニカルに「ヴェーバーは自分が学会に所属している原因をただこうした動機だけに帰することに満足するのか訝しい」（Adams, op. cit., 221）と語っている。ヴェーバーはまだ社会全体に関わる「団体革命」の意味を主題とはしなかったのである。

(45) Troeltsch, Ibid., 964.

(46) Troeltsch, Ibid., 642.

(47) Troeltsch, Ibid., 964.

(48) Troeltsch, Ibid., 964.

(49) J. L. Adams, Ibid., 183ff. the same, On being human religiously, ed. by M. L. Stackhouse, Boston 1977, 68ff.（『自由と結社の思想』柴田史子訳、聖学院大学出版会、一九九七年、一二八頁以下）。

(50) J. L. Adams, Voluntary Associations, 209.

(51) The Works of William E. Channing, D. D., Boston 1891, 139.

(52) The Works of William E. Channing, 139.

(53) The Works of William E. Channing, 140.

(54) The Works of William E. Channing, 140.

(55) The Works of William E. Channing, 139.

(56) The Works of William E. Channing, 149.

(57) The Works of William E. Channing, 149.

(58) The Works of William E. Channing, 142.

(59) The Works of William E. Channing, 145.

(60) The Works of William E. Channing, 149.

(61) The Works of William E. Channing, 158.

(62) The Works of William E. Channing, 146.

(63) Adams, Ibid., 190.

(64) ウィリアム・エラリー・チャニングの言う「合理的敬虔」（rational piety）（The Works of William E. Channing, 147）という表現は彼のこの立場をよく示している。

(65) アダムズに対する以下の献呈論文集の表題と内容も、このことをよく表している。D. B. Robertson (ed.), Voluntary Associations. A Study of Groups in Free Societies. Essays in Honor of James Luther Adams, John

Knox Press 1966.
（66） Adams, Ibid., 231.
（67） Adams, Ibid., 226.
（68） Adams, Ibid., 226
（69） アダムズの「預言者的契約」の理解については、特に彼の論文“The Prophetic Covenant and Social Concern”, in: J. L. Adams, An Exmined Faith. Social Context and Religious Commitment, ed. by G. K. Beach, Boston 1991, 234-242を参照。
（70） J. L. Adams, Voluntary Associations, 242.
（71） Adams, Ibid., 243.
（72） J. L. Adams, An Examined Faith, 239.
（73） J. L. Adams, Voluntary Associations, 243.
（74） J. L. Adams, An Examined Faith, 240.
（75） 既述したアダムズへの献呈論文集の序文は、ティリッヒによって書かれている。ティリッヒはそこにおいて、自己の神学思想とユニテリアンのアダムズの共通点について触れ、三位一体論に依拠しないで、「神的霊」に依拠し、そこからの「アガペー」の原理に立っている点を語った（Voluntary Associations, ed. by D. B. Robertson, 5）。「自由の神学」でなく、「力の神学」に立ったことには、消極的に言うと両者ともに三位一体論を稀薄にしている点に共通点があったのではないかと思われる。
（76） モルトマンの「新しい政治神学」の主張には、ホーリスティックな問題性があったが、彼には同時にヴォランタリー・アソシエーションに対する適切な評価が欠如していた。この点の批判については拙著『伝道の神学』（教文館、二〇〇二年）二五四頁ですでに言及した。

第三章

（1） E. Troeltsch, Deutscher Geist und Westeuropa. Gesammelte kulturphilosophische Aufsätze und Reden, hrg.

Vv. Hans Baron, Tübingen 1925, 14.

(2) Troeltsch, Ibid., 7.

(3) Troeltsch, Ibid., 16f.

(4) Troeltsch, Ibid., 22f.

(5) Troeltsch, Ibid., 24.

(6) Troeltsch, Ibid., 25.

(7) Troeltsch, Ibid., 26.

(8) E・フロム『希望の革命——技術の人間化をめざして』（作田啓一・佐野哲郎訳、紀伊國屋書店、一九六九年）五七頁。

(9) フロム、前掲書、六五頁。

(10) フロム、前掲書、一四三頁。

(11) フロム、前掲書、七一頁。

(12) フロム、前掲書、一三五—一三六頁。

(13) フロム、前掲書、一三六頁。

(14) フロム、前掲書、一九八頁。

(15) フロム、前掲書、一七九頁。

(16) フロム、前掲書、一〇三頁。

(17) E・フロム『悪について』（鈴木重吉訳、紀伊國屋書店、一九六五年）三七—七三頁。

(18) W・シュルツ『変貌した世界の哲学4——責任化の動向』（藤田健治監訳、二玄社、一九八〇年）一八六、一八八頁。

(19) 『シュヴァイツァー著作集7』（氷上英廣訳、白水社、一九五七年）三一一頁。

(20) 『シュヴァイツァー著作集7』三一〇頁。

(21) 『シュヴァイツァー著作集7』三一二頁。

(22) U. H. J. Körtner, Ehrfurcht vor dem Leben - Verantwortung für das Leben, in: ZThK, 85. Jg. 1988, 331.

(23) 『シュヴァイツァー著作集7』三五一頁。

(24) 『シュヴァイツァー著作集7』三三二頁。

(25) Körtner, Ibid., 342.

(26) シュルツ『変貌した世界の哲学4――責任化の動向』一一〇頁。

(27) K. Barth, KD 3/4, 367.

(28) これは、ゲルトルート・フォン・ル・フォール『断頭台の最後の女』末尾の言葉からの引用として記されている。ル・フォールはこれに「人間の犠牲ですらも、まだ十分ではない」と付け加えた。

(29) E. Brunner, Christentum und Kultur, eingeleitet und bearbeitet von Rudlf Wehrli, Zürich 1979. この講演は二部構成になっており、第一部の邦訳は一九四八年の英語版からブルンナー『キリスト教と文明』熊沢義宣訳（『現代キリスト教思想叢書10』〔白水社、一九七五年〕に所収）、第二部の邦訳は一九四九年の英語版からブルンナー『キリスト教と文明の諸問題』（川田殖・川田親之訳、新教出版社、一九八二年）がある。

(30) Brunner, Ibid., 103.

(31) Brunner, Ibid., 108.

(32) Brunner, Ibid., 111.

(33) Brunner, Ibid., 111.

(34) Brunner, Ibid., 108.

(35) R. Bultmann, Glauben und Verstehen. Gesammelte Aufsätze, 2. Bd., Tübingen 1952, 4. Aufl. 1965, 146.（邦訳は『ブルトマン著作集12 神学論文集Ⅱ』山岡喜久男・小野浩訳、新教出版社、一九八一年、一八四―二〇三頁）。

(36) Bultmann, Ibid., 148.

(37) Bultmann, Ibid., 148.

(38) Bultmann, Ibid., 138.

(39) Bultmann, Ibid., 138.

(40) Bultmann, Ibid., 137.
(41) Bultmann, Ibid., 145.
(42) Bultmann, Ibid., 143.
(43) Bultmann, Ibid., 143.
(44) この二つの講演は以下に収録されている。K. Barth, Humanismus. Theologische Studien, H. 28, Zürich 1950.（邦訳はK・バルト『ヒューマニズム』成瀬治訳、新教出版社、一九五一年）。
(45) Barth, Ibid., 21.
(46) Barth, Ibid., 24.
(47) Barth, Ibid., 10.
(48) Barth, Ibid., 10.
(49) Barth, Ibid., 12.

第四章

(1) W・シュルツ『変貌した世界の哲学1――科学化の動向』（藤田健治監訳、二玄社、一九七八年）二二〇頁。
(2) ハーバート・バターフィールド『近代科学の誕生　下』（渡辺正雄訳、講談社、一九七八年）一一四頁。
(3) W. Pannenberg, Toward a Theology of Nature. Essay on Science and Faith, ed. by T. Peters, Kentucky 1993, 16.
(4) Pannenberg, Ibid., 16.
(5) トマス・クーンは「科学革命」を歴史的に一回的なことでなく、「コペルニクス、ニュートン、ラヴォアジェ、アインシュタインの名であらわされる科学の歴史の大転回点」を挙げる。彼は「科学革命」を「科学者集団が古くからの科学理論を否定して、それと両立しない新しいものを受け入れるという大事件」の意味で語る。「どれもが科学者の仕事をする世界をすっかり変えてしまって、その結果、科学像の変換も見る」（トーマス・クーン『科学革命の構造』中山茂訳、みすず書房、一九七一年、七頁）。科学が単に累積的な進歩でなく、パラダイム転換を伴う革命的進展を見せることは、その通りであろう。しかしだからと言って近代科学の成立を「科学革命」と呼ぶ特別な意味を否定することはできない。

（6）バターフィールド『近代科学の誕生　上』（渡辺正雄訳、講談社、一九七八年）九五頁。

（7）渡辺正雄「宗教時代の科学」（『岩波講座宗教と科学2』岩波書店、一九九三年）一八一頁。

（8）バターフィールド『近代科学の誕生　下』一〇二頁。

（9）渡辺正雄「宗教時代の科学」、一九五頁。

（10）渡辺正雄、前掲書、二〇二頁。

（11）渡辺正雄「F・ベーコンの学問革新論——その宗教的起源」（『講座科学史1』培風館、一九八九年）二三四—二六八頁を参照。

（12）以下のトランスの説は『科学としての神学の基礎』（水垣渉・芦名定道訳、教文館、一九九〇年）第三章「創造と科学」（六四—一〇一頁）による。

（13）これについてはB. A. Gerrish, The Old Protestantism and the New, Chicago 1982, 354ならびにアリスター・エドガー・マクグラス『宗教改革の思想』（高柳俊一訳、教文館、二〇〇〇年）三三四頁を参照。

（14）マクグラス、前掲書、三三六頁。

（15）チャールズ・ウェブスター「ピューリタニズム、分離主義、および科学」（D・リンドバーク／R・L・ナンバーズ編『神と自然——歴史における科学とキリスト教』渡辺正雄監訳、一九九四年、みすず書房）二一七頁。

（16）ウェブスター、前掲書、二一七頁。

（17）Gerrish, Ibid., 165f.

（18）E・トレルチ『近代精神の本質』（『トレルチ著作集10』小林謙一訳、ヨルダン社、一九八一年）三〇頁。

（19）E. Troeltsch, Die Bedeutung des Protestantismus für die Entstehung der modernen Welt, München 1911, 77.

（20）Troeltsch, Ibid., 78.

（21）Troeltsch, Ibid., 80.

(22) Troeltsch, Ibid., 80.
(23) Troeltsch, Ibid., 81.
(24) A・E・マクグラス『科学と宗教』(稲垣久和・倉沢正則・小林高徳訳、教文館、二〇〇三年)二〇頁以下。
(25) ライエル・ホーイカース『宗教と近代科学の勃興』(藤井清久訳、すぐ書房、一九八九年)一四八頁。
(26) Gerrish, Ibid., 166.
(27) A・カイパー『カルヴィニズム』一九七頁以下。
(28) S. F. Mason, Main Currents of Scientific Thought: A History of the Sciences, New York 1953. これについては Gerrish, Ibid., 354 の示唆による。
(29) ゲリッシュも「神の栄光」「一般恩恵」「予定論」など個別的に見れば、他のキリスト教的伝統にも類似の主張はあるが、しかし総合させて強調して見れば、カルヴィニズムの特徴的な世界の見方になり、カルヴィニスティックな「倫理」に対応すると語っている。Gerrish, Ibid., 167.
(30) 渡辺正雄「宗教時代の科学」(前掲書、二〇一頁)もこの点を指摘している。
(31) ウェブスター「ピューリタニズム、分離主義、および科学」、前掲書、二二七頁。
(32) A. E. McGrath, A Scientific Theology, vol. I, Nature, Michigan 2001, 303.
(33) W. Pannenberg, Systematische Theologie, Bd. II, Göttingen 1991, 102 Anm. 212.
(34) Panneberg, Ibid., 102 Anm. 212.
(35) Th. E. Torrance, Space, Time and Incarnation, Edinburgh 1969, 71.
(36) W. Pannenberg, Gott und die Natur. Zur Geschichte der Auseinandersetzungen zwischen Theologie und Naturwissenschaft (1983), in: Beiträge zur Systemtischen Theologie, Bd. II, Göttingen 2000, 11-29, 28.
(37) W. Pannenberg, Systematische Theologie, Bd. II, 102. その際パネンベルクが参照しているのは、E. McMullin, Newton on Matter and Activity, 1978 である。
(38) W. Pannenberg, Beiträge zur Systemtischen Theologie, Bd. II, 29.
(39) 渡辺正雄「F・ベイコンの学問革新論——その宗教的起源」(伊東俊太郎・村上陽一郎共編『講座科学史1

西欧科学史の位相』培風館、一九八九年）二三四―二六六頁。

(40) 渡辺正雄「近代科学とキリスト教――その歴史的・世界観的関連および日本の問題点」（『キリスト教文化学会年報』第四二号、キリスト教文化学会、一九九六年、一〇―二一頁）二〇頁。

(41) 渡辺、前掲書、一九頁。

(42) 渡辺、前掲書、二〇頁。

(43) 渡辺、前掲書、二〇頁。

(44) マイケル・ルース「進化論の衝撃――西洋世界における」（渡辺正雄編著『ダーウィンと進化論』共立出版、一九八五年）五四頁以下、A・H・デュプリー「ダーウィン時代のキリスト教と科学者共同体」ならびにF・グレゴリー「一九世紀プロテスタント神学に対するダーウィン進化説の影響」（D・リンドバーク／R・L・ナンバーズ編『神と自然――歴史における科学とキリスト教』渡辺正雄監訳、みすず書房、一九九四年）三九一―四三六頁、八杉龍一「ダーウィニズムの周辺」（岩波講座『宗教と科学2　歴史の中の宗教と科学』岩波書店、一九九三年）二四一頁以下、A・E・マクグラス『科学と宗教』（稲垣久和訳、教文館、二〇〇九年）一八四頁以下など。

(45) W. Panneberg, Gott und Natur. Zur Geschichte der Auseinandersetzungen zwischen Theologie und Nturwissenschaft, in: Beiträge zur Systematischen Theologie, Bd. II, Göttinbgen 2000, 18.

(46) 加藤弘之『吾國體と基督教』（金港堂書籍、一九〇七年、第七版、一九〇八年）四七、八八頁など。その「進化主義」については一〇頁、その他『基督教徒窮す』（同文館、一九〇九年）一六五頁以下。なお明治啓蒙の進化論の受容については、渡辺正雄「明治日本における進化論の受容」（渡辺正雄編著『ダーウィンと進化論』所収）一九一頁以下を参照。

(47) ダーウィン自身のキリスト教については前掲のM・ルース、八杉龍一の論文に扱われている。『種の起源』巻末の以下の言葉はまさに理神論的な考え方を示している。「私の思うところでは、世界に住む過去および現在の生物が生じたりほろびたりするのは、個体の生死を決定するのと同様な二次的原因による、ということのほうが、〈造物主〉が物質に印刻した諸法則についてわれわれが知っていることと、いっそうよく一致する」（ダーウィン『種の起原　下』八杉龍一訳、岩波書店、一九九〇年、二六〇頁）。

(48) この問題を正確に記すには、それなりの詳細な論述を必要とするが、ここはそうした場所ではない。必ずしも十分な論述とは言えないが、「神の言葉の神学」も進化論とは二元論的異次元における無関係な両立関係に立っているとの指摘は、塚田理「ピーコックの神学——その背景と提起するもの」(A・R・ピーコック『神の創造と科学の世界』塚田理・関正勝訳、新教出版社、一九八三年)二三一頁にも見られる。
(49) バルトとトランスのこのエピソードは、トランス『空間・時間・復活』(小坂宣雄訳、ヨルダン社、一九八五年)の序文(九頁以下)に記されている。
(50) テイヤール・ド・シャルダン『現象としての人間』(美田稔訳、みすず書房、一九六九年)を参照。パネンベルクについては、前掲の Beiträge zur Systematischen Thologie Bd. II 所収の諸論文を参照。

第五章

(1) これについてはこれまでのところ拙著『啓示と三位一体』(二〇〇七年、教文館)の第一章(一五頁以下)と第二章(四一頁以下)において幾分か扱っている。
(2) E. Troeltsch, Die Absolutheit des Christentums und die Relogionsgeschichte (1902/1912), Kritische Gesamtausgabe Bd. V, Walter de Gruyter 1998, 112. (邦訳には、森田雄三郎・高野晃兆訳『キリスト教の絶対性と宗教史』[『現代キリスト教思想叢書2』白水社、一九七三年所収]がある。これは信頼度の高い良訳と言ってよい)。
(3) Troeltsch, Ibid., 112.
(4) Troeltsch, Ibid., 129.
(5) Troeltsch, Ibid., 144.
(6) Troeltsch, Ibid., 178.
(7) Troeltsch, Ibid., 171.
(8) Troeltsch, Ibid., 173.
(9) Troeltsch, Ibid., 173.

(10) Troeltsch, Ibid., 193.
(11) Troeltsch, Ibid., 195.
(12) Troeltsch, Ibid., 197.
(13) Troeltsch, Ibid., 200; 210.
(14) Troeltsch, Ibid., 198.
(15) Troeltsch, Ibid., 204.
(16) Troeltsch, Ibid., 205.
(17) Troeltsch, Ibid., 243.
(18) Troeltsch, Ibid., 229.
(19) M. Walzer, On Toleration, Yale University Press 1997, 67.
(20) H. Berkhof, Christ the Meaning of History, tr. by L. Buurman, Virginia 1966, 89.
(21) 島薗進・磯前順一編『宗教と公共空間——見直される宗教の役割』（東京大学出版会、二〇一四年）一一三頁。
(22) 島薗・磯前編、前掲書、一〇六頁。
(23) 島薗・磯前編、前掲書、一一三頁。
(24) 島薗・磯前編、前掲書、一一三頁。
(25) J・ハーバーマス、チャールズ・テイラー、ジュディス・バトラー、コーネル・ウェスト『公共圏に挑戦する宗教——ポスト世俗化時代における共棲のために』（箱田徹・金城美幸訳、岩波書店、二〇一四年）三〇頁のハーバーマスの言葉。
(26) 拙論「文化多元主義と宗教的寛容」（拙著『キリスト教の世界政策——現代文明におけるキリスト教の責任と役割』、教文館、二〇〇七年、七三—九八頁）を参照。
(27) E. Wolf, Tolerahz nach evangelischem Verständnis, in: Perergrinatio, Bd. II. Studien zur reformatorischen Theologie, zum Kirchenrecht und zur Sozialethik, München 1965, 289f. は短くこの問題に言及している。
(28) この点で山口県護国神社への自衛官合祀に関する訴訟の一九八八年の最高裁判決は、自衛隊ＯＢの有志団体の合祀行為を優先させ、故人の妻に対して寛容を要請したが、結果は個人の信仰を抑圧したもので、寛容に悖るものであったと言わなければならない。

(29) Wolf, Ibid., 296.

(30) G. Ebeling, Die Toleranz Gottes und die Toleranz der Vernunft, in: ZThK 78 (1981), 443. エーベリンクのこの論文は、Trutz Rendtorff (hg. von), Glaube und Toleranz. Das theologische Erbe der Aufklärung, Gütersloh 1982, 54-73 にも採録されている。

(31) ZThK 78 (1981), 457.

(32) ZThK 78 (1981), 454.

(33) C. Schwöbel, Toleranz aus Glauben, in: Die religiösen Wurzeln der Toleranz, hg. von Christoph Schwöbel und Dorothee von Tippelskirch, Freiburg 2002, 11-37.

(34) Schwöbel, Ibid., 24.

(35) Schwöbel, Ibid., 29f.

(36) これについては拙著『デモクラシーの神学思想』（教文館、二〇〇〇年）三一〇頁以下を参照。

(37) L. Newbigin, The Gospel in a Pluralist Society, Michigan 1989, 182.

(38) A. Race, Christians and Religious Pluralism, New York 1982.

(39) C. E. Braaten, That All May Believe: A Theology of the Gospel and Mission of the Church, Michigan 2008, 161.

(40) 彼らの論文集 The Myth of Christian Uniqueness. Toward a Pluralistic Theology of Religions, ed. by John Hick and Paul Knitter, NY & London 1987.（ジョン・ヒック／ポール・F・ニッター『キリスト教の絶対性を超えて――宗教的多元主義の神学』八木誠一・樋口恵訳、春秋社、一九九三年）を参照。

(41) J・ヒック／P・F・ニッター『キリスト教の絶対性を超えて――宗教的多元主義の神学』五頁以下。

(42) ヒック／ニッター、前掲書、八一頁以下。

(43) J・ヒック『神は多くの名前をもつ――新しい宗教的多元論』（間瀬啓允訳、岩波書店、一九八六年）一一頁。

(44) ヒック、前掲書、viii頁。

(45) ヒック、前掲書、一一頁。

(46) ヒック、前掲書、一一頁。

(47) この点はパネンベルクも問題にしている。ゲィヴィン・デコスタ編『キリスト教は他宗教をどう考えるか』(森本あんり訳、教文館、一九九七年)一五一頁。

(48) ヒック『神は多くの名前をもつ——新しい宗教的多元論』一九一頁。

(49) ヒック/ニッター『キリスト教の絶対性を超えて』七三頁以下。ヒックは「私達は直接に神との関係の中にあり、もし私達が本当に悔い改めるなら私達は神に赦しを求めることができ、それを受けて新しい生活に入ることができる」と考え、キリストによる代理的な贖いは不必要とする。イエスの死は多くの人の幸いのために死ぬ「自己放棄的な愛」を表し、人々を感化すると見られている。ヨハネのキリスト理解ともパウロの贖罪理解とも隔たりが大きいことは一目瞭然である。

(50) W. Pannenberg, Religious Pluralism and Conflicting Truth Claims. The Problem of a Theology of the Worldreligions, in: Christian Uniquenece Reconsidered. The Myth of a Pluralistic Theology of Religions, ed. Bby Gavin D'Costa, New York 1990, 96-106, 100.

(51) W. Pannenberg, Beiträge zur Systematischen Theologie Bd. 1. Philosophie, Religion, Offenbarung, Göttigen 1999, 172.

(52) Pannenberg, Ibid., 172.

(53) Pannenberg, Ibid., 153 & 172.

(54) W. Pannenberg, Religious Pluralism and Conflicting Truth Claims, 98 には次にように言われている。「彼らの永遠の救済において決定的であることを確証するのは、彼らの生がイエスの使命と宣教に対して有している類似性(affinity)である」と。

(55) カール・ブラーテンはこの関連でグスタフ・ヴィングレンの言う「断言の言説」(Assert)と「祈りの言説」(Pray)の区別に言及し、それを支持している。Braaten, Ibid., 168.; G. Wingren, Credo. The Christian View

of Faith and Life, tr. by E. M. Carlson, Minneapolis 1981, 183. ユルゲン・モルトマンは「神はご自分に真実であり続け、ひとたび創造し、肯定したものを放棄し、滅ぼしたりはしない」(J. Moltmann, Das Kommengottes. Chritliche Eschatoligie, München 1995, 284)と言う。しかし神がまるで御自身の創造の業によって自縛されるような語り方をするのは、信仰の言葉とは異なると言わなければならないであろう。救済の普遍主義を創造論で固めて、神を拘束するのは聖書に従って相応しくないし、信仰と神学にとっても適切とは言いがたいであろう。

あとがき

本書は、表題にある通り、「キリスト教弁証学」を提示しようと試みたものである。「キリスト教弁証学」は、キリスト教教義学、キリスト教倫理学とともに「キリスト教組織神学」を構成し、その基盤部分に、また外部世界に対する折衝面に位置している。神学の歴史を回顧すると、古代教会の神学においては、当初、弁証学こそが神学の主たる主題をなしていた。ヨーロッパ中世の神学においても周囲をイスラム世界に囲まれ、内部にも異教を抱えて、弁証学は重大な神学的課題であった。近代神学においても弁証学は、啓蒙主義的近代精神を意識しつつ、宗教概念を基盤に据えてキリスト教の本質を規定し、外部思潮に向かって対論を試みるとともに、神学内部において信仰論（教義学）の基盤を構成する重大な位置を占めた。シュライアーマッハーの『神学通論』や『信仰論』第一巻第一章が示す通りである。それにしても、組織神学が教義学と倫理学とともに弁証学を展開する仕方で、これら三分野を整然と展開した例は必ずしも多くはなかったのではないかと思われる。マルティン・ケーラーの組織神学『キリスト教の諸教説の学』(Die Wissenschaft der christlichen Lehre) は「キリスト教弁証学」「キリスト教教義学」「キリスト教倫理学」の順序で、一冊の中に三分野を収めているが、むしろ例外的なものと言ってよいであろう。

私としてはすでに『キリスト教倫理学』（二〇〇九年）を出版しているので、本書はその姉妹編に当たる。これに『キリスト教教義学』が続けば、「組織神学三巻」として完成されることになる。しかし私の教義学の構想は、すでに『啓示と三位一体』（二〇〇七年）、『贖罪論とその周辺』（二〇一四年）、『救済史と終末論』（二〇一六年）の三巻によって概略を示してあるので、本書をもって私なりに組織神学の全貌を提示したと言ってよいのではないかと思っている。言うまでもなく、それは一応のこととしてであって、それら各書を検討すれば、不足は多々あると言わなければならない。しかしとにもかくにも、組織神学の全貌をほぼ示すことができたことは、主なる神に感謝すべきことで、本書を神への供え物とさせていただき、主の聖名をほめたたえたい。

本書の具体的な出発点は、東京神学大学において学部の必修科目として「組織神学Ⅲ」（弁証学）を担当したことにあった。萌芽としては、神学に関心を持ち始めた一九六〇年に遡るが、本格的には一九七〇年代にトレルチ研究に打ち込んだことと、一九八四年に初めて弁証学を担当し、以来、教義学、倫理学と交代に担当したことにある。弁証学の通年講義を九回にわたって試み、各担当年ごとに構想を改めているうちに、次第に本書の構成と内容が定まった。併せて大学院において特殊講義の形で何度か弁証学の主題に個別的に取り組み、本書の内容の多くを扱った。大学での教授職の一部には、現役教授の最終段階には責任を負った科目の全貌を著作の形で提示する習慣のようなものがあった。それからすると本書の出版は数年遅刻したと言わなければならない。

以上のような次第で、本書の成立には三〇年以上の年月が経過しており、その間に問題意識の時代的変化も起きた。こうした事情なので、本書は部分的にはかなり以前に記された箇所がある。それを読み直し、書き直し、あるいは削除や追加を施す作業が加えられた。そのような経過によって、かえって読みにくい部分も生じたのではないかと危惧している。

弁証学の課題は、つまるところ伝道の学的基礎の対外関係上の構築である。既述のマルティン・ケーラーが「神学は伝道の娘」と語ったとき、異教世界の中で伝道が展開した過程で弁証学が成立し、それが神学全般の成立を導き出したことを語ったと思われる。しかしカール・バルトがエーミル・ブルンナーとの論争において、「プログラムとしての弁証学」の可能性を否定したことは、弁証学にとって神学史的な危機になった。バルトの発言は彼自身の神学的思惟の一貫性の主張として理解できないものではないが、その主張は神学史的に見れば彼一流の極端に傾斜したものと言わなければならないであろう。聖書の中にすでに福音の弁証は見られ、弁証学の遂行は、教会史の全体にわたって神学の営みの重大な一環を形成し続けてきた。この点で、神学する者は自らの論理の一貫性に拘泥するよりも、むしろ課せられた課題の多様性に服さなければならない。弁証学を欠如することは、福音の伝道と教会存在の弁証、さらに伝道的な神学の遂行のために、あり得ないことである。期待としては、むしろ今後ともさまざまな弁証学の試みがなされ、それが伝道と教会、そして神学の活性化に仕えるようになることが望ましい。本書がそのための一つの刺激になることができれば幸いである。

本書の出版にあたっては教文館社長渡部満氏に感謝しなければならない。出版事情の厳しい現代にこのような書物を出版するのは容易なことではない。また編集や校正の作業を担当してくれた髙木誠一氏に感謝申し上げる。この機会に妻静子に対する感謝の気持ちも表明したい。乏しい歩みであったが、神学教育と諸教会の伝道や礼拝奉仕の働きに併せて、神学研究と著述に取り組むことができたのは、ひとえに神の許しのおかげであるが、妻の祈りと支援があったことをありがたく思っている。最後に真実に表明することは決して容易でないが、課せられた仕事の終わりに当たって記すべき言葉を記さなければならない。栄光はただ神にのみあるように、ハレルヤ！

二〇一六年三月

近　藤　勝　彦

人名索引

あ　行

か 行

さ 行

た 行

な 行

は 行

ま　行

や　行

ら　行

わ　行

《著者紹介》

近藤勝彦（こんどう・かつひこ）

1943年、東京に生まれる。東京大学文学部卒業、東京神学大学大学院修士課程修了、チュービンゲン大学に学ぶ。神学博士（チュービンゲン大学）。東京神学大学教授、学長を経て、現在は同大学名誉教授。日本基督教団銀座教会協力牧師。

著書　『現代神学との対話』（1985年）、『礼拝と教会形成の神学』（1988年）、『中断される人生』（1989年）、『教会と伝道のために』（1992年）、『歴史の神学の行方』（1993年）、『信徒のための神学入門』（1994年）、『トレルチ研究　上・下』（1996年）、『癒しと信仰』（1997年）、『キリスト教大学の新しい挑戦』（共著、1998年）、『教団紛争とその克服』（1998年）、『教会とその生活を学ぶ』『クリスマスのメッセージ』（1999年）、『デモクラシーの神学思想』（2000年）、『伝道の神学』『窮地に生きた信仰』（2002年）、『伝道する教会の形成』『しかし、勇気を出しなさい』（2004年）、『日本の伝道』『いま、共にいますキリスト』（2006年）、『啓示と三位一体』『キリスト教の世界政策』（2007年）、『喜び祝い、喜び踊ろう』（2008年）、『万物の救済』『キリスト教倫理学』『福音主義自由教会の道』（2009年）、『二十世紀の主要な神学者たち』『確かな救い』（2011年）、『贖罪論とその周辺』『人を生かす神の息』（2014年）、『いま、震災・原発・憲法を考える』（2015年）、『救済史と終末論』（2016年）他。

キリスト教弁証学

2016年９月30日　初版発行

著　者　近藤勝彦
発行者　渡部　満
発行所　株式会社　教文館
〒104-0061 東京都中央区銀座4-5-1 電話 03(3561)5549 FAX 03(5250)5107
URL　http://www.kyobunkwan.co.jp/publishing/

印刷所　モリモト印刷株式会社

配給元　日キ販　〒162-0814　東京都新宿区新小川町9-1
電話 03(3260)5670　FAX 03(3260)5637

ISBN978-4-7642-7407-5　Printed in Japan

©2016　落丁・乱丁本はお取り替えいたします。

教文館の本

近藤勝彦

キリスト教倫理学

A５判 528頁 4,600円

旧来の価値が崩壊する今日、キリスト教は倫理的指針となりえるか？　プロテスタントの伝承資産を継承・深化・活性化しつつ、現代の倫理的諸問題に取り組む。終末論的救済史の中に教会とその伝道を見据えた体系的意欲作！

近藤勝彦

啓示と三位一体
組織神学の根本問題

A５判 310頁 5,500円

イエス・キリストの「歴史的啓示」から三位一体の神への理解、さらに内在的三位一体から神の永遠の意志決定に基づく救済史の理解に至る。著者の組織神学の基本構想とそれに基づく諸テーマを扱った論文集。

近藤勝彦

贖罪論とその周辺
組織神学の根本問題２

A５判 374頁 5,500円

古代より組織神学の根本問題であり、神学のあらゆる分野に関わり、今なお熱く議論される贖罪論。教会と信仰継承の危機にある現代のキリスト者にとって、贖罪論とは何か？　神学者らの言説を検証しつつ、現代的な再定義を試みる論文集。

近藤勝彦

救済史と終末論
組織神学の根本問題３

A５判 474頁 6,200円

著者が構想する「組織神学的教義学」の最終巻。本書では、救済の一回的・決定的な転換点であるイエス・キリストにおける贖罪の出来事と、それに基づく希望の終末論を扱う。教義学の営為の全体像を描き出した渾身のシリーズ。

近藤勝彦

歴史の神学の行方
ティリッヒ、バルト、パネンベルク、
ファン・リューラー

A５判 318頁 5,000円

著者の東大文学部の卒論だったティリッヒ、「神学的に考える」「喜び」と「自由」を学んだバルト、東神大の卒論だったパネンベルク、オランダのファン・リューラーらの十字架・復活・終末・歴史・文化・聖霊・聖餐論を考究。

近藤勝彦　［オンデマンド版］

伝道の神学

A５判 324頁 4,500円

日本におけるプロテスタント教会の伝道はまもなく150年を迎えるが、日本での伝道は難事業であり、「伝道の危機」が叫ばれている。すぐれた神学者であり説教者である著者が、神の伝道の業に用いられる神学の課題を追求する。

近藤勝彦

デモクラシーの神学思想
自由の伝統とプロテスタンティズム

A５判 564頁 7,500円

近代デモクラシーの諸問題を、プロテスタント神学思想との関わりから再検討。16世紀から現代まで内外の17人の思想家を取り上げ、デモクラシーの宗教的基盤・教会と国家・自由・人権・宗教的寛容の問題を鋭く考察する。

上記価格は本体価格（税抜）です。